沈　津　編著

# 顧廷龍年譜長編

下册

沈津敬題

中華書局

# 1957 年　54 歲

1月11日　夫人潘承圭因健康原因,致歷史文獻圖書館退職信。云:"我在職休養,已經一年多了,但是健康還没有完全恢復,恐怕一年内難能銷假。而我思想上感到拿了工資不工作,終覺不安。因此,請求退職,以便從容休養,即希照准爲荷。"(原件)

1月25日　上海市文化局批復,潘承圭因病不能繼續工作,准其退職。(文化局批文)

1月29日　顧頡剛有信致先生。(《顧頡剛日記》卷八,第190頁)

1月31日　午後,陳乃乾訪先生。(《陳乃乾日記》,第282頁)

是月　歷史文獻圖書館原址擴建的新書庫竣工。(《上海圖書館事業志》,第28頁)

是月　上海人民出版社總編輯宋原放聘請先生爲該社特約編審。(聘書)

2月8日　先生有信致顧頡剛。

去年得青島、廣西兩書,碌碌未復,殊以爲歉!芬兒入京,在府叨擾,無任感荷。歸來奉手書,并述悉漫游多樂,潭第吉康,慰如所頌。

承示輯録姚氏《通論》事,諫齋已任職我館,恐鮮暇晷。此間另有鈔手可以物色,至須校閲之處,龍可相助也。

我館去秋增人較易,專業人員可以自行物色,惟自八届二中全會以後,自行物色之權已經收回,同時人事凍結,故文森事目前無法推轂。頃已托欣夫亦爲留意介紹。

我館發展較速,人手配備聯繫,尚未熟練,故甚碌碌。以後可能稍暇,頗思稍理舊業,略事纂輯。擬仿《群書拾補》之例,將館藏各種校本之重要者,録成校記,彙爲一編。《讀史方輿紀要》終想校勘一過,以竟揆丈未償之願。當年賓四之弟已移録過半,不知此書尚在吳中否?賓四夫人不知現在何處,公知之否?擬踪迹得之。又我館有錢泰吉《南朝會要》未竟之稿(已近完成),我頗擬續成《北朝會要》(此可請人協助),公以爲何如?

日來報載立庵、夢家主張文字學應給予適當之重視,我甚有同感。惟彼皆注重於金文、甲骨文,而我覺隸古定文字演變,尤爲複雜,亦應重視。今後我如有暇,將以寫經古字與碑版別體,察其變遷,明其關係。材料已有不少,惜不能得如在蔣家胡同之安静專一耳。

又我館藏書已有五十七萬册,同人中有願從事資料編輯工作,但想不出題目。公得暇有興,懇代擬數題爲幸。

貴所聞在發展，研究員已增，不知將有何刊物否？上海近有歷史研究所籌備處之成立，聞李亞農爲所長，徐侖、周予同、楊寬副之。泉澄、懋恒、詩銘均已就研究員之聘。該所將以編印《史料彙編》及《大事志》爲主要工作。（《全集·書信卷·致顧頡剛》，上册第172頁）

2月15日　跋《吹齏録》。（《全集·文集卷·吹齏録跋》，上册第25頁）

4月5日　陳乃乾來，借《散曲叢刊》。（《陳乃乾日記》，第290頁）

4月10日　先生有信致顧頡剛。

每從報章獲讀言論，有裨建設，無任佩仰。但亦可知台端之賢勞矣。昨晤泉澄夫婦，還悉尊體違和，入院治療，聞之殊爲懸繫。想各地流行性感冒甚盛，殆因而引致它疾，現在諒已漸愈，維珍衛爲禱。芬兒寄來潮、洪、湲、堪照片，活潑可愛，特別弄貓及帶面具者，頗有意趣。

鈔校《續禮記集説》如須進行，便請將原件寄來，并希指示一二爲荷。

我館新屋竣工後，調度書庫大致就緒，將展開編目工作。去年草草印出南洋中學藏書部分，已寄呈，明知錯訛尚多，聊勝於無耳。實因熟習此項工作者太少，要求難高。

…………

《文匯報》載公"捋著銀髯答道"，熟人多不信公已留鬚，但育伊聞乃乾稱，當時公因忙，久未修面，遂即留長。或謂記者爲要形容老，故如此寫。不知果有其事否？前年菊老羨叔通先生長髯之美，因亦留鬚，曾無幾時，仍歸剃去，大約嫌麻煩，但爲時雖暫，亦曾留過鬚也。一笑。（《全集·書信卷·致顧頡剛》，上册第174頁）

4月29日　曾在歷史文獻圖書館工作過的何長生患病，先生有信致其家屬胡阿四。

來信收到。得知何長生病重，很是挂念。現在不知好些嗎？請代我們問好，希望他早日到公家醫院認真醫治。

關於在杭州就診費用能否報銷一節，查規則必須在當地一個公立醫療機構診治爲原則，如需轉診，須有初診的醫療機構的轉診證明。如無上項證明任意轉診的費用，不予報銷。所有醫藥費手據，均須填明姓名、費別、日期、金額等等（私人醫生處就診醫藥等費，概不可報銷）。住院費用可以報銷，但住院□□費、特別營養費、救護車費、病員看病路費、特別護理費，均由病員自理，不得報銷。請你們把醫療單據寄來後，我們憑單據匯款。

請假手續，等何同志住院後，將醫院證明等寄回我館爲盼。至於五月份工資，發薪後馬上寄給您。（《全集·書信卷·致胡阿四》，下册第707頁）

是月　完成《歷史文獻圖書館一九五六年工作總結》。

（1）圖書的收購比較珍貴的，如孫寶琦往來電稿178册，是1910年他在山東巡撫任上與各方面對時局的商討和聯繫；1894年吳大澂在中日戰争中的電稿;又後任湖南巡撫陳寶箴的通信及其它文件,通信中有唐才常的手札,很難得的。捐贈中名貴的,蔣竹莊先生所送自己六十年的日記,有豐富的教育史料;張珍懷同志所送她父親的《金文斠釋》遺稿;瞿熙邦先生所送清湖北巡撫翁同爵及貴州巡撫龐鴻文的奏稿。文獻,有庚子義和團運動中"奉官出教"的布質憑證,盛澤左堂姚禁止聚眾告示。革命史籍,有《共產國際綱領》(僞裝《人口問題》)、《勞農政府之成功與困難》、《省港罷工之概觀》、《馬克思主義的民族革命論》、《學生潮》(記載五四學生運動),還有大革命時期的辛酉通訊社通訊稿、《海軍政治畫報》、《黃埔商埠周刊》、《孫大元帥戡亂記》,還有抗日戰爭時期的《救亡日報》,解放戰爭時期的《巴黎救國日報》《新生活報》等。

文物倉庫調撥來的珍本,以明嘉靖間所編刊的《三峽通志》尚未見過著錄。這書是有關蜀中三峽水利的重要資料。還有李鴻章親筆信札,致潘鼎新、丁日昌等,大都爲鎮壓太平天國革命。潘書又有關於中法戰爭的軍務,與當時人的看法有所不同,是很重要的參考資料……

(2)拓片的補充:本館所藏拓片三萬餘種,一半已先編印目錄,已有一定的基礎。爲了逐步發展,結合上海地方文獻起見,當由我館拓碑技工乘普查文物之便,訪拓了蓬萊、邑廟兩區的石刻,見了碑,可拓即拓,一個半月中拓得了200種。文物倉庫撥交宋拓元裝北宋嘉祐《二體石經》四冊,存二萬餘字,當推稀世之珍。(原件;《顧廷龍日記》)

5月　先生編并題簽的葉景葵《卷盦書跋》,由上海古典文學出版社出版。

6月3日　顧頡剛有信致先生。(《顧頡剛日記》卷八,第252頁)

6月5日　跋陳豪《冬暄草堂遺詩》。此書爲陳叔通寄贈,陳有札云:"先父詩集竟未奉獻,茲檢呈一部,已無第二部,板已毀,真乃爐餘,請登記。"(《全集·文集卷·冬暄草堂遺詩跋》,下冊第836頁)

6月8日　先生有信致顧頡剛。

頃奉手書,欣悉它疾已痊,惟失眠未全愈,繼續休養,爲之稍慰。

日前楊向奎君函羅竹風君(現任上海市哲學社會科學學術委員會秘書),欲借我館所藏劉氏《左傳舊注疏證》稿本,將由研究所之力而足成之(如真能完成,亦一大好事也)。我已同意,惟附四點説明:一、稿本不能添注塗改。二、如不開展工作,原稿應即退回。三、工作期間,要有專人負責保管,并與我館保持聯繫。四、將來出版,劉氏應酌給酬金。深恐人事靡定,久而石沉大海耳。公以爲何如?羅君來函,自言公之學生,想亦北大出身者。

公以外面人事繁忙,不能安硯,誠是苦事。而龍以館內諸務紛繁,雖則規模略備,而應做之事尚多,今後必須整理與發展相輔而行,不能分開進行。所苦骨幹不多,有能力之人各有抱負,對此服務性行業興趣不大。龍與此館自不能有何怠宕,但外之期望甚殷,而內不能使指臂之效,終日栗六,所得無幾。身坐書城之中,不能有一刻研閲之時,殊爲悶損。一子遠游,妻寓戚舍,家不成家。身雖無病,每日傍晚,輒感疲憊,有如發熱,必須偃息兩小時,始能稍稍看書,所得又幾何哉? 卒至一事無成,以終其身,奈何!

(《全集·書信卷·致顧頡剛》,上册第 176 頁)

6月28日　完成《上海市歷史文獻圖書館1957年上半年度采購工作總結》。①

　　我們的采購方向:1.適當補充原有基礎;2.廣泛蒐集近代史料。我們的采購標準,新書是馬列主義經典著作、時事政策法令、社會科學、史地、藝術、考古、古典文學、報導文學以及重印的古書等。舊書是工具書、叢書、地方總集、家譜、方志、革命文獻、批校本、清末以來的各項章程、機關報告、詩文别集、政治性小説、畫報等等……

　　(1)作原有基礎的補充,收購了有關其他方面的圖書珍本,而這些珍本亦多屬于工具書及近人文稿等。計明本 88 册,抄本 87 册,稿本 162 册,名人校本 8 册。例如我館所藏明清名家手校本很多,但是著名的藏書家黄丕烈校本還未有,因此收購了一種黄跋的明本《壽親養老新書》,以備一格。又我館收藏名家抄稿本很多,這半年中也補充了一些,稿本如明遺民薛明益的手寫未刻詩稿,明張國維的揭帖原本,清惠棟的《荀子微言》未刻稿本,清李慈銘的《越縵堂所著書》手稿,有刻有未刻;抄本如日本古抄本《古文尚書》,這書爲《經籍訪古志》所著録的,爲研究隸古定《尚書》重要的本子。這些書在學術上參考價值是很大的。另外補充了石刻拓本,以廉價購得宋拓《王聖教序》一種;委托江蘇博物館代拓了蘇州碑刻,其中有清初踹染工人鬥争史料;又陝西博物館代拓新出土碑志十六種,都是以前没有見過的石刻;又去年委托中國佛教協會代拓的《房山石經》,今年已收到兩批。半年來收購石刻拓本合計 86 册,4010 張。

　　(2)對近代史料的廣泛蒐集,半年中從來薰閣和上海舊書店采購的數量爲多,這些圖書完全是有關近百年的軍事、政治、經濟、文化、教育史料。例如《立憲説》《女媧石》《洋務新論》《掇拾叢殘》等書,對辛亥革命前後的政治及社會活動有很豐富的資料。其他有關文教方面的章程報告,亦有不少。又收集近人的日記比較多,約有十餘種。其中如《吉林日記》,係吴縣顧肇熙在 1880—1885 年所記,當時吉林議改八旗舊制爲行省,他去協助辦理,後爲第一任分巡道,關于經營荒地、邊事交涉,皆有所叙述。《無逸窩日記》係武進莊某在 1906 年留學歐洲時所記,其中剪貼各種畫報及期刊,反映了留學生的活動,批評朝政的議論,還有滬寧路首次通車的照片、清末上海徵兵的照片,可從各人的日記中發現或多或少不經見的材料,對近代

①此文有初稿(完成於是日)和二稿(完成於 7 月 9 日)兩篇。

史的參考是有裨益的。同時我館對革命史料的搜羅,經常密切注意。由于這種史料是可遇而不可求的,在這半年中收購了 32 種。例如《階級鬥爭》《第二次全蘇大會文獻》《上海學生聯合會五九特刊》《民國日報特刊》《俄國革命畫史》《蘇聯發展之新階段》《國民革命》《青年平民讀本》《俄國共產黨黨綱》《共產國際黨綱草案》《青年工人問題》《革命工人》等等,都屬五四以來的罕覯珍本。

本年度采購的外文書,總計 465 册,其中有關中國歷史、藝術、風俗、人情等圖書 229 册,關於上海方面各種資料 96 册,關於世界史方面的 26 册。日文圖書的采購,計 399 册。

贈送圖書方面,張學曾同志捐贈他父親惟驤遺稿 24 種,有刻有未刻的。又楊夫人捐贈楊无恙遺稿十種,有未經刊行的。潘達于捐贈《潘文恭公家書》十册。

調撥的明清殘本 905 種,也有很多稀見的版本和經過名人題跋的。例如朱彝尊手跋的《汪氏珊瑚網畫繼》,吳騫題識的《詩經義疏綱領》,李慈銘題識的《通雅堂詩鈔》,盛宣懷的奏議原稿本(有《愚齋存稿》所未刻的),以及流傳很少的明人別集和小說戲曲。(原件;《顧廷龍日記》)

7 月 9 日　顧頡剛有信致先生。

煦華來,藉悉府上均各安好,至慰。剛明日全家赴青,約九月初歸來,嬬如來京,正有空榻也。煦華此行匆促,北京市中大有可求者,尤以清末維新一派出版物尚未爲圖書館所注意,正可及時收購也。茲啓者,重慶師範學院吳毓江教授,研究諸子學達數十年,茲到滬搜集資料,擬請除出示尊藏外,并爲介紹上海各圖書館爲荷。蒙贈揆老《書跋》收到,謝謝。此書至有用也。(《顧頡剛書信集》卷二,第 527 頁)

是月　先生編《涉園序跋集録》由上海古典文學出版社出版。

8 月初　歷史文獻圖書館舉辦"李大釗同志殉難三十周年紀念展覽"。(上海圖書館編《展望與回顧》,第 162 頁)

8 月 24 日　撰成《學習李大釗同志艱苦奮鬥的精神——兼談新中國圖書館事業的發展》一文。(《全集·文集卷·學習李大釗同志艱苦奮鬥的精神——兼談新中國圖書館事業的發展》,上册第 375 頁)

8 月 25 日　爲丁福保、周雲青編《四部總録藝術編》作序。

古語所説"工欲善其事,必先利其器",工具書編得愈多,做研究工作的人愈能節省其很多的時間和精力。此編就是藝術領域裏的一部很好的工具書。它把儘可能搜羅的材料已搜集攏來,有提要、有索引,很便於翻檢。而主要的優點,不僅分類的細密,而目録力求衆多,既博采乎傳記,更詳考其版本。近人於書、畫、法帖、版畫,雖有不少人作過著録,互資補苴,但要把這些書搜集齊備來作參考,那是非常困難。今雲青擷各家之精英,成四類之總匯,纂輯有年,鍥而不捨,以此公諸同好,則對從事這方面研究工作的同志,實有莫大的幫助。(《全集·文集卷·四部總録藝術編序》,下册第612頁)

9月19日　完成《李大釗同志殉難卅周年紀念展覽會工作報告》(草稿)。(原件;《顧廷龍日記》)

10月14日　完成《1958年概算説明》。(原件;《顧廷龍日記》)

11月25日　對上海市社會科學院歷史研究所人員借閱解放前報刊提出三點意見:"1.報刊借出問題,我認爲期刊可通融,報紙不能通融。原因是舊報紙尺寸大,紙質脆,年久,多搬動就容易損毀,減少搬動,延長壽命。還有在翻閱時用力不勻,也會撕破,衹可請閱者特別注意。2.我們房屋條件關係,目前衹能利用六個座位一間的珍本閱覽室,讓他們工作。3.同意上圖的'在遵守各館規則下進行'。顧廷龍。"(《關於歷史研究所提出的借書問題我反映一些情况》)

12月31日　完成《上海市歷史文獻圖書館1957年全年工作簡况》。其中"全年入藏圖書總數61740册"。舉辦"展覽會三次:①特藏展覽,②李大釗同志殉難卅周年展覽,③慶祝十月革命四十周年圖書展覽。參觀人數12202人"。完成中國近百年經濟史料專題目録。"裝裱信札4967頁,拓碑613張"。(原件;《顧廷龍日記》)

是月　先生題簽的《上海市歷史文獻圖書館藏中國近百年經濟史料目録(1840—1949)》,由上海市歷史文獻圖書館出版(油印本)。

是年　代張元濟撰《影印宋本杜工部集》跋。(《全集·文集卷·影印宋本杜工部集跋》,下册第749頁)

是年　商務印書館聘請先生爲特約編審。(先生小筆記本)

是年　《上海市歷史文獻圖書館石刻拓本分類目録》《上海市歷史文獻圖書館藏書目録》出版。(《我館歷年來編印的部分書目》,載上海圖書館編《展望與回顧》)

是年　國務院頒布《全國圖書協調方案》,上海市歷史文獻圖書館被指定爲全國第二中心圖書館的成員館。(《上海圖書館事業志》,第89頁)

## 是年

10月8日　吕思勉卒,74歲。

# 1958 年　55 歲

1月22日　葉恭綽有信致先生。

　　十六日示悉,屋事已即函撲初,因游某不應作主也。大作讀之,深有同感,然今日掇拾叢殘,談何容易,亦聊盡所能而已。承主館事,爲之一慰,此皆積年努力之效果也。法寶館已有展開之望,不知假如因佛教典籍關係,即以之歸併合衆,似亦一法。愚年衰力薄,藉此可以卸肩,但不知手續如何辦法方妥。如能由市府徑向淨業社開口,似尤簡捷一籌之何如? 或先租用全部,亦屬一法。此可徑以官方命令列之,不必弘法社同意也(該社以前祇是借用,并無契約及任何權利),望與森老一商,弟無不同意,祈即復是盼。異體字的廢除,其性質同爲各印刷機關省去麻煩(當然也係整理漢字工作之一),故即由各印刷機關遵辦,不另公布,附去一份尚是初稿,後來略有增改,無大出入,但不可據作定本以複印也。(原信)

2月2日　陳乃乾有信致先生。(《陳乃乾日記》,第320頁)

4月　先生擬訂個人"紅專規劃"。(《文集·書海滄桑》,第699頁)

5月24日　劉厚生有信致先生,談"預備立憲公會"事。(原信)

6月28日　跋《經籍跋文》。"編印卡片目錄,重行檢校,余與潘景鄭君再三諦審,認爲錢札確係親筆,簡莊、兔床俱屬樗本。原目題手稿本,今改鈔本。記此以告後來。"(《全集·文集卷·經籍跋文跋》,下冊第820頁)

7月17日　聶崇岐有信致先生。

　　前月覆函,計達左右,近況如何? 雙反交心運動,貴館已結束否? 此間已進入第四階段,本月下旬即將結束,此後將全力投入躍進計劃矣。茲有懇者,敝組擬着手整理王韜著作,其《弢園文錄外編》聞有十二卷本,而京市祇能覓到十卷本,不知貴館有十二卷本否? 如有,可否假來抄錄? 如無,則滬上有藏十二卷本者否? 又王氏零星著作甚多,亦請就所見所知者開一簡目,有瀆清神。謝謝!

　　…………

　　顧太太體氣如何? 誦芬仍在京否?

　　朱蓉江已調往武漢科學分院,主要任務爲圖書館工作。并聞。(原信)

7月24日　周志輔有信致先生。

　　年前承賜張、葉兩先生巨著,感謝靡已。茲因拙作易學兩種最近殺青,特寄呈三本,除奉贈台端而外,另一本送圖書館,一本乞轉致徐森老爲叩。海隅萍寄,藉溫故而知新,匪敢侈言著述也。森老前乞致意。(原信)

9月15日    葉恭綽有信致先生（按，此信上又寫“非公函”）。

重知仍無信來，致一切無從決定奉復，焦灼慚愧之至，弟用人不當，實非始料所及。茲姑再致重知一函，請閱後面交并詢其種切，此係弟個人托兄的事，非以圖書館關係也。再北京市有不少房屋（如各會館）委托市府代管的，不知滬市有此先例否？條件如何？或者由我個人私函致你，表示願將房屋讓與合衆，你即據以請文化局執行，似亦一法。但我離滬十餘年，完全不明滬市現狀，難以懸決。又如將館屋及文物一概交回凈業社，再由圖書館或何方與社交涉借用或租用，是否妥當，亦請考慮見示。（原信）

9月19日    先生有信致葉恭綽。

大函敬悉。關於法寶館房屋事，以您個人私函表示願將房屋讓與我館（上海市歷史文獻圖書館），我館即據此函請文化局與有關單位聯繫進行，鄙意如此辦法甚好，似可一試。如果文化局認爲不妥，可將來函奉還。

此屋如交凈業社，我館現在滿屋書籍一時無法它遷，勢必與凈業社繼續訂約，我們繼續負擔租費。倘您了〈將〉此屋讓與我館，想凈業社方面對您的化公爲私〈化私爲公〉不致有異議。仍希裁奪。（《全集·書信卷·致葉恭綽》，上冊第67頁）

10月4日    被上海市新成區提名爲上海市第三屆人民代表大會代表候選人。（上海市新成區人民委員會通知）

10月6日    經中共上海市委宣傳部批准，上海圖書館、上海市科學技術圖書館、上海市報刊圖書館、上海市歷史文獻圖書館四館合併，成爲新的上海圖書館。合併後，全館活動中心移至南京西路上海圖書館，歷史文獻圖書館原址改爲上海圖書館長樂路書庫。（先生的回憶；《上海圖書館事業志》，第89頁）

1958年10月，上海市文化局決定將上海圖書館和原來由愛國知識分子社會知名人士黃炎培、馬蔭良等先生創辦的報刊圖書館（原鴻英圖書館），張元濟、陳叔通、葉景葵等先生創辦的歷史文獻圖書館（原合衆圖書館），由任鴻雋等先生創建的中國科學社以及中華化工學會圖書館共同組成的科技圖書館（原明復圖書館）等幾個有一定基礎和專業特色的圖書館統一機構，改變了原先分散設立的局面，藏書量隨即增加到四百餘萬冊，初步形成爲大型綜合性圖書館，更有利於承擔起爲科研服務和普及工作的任務。（孫秉良《對上海圖書館歷史的一點回顧》，載《總結·開拓·前進：建館三十五周年紀念文集》，第29頁）

10月10日    被上海市新成區第三屆人民代表大會選爲上海市第三屆人民代表大會代表。（上海市新成區人民委員會辦公室通知；代表當選證書；履歷表）

是月    代徐森玉撰《黃賓虹山水寫生冊》跋。

賓虹好游山水，於黃山、陽朔、富春、匡廬，以至三峽、峨眉諸勝，蘊蓄於中，偶一觸發，振筆寫出，恢詭峭拔，各盡其致。偶作平遠山水，晚年以水墨作法,加淺絳青緑,欲與油畫冶於一爐,不守成規,敢於創造。年九十二,不幸以胃癌逝世,使再假以年,必有更進於是者。花卉有生氣,不同凡艷,尤工古篆。老友陳叔通告余:裴君延九珍視文物,前已募資印《湯定之楊无恙姚茫父三家書畫集》,兹見賓虹、古愚、越園三家畫而又愛焉,願續印傳世。與六人者均不相識,誠有助於文藝之流播矣,因并識之。(《全集·文集卷·跋黄賓虹山水寫生册》,下册第 711 頁)

約 11 月中旬　先生有信致方行。

　　我館擬編之《明清史料叢書》,約定由人民出版社出版,後來因與他們的方針任務不適合,轉交中華書局出版。中華接受後,以爲《叢書》的範圍性質最好明確一些,材料集中一些。意見甚好。我館原選十一種,僅一種是屬明中葉的,其餘都是明末有關反明抗清的材料,因商定剔出一種,改名爲《明末史料叢編十種》。第一種已排好,即可三校。需要一篇《叢編》的出版説明,現由同志們擬就,送呈審正,是否可用? 倘蒙斧正,尤爲感幸! 此文原擬用上海歷史文獻圖書館具名,現在四館統一,是否即用上海圖書館,亦請酌示。(《全集·書信卷·致方行》,上册第 295 頁)

11 月 25 日　先生有信致葉恭綽。

　　十七日函敬悉。重知三信相已先後收到。兹擬呈捐獻函稿二通,希核定照辦。

　　我稔知先生捐獻之意早定,豈容懷疑。前信所言,原因地與浄業有關連,不能無所顧慮,實則將來大辦公社後,這種問題自能解決。

　　《房山石經》,森老很注意,將來可由森老建議處理辦法,終以求得妥善歸宿爲是。

　　先生致森老二十日一函已收到,容再作答。他大約一二月間入都,附聞。(《全集·書信卷·致葉恭綽》,上册第 68 頁)

11 月 27 日　葉恭綽有信致先生。

　　廿五日函奉悉。適同日我亦寄上一函,内附擬致文化局函稿,因恐諸公事忙,故勉擬一稿。今得來稿,大意無甚出入,但我稿稱爲"歸併",來稿則作"捐獻",字面雖殊而實質則一,且"歸併"二字似較渾融,更可免許多挑剔誤解。當否,仍祈核示。至地皮一層,可聽其自然解決,此刻似可不提也。又我稿末段云"如承同意,請示復,以便雙方商榷進行",來稿則云"請早日接管",微有不同。我意,你待文化局表示同意,其他即可雙方協定,不必再時問局中,麻煩也。根據此意,所以地皮、餘款、職員等皆不必提及,自存物品等亦可不提,均於商榷進行中協定較爲方便,統望核復爲盼。至雙方協定,可另擬一稿。如尊處謂然,即請具稿見寄(暫非正式的),至盼。(原信)

11 月 28 日　先生有信致方行。

　　兹擬具編纂《全國叢書總目》計劃,擬作明年國慶獻禮。一份已送社文處，一份送您審核，是否可行？尚祈批示。惟此目份量較重，須早日與出版單位聯繫，中華書局方面曾非正式探詢，有可能接受出版，容批准後，正式洽談。工作進行中，并請多加指導爲盼。……前呈《明末史料叢編》出版説明，已承賜正否？念念。（《全集·書信卷·致方行》，上册第 296 頁）

12月2日　葉恭綽有信致先生。

　　再奉贈貴館第二批書籍，屢問中國書店，因其事忙，竟不得要領，嗣又云現在覓箱子極難，前次即用紙箱云云，不知何故？究竟前次係用何箱？此次以用何箱爲宜？因此次以圖片爲多，如貴館來京之人能自辦似較好。又交書店不能不開單，弟病勢龍鍾，以自行開單爲苦，如交貴館來人，即擬不開單，但其自購板箱，恐亦非易事。或用柳條箱（須購新者，又不堅密），請兄預籌，并告來人。……聞森老雙目患白内障，此極討厭，弟患之十年，如係慢性的，尚可設法維持，如係急性，則或須動手術矣（亦未可恃）。來函地址寫西康路，未知是否係住宅，以後去信以寄何處爲妥，祈示。弟近精神仍壞，頭眩心悸、神經痛等等均全，故仍不外出，亦極少見客，因説話稍多，便覺氣竭舌强也。又及。（原信）

12月8日　葉恭綽有信致先生。

　　五日示悉。當與中國書店接洽，該店離我處極近。但來函説明用郵包或蒲包運送，弟所擬捐贈者頗有須細加防護之物（如書畫卷軸），既不便照印刷品郵寄，而用蒲包又嫌單薄，北方蒲包不似南方席包，且十分軟弱，不能防範包内之物。可否徑再一函該店，説明可用木箱，不然無法上路也（如照貨物運送，則壓榨衝擊均所難免矣）。大約各件可分兩類，一係較少流通之書籍，二係家傳之文物。第一類較易辦，第二類則須妥爲裝裹矣。明後日和該店一商再説（弟已數月未外出，即與該店接洽，亦須托人也），你處致該店之函，請一面發出徑寄可耳。再文化局如有復函，請即寄下。重知又無信來，不知其如何準備一切移交手續，可嘆！（原信）

12月10日　葉恭綽有信致先生。

　　此函未發，適囑友往中國書店洽商，該店欣然願爲服務，亦云如較好之物以用板箱爲宜（所費當亦不太貴），如你館不克擔此費，則由我出亦可，統望示遵。總之，但願各件之安全運送及保管耳。廿年來損失毁壞之文物，以數千件計，頗類李易安之感痛。目下書籍無多，而物品尚有（亦多關於歷史文獻者），前奉詢《廣東叢書》一、二、三集，你館齊全否？或尚缺某集，亦祈詳示，以便一併贈寄所缺。12.10. 綽又及。（原信）

12月12日　葉恭綽有信致先生。

　　前得五日函，當即奉復。兹有致錢重知函，請轉致。餘有下列各事：1.致文化局函，你何日發出，請示知，以便填入函稿内。又文化局如有復函，請即寄京。2.現寄存法寶館之《磧砂藏》，如你館無此物，則我擬以我的名義捐送一部與你館(因當時係我出資購取,備送南京陵園藏經樓的,今該處藏經樓迄未組織)。3. 文化局對於由你館接管諒無問題,但必須有明文指示,方算正式決定,即請催辦。4. 中國書店已接洽,他們亦説蒲包不妥,望即加函告知該店。5. 森老是否明年一月北上?祈示。餘頌日安。弟玉甫上。十二月十二日。(原信)

是日　葉恭綽又有信致先生。

頃函計達,兹寫正另一捐獻之函,請一併送致(日子請填入),并請法寶館致文化局函抄一清稿寄下爲荷,文化局答覆之信亦請抄示。重知辛苦有年,人雖迂拙,然境況實窘,我本意想在法寶館餘款内,給予一次撫慰金,未知你意如何(如怕與他的留用有礙,則不必矣)?至盼示覆。此上起潛兄。弟玉甫啓。1958.12.12.

森老均此未另。貴館門牌號數請見告。(原信)

是日　先生有信致葉恭綽。

往來函件,輒相交叉,因稽遲奉答。致森老信已拜讀,尊見甚是。酬金一層請裁酌,或俟文化局復信再定(不久即可作答)。

贈書決定裝木箱,以鄭重妥寄爲是。前函考慮不周,已再徑函中國書店切托。承指示,感甚!所費當由我館負擔,不誤。

《廣東叢書》一、二、三集,我館僅有一份完全者,亦即先生往日所贈,如能再送一份,尤好,可以一用一藏。

景鄭兄在此,一切安好,惟編目工作甚爲繁忙。知念附聞。(《全集·書信卷·致葉恭綽》,上册第 70 頁)

12 月 16 日　先生有信致葉恭綽。

十二月十二日手書敬悉。十日手書已於十二奉復,想邀鑒及。承詢各節,奉答如下:

一、致文化局信,係十二月五日送出。復信來即寄上。

二、《磧砂藏》我館已有一部,可以不備複本,請酌。

三、文化局接受交我們管理,想無問題,容再聯繫。

四、中國書店已於十二日航郵,請其改用木箱裝運。

五、森老大約要二月中北上,聞人代會約在彼時也。

致重知信,當即轉告,勿念。(《全集·書信卷·致葉恭綽》,上册第 71 頁)

12 月 27 日　作《慶豐收　迎新年》詩一首。

鋼帥升寶帳,農業慶豐登。百花齊怒放,文化革命興。寂寞圖書館,從此日恢弘。諮詢情殷切,形勢難適應。如何服務好,尋求此窔奥。迷信先破除,舊制待清掃。因襲逾百年,毅然大改造。塊塊易條條,原機構以採訪、編目、參考、閲覽分爲幾塊加工部分,今改以知識門類爲經,加工程式爲緯,各成系統。供求尤協調。生産同研究,相投報瓊瑶。讀者與館員,情誼化爲橋。書館喜翻身,活力如青春。躍進再躍進,歲莫豈逡巡。全民獻禮忙,元旦萬象新。英明黨領導,雷霆力萬鈞。明年再苦戰,建設如飛輪。熱情與詩會,勿笑學語人。

　　我不會做詩,今天躬與盛會,興致所至,學吟一章,請同志們批評。(原件;《全集·文集卷·慶豐收　迎新年》,下册第 873 頁)

12 月 30 日　葉恭綽有信致先生。

　　奉函甚慰。惟局函過簡,不知是否已另有向你館通知其辦法如何? 一、是否由你館接收? 二、其餘如留用等如何,均未提及。三、以後是否能繼續保管及發展,均一字未提,尚盼能以詳告,俾精神上能有交代。老病頹唐,別無奢望,尚盼原來宗旨不太抛棄耳。……寄滬各書,因檢點及分析尚未竣,又連日驪寒,暈眩加甚,不能工作,故不能快耳。又及。(原信)

是年　國務院副總理陳毅爲上海圖書館題寫館名。(《上海圖書館事業志》,第 31 頁)

是年　先生被任命爲上海市圖書文物出口鑒定委員會副主任委員。(履歷表)

是年　《上海市歷史文獻圖書館期刊目録》《中國現代革命史料目録初稿》出版(1832—1949)。(《我館歷年來編印的部分書目》,載上海圖書館編《展望與回顧》)

### 是年

　　6 月 21 日　柳亞子卒,72 歲。

　　6 月　蔣維喬卒,86 歲。

　　7 月 23 日　高燮卒,81 歲。

　　10 月 17 日　鄭振鐸卒,60 歲。

# 1959 年　56 歲

1月6日　先生有信致葉恭綽。

接奉卅日手書,敬悉。前寄局函,匆匆未加説明,致關廑念,歉歉！

文化局對公捐獻法寶館,極爲滿意,將來當交我館接受,錢重知亦決定留用。所捐圖書文物自當妥爲保存,使其發揮作用,并將與我館原藏佛教史料集中整理,編纂專目,則尊藏與培老舊藏有珠聯璧合之美。想從此我館所有釋典,在海內收藏中列展前茅,可勝喜慰。何時移交,如何移交,請指示重知辦理,準備好後,龍去請示文化局正式派人接受。一切候示祗遵。(《全集·書信卷·致葉恭綽》,上册第72頁)

1月15日　葉恭綽有信致徐森玉及先生。

久未得來書,重知亦仍不來信,我想如俟全部文物開出清單送文化局,再由局派人接收,恐不知要拖多少時。且各機關交代似并不如此,恐怕祇有先行接收房屋款項,再點查物品,似乎合衆當時即係如此(當然合衆文物較多,然法寶館祇有一個幹事,亦勢不能全盤造册,再行接收),且既預定合衆接收,似更以早日宣布爲宜。兹致文化局一函,如您認爲無妨礙,請即加封送去爲感。(原信)

1月16日　先生有信致小野和子。

上月接奉手書,藉諗東瀛學人勤治漢學,編製索引,甚以爲喜！承詢《明文海》編者,或以爲非出梨洲先生之手而屬吾家秀野先生,恐係誤傳,未可據信。考全祖望撰《梨洲先生神道碑文》有云:公又選明三百年之文爲《明文案》,後廣之爲《明文海》,共四百八十二卷,自言多與十朝國史多彈駁參正者。黃炳垕撰《黃梨洲先生年譜·康熙十四年乙卯》有"《明文案》選成,共二百十七卷(原注:鈔入《四庫全書》後,廣爲《文海》四百八十二卷,亦鈔入《四庫全書》)"。《文案》有刻本,未見,嘗見殘稿十餘册。《明文海》尚有傳本,上海圖書館藏有一帙,并已編有目録。涵芬樓及章氏四當齋所藏,今均藏北京圖書館。我國現正大力整理古籍,此書已在計畫印行之中。梨洲既廣《文案》爲《文海》,又精簡爲《明文授讀》,首亦載《明文案》兩序,與《文海》同。又觀《授讀》序例,敘述三書編纂始末甚詳。……秀野先生嘗與修《四朝詩》而專致力於《元詩選》,年譜、家傳皆未有從事《明文》之記載,但嘗借書於玉峰徐氏,則與梨洲取資相同,或因此而誤乎? 略陳管見,不知信否孰是耳。貴所有吉川善之、平岡武夫兩教授,皆我故人,煩爲致念。曩歲善之君嘗主編《京都研究所漢籍目録》及《東洋史研究文獻類目》,

不知現在尚能代爲物色一全份否？便希一詢，不勝遥盼。（底稿）

1月18日　葉恭綽有信致先生。

捐贈你館文籍等，本日已交與中國書店，未知何時運到。茲附致你館公函，請查收見復。再法寶館由你館接收，計你館已收到明文，我想接收必須有次第，故此先有明文接收，再由雙方點交爲妥。千萬請設法照此辦理，否則不知拖到何日，弟老病侵尋，實恐難待也。此中毫無他故，想承亮察。……此函并請交森老一閱。再前致文化局之函，曾否發出，該局有無答覆，祈示（即請其指明接收人之函）。（原信）

是日　葉恭綽又有信致先生。

前函計達。頃接錢重知信，知點交事已辦竣，爲慰。渠函僅係報告大要，一切尚不得其詳，然典籍一類，已達三萬數千册，亦不爲少矣。對全館能略有貢獻，愚亦當以自慰也。清單本定兩份，各執其一，俟蓋章後，望以一份寄京，俾資查考爲盼。又我個人捐獻部分，附有稿件十五包，係編印《清詞》等之稿件，係當時寄存館中者，本非法寶範圍內物，已囑錢君剔出寄來，望洽辦，并屬將手續劃清爲盼。因其中是否尚有需用稿件已記不清，需自理纔詳悉也，如列入公物中，則轉多不便，且亦無用處，請鑒察爲荷。又點交事如全部完竣後，則法寶館已行結束，希望主管機關賜一略加稱許之函，以便有以對先後協贊諸人，并有詞以對净業社，但不急在旬日耳。我了此一事，心頗暢然，此皆君和森老之惠也。又錢君在職任事廿餘年，雖其人無大才能，但典守無虧，且迭遭危難，後因公成疾，幾於殘廢，此度移交復克全終始，此後如何予以優遇之處，敬乞卓裁，以資勸勉，不勝企盼。（原信）

2月2日　中共上海市委批示同意建立全國第二中心圖書館，并成立中心圖書館委員會，隸屬於上海市科學技術委員會，成員館六所，上海圖書館爲核心成員館，負責日常事務。徐森玉爲中心圖書館委員會主任委員，方行爲副主任委員，委員有郭紹虞、任鴻雋、李芳馥、曹未風、洪範五及先生等十六人。〔《徐森玉先生與中國的文博事業（下）》，載《國學茶座》第8期，第79頁〕

3月2日　先生在小筆記本上記所見碑帖、寫經，計“宋拓《大麻姑仙壇記》，有戴熙跋、洪溥跋，張廷濟舊藏，價1000，還800。《安喜李公碑》，舊拓，原題宋拓本，劉體仁舊藏，有跋，有羅叔言校字甚多，100元，古籍。水前拓《瘞鶴銘》，李國松舊藏，有吳郁生題記，100元，古籍。《程夫人磚塔銘》，劉健之舊藏，60元，古籍。寫經十三卷”。（先生小筆記本）

3月3日　修訂“紅專規劃”。陳九洲來長樂路館，鼓勵先生争取入黨。（先生小筆記本）

3月29日　先生有信致顧頡剛。

不通音問者，忽忽一年餘矣，想念何如！懶與忙併，遂疏握管，惟潭第安吉爲頌。

我館已與上海圖書館統一，諸事尚在摸索。近擬編輯《叢書綜錄》，爲國慶獻禮，事極繁重，日期又促，心殊焦急。北京各館所有叢書爲上海所無者約五百餘種，各人著錄不一，特屬王熙華、楊鑒同志到京，細加校核。檢呈計劃一份，請予指教。

上月忽有日人小野和子來書，詢《明文海》著者，我以爲即黎洲之稿，不信有秀野之作。今得寄來照片，確題俠君公之名，遍查家乘、年譜等，均無叙及。讀序文，屬稿時則俠君公年事尚幼，可疑一；序文與選文不合，可疑二（序文言重在文章，與黎洲編者相近，而所選之文均係傳記，若碑傳集）。若曰僞作，又誰僞此巨編，疑莫能釋。惟查通奉公（岩卜公）年譜（男爾昌撰）康熙十五年云：“先是，三母舅遜修公（似即宋大業）有《明文選》，未竟而歿，府君因與研谿惠公、乾齋陳公相與校讎，剞劂成集，得行於世。”此《明文選》與彼《明文海》，不知亦有關係否？不得旁證。照片托王、楊二君帶呈，幸鑒定賜示爲盼。

…………

有關歷史文獻的資料索引工作，比較重要而又急需者，便希代籌數題爲盼。（原信；《全集·書信卷·致顧頡剛》，上册第 178 頁）

5月17日　先生有信致顧頡剛。

上月中奉長沙手片，欣諗身體健康，視察多得，深慰遠懷。時適館友入京，帶呈一緘，想亦已邀鑒及矣。

日人小野和子所寄秀野公《明文海》序目照片，看書名與目錄似不相合，我疑其僞，但無佐證，不知公以爲何如？如何作答頗躊躇，便希教之。

最近華東師大編輯《歷史辭典》，姚舜欽君主持其事，條目中有關民族、宗教方面，上海找不到編寫之人，渠屬轉懇公代爲設法倩人分擔。茲將條目體例草案附上，希察入。若不能完全解決，即分去數條亦好。

公尚有原擬自留書籍、墨拓兩箱，當年疏未畢檢，今在調整書箱時發現，俟稍暇，當爲包裝運京，何如？

公近來任事想甚繁忙，《浪口村隨筆》已否改定？有何新稿印出？聞靜秋工作亦甚忙，諸孩想均聰吉，均時在念。

我館已與上海圖書館合併，因南京路屋宇不敷，尚留原址工作，一切在發展中。龍頗頑健，內人體力亦漸復元，足釋錦注。芬兒來信，即將入京，暇當奉候起居。

我館今年編《叢書目錄》，明年擬編幾種索引，現想到者爲地方總集人名小傳索引，公以爲然否？如有其他題目，便希代籌爲幸。（原信；《全集·書信卷·致顧頡剛》，上册第 180 頁）

5月20日　葉恭綽有信致先生。

九日示悉。森老行後，我又發病，狼狽了幾天，現始稍好。《滄海叢書》

容轉詢設法，弟亦久不與其後人聯繫矣。法寶館點交想已開始，重知數月來未來一字也。前此交與尊處之餘款爲數若干，曾否給予收據，祈示。因我計其數爲二千餘元，但不知確數也。茲有懇者，弟因須用冷金箋爲裝訂用，而此間漸缺，擬乞代購二十大張，即每張可裁做一副對聯者。其色藍、黃、綠、白，均無不可，但不要紅及黑，又好些或壞些均可，大約舊箋扇店或新箋扇店或裱畫店可能均有。又尚須白絲綫十餘兩，購就并望郵寄，因妥便，難找也不必耳。爲價若干，示知即寄。如冷金箋難找，則不論何紙，能做書衣的均可，不過要稍好者耳。瑣瀆，謝謝。（原信）

是月　先生被任命爲上海辭書編輯委員會編輯委員、分科主編。（履歷表）

7月24日　顧頡剛有信致先生。

疊接賜書，皆以事牽掣不克作答，罪甚。希白來京，述及嬸母曾陪容太太同游，知嬸體安好爲慰。剛去年參加運動一年，不勝勞累，又晚上開會，激發失眠症甚劇，不得已多服安眠藥，而西藥不堪久服，其後竟致無效，精神遂一蹶不振。而既居北京，處處開會，久無暇日，加以今年注重業務，定有計劃必須完成，諸端逼迫，體益不支，祇得請准組織到青島療養。年日以長，體日以衰，而事日以多，其爲苦痛何可勝言。但望數年後許其退休，俾得從容寫作耳。俠君公《明文海》一稿，誠爲創見，大約因所選文中對清朝有詆毀處，以文字獄日緊，故不敢刊印，亦不敢登入年譜，而竟流傳至日本，真意外事矣。華東師大《歷史辭典》事，當於考慮後徑復。《叢書總目》之編輯，想必大忙，此書出版嘉惠學人寧有既極。煦華等年輕力壯，擔任其事必然游刃有餘，殊可喜也。先父所藏書畫古物已盡數捐與蘇州博物館，了一心事。尊編《尚書文字合編》中華書局有印意，不知可補材料尚有若干？刻工有覓處否？如其無之，則將原迹照相石印亦可。剛之《尚書今譯》一稿，科學院及中華書局均定入計劃，勢在必成，祇望失眠病能痊，可方有完成任務之日。全國政協設立文史資料研究委員會，徵集近代史稿，劉厚生先生《張謇傳》稿大可寄與。厚丈近日身體好否？念念。（原信；《顧頡剛書信集》卷二，第528頁）

是月　先生被任命爲上海市政治協商會議文史資料編輯委員會編輯委員、編審。（履歷表）

8月14日　晚，張元濟先生病逝於上海華東醫院，享年93歲。治喪委員會成員有朱德、江庸、沈鈞儒、李維漢、陳丕顯、陳叔通、陳毅、邵力子、胡厥文、趙祖康、榮毅仁、徐森玉、梁思成、郭沫若、彭真、黃炎培以及先生等。（《張元濟年譜》，第583頁）

8月17日　張元濟先生公祭儀式在萬國殯儀館舉行。曹荻秋副市長致悼詞，先生介紹張元濟生平事迹。（《張元濟年譜》，第583頁）

8月18日　顧頡剛有信致先生。"起潛叔囑予爲誦芬弟覓對象，已不止一次,而予苦無以應之。此次來青,見護理員寧汝亭責任心强,服務態度好,遂興介紹之念。今日去信道之,如以爲可,當再在此處進行。"(《顧頡剛日記》卷八,第 673 頁)

9 月 15 日　葉恭綽有信致先生。

　　　頃得重知來函,已逐一復之,大約仍要煩兄費神,故函亦由兄轉,免得重述矣。法寶館情形可能轉變,愈遲愈不便措置。天水對渠殊不滿,趁我在,尚不致如何,所謂安全退却也。此點我未告之,免其徒然焦急。然若不準備,則難免吹毛得疵,奈何奈何。祇可聽之而已。(原信)

9 月 22 日　在先生的策劃和推動下,"上海圖書館舉辦'珍貴書刊展覽',展出革命文獻、近代報刊、古典文獻等珍貴館藏 477 種"。(《上海圖書館事業志》,第 31 頁)

9 月 30 日　上海圖書館編《中國叢書綜録》,由中華書局上海編輯所出版。此書爲新中國成立以來,出版的最重要的古籍檢索工具書之一,從草創到定稿僅一年又三個月。是日,第一部書裝成,中華書局上海編輯所即組織鑼鼓隊往上圖報喜,先生率館員在門口迎接。(《文集·胡道靜序》)

"《中國叢書綜録》是由吾倡議編纂,亦由吾主其成。此書份量不小,而能很快出版,有幾個因素,主要爲向國慶獻禮。叢書本館所藏外,北圖借了一點。謝國楨原有此意,後來未克繼續完成。編此目,我是由日本京都大學漢籍分類目録而得到啓發。我在燕京時,爲章式之先生遺書編目,一日,吉川幸次郎先生來訪,贈予《日本京都東方文化學院漢籍分類目録》,又另編一册,有書名及子目索引。凡叢書子目,均分别各類,作者、版本著録甚詳,使用方便,余甚好之。"

"當時古籍出版胡道靜主其事,他到印刷廠辦公。我每日帶卡片一盒、排樣一份回家,晚飯後,以伴病妻爲名,我實在校片。次日送胡君,他辦公即在廠中,非常艱辛,若無道靜之努力,若非熟悉版本目録者,亦很難完成得好。我不爲名不爲利,但求能完成此書耳。"

"《綜録》的分工爲:沈文倬主經部,俞爾康主史部,王煦華、謝沛霖主子部,楊鑒、朱一冰主集部,吾以館長總其成。《綜録》的前言是沈文倬寫的。出版後,文化局孟波局長主張要補一張工作人員名單,要我爲主編。我爲免討氣,也不要爭名奪利。所幸出版後,輿論不惡。"(先生小筆記本)

是日　完成影印宋刻本《藝文類聚》前言。此書爲宋刻孤本,上海圖書館藏,由中華書局上海編輯所影印。

　　　原爲朱氏結一廬舊藏。《結一廬宋元本書目》曾有著録,但記載不詳。宋刻《類聚》,遍查各家書目,天禄琳琅曾有一帙,經後人鑒定,實係明刊。馮舒校宋本,所據宋本爲錢謙益所藏,但查錢氏藏目中没有載及,很早就散失,也無可踪迹。祇有馮氏校本,展轉過録,綿延不絶,尚能見到。因此,宋本流傳既鮮,這一部當推爲海内孤本了。(《全集·文集卷·藝文類聚前言》,

下册第740頁）

10月1日　向單位組織遞交入黨報告,交給支部書記徐釗。(先生小筆記本)

12月14日　葉恭綽有信致先生。

十日示收到,承詢編訂遺稿之法,愚衰耄善忘,不足以答下問,兹就管窺述要如下:

編訂遺稿之法,其大要是古爲今用,因此必須站在目下及最近之將來的立場,從事此項工作。但其間復有原稿完整與否之分別。如其人較爲重要,原稿又較完整,且全未印行過者,我意不要删節,因其中往往有不經意之處,而今日可據爲典要者,如年、月、日、地名、官名及典章制度、氣候之類。如祇係片段或叢殘,則祇能摘要,因不足概其人之生平,祇能以其能供顯著之查考與否爲斷耳。來函舉曾、李奏稿爲辭,則另有説,因兩人之全集(包奏議)皆經當時名手主持,且有即是當時起草者(如吳汝綸),其去取自必有其標準(當時的標準),特當時的標準未必即爲今日的標準,故最好不加删節,以備或有之用途。如近出之《劉坤一全集》,不知何人所編,似頗足見其人之全貌。次之錫良之奏議亦然,足爲史料之一,惜《錫集》未載奏議以外之電奏、代奏及公文、函牘、電稿,此則《張之洞全集》較優也。又《盛宣懷全集》亦編得尚好,館中大概有之,當時印行無多,卷帙又繁,此類書必宜多收也。又公私函札,鄙意亦極重要,因官文書强半不能和盤托出,而函札往往能盡其曲折及隱蔽耳。軍機處檔案之重要性,會在廷寄而不在明發上諭亦即因此(軍機處檔案現存明清檔案館,已不齊全,内務府檔案亦歸該館)。總之,辛亥革命後至解放前,公私文件之散失者不知凡幾,可惜之至,此應由其時之朝野共負其責(例如南洋大臣之檔多在滬道署,北洋大臣之文件繼歸直隸省長署,今皆散失)。記得十餘年前,滬開文物展覽會時,所陳圖籍稿本,聞經倭亂,亦毀喪不少,此皆不可補之損失也。抑尚有欲陳者,吾國佛教與政治經濟文化之關係,凡千餘年,故佛教典籍中,史料極多,以前鑽研者少,故少所發揚(道教亦然),一般人怕戴“迷信”帽子,不能沾邊,遑云考索? 其實也是“不敢想、不敢做”在那裏作祟,今後應該積極發掘纔是(至少應把資料先謀保存)。從前,陳援庵於此頗有所得,今亦無暇及此矣。張菊生事略,綜述非易,其家應當有不少資料,應再多徵商務老人資料,其家藏書應尚不少也。譚嗣同文稿事,想已接洽。(原信)

12月28日　曹仲淵有信致先生。

前於九月卅日送請批判并改正拙編《王培孫先生年譜》稿,諒先生已在百忙之中惠予進行,時間可以伸縮,如年内少暇,過年再看亦可。其中如經發現不妥之處,統望指正爲感。(原信)

是年　吳玉章來上海圖書館視察并看書,先生負責接待,相談甚歡。先生彙報了上圖正在編輯《中國近代期刊篇目彙録》,并請吴玉章爲此書題寫書名。吴回北京後不久,即將手書寄來。(《全集·文集卷·十年苦幹,搶編出善本書總目——憶周總理、陳毅等同志對圖書館事業的關懷》,上册第 470 頁 )

**是年**

8 月 10 日　冒廣生卒,87 歲。

# 1960 年　57 歲

**1月4日　先生有信致陳麟瑞。**

多年不通音問，無時不在懷念之中。比從徐孝穆同志處獲悉近況佳勝，爲慰。

原合衆圖書館、鴻英圖書館等已統一合併爲上海圖書館。上海圖書館原與上海博物館合居一樓，今博物館已遷至河南路，我館遂得大事擴充，現在藏書總數已逾四百萬册。去年"大躍進"中，在黨的正確領導下，全體同志鼓足幹勁，將所有存書突擊整理完畢，已基本上均可檢閱。吾兄對圖書館事業素所關懷，用以奉聞。近以整理館藏，在柳亞子先生贈書中檢得其手跋多種，頗擬輯爲專集，不知柳氏尚有存稿否？亞子先生似僅有詩集印行，而文集尚未見及，不知已有編輯否？念念。我館在文化局黨委領導之下，擬在春節舉辦毛主席著作及手迹展覽，以迎接學習毛主席著作高潮。因思柳亞子先生藏有毛主席倡和詩詞甚多，擬懇吾兄設法告借陳列，一俟展覽結束，當即奉還。如果不欲外借，能否給予拍攝照片一份？特屬我館葉寶弟、王煦華兩同志前來面洽，尚祈鼎力玉成爲幸。（《全集·書信卷·致陳麟瑞》，上册第234頁）

**1月7日　聞宥有信致先生。**

久疏問候，忽得惠函，欣快何似。前在書肆見《叢書目録》，知兄與景鄭、道静兩兄殫精纂述，搜羅浩博，嘉惠士林，不勝欣羨。

僕年來忙於工作，愧無撰作，擬綜合《爾雅》《方言》《説文》《廣雅》諸書，臆其會通，撰爲新注。然而此事浩繁，自愧學殖荒落，一時尚未有結果也。承垂念廣、輅兩兒，至以爲感。廣兒現在京工作，前年結婚，已有兩兒，星期間或來舍，頗以含飴爲樂。輅兒畢業後曾赴閩工作，現在成都，暑中曾來京一次，寒假期短，大約不能來也。

前承景鄭兄賜告□□年代，至爲感謝。現審兩兄同在西康路，想益得切磋之樂，便中請爲致意。銅鼓拓片，行篋又續得數十份，目下尚未暇成書，前承景鄭兄賜告上海所藏有帶年代者，亦此學一珍聞也。此間近來古籍漸俏，上海市上不知何似，亦尚易得否？便中請賜告一二。（原信）

**1月11日　葉恭綽有信致先生。**

昨寄一紙，計達。兹將《沁園春》照片寄上，另包挂號。原底因京中有某機關徵取，已於臘底交出矣。聞各地一律徵求手迹，諒必成巨觀。滬展如有目録，望賜一份。又照片仍寄長樂路，想無差誤，其夾此軟片的兩本書乃麟見亭（即《鴻雪因緣》者）之後人所送，似亦可入圖書館收藏也。再中華書局京滬兩編輯所或負責人不知有熟人否？因《清詞鈔》及《五代十國文》兩書現經發動，惟其中尚有些枝節擬托人促進也。有呂君貞白，不知熟否？聞在中華滬編輯所，不知信否？森老想有晤及，其目疾如何，十分繫念，渠今年似屆八十，不知係某月日生，兄知之否？（原信）

1月14日　先生有信致葉恭綽。

　　兩奉手書，均悉。《佛經目》已屬人傳錄，鈔畢即趙。法寶館圖書文物已點完，清單亦已開好，日内當檢齊寄呈。定名有無錯誤？何者須加注意？統祈批示。單中有《北山錄》一帙，此書我館已有三四部，可否請公指贈徐森老？森老屬我覓此已久，此書係渠創印，將留紀念，想必蒙同意也。

　　承贈第二批書籍，茲已介紹我館王煦華同志前來奉訪，乞賜洽爲荷。

　　森老所患白内障，聞係慢性，經打某種針劑後略好。渠今年八十正壽，生日不詳。去年有人言及擬爲祝賀，但已表示堅却。

　　龍與貞白君因工作有所接觸，但不熟洽。龍現住西康路，日在南京路辦公，長樂路仍常去，《沁園春》照片必可收到，請勿念。（《全集·書信卷·致葉恭綽》，上册第74頁）

1月18日　葉恭綽有信致先生。

　　昨函計達。今晨王同志來，接奉手示，因渠明日即行，又值雨雪，弟又值不適，茲將已檢出文物（紙箱究恐不妥）交其帶滬，來不及開單，望您處收到後，列一單見復爲感。此次各件有手稿、鈔本、明板、元板的書籍，有各時代的碑帖（碑帖有特殊者，有普通者，須分析，如雲岡拓本，雖新而難得）。其文廷穌的《釋名》手稿未刻過，他是文廷式的胞弟。老《申報》的小本《雜俎》亦不易覓。又整張碑拓亦頗難得（指曾托裱的），又《光孝寺志》和《栖霞山志》似館中亦無之也。餘俟檢出再作一批帶滬。原曰法寶館的《徑山藏》（嘉興藏）似可與滬館所藏對勘，或可拼成一部（當然未可預定）。《叢書綜錄》第一册聞已出版，可否見惠一册，但不要勉强。餘俟續布。（原信）

1月24日　葉恭綽有信致先生。

　　王君帶去書籍、碑帖及信函計已收矣。因箱子容量不够，故抽掉一部分，《光孝寺志》即其一也。此志乃排印，因罕見，且記得館中無之，故特奉上。如館中已有則不必矣。《北山錄》之付印，乃弟與森老識面締交之始，館中既有二三部，則法寶館一部自可轉贈森老。《沁園春》照片，乃友人借去重照者，不必計價，現原件已由該機關交回矣（前此以爲不交回）。拙作序跋輯錄皆係舊作，茲寄上四册，除奉贈一册外，餘請分致友好（王君已帶去一册，乃贈館中者），請贈森老一册，贈景鄭一册，贈王佩諍一册，如有索者，當續寄也。《叢書綜錄》第一册能否見惠一份，如勉强則千萬不必。（原信）

2月8日　顧頡剛有信致先生。

自青島歸來，百事叢集，遂不遑作函奉候，重勞見念，爲憾。上月煦華來，昨日誦芬弟來，詢悉叔嬸近況，知并安好，至以爲慰。承寄書籍，想已到京，事冗尚未往取，有煩檢點，至感。聞芬弟言，吾叔不久可來京，則相見在邇。惟三月中，政協同人又將出外參觀，願勿參商耳。

《尚書文字合編》事，去年已與中華談好。在整風運動中，業務不免積擱，以是雖説妥而猶未辦。吾叔來京，更可與金燦然同志當面一談。

政協史料整理工作正在有系統地努力進行，現由中華書局出版《文史資料選輯》，雖不定期刊，爭取成爲月刊，已有五期稿子矣。

鄧文如先生於上月逝世，報紙未載，僅得傳聞。事忙，亦未得到北大一吊也。

上海史學會如此發展，大爲可喜。尊編《叢書目録》，此間書店尚無陳列，益見貨運之緊張。（原信；《顧頡剛書信集》卷二，第531頁）

2月20日，葉恭綽有信致先生。

前承賜《叢書目録》尚未收到，諒已在途矣。兹有陳者，法寶館中個人寄存雜件內，有弟所印各書未經發布者，如《年譜》《匯》稿和《廣篋中詞》之類，尚有多部，本不在捐獻之列，但因無處堆存，故尚在館內。月前想及，覺得徒占地方，又不預備作舊書出售（因即時有未妥處，迄未改正，現亦無意修改），因此擬作爲廢紙出售，其所得之款，即以補助錢重知，望即督令重知迅爲清理，以資結束。此雖係私事，亦與館務有關，故敢奉托。又全部接收清單，重知亦尚未寄來，不知圖書館方面曾否將該單簽收也，亦望詢明即辦爲感。（原信）

2月27日　葉恭綽有信致先生。

迭函計達，有數事奉告。1.前月由你館來員帶滬一批捐與你館的文物，未附清單，當時係請你館開一清單寄下的，請即屬人開單寄京。2.原來個人寄存法寶館的文物（不在捐獻內的），其中有印而未發布的書籍（例如《廣篋中詞》等），前函請督飭重知作廢紙售出，以清積牘，務請速辦爲荷，至托至托。3.三月間文化先進工作者大會，不知您會不會北來。森老近日身體如何？至念。（原信）

2月28日　葉恭綽有信致先生。

廿五日示悉。另包滬文化局函册均收到，請釋念。前請作廢紙出售之書，因其中各種事未發行，原印時我不在滬，有誤編誤印之處，爲慎重起見，以作廢爲宜（如《清詞》中有梁衆異之作等等）。又《年譜》亦有同樣情形，不願爲後人指摘，故擬銷毀爲宜，無所謂可惜也。大約重知總是捨不得，這是小忠小信。至於坊間舊籍書店大約亦尚無多，總以消滅之爲宜，千萬不必顧慮吝惜，切托切托。如僅撕去一兩頁亦無不可，但亦欠完整，不若乾净不存爲好，務請即辦是要。餘不一一。（原信）

是日　葉恭綽又有信致先生。

　　昨函計達。頃閱點交清單，其中各種全《藏》，未經標出總目，例如《磧砂藏》《嘉興藏》，如此則有同散佚，有抽亂之虞。似乎應在目錄中，每一種《藏》須先行標出，再寫該《藏》第一種經典之名，眉目方清。現在各《藏》仍存原處，補標極易，重知在那裏，即可辦理。此係爲將來易於管理起見，非有他也。又前函所云《年譜》及《廣篋中詞》，務請照鄙見辦理，不必游移，望督同重知即辦，萬不可交與舊書店，即作廢紙銷毀可也。《廣篋中詞》卷三及卷四中有汪精衛、梁仲異之作，必須抽毀，以免誤會。《年譜》第76頁第10行"主義"二字乃"舊習"二字之誤，亦必須抽毀。無論如何處理，必須如此抽去，但抽去後仍作舊書售出，殊不應該，或者抽毀各頁後，存作包束西等用也好。惟必須抽毀始妥，不然易招批評，極不宜也。專此奉托，不勝感謝。（原信）

2月下旬　葉恭綽有信致先生。

　　十六示悉。毛主席手翰承鄭重注意，至荷。《廣篋中詞》等本，不是發行的書，此一徑堆在那裏，因爲其中有不少未妥地方，後經發見，遂不願送人。但編、印、校都不是自己經手的，難免有些散出，其後就一概停止分送了。在法寶館內，是寄存性質，本不在捐贈之內，并經屢次聲明，因錢對抽毀事未辦妥，故不得已托您辦理，亦非托機關辦理也。如謂與現實政治無關，似亦不然，且亦更不願作爲史料供人撦搉。如長期保存，更不是我之所願，務請設法抽毀，其餘未抽之頁（照前函辦理）存毀均無不可，但既不成片段，何必保存，仍請裁度。其要義在本不在捐獻之列（此點務乞注意），然捐獻後自己又另行處理也。千萬請再加考慮，另行處理爲要。如入庫保存，反變成檔案史料，與當初不發行的意願恰恰相背矣。抽毀乃自行補救性質，想已往之事，當不至不許我自己補救也。祈細參之，至所切望……

　　《年譜》《匯》稿豈能謂與現實政治無關，望分析深入看問題爲要，并望即復。日來血壓又高，不及多寫，諸乞鑒。……各件似可作爲將我所寄存之物，現徑自行取回，再作處理，祈考慮。（原信）

3月　　根據上海市文化局和上海圖書館培養稀少專業人才的計劃，先生正式收沈津爲弟子，悉心指導他學習古籍圖書、碑帖、尺牘的整理、編目和鑒定，有系統地進行目錄學和版本學的訓練。（先生小筆記本；王誠賢和沈津的回憶）

4月4日　葉恭綽有信致先生。

　　一日示悉。我因政協開會，去歲已請假，今年不便不到，出席兩三次，已覺不支（又因有感冒）。森老這兩天也不適，且因陪伴的趙君丁憂南返，故難免起居不便。今日聞其略愈，尚未了了，因不願擾之，且我亦難出門也。毛主席墨迹，由你館短期陳列，自無不可，惟原件長過一公尺（裱好，又有鏡框），帶寄或有麻煩。如森老回南，有趙君陪同，自可妥當，否則不免躊躇，請姑先函森老何如(住所係前門飯店 307 號房)……

　　法寶館廢紙事,已否着手,祈示。又及。(原信)

4月17日　顧頡剛有信致先生。

　　二月中所寄書籍,其中先君手澤不少,承爲保存,銘感何極,但不知此等書何由至上海耳。

　　三月初到湖北,於武漢見士嘉兄,渠現任科學院武漢分院技術大學籌備員,較前在圖書館時心境爲佳。

　　此次游鄂省,曾至棗陽參觀人民公社,又至丹江口參觀水利工程。此水庫周圍達一千零二十公里,爲全中國最大者,工作者十二萬人,洵偉觀也。

　　三月下旬晤雷潔瓊同志,詢悉渠至上海,曾到貴館參觀,備言館中規模之弘偉與服務之周到,因詢悉尊況安善,無任欣慰。新出《叢書綜録》已買得一册,快甚。

　　自開大會迄今,忙了半月多,上海方面人見得不少。圖書館工作,上海方面之躍進實勝於北京也。

　　剛究因年齡關係,容易勞累,又查出有糖尿病,故急欲將平生積稿整理出來,免致一世勞動無有交代。然京中事務太煩,又不容其得閑整理,奈何! (原信;《顧頡剛書信集》卷二,第 532 頁)

春　周叔弢參觀上海圖書館,先生悉心接待。周向上海圖書館贈送六種圖書,同時也鑒賞了館藏數種善本,其中有宋嘉定建寧郡齋刻《西漢會要》殘本。周氏以爲此本與自己所藏的一册爲同一部書的零册。(梁穎《記周叔弢先生與上海圖書館的一段因緣》,載《歷史文獻》第 16 輯,第 562 頁)

5月18日　任鴻雋、嚴獨鶴和先生在上海市人民代表大會上聯合發言,"彙報上海圖書館近年來的工作情況,發言在《解放日報》全文發表"。(《上海圖書館事業志》,第 32 頁)

是月　上海圖書館以公函寄周叔弢(潘景鄭擬稿,先生修改),提出"借攝"宋嘉定建寧郡齋刻《西漢會要》殘本的請求。

　　台駕蒞滬,獲承指教爲幸! 頃承惠贈珍槧六種,祇領感謝! 謹當妥爲庋藏,永志嘉貺。承示尊藏宋本《西漢會要》與我館所藏殘本式樣相同,可能一書離散已久,聞之殊爲嚮往。便中能否借攝影膠卷一分,藉爲延津之合,無任企盼。倘蒙慨允,何幸如之。專此鳴謝,并致敬禮。(梁穎《記周叔弢先生與上海圖書館的一段因緣》,載《歷史文獻》第 16 輯,第 563 頁)

6月7日　向單位組織補充交代家裏祖産材料。(日記)

6月28日　向單位組織補充思想轉變材料。(日記)

是月　上海市文物圖書鑒定委員會改組,徐森玉任主任,先生作爲上海圖書館代表參加。(鄭重《謝稚柳繫年録》)

7月29日　葉恭綽有信致先生。

　　　　日前爲毛主席《沁園春》詞翰曾寄一書，計已達覽，未知已否托人帶京，因各方重視者，此一手稿，日來尚有人來詢也。又頃接重知來函（六七個月未通書矣），説及存覺園各雜件處理事，茲復其一函，此事仍盼督飭其早日辦竣，免再拖延，且免遷移時更煩費也。森老此次未北來，不知身體如何？爲念。（原信）

　　8月1日　檢吳煦致應寶時手札，有關太平軍事二條，一言華爾死後，老華爾索詐；一言太平軍大敗清軍於太倉，皆紀實。下午，出席文化局籌辦太平天國進軍上海一百周年紀念展覽會議。晚，參加《中國叢書綜録》編輯組會議，討論版本簡稱問題。（日記）

　　8月2日　去長樂路書庫，尋檢戈登信。戈登信係致張樹聲者，虛驕空洞，無足覽觀，時爲光緒六年六月（1880年7月）。此信當時雖作珍本標識，而經手人竟不以珍本另提，如此情形者正復不少，奈何！“午後，晤趙興茂，告以長樂路不可無人，葉名山前往管理最爲適宜。殘本不可不理，其中有半部入善本庫，半部存殘本中（人民圖書館調來）。編目非葉之長，尹仲彬須核對。善本第一庫書發現書與卡不符，不能久閣矣。此事原係尹經手，較熟悉。”葉恭綽來信，催毛澤東手書《沁園春》詞。閱趙惠甫親朋手札，曾紀澤爲天津教案大罵李鴻章漢奸，此批信有豐富史料，暇當細讀之。夜，讀《紅旗》雜志第十五期《論對立面的同一》。（日記）

　　是日　周叔弢有信致上海圖書館，爲捐贈《西漢會要》殘本事。

　　　　前奉大函，久稽裁答，抱歉之至。我所藏善本書，悉捐贈北京圖書館。得來函後，即檢所捐書目，并無《西漢會要》殘卷，一時又不能記憶此書就歸何處，故無以奉復。最近因事到京，無意中在小兒珏良處見此書，計五卷（43—45），灑金粉箋舊裝（傅沅叔有題記，見《藏園群書題記》卷二），不知是尊處所缺之卷否？如果正是缺卷，當囑小兒將原書寄贈，不需照相矣。專此，敬請公安。（梁穎《記周叔弢先生與上海圖書館的一段因緣》，載《歷史文獻》第16輯，第563頁）

　　8月3日　上午，朱一冰邀先生選擇革命文獻可入“尖端目”者，有人認爲解放前《中大周刊》等時間尚近，可不入目。先生以爲“文獻之重，不在時間之遠近，而在歷史價值、當時處境何如爲定。因此，有些革命刊物盛行於老解放區，而白區極難得，入白區，又經過反動派之摧毀，更爲難得。從地區角度看，應入尖端目”。下午，閱能靜居師友手札、應敏齋師友手札，後者中馮焌光札多言與外人交涉事，頗多掌故。夜，讀報。（日記）

　　8月4日　下午，開歡送出版學校同學勞動期滿座談會。胡文楷送影印宋本《孫子》毛樣來，當細校之。爲中華書局摘録《汪穰卿師友手札》中有關出版史料，選録鄒代鈞關於刻圖事，是亦重要歷史事件。請曹文美帶交葉恭綽毛澤東手書《沁園春》詞。與徐釗談叢書分類表問題，應否向館外徵詢意見，渠稱要。

先生"復與談長樂路管理事,渠允與趙興茂聯繫。余鑒於日文庫事,覺得書庫中應許在內工作,兼可照料,否則成爲棧房,索然無生氣"。(日記)

8月5日　録鄒代鈞手札。聽取特藏組彙報工作。胡道静來談《中國叢書綜録》分類問題,又影印宋本《孫子》擬采用北京圖書館藏本補字。(日記)

8月6日　上午,在人民大舞臺聽金仲華作國際形勢報告。午後,胡道静來。革命紀念館楊同志來。(日記)

8月7日　至長樂路書庫,俞爾康、楊鑒來談。張樹年來,示陳叔通信。理亂紙。閲《文學遺産》劉大杰文。(日記)

8月8日　參加《中國叢書綜録》編輯組會議,討論定稿程序、分類表、人員安排和工作進度等問題,自晨至晚九時。(日記)

8月9日　爲郭若愚查烏桓在新疆何邑,後查王樹枏《新疆圖志》,知在伊犁。胡道静來商《中國叢書綜録》版式問題。接周叔弢來信,云宋刻《西漢會要》已檢得,存卷四十三至四十五。上海圖書館有卷四十六至四十九,適相銜接。書現在其子珏良處,允相贈。即去函乞之。(日記)

是日　葉恭綽有信致先生。

　　　示悉。毛主席《沁園春》詞已照收,并徑復圖書館矣。此件因欲得者多,故祇有自存,尚祈鑒諒。法寶館所寄存雜件,實可不存。重知做事遲緩,一閣兩三年,總以早辦爲是,且聞該館尚須騰用,更不宜遷延,望加緊督促之爲盼。月前曾有致伊一函托兄轉者,想已交去矣。該館已名實俱去,不知通信如何寫法,仍寫法寶館,恐不太妥,尚祈示知爲荷。森玉下月北上,消息確否?中央文史館發表他爲副館長,恐仍不能離滬也。(原信)

8月10日　與徐釚同去徐家匯藏書樓"看一〇九年資料編纂情況"。現在發各學校請學生抄寫卡片,抄寫甚快,最快者可日抄六百張,慢者二百餘張,希望能提高至四百張較爲正常。校片快者一人一日兩千張,慢者一日六百張,應可提高。在藏書樓獲見版畫符籙及照片等一箱,頗罕見。又見戈登在助鎮壓太平天國時所印上海郊區圖。午後,録鄒代鈞印圖手札。夜,全體大會,徐釚報告調整工資問題,以政治教育與物質鼓勵相結合,而以政治教育爲主。會後即討論。此次辦法,部分調整,逐步提高,鼓勵先進,照顧工齡。今後級別將統一於行政級,所有文藝級已取消,圖博級暫維現狀,有條件時再統一。(日記)

8月11日　參加上海市文管會收購會,"此次文物不多,最珍者均窰兩事,舊墨六十四錠",中有程君房製墨。據徐森玉言,國內恐無二矣。會中增加委員沙彦楷、潘伯鷹、丁子翔三人。午後,與胡道静商《中國叢書綜録》版面問題。接葉恭綽來信,告知毛澤東手書《沁園春》已收到。(日記)

8月12日　"徐釚言將大搬家,長樂路須搬至文化廣場。余言希望搬時計劃周密,以免凌亂,屢搬已有經驗。"商座談會日期未定。録鄒代鈞述輿圖手札。夜,討論調整工資報告。(日記)

8 月 13 日　　錢培生送來《辭海》條目稿,囑核資料。李樹棠來,談《辭海》資料核對問題。胡道静送《中國叢書綜録》校樣來。(日記)

8 月 14 日　　與徐釗談開會事,決定單獨開。丁英桂來,商印宋本《孫子》事,擬先將完全無問題者製版,其次將京館攝補者製,三將待補者補後再製。閱《臨川文集》。下午,至長樂路,理亂紙,要搬家,祇有狠幹。(日記)

8 月 15 日　　與徐釗商座談會。關於《孫子》校補問題,決請京館拍攝膠卷,即日發出。潘皓平召集擴大館務會議,爲房屋大調整事。(日記)

是日　　起草致周叔弢信,爲《西漢會要》殘本事。

　　　頃奉手書,敬悉尊藏宋槧《西漢會要》殘本,已由令郎珏良同志檢得,尊藏爲卷四三至四五,館藏爲四六至四九,適相銜接,而灑金粉箋正復相同。又閱《藏園題記》所載刻工,亦均相同。乃蒙喬梓厚意,慨然惠贈,使延津之劍離而復合,無任感荷。(梁穎《記周叔弢先生與上海圖書館的一段因緣》,載《歷史文獻》第 16 輯,第 564 頁;《全集·書信卷·致周叔弢》,上册第 83 頁)

8 月 16 日　　與徐釗商搬家事。(日記)

8 月 20 日　　葉恭綽有信致先生。

　　　得重知書,知廢紙已處理訖,法寶館完全結束,亦了一心事,特不知該館房屋將歸何機關使用耳。兹復重知一信,祈轉交。又前此交回毛主席手稿已照收,此事因各方爭借,故生困難,結果祇有保存。附去兩函可證,尚有他信,已失去矣。日來有見森老否?聞下月有入京消息,確否?其身體最近如何?聞仍無少暇,故極懸念之耳。愚則衰憊益甚,尚遜於彼矣。(原信)

9 月 2 日　　上海圖書館收到周珏良所寄《西漢會要》,先生即致周叔弢信,表示謝意。

　　　昨由珏良同志寄到宋刻《西漢會要》卷四十三至四十五壹册,取對我館所藏殘本,適相銜接,而裝幀、簽題均出一手。知入瀂喜以前即已分散,忽忽百餘年矣。今承高誼,歸諸人民,不獨使古籍之胖合,而尤便學人之參考,文化遺産藉大力掇拾護持,得以不墜,無任欽佩!

　　　珏良同志處已另行作復,謹此道謝,并致敬禮。(梁穎《記周叔弢先生與上海圖書館的一段因緣》,載《歷史文獻》第 16 輯,第 564 頁;《全集·書信卷·致周叔弢》,上册第 84 頁)

9 月 4 日　　向單位組織補充社會關係。(日記)

9 月 7 日　　丁英桂來商,《永樂大典》即印完,原擬接印《孫子》,現因待北京膠卷詳校,改先印《王文公集》,爲孤本,保持原樣,不加變動,概不描潤,先打樣片,請領導審定。(日記)

9 月 10 日　　顧頡剛有信致先生。

　　　接讀九月六日賜書,敬悉一切。

　　《尚書文字合編》事,返京後當與中華書局負責人金燦然、蕭項平、張北辰三同志切實一談。如他們不能出,當可交上海圖書館出版。至科學出版社,則負責人對於古典方面完全不瞭解,談亦無用也。

　　誦芬弟婚事,刻已函蓉江兄,請其直接與吾叔通信,如雙方有意,可先換照片,諒彼必有答覆。

　　手工紙不在限制之列,甚好。剛一生所用日記、筆記均用毛邊紙,而近年北京絕買不到,前榮寶齋有之,今亦無有,甚爲痛苦。既個人需要尚可供應數十張,擬請吾叔每隔一月即爲我購數十張存着,俟積至一二百張時,即印成格紙,釘成册子。格紙樣式,俟返京後當即寄奉也。(《顧頡剛書信集》卷二,第532頁)

**9月14日　先生有信致陳麟瑞。**

　　久疏箋候,時切馳念。月前奉手書,敬悉一一。前承惠借毛主席手迹等件,極爲感荷。雜務叢脞,久稽歸趙,致勞垂念,歉悵奚如!日前北京慶雲堂碑帖門市部張彦生同志返京之便,托其鄭重送上,至希檢收見復爲幸。亞老書跋僅搜得近三十首,暇當録呈覽觀。文集如能大事搜輯,必甚可觀,望先生抽暇成之,以示末學。(《全集·書信卷·致陳麟瑞》,上册第235頁)

**9月18日　先生有信致陳叔通。**

　　前奉八月廿六日手書,并菊老詩稿,忽忽已將匝月,粟六尚未奉復,日前又奉來示,致勞垂念,歉悵奚如!

　　關於菊老詩文,解放前者搜集較多,文字已承酌定,所示各點,當一一整理改正。解放後所作亦不少,但存稿尚未檢獲。《西藏解放歌》,毛主席復信曾加贊許,今在舊札中檢得長者改稿,尤爲妥善。菊丈稿件大部份存長樂路,因此衹有星期日往理。月前嘗有長樂路房屋遷讓之訊,忙於整理什物,遂又擱置。今擬下星期日積極爲之,以慰遠注。

　　菊老於清末爲浙路致湯蟄仙頗有長信,亦擬抄出,其中情形甚複雜,奉核,不知當時內幕如何?當時報紙有廣告,有消息,不知我公尚能憶及否?(《全集·書信卷·致陳叔通》,上册第53頁)

**9月20日　顧頡剛有信致先生。**

　　昨接大札,敬悉一切。承囑到滬後住至尊府,至爲感荷。刻已去函京寓,囑内子將糧票寄上。但如您期,不知有辦法否?現身上尚有糧票十二斤,至多衹敷兩星期之用,而擬至南昌、井岡山、景德鎮三處游覽,約國慶後到滬,如火車用飯不需糧票,則尚够用也。

　　此次到滬後,尚擬到蘇住數日,約十月十日左右返京。先祖墓已遷,擬往一掃。

　　昨日到白鹿洞書院,明清碑碣甚多,宋代物則極少。前在昌善局所見朱子書"忠孝廉節"數字,亦遍覓不得,想已毀矣。壁間有栩緣老人名,蓋清末曾經重修,以提學使領銜也。

　　廬山游覽頗不易,以我輩所住爲英帝國主義分子所開發之牯嶺,在山頂,而古迹皆在山下,從山頂至山麓須行七十餘里,非汽車不可,而汽車則甚難得也。白鹿洞如此,東林寺亦如此,欲去不得,徒喚奈何。從前上下均以山轎,今日則已絕迹矣。

　　蓉江處已有信否? 念念。(原信;《顧頡剛書信集》卷二,第 533 頁)

9 月 22 日　將《孫子》膠卷交複製組放大六吋,要精工。(日記)

9 月 26 日　將《孫子》膠卷放大樣交中華書局提意見。(日記)

9 月 27 日　潘皓平將《文物出口鑒定參考標準》交先生。(日記)

10 月 1 日　向單位組織補充與胡適、趙泉澄的關係説明,又解放前著述簡目,學術思想的轉變。(日記)

10 月 11 日　參加"以農業爲基礎"的學習會議。(日記)

11 月 1 日　參加上圖館務會議。(日記)

是月　在小本子上列出古籍組應做的工作:拍攝書影;撰寫珍本書目提要;善本碑帖提要;編製古籍書目;定做收藏卷軸的櫥櫃;制訂整理尺牘的辦法。(先生小筆記本)

12 月 6 日　遞交入黨申請補充材料。(日記)

12 月 9 日　與上圖辦公室主任徐釗談工作,提出自印書影事,以稿本爲重點,共四百種。編纂《珍本碑帖圖志》。整理吳待秋家尺牘。(日記)

12 月 13 日　參加上圖館務會議。(日記)

是年　仍爲上海辭書編輯委員會編輯委員、分科主編,上海市政治協商會議文史資料編輯委員會編輯委員、編審。(履歷表)

### 是年

1 月 6 日　鄧之誠卒,74 歲。

# 1961年　58歲

1月3日　葉恭綽有信致先生。

久未通書,想公私順適。比寒潮懍烈,南北相同,惟聞滬缺煤炭,此間似食物較缺耳。館務想仍忙碌,老朽則轉以坐食爲愧矣。前有友人在《大公報》論及《中國叢書綜録》,本擬寄供參考,因事冗忘□,兹檢寄備閲。此文似有參考價值,且出善意,前聞正在修訂,或尚有用處也。愚衰病頽唐,精神日敝,自揣不能有任何成就,更覺嗒然。月前中央整理古籍計劃想已見之,不知滬上根據此議有何計劃也。聞森老近日精神亦差,久未得其消息,不知尚能支持否?渠與我同歲,但能力有若天淵,更不必言成就矣。陳叔老近赴西安,長途風雪,時以爲念。渠長子上月因症去世,渠心極哀痛,想滬上親友已知之矣。今午偶回暖,泐此代面。此上起潛先生。景鄭近況如何,并念。(原信)

1月4日　先生在上海圖書館召集修改《辭海》中圖書館條目會議,與會者有嚴獨鶴、趙興茂、韓静華、陳石銘、葛正慧、沈文倬、楊鑒、俞爾康、潘景鄭、瞿鳳起等,兩人一組,各分四十餘條,討論修改,約十日交卷。下午,參加館務會議,討論1961年工作計劃。(日記)

1月14日　閲文化局頒發的《關於調借文物、珍貴圖書的暫行規定》。閲上海圖書館編輯館藏舊期刊計劃,認爲(1)編輯體例最好有大概,定出哪些雜志收,哪些不收,有些文章收不收;(2)期刊論文分類表應另訂,不能用圖書分類法;(3)人力要安排好。(日記)

1月31日　陳叔通爲《卷盦賸稿》作序,謂"晚年匿居滬濱,從事商業,然仍手不釋卷,積書悉以捐入所創立合衆圖書館。兹編札記,皆在合衆圖書館成立以後,留意舊籍,隨筆記録,生平無意於作詩,而詩亦甚工,聯語是其所長,顧君起潛搜集作爲詩存聯存,總名爲'卷盦賸稿'"。(《卷盦賸稿》序二)

是日　陳叔通有信致先生。

西安歸來,仍無暇晷。前兩日各每日有半日閑,乃將揆初詩文稿整理并爲作序,與叔衡商定,悉以寄呈復核,總名《卷盦賸稿》。内分讀書札記、詩存、聯存三種,而以《仲裕事略》、朱夫人傳附諸卷末,托人抄好,須仔細校對,可否交朱益能抄校,抑有與揆初有舊誼者亦可抄校。延九春節前可返國,即交與由香港中華或商務印行,國内紙張較緊,不易付印。其書本大小與兄前印《卷盦題跋》同,可交一分備延九作樣本,何如? (原信)

2月8日　葉恭綽有信致先生。

十四日來示奉悉。前件係友人轉寄，未知作者爲誰，俟詢明再奉聞。弟近因嚴寒，久病中精神不振，寫作均感生硬不調，八十之年，事功學術均毫無成就，殊深煩悶，舊日存稿又未成片段，諸費整理，真望洋興嘆也。日月不居，一去不返，悔恨何及。向使中年不事其他，專致力於學術一途，或尚有希冀得小成就，嗟何及矣。書法篆刻研究，聞進行甚順，五七年此間曾有所組織，乃未及，遂起葇菲，以致夭折。滬當不至是，但似乎不須發展太快，以先固根幹爲要，尊意以爲何如？景鄭近況時在念中，昨翻《著硯樓書跋》，頗增感想，兹致彼一函，祈轉爲盼。（原信）

3 月 2 日　容庚有信致先生，請查閱吉金書籍材料。

弟現作《清代吉金書籍述評》一文，其中談及吕調陽著《商周彝器釋銘》一書（《觀象廬叢書》本，六卷），弟所見本卷五缺去十七、十八兩頁，卷六二十二頁“商壹”以下缺。又見一初印本，祇得四卷，請兄代購一部（如仍是缺頁，則不必買）或借，立即寄來。如未有，請代向你館借出若何？三五天即可奉還。弟定於下月往各大城市參觀博物館，八日前後可到上海，見面再細談。（原信）

3 月 5 日　上海《文匯報》發表先生《關於徐霞客游記》。（《全集·文集卷·關於徐霞客游記》，上册第 99 頁）

4 月 1 日　上午，聽袁雪芬關於赴香港演出成功的報告，董愛琳在螞蟻島生活兩個月的體會，以及方行參加上海市宣傳部門赴江西慰問的情況。下午，路工偕市委宣傳部文藝處張彬至上海圖書館看碑帖。“路工觀《化度寺》，認吳本與敦煌本非一石”，先生亦然。“舊拓碑帖必須筆筆細校，原石、翻本遂能判析。我以爲研究碑帖有三個方面：一史料，廣收拓片；二藝術，選書法之優者；三版本，廣訪舊本精校，作出結論。方藥雨《隨筆》有椎輪大輅之功，今日遠勝之。”得葉叔衡復信。夜校傅增湘致張元濟信。（日記）

4 月 2 日　晨起校傅增湘致張元濟信。永瞻來。上午偕夫人同游張廟，“車行郊外，胸襟一暢。菜花如金，甚美觀。……工房建築與閔行形式極似，商店應有盡有”。在新華書店購得《解放戰爭回憶録》。二時返寓，頗覺疲憊。（日記）

4 月 3 日　閱文物保護單位名録。閱翁方綱手摹碑帖尺牘，“具見其治金石之精勤，盛名之來，非偶然也”。夜，商調整書庫事。校傅增湘致張元濟信。復胡厚宣信，爲胡托購《期刊索引》今年第一册事。曹仲淵送來《王培孫年譜》，擬屬上圖謄清一份。參事室對捐獻文獻資料擬由上圖發一謝函，有的須加獎金，魯迅紀念館有此例，但不用獎金名義，先生以爲可用酬金。（日記）

4 月 4 日　《辭海》催四月中旬交稿。胡道静來，言出版局已同意上圖意見。與潘皓平談《中國近代期刊論文索引》事，潘請先生具體負責。閱《帖目》。（日記）

4 月 5 日　上午，參加上圖館長辦公會議，潘皓平示國務院關於集團采購規定的指示。報告今年預算，文化局控制數在六十三萬五千元。談到館藏四百六十萬藏書目録須積極完成，并擬訂今年及三年規劃。下午，參加《辭海》條目討論會。與潘皓平、韓静華、趙興茂商《中國近代期刊論文索引》事。（日記）

4月6日　與潘皓平、韓静華、趙興茂談商《中國近代期刊論文索引》人力安排及工作步驟。先生負責此項工作，并兼管十年彙編。擬編印書影的計劃。寄誦芬托買的《工程學》。（日記）

4月7日　至徐家匯藏書樓，瞭解館藏近代期刊論文卡片情況，先生傾向於"有文必索"，"先補寫卡片，以完成去年未了之事，一切仍去年辦法進行"。（日記）

4月8日　上午，參加在上海博物館舉行的"上海中國書法篆刻研究會"成立大會，主任委員沈尹默，首批會員八十七人。討論《辭海》條目。晚，陪方行去蘇州看書，宿外賓招待所。（日記；《上海百年文化史》第2卷，第1025頁）

4月9日　閲蘇州古玩市場，未見書畫精者。又去文學山房，書價昂甚。十一時車返上海。（日記）

4月10日　午後開索引工作會，答同事問。（日記）

4月11日　討論《辭海》。復譚其驤、蔡尚思信。得聶崇岐信。（日記）

4月12日　得丁景唐信，爲蔣文杰借書。復丁景唐函。晚，參觀"大辦農業大辦糧食展覽會"。（日記）

6月　跋《稀齡擊劍圖》。此爲陽湖趙氏先人《擊劍圖》長卷，吴湖帆題引首，後有三十七家題跋，爲顧頡剛、葉聖陶、王伯祥、章元善、俞平伯等。

表兄趙君孟昭，夙與先父、先兄過從甚密，龍忝侍座末，獲聞緒論，忽忽三十餘年矣。比承損書并以《稀齡擊劍圖》屬題，契闊興懷，快如良覿。君學治化工，藝擅昆曲，究心養生之道，并嫻拳擊氣功之術，蓋皆無所爲而爲之者，而祖國遺産賴以綿延。當今新中國肇造以來，三面紅旗照耀之下，百花齊放，百家爭鳴，文藝、科學空前繁榮，而昆曲、中醫并復興于垂絶。君老當益壯，嚮之所習并得爲社會主義服務，乃以拳擊、氣功教授兩醫院，循循不倦，受益者衆。身際盛明，學以致用，報國固未有艾，又況樂生養性，康强逢吉，前歲猶能攀登靈岩，復越嶺，詣天平絶頂，輕蹻捷足，毫無倦容，足徵精力之充沛，實爲中年人所難能。耄耋期頤，預卜無疆，願君繼此以往，十年一圖，以紀人藝俱壽之盛。龍倘仍得名附題識，其快幸爲何如耶？書此以爲息壤。一九六一年六月。（照片，李軍提供）

7月10日　中華書局上海編輯所致先生信，請審閲《中國古籍書目解題》稿等事。

我所收到盧震京同志編《中國古籍書目解題》稿，附徐恭時同志編《建國以來圖書館所編古籍目録百種選》稿，共二十一册，擬請先生代爲審閲，

賜示高見,俾便決定該稿是否可用,以及倘需修改時應作那些修改。希對以下幾點提示意見:

　　一、該稿總的品質如何,今天出版它的目的、用處何在?

　　二、該稿的内容和材料是否充實,編製體例有否重大的缺點?

　　三、該稿有否重要的政治性錯誤和技術性錯誤?

　　四、該稿哪些地方還需要補充修改?

　　上述提綱,僅供您參考。長夏有勞清神,至爲不安。仍懇素來支持我所工作的盛意,加以協助,不勝感禱。此稿份量較大,如先生需要組織一兩位同志就近協助您做具體工作,我們亦甚表歡迎,即請您考慮邀約,應致報酬當由我處負擔。盧同志的稿,在我們初步審閱時,覺得資料搜集是相當豐富的,但疏忽錯誤之處往往不免。例如:535 頁把《寶禮堂宋本書録》稱爲清潘宗周編,清光緒間印本;652 頁内稱"樸學齋藏書多售於上海歷史文獻圖書館";1023 頁《封氏聞見記校證附引得》但記"唐封演撰";等等。又如:645 頁對《鐵如意館張氏寄存書目》稱"本目藏家不詳",其實并非不可考,這是張宗祥(閬聲)的一本書目。我們見聞不周,希望您在審閱時如有發現,隨手記出,以便加以糾正或補充。(原信)

　　7 月 12 日　先生將《上海新報》拿給盛巽昌看,説這是一份很早的華文報,全國也許就此一份了,是當時法國人所藏,缺創刊後的幾份,將來不知是否可以補全。又介紹説,該報有老新聞,都是當時在上海的外國商人,爲了瞭解太平天國蘇南地區行情,雇用、鼓勵人員提供商業貿易消息,很能反映當時太平天國與上海的關係以及經濟活動的一些情況。(盛巽昌札記)

　　7 月 21 日　上海市文管會在上海博物館召開第七次文物收購會議,出席者沙彦楷、馬澤溥、李鴻業、黎文、沈邁士、鄭文僑、徐森玉、沈維岳、宋心屏及先生。鑒定有清盧蔡生製琴形漆盒,清梁袠刻"風流自賞"石章,近代吳昌碩刻"蕉研齋"石章,清江村七一軒端硯等。(《文博鴻業——李鴻業文博生涯》)

　　是月　先生主持編纂的《中國叢書綜録》第二册"子目"出版。

　　8 月 3 日　出席上海市文管會召開的"研究過剩複本圖書及非文物如何處理辦法"會議。(會議通知)

　　8 月 12 日　上海市文管會在上海博物館召開第八次文物收購會議,出席者沈之瑜、馬澤溥、吳静山、王个簃、李鴻業、顧廷龍、方行、徐森玉、沈維岳、周煦良、沈邁士。(《文博鴻業——李鴻業文博生涯》)

　　9 月 4 日　中華書局上海編輯所致先生信,爲審核《古書版本淺説》事。

　　我所收到毛春翔先生《古書版本淺説》稿一册,這稿是爲向青年同志介紹古籍版本知識而寫的,其讀者對象主要的應爲一般愛好古籍的讀者。根據這個情況,本書的寫述是否能達到要求,即是使得讀者在文字上及内容上能够接受,讀了之後能基本上瞭解有關古籍版本的知識。我們擬請您和您館善本室的負責同志一同審閲一下,把您們的意見告知我們,以便考慮此稿是否適於出版。同時也請您們注意稿中所列舉的事實有無錯誤或不足之處(我們發現的,如第十頁提到了國外收藏的唐咸通九年刻《金剛經》,但對國内收藏的成都府卞家唐刻《陀羅尼經咒》却没有加以叙説;第十二頁附條對龍泉古塔經卷認爲係宋刻,恐亦須考慮,此件經卷您館有照片,必能藉法鑒,在路工同志與春翔同志的不同意見之間作一表示;第四十頁附條謂南京圖書館藏《璧水群英待問會元》爲畢昇活字版印本,是很大的錯誤,書上牌記祇云"胡昇繕寫",不知何以誤認爲"畢昇";第五十三至五十五頁述各版《大藏經》,漏了《趙城藏》等等),統希示知爲感。我們已在麻煩您們審閲盧震京同志的稿,但這本《版本淺説》稿份量小,還是想插進來,盼您們能先解決一下。屢勞清神,深爲感謝。(原信)

9月22日　上海市文管會在上海博物館召開第十二次文物收購會議,出席者沈維岳、吳静山、顧廷龍、徐森玉、沙彦楷、沈之瑜、鄭文僑、李鴻業、方行、謝稚柳。鑒定有戰國蟠虺紋玉勒、西周龍紋玉璧、戰國玉龍佩,和青銅器西周盉、春秋陳侯簠,多枚東漢銅鏡、西周保簋以及明清書畫等文物。(《文博鴻業——李鴻業文博生涯》)

是月　先生要求盛巽昌整理唐紹儀未刊信稿,這批信稿都是解放初期由公安部門移交來的。先生説,其中有不少是唐在東三省總督任内的地圖、文檔,此外有袁世凱、孫中山、黃興、徐世昌等要人信件數十封,整理後不知可否發表或出版。先生還談到李鴻章文稿整理事,他説,李鴻章手稿書信可以搞,吳汝綸過去祇用了三分之一,即稿本中標題上畫圈圈的,其餘的都未用。雖然很多是日常例行公事,但也可看出當時官吏職責,比如每個月要向北京政府報告本地災情、收成,這些在它處均未能看到,而過去爲清人編集子的都把它略去了,看重的是軍事、政治大事。先生又説,盛宣懷此人辦事是相當認真的,并指着已經裝幀好的一册《愚齋存稿》(册子裏非常整齊地貼有盛的信箋、字條)説,撇開其他不説,這點還是要學習的。在説到李鴻章、曾國藩《全集》時,他説,李、曾這些《全集》不稀罕,容易找,而《曾忠襄公全集》很難得,不易找,要是把它整理出來,重新出版,那是很有價值的。(盛巽昌札記)

是月　當選爲上海市第四届人民代表大會代表。(代表當選證書)

10月　撰《簡學齋詩》後記。此本藏上海圖書館,清陳沆撰,有龔自珍、魏源、包世臣、姚學塽、陶澍等人評閲。(《文集·簡學齋詩後記》,第311頁)

11月7日　趙世遷有信致先生。

久未通訊,尊况想一切安善。弟第三次住院以來,迄今八個月,除西藥外,天天不離大補藥,就是三伏天,也不斷地吃黃芪、黨參、附片人參等劑,幸而慢慢好起來,希望平安過個冬,來春能更見好也。

日前買到幾本舊書:文瀾閣《四庫》本《椒邱文集》卷九、十,殘存一册,比北京圖書館多序文一篇,第二篇多幾行,送給浙江圖書館了。明抄本《太平御覽》一本(中縫有"太平御覽"四字,卷101至110),翰飛兄校少許,有幾處勝似中華縮印宋本,過二天擬將此十卷全部校一下。清康熙二十五年重修本《梁書》(陽羨徐仁釗據宋本、南監本、南史、殿本校),一切與北監本相仿,祇是中縫經剜補,改作"康熙二十五年重修",卷一第一頁三、四、五行亦經剜補,作"康熙二十五年國子監祭酒臣常錫布、祭酒加一級臣翁叔元、司業臣宋古渾、司業加一級臣達彝、司業臣彭定求、學正臣王默、典籍臣程大畢奉旨重校",中縫祇每卷第一頁有字,還有幾卷完全無字。卷一第一頁三、四、五行有字外,其餘各卷皆無字,不知有何種著作提到這個本子。《梁書》校語,"儀"字缺筆,當是宣統年間所校。乞便中見示,以廣見聞為禱。北京圖書館有明抄本《太平御覽》二部,一部無卷101至110,一部的底本,似與縮印本同。上海圖書館有明抄本否?除暹所得一冊外,其他中縫有"太平御覽"四字之明抄本,可能與宋本亦有出入,當可有助於校訂宋本也。(原信)

11月10日 林鈞有信致先生,為求《篋書賸影錄》序文事。

求賜序文,仰承俯允,本不敢再事迫促,有瀆清聽。第以叔通和譽虎兩先生賜題業已付印,祇待我公鴻文便可出版,不已冒陳,乞予早擲,削牘臨風,無任悚企。即頌撰祉。(原信)

11月20日 上海市文管會在上海博物館召開第十四次文物收購會議,出席者吳靜山、程十髮、沙彥楷、沈維岳、顧廷龍、徐森玉、沈之瑜、馬澤溥、李鴻業、宋心屏、方行。鑒定有西周青銅器尊和唐、宋、明、清陶瓷器,以及大量書畫等文物。(《文博鴻業——李鴻業文博生涯》)

是日 朱士嘉有信致先生。

來信并附《綜錄》再版説明,均已收到。承吾兄及景鄭兄對以上説明提出意見,極珍貴,敬致謝意!《綜錄》書名、人名筆劃索引不如四角號碼索引方便,兄建議補印四角號碼索引,弟極表贊同,當將尊意轉告中華書局。人名索引對檢查《綜錄》用處不大,自是實情,但它對研究工作者似亦不無參考價值,因方志編纂人的活動大都不易從其他歷史記載內找到。研究工作者如欲瞭解這些人的政治活動,祇少在翻檢人名索引時可得到一個綫索。將來如欲編纂比較詳細的中國人名辭典,或編纂中國人名分類辭典(如歷史學家、地理學家、文學家、藝術家人名辭典)時,《綜錄》人名索引也可提供參考。這樣提法可能擴大了《綜錄》人名索引的作用,但我仍願轉達中華取消人名索引,增編四角號碼書名索引的意見,請他們考慮。中華來信,年內以紙張缺乏,《綜錄》不能付印。明年如何,還得徵求新華書店的意見,當然,弟本人希望此書明年能與讀者見面(再版本)。

貴館如有新入藏志書,便望告我為感。前次寄奉拙文草稿,擬改為《美

國掠奪我國地方志罪行》,希望指正。"甲午戰爭檔案史料"原本是軍機處
"洋務檔"的一部份,1957—1958年弟在北京工作時,托人到故宮博物院檔
案館傳録的(現稱國家檔案局)。總共三百多件,包括:1.諭旨;2.軍機處與
李鴻章及其他高級文武職官來往電信;3.軍機處與總理衙門及其他部門來
往信件;4.奏議;5.總理衙門與日本、英國、美國公使來往照會;6.總理衙門
與日本公使和英國公使談話記録,包括與赫德談話的記録(與英國談話前後
十幾次)。弟擬就這部份檔案的性質、作用做一簡要的説明,做完以後,即寄
承請教,因兄對甲午戰爭有比較全面深刻的研究,大著《吴大澂年譜》對這
問題定有詳盡的闡述。這部份檔案也有關於吴大澂的記載,可能可作修訂
大著參考之用。你館如有足够的有關資料,我們可合作編纂《甲午戰爭資
料》,或者把弟所搜集的檔案史料,請吾兄統一妥排編纂,不知尊意以爲如
何? 我很想回到歷史工作者隊伍,當一個勤務老兵,暑假前已把個人志願
向組織反映。最近,湖北科大領導表示,本人的分配工作問題,將與其他十
幾位教工在年底或年初一同解决。我現在一面學習政治理論、時事政策以
及黨的各項方針政策,一面整理些史料。恐勞錦注,特此奉聞。

　　頡剛師近况如何,便希示悉。弟暑假中去信問候,迄無回音,頗以爲
念。景鄭兄代問好。又及。(原信)

11月21日　趙世暹有信致先生。

　　前函諒達左右。《郘亭知見傳本書目》"正史類"云"明北監板……康
熙間通修補一過",弟所得《梁書》當屬此。不過莫氏清朝人,不便言之過詳
耳。日前弟得舊抄本《金石録》一部,有藏章若干,"黄鈞之印"(不知是什
麽時候人)、"壽慈堂"、"小學齋藏"、秦更年、潘介祉、莫棠等章十二方,此三
君不知孰先後。前有"光緒己丑卜居吴東門古仁美坊,次年三月收此書并
《曲江集》《鹽鐵論》,是爲蘇州收書之始"題記,不知係何人手筆。兄蘇州
人,對於以上各點或能知曉,乞抽空略示爲叩。(原信)

是月　撰《納蘭成德書簡》後記。

　　清初納蘭成德詞名震一時,又工詩善書,爲南北所宗。《飲水詩詞》已盛
行於世,但書簡流傳甚少。夏衍同志藏有致張純修簡二十八通,最爲難得;
又上海市文物保管委員會藏致顧貞觀、嚴繩孫簡六通,玉佛寺亦藏手書秘
康文,統承慨借,益以本館所藏,予以彙印,藉便覽觀。此外另有詞册扇箋,
亦以印本不多,并爲掇拾。(《全集·文集卷·納蘭成德書簡後記》,下册第
1017頁)

12月5日　吴曉鈴致先生信,爲《古本戲曲叢刊》事。

　　您還記得我是燕大的一個學生吧,多年未晤,十分渴想,特別對於您這
些年來所進行的編輯古籍和圖書工作,非常敬服。有時見過頡剛先生,便
問到您。爲了繼西諦先生編輯《古本戲曲叢刊》,在借用上圖的幾禮居抄本

《鐵旗陣》的工作上，我們犯了不能容忍的錯誤，因此特派編輯周妙中同志去滬辦理此事。我讓她先看您，彙報具體情況，尋求解決辦法，務祈大力支持，多賜教益，感同身受矣。（原信）

12 月 20 日　上海市文管會在上海博物館召開第十五次文物收購會議，出席者鄭文僑、馬澤溥、李鴻業、沈之瑜、顧廷龍、吳靜山、沙彥楷、徐森玉、沈維岳、胡群義、郭葆清、謝稚柳。鑒定有宋耀州窰刻花口角盤、明萬曆官窰五彩青花盒、元鈞窰鉢、宋代白釉三耳龍瓶、青花瓷器及書畫等文物。（《文博鴻業——李鴻業文博生涯》）

12 月 22 日　趙世暹有信致先生。

關於影印《金石録》，弟有點小建議，您看如何？（一）宋本附有甘福像，似可印入；（二）兩本不同之處，或附印數行，一頁或兩頁；（三）這麼一部名貴書，不能光是影印，似要有個好校勘記，近年印的一些好書，常少個校勘記，未免美中不足。《文史論叢》是否定期刊物？要求一定很高，或想去《文匯報》常登有關古籍的小篇文字，弟曾寫過手記，內容平常，卻是寫實，兄能介紹在《文匯報》登出否？（原信）

冬至　爲林鈞《篋書賸影録》作序。

閩中林石廬先生博聞廣識，篤嗜金石之學，所著《石廬金石書志》傳誦已久，海內論金石簿録者咸以淵海南針相推重。余久慕盛名而不獲一面，顧三十年前曾拜一瓶之惠，列席几硯，如睹眉宇。歲月不居，星霜更易，錦編在手，時切風雨之思。頃以書來，郵所爲《篋書賸影録》序目，屬繫數語。授簡環誦，祇覺散華落藻，具日新富有之概，縹緗盈眼，鴻文堪儷，其沾丐後學亦何待乎鄙言。第念圖書聚散，今昔同感，先生以數十稔積纍之勤，獲保全於滄桑劫火之餘，一旦捐篋歸公，護持有方，鄴侯萬軸，圖府永鎮，此不獨慶文物之得所，抑且爲先生作頌禱。（《全集·文集卷·篋書賸影録序》，上冊第214 頁）

12 月 27 日　林鈞有信致先生。

拙著《賸影録》上下卷均已印就，現正影印扉頁和書籤，不日亦可蕆事，佇望大序賜予撰擲，俾早付裝。冒昧頻速，時深悚惶，希祈格外鑒原，不勝感企之至。（原信）

是日　參加上海圖書館召開的十年規劃座談會，談影印出版文獻資料事。（盛巽昌札記）

是月　撰《版本學與圖書館》。

版本學，雖則常有人稱爲“版本之學”，但祇認爲它是目録學的一部分。我以爲自有圖書以來，從時期説，年代久遠而獲得長期的流傳，是一書必有許多本子相嬗遞的；從空間説，傳播廣泛，無遠弗屆，國內一印再印，國外也有各種文字的翻譯。因此，要瞭解哪個本子好和哪個本子差，這個本子從哪個本子派生而來,其中問題很多,事實上需要加以成立一門科學。

什麽叫作版本之學? 有人把它看得很狹,好像僅僅限于講究宋元舊刻。講究宋元舊刻,固然是版本之學的一項內容,但是在雕版以前的簡策、縑素,一寫再寫,不也就是不同版本嗎? 現代鉛印和影印的出版物,一版再版,不也又是不同版本嗎? 依我看來,版本的含義實爲一種書的各種不同的本子,古今中外的圖書,普遍存在這種現象,并不僅僅限於宋元古籍。在九世紀以前,經過不斷的傳寫,在印刷術發明以後,經過不斷的刻印,因而產生了各種不同的本子。有了許多不同的本子,就出現了文字、印刷、裝幀等各方面的許多差異。研究這些差異并從錯綜複雜的現象中找出其規律,這就形成了版本之學。所以版本學的内容實在是相當豐富的,如關於圖書版本的發生和發展,各個本子的異同優劣,製版和印刷的技術,版本的鑒別,裝訂的演變以及研究版本學的歷史等,應該可以成爲一門專門的科學。

…………

中國講版本之學,起源很早,逐步的發展,研究對象很明確,内容很豐富。過去藏書爲私人所有,非有特殊交情看不到的,而且也看不到很多的。名流學者尚且如此,勞動人民和一般知識分子更無法見到了,以致這門學問難以開展。還有自命不凡的人往往鄙視版本,以爲版本僅僅是講宋元舊刻,幾行幾字,邊欄尾口等等,譏諷地説,版本學就是那麽一些罷了。……祇有……更好地從事版本學的研究,與整理古籍和其它研究工作分工合作,相互配合,更好地爲科學研究服務,不要爲版本而版本,是很必要的。(《全集·文集卷·版本學與圖書館》,上冊第 258、267 頁)

是月　作《齊天樂》詞,賀朱啓鈐九十歲生日。

風流人傑曾名世,鴻猷偉業多少。黔南徵文,岐陽護□,[①] 照眼星辰瑰寶。天工華藻。又圖繪絲綉,燕居技巧。傳遍珍□,紫陽雨露耀梨棗。　畫堂筵開□□,□□梅訊近,庾嶺春早。萬卷星羅,千鍾客醉,共仰瑤階仙貌。香山耆老,更翊贊清明,未輸雄抱。遠郵俚吟,寸心傾頌禱。調寄《齊天樂》,恭祝蠖公先生九十大慶。辛丑冬月,後學顧廷龍。(《2014 華夏鴻禧專場拍賣會·名人墨迹》)

是年　仍爲上海辭書編輯委員會編輯委員、分科主編,上海市政治協商會議文史資料編輯委員會編輯委員、編審。(履歷表)

## 是年

11 月 9 日　任鴻隽卒,75 歲。

---

①原件破損,□皆漫漶字。

# 1962 年　59 歲

1月10日　趙世暹有信致先生。

　　剛纔再查《晋書》，看到一些小問題，或可提供研究《晋書》者參考，便拉雜寫個短文，請您先核閱，值得介紹上海報紙或刊物發表否？不妥之處，乞先删正，幸勿見笑耳……

　　匆匆寫出，未曾留稿，要不得時，盼便中擲還。又上。（原信）

是日　夏承燾有信致先生。

　　小文改乙數字奉還，手簡印出後，請爲杭大文學研究室索贈一册。前談納蘭手書，見于《詞學季刊》三卷三期（杭大資料室此頁恰缺），先生曾見及否？方局長及潘、瞿兩公均候。（原信）

1月12日　裴延九有信致先生。

　　別後回港，以公私叢集致稽箋候，致歉致歉，尚祈原諒。日前接叔老來信，擬印江陰人夏閏枝詞，約需款五百元，囑與兄徑洽，弟當遵命照辦。揆老印件以及複件也需付款，請兄先行函告，以便通知内人照付。舊曆新年將届，兹奉贈食物數事：奶粉一磅四罐，牛肉二听，生油三公斤，臘腸二斤，花生仁二公斤，沙糖五公斤，附奉領物單十六紙，祈向華僑服務社領取。此外臘腸一項，係由深圳郵寄，日内想可得郵局通知。以上稅款均已付訖。（原信）

2月5日　正月初一。早餐後，盧調文、沈津、李文、王淑静等來拜年，親友亦來，"今年賀節之盛，前所未有"。出版界李俊民、陳向平來，李談及近爲《辭海》赴西南徵求意見，"對圖書館部分意見不多，又言對《叢書綜録》咸感印數太少"。陳談"古籍目録及地方資料目録，可以考慮出版"。（日記）

2月6日　訪方行，未值。午後，吳諫齋等來，暢談。與夫人、誦芬赴俱樂部觀表演。閲唐蘭《中國文字學》。（日記）

2月8日　夏閏枝子夏緯明有信致先生。

　　前奉手教，敬審一一。懇賜序文，諒已撰成，對於裴延九先生出資刊印，乞叙入文内爲感。叔老回京已晤面，題簽書就，隨函附上，請詧收。"悔龕詞"三字似須稍放大製版，請酌之。排印初校有勞清神，甚爲不安，三校時乞擲下爲荷。

　　前上一函，爲題跋中與《文存》重複一篇"韓文集注"之事，諒已察閱抽出矣。又及。（原信）

是月　在先生的具體策劃下，上海圖書館舉辦清代學者書簡展覽，"展示了黄宗羲、顧炎武、戴震、龔自珍、王韜、林則徐、嚴復、康有爲、黄遵憲、劉鶚、譚嗣同等120名清代著名學者的書簡手迹,在學術界引起重視"。(《上海圖書館事業志》,第33頁)

3月9日　朱啓鈐有信致先生。

　　　奉讀華翰,敬諗獻歲發春,起居迪吉,管領東南學海日進有功,而長樂館舍□依然,深以爲慰。揆老遺著哀集已矣,裴延九兄鴻貲傳梓,編輯主持仍賴精心著力,誠盛事也。近承録寄揆老原箋贈言七律四首,默誦心維,如再親馨欬,感如之何! 自當什襲寶藏,以銘永好。但記得原箋附有小注,不知尚存真迹否? 至於屬寫《卷盦賸稿》簽題,拙書本不堪入目,惟以下走與揆翁交游契合之雅,非同泛常,且近世署尚不以字論,祇取名於□□耳。遂亦不敢方命,兹就來款試寫數紙,可否合用,姑備一格而已。猥以賤辰,又蒙寵錫《齊天樂》一闋,屬辭比事,藻飾過情,益增愧汗。而門下諸子方在蒐集群賢雅奏付之蠟刻,認爲斯文乃壓卷之作,且與揆老七十贈言後先輝映,有許多事實,爲當年友情相互真摯,文字尤非後學所不及,知更宜珍視保存者。而鄙意抑已謂然,容俟殺青有日,再當彙請明教。(原信)

4月29日　夏緯壽、夏緯明有信致先生,關於夏孫桐詞稿事。

　　　連奉惠示,祇悉一是。先嚴詞集及《文存補遺》,蒙允賜撰跋文,感泐曷極。廿一日及廿四日先後收到初排底樣,當即趕校,因遠道郵遞,頗費周折,曾校三次,致延時日,其中改字推行之處甚多,改版後未知能否全無問題。卷末跋語,遵已修改,如有欠妥適處,仍乞斧正。兹另挂號寄,請詧入爲荷。(原信)

5月9日　夏緯明有信致先生。

　　　詞稿排樣已於旬日前寄回,諒已詧收。希望在付印前能看到清樣,請屆時囑工廠多打一份寄下是荷。聞印數是根據紙張多寡,不知能有二百至三百本否? 今日晤陳叔老,主張將來分贈每省立圖書館及大都市圖書館和著名大學院校(有文科者),擬奉懇執事代爲分寄,所用郵費請示知,再行匯奉。最好能有一清單,免得將來寄重複。除此之外,尊處可留若干册在滬上,有關係舊交酌代分贈,其餘者祈直寄弟處,以便分贈在京親友及北京圖書館等單位。蒙允撰跋文,甚感,但此次校樣中尚未排入也。種種瀆神,殊爲愧罪。(原信)

是日　裴延九有信致先生。

　　　承示揆公遺作及夏閏老詞稿,已交商務排版中,現在想已排就。尊意擬將揆公文稿打好紙版保存,以備續印時較爲方便,自應遵照尊意辦理。囑擬序言,本應早日擬就寄奉,祇以近來公私較忙,往往不克抽出時間爲之。且弟亦不善作此類文字,因此遲延至今,仍未能草就報命,殊深漸恧。但恐影響出版日期,祇有仍懇我兄於百忙中代擬一初稿寄下,以便再就事實方面斟酌損益。弟意，序文中開首一節，似應略敘揆公之出身，及在清末從政之比較重大事迹暨弟個人與揆公之關係，以後再述弟對揆公行誼方面所聞所見之種種事實。茲特列舉數則，以備參考。

一、民國初年擺脫政治生涯之後，乃與項蘭生、胡藻青、沈新三、蔣抑卮、陳叔通諸先生（請查考《浙興郵乘》）創辦浙江興業銀行，公推爲董事長，對於該行之締造經營致力尤多，在職最久，直至對日抗戰末期，始辭董事長職，退爲董事。

二、一九二七年（即民國十六年），中興煤礦因有一部分北洋軍閥投資，當時國民黨政權曾以此爲藉口沒收。該礦原主持人朱桂莘、張仲平諸先生，籲請揆公出面斡旋，以挽危局。旋擔任該礦董事長，直至逝世之日爲止，對於該礦之恢復策劃貢獻甚大。當時復以私人友誼關係，邀約四明銀行董事長葉琢堂先生參加中興煤礦董事會，一面由浙興、四明兩銀行擔保發行中興煤礦公司債，以爲收回該礦後整理與恢復之用。

三、揆公一生，無論從政以及經營任何事業，完全以有利於社會、國家并辦好事業爲主，從不爲個人利益得失打算，既不引用私人，亦不從事居積，老輩風度，誠非一般人所能企及，尤足爲後人之模楷。因此揆公身後僅遺有少數銀行、煤礦股票，而又爲當選董事所需之最低數額，以及少數銀行存款而已。其所置之蒲石路（現在是何路名）住宅，已在生前捐獻於合衆圖書館。

四、揆公在中年以後，鑒於有文史價值之圖書乃與國粹有關，不應任其散佚，應予保藏，貢諸後世。惟以此事體大，個人之力有限，於是乃邀約張菊生、李拔可、蔣抑卮諸先生，組織合衆圖書館，先將各發起人所收藏之圖書全部捐入該館。張菊生先生之涵芬樓藏書，即於此時捐入合衆圖書館。除以上各發起人捐獻之基本圖書外，在對日抗戰時期，曾以廉價陸續收得名貴之圖書甚多。至於收購此項圖書所需之款項，大部分依賴捐款，少數由發起人共同擔任。後該館已於一九五四年移交上海市文化部門接管，當時統計收藏之圖書共達○○○○○○○之多，其中不少文史方面稀有之圖書。現在該館改稱爲文史參考圖書館，以私人之收藏，公之於大衆，固爲揆公之夙願也。

五、揆公平日治事之餘，不忘治學，尤對文史方面之質疑、考據，有其獨特見解。曾著有《卷盫書跋》一書，已於前數年出版，足爲研究文史者之參考。

六、揆公生平尤喜提拔人材，獎掖後進，對於清寒子弟有志向上而無力升學者，莫不資助之。嘗言我國幅員廣袤，資源甚富，可惜均未開發，同時真正爲社會國家做事者太少。更以數十年來，政治擾攘不安而事業均少進步，將來政治苟能安定，方可談到一切建設。而建設之原動力，必先從培植各種專門人材着手，倘能循此軌範，急起直追，則國家前途始有光輝燦爛之一日云云。揆公持論雖極平淡，但其愛國之精神於此可見一斑。

七、在對日抗戰時期，有兩點值得敘入：甲，決不與日本人妥協合作，無論當時環境如何險惡，以及日方來人之如何威迫利誘，揆公唯憑個人之正義，與之周旋，決不稍變初衷（此事經過爲兄所深知，請兄詳細敘入）；乙，不赴宴，不宴客，誠以困難當頭，認爲必須嚴肅私人生活，不應再有酒食徵逐之好，并將所雇用之厨司轉薦他處工作，以示決心。

八、揆公平日所接觸之人物，包羅甚廣，以故對於國内外大事瞭如指掌。又因其學識經驗豐富，對於時事之變遷遞嬗，往往能洞燭於機先，其思想尤能追隨時代而不落後。此外尚有一點值得一提，其主持之浙江興業銀行，一般職工，無論年長者與年青者，或在當面，或在背面，均尊稱爲"揆公"，於此可見得人愛戴之深。（原信）

**5月25日　完成《悔龕詞續》序。**

江陰夏閏庵先生所遺《悔龕詞續》一卷，乃生前手定本也。今由哲嗣仁叔、慧遠昆仲録出，并搜集散見於書籍、碑帖中之題跋，輯爲《觀所尚齋文存補遺》一卷，將附於《悔龕詞》印行。書來屬余校字并繫數語以志行誼。余維先生閎覽群籍，淹貫衆長，早入詞林，歷與修書之役，晚歲精力半耗於分纂《清史》，又佐輯《晚晴簃詩匯》及《清儒學案》諸巨編，顧皆成於衆手，體裁不一，刊行又倉卒，均未足以愜先生之意。今《文存》中討論史例諸作，可與《鮚埼亭集》相頡頏。先生嘗感于《清史稿》列傳中應立傳而被遺漏者尚非祇一二人，曾擬擇要作補傳，而限於精力日衰，僅成《杭世駿傳》，前以刊入《觀所尚齋文存》。其後續成《翁方綱傳》，以稿授余，屬謀流布，且告《畿輔先哲傳》之疏略，特力〈爲〉補正，其于表章前修不遺餘力有如此者。今刻《翁傳》入《文存補遺》中，亦先生遺意也。先生之詞天真綿麗，風骨高超，蓋出入白石、玉田之間而融合夢窗，頗得其辭旨神韵。平生交游，如繆荃孫、王鵬運、朱孝臧、章鈺、俞陛雲諸子，尤爲投契，時相倡和，所傳《悔龕詞》即經朱氏輯入《滄海遺音集》中。其《觀所尚齋詩存》《文存》皆早刊行，至今并爲士林所推重。余曩負笈燕京，研治目録掌故之學，亦嘗從游章、俞兩公之門，蓋皆仍世交好，并爲延譽長者之前，因得摳衣晋謁，備承誘掖，質疑問難，無復冥行擿埴之嘆。忽忽三十餘年，回首前塵，此樂不可復得矣。自余返棹申江，與先生通問最密，庚辰爲余題《秀埜草堂第一圖》四絶，《詩存》斷於戊寅，因未及之，今補録於此。……其集外詩文想復不少，冀他日繼爲搜集，俾成續補。余草擬《清代學政年表》初稿畢，曾寄凡例請益，乃承詳論學政與清代學術文化關係之大，并以纂輯重要諸人傳記以覘變遷爲勖。此後音信遂杳，未幾先生遽歸道山。話言如昨，音塵久渺，今檢遺札，益不勝黄壚之痛。斯册印行，陳丈叔通力爲倡議，而吾友裴君延九以流通近儒著述爲懷，應陳丈之介，慨然授梓，高誼至可佩也。校字既竣，率

憶舊事，牽連書之如此。(《全集·文集卷·悔龕詞續序》，下冊第 912 頁)

5月28日　吳織從方法研究部調至善本組工作，和沈津一起追隨先生，學習古籍的整理、編目和版本鑒定。吳織回憶說：

> 1961 年(按，應爲 1962 年)，爲培養圖書館工作的冷、缺門人才，組織上將我從方法研究部調至善本組，學習珍本古籍保管整理、版本鑒別等業務。當時的我，剛過而立之年，對于古籍茫然不知，和不到 20 歲的沈津同志一起，由顧老和潘景鄭、瞿鳳起三位老先生指導培養。從練字、抄卡、讀古文，到聽講書上序跋和識別版本異同，耳提面命，"手把手"地教學。(吳織工作日記;吳織《沉痛的追思》，載《顧廷龍先生紀念文集》，第 74 頁)

是月　跋蘇軾《醉翁亭記》。

> 坡公書法，千載所宗，自遭黨禁，或毀或匿。至孝宗時，因廣徵其書，遂又大顯，而作僞者乘機間出，紛然雜陳，技之工者，竟難鑒別。傳世《醉翁亭記》有二本，一真書，一行草。自明以來，鑒家都疑行草爲贗鼎，不知底本有真僞，刻本亦有展轉翻橅而失真者，遂去手迹遠矣。余所見凡四本，其兩皆爲高拱得墨迹屬文彭勒石者，其一則康熙戊子楊友敬稱石出廢池中者。楊本拙劣，不堪入目，無足論也。高刻兩本，一肥一瘦，後皆有趙孟頫、宋廣、沈周、吳寬、文彭、高拱、劉巡、劉漢藜、劉佑九家題記，然亦有失自然之致。今見百梅書屋藏宋拓本，紙墨極精，古香襲人，當是原鋟於木，後無諸題。檢校三本，異同甚多："林壑尤美"，宋本"壑"字土旁轉折處均有渴筆，高甲本同高乙本，無渴筆;"名之者誰"，宋本"誰"字隹旁兩直均有渴筆，高兩本均無渴筆;而"年又最高"，宋本"年"字第三橫至第四橫之牽絲及末直均無渴筆，高甲本均有渴筆，高乙本牽絲有渴筆，末直無渴筆;而"樂亦無窮也"，宋本"窮"字穴旁末筆作小點，高甲本作大點，高乙本失此點;"前者呼"，宋本"前"字收筆不向上作挑勢，高兩本均作挑勢。"開封劉尹"，宋本"封"字第一橫作長筆，高甲本同高乙本，作短筆。綜覽全文，宋本筆勢圓腴，神采煥發;高本轉折僵滯，意趣索然。徵見宋本與高本非出一元，宜其不類，高本當據摹本入石，或又從而重鑴者，每況愈下矣。周亮工以爲，鄢陵石拓在劉氏者，後有新鄭高相國跋，定是白麟臨本。錢大昕稱新鄭所藏是贗本。今以高本流傳甚廣，魚目混珠者垂四百年，不睹宋本，何以顯其偽作? 益證周、錢二氏之別其卓識也。一九六二年五月，顧廷龍校讀記。(照片，王德提供)

是月　徐森玉爲《卷盦賸稿》作序，有云："猶憶先生於顧宛溪《讀史方輿紀要》稿本，最爲珍重，得之於朽蠹叢殘之餘，爲藏家所不顧，先生手自整比，招良工精心修治，乃得完好如新。審定此稿爲寫成後又經修改增注者，當是世間孤本。欲發揚其精勝，必先通部校勘，乃足顯示，而簽注校改之筆不一，較爲繁複，手校數卷，優點紛呈。以授顧君起潛爲之續校，卒卒未果，遂自排日疏記，先爲長跋，以待他日之印證。於書體文字，辨析毫芒，有新見，即糾正前說，實事求

是,有乾嘉學者之風。此書關係學術甚巨,吾願起潛終有以足成之。"(《卷盦賸稿》序一)

7月5日　閔宥有信致先生。

前得五月二十五日惠書,具悉一是。此間目下已近放假,暑中正多暇,大著如已完成,望早日賜下以便閱讀。郵包此間係由郵局送來,頗尚方便,惟過重及物不包裹,則須自取耳。吾兄此次寄下之書,皆係送來,不勞走取也。吳豐培君曾匆匆一見,未及多談,因渠之工作崗位在圖書館也。尊六經常晤見,渠本擬赴閩一行,現已作罷。僕畏熱,甚少進城,暑中亦不願他行。匆匆草此,聊當明談。

《釋名疏證補》承貴館裝修同志代修,極感,需費請代付爲感。畢氏《疏證》如無它本,則蟲眼稍多亦無妨,此間目下一律不修補,拿到往往須自己收拾也。

又憶往年承景鄭先生(或李季鄰兄)惠贈《太炎文錄續編》(鉛印本)四册,散失不全久矣,景鄭先生處不知尚有餘本否? 可否以它書交換? 又前僞中央大學所出《文藝叢刊》,其中有黃季剛先生紀念號兩册,此間遍覓不可得,亦請留意,能有兩册最感,否則任何一册皆好也。瑣瑣瀆陳,不勝愧恧。(原信)

7月6日　冼玉清有信致先生。

接來示,即函詢黃友圉(遵庚)所存公度先生墨迹。覆信謂祇有其手鈔郭茂倩《樂府詩集》。再面問黃海章先生,則云友圉所藏祇係墨迹鈔本,無巨大價值。渠所藏《日本雜事詩》則極爲難得,現時絕對不能借出,因某書局借其韜奮墨迹兩年不還,故視爲畏途云。茲將友圉信附呈,渠住廣州西關逢源中約72號之二樓上。如欲借攝照片,徑與通信可也。(原信)

7月14日　先生有信致方行。

昨閱郭沛霖(蘄水人,號雨三。充定遠軍營文案)致小舫書札兩册,小舫的姓名,我想起了,他叫杜文瀾,清秀水人,是曾國藩信任的人,官至江蘇道員,嘗編刻《曼陀羅華閣叢書》。這兩個都是鎮壓捻軍的罪人,但是書札內一定有些内幕資料。(《全集·書信卷·致方行》,上册第297頁)

7月20日　費用明有信致先生,爲《悔龕詞》等書排印費事。

三種詩集用外封面紙已向朵雲軒購進143張,計57.20元。《悔龕詞》書簽條版已製就,附上原稿及印樣各一份,請察收。三種書的排印費,估計約爲排工675元,印工140元,訂工270元,共約1085元(以印《卷盦賸稿》500册,《悔龕詞》200册,《清故宫詩》200册計算)。購紙餘款容後面趙,請察洽。(原信)

8月1日　"日記時作時輟,自恨無恒。年歲日增,記性日減,不能再不作記,詳略隨之。邇來勞逸結合,日書數百字,當無所難。"方行索閱《芥子園》木版初印本,館中僅初集,可算初印。"記得菊老有二、三集,印雖不甚早,而今已不易得矣,特取來修理,昔已有棄去之意,余堅留至今。"臂痛,不見好轉,去醫院打針。得陳叔通信,已赴北戴河避暑。(日記)

8 月 21 日　與葉銘三同查《學津討原》。"《學津討原》全部,半頁九行廿一字,小黑口。《津逮秘書》大都八行十八字,有部分九行十八、十九字,板口刻書名。相傳所謂《學津》之出於《津逮》者,蓋《學津》選刻《津逮》曾刻之書耳,并非即用其版也。"(先生小筆記本)

8 月 23 日　先生有信致方行。

《清議報》已收到。前看黃公度致建侯信中的"□廿四日",當爲"此"字無疑。竹實爲朱之榛號,亦作竹石,平湖人,江蘇藩臺,著《常懶懶齋文集》。近又檢得黃公度致王韜信一通四頁,致王秉恩(雪澄)信卅二頁一冊。我們可代鈔,請將格紙發下。

《樊錐文集》又校了一次,擬即付印,跋等後補。《上海新報》中的太平天國史料,擬即發排,先排出樣子一張,統希核定。

《藝林》題字,昨已徑寄。(《全集·書信卷·致方行》,上册第 298 頁)

是月　上海圖書館舉行"一九六二年論文討論會",會上宣讀了先生《版本學與圖書館》一文。(上海圖書館編《展望與回顧》,第 166 頁)

是月　顧誦芬、江澤菲在瀋陽喜結連理。

9 月 1 日　顧頡剛有信致先生。(《顧頡剛日記》卷九,第 534 頁)

9 月 4 日　朱士嘉有信致先生。

前接筱珊兄逝世消息後,即去信轟府吊唁,諒筱珊兄後事已妥善辦竣矣。近草《方志的源流特徵及其作用》一文,因匆促寫成,加上弟業務能力有限,理論水準又低,定有許多缺點,特寄呈,請不吝指正!指正後,請轉景鄭兄、鳳起兄等提意見,以便進行修改。拜托,謝謝。前承郭學群館長介紹,校補張石公遺稿《方志考》稿,除復書請其與中國科學院中南分院武漢辦事處聯繫外,弟亦曾向該院反映,聞領導已書面與郭館長聯繫,但未接得回音。此間領導前曾表示,關於弟等分配工作問題,恐尚須等待至年底或明春始能解決。恐勞錦注,特此奉告。(原信)

9 月 11 日　中國科學院河北省分院歷史研究所寄來《中國古代人物綜合索引》(樣稿)一冊,請先生審查,"望將寶貴意見寄交我所,以便修改編寫"。(原信)

9 月 16 日　查閱唐紹儀函件,其中有關辛亥革命者不多。午後,去長樂路書庫閱張元濟存札,有與湯壽潛往來電稿,即函陳叔通詢其究竟。(先生小筆記本)

是月　先生題簽的《先秦史》(呂思勉撰),由香港太平書局據 1947 年開明書店本影印出版。

**10 月 22 日**　　聞宥有信致先生。

奉惠書并收到代購《龍州土語》及大稿,多費清神,不勝感謝。大稿已詳細看過,竊以爲此文比較重要,不宜草率,私心以爲可互動者,已在行間塗改。但有些部分内容似尚可商,不便擅改,即將拙見寫在旁邊,另用紅筆勾出,指明係供兄參考之用。最好請兄再細看一過,改動後請人一抄再行寄下,文字方面或尚須詳細斟酌一次也(有些地方文言氣較濃,尚未完全改易)。如此比較費時,但比較妥當,不知兄意以爲何如? 兹將原稿附還,稽遲多日,殊以爲歉。承代購《龍州》,極感,不久即須應用,手邊有書畢竟方便也。款俟下月初得薪後即匯還。三兒暑假回京一次,大兒家中又多病,暮年乃反感拮据也。匆此復謝。(原信)

**10 月 23 日**　　上海古典文學出版社付給先生及王煦華《漢書選》再版稿費"17978 元"。(稿酬支付憑單)

《漢書選》再版後,張宗范致信先生與王煦華,索要此書。

大著《漢書選》在新華書店讀了一下,得悉先生辛苦合注的工作,得又再行重印,真是高興萬分。平生喜讀史書,但深愧無所成就。尊作極欲存購一册,奈目下負擔甚重,無力購買,但又不得不讀。工作單位没有圖書館,没有購書經費,所以要想細細研讀尊作,真是困難重重。要想向市圖書館借讀,往返一次就得一天時間,而且借期很短,非五六天、十天所能熟讀。以此之故,懇請先生能惠購一册,付郵寄下,真是感激之極。如果無法分贈,借我一讀也好。人生精力有限,遍覽各書當然不易,但是集中精力熟讀一書,我想總是可能的。等到讀完以後,亦可奉還不誤,未悉你們的意見如何? 但懇乞你們一定能給我寄一册來,我是非常感激的。時已深夜,一天工作已累極了,無法寫好信,至歉! (原信)

**11 月 3 日**　　顧頡剛爲先生修改《中國叢書綜録編輯經過》。(《顧頡剛日記》卷九,第 568 頁)

**11 月 5 日**　　顧頡剛有信致先生。(《顧頡剛日記》卷九,第 569 頁)

**11 月 12 日**　　聞宥有信致先生,談《杜臆》前言修改事。

《杜臆》前言稿收到多日,因它事紛擾,遲遲未奉繳,甚歉。近已粗讀完畢,竊以爲吾兄此文内容極好,但文字體例上有問題。就開端一小節看來,應是語體,但以後則幾乎一例是文體,讀者必覺得雜糅不絶,所以最好一律改爲語體,否則索性全是文言,以免不文不白之病。現在就可能範圍内,已將一部分改爲語體,但尚未改定,因行間太密,已寫不下,移動前後,更感困難也(上次請兄托人將《綜録》一文重録一過,亦以此故,因行間已寫不下也)。最好仍請吾兄斟酌後,再托人鈔一遍寄下,以便再詳細改動一過,不如此則不放心也。相隔過遠,不及面商,大是恨事。……有許多因出處不明,不便擅改,所以全文尚未統一。(原信)

11 月 22 日　上海市人民政府任命先生爲上海圖書館館長。上午,方行電話邀先生至文化局見面。"到局,見局長,即言屢次相見,均欲談而輒爲它事所牽。四館統一以來,忽已四年,工作已逐漸上軌,館長一職久懸。李館長(芳馥)將負責全國第二中心圖書館事,已決定任爲副主任委員,渠原已任命爲上海圖書館付館長。嚴館長(獨鶴)年老,加以照顧,仍爲付館長。郭館長(學群)爲付館長,館長之職屬余。聞命之下,爲之感奮不止。龍德才未孚,何能任此重任,但以革命事業,在黨的培養教育之下,惟有邊幹邊學。依靠支部的領導,幾位館長的分工合作,同志們的督促幫助,努力學習,積極工作,與大家一道來辦好此圖書館事業。局長告余,將來館務會議由余主持。對外有什麽須要發表的東西,也可由大家商量寫出。"十時返館,方行宣布任命。(日記)

11 月 23 日　召開館務會議,討論 1963 年工作計劃。黃眷瀾授任命書給先生。戚叔玉電話云,張某有藏札欲出售,擬介紹給我館。得陳叔通信。(日記)

12 月 1 日　王栻(字抱冲)來談嚴復事。復陳叔通信。(日記)

12 月 2 日　上午到長樂路。吳諫齋來,囑書扇。下午至科學會堂,參加外文學會年會閉幕式,聽陳其五報告。夜,與夫人至俱樂部聽評彈,尚初次也。(日記)

12 月 3 日　閱《中國叢書綜録》校訂本。"參加資料組討論計劃,草修改標準幾點"。閱"一級藏品簡目"。閱目録體系草案、調整書庫方案、影印《經濟評論》計劃。(日記)

12 月 4 日　閱文史資料稿。閱清理圖書計劃。(日記)

12 月 8 日　上午學習。下午討論《辭海》類書條目。(日記)

12 月 9 日　與俞爾康商《樊錐文集》後記稿、《分門瑣碎録》後記稿。下午出席上海市史學會理事會。閱文史資料稿。(日記)

12 月 20 日　潘伯鷹有信致先生。

　　　　拙作論書小冊均已出版,由於印數太少(祇四千册),書坊祇贈弟十册,茲謹以一册奉呈指正,又以其中經上圖及上博供給之材料題名多有不當,則以其時弟正病劇,未能視校,致錯誤之多也。景老及鳳老二公賜助甚多,本應同時各呈一册,委因上叙事實,祇好稍遲再奉,弟并已再補購,但未能買得,據云已無書矣。臥病不能出門,不知實情究復何似,亦不知書坊何以竟不肯刊出稍多也。(原信)

是月　爲上海圖書館影印的《分門瑣碎録》題簽并撰寫後記。此書鈔本,無卷數,宋溫革撰。書中專講種藝、牧養、釀造諸事,重在種藝操作方法,極可珍貴。影印此書,可"便于農學遺産研究工作者的參考,并資文獻的保存"。(《全集·文集卷·影印分門瑣碎録後記》,下册第 602 頁)

是月　先生主編的《中國叢書綜録》第三册"索引"出版。

下半年　撰《杜臆》前言。《杜臆》十卷,明末王嗣奭撰,稿本。此書爲嗣奭三十七年精研杜詩之結晶,初不爲人知,後爲仇兆鰲采摭精義,收入《杜詩詳注》而名始顯。是書"對吸取杜詩的精蘊將有很大的啓發和幫助",稿本藏上海圖書館,由中華書局上海編輯所影印出版。(《全集·文集卷·杜臆稿本前言》,下册第763頁)

是年 被推選爲上海市第四屆人民代表大會代表。仍爲上海辭書編輯委員會編輯委員、分科主編,上海市政治協商會議文史資料編輯委員會編輯委員、編審,上海市書法篆刻研究會委員。[①](履歷表)

是年 兼任上海市文物圖書及特種手工藝品出口鑒定委員會副主任委員、上海市文物圖書收購鑒定委員會委員。

是年 參加《中華文史論叢》籌備創刊會議。(《全集·文集卷·圖書館工作者的願望》,第371頁)

是年 先生在上海圖書館資料組成立時,對盛巽昌説:"圖書館是一個綜合性人才場所,什麽學科都需要。""現在上海圖書館有三百多人,如果每個人都懂得一門專業知識,掌握一個分類的書籍,那麽讀者如來查詢什麽問題,那就方便得多了。"(盛巽昌致筆者的信)

是年 先生輯録整理的《卷盦賸稿》出版。

**是年**

2月24日 胡適病逝於臺北,72歲。

4月17日 聶崇岐卒,59歲。

---

① 書法篆刻研究會委員:據《全集·文集卷·朱東潤書法作品選序》,"當時選舉理事七人",先生爲其一。

# 1963 年　60 歲

1月4日　周予同有信致先生。

承惠贈《卷盦賸稿》,敬謝。葉揆老《札記》部分,對同深有啓發,所録夏曾佑詩若干首,對同亦殊有用,他日有暇,當面請教揆老逸聞。尊撰《行狀》中所談《大生要旨》一書,未知亦有收藏否?便請告知。又《札記》中談及致吳廷燮氏所編《江蘇備志》一書,想已轉存上圖,此書是否稿本,可否出借?如出借不便,可否允許派人抄録?因其中關於經籍部分,同甚盼能一讀也。

又《札》中有數則談及王欣夫先生,同因接洽他事之便,曾經轉告,欣夫先生不敢干請贈送,願出價購藏一册,未知可爲設法否?瑣事干瀆,請原恕。(原信)

2月1日　訪方行,同赴書法篆刻會,看沈尹默書法,遇郭紹虞,邀往午餐。下午館務會議,討論十年規劃。(日記)

2月2日　上午學習,下午在市政協開座談會,談《毛澤東選集》事。夜,寫《浦泖農咨》後記。(日記)

2月3日　上午到長樂路書庫。下午寫《浦泖農咨》後記,此書一卷,清姜小枚撰,道光十四年(1834)刊本,上海圖書館據以影印,先生題簽。此書爲地方性農書,浦指黃浦,泖指泖湖,屬舊松江府地區。作者記録當時當地的農業情況,全書四十則,每則均以"曰"起,包括徵糧折糧、田畝面積、水利、天時、播種、秧田、耘攩、刈穫、肥田、耕牛、農具,以及農民生計、生活等,比較詳盡。此書傳本極少,頗爲難得,付之影印,"以供從事農業研究者參考"。夜,寫封面。(日記;《全集·文集卷·影印浦泖農咨後記》,下册第607頁)

2月9日　張次溪有信致先生。

承賜《卷盦賸稿》一册已收到,至深感謝。拙記《白石老人自傳》,春節前寄上,諒已得達,尚祈指正爲幸。數年前曾記先生來函,詢及寒家所藏譚嗣同先烈遺稿事,此稿分訂兩册,共計一百五十頁,其中半數爲譚氏親筆,半數傳係譚夫人所書,極盼先生大力提倡,影印流傳。至於報酬一節,弟并無奢望,能敷一年生活費用,於願已足。又寒家世藏萬季野之胞姪萬言遺作《明鑒舉要》,雖非萬氏親筆稿本,但今日已爲僅存之孤本。萬言曾與其叔季野參加修史,此書曾經季野點定,似亦應付印,尚祈先生予以倡導爲幸。(原信)

3月28日　顧頡剛有信致先生。(《顧頡剛日記》卷九,第650頁)

4月1日　周叔弢至上海博物館座談,先生前往晤見。(周叔弢《弢翁日記》)

4月2日　周叔弢參觀上海圖書館,言及《棠湖詩稿》以一千三百元歸天津圖書館。該館藏舊拓兩種,《西樓帖》及《墨皇》皆在。又言大連圖書館《管子》《荀子》《韓非子》幾種均已不在,蘇聯所送還之《永樂大典》皆非劉翰怡舊物,然則此批書不知由何而往。(日記)

是日　周叔弢日記:"早到圖書館,晤顧起潛、瞿鳳起、潘景鄭,參觀善本書庫,保管尚好。閱宋本《金石録》十卷,題跋甚多。宋本《東觀餘論》,是項刻底本,有豐坊、項元汴跋。宋本《諸儒鳴道》,此是人間孤本。大代普泰寫經。抄本《楊鐵崖文集》,有黃跋。文徵明手寫文稿,有文含跋。豐坊手札,羅列所求書畫、碑帖目甚長。"(周叔弢《弢翁日記》)

4月29日　表兄陸尹甫有信致先生。

月初赴滬,趨前奉教,承蒙竭誠招待,至爲感篆。紹虞弟亦已見過,并在文化俱樂部小叙,渠約我移住新居,因其尚在搬家中,恐多煩擾,故未前往。我病經醫診察後,據説其傷不但在骨,而且在氣,必須好好調養,因此於二十日即行返蘇,知關繫注,并此附聞。潘由老詩稿,日内即將繕齊,擬即寄奉,請代爲設法油印或鉛印,費用由我負責經付。序文已托紹虞動筆,便中請將潘稿(或將油印本送閲)交渠一閲。張仲老暨王勝老有關傳記資料,請檢出後覓便寄下,能多一些遺聞軼事更好。(原信)

6月16日　陸尹甫有信致先生。

前奉復書并附到王勝老行狀一份,均經收悉。以潘稿尚未抄齊,致稽作復爲歉。兹潘稿已由友人抄齊送來,紙質粗糙,抄手亦不佳,錯訛很多,雖經校正不少,但恐尚有疏漏之處,刊印時還須重校。該項抄本共計七册,已於今日包裹由郵徑寄府上,因恐館中人多,或有遺誤,書到後應如何付印,統祈察酌辦理。序文已面懇紹虞弟大筆一揮,目録正在編製中,竣事後當即補寄。由老詩詞愈老愈工,從少年到晚歲,計分七集,遺稿由芯公手自選定,復由兄删去了一些,定名爲《芯廬詩詞集》,内中有好幾首詩與足下有關,也有與我兄弟有關的,我們應當爲由老努力完成其事,想左右亦必以爲然也。如需費用,請隨時函告,以便向潘宅接洽。

景鄭兄前均此不另。(原信)

是月　爲《太康物産表》撰寫後記。此書爲稿本,一卷,葉景葵撰於 1900—1901 年間,上海圖書館影印。内容分穀、菜、果、木、藥、紡織、釀造、禽獸、鱗介、雜産十〔一〕類,記録物産二百七十多種,各有説明,爲葉氏調查所得,"不僅反映了太康一縣的經濟狀况,而且對於清末河南東部和黄河下游地區的農業生產情形,亦可藉此有所瞭解"。(《全集·文集卷·太康物産表後記》,下册第 609 頁)

8月9日　陸尹甫有信致先生。

前閲報,悉足下正忙於人代和圖書館開會,是以未即奉書爲歉。兹續寄奉潘由老詩詞集目録一份,乞即檢收并設法付印,或油印或鉛印,統請酌奪辦理。紹虞弟來函,述及囑請將潘稿送閱,以便着手撰擬序文,并此附告。潘稿全部如印成,約需多少費用,便希函告。敝軀已漸康復,目前亦忙於開人代和政協全體大會,幸勉能支持,堪以告慰。(原信)

8 月 13 日　先生嫡孫顧衡出生於上海。

8 月 28 日　陸尹甫有信致先生。

前奉惠復,以迫冗未即裁答爲歉。由老詩稿能請陳叔老主持,與商務印書館聯繫,再好没有。叔老與由老即係仝館,又在進士館全學三年,彼此均甚熟悉,棣哥逝世前,叔老亦常臨視,由老往往在座。我想此事叔老必能幫忙,已將大札交與潘氏家屬閱看,他們一致表示感謝,并云由老一生祇存這些詩稿,并未留下文稿,僅存遺墨,不惜成本必須印成。目下尚無傳記,文管會囑我撰述,但刻下目疾甚劇,寫作多有不便,愈後當即着手整理資料。(原信)

9 月 7 日　沈令昕來,談古舊圖書出口鑒定事。(先生小筆記本)

10 月　吳縣潘氏印行芯廬遺集①(潘昌煦撰),先生爲題照片"潘由筌先生八十遺象"并撰跋。

我鄉老輩潘由筌先生,夙擅文史之業,專精法家之言,晚歲教授于燕京大學。龍適負笈斯校,由吾家頡剛之介,晉謁於達園之三松堂。堂蓋學校宿舍,有亭樹花木之勝,先生獨寓於此,灑掃瀚滌不假人手,暇則吟哦其間。龍肄業餘閑,輒從請益,乃承不棄鄙陋,引交忘年。時出新咏,舉以相示,龍酷嗜諷誦,每以先睹爲快。閑談歷代書法,先生宗歐虞,而龍所聞於庭訓者,亦崇初唐四家,有針芥之契。談藝之餘,相與徘徊園中,或漫步海淀,就酒肆小飲,縱談取樂,以述近代掌故爲多。先生好游山水,頡剛有同嗜,每歲四月,必結伴登妙峰山,龍亦得追隨杖履,登高臨勝。……未幾,寇氛日熾,平津岌岌,先生不欲久留,遂歸蘇。丁丑,抗戰軍興,東南各地先後淪陷,迨己卯秋仲,龍亦以籌設合衆圖書館買棹來滬,顧以館務叢脞,雖百里相望,晤面無由,十年中僅兩返吳門。丁亥六月,往訪先生,時年已逾古稀,而精神矍鑠,丰采依舊,爲題先世圖卷并貽書扇。龍即請先生整理著述,以昭來學。許之,曰暇當録成清本,授子保存於圖書館中。此後竟無重晤之緣。前年歸道山,聞耗已遲,又未克具生芻之獻,傷哉!去冬,陸尹甫丈枉顧,出示先生遺集,并謂華夫人與銘紫昆仲屬謀墨版,分貽親朋,知龍與潘君景鄭夙在先生獎掖之列,委以校字之役,後生有責,其何敢辭。(《全集·文集卷·跋芯廬遺集》,下册第 857 頁)

11 月 11 日　陸尹甫有信致先生。

①芯廬遺集:即《芯廬詩存》七卷《詞存》一卷。

昨獲大函，今日即往皮墅街，與潘氏接洽，他們對於你的計劃非常同意，即交出 160 元，囑代匯奉，謹托郵局匯上，到後即希賜復爲荷。由老傳記，我正在集中資料起草中，一時恐未能脱稿，因其中有數點下輩都不知道，須訪查確實後方可竣事。郭序目前恐尚未送來，標籤須請你法書，篆隸均可。

再原稿兩册須保存，交還潘氏自己保存。（原信）

11 月 12 日　顧頡剛到榮寶齋買畫，蓋爲先生六十壽慶。（《顧頡剛日記》卷九，第 765 頁）

11 月 13 日　下午四時，文化局副局長方行告知，中國書法家訪日代表團組成人員已經得到北京對外文化聯絡委員會同意，先生也在其中。五時，去華東醫院檢查身體，均正常，腿部曲筋，打了一針略好。歸家後整理行李。（《全集·文集卷·訪日游記》，下册第 677 頁）

11 月 14 日　上午先至上海博物館，向徐森玉、沈之瑜辭行，沈略以日本情況相介紹。回上海圖書館，囑人購赴北京飛機票，處理經手諸事。回家陪夫人至湯醫生處診視，據云心臟無雜音，血壓如舊。附近購物。下午回館處理各事。歸理行裝。十一時睡。（《全集·文集卷·訪日游記》，下册第 677 頁）

是日　顧頡剛有信致先生。

吾叔六十大慶，剛不能登堂奉觴，極爲歉仄。兹乘譚季龍兄返滬之便，托其帶上白石畫一幅、采色箋二套，聊申賀意，敬祝强健康寧，長樂無極！

日前誦芬弟來京，喜悉其已毓麟兒，今留滬上，由嬸母照管。静秋聞之，極喜叔嬸得一長孫，兹奉上小絨毯一條，藉供應用，并祝岐嶷。

嬸母體弱，今撫育孫兒，不免勞累，乞隨時珍攝是要！

舍間諸兒均好，惟静秋一病三年，肝臟腫大，慢性腸炎，神經衰弱，十分痛苦。雖中西醫兼治，終未痊可。性本躁急，病中尤易發怒，家庭中竟無温暖，爲之悶損。

剛在此工作蝥忙，開會連接不斷，勉强抽出時間寫作。所幸身體尚能應付，血壓不高，惟飯量較减耳。七十之年，尚能保持低度健康，亦自滿意。

我叔本定今年來京一游，現在已屆冬令，諒今年已成虚約，不知明年能實現否？念念。前寄二表，得暇審正爲幸！（《顧頡剛書信集》卷二，第 534 頁）

11 月 15 日　六時起身。與夫人告别後即去機場，上海圖書館副館長潘皓平和典藏部主任趙興茂前來送行。飛機經南京、濟南時，皆下機休息，午餐。下午一時四十分到北京，郭勞爲、崔太山來接，住和平賓館。做西服。晚飯後，訪顧頡剛，適外出開會，與静秋談家常，又見頡剛子女潮、洪、湲、堪均已長大矣。歸寓後寫信，十一時睡。（《全集·文集卷·訪日游記》，下册第 677 頁）

11 月 16 日　晨，顧頡剛來，略談。先生向其借硯臺及《文物》雜志。崔太山陪去衛生防疫站注射霍亂預防針。訪陳叔通，不值。下午閱書。崔又陪

去購物。晚七時衣服着樣。夜又閱書。(《全集·文集卷·訪日游記》,下册第677 頁)

《顧頡剛日記》云:"起潛叔將到日本,以書法作友好訪問,同行者有陶白、王个簃諸人。今來京學習數日,并製西裝。廿一日飛廣州轉香港。"(《顧頡剛日記》卷九,第 767 頁)

11 月 17 日　崔太山派汽車送先生去中央民族學院,訪聞宥師,又訪尊六。午後歸訪江家親翁,初次見面,談一小時。返飯店,寫字。六時,顧頡剛電話約請先生,即去。頡剛夫婦殷勤祝酒,爲先生六十壽和孫兒顧衡(大强)誕生,并爲先生送行,意至厚也。八時許歸。致潘皓平信、家信及潘景鄭信。(《全集·文集卷·訪日游記》,下册第 678 頁;《顧頡剛日記》卷九,第 768 頁)

11 月 18 日　閱《藝舟雙楫》。午後赴琉璃廠晤郭紀生經理,選書若干種,囑寄上海圖書館。又至慶雲堂選尺牘,并屬開帖目備選。回飯店不久,崔太山告知陶白(此次訪日代表團團長)已到京,并言周而復秘書長同來晚餐。得誦芬電話,家中由其照顧,請放心,并祝先生六十生日。閱書。(《全集·文集卷·訪日游記》,下册第 678 頁)

11 月 19 日　閱《書道》等材料。九時,林林司長來,介紹關於日本文化學術界情況。下午二時,北京市文化局介紹中小學字學情況。同出選購禮品,六時歸。七時三刻,訪陳乃乾,承示藏書數種,如《三高僧詩》、毛刻、蜀石刻題記及輯宋均《緯書》(不全),書名不存,待考。(《全集·文集卷·訪日游記》,下册第 678 頁)

11 月 20 日　晨訪陳叔通,略談,有客來,即行。閱《文物》。十時至對外文化聯絡委員會聽周而復指示:介紹日本政局概況,與日本書道家接觸的要求,注意事項。下午二時半,周而復偕往故宮博物院,由吳仲超院長接待,看唐、宋、元、明、清書法真迹十四件,爲唐李白《上陽臺》,五代楊凝式,宋林逋、范仲淹、米芾、蔡襄、黃庭堅,元趙孟頫、康里夔夔,明吳寬、祝允明,清何紹基等。晚飯後去頡剛家辭行,還硯臺及《文物》,辭出,全家送至門口,頡剛偕出散步,至東安市場并至百貨大樓,再至賓館。又去王个簃處略坐。整理行裝。致盧慎老、誦芬信。十一時睡。(《全集·文集卷·訪日游記》,下册第 678 頁)

《顧頡剛日記》云:"起潛叔告予,彼曾見日本報刊所載廣告,知香港已將予所編《古史辨》七册完全翻印。此不知係何方所爲。起潛叔又云,劉厚生先生已于去年逝世,年正九十,此即作《張謇傳記》者也。""與同出,到東安市場及百貨大樓。回至和平賓館,晤王个簃。九時半歸。"(《顧頡剛日記》卷九,第 770 頁)

11 月 21 日　四時起身,七時到北京機場早餐。林林等來送行。乘伊爾飛機至廣州,鄭州、漢口、長沙均停站,并在漢口午餐。至廣州時,對外文協派人來接,寓廣東迎賓館。十時睡。(《全集·文集卷·訪日游記》,下册第 679 頁)

11 月 22 日　理髮。閱資料。與王个簃、潘天壽商量書寫內容。午後略睡。

陶白約談,郭勞爲提出專業分工,請先生談書法及碑帖。旋出閲古籍書店及畫苑。參觀菊花展覽及黄花崗七十二烈士墓。(《全集·文集卷·訪日游記》,下册第679頁)

11月23日　五時起身,整理行裝。匆匆致信潘皓平。七時赴車站,對外文協廣州分會工作人員來送行。十一時至深圳,有亞洲貿易公司客運部副主任陳銓六先生來接,即在招待所午餐。甫就坐,陳先生即告知今晨六時美國總統肯尼迪被刺殞命的消息。飯後至新界,乘車至九龍,有曾經理來接,同至摩星嶺招待所,與郭勞爲、崔太山同室。晚飯後看電視,閲《書譜》。十時睡。(《全集·文集卷·訪日游記》,下册第679頁)

11月24日　六時起身,七時半早餐。因擬檢閲一些有關書法材料,商得陶白同意,與香港《大公報》副總編輯陳凡(百庸)聯繫,陳先生慨然以《藝林》等相假。十時游覽市容,到香港仔、清水灣、淺水灣。午歸。飯後小卧。陳凡來,陶白、王个簃、潘天壽、郭勞爲及先生同與暢談。客去,寫字。夜看電視,閲陸放翁詩。十時入睡。(《全集·文集卷·訪日游記》,下册第679頁)

11月25日　上午閲胡小石文。午後寫字。六時,陳凡來,接至陸海通晚餐,八時歸寓。陳凡詢需購何書,先生即托購《明清史料》戊、己、庚、辛四編。晚接夫人信,言病體仍然,主要苦於結核病復發,末段語意悲絶,爲之焦念。即作書慰之,并附一信致誦芬,囑其如母念汝急切,望即歸家一視。夜不成寐。(《全集·文集卷·訪日游記》,下册第680頁)

11月26日　托曾經理寄信。與陶白談論明清書家的優缺點。下午閲《字學典》,匆匆,無所采獲。又以情緒不佳,憚於握管,雖略構思,未能成章,殊爲悶損。聞簽證已到,次日即將飛往日本。(《全集·文集卷·訪日游記》,下册第680頁)

11月27日　晨起,整理行李。寫字,間作六朝體,王个簃、潘天壽"以爲不惡"。昨亦曾作一紙,陶白亦甚賞之。午後稍息,但以篤念夫人病情未能入睡。二時四十五分,亞洲貿易公司經理來送行。三時十五分出辦手續。五時登機,九時四十五分(日本時間)到達東京羽田機場。辦完入境手續,出海關後,即有日方歡迎者數十人,有西川寧先生等。至休息室,男女書法家咸集,舉行歡迎儀式。女書法家獻花,西川寧、手島右卿致歡迎辭,"團長答辭。儀式畢,即乘車至新日本旅社"。西川寧同至,協商日程,定次日訪中島健藏(日中文化交流協會理事長、日本書道聯盟顧問)。凌晨一時半睡。(《全集·文集卷·訪日游記》,下册第680頁)

11月28日　"至食堂早餐,晤巴金、謝冰心先生等文學代表團六人"。冰心在燕京大學時即相識,但少過從。巴金曾爲四川文獻館囑先生校劉光第尺牘,經介紹,如舊相識。日本《每日新聞》第十三版報道了中國書法家代表團應日中文化交流協會和日本書道聯盟的邀請,抵達日本參觀訪問的消息,并刊登成員名單:團長陶白,團員王个簃、潘天壽、先生及郭勞為,翻譯崔太山。十時,訪問中島健藏先生,十一時半辭出。返旅社午膳、休息。晚五時赴豐道春海晚宴,座有前日本首相片山哲夫婦、西川寧、手島右卿等。豐道致歡迎辭,陶白答辭。主人今年八十六歲,精神矍鑠,行動輕便,自言本人信佛,一切以真心誠意為主。飯後,豐道出筆墨囑題字,先生即書“促膝談心”四字。九時辭出,豐道及家人同送至門外。回旅社後,在陶白處得知訪日行程可能延長。(《全集·文集卷·訪日游記》,下冊第 681 頁)

11 月 29 日　晨,用日本早餐,服務員送至房內,味均甚佳。九時,參觀“日展”——日本畫及書法。參觀後,至休息室座談。結束後,同至上野精養軒午餐。松丸收藏吳昌碩書畫九十餘件,後被火,剩八十餘件。西川寧則藏趙之謙書畫甚多。下午參觀東京國立博物館,訪館長淺野。館內陳列有中國碑志拓本,如《李超墓志》《高湛墓志》《張猛龍碑》《馬鳴寺碑》《嵩高靈廟碑》等。書畫部分則有《唐日僧台州行牒》一卷,又顏輝寒山拾得橅本,梁楷李白像,石恪《二祖調心圖》及李龍眠《瀟湘臥游圖》卷、李迪花卉扇面。又見雲岡石佛頭、法隆寺銅佛等,陳列品中得自我國者實不少。三時返寓。五時半赴產經會館,觀花柳德兵衛舞蹈團公演中國歌舞劇《寶蓮燈》。十一時睡。(《全集·文集卷·訪日游記》,下冊第 682 頁)

11 月 30 日　早餐西菜。九時參觀大倉集古館,由副館長小川簡接見。陳列品有兩大間,第一層石刻及銅器,有秦大漆器一件,難得,疑出自長沙。陳列圖書有元刻本十餘種。該館印有《圖鑑》一冊,觀目録知有商、周銅器,另有《唐三藏取經詩話》,羅振玉曾景印。歸寓,午餐吃麵。午後訪日中友協,座談并題字。晚觀芭蕾舞。(《全集·文集卷·訪日游記》,下冊第 684 頁)

是月　撰《中國叢書綜録的編纂經過》。(《全集·文集卷·中國叢書綜録的編纂經過》,上冊第 422 頁)

12 月 1 日　赴日本名菜館“今半”午餐,有中島、松井、西川等。“飯後至書道博物館參觀,此為中村不折平生收藏者,館址即其舊居,原有屋四幢,其兩毀于地震,此兩屋藏古物幸免。屋小較黑,陳列稍擠。主者出視珍品,有顏魯公《告身》、蔡襄墨迹《謝賜御書詩表》及宋拓數種,皆孤本。薄暮,即赴西川寧家,招待殷勤,全家均曾到過中國,故對中國極友好。出所藏趙之謙、鄧石如書畫相賞,又有趙之謙、吳昌碩刻印,惜均經火燒,皆為其師河井荃廬舊藏。題字。歸十一時,即睡。”(《全集·文集卷·訪日游記》,下冊第 684 頁)

12 月 2 日　八時早餐。九時四十分參觀內閣文庫,杉村勇造先生陪同前往,由文庫長會見,介紹該庫簡史。陳列有各時代刻本,又參觀書庫,共三層,“下層日本古刻,二層中國古刻。一部分來自昌平學,一部分來自紅葉山莊。紅葉山莊均有小木箱,有《明實録》一部,當係舊鈔。其中很多書係外臣送給幕府者”。下午,與王个簃赴松丸東思先生約,出示吳昌碩印譜等。三時歸,休息。

六時赴酒會,到一百七十餘人。禮節畢,森川先生偕先生至各席敬酒。玉川堂主人贈自製筆四包。與《大安雜志》編者略談。八時餘歸,寫信,托巴金明日返滬郵寄。十一時睡。(《全集·文集卷·訪日游記》,下冊第 684 頁)

12月3日    吃日式早餐。八時到機場,十時飛大阪。歡迎者數十人并獻花。同至一菜館午餐。此宴爲日本女書法家招待,故女士較多,有一女書家即席賦詩以示歡迎。午後,游大阪城及市博物館,見有明萬曆三十一年正月廿一日《誥命》封豐臣秀吉爲日本國王者。寓大阪飯店。六時步至南京飯店晚餐,華僑招待宴。八時歸寓。(《全集·文集卷·訪日游記》,下冊第 685 頁)

12月4日    與王个簃、郭勞爲、香川同至宮本竹逕家午餐。主人出示日本書家複製品,又特請京都名厨師烹調,每菜均有講究,菜豐味美。午後至松下電視機廠參觀。晚應木村宴。歸,華僑王鳳珍等來,各贈棉毛衫褲一套、手巾一條。十時餘睡。(《全集·文集卷·訪日游記》,下冊第 685 頁)

12月5日    上午,赴南住吉小學參觀寫字課。書法教員介紹所編教學提綱。後至校長室休息,題字。中午在餐館用日本料理。午後至附近某校看中學生寫字、寫大字。又參觀百貨公司及商業集中街道。歸寓,寫冊頁約二十張。六時赴書藝院懇親會,主持人梅舒適對我方人員均作介紹,稱先生爲"古匋文字編輯者"。夜,華僑王佩珍來,贈糖、襪等。十一時睡。(《全集·文集卷·訪日游記》,下冊第 686 頁)

12月6日    九時動身,乘汽車至奈良。行一個多小時,日中友協工作人員來接。參觀奈良國立博物館。是日該館休息,在調整裝修,陳列僅一部分。步行至旅館,略憩。又至上海樓午餐,中菜。下午游東大寺、大佛寺。夜,團長與先生赴杉岡華村宴。杉岡家係新建,據云全采傳統形式,落成後參觀者不絕。爲便於趺坐,備有和服,先生等更衣入座,主人夫婦及女弟子等招待甚殷勤。席間由女弟子作古典舞,男弟子作古弦,一歌一舞,頗熱烈。杉岡有漢字學生五十人,女弟子百餘人。末出紙筆題字。九時回寓。(《全集·文集卷·訪日游記》,下冊第 686 頁)

12月7日    晨九時,赴奈良市立一條高等學校參觀書法課,課後座談。赴月日亭午餐。二時半,今井凌雪及金罍陪先生至大理圖書館參觀。館長富永氏出見,導觀新建書庫,共六層。又有善本書庫三層,在閱覽室之上,有《永樂大典》七,皆一冊。又出示宋刻本《白氏六帖》、元至元刻本《三分事略》、明世德堂刻本《西游記》和《平妖傳》,又見王陽明與周道通問答,有王氏手批及王氏手札數通,末有吳昌碩跋,略有考證。日本刻經木版一塊,相當於吾國明正德間。另木活字一盤,約當吾國同、光間,存一萬多字。富永館長贈書刊數本,出簽名冊,屬題記。五時返寓。夜寫字。(《全集·文集卷·訪日游記》,下冊第 687 頁)

12月8日    上午八時參觀筆廠加工部門,看手工製墨。又至吳竹精看機器製墨。參觀文華館美術館。下午二時回大阪,赴燎泉閣,參加大阪、神户、奈良各處書家歡迎宴會。六時至京都,住京都飯店。小野信爾(小野和子之夫)來訪,謂吉川、平岡兩先生均欲與先生相晤,聞之喜甚,夜不能寐。(《全集·文集卷·訪日游記》,下册第 688 頁)

12 月 9 日　赴清水寺游覽,訪大西良慶長老。陶白、長老等均揮毫留念,先生亦作篆。出至一休庵午餐,素食。午後至織錦廠,平岡先生在彼相候,快獲良晤。又至清水燒看陶瓷廠。夜赴御池閣日中友協宴,中菜,爲先生翻譯者是上海復旦大學學生。八時餘散。(《全集·文集卷·訪日游記》,下册第 689 頁)

12 月 10 日　晨,參觀泉屋博古,兩層樓,陳列皆爲中國青銅器,著名者有楚公鐘二隻、鳳鐘十二隻,"昔日常臨寫之金文拓本,今原器多在此"。赴人文研究所,見平岡先生及所長森鹿三先生,又見藪内清、藤枝晃兩先生及小野和子女士、貝家茂樹夫人等。所長贈《唐律疏義校勘表》,平岡贈該所藏目錄二册,藤枝晃贈北魏寫經影本一册。小野出示《明文海》照片,先生諦視後,以爲顧嗣立序似非親筆。參觀書庫。午歸。下午寫字。平岡來,贈《文選索引》兩册,告先生五十年代與王煦華合作注釋的《漢書選》,他買了六十册,用作課本以授學生,并云此書較爲簡要。晚,平岡偕觀劇。(《全集·文集卷·訪日游記》,下册第 689 頁)

12 月 11 日　訪水田慶泉,其父爲書畫收藏家。出示陳洪綬《米顛拜石圖》,王思任、陳繼儒字,李方膺册頁等。爲水田題字。歸已逾午。二時參觀京都國立博物館,特出豐坊《謙齋記》、釋空海寫《題名錄》、張即之《金剛經》、宋拓本《十七帖》(首有徐乾學一札,已有影印本)、羅振玉舊藏智永《千字文》等,繞室一周而出。該館有上野精一藏品甚多。又至三十三間佛殿參觀。四時返寓。六時赴京都滋賀書道同人宴,設座桃園亭,見平岡先生,又見吉川先生,二十年未見之朋友。吉川贈《知非集》。宴會開始,吉川陪陶白座,平岡陪先生座。酒半,兩人換座相陪。吉川言,已讀完《元詩選》全部。席間有人問,中國現對明清人書法重視否? 先生答云:既重宋元人書,亦重明清人書。(《全集·文集卷·訪日游記》,下册第 690 頁)

12 月 12 日　參觀金閣龍安寺。又至桂離宮。午至對嵐山房進餐,日菜。下午,陶白偕先生及崔太山、郭勞爲訪立命館總長末川博先生於其家,三時返寓。四時半赴關西諸子安東、炭木、村上三島、梅舒適、今井凌雪、松下宴於一力亭。觀千代歌舞。七時歸。八時平岡、小野夫婦及島田來訪。小野和子贈《期刊聯合目錄》一册,先生托其代索日本藏《永樂大典》目。(《全集·文集卷·訪日游記》,下册第 691 頁)

12 月 13 日　乘火車赴名古屋,到站送行者甚多。陪早餐者有村上、宮本及梅舒適。今井自奈良來送。在火車上,陶白成一詩索先生和,"余四十年不作矣,勉湊四句應之"。十一時抵名古屋。大池晴嵐等來迎,約二十人。偕至名古屋飯店。十二時半午餐,大池來陪。下午二時參觀德川美術館,皆德川幕府所藏文物。展品不多,據云每月換一次,可換十年。四時歸,在陶白處座談。六時中京

書道聯盟公宴,共一百三十餘人。(《全集·文集卷·訪日游記》,下册第 691 頁)

12月14日　晨,參觀渡玉毛織株式會社,題字。十一時至大池家,似鄉村中一別墅,將至大門,男女老幼來迎者約四五十人。舉行午餐,陶白講話表示感謝。席間,由村人七十餘老者表演獅子舞,又舉行庖刀式。歸寓休息。作字三幀。(《全集·文集卷·訪日游記》,下册第 692 頁)

12月15日　八時半早餐,九時出發去箱根,大池來送行。陸續來送者十餘人。下午一時餘抵達。住小涌園旅社,是爲國際旅館,在山之巔。卧室即在溪流之上,潺潺之聲,晝夜不息。(《全集·文集卷·訪日游記》,下册第 692 頁)

12月16日　早餐後汽車至蘆之湖旅館門前,換乘吊車過最高峰,觀富士山極清楚。後乘汽船泛游蘆湖。午歸寓。飯後在陶白房内聽取東京安排日程。閲《文物》。理髮。看潘天壽、王个簃作畫。杉村來,約先生明日看高島所藏書畫。(《全集·文集卷·訪日游記》,下册第 692 頁)

12月17日　九時半出發,返東京。分乘三輛汽車,下山先至江之島,訪聶耳紀念碑,建於昭和二十九年。赴殿村藍田先生午宴,寫字“名區攬勝逢良友”。杉村陪至高島菊次郎家看字畫,主人出示王烟客、王石谷長卷,廉州、漁山軸,徐青藤書畫三件,又禹之鼎畫《□□雅集圖》,有王漁洋等八人,後有翁方綱長題,甚精。《石濤詩書册》一件、蔡襄《謝御賜書名表》一卷(有米芾跋一箋,後即趙烈文長跋,羅振玉跋謂與“三希堂”所刻不同,此爲贋品,真迹在故宫),朱文公、張南軒、鮮于伯機等墨迹和高宗敕書,均佳。拓本有智永《千字文》,又《蘭亭》定武本及松雪十三跋殘本,精,每殘頁有翁方綱楷書注語。杉村言高島所藏書畫已編目,且攝照片五百張,即將影印出版,主人決定身後捐贈博物館。辭出後,回到東京已六時半。十一時睡。(《全集·文集卷·訪日游記》,下册第 693 頁)

12月18日　上午休息,寫字。在陶白處商東京日程。午後三時,西川寧、手島、平尾諸先生來,偕訪細川護立家,觀其收藏文物。主人年八十二,以收藏銅器、瓷器著名。出示漢器數件、字卷二件、敦煌卷一件、鷄血昌化石十餘方。晚餐後,赴隨鷗社,觀金子鷗亭教學生,是日集二十餘人。觀畢,合影留念。主人又出所藏日本近代、現代書家作品觀覽。十時餘辭歸。十一時睡。(《全集·文集卷·訪日游記》,下册第 693 頁)

12月19日　“上午參觀博物館藏國寶書法十二件,皆唐代日本名書卷子”。午歸。下午出席揮毫會,豐道春海首作册頁,以次大家隨意揮毫,先生亦作一幅。晚參加三先生授獎宴,在精美軒,書道篆刻家到一百多人。(《全集·文集卷·訪日游記》,下册第 694 頁)

12月20日　上午參觀五島美術館陳列茶道專題。該館另成立東大〈大東〉急紀念文庫,藏書十萬餘册。陳列有日本舊刻博多版《左傳》、天保翻刻本《四庫提要》等,又陳列宋元時代中國和尚爲日本和尚所作字。午至青山杉雨家午餐。主人家有小窑,能燒碟、酒杯等,遂出各種陶坯,囑各人作書畫其上,即送窑中燒之。先生亦寫數隻,片刻即燒成。午後訪松本治一郎,坐半小時歸寓。晚餐後,由大冢偕訪長澤規矩也,約在大安書店樓上。是日爲長澤授和漢印刷史,學生七人,皆大安店員,有一女子爲某大學圖書館館員,他們組成書志研究會。先生與之同談。長澤出示新發現的《金瓶梅詞話》及元刻《箋啓》,均從毛利文庫未整理書中得之,均已影印出版,承長澤各贈一部。談及博多版,長澤即囑及門取書影來,略述博多版之歷史,與大東急文庫主者所言可相補充。八時歸。(《全集·文集卷·訪日游記》,下冊第 694 頁)

12 月 21 日　晨,杉村來,偕往東洋文庫參觀。館長岩井大慧出見,并贈其所著《永樂大典收藏情况表》及《年譜》《還曆紀念》抽印本各一冊。由助教授某陪入書庫參觀。庫共五層,最上兩層是中國書,叢書、類書、家譜等。大本書集中一庫,此法甚好,先生早有此意。十一時半辭出。赴有吉和子夫婦宴,有吉爲名作家。下午參加松丸主辦的吳昌碩紀念會。晚在寓寫字。(《全集·文集卷·訪日游記》,下冊第 695 頁)

12 月 22 日　中午在盧山宴請日方招待我團之工作人員兩席。午後休息。晚赴飯島先生宴,先具茶道,然後進餐。主人出示其所藏書畫及藏硯。其中有謝文節硯,載《廣倉硯譜》。(《全集·文集卷·訪日游記》,下冊第 695 頁)

12 月 23 日　大安書店大山茂陪先生參觀静嘉堂文庫,出見者米山。設一案,陳列約十種宋元刻本及毛抄。旋參觀書庫三層,原陸心源皕宋樓藏書,用長玻璃櫥存放。十時辭出。"下午寫字,香川始終陪同我團各處游覽,甚熱情,因賦一絶贈之"。五時半,舉行告別酒會,陶白致辭,談訪問觀感。日方爲豐道春海、西川寧講話。翻譯金肇偕先生至各席敬酒。歸理行裝。(《全集·文集卷·訪日游記》,下冊第 696 頁)

先生在日與香川峰雲先生朝夕相處,臨別以篆書七絶一首爲贈。詩云:"同好同庚有幾人,無言相對自相親。東方書藝傳千載,放眼前程萬家新。中國書法家代表團來日訪問,得與峰雲先生朝夕相親,臨別依依,偶成絶句爲贈,即乞方家兩正。"(《起潛先生訪日記》,《書品》1963 年 11 月)

在日期間,又篆書五言絶句一首贈西川寧。詩云:"二虎傳嘉話,西川一脉連。相逢饒雅意,珍重菊花天。"(《起潛先生訪日記》,《書品》1963 年 11 月)

又爲日中文化交流協會理事長佐藤純子篆書"剛毅"。(《日本拍賣圖録》2013 年)

12 月 24 日　理行裝。十一時半到機場,送行者三四十人。二時起飛,六時四十分到香港。抵達旅館已七時五十分,與潘天壽、王个簃同室。晚飯後略檢行李。陳凡來電話,告知《明清史料》已買到。九時餘睡。(《全集·文集卷·訪日游記》,下冊第 696 頁)

12 月 25 日　十時至國貨公司購物。出,至陸羽茶室喝茶。座有唐澤霖,香港商務印書館允以出版目録相贈。下午返寓。六時赴《大公報》《文匯報》兩報宴。在《大公報》社觀書畫多種。陳凡爲購《明清史料》四集，甚感，蓋可補上海圖書館之缺。陳凡、羅明林送先生返摩星嶺旅社，略談。九時餘睡。（《全集·文集卷·訪日游記》，下册第 696 頁）

12 月 26 日　六時餘起身，理行裝。八時十五分出發，陳凡、羅明林至車站送行。十時餘到深圳，辦理一切手續。下午一時十五分從深圳返廣州，四時二十分到達，寓羊城賓館。打長途電話到家，與夫人通話，聽其聲音，病情尚好，稍慰。晚飯後，陶白召談，作此行總結。定二十八日夜車返滬。（《全集·文集卷·訪日游記》，下册第 697 頁）

12 月 27 日　上午休息。下午購物。晚理行李。（《全集·文集卷·訪日游記》，下册第 697 頁）

是日　陳凡有信致先生。

先後接到您的幾封信及介紹來的幾篇稿，早就該復信了，但因爲這兩個月來，我那部分的工作人員，有一半去了國内參觀學習，工作都壓到三兩人身上，耽誤了詳細看稿的時間，是故到今始復，尚望原諒。

俞海藍先生兩稿，尊囑挂號寄還，其中《清代畫箋藝術》一篇，如果放在《藝林》，頭一段我想不要，因爲這個刊物的物件，[①] 一時間還不能接受魯迅。至於那幾首詩，以爲思想内容太新，在《藝林》上也是不合適的。在處理文稿時，我們有一定的政治限制，爲了使《藝林》能打入它的特定讀者層去，不得不如此。有些反動學校的國文講師，甚至對學生説："《大公報》是共産黨報，但《藝林》不談政治，可以看。"我們目前就是要保持這一點，要他們覺得"可以看"，來買《大公報》，若再紅些，我們就會丢掉這個陣地了。我們經常想戰鬥，但感到焦灼、麻煩，也很苦惱，不得不講究方式方法，所以極不痛快。我想您是能瞭解我們的處境的，一定也同情我們的做法。對於黄士清先生的兩文，我的意見如下：

《五代時西蜀江西兩詞壇》因爲題目太大，所以迫得説得很簡略，因爲要簡略，也就難於暢所欲言，決定退回，煩您代轉作者。

另一篇《談咏物詞》，因爲長四千字，一期刊不完，初步的想法是略爲縮短些，使論點更集中突出。這篇我們留下來，到刊出時再給作者寄報去。

上海是一個學海，能給我們的支持必多，而且上海任何事情反應都快，"雷達"特別敏鋭。我這次去國内各地作了組稿活動後，給我稿件最多的也是上海地區，這使我們很感謝。這些情形，當石西民同志由日本過港返國時，我都向他反映過，希望這種情況能繼續發展。而在您的範圍及能接觸到的人士方面，更請予以大力幫助，替我們動員一些人力，使我們在這裏的工作有條件改進，拜托了。（原信）

---

① 物件：原文如此。

12 月 28 日　上午擬參觀廣東中山圖書館,因學習開會,囑改下午前往。下午已有約,祇得作罷。"下午參觀黃花崗烈士墓、廣州公社烈士墓、毛主席農民運動講習所舊址。七時二十分到火車站,八時正開車。十時睡"。(《全集·文集卷·訪日游記》,下册第 697 頁)

12 月 29 日　火車途中。

12 月 30 日　下午一時到達上海站,潘皓平來接,送至家中。見夫人病情尚好,不甚嚴重,稍慰。(《全集·文集卷·訪日游記》,下册第 697 頁)

12 月 31 日　到上海圖書館,晤黃眷瀾諸同事。又至長樂路書庫,回館。信積甚多,改日再作清理。(《全集·文集卷·訪日游記》,下册第 697 頁)

是年　仍爲上海市書法篆刻研究會委員,并爲上海市政治協商會議文史資料編輯委員會編輯委員、編審。(履歷表)

是年　爲上海圖書館影印的《稼圃輯》撰寫後記。原書一册,明代白棉紙藍格舊抄本,葉景葵藏書。全書大體分稻品、麥品、芋品、麻品、蔬品、果品六個部分,記錄了湖州、松江、太平等地農業生産情況及經驗,其中對水稻的品種和栽培技術,果樹的嫁接方法等,記載得比較詳細。(影印本)

### 是年

劉承幹卒,83 歲。

# 1964 年　61 歲

1月1日　夫人病,先生未出門。親友等來賀年。(日記)

1月2日　到館。方行電話約談,交下《中國叢書綜録》前言,囑綜合各方意見然後定稿。另囑將"戊戌六君子"墨迹、顧炎武手稿、書影、清代學者手札等積極編成。復趙萬里、夏定棫信。擬寫訪日彙報稿。(日記)

1月3日　校讀《中國叢書綜録》前言,"關于'東方'一段擬全删。當時樹立對立面者,'叢書不在我庫者蓋鮮',又云'爲天下讀書者之目'兩語,今此兩句已删,要義已去,全段失所憑依,不如全删。當可説今日改善關係而去之(暗中還保留我們的意見),此修改較妥,潘(皓平)館長同意删去,唯文字尚須推敲。余改後,請俞爾康再修飾"。(日記)

1月4日　繼續修改《中國叢書綜録》前言。檢日文書。夜,倦甚,十時睡。(日記)

1月5日　到長樂路書庫,閲《十七帖》影印本,"與原本幾無大別,可愛也"。夫人所蓋之被太薄,先生舅勸置絲綿被,并告知舊貨商店有售,價五十二元,"實不昂價,但阮囊羞澀,祇能緩圖矣"。陪夫人看醫生,診治爲"營養不足,緊張太甚"。(日記)

1月6日　上午校《中國叢書綜録》前言。閲日本《書道全集》。方行來,即乘方行車同出,返家探視夫人。下午仍閲《書道全集》。檢理日文書中報道有關中國者。(日記)

1月7日　晨訪徐森玉,以日本信箋信封一匣贈之。閲日文期刊。方行將修改後的《中國叢書綜録》前言退還。夫人胃痛,以"鹽熨,得平復"。復王欣夫、夏緯明、葉叔衡、秦翰才信。(日記)

1月8日　閲《書道全集》及《中日交通史》。下午吳翼甫來,商其編《説文書目》出版事。遇朱季海,渠稱現校《韓詩外傳》,推秦刻第一。但秦刻所據底本哪幾頁爲據抄本補者看不出。(日記)

1月9日　聽柯慶施在華東話劇觀摩會上的講話録音。下午至長樂路書庫閲書,再至上海中國畫院晤王个簃等,少坐。下午,潘皓平電話通知先生速回館,在上海圖書館接待、陪同胡喬木,參觀特藏書庫。全國政協文史資料委員會要《張元濟日記》,并請先生撰《張元濟傳》。先生以爲義不容辭,"日記無關政治,不足發表,當與叔老(陳叔通)商之"。夫人今日較安好,但夜餐時又爲魚骨所鯁,至半夜未能取出,先生爲之不安。(日記)

1月10日　夫人精神不佳,請醫生取出魚骨,喉部有破碎。瞿鳳起亦請其

醫生侄來視。去長樂路書庫,檢《澄清堂帖》影印本。(日記)

1月11日　復閲《中國叢書綜録》前言。審閲盛氏所藏《澄清堂帖》一至六卷,有明陳繼儒、董其昌跋,原爲清張塤舊藏,清人題記不少,皆真,惟拓本首二行似以復刻補上者。檢閲舒新城藏札,有家信及與陸伯鴻往來信,也有文稿,皆近年所發表者;又有友朋往來者札一包,并徐悲鴻所撰稿兩篇、孫多慈書聯一副(有徐悲鴻題識)。先生意,除家信還之,其他均留館爲宜。訪潘伯鷹,肝病大愈。借閲《甘州十四頌》。復譚其驤、陳凡信。(日記)

1月12日　閲《西岳華山廟碑》。延嚴二陵醫生爲夫人診治,言“其鬱結在腦,是神經衰弱病,影響心臟及胃,先開胃藥,再服補劑”。陳左高來。(日記)

1月13日　閲文件。寫赴日彙報。胡道静來,交《中國叢書綜録》前言校樣。先生即校一遍,文字尚有不甚妥帖處,囑俞爾康校改。(日記)

1月14日　校改《中國叢書綜録》前言。閲各部門報告。(日記)

1月15日　審閲關於借閲圖書範圍的報告及貫徹辦法。(日記)

1月16日　聽取金仲華關於世界和平理事會華沙會議的情況報告。(日記)

1月17日　參加市文管會收購會,“此次銅器數件均好。方于魯等墨最精。尺牘亦好,有《十五完人札》,上款‘罄室’。又有龍翰臣藏札,以王錫極爲多。宋翔鳳楷書信,難得”。(日記)

1月18日　閲帖。參加館長辦公會議,傳達市委宣傳部關於借閲圖書範圍報告的批復。(日記)

1月19日　到長樂路書庫。郭學群來。聶潞生要找渠前所贈家集一種。黄清士、胡道静來訪。(日記)

1月20日　閲《中國叢書綜録》前言,送胡道静,即可付印。閲農業資料展覽總結。訂外文書一批,外文采編部請停訂蘇聯資料。下午,閲《徐家匯藏書樓藏期刊目録》。看書樣。(日記)

1月21日　針對《徐家匯藏書樓藏期刊目録》,先生的意見爲:(一)開端應有編例;(二)其中叢書、叢刊,有的是期刊性質,有的不是,應加以區別;(三)“史語所集刊”有漏期,“燕京專刊”是完全的,但著録有誤。(日記)

2月13日　參加上海市文聯新春茶會,到者三百餘人,柯慶施講話。十二時散。午後,汪慶正、王煦華來訪。擬寫訪日報告,未成。(日記)

2月19日　爲顧頡剛《史林雜識》寫有評語:

　　《史林雜識》,粗讀一遍,深感考證精詳,許多歷史上遺留之問題得以解決,非讀破萬卷書者不辦,實駕《困學紀聞》《日知録》而上。希望年出一冊,嘉惠來學。(《顧頡剛日記》卷十,第105頁)

2月22日　完成《參加中國書法家代表團訪日報告》。

　　這次訪日,是由中日文化交流協會、日本書道聯盟和日本書道文化聯合會三個單位邀請的。代表團成員六人,團長陶白,副團長潘天壽,團員王个簃、郭勞爲、崔太山和我。我於十一月十五日到北京報到，十九日聽林司長介紹日本近況，二十日聽周而復秘書長關於方針政策的指示。二十一日到廣州，二十三日到香港，二十七日下午五時飛往日本，夜八時（日本時間九時）到東京，停留了五日，又訪問了大阪、奈良、京都、名古屋、箱根、鎌倉等著名城市。於十二月二十四日回國，訪問了二十七天。他們以三個團體爲核心，組織了招待委員會，推書道文化聯合會香川峰雲爲總負責人，出入相偕，始終陪著我們。各地區招待我們的主要人士，在關東爲西川寧、手島右卿，在關西爲村上三島、梅舒適、松井如流，在中區爲大池晴嵐。接觸書法家、篆刻家、收藏家、書法評論家和中日友協人士一千五百餘人。進行了有關書法問題座談會四次，參觀了一年一度的"日展"（日本美術展覽會之簡稱），參觀了博物館、美術館的文物書畫碑帖，參觀了小學、初高中和私塾的書法教學。參加了歡迎酒會八次，家庭宴會十六次。我們到處寫字作畫，廣結墨緣。

　　　　　　　　‥‥‥‥‥‥

　　參觀文物，在國立東京博物館參觀了兩次，一次是一般地參觀他們日常展覽的陳列品，又一次專爲準備的日本書道國寶"三絶"和"三迹"。在書道博物館見到了顏魯公《告身》真迹、蔡襄《謝賜書詩卷》真迹、宋拓長垣本《華山廟碑》、宋拓中權本《石鼓》、宋拓《秦泰山刻石》，宋拓《淳化閣帖》七、八卷。在大倉集古館見到了《魏元颺墓志》原石，此石在地震中震碎，已經修復。又秦代漆器夾紵大件，面積大如八仙桌，最爲稀見。陳列圖書中有元明刊本，係董康舊藏。在大阪天守閣陳列了豐臣秀吉史迹，大阪博物館出示了萬曆三十一年正月廿一日敕封豐臣秀吉爲日本國王的《誥命》一軸。在國立奈良博物館陳列佛教美術，有我國唐代神龜四年銅鐘。在文華美術館他們陳列的是瓷器，其中有唐三彩，極精。在泉屋博古館皆住友氏收藏的中國青銅器，過去我經常臨摹的銘文，今多見到了原器，如楚公鐘等，其他造型稀見、花紋精緻的商周器也不少。在國立京都博物館見陳列的空海《灌頂記》墨迹，朱熹《論語集注》墨迹，宋拓（原題唐摹）《十七帖》，宋拓《千字文》，豐坊《謙齋記》。在五島美術館陳列了元代日本僧游歷中國將歸，中國文人臨別贈詩，如馮子振等所寫臨別贈詩，保存了國內已罕有的元代人墨迹。在高島菊次郎家見到宋高宗墨敕四道、宋張栻墨迹、宋朱熹手札三通、元鮮于樞手札、趙松雪十三跋殘卷、宋拓《千字文》、宋拓定武《蘭亭》等。在細川護立家見到金村出土銀器、金銀錯狩獵紋鏡、戰國劍、趙松雪書《汲黯傳》、陳白沙行書卷、司馬溫公《告身》、黃山谷書《伏波神祠詩》、敦煌寫本《文選》。日本所藏中國文物極爲豐富，這次所見僅爲極少一部分。

　　參觀圖書館，這是爲我安排的，但以時間關係，出示的東西不多，也不能仔細看。

　　內閣文庫在皇城內，門禁甚嚴，庫爲三層，二層爲日本古書，三層爲中國古書。戰時部分房屋受火，有一排書架及書均被熏焦，尚未修復，遺痕如新。陳列了宋元本數種，《全相平話》五種，趙清常校本一種。

　　天理圖書館是天理大學辦的，歷史較長，所收我國古書甚多，陳列了十幾種，其中有元刻的《三分故事》，《永樂大典》景印本之外的數冊，還有王陽明與學生問答的墨迹。新建書庫極講究，庫内避免了柱子（隱藏在書架之間，即以鋼架之柱代之），是其特色。

　　大東急紀念文庫收藏日本古版較多。陳列了博多版《左傳》，唐抄《玉篇·心部》，宋本《史記》等。博多是日本地方，元明之間，福建刻工俞良甫等渡海到日，先到博多，傳授刻工技術，因以爲名，于中日文化交流很有意義的。

　　東洋文庫，參觀書庫一周，中國書占兩層，期刊與圖書并列。即在架上看看，亦有難得之書。如馮夢龍的《聽雨軒日記》，《明□宗實録》的原本，其他如明代傳記、地方志、家譜也相當多。外文書按國別爲大類，再分細目，搜羅東洋史的資料很豐富，陪我參觀的日人説，各國研究東洋史都要到此找資料的……

　　京都大學人文科學研究所，藏書很豐富，而皆切於實用。叢書是他們的特色，新編了藏書目録。又《期刊篇目索引》還在繼續編刊。此外還編有資料索引卡，并做了些專題資料索引，對研究工作者使用頗爲方便。

　　静嘉堂文庫，即收購了我國陸氏皕宋樓藏書建立起來的。陳列了宋元刊本及毛抄十種，皆陸氏書。工作人員僅五人，讀者很少，每日也不過五人。地方甚僻静，往來不便，實爲藏書樓。

　　參加了書志學研究會座談，這個會是日本和漢目録學家長澤規矩也和幾個年輕的圖書館員和書店職員探討版本目録之學的。那天他們介紹了一些發現和影印明萬曆本《金瓶梅詞話》的經過。他們還組織了一個古籍刊印會，希望和我館建立交換關係。我介紹了我館地點、藏書和讀者的情况。（日記;《全集·文集卷·參加中國書法家代表團訪日報告》，下册第 666 頁）

3 月 10 日　先生有信致陳乃乾。

　　十一月中在京奉教爲快。別後即由粵入港而飛東京，旋又往大阪、奈良、京都、名古屋、箱根、鐮倉等處，於十二月二十四日歸國。返滬忽忽兩月矣，栗六尚未箋候，想公必在盼望《大典》情况矣。

　　關於《大典》事，初以所接之人不對口徑，瞭解不出。後到京都博物館，見到上野精一所捐書甚多，因即詢其館長等，上野所藏《大典》是否在此，皆稱無有。陪同參觀的一位人文研究所助教授告我，該所有人已編有《日本所藏〈永樂大典〉目録》，因思該所既有人注意其事，即無原本，可能有照片。即檢其藏書目録，果見第 665—666 卷，隆慶中吕鳴瑒抄本。於是知上野所藏已歸人文,而并非嘉靖原本。至人文某君所編《大典》目録,已托老友平岡武夫君物色,允俟出版即以見贈。

奈良天理圖書館藏《大典》多本,先示以已攝膠卷者,余在參觀書庫時,似見玻璃櫥中庋有"皆"韵一本,但見示各冊中未有"皆"韵。我問是否別有所藏,答有,已經景印者檢視之,"皆"韵未有也,殆我看錯誤憶,但亦不便再問,祇好存疑。

後來參觀東洋文庫,晤文庫長岩井大慧,對《大典》曾作新的瞭解,編有一表,印在他《還曆紀念集》中,承贈單行本一冊,茲特寄呈,以供校核。用後仍希擲還爲荷。

屬訪《大典》經過如此,恐不足以厭所望,乞諒。

倉石武四郎、長澤規矩也兩君均曾晤見,但未談及《大典》。老友吉川幸次郎君參加招待,惜匆匆未能暢談。平岡君承陪游譙,較多叙談。神田聞已退休,知念附聞。

回滬諸事蝟集,頗鹿鹿,加以内人臥病,尚須料理家務,稽遲奉函,職是之故。(北京泰和嘉成拍賣有限公司 2016 年春季藝術品拍賣會"影像·手迹·版畫"專場圖録)

4月24日　參加上圖館務會議,月内舉行一次民主生活會,討論五好情况及館員輪流下鄉事,并傳達方行意見,加強農村圖書館建設,完成館内書目工作。(日記)

5月1日　撰《中外紀聞》後記。《中外紀聞》是戊戌變法時期維新派所創辦的最早的刊物之一,1895 年 12 月 16 日創刊於北京,共出十八期。1896 年 1 月20 日,在頑固派的打擊下遭到封禁。這份刊物流傳極少,甚爲稀見,由顧頡剛捐贈給上海圖書館。(《全集·文集卷·中外紀聞後記》,上冊第 131 頁)

6月30日　有車接先生去上海博物館,偕沈之瑜、謝稚柳同赴午餐。下午參加并主持縣圖書館工作座談會。(日記)

7月1日　閲《讀史方輿紀要》稿本。商《積極爲三大革命服務》稿。下午繼續參加縣圖書館工作座談會。(日記)

7月2日　參加民辦圖書館工作座談會,下午討論。(日記)

7月3日　閲《讀史方輿紀要》稿本,校得顧祖禹筆數條。(日記)

7月4日　上午聽取濟南路街道圖書館介紹關於教育青年的報告。商越南圖書館來信,對其 7 月 20 日紀念表示支持。下午去史學會,聽蔡尚思作關於近代史學術會議傳達報告。(日記)

7月5日　上午主持胡曲園報告會,講解毛澤東《矛盾論》之第三講(矛盾的特殊性)。下午去醫院。(日記)

7月6日　起草復越南圖書館來信。下午參加館長辦公會議,商第二季度工作暨第三季度計劃。購到魚肝油、藥膏。(日記)

7月7日　始用藥膏。下午參加對口檢查彙報。將復越南圖書館的信稿交潘皓平。(日記)

7月8日　潘皓平報告上海圖書館第二季度工作小結及第三季度工作打算。戚叔玉來館借閱黎元洪稿。顧衡午後發熱至 40 度,醫生診爲猩紅熱,注射青黴素。(日記)

7月9日　顧衡熱度略退。寫回憶。(日記)

7月10日　顧頡剛收到先生所寄芯廬(潘昌煦)遺集,"潘由笙先生,昔日與予爲燕京大學同事,教法律,大予廿歲。七七事變前南還,艱苦樸素,以售字爲生。解放後與予同任蘇州市人民代表。茲得起潛叔寄其遺集來,知於一九五八年逝世,年八十六。其詩作甚有工夫,其爲人耿介更可師也"。(《顧頡剛日記》卷十,第 91 頁)

7月12日　到長樂路,打掃房間,俞爾康來助并談。將《芯廬集》交老杜。吳諫齋來。顧衡熱度退。(日記)

7月13日　近代史研究所章伯鋒來,瞭解上海圖書館藏北洋軍閥及中俄關係史料。下午起草回憶稿。(日記)

7月16日　接待越南外賓。閱《雲南》《兵事雜志》。查潘佩珠資料,潘在越南如中國之孫中山。(日記)

7月17日　路力來,屬書"文教方面先進工作會議"文件袋字樣。閱《新青年》。(日記)

7月18日　下午參加外文采編部的會議。取《尚書》書版。(日記)

7月19日　上午主持上海圖書館舉辦的第四次學習毛澤東著作講座。取《尚書》書版。(日記)

7月20日　參加政協有關會議,討論五屆人民代表名額等。成立各界召集人委員會,江華及先生爲社會人士組召集人。(日記)

7月21日　趙興茂、韓永續、沈津三人"爲我將《尚書》版自家運至長樂路,遠、重、熱,心殊不安"。(日記)

7月22日　參加上海市政協常委第十三次擴大會議,討論:(1)本市第五屆人民代表提名協商等事宜;(2)彙報各界人士參加社會主義教育運動的情況及體會。下午爲膠卷庫、膠卷盒及木工等事,召集有關部門討論。(日記;先生小筆記本)

7月23日　先生作爲社會人士組召集人,彙報小組提名。(日記)

7月24日　參加上海市政協常委擴大會議,協商人民代表名單。(日記)

7月26日　閱《書史講義》,準備有關材料。下午寫字,不成。(日記)

7月28日　顧頡剛有信致先生。(《顧頡剛日記》卷十,第 99 頁)

7月31日　潘皓平談上海圖書館近事,關於保衛工作、青年教育等。去福州路書庫處理漏水問題。(日記)

是月　寫字,録《國風》第一章,計四條屏。(百度搜索)

8月1日　頭痛,去華東醫院看病。(日記)

8月2日　在長樂路書庫寫稿。(日記)

8月14日　先生有信致戈寶權。

久疏音問,馳念良殷。敬維貴體健康,撰著日富爲頌。

我館近編《中國近代期刊篇目總録》分册出版。第一册爲一八三三——一九〇〇年,約收期刊五十多種,十萬條左右,三百萬字。已承人民出版社接受出版。惟其中尚多闕漏,必須多方訪求。兹由俞爾康同志入京向各館補充,并廣徵專家意見,尋找綫索。我公博覽强識,尤熟於舊期刊之情况,特屬俞君趨前請益,尚祈進而教之。

前公在徐家匯檢閲《萬國公報》,頗有殘闕,近經調查,已在中華書局及三自革新會發現各藏片斷,適足與我館相配合,可以補充完全,想公聞之必爲稱快。我館之注意搜訪,乃公提示有以啓之,感何如之。……前承贈《强學報》第二期,我館已複製,敬贈一册,乞察入。俞君擬拜訪阿英同志,幸爲介紹。(《全集·書信卷·致戈寶權》,上册第280頁)

8月26日　參加上圖館務會議,談本單位的文化革命問題,潘皓平發言,指出:(1)采購古書,不分主次,樣樣求全,凡没有的都買,强調版本,如《古今圖書集成》;(2)對古舊書,不加選擇,買家譜、魚鱗册,没有貫徹黨的方針,没有黨的宣導,興趣不是放在社會主義,而是放在封建官僚名人身上,不是一般的問題,崇古思想很嚴重,表現在資料上。在業務上封建主義,不聽黨的話,而是聽資産階級的話,聽遺老遺少的話。(先生小筆記本)

是月　當選爲上海市第五屆人民代表大會代表。(代表當選證書)

9月3日　顧頡剛有信致先生。(《顧頡剛日記》卷十,第123頁)

10月1日　國慶日,赴人民廣場觀禮。(日記)

10月3日　閲尺牘,有李審言致徐乃昌札,汪緩之、李宗言師友札。(日記)

10月4日　觀《霓虹燈下的哨兵》。至長樂路理故紙。(日記)

10月29日　先生有信致方行。

日前承誨,興奮何如! 兹開出館藏稀見碑帖目一紙,即以此編爲叢帖何如? 文物出版社印我館拓片,編爲《上海圖書館藏善本碑帖》之一、之二,極好!《紹興米帖》可列之三耶? 今日文物出版社的尹潤生來晤,希望我們開一個稀見碑目。一年來未收東西,就記憶所及,略開一單奉聞。《草書月刊》一套五本送呈,晳入。姜長林同志已將柳亞子給他的信抄成兩册,并加了一些注,很有意思,亦須人覽觀。我因想及我館有柳亞子藏親朋手札,聽説從黎里運來,大都一九二七前後東西。這裏寫信的人,我想姜老所知必多,他人絶不會比姜老知道的多。如果姜老能擔任整理,祇要他把寫信人開出名單,將來就起作用。尺牘署名往往一個單字,非熟悉者不知其姓什麽,

全名什麽。姓名不瞭解,此信的價值就不大,公以爲何如? 姜老注柳札兩
册,請審閱。(原信)

11 月 3 日　　日本鳥居久靖訪問上海圖書館,先生接待并攝影留念。(照片)

11 月 7 日　　先生有信致梅冷生。

　　久未奉箋,近想起居安適,血壓正常,時以爲念。去年承指正拙稿,極
爲感荷。比聞貴館有鮑以文手校某書,① 現在上海古籍書店修理。修好後頗
思借讀數日,一飽眼福。珍本例不外借,今適在滬,機會難得,不知是否可
行? 如有不便,即作罷論。便希酌復。(《梅冷生師友書札》,第 284 頁)

11 月 21 日　　先生有信致方行。

　　手示并董君信均讀悉。近按董君所開補目,先在館中補充,得文七篇,
董君疑 C.T. 是大釗同志的筆名,但文章不像。我起初亦覺可疑,後來在《中
國大學學術講演集》第一集刊登大釗同志兩篇講演記錄稿,(一)由平民政
治到工人政治,(二)社會問題與政治,因此我想大釗同志文章刊載中國大
學刊物上是可能的。《批評》共二十二期,館中已函北京圖書館拍攝膠卷補
充後面各期了。《北大日刊》(1922)及《北京學聯日刊》已函北大請拍膠
卷。《革命週報》第四期,上革有,曾與聯繫,因該刊藏在博物館,非特殊情
況不便往取,衹好稍待。《革命週報》第一期,尚未瞭解到哪裏有。《甲寅日
刊》中《俄羅斯文學與革命》,日内即至徐家匯檢閱,當無問題。《晨鐘報》
(1916 年 9 月 25 日)及《政治生活》五十期(1925 年 9 月 9 日)、六十三期
(1926 年 1 月 6 日),現知衹有中央革命博物館有,但不知該館有拍膠卷設
備否,如有,全份拍膠卷,如無設備,衹可專拍李文。您有熟人可函詢否?
否則由我館去函一試。《直隸法專十八周年紀念特刊》,南開藏,因不久前去
補拍《言治》月刊第四期,擬等回信來後再托拍照。看董信《新生活》《政治
生活》等,他們都有照片,但是似乎不能借,衹好等外面找不到再商。董處
回信尚未寫。餘姚講義已寄來(我們去信要原本同來),信上説是原本,經我
們審閱是舊紙新抄,其中現在通行的簡體字甚多,是真憑實據。最不好的,
原來文言,現在有些地方硬改白話,亦有原來不錯,現在加字消除巨齒相。
兹先將抄本奉覽,我們一面再函餘姚政協,請設法將原本借來。我看講義是
可靠的,有些材料它文尚未提過。這位老先生境況不好,斤斤較量,我們允
許他原本借拍照,酬以四十元。他意借給我們拍照酬金要比四十元多些,底
本又要我們替他轉讓,又可得數十元。總之想要一百元。現在問題在於他
以抄本充原本耳。如原本能交出,我想略予優酬,但館中是否通得過? 尊意
如何? 乞指示。(原信)

是日　先生又有信致方行。

──────────

① 鮑以文手校某書:指《澠水燕談録》《侯鯖録》。

陳凡同志約稿，久未有應，心實不安。兹檢舊存書跋，略加修改，作爲隨筆一篇，或可做補白之用。但這種舊稿是否拿得出去，自己無把握，懇公便中加以審閱。不情之請，尚祈亮鑒。（原信）

**是年**

2 月 26 日　朱啓鈐卒，92 歲。

# 1965 年　62 歲

1月11日　將原合衆圖書館長樂路地産證、房産登記收據,交上圖辦公室主任宋希臣。(日記)

4月1日　臂痛,未勞動。校《大陸報》,"校正了非校原刊不易發現的錯字很多"。夜讀《毛澤東選集》。(日記)

4月2日　校《大陸報》。學習《毛澤東選集》。(日記)

4月3日　校《大陸報》。下午參觀情報研究所。(日記)

4月4日　到長樂路,略理張元濟信件。(日記)

4月5日　校《大陸報》。審閲韓静華"農業專題目録"説明。參加科技網經驗交流座談會。閲《文物》。天津市文化局致函上海市文化局,爲胡若愚藏書售價屬配合事。胡有宋本《考工記》、元本劉須溪評《韋蘇州集》、元本《内簡尺牘》、元刻明修本《致堂讀書管見》四種,天津市有關單位估價二千元,不售。胡將至各處兜售。(日記)

4月6日　到徐家匯藏書樓,校《大陸報》《新世界學報》《新小説》。藏書樓書庫潮濕,先生囑有關人員考慮,將地方志難得之本遷庫保管。去工人文化宮參觀"廖初江、豐福生、黄祖示學習毛主席著作展覽"。得方行信。(日記)

4月8日　韓振剛來,稱《輿地廣記》八百元允售,但古籍書店要加手續費一成。先生囑趙興茂向文化局請示。(日記)

4月9日　到徐家匯藏書樓,商期刊編目及報紙登記等問題。(日記)

4月10日　校《湖北學生界》。吊柯慶施喪。(日記)

4月11日　夫人卧病,先生陪之。閲《現代革命史》。(日記)

4月12日　校期刊目。方行來電,索李大釗墨迹。因影印件頁次不能定,先生與趙興茂往訪方行。方行要求上海圖書館將毛澤東法書刻石,凡報紙上發表者均可刻。(日記)

4月13日　爲出口圖書文物鑒定會議準備材料,與潘景鄭、瞿鳳起交換意見,録下數條,交趙興茂加以補充。晚,再修改補充。(日記)

4月14日　將所寫出口圖書文物鑒定情況送文化局。下午參加柯慶施追悼大會。歸至長樂路略坐。(日記)

4月16日　參加館中心組學習。閲毛澤東在宣傳工作會議上的講話。校期刊目。(日記)

4月17日　吴織來。下午學習。校期刊目。(日記)

4月18日　閲《現代革命史》。詢高君賓乃父所編《覺民》一至五期尚有存

書否？曾見及否？答：無存，該刊見過。（日記）

4月19日　下午至長樂路，又去徐家匯藏書樓。（日記）

4月20日　校期刊目。復冼玉清、秦翰才信。致夏樸山、葉景莘信。（日記）

4月22日　趙興茂來，談圖書一、二級藏品重加區別事。當與潘景鄭、瞿鳳起逐一重加商定。（日記）

4月23日　校期刊目。下午至徐家匯藏書樓，閱《商務報》。（日記）

4月24日　至徐家匯藏書樓，校補《政藝通報》。下午學習。（日記）

是日　先生有信致方行。

　　《紹興米帖》前言，由小汪（按，汪慶正）起稿後，我們商量修改了一次，恐仍多未妥，敬請賜正，以便作進一步修改。題目係原帖首行所標，較爲醒目，妥否？（原信）

4月25日　至館，校補《政藝通報》。下午借《甲辰》一年歸。夜補二十餘期，至十時半方睡。（日記）

4月26日　湖南省中山圖書館一行至上海圖書館參觀訪問，先生陪同觀書庫及附屬工廠。校《政藝通報》。（日記）

4月27日　校《政藝通報》。再審趙興茂交來的特藏目。（日記）

4月28日　校《政藝通報》。與韓靜華談出版文獻編目事，又商全國中心圖書館參觀事。（日記）

5月　郭沫若撰寫《由王謝墓志的出土論到〈蘭亭序〉的真偽》文章，引起《蘭亭序》真偽的筆戰。（《關於〈蘭亭序〉真偽的筆戰》，載《蘭亭論集》，第185頁）

7月末—8月初　陳叔通將沈尹默、邵裴子有關《蘭亭序》真偽的信寄給先生，鼓勵先生寫文章參加討論。（《關於〈蘭亭序〉真偽的筆戰》，載《蘭亭論集》，第188頁）

8月2日　先生有信致陳叔通。

　　兩奉手書，欣悉一一。附示邵、沈兩函，均已拜讀，并已交景鄭兄同閱。渠擬遵囑試就邵公一札加以補充整理，惟恐平時對此問題甚少研究，恐整理不好，一俟脱稿，即呈台教。龍頗思試論晉人書法，兼及《蘭亭》公案，倘能成文，當先呈誨。日前商錫永君赴青島過滬，閑談《蘭亭》，渠想作小記，《光明》收到論文想必不少。高二適似曾在墨巢座中見過，渠所舉《蘭亭》隸意，似太勉強。（《關於〈蘭亭序〉真偽的筆戰》，載《蘭亭論集》，第188頁）

8月13日　參觀吳涇化工廠。（日記）

8月14日　參觀高橋化工廠。（日記）

8月19日　參觀電子光學研究所。（日記）

8月25日　參觀上海感光膠片廠。（日記）

8月27日　參觀上海合成纖維研究所。（日記）

8 月 28 日　上午參觀上海原子能研究所。下午參觀上海計算機技術研究所。（日記）

8 月 31 日　參觀上海農業科學院。（日記）

9 月 1 日　參觀上海宜川二村圖書館及春光坊圖書館。（日記）

9 月 9 日　參加有關部門會議,聽取越南電影戲劇代表團團長保定江介紹越南文藝工作者的鬥爭生活。（日記）

12 月　"上海圖書館編輯的《中國近代期刊篇目彙録》第 1 卷出版。吳玉章親筆題寫封面書名。《彙録》收入 1857—1918 年 60 年間中文期刊 495 種的全部篇目。全書 3 卷（第 1 卷,1857—1899 年;第 2 卷,1900—1912 年;第 3 卷,1913—1918 年）,因受'文化大革命'影響,直至 1985 年纔陸續出齊。"（《上海圖書館事業志》,第 34 頁）

是年　陳毅副總理到滬,邀請上海圖書館、上海博物館的負責人和專家,在錦江飯店俱樂部座談,先生向陳毅彙報了上圖的工作。陳在會議結束時對先生説,下一次到上海,一定要到上圖看善本書。（《全集·文集卷·十年苦幹,搶編出善本書總目——憶周總理、陳毅等同志對圖書館事業的關懷》,上册第 470 頁）

是年　仍爲上海市政治協商會議文史資料編輯委員會編輯委員、編審。（履歷表）


### 是年

2 月 21 日　秉志卒,79 歲。

12 月 21 日　黃炎培卒,87 歲。

# 1966年　63歲

2月21日　顧頡剛有信致先生。(《顧頡剛日記》卷十,第416頁)

3月12日　到長樂路書庫,查閲《菰中隨筆》及《柳河東集》中《鞭賈》一文。去火車站,接西北地方圖書館參觀團。午後寫字。得誦芬信,知其又赴哈爾濱。(日記)

4月2日　陳乃乾收到先生復函。(《陳乃乾日記》,第377頁)

4月18日　陳乃乾收到先生信,即復。(《陳乃乾日記》,第379頁)

5月　"文革"開始,上海的圖書館事業遭到嚴重干擾和破壞。上海圖書館集中編目工作被迫停止。(《上海圖書館事業志》,第35頁)先生作爲封建主義、資本主義、修正主義的代表人物,文藝黑綫的執行者,反動學術權威,在上海圖書館首先受到衝擊,不久即停止工作,靠邊審查。差不多同時,上海圖書館也錯誤地對先生進行抄家。(沈津的回憶)

10月11日　"起潜叔久無信來,聞渠于今年六月中即已出事,則以身居上海圖書館館長,爲當權派也。"(《顧頡剛日記》卷十,第544頁)

是月　先生處境日艱,壓力日甚,三歲的顧衡不得不送回瀋陽誦芬處。

是月　上海圖書館編《全國主要報刊資料索引》被迫停止。(《上海圖書館事業志》,第35頁)

是月　上交上圖日記兩本,一本綫裝,一本小本平裝。(先生小筆記本)

是年　紅衛兵上街掃"四舊",上海某醫學院等單位的紅衛兵到上海圖書館"造反",稱上海圖書館爲"封、資、修、洋、名、古"服務,要在南京路上海圖書館大門口燒書。圖書館廣大幹部和職工日夜守護,并與之展開辯論,終使國家財產免受損失,没有被燒掉一本書。(《上海圖書館事業志》,第35頁)

**是年**

2月17日　陳叔通卒,90歲。

5月　潘伯鷹卒,68歲。

11月24日　向達卒,66歲。

11月　王欣夫卒,65歲。

# 1967 年　64 歲

3 月　上交自傳及交代材料三袋。(先生小筆記本)

4 月　上海市文物圖書清理小組成立。此後幾年中,該組陸續接收各系統單位在"文革"中查抄的大量文物、圖書,其中圖書約五百萬册。先生後來曾到清理小組工作過一段時間。(《上海圖書館事業志》,第 35 頁)

8 月 24 日　夫人潘承圭在"文革"中臥病在床,目睹騷亂,病情越發惡化。沉重的精神負擔,加上生活條件更加惡劣,她終於承受不住,不無牽挂地離開了人世。先生嘗嘆云:"十年動亂暴作,老妻臥病,憂皇而歿,余則被幽服勞,身丁變故,萬念俱灰。"(誦芬電告病故日期;《全集·文集卷·尚書文字合編後記》,上册第 16 頁)

夏　上海古籍書店韓振剛、高震川送來一包明刻唱本,有的已成餅狀,有的尚可翻閱。據云從鄉下收來,原爲農民基建在古墓中發現,爲求消毒而送來上圖。沈津請先生、潘景鄭、瞿鳳起同來鑒定,皆謂過去從未見過,鄭振鐸《中國俗文學史》也未提及。韓、高二人走後,先生告訴沈津,此書很重要,是研究中國俗文學史、戲曲史和版畫史的重要材料,讓沈津打電話告訴文管會楊嘉佑。後來,文管會據有關文物法予以收回。1979 年,文物出版社將其影印出版,即《明成化説唱詞話叢刊》。(沈津《學術事功俱隆　文章道德并富——回憶先師顧廷龍先生》,載《顧廷龍先生紀念文集》,第 68 頁)

9 月　誦芬請假核准,回上海探望先生。(誦芬電告)

11 月 3 日　顧頡剛"得孟韜書,知起潛嬸已在滬逝世"。(《顧頡剛日記》卷十,第 770 頁)

11 月 14 日　晨六時三刻到館,打掃走廊,樹葉很多,七時十分掃好。七時四十分打掃保管部大書庫的兩間辦公室,急急忙忙到八時結束,立即轉入揩書工作。十時通知到庫外打掃及掃樹葉,十二時結束。午膳後休息,一時半繼續揩書,五時半結束。(日記)

11 月 17 日　今天換新工作,掃走廊,掃環境,揩樓梯扶手,午後繼續進行。(日記)

11 月 18 日　打掃環境,外借處門前及報廊、畫廊以及看臺。(日記)

11 月 19 日　打掃環境,走廊。(日記)

先生回憶:

　　每天勞動之外,寫日記、寫思想彙報、寫交代等等,非常緊張。雖然不叫我幹重體力勞動,但勞動很頻繁,我的體力也吃不大消。譬如掃前後院子，要求掃得乾凈，不能有一片樹葉，西風落葉，大家知道掃不盡的，就是要叫我們掃得一乾二凈，掃不起，祇好彎下腰去撿拾。我不僅在單位裏勞動，星期天里弄也叫去勞動，有時還要全天勞動。有一天，在單位裏勞動，弄得兩腿乏力，頭昏眼暗，走出大門就跌倒在地。祇聽到過路人説：中風！中風！後來經過路人和葛春良、潘景鄭兩位同志把我攙起來，叫了三輪車送回家的。左腿至今無力，陰天或疲勞之後就要發病。(先生手稿《十七年的成就不容否定》)

是年　仍在上海圖書館接受審查，并做打掃等勞動。生活起居多由潘景鄭之女家曼照料。(潘家都電話)

# 1968 年　65 歲

年初　先生、潘景鄭、瞿鳳起在上海圖書館東大樓 307 室整理朱氏結一廬藏書。這批圖書爲某房管所移交上圖,多宋、元、明刻本以及名家批校本。(沈津的回憶)

夫人去世半年後,康定路房管所造反派負責人强行奪去先生所居二房中的一間,致使先生生活起居更爲不便。該房管所造反派甚至在批鬥所謂"階級敵人"時,將先生拉去陪鬥,并有抽打耳光等行爲。"想不到康定路房管所忽然在一次他們的批鬥大會上,把我叫去陪鬥,接着追補房租達三倍之大,從一九六七年一月補到一九六八年五月,還勒令遷讓到小房間去。在騰出房屋,逼繳租金之下,祇能把傢具廉價售去,部分書刊也祇能論斤秤掉,簡直是變相的打砸搶。"(潘家都電話;先生手稿《十七年的成就不容否定》)

5 月　又上交自傳及交代材料一包。(先生小筆記本)

9 月　因緊縮房屋,將舊衣服三包和縫紉機交上海圖書館。(先生小筆記本)

12 月 25 日　參加工、軍宣隊召開的"高舉毛澤東思想偉大紅旗,堅決執行一二·一批示對敵鬥争大會",會後有思想彙報,交工、軍宣隊。(先生小筆記本)

是年　在"牛棚"參加學習和勞動,生活起居仍由潘家曼照料。在精神壓力大、心情不好時,仍然讀書寫字。(先生小筆記本;潘家都電話)

先生回憶:

1968 年,集中到博物館,開始有人要我們挂牌子,不論到哪裏都得挂上。如果挂了牌子,走在路上,就成了人人可打可罵的物件,祇能在天還没有亮足之前上班,下班本來很晚,路上行人不多了。但是還不算數,經常叫上馬路掃地,圍觀的人把馬路堵塞,管理的人任意訓斥。自己家門口,强要貼大字報,所謂認罪書,小張不行,換上大張,千方百計要把你搞臭。總之,身體受到摧殘,精神受到折磨。(先生手稿《十七年的成就不容否定》)

**是年**

8 月 11 日　吴湖帆卒,75 歲。

9 月 16 日　葉恭綽卒,88 歲。

9 月 26 日　嚴獨鶴卒,79 歲。

10 月 24 日　馮雄卒,68 歲。

# 1969 年　66 歲

1月1日　晨,參加里弄勞動。上午洗衣服及家裏清潔工作,理髮。下午讀毛主席詩詞。夜讀報。(先生小筆記本)

2月24日　聽工、軍宣隊傳達中央文件,"充分體現了毛主席最新指示和黨的政策,使我進一步領會了政策,受到一次很大的教育"。"去年工宣隊、軍宣隊來到我館,對我們一次一次的教育,使我對自己的罪行加深了認識,但對出路問題沒有想到。後來工、軍宣隊及造反派都指出我還是有出路的,我感到非常感動。"(先生小筆記本)

3月14—31日　學習,勞動,寫小結。"工宣隊、軍宣隊、造反派一次一次來,過去我作爲館長,從沒有到工人家去訪問過,現在我犯了罪,工宣隊、軍宣隊、造反派一趟一趟來,照顧我、看我,對比一下,我沒有群衆觀點。"(先生小筆記本)

4月1日　中國共産黨第九次代表大會開幕,工宣部、團部召開座談會,先生參加并發言。(先生小筆記本)

4月10日　下午,工宣隊江師傅到家看書,"屬自行處理"。(先生小筆記本)

4月20日　寫交代。(先生小筆記本)

5月26日　晨,驗血,檢查肝功能。先生在和沈津談話時,提及他有"黃昏思想",即年歲大了,不中用了,有"日落西山"的感覺。沈津建議先生不要悲觀,要保重身體。(先生小筆記本;沈津的回憶)

5月27日　參加三夏勞動動員大會。(先生小筆記本)

5月28日　全館列隊前往中共一大會址參觀。館裏宣布三夏勞動名單,先生留館。填幹部簡歷表。取化驗單,血壓、肝功能均正常。(先生小筆記本)

5月29日　專案組招談,"我田租收入的交代,認爲與調查不符合,囑再回憶交代"。(先生小筆記本)

5月30日　九時,在大書庫將積書上架。連部召集留館人員開會,編爲兩組學習,在館注意防汛、愛國衛生、保衛工作。夜學習,讀《支部生活》。(先生小筆記本)

5月31日　打掃辦公室。上午學習,下午在大書庫勞動。夜,考慮寫材料。(先生小筆記本)

6月24—27日　上午學習,下午自學。(先生小筆記本)

10月下旬—11月15日　隨上海圖書館工作人員一起,在工、軍宣隊帶領下,去上海近郊曹行公社勞動,接受貧下中農再教育。在曹行期間,先生勞動的内容有采棉花、撿棉花、鋤地、撒肥、搬稻、拾稻穗、裝車等,也吃"憶苦飯",并參加"鬥批會"。(先生小筆記本)

是年　先生仍在勞動、審查中。家居時則讀書寫字。

# 1970 年　67 歲

　　秋　先生境遇有所好轉,由上海圖書館派至上海市文物圖書清理小組工作。
(《全集·書信卷·致顧頡剛》,上冊第 182 頁 )

　　是年　上海圖書館革命委員會成立。在廣大群衆的迫切要求下,上海市公
共圖書館逐步進行恢復、整頓工作。從 1970—1973 年,上海圖書館和各區圖書
館先後恢復開放,縣圖書館則歸併爲縣文化館的閱覽室。( 上海圖書館編《展望
與回顧》,第 168 頁 )

　　**是年**

　　　　4 月 4 日　馮家昇卒,66 歲。

　　　　5 月 4 日　馬叙倫卒,86 歲。

　　　　11 月 21 日　陸志韋卒,76 歲。

　　　　12 月 23 日　傅惜華卒,63 歲。

# 1971年　68歲

1月27日　春節,在瀋陽誦芬處過年,住一星期。(誦芬電告)

夏　爲周賢基書毛澤東詩詞《沁園春·雪》於扇面。(原件照片)

9月14日　在《北京大學圖書館善本書録》上題記。

　　祝廣祺同志藏本,有過録校補若干條,見獵心喜,借傳一通。據云日本刻本部分係出宿白手筆,即原負責選取者。(《全集·文集卷·北京大學圖書館善本書録題記》,上册第218頁)

12月6日　上海圖書館爲先生落實政策,退還"文革"初期扣發的工資。先生致函上海圖書館革命委員會,云:"今晨董慧娟同志傳達了領導上的意旨,對我無微不至的關懷和照顧,不勝感激! 我考慮再三,除自留一部分,以備不時之需,上繳六千元,請予同意。"(底稿)

12月15日　謝國楨有信致先生。

　　每至滬瀆,輒叨厚饌,得挹清暉。自返首都以來,倏已半載,而彌日不思。近維興居佳勝,工作順利,定如所頌。楨回京後,聞王伯祥兄言,始知吾兄有鼓盆之凄,老年喪偶,生活自多不便,情緒亦覺踽之。久欲問候,而以占禪〈嗶〉中輟,今朝以爲所中尋覓歷史資料,托故不出,乃抽毫展箋,亟候左右,想公亦念及下走也。楨在家之日多,很少與外界接觸。文運以後,書籍保存無恙,閉户潛修,讀書自怡。秋間閱肆,偶獲鮑以文及孫正言校南昌萬氏刊本《元遺山詩》(書雖不佳,而朱墨燦然)及《蒼雪南來堂詩》,晚來風定,燈火螢然,讀之亦是一適,無異江南黄葉時也。吾公知我者,見此當爲掀然一笑,并希代候景鄭、鳳起諸兄。它日過滬,定必諸公之後游也。(原信)

12月下旬　與周賢基、蔡耕、潘家裕(潘景鄭第九子)在西康路寓所聚餐。蔡耕携北宋刻本《華嚴經》殘頁請先生鑒定。(周賢基的回憶)

是年　在上海市文物圖書清理小組工作,先生曾回憶在那裏工作的情況:

　　"文革"後期,派予往上海市文物圖書清理小組工作,每日接收來許多圖書資料,有幾人檢閱後決定去留,但棄多留少。余去之後,所留較多。有一次,余出片刻,歸來則所留圖書資料一無所有,祇聽一工宣隊員低頭邊檢查東西,邊説:"這種東西都要留,要多少房子!"余猜想爲此人所棄去矣。余祇能默無一言。越數日,軍宣隊繩樹珊來,進門即問:"老顧,有什麽好東西?"我將所檢留的東西向他逐一介紹,他很有興趣地聽,以後每來每問,而工宣隊退出了。於是這個部門,由周賢基負責整理外文,我則整理中文圖書,負責人爲邱綬成。好東西很多,吾見到的即保存,後來無人干擾了。

　　我記得保存的珍貴圖書不少,如陳元龍小本日記,有與康熙帝對話後的記録。記得有一條,康熙帝説:"何焯口氣像我了,叫他回去。"後來,何焯就回蘇州了。

　　某家送來一包破書,問要不要,不要就帶回去。工宣隊的某師傅轉來問我要不要。我没有細看,看到幾位乾嘉學者親筆批校,我即連聲"要要"。此爲戴東原《聲韵考》稿本,有段玉裁、孔廣森等的批校,但"森"字折斷成"林"字了。吾收下後,即請人送交潘美娣。經潘美娣裝治完好,展卷覽觀,心目開朗。舊書整修工作很重要,張(元濟)、葉(景葵)二公即物色兩人,張先生介紹的是原涵芬樓修書老工人之子,叫倪佳海。葉先生有一人是杭人,修過《讀史方輿紀要》者。

　　我離"文清"後,圖書館又派某人去,是不懂文物的人。一日,我往,見其將康有爲在南洋的攝影(旁有其題字)棄置廢紙堆。我即呼其來觀,告之曰此珍貴之品,應好好保存。還有合肥李氏鴻章、經方等在國外的大照片多幀棄置廢簏。(履歷表;先生小筆記本)


　　迨"文化大革命"中,清理抄家圖書,開始時,招余前往勞動,以爲欲用我相助,豈知不然,我説有用,彼等則以不迷信專家,故意毁棄。余略有省悟,見三李氏 [1] 手札甚多,踐踏無所惜,如我説"好",彼必毁之。無可奈何,祇得默默拾置桌上,冀得幸免,聊盡吾保存前賢手迹之心耳。(《王同愈集序》,第 2 頁)


## 是年

　　2 月　陳乃乾卒,75 歲。

　　5 月 19 日　徐森玉卒,90 歲。

　　6 月 21 日　陳垣卒,91 歲。

　　9 月 5 日　潘天壽卒,74 歲。

---

①三李氏:指李金鏞、李鳳苞、李善蘭。

# 1972 年　69 歲

1月1日　跋蔡耕藏北宋刻《華嚴經》殘頁。

　　右《華嚴經》一百九卷,半頁四行,行十五字,首有丁仲祐福保題簽。字大悦目,經刻中所罕見,審爲宋刻無疑。兩宋所刻《大藏》多種,行款大都半頁五行、六行,此四行者,其爲單刻,而非《大藏》另本可知。……我國印刷術之起源與佛教有密切之關係,現存最早之雕版當推唐咸通九年之《金剛經》,惜爲英人斯坦因掠奪以去。此經僅後百餘年,刻印精美,具見良工遺範,雖屬殘縑,彌足珍已。(《全集·文集卷·跋蔡耕藏北宋刻華嚴經殘頁》,下册第745頁)

1月29日　謝國楨有信致先生,告以陳乃乾藏書散出事。

　　前月曾上寸函,未見賜覆,恐係傳聞之誤,心中極爲惶悚,引躬自責,然亦見想念之殷。知我如公,當能相諒。獻歲開春,定維興居佳勝爲頌爲慰。楨占俚〈嗶〉之暇,亦偶爾閱肆,乃乾先生之書,近已散出,楨購得徐時棟藏馮登府《石經齋〈閣〉文集》、朱書《朱杜谿集》,又獲有張叔未手跋舊拓《麓山寺碑》(見於《清儀閣題跋》),及翁叔平手跋漢陽嘉二年殘碑,新歲摩挲,聊以自慰。時晤王伯祥先生,輒念及足下也。匆匆書此,仍希不吝賜復,以慰遠思。(原信)

2月15日　春節,在瀋陽誦芬家過年。

2月16日　先生有信致顧頡剛。

　　多年不通音問,殊深懷念!去年十二月,芬兒出差過京,曾趨舊居奉訪,知已他移,新址未能探得,未獲一晤爲悵!

　　邇來學習忙否?每日仍寫作否?尊體諒甚健康,血壓如何?冬來氣管炎如何?静秋近體如何?潮、洪、堪現分配何處?沅是否在川從事醫務工作?均以爲念!

　　龍於一九七〇年秋,由上海市文物圖書清理小組借調,從事抄家圖書的清理工作,已逾一年。該組與歷史研究所爲鄰,方詩銘、湯志鈞等十餘人標點《宋史》,日來搭伙,每午可得一面。

　　龍喪偶五載,鰥居孤寂,幸身體頑健,寄食戚家,尚稱方便。芬兒仍在瀋陽,但工作甚忙,一年中出差在外者半年有餘。媳婦在醫院,離家較遠,每周有二三次夜班,亦甚辛苦。小孫衡已虛齡十歲,春季開學將升小學三年級。他們不克到滬,我纔請假來瀋,歡度春節。滿擬歸途趨府奉候,小住一二日,一叙契闊,但買票困難,祇可另覓機會。現擬廿一二返滬,聽説車票亦不易買。

上海我仍住西康路一八一弄一號，房間緊縮，尚待調整。部分自用書籍仍存長樂路，一時亦不能集中整理。惟近來記憶力日就衰退，隨在須靠翻書，尤爲苦耳！

瀋陽今年供應勝於往年，日用品亦應有盡有，不減上海。氣候亦不甚冷，室內有暖氣，比上海舒服。室外因無大風，亦無凜冽之感。率書數行，以當面談。（原信；《全集·書信卷·致顧頡剛》，上冊第 182 頁）

是月　先生有信致謝國楨。

去夏從者過滬，遠道相訪，契闊多年，得一把晤，快何如之！歲杪又從王君藉知賤況，即承垂慰，關懷之深，感何可言！非屬知好，不能及此。當時弟已定於一月初赴瀋陽度春節，歸途將由京轉車，屆時趨府面謝，以爲晤談匪遥，未即裁答。但因事改期，於一月下旬始克成行，小住一月，到京之願雖得實現，而原擬耽閣十幾日，可以遍訪諸老友，乃以館中新招青年數十人，須辦古書業務學習班，不得不提早返滬，僅在頡剛家居住數日，它未一去，恨惘無似！歸來獲讀手書，因龍遲遲未有回音，轉使公疑有所誤，引躬自責，罪疚實深，惟公海涵，尚求曲宥。內子衰病侵尋，後成癱瘓，飲食日減，終以不支，竟於一九六七年八月一瞑不視。時值文運伊始，未能赴告。退食之餘，鰥居孤寂，睹物思人，每增□□。除學習之外，偶理舊業，作輟無常，盼親朋之損書而懶於作答，明知闌珊而未能自［已］，不知吾公何以教之。承示時獲善本，不勝企羨！此次到京，恨未能抽暇謁高齋一飽眼福，甚以爲憾。此間上海書店雖亦發售古籍，私人選購每次必須單位證明，限制較嚴，因遵“不見可欲”之教，已半年未過其門矣。（底稿）

3 月 28 日　章元善有信致先生，告知顧頡剛近況。

音聞久疏，時切思念。日昨走訪頡兄，獲讀家書，就悉近況安吉，得機再理舊業，惜途經北京未能逗留耳。頡兄六七年來身體一直不佳，曾幾瀕於危急，搶救脫險，亦云幸矣。半年來，領導上以標點《二十四史》事令總其成，頡兄治學精神爲吾人所素知，於是終日伏案力疾工作。然任務緊迫，猶有時他的寫作速度趕不上排印計劃，以至其夫人戲謂弟曰：頡剛近日來“一刻千金”了！因此弟不便常去。頡兄以兄信示弟，并囑先達意，容擠出時間來再給你覆信。附上近作若干首，求兄察課。（原信）

是月　先生贈周賢基照片一幀，背面題字：“一九六三年十一月，訪日參觀泉屋，清賞所收商周彝器，即在其小園中留影。越九年，檢篋中得之，奉贈賢基同志留念。一九七二年三月，顧廷龍記。”（周賢基藏照片）

是月　由上海圖書館出面，爲先生索回西康路寓所原先居住的大房間。（周賢基的回憶）

5 月 20 日　中共中央召開批林整風彙報會，周恩來提出批極“左”思潮和無政府主義的主張,努力糾正"左"傾錯誤,落實黨的幹部政策和知識分子政策,使各方面的工作出現轉機。上海在落實知識分子政策方面,解放和重用了一大批專家學者,同時也爲一批老幹部落實了政策。(《二十世紀上海大博覽》,第910頁)

6月　先生奉命暫時回上海圖書館,在東大樓 301 室參與整理盛宣懷檔案,尋找有關釣魚島資料。參與者又有沈宗威、潘景鄭、瞿鳳起、沈津等人。(沈津的回憶)

7月13日　先生有信致章元善,告知房屋調整事。

多年不通音問,何日不在仰懷之中,三月杪乃辱賜書,快幸何如!就諗學習認真、身體康强逢吉,尤爲佩慰!龍本擬即行裁答,適以房屋調整進行聯繫,繼而移居,原住大小兩間,後來退住小間,今則以小易大,同時將存放前合衆之書物全部集中歸來,安排頗費時日,近始粗告就緒。稽遲至今,職是之故,殊深罪疚!此次整理藏篋,《四當齋集》失去首册,"文化大革命"前即發覺分散,今仍遍尋不得,極爲可惜。想高齋亦無餘本存庋,須待將來訪之書肆矣。讀公近作,新穎可喜。"宛展長街課子圖"一語,不能不回憶當年侍坐四當齋中,親聞尊公爲言其事,忽忽四十年,長者已八十,而龍亦望七之人。龍在文物圖書清理小組工作已逾二年,近以館中有突擊檢理資料之役,招回工作,亦已月餘,俟告段落,當再返回。(底稿)

8月6日　先生有信致唐雲。

久闕奉候,時以爲念!

前見尊藏《封龍山頌》拓本,頗思臨寫一通,倘蒙俯允,乞煩蔡耕同志帶下爲幸。(《全集・書信卷・致唐雲》,上册第251頁)

8月23日　上海圖書館召開大會,宣布先生的成份定爲職員。(先生小筆記本)

10月19日　先生在其手寫的黄裳抄家書目後寫有:"以上二類古書共計捌佰貳拾貳種,貳仟壹佰陸拾册。製單人顧廷龍、周賢基。一九七二年十月十九日。"(黄裳《前塵夢影新録》前記)

是月　結束在上海市文物圖書清理小組工作,回上海圖書館。組織上宣布落實政策後,在古籍組工作,擔任顧問。(履歷表)

# 1973 年　70 歲

1月21日　乘"長征號"輪船往大連。(先生致沈津信)

1月23日　抵達大連,投宿親戚家。游覽市中心區,參觀大連圖書館。(先生致沈津信)

1月24日　晨,乘快車到瀋陽,誦芬在車站迎接。(先生致沈津信)

1月26日　先生有信致沈津,告知到達瀋陽的情形,并請代購"治肝炎針劑"。

我於21日中午乘"長征號"往大連,一路風平浪靜,出海後,上甲板遠望,真是海闊天空,無邊無際,心目爲之豁然。23日中午到大連,投宿親戚家。午後游覽了市中心區,馬路寬廣,行人不擠,房屋較整齊。參觀了大連圖書館,它們開放半天,閱覽室不大,僅有百座。科技閱覽室座位更少,但有專人幫助工農兵閱讀外文資料。還看了幾家百貨商店,應有盡有。24晨,搭快車到瀋陽,一路下雪,雪景甚美,爲今年農業豐收之兆。大連是今年第一次見雪,瀋陽亦祇第三次。兒子等在車站上候我,六時到家。火車坐了七小時,車尚不擠,但每站有人上下。

我曾聽你說,有治肝炎針劑可買,我兒子夫婦的肝炎均未全愈,可否請你設法購買注射一個療程的需要量,一匣或二匣,請你詢問明白,但是我需要兩份,如果一次不易多買,緩時再買一份,請你看了辦。宏梅的妹妹用後效果如何,亦望指示。藥資、寄費請在我工資中支付。春節前後,大家較忙,聯繫不易,稍緩不妨,費神容謝!

聶佩華、吳織同志及組中同志代爲問好。(原信)

1月30日　先生有信致顧頡剛。

春節將屆,一年一度,又來瀋陽,忽亦旬日。今年氣候和暖,與上海無甚差異,北京想亦相似。

我擬二十後回滬,頗思由北京轉車,奉候起居,一疏結念。但悉買北京車票不易,尚不知能如願否耳。倘能買到,再行函告。(《全集·書信卷·致顧頡剛》,上册第184頁)

1月31日　聞宥有信致先生。

賈敬顏兄回京,藉稔在滬曾晤吾兄,近況勝常,深爲欣慰。多年來未得消息,不知景鄭、道靜兩兄近況何似。道靜通訊地址是否仍在紹興路中華書局,便中望示知一二,晤時亦望道念。

此間招生開學已一年餘,一切皆已就緒,新生到校極踊躍,皆係邊陲工

農子弟,氣象蓬勃,十分可喜。侯仍住原處。兄如有來京之便,甚望枉顧,俾得磬談也。(原信)

2月1日　在瀋陽,參觀遼寧省圖書館,游覽瀋陽故宮。(先生致沈津信)

2月3日　春節,在瀋陽過年。

2月4日　參觀遼寧省博物館舉辦的"遼寧出土文物展覽"。(先生小筆記本)

是日　顧頡剛有信致先生。

頃接賜書,欣悉將來北京,無任歡迎。車票如北京難買,可買至昌平,由京站下車也。吳玉年同志望公已久,此次可到彼院參觀。小女潮偕其夫張振聲乞假返滬,曾到尊寓,知已赴瀋。其夫家在瀋河,今已赴彼地謁翁姑矣。(《顧頡剛書信集》卷二,第535頁)

2月20日　先生有信致沈津。

匯款及手書先後收到,承代購針藥尚未接到,想在途中。費神感謝不盡!

我於1日參觀了遼寧省圖書館,游覽了故宮。4日又參觀了遼寧博物館的"遼寧出土文物展覽"。這兩日天氣甚暖,但微風吹拂尚覺凜冽。歸後室內暖氣正旺,頓感不適,繼之咳嗆不止,服藥多日,漸得稍平。

轉瞬假期已滿,即日托人買票轉京返滬,明晚赴京。但預計必須三月一、二日可以到館上班,因到京後還要買一次票,因此須要續假一星期,爭取28能到滬,但買票無把握。附上續假請假條,煩你仍請聶佩華同志代轉,如聶佩華同志不在,望交王金山同志,請酌辦。

我到北京後,住顧頡剛家。晤談匪遙,不盡——。(原信)

2月21日　離開瀋陽,前往北京。(先生致沈津信)

2月25日　程毅中有信致先生,爲影印《昭明文選》等事。

自61年得親教益後,久疏問候。年前請假返里探親,本當趨前請益,祇以行程匆迫,又遇先伯父新喪,諸事冗雜,未及趨謁,殊爲悵悵。

頃已調回中華供職,近奉中央首長指示,命影印《昭明文選》、唐以來諸詩《別裁》《詞綜》《遏雲閣曲譜》等書,惟選擇底本頗感不易,除《文選》外,均無善本可言。社內原組長徐調孚同志已退休入川,陳乃乾先生已病逝天台,無可請教。用敢冒瀆提問,謹請指點一二。

…………

上列各書均非善本,多爲書目所不載,亦未暇博訪各大圖書館。自慚陋聞寡識,惟恐貽誤工作,有負讀者,尚希不吝指教,以匡疏漏於萬一。(原信)

是月　先生題簽的《晋書》"四傳"(謝安、謝玄、桓伊、劉牢之傳)校點注釋大字本,印刷十五份,由上海市有關部門送往北京中南海,供毛澤東等中央領導人閱讀。(《毛澤東晚年過眼詩文録》前言)

是月　先生題簽的屈原《天問》、柳宗元《天對》(合一冊),《三國志·吳書·呂蒙傳》《三國志·魏書·夏侯淵傳》(合一册),和《史記·項羽本紀》《明史·朱昇傳》校點注釋大字本,印刷十五份,送往北京中南海。(《毛澤東晚年過眼詩文録》前言)

3月初　先生有信致程毅中。

北游歸來,接奉手書,敬悉一一。垂詢擬印各書采用底本問題,略陳鄙見如下:

《昭明文選》,胡刻底本係用宋淳熙八年袁説知池州時所刻,末有尤袤跋,亦稱尤延之本。當時胡克家請顧千里、彭兆蓀校刻,并撰有《考異》,當推善本。但此本歷經翻刻和景印,流傳尚廣,不甚難得。胡刻所據底本,已多淳熙以後之補版。現在北京圖書館所藏與胡刻底本同一版本,爲楊氏寶選樓舊藏,初印精湛,字字如新硎,無一補版,可稱《文選》李注惟一善本(趙萬里《中國版刻圖録》)。此本從未景印過,如能精加景印,使讀者面目一新,并可一校胡刻有無錯誤。景印可分幾種,照原樣大小,亦可縮印,不用手工紙,亦可用報紙等等。此事既以首長指示,北京圖書館必能設法提供。龍一知半解,我你相助,尚希見諒。

《詞綜》,初印三十卷,後印有改動,如"發凡"末條,初印本末句爲"以資談柄",後印本及修訂本下加"近吳江徐徵士⋯⋯讓其單行矣"數語。尚有其它出入,此最顯著者。又總目卷一"唐詞"下,初印本作六十七首,後印本改六十八首,"七"字誤也。汪森補編重印之本,當爲足本,但此本不多見。現所易得者,爲乾隆中汪孟鋗所印,後來王昶曾重刻,又補二卷,爲卷三十七、三十八。景印底本似覓汪森補編精印本爲好,如不可得,祇可采用孟鋗印本之精者(注意有錯頁)。我館均無精本。如欲求材料之豐富,則可附印王昶所補兩卷,陶樑《補遺》似亦可考慮附印之。

《遏雲閣曲譜》,似僅有光緒著易堂排印本,刻本未有見及。

《唐詩別裁》亦無精印者,三十二卷之説不知何據?疑爲筆誤。緯文堂刊《四朝別裁》,"文化大革命"前曾用商務排印本重印過,是否可用大號字重加排印?《宋詩別裁》,昨往徐家匯翻閱,亦巾箱本,似無大字本。(原信)

3月27日　顧頡剛有信致先生,云:"剛在此爲各種事務牽纏,以此擬作之文迄未動筆,歉甚。然已諾之言,決不負約,願稍待之。"(原信)

是月　上海崇明長征農場職工五十人被選調至上海圖書館工作。學習班結束後,在館人事部門的同意下,沈津挑選了嚴佐之、陳先行、周秋芳、王福興四人至古籍組工作。後沈津寫信向先生報告,先生獲知後,深表高興,以爲圖書館古籍整理事業後繼有人。(沈津等人的回憶)

春　爲周賢基書魯迅語:"我的確時時解剖別人,然而更多的是更無情面地解剖我自己。"(《顧廷龍書法選集》)

4月23日　顧頡剛有信致先生。

春節尊駕到京，大慰久別之情，承賜諸珍，至爲感荷！惜時節尚寒，而我氣管炎重，未能陪同游覽，歉仄何如！嗣後接誦來書，知已安抵滬上，館中添增書籍過多，加以整理《五代史記》，勞累可想。王湜華君屢來詢問，剛輒却之，不敢以此細事牽縈也。京中天氣，春間寒暖無定，已撤爐矣，大風又作。西郊諸園百花齊放，迄未一游，疲弱可嘆！昨接尊函，兼賜珍物四包，皆京市所不能得者，賤辰乃辱厚貺，感何如之。久怠作字，乍得佳筆，足掩手顫不成字之苦，從此又得臨池，或寫佳本題跋，以所惠印章、印泥加之，當更爲劣書掩醜，此平生未有之樂也，不知將何以申謝意耳！潮、湲諸兒上月并來，亦并將於旬内俱去，升學及進修，當決定於六七月中，如各能如願以償，足以慰愚夫婦思子之情矣。獨念吾叔一家分居兩處，而又窵遠，不免代爲惆悵。所幸尊體健康，猶若五十許人，又有潘家陪伴，可稍減寂寞，一切幸多自珍衛，是爲至盼。静秋操持家務過勞，時感不適，上月有朋介紹一安徽保姆，得稍休息，或可不致病倒，惟膽固醇已高至四百，終爲病根耳。

又有請者，承告到日本訪問時，有某大學校長詢問及剛，又有美國人著書道及剛之史學，當時匆匆未及録出其名姓，但日中及中美建交後來訪之客彌多，説不定彼等來京要求見面，敬乞便中檢告，庶不致突然無所準備也。元善單身南下，將歷寧、蘇、滬、杭四地，未知已晤及否？八二之年尚能獨來獨往如此，真可佩也。[1]（《顧頡剛書信集》卷二，第536頁）

4月24日　在《涵芬樓燼餘書録》上題字："涵芬樓燼餘書歸北京圖書館，時經胡文楷君檢理，見跋文印記有脱誤隨手記之。余請其録存副本，兹復逐録一過，以便省覽，當余編校《書録》，以書存銀行，未能一一提閲爲憾也。龍記。"又於史部第三頁之《史記》云："日本東方文化學院藏有此本殘本，存卷二、卷三索隱後序，爲狩谷望之舊物。見《史記研究的資料和論文索引》。龍記。"（原書）

5月　先生題簽的《三國志·魏書·張遼傳》《三國志·魏書·張郃傳》《舊唐書·李愬傳》（合一册）校點注釋大字本，印刷十五份，送往北京中南海。（《毛澤東晚年過眼詩文録》前言）

6月2日　劉厚滋有信致先生，爲《史記》王延喆本事。

頃去人返榕，在寧、京復校，與滬館同。北圖因斐老卧疾，由冀淑英同志接待，持論與丈示同，是爲在入天禄前，以王本僞冒無疑，時乾隆間王本甚多，不知彭芸楣何以竟受其欺？又據云此次在滬、寧、京所見四本完全相同，并斷版亦不異，均無耳題而非黑口，與賀次君同志《史記書録》著録不同，内容校刊亦不同。賀先生寢饋于斯有年，王本又非甚罕見，不至未繹原書，隨人言下口，且所舉題記等等又皆不誤。舍表弟羅繼祖自吉林來函又言，所存大雲書庫故物，王本確係黑口而有耳題，祇因"運動"中爲群衆取

---

去,尚未送還,未能寄校。

此次屢承指教,領導囑再函謝,并謝與館諸同志。閩中苦雨,日夜淅瀝不止,滬瀆不知何如? 一切尚維珍衛。(原信)

6月5日　去文管會開會。又去上海古籍書店參加座談會。(先生小筆記本)

6月7日　開會,就上海圖書館多餘複本處理、膠卷保管、家底問題、革命文獻的範圍等進行討論研究。先生提出"反面資料一進館就要保管,應讓它們起反面教員的作用"。(先生小筆記本)

6月18日　先生有信致王湜華。

二月間到京,頡剛先生盛稱你勤學好問,公暇協助尊公整理藏書,無任企仰! 我與尊公契闊多年,極欲一候起居,乃以假期所迫,匆匆言歸,遂未如願,歉悵無似。

委書聯屏,久稽報命,蚓畫鴉塗,不值一粲,敬奉方家教正。尊公前道念不另。令兄潤華近況何如? 便煩致意。(王湜華《音谷談往錄》,第33頁)

6月30日　在筆記本記下對上海圖書館藏古籍複本的意見。

我對每種古書的入藏五部爲原則的規定,覺得很適當。但僅有一部的,要爭取有個複本。理由如下:

① 不同版本的每種古書選一部完整的,書品、印刷精良的爲保存本,以便長遠保存下去,不供應一般閱覽。

② 保存本之外,應備複本一部,以供流通之用。

③ 除保存本、流通本之外,應多備二至三部,它的用途在以備來館閱讀,同時有外借需要,補充破損。

④ 每部書的入藏總數以五部爲度,但在特殊情況下,可酌予增加一或二部。

⑤ 超過五部或六部的,作多餘複本處理。

⑥ 參考價值不大的,不一定收足五部,入藏二部即可,如《皕忍堂摹刻唐開成石經》。

⑦ 參考工具用書複本根據需要酌加,供工作之用,不列入館藏總數中。

⑧ 一書有幾個不同版本的,應以定本(亦可稱爲足本)入藏五部,非定本(亦可稱爲不足本)入藏一至二部。例如:△清龔自珍的文集,初刻于道光癸未(1823),名《定盦文集》,僅三卷;△同治七年(1868)仁和曹籒刻本,名《定盦文集》三卷《續集》四卷《續録》一卷《古今體詩》二卷《雜詩》一卷《詞選》一卷《詞録》一卷;△光緒丁酉(1897)萬本書堂刻《定盦文集》三卷《續集》四卷《續録》一卷《古今體詩》二卷《雜詩》一卷《詞選》一卷《詞録》一卷《文集補編》四卷;△宣統元年(1909)國學扶輪社排印本《龔定盦全集》(《文集》三卷《續集》四卷《文集補編》四卷《文集補》九卷《文拾遺》

一卷附《年譜》一卷,又有諸家評注)。以上四個本子比較起來,當以第四個本子爲定本或足本,入藏五部。

⑩ [1] 一種書已有通行本流通,而原本比較稀見的,入藏一部即可,不必訪求複本以足五部之數。如《古今圖書集成》,殿本共印六十部,比較難得,我們已有一部即可,不需要複本了。

⑪ 叢書完整的,每種要收足五部,因爲叢書有足本、不足本,一部叢書包括小種書較多,參考需要也較大。

⑫ 凡叢書難得的,要收集它的零種,總數也要五部。

⑬ 凡僅有保存本一部的,必須訪求複本,複本不易得的,要考慮複製,拍膠卷或抄寫。

⑭ 凡解放後已經影印的古書,影印本必要補足五部,原版不一定補足五部。如《皇明經世文編》,當時從全國各地借到原版,選擇其中最清楚的頁子據以影印的,所以原版祇有保存價值,使用不頻繁了。(先生小筆記本)

是日　跋《聲韻考》。據先生考證,此爲清代著名學者戴震稿本,繕正後又經戴氏改定者,且爲乾隆三十七、三十八年間所改定,并爲李文藻(南澗)刻諸廣東之墨板底本。"文革"期間,上海市文物圖書清理小組送至上海圖書館,交來時已破爛不堪,黴爛成餅,後由上圖古書修補組潘美娣修補完整。(先生小筆記本;《全集·文集卷·聲韻考跋》,上册第40頁)

又據先生小筆記本記載:"'文革'中,支持留存手寫本者爲繩樹珊(軍宣隊)、梅廣泰(工宣隊),無此兩人,稿本盡矣。戴震《聲韻考》手稿,破爛成殘餅一塊,是開明書店上繳的。梅廣泰拿來問我有用沒有用,有用留下。我説留下,并派人送潘美娣,她修好了,名家手迹,奐然一新。孔廣森有批較,森字雖殘,一看可識,我早年就讀戴、孔之書的。"

6—7月　先生題簽的《史記·汲鄭列傳》、司馬遷《報任少卿書》(合一册)校點注釋大字本,印刷五份,送往北京中南海。(《毛澤東晚年過眼詩文録》前言)

7月13日　向上海圖書館領導彙報古籍知識學習班的情況。

我們的班,全館範圍自願報名參加的有五十二人,由於工作和其他原因,僅有二十多人參加學習。辦這樣的學習班是很有必要的,是符合圖書館發展的需要,是培養新生力量的需要。我能參加這個班的教學工作,感到責任重大。我們每周上課一次,三刻鐘到一個半小時。上課分四個階段,每一階段約一個季度。第一個階段古漢語,三個月選讀十九篇文章,都是《毛選》中提到過的古文。每次先講標點,再講本文,還講一些文言裏的虛字用法。測驗過一次,基本上都不錯的。第二階段古書知識,打算采用武漢大學的講義作爲基礎,由館中分別擔任幾個專題作爲補充。第三階段古書分類

---

①原文如此,⑨空缺。

及常用工具書的介紹。第四階段中國通史，以自學爲主，舉辦幾次輔導報告。通史采用范文瀾的《中國通史簡編》。

此外，古籍組的青年在組內每周增二次業務學習，一次古漢語，一次專業知識，如編目各個項目，辨認各式版本，如石印、木刻、彩印等的區別。一方面在工作實踐中學習使用一些工具書，四個月來，都有一定的收獲。每天午後大家認真寫毛筆字，有的有顯著進步。由於各人的基礎不同，提高的程度是不平衡的。接收圖書整理組整理古籍的有四位青年，非常用功，在工作中碰到問題隨時問，隨時筆記。青年之間互相交流，非常好。有一次編目，碰到一本尺牘，寫的牽草字，不知，問了人，告訴她們這是姚鼐。一個就說是不是姚惜抱，另一個說他就是編《古文辭類纂》的。從前一階段的教學情況來看，經過批修整風和勞動鍛練，現在的青年明確了紅專的關係，懂得爲三大革命服務，不僅要認真學習馬列的書，而且要學好業務，有的還在業餘圈點《資治通鑑》。現在我感到很慚愧，沒有什麼可以幫助他們，過去學過的，丟了一段時間亦都忘了，真是一知半解。對古籍組增加學習的計劃性不強，有時被其他工作衝掉，後來湊沒有突擊任務的日子，就聚攏來學習，但講題臨時湊起來的，講了點古文字，清代官制，雖是在工作中碰到的問題，但是講得很不系統。參加組裏教課的有二位老年人（六十七八歲）、一位中年人，三個都是病半休。還有一位青年人，其他工作很忙。我身體比較好，應該多做些工作，但水平低，世界觀沒有改造好，一定有很多錯誤。教改問題，主要是教員問題，選擇教員確實是很重要的。從我們目前的情況來看，中年教員比較少，我希望能調動一些中年人的力量，以便發揮官教兵、兵教官、兵教兵的作用，對中年人也好起一些促進作用。我還感到青年同志的人數還不能滿足工作上的需要，例如大量的地圖，大量的近代史資料，大量的碑帖，需要培養具有專業知識的人來管理好，目前還沒有專人管理和整理。

（先生小筆記本）

7月26日　周一良有信致先生。

久不通信，敬想一切安善。三月初過滬，曾見譚季龍，知我兄去東北，未獲一晤爲憾！茲有一事奉懇，日本朋友打聽，1914—1924間日本人曾在滬辦一日文報紙，名《上海日日新聞》，據云日本已無存，不知上海各圖書館尚存有此刊否？如有，大致年份爲何？乞我兄便中設法一詢。再者舍親朱老太太（葉揆初親戚），久無音信，其母女情況如何？是否尚健在？便中亦希示及。（原信）

8月10日　中華書局有信致先生，感謝對影印《文選》的出版説明稿提出意見。又“我社正在制定三至五年的出版規劃，古籍中流傳不廣而參考價值較高的善本，今後也準備影印一些。有哪些書值得影印，請提示一二，尤爲感盼”。（原信）

8月17日　復周一良信,告知館中《上海日日新聞》收藏情况。

別逾廿稔,音問鮮通,曷勝懷仰! 比奉手書,快如良覿。每從報端藉悉尊况佳勝,深爲喜慰!

屬查《日日新聞》,已托有關部門查過,我館所藏僅有一九二九年十一月——一九三六年十二月,而中間短缺不少。滬市各單位藏舊報者不多,容向復旦探詢。如有,當再奉告。"文化大革命"以來,我館所藏報刊的閲覽或複製手續,須經市革會文教組、組織組同意。如外賓需要,恐尚須通過外事部門。

聽説北大編印一種内部刊物,似其名爲《國外社會科學研究情况》,我館很想有一份,以資内部工作上的參考,不知我兄可爲代索一份否? 我館近亦對外開放,很有瞭解一些國外情况的必要。幸試圖之。

葉氏一再移居,尚未得其新址。朱老太太近况,容探問後再行奉告。
(《全集·書信卷·致周一良》,上册第281頁)

8月27日　先生有信致顧頡剛,代湯志鈞"求賜書扇面一葉"。

久未箋候,時深懸念! 近接芬兒自京來信,言曾造府奉訪,欣悉賢儷身體健康,潭第安吉,甚慰甚慰!

兹有友人湯志鈞君久慕墨寶,擬求賜書扇面一葉,另郵寄呈。臨池有便,潑其餘瀋,不亟亟也。湯君在上海歷史研究所工作,現與張家駒兄同總閲《宋史》標點。從前曾助周予老編寫《經學史》,又嘗著《戊戌人物傳記稿》,對古代、近代歷史均有研究,中年好學之士,近不多見。渠與承名世兄同鄉,近從承君處見及法書,極爲愛好,尚祈俯允所請。

龍近爲青年業務學習安排上課,亦殊碌碌。幸身體健適,尚堪支持。
(《全集·書信卷·致顧頡剛》,上册第185頁)

是月　先生題簽的《舊五代史·李襲吉傳》校點注釋大字本,印刷五份,送往北京中南海。(《毛澤東晚年過眼詩文録》前言)

是月　先生題簽的柳宗元《封建論》校點注釋大字本,印刷二十二份,送往北京中南海。(《毛澤東晚年過眼詩文録》前言)

是月　先生題簽的章太炎《秦獻記》《秦政記》校點注釋大字本,印刷五份,送往北京中南海。(《毛澤東晚年過眼詩文録》前言)

是月　書"韶山頌"。(《顧廷龍書法選集》)

9月11日　中秋,爲朱亞虞書迦梨陀娑語録"哲人無憂,智者常樂"條幅。
(易福平藏)

9月14日　顧頡剛有信致先生。

接誦賜書,敬悉尊體安好爲慰。工作之忙,自在意中,不知近來又發見什麼孤本,以慰辛勤也。

上月誦芬弟來,衡侄偕至,渠年雖小,而地圖上各個國名均可指出,將來成就可預期也。

湯志鈞同志囑寫扇面已塗就，但寫得實在不好，墨色又淡，不堪示人。擬買宣紙，書一屏條，用以贖罪。東風市場各物俱備，獨缺宣紙，當於兒輩假日令往美術服務部購買，寫就後一併奉寄，扇面則藏起可也。

周予同先生近狀如何？能起坐否？其經學一門，有人繼續爲之否？現在《辭海》正在重編，這也是一門重要資料，雖説反孔，但爲了要批判它先須弄懂它，亦不可不注意也……

有一件事想麻煩您。王湜華同志雖學阿拉伯文，在外文出版社任翻譯工作，但對本國文化極爲愛好。自鈔我所藏的《桐橋倚棹録》後，更陸續鈔録吳中掌故。適我理書，檢出先父所藏之《頤素堂詩鈔》，亦顧禄所作，他欣然取去鈔訖，要我做一篇序文。此書有吾族杏樓公所作序文及倡和詩，而直稱之曰“小阮”，似是一家人口氣。但我不記得族譜中有名“禄”之人，“藝文類”中亦未著録《清嘉録》等書，想來他們兩人交好，故自定其叔侄之誼。吾家譜牒，一九五四年遷京時親交裝箱，故自謂必能在後房找到，但到今一月許，迄未找到。家譜不值錢，偷去不能易衣食，或者放在高頭，今無法取到。尊處如有之，乞將杏樓公全條抄寄，并乞代查他是秀野公幾世孫，我的幾世叔祖。

杏樓公在道光末出守潯州，其時洪秀全尚未起義，而已有發難朕兆，故桂平縣將馮雲山捕獲，解進潯府。可是杏樓公是一個愛才的人，看馮雲山筆下好，認爲他不會造反，把他釋放了。其後太平天國軍興，馮封南王，清廷查釋放責任，欲將杏樓公逮捕解京審問，他急報死亡，隻身逃歸鄉里，坐卧樓上，直到死亡。此是吾祖廉軍公告我的，爲了觸犯忌諱，不敢載諸筆墨。現在作顧禄詩集序，就可寫出來了。別方面有何史料，如有所知，乞便中見告……

蘇友來信，將重修保聖寺，其工程師爲陳從周，同濟大學畢業生。此事係五十年前由我發動，計作文五篇：一、《努力周刊》；二、《現代評論》（四卷八十二期，一九二六）；三、《小説月報》（十五卷一期，一九二四年一月）（一至三，均係一九二三至二六年所作）；四至五、《燕大月刊》。除四至五已托德融侄在北大借鈔外，餘均爲手頭所未有。不知上海圖書館中有之否？如有，請托人鈔寫。鈔費若干，請見告，當即匯上。此像，前信人言，認爲唐楊惠之所作，今確定爲北宋作品。此事在我生中得一結果，大是快事。如有補充資料，請一併鈔寄。（《顧頡剛書信集》卷二，第 537 頁）

**9 月 17 日　先生有信致湯志鈞。**

兩接電談，匆匆，未傾所懷，悵甚。

頃接頡剛來信，言及尊扇已寫就，但不愜意，當另寫小屏奉賜。原函云：“湯志鈞同志囑寫扇面已塗就，但寫得實在不好，墨色又淡，不堪示人。擬買宣紙,書一屏條,用以贖罪。東風市場各物俱備,獨缺宣紙,當於兒輩假日令往美術服務部購買,寫就後一併奉寄,扇面則藏起可也。"寫件寄到後,當即轉呈。

前承爲小兒借閱回憶録一書,感感,稽延甚久,煩向馬君代致歉忱。小兒詢及近有類似之書新出否?倘有,不識見能代覓一二否?便中乞爲留意。叨在愛末,用敢爲此不情之請,如有不便,即作罷論。(《全集·書信卷·致湯志鈞》,下册第412頁)

9月25日　先生有信致顧頡剛,談代購上海牌手錶等事。

十八奉十四手書,敬悉一一。

湲湲已考取北醫,極爲可喜!既能進修,又得侍奉左右,不勝欣羨之至。

此間手錶,上海牌防震防水全鋼十七鑽最穩定,價一百二十元。市上時有時缺,憑工作證及單位公章可購。最近無售,須過國慶纔有供應。國慶結婚人家多,銷售較快。我想過節後,托人代購,當不甚難。進口貨甚多,價須二百元左右,最高六七百,敞開供應。進口貨一則價高,二則修理麻煩,不如國産好。我用上海牌十餘年,快慢基本穩定。買到後,可郵寄,比托人帶來得方便(上海已不用購貨券)。

杏樓公事迹,從家譜檢得《行略》一篇,及杏樓公爲夫人所撰《行略》一篇,又《藝文》一册,交郵寄呈。我有家譜兩部,你如果要,我擬分給你一部,寄去的兩册,不必寄還。堂弟們皆不要,我認爲當史料查查,有何不可?

顧禄,家譜中未查得,恐與顧南雅一家,但亦查不出。查了蘇州府長、元、吳三邑諸生譜,知顧禄爲嘉慶二十二年(丁丑)湯金釧歲試貢生,以第六名進吳縣學,與我家元掄公同案(少卿公之侄)。

顧禄著《清嘉録》及《桐橋倚棹録》外,尚有《頤素草堂詩鈔》、《頤素草堂叢編》(細目見《叢書綜録》)、《省闈日記》一卷、《吳趨風土録》一卷,均見《小方壺齋輿地叢鈔》;《藝菊須知》二卷見《藝海一勺》。《藝海一勺》,手頭有此書,録附自序一篇奉覽。上列顧著,我館均有。查過《子仙詩鈔》(李福)、《知止堂集》(朱綬),均無與顧唱和之作。

保聖寺塑像,皆公表彰之力,今爲全國文物保護單位之一。陳從周主持重修工程,最爲適合。從周與我過去通過信,但未見過面,聞年僅五十餘。大文刊在《努力周刊》《現代評論》《小説月報》等,我館原均有之,但目前檢閱限制甚嚴。……以後諒能逐步開放,當向它館圖之。(《全集·書信卷·致顧頡剛》,上册第186頁)

10月10日　顧頡剛有信致先生。

上月杪賜書接讀。承允代購滬上各物,兹依家人需要,開列如下:

一、上海牌手錶一隻　如暫時缺貨,遲購亦可。

二、長圍巾一條　淺緑或天藍色開士米,拉絨的,價約十元至十五元。

三、枕套兩對　淺綠或淺藍、粉紅色底的補花(貼花),價四至六元,五尺左右。

茲寄上壹百伍拾元,乞檢收。又通用布票十尺,不足再補。

家譜承允贈一部,至感。已收兩冊,即留此處。

顧禄在《清嘉録》中直稱俠君公爲"高伯祖",可見其有意與我家通譜,惟我族規嚴,未許之耳。承告其所著尚有《頤素草堂叢編》《藝菊須知》及《小方壺齋叢鈔》中二種,湜華聞之大喜。舍中所缺,惟《叢編》耳。惟書籍太亂,《藝海一勺》及《小方壺齋》一時未能檢出。京中早寒,候春暖當囑湜華一理。

保聖寺數文不急用,以人大、政協行將開會,恐將出席,即有資料亦無暇整理也。(《顧頡剛書信集》卷二,第 541 頁)

10 月 16 日　先生有信致顧頡剛。

一昨接到匯款一百五十元,又手書及布票十尺,均照收。

圍巾及枕套買到後,當即寄。手錶市上尚無供應,當密切注意,一出即買,不誤!

保聖寺文三篇,均已查得鈔好,係館中同志分鈔,字不甚工,雖亦校過,恐尚有錯字耳。

敝藏有《藝海一勺》一部,我無用,即以寄贈湜華,使物得其所。《頤素草堂叢編》,刻極精,頗不多見,館藏得之吳中潘氏者。(《全集·書信卷·致顧頡剛》,上冊第 188 頁)

10 月中旬　將所藏《藝海一勺》兩冊,挂號郵贈王湜華,并在封面上題云:"此書爲王佩諍先生等集資編印者,佩老寄贈時係散片,後倩人裝成兩冊,印數甚少。比聞湜華世兄蒐集吾家鐵卿先生著述,其中有《藝菊須知》一種,亟以移贈,使物得其所。"(王湜華《獎掖後進的顧廷龍》,載《書城》1996 年第 1 期)

10 月 18 日　先生有信致湯志鈞。

多日不晤爲念。前承惠贈《戴高樂與歐洲》一書,無任感荷。

關於"蓬布杜"的書有兩本,頃由友人代爲購得,兄如尚未代購,可以不購。如已代購,我將自備一部。

《康有爲傳》已否脱稿? 想必很忙。稍暇當趨候教益,不盡——。(《全集·書信卷·致湯志鈞》,下冊第 413 頁)

10 月 20 日　參觀農業展覽館。(先生小筆記本)

10 月 21 日　王湜華有信致先生。

惠賜《藝海一勺》昨日奉接,感謝萬分,即夕點讀其中《藝菊須知》一過。鐵卿先生多才多藝,情趣盎然,曩日鈔《倚棹録》,讀《清嘉録》,已深爲感動,復鈔《頤素堂詩鈔》《題畫絶句》,更覺先生博學多聞,非躬親涉歷者,莫能鑒賞入微若此。今讀《藝菊須知》,更諗先生苦心於畦藝之明證,情狀栩栩,躍然紙上,能不益深感佩乎? 後學未嘗學問,得前輩諸父執真摯教誨,復得賜書,廣開茅塞,唯有發奮讀書,或將不負厚望耳。(原信)

**10月24日**　先生在翻閱館藏複本後,提出:1.這批書原是全書,後來分散了,變成了兩部殘本;2.迷信書,我意國家圖書館應保存;3.現在整理的藏經,架上放不下,應研究。這種不常用的珍本,宜加牛皮紙包好(包括殿版《圖書集成》);4.珂瓃版碑帖,可用書箱排列。(先生小筆記本)

**是日**　先生有信致顧頡剛。

前天這裏傳達了四屆人大代表的名單,欣聞你當選了代表。經過"文化大革命"和兩次路綫鬥爭之後,這是無比光榮,敬向你們致以熱烈的祝賀!

委購圍巾、枕套已買到,今天已交郵寄上。圍巾似尚符合要求,但枕套現亦缺貨,花色品種不多,未能按來示花色選購。因此憑主觀想象買了兩對,深恐難能適用,歉甚! 附上發票三張,餘款及布票,容再奉還。手錶近尚無貨,當多找幾人物色之。曾自往鐘錶店詢問登記手續,據稱須過年後再登記,恐非熟人,確訊也不易得。(《全集·書信卷·致顧頡剛》,上冊第189頁)

**是月**　先生題簽的柳宗元《咏荆軻》校點注釋大字本,印刷七份,送往北京中南海。(《毛澤東晚年過眼詩文録》前言)

**11月6日**　聞宥有信致先生。

前得惠復,藉諗一是。賤恙并無變化,因年事已長,不宜動刀,而捨此又別無它法(曾服中藥,又試針灸,皆無效果),故衹能聽之。目下製成一鋼帶,束在腹間,近處勉强可走。鋼帶很緊,極不舒服,亦無可奈何。好在其他部分尚無新的問題發生,眠食正常,腦部無恙,故尚可在家工作。春節兄可枉臨,正好罄談。此間批孔學習,同志們皆很熱心,有寫成短文者,苦未成熟,尚未發表。日前曾約白壽彝先生來講秦始皇問題,極精彩,聽了很有啓發。新出校刊一種,已出兩期,想貴館必有之。此間新出書有蔡上翔之《王荆公年譜》,此書往年燕京似曾印過,已記不清矣。昌群下世,想兄已知之,侯(按,侯外廬)因步履不便,亦竟未能往吊也。轉瞬已將入冬,春節亦在望矣,甚望吾兄能來京罄叙幾天,今年深信必有此機會,明年則不敢必矣。聞陳述兄(住我樓下)言,頡剛先生近來甚健,真好消息也。陳述仍在點書,我則已由翻譯轉爲研究語文了。(原信)

**11月7日**　先生有信致顧頡剛。

前復一緘并圍巾、枕套,想均收到。枕套不知當可應用否?

手錶,滬産須先登記,登記後按批發貨,但新的一批登記尚未開始,據說要等明年。我雖已托人代爲密切注意,但要等幾個月。歷觀各肆陳列的各地産品,則敞開供應,如東風牌十七鑽全鋼防震,價一百二十元;紅旗牌十七鑽全鋼防震,價一百元。如不等用,則候上海牌的登記。如須早用,則改買他牌何如? 便希見復爲荷。

近來會議忙否? 念念! (《全集·書信卷·致顧頡剛》,上册第 190 頁 )

是年　上海圖書館成立批孔小組,指定先生任組長,盛巽昌爲副組長。在一次閑談中,先生説,他最有研究的還是小學,當年在燕京大學時就是學的這個,版本鑑定、書法都是後來纔搞的。因此,排列是一小學,二書法,三纔是版本研究。(盛巽昌筆記)

年末　先生有信致王湜華。

十月中接奉大函,栗六尚稽裁答,至深慚歉。辰維上侍康娛,爲學日益,慰如所頌。惠贈風景月曆一本,精美絶倫,珍愛莫釋,無任感荷!

鐵卿先生遺著,雖有多種傳世,僅《清嘉録》一書流傳稍廣,他均不顯。今得吾兄勤加搜集而整比之,可謂先生必有異代知己之感。不識暇中尚閲它書否? 有何新獲? 爲念!

我館藏古書,積聚甚夥,正在整理編目。今年由農場中調來青年多人,邊學邊幹,兩三年中希望編成一部書本目録。原想按《四庫》分類,分類經部開頭,今日看來經部應在首破之列。如古書用新分類法,則恐查閲不便。尊大人於此學深有研究,擬懇吾兄侍坐閑話之餘,試代一酌。(《全集·書信卷·致王湜華》,下册第 464 頁 )

## 是年

10 月 1 日　賀昌群卒,70 歲。

# 1974年　71歲

1月10日　顧頡剛書《題起潛先生貽王湜華之藝海一勺》,云:

王君湜華少年篤學,既習阿拉伯文以應當代之用,又好祖國文獻以衍其父伯祥先生之傳,祁寒烈暑,孜孜矻矻,雪夜霜晨,不改其素。以余略有藏書,恒來借閱。聞余有海內孤本顧鐵卿《桐橋倚棹錄》,既錄之矣,又以家叔起潛任職上海圖書館,復請蒐羅其遺著,起潛因以所藏《藝海一勺》贈之,囑余道其所由,因以趙、王二家行事學術凡余所聞見者告之,且期他日有續《藏書紀事詩》及《書林清話》者有所取材,不没此二人在此世界大翻騰、大震蕩中蒐集文化遺產之畢生苦心也。(《寶樹園文存》卷五,第393頁)

1月13日　王湜華有信致先生。

元旦接奉賜書,欣幸交至,祇以日來親友往還栗六,未克即時拜復,深以爲歉。貴館收藏宏富,夙稱東南巨擘,近又增益倍蓰,實將甲於海內,遐聞弘猷,無任額慶。惟先生仔肩日重,整綱飭目,必大費碩畫,况分部編次又須大破大立乎! 家父年邁體衰,喜聞此事,興奮之至,而於部目更張,竟莫能贊一辭,惟有拭目以俟先生之蓋籌矣。(原信)

1月15日　先生有信致沈津。

今有一事奉托:北大張芝聯同志(編寫《世界通史》之一)今天可能來找我,他要來我館看看外文的歷史方面的書籍(新的、舊的都要),我與錢培生同志談過,請他先與有關部門聯繫好,他帶有北京市革會的介紹信。來後,請你介紹到業務室,接好頭即可。倘使你出去也不要緊,祇要你與傳達室講妥,如你、我都不在,張芝聯來,叫他直接上業務室。陳石銘也知其事,我祇想不要使人跑一個空。拜托拜托。《多寶塔》一本,可拆開,有人喜歡這種字體,就給他一張二張臨寫或影寫。小嚴(按,嚴佐之)原寫王夢樓,這本不很好,換一種試試。(原信)

是日　離滬去瀋陽誦芬家過春節,周賢基相送并贈糕果。(先生致周賢基信)

1月17日　先生有信致周賢基,專函道謝。

前晚承饋糕果,又承遠送,感荷高誼,曷其有極。這車準時到達瀋陽,家中有人來接。同厢同志幫我將旅行包兩隻送上月臺,很爲方便,并接小兒單位便車,直送家門。一路氣候變化甚多,還不太冷。出關後雖在零下二十度,但風不大,尚不覺太冷。

小兒尚未返沈,英語唱片,等他回來問明後,再行奉托。(《全集·書信

卷·致周賢基》,下冊第 449 頁）

是月　在曬印本《畫扇齋叢録》封面上寫有:"越廿年,向欣夫再借一閲,則云遍檢不得矣。今欣夫已下世,更不可問矣! "此書是 1940 年 9 月,先生借王大隆藏本曬印的,原本今藏復旦大學圖書館。（《全集·文集卷·曬印本畫扇齋叢録跋》,下冊第 734 頁）

2 月 21 日　先生有信致顧頡剛。

久未通問,時深懷念! 近想身體健康,著述日新爲頌!

龍於一月上旬前往瀋陽,二月十三日返滬。行前突患感冒、牙痛,小病五六日。歸後尚覺疲憊,服中藥數劑,已漸恢復。

前屬代購手錶,去年登記未能排進,而今年改變辦法,發券給各單位,由各單位自行分配,以未有手錶的優先照顧。看情况我能分配到的機會不多,兹特將來款奉繳,無任抱歉! 前收款一百五十元,除購圍巾、枕套二十.九二元,當餘一百二十九.八元,又餘軍用棉布購買證一尺,一併寄上,請查收。

湯志鈞、魏建猷兩同志均擬求法書冊頁各一幅,春暖有興時,隨筆一揮爲幸!"運動"深入,學習較忙。（《全集·書信卷·致顧頡剛》,下冊第 191 頁）

4 月 13 日　先生有信致顧頡剛。

今年中山先生紀念會出席人士中,未見大名,正深懸繫。旬前乃奉手書,快如良覿,并悉尊體已恢復健康,尤爲欣慰,仍望珍攝是幸! 静秋於公照顧備至,聽於無聲,視於無形,深爲感佩! 但渠亦六十以外之人,希望適當節勞。傾跌受傷,治療後,想就痊了,甚以爲念!

去冬曾得湲湲來信,喜聞其返京上學。適以雜事相牽,延未裁答,至爲歉仄! 春節在瀋,芬兒言及湲湲將赴外地作宣傳工作,現在想已返校,念念。潮潮想早待産回京,此時諒已分娩,便中乞示喜訊,先此道賀!

龍自瀋返滬後,每日下午有疲勞不支之勢,經中醫調理,近始復元。誠如尊言,年紀不饒人。近以"批林批孔"運動,搜輯有關資料,遂甚碌碌。曾經體格檢查,血壓、心肺、肝臟幸均正常,足紓錦注。（《全集·書信卷·致顧頡剛》,下冊第 192 頁）

4 月 15 日　參加《鹽鐵論》注釋組的工作,地點在長樂路書庫辦公室。參加人員有沈津、吳修藝、胡群耘、張嘉玲等,此外還有復旦大學教授及工廠的工人。（吳織工作日記;沈津的回憶）

5 月 16 日　謝國楨有信致先生。

楨年來收輯漢魏石刻近五百餘種,正編目録,其中尤以周紹良惠貽季木先生藏《簠齋藏陶》《季木藏陶》拓片,并季木、燕齡諸公釋文二册,憶吾公曾編有《古匋文香録》,想公所樂聞者。將來想全部捐獻公家,以供學者參考。楨大約六七月間來滬小憩,届時當面罄也。（原信）

**5月23日** 先生有信致容庚。

久闕奉候起居，想念爲勞！上周奉手書，快如良覿。藉稔興居迪吉，字裏行間，尤見精神矍鑠，欣慰莫名。

屬查十二人事迹，現已查到五人，詳另紙。如再有查出，當即續呈。長者以八十高年，尚孜孜於《金文編》之補正，曷勝欽仰！希望能早日出版，嘉惠學人。建國以來，各地新發現的銅器甚多，不識都能得其拓本否？

去夏錫永先生來滬，曾蒙枉顧，惜匆匆未能暢叙耳。想與吾師必常晤面，便煩致念！馬國權兄去年亦曾一晤，想其工作必很繁忙，近亦久疏通問矣。

龍於一九六七年秋喪偶以來，一人在滬，小兒一家均在瀋陽。我每屆春節往住匝月，幸身體健適，亦虛度七十一矣。每天到館，現與青年同志同作《鹽鐵論》簡注，力爭年内完成。如遇困難，當向師門求教……

聽説尊藏叢帖俱在，不知《帖目》已否編完？《帖考》曾否進行？甚念甚念！（《全集·書信卷·致容庚》，上册第 209 頁）

**5月下旬** 先生題簽的《枯樹賦》《月賦》《雪賦》（合一册，庾信、謝莊、謝惠連撰）注釋標點大字本，在上海印刷，送中央領導參閲。（《毛澤東晚年過眼詩文録》前言）

**5月31—6月5日** 日本日中文化交流協會舉辦“日中交歡書展”，在東京、北九州島、京都三城市巡迴展出。中國方面參展的有趙樸初、關山月、唐蘭、王个簃以及先生等人書法作品計五十六幅。（《日中文化交流》1974 年 6 月號）

**6月21日** 王湜華有信致先生。

十八日賜函并賜法書聯屏等均已奉接，春日過京，未能面謁，倍感悵惶。而有忙中猶爲題簽，感戴萬分。今又獲此寶墨，寒舍頓發明光，如此厚我，益增汗顏，謹此叩謝。

家父前歲偶嬰風疾，幾致偏廢，幸賴遠庇，療治獲痊，日來已起居如常。惟氣逆痰喘，又不良於行，意興不無闌珊。及睹賜件，心目爲開，祇以不能親自修敬爲憾耳，特命專誠奉候。家兄潤華，月前已由幹校奉調回京，仍在版本圖書館工作，承蒙關懷，至感至感。（原信）

**9月5日** 王重民有信致先生。

久未通信，敬祝我兄身體健康。想目前我們都積極參加“批林批孔”運動，不知還在從事什麽纂述工作。

兹有懇者，《中國叢書綜録》載有王紹蘭《弟子職古本考注》一卷，祇有貴館所藏《蕭山王氏十萬卷樓輯佚七種》稿本，該書在兄領導下編成，想兄最爲熟悉。請查所謂“古本”是哪幾種古本，所考“古注”有哪幾家注，敬請開示爲感。我們想知道的是有没有劉績注，如有，從何處引來。月前貴館來人，送來《史綱評要》并所藏善本書目稿本，弟流覽一過，認爲極豐富，已躍

居全國第二位矣。不知最近準備出版否？（原信）

9月8日　顧頡剛有信致先生。

　　　日前誦芬弟來舍，知叔在滬上一切安好，至以爲慰。前承惠函，囑爲魏、湯二君各寫一小幅，適潮兒生一男孩，親朋雜沓，加之季節變更，賤體不能適應，疲憊萬狀，怠於動筆，無以奉報，至歉。今日塗就，即行奉寄，乞轉致爲感。至湯君一扇，去年爲我寫壞，須另買奉報。（《顧頡剛書信集》卷二，第543頁）

9月中旬　先生有信致王重民。

　　　久不通信，時深懷念。每從北來熟人詢悉尊況佳勝，旬前接奉手書，欣悉一一。囑查王紹蘭所輯《弟子職古本考注》一事，因此書庋藏後庫，不在滬埠，當即函請典藏者檢閱，一俟復到，再行奉告。我現在參加館中青年同志選注《鹽鐵論》工作，昔未研讀，今亦初學。（底稿）

10月2日　王重民有信致先生。

　　　兩奉手書，承您遠道查詢并抄示王氏《弟子職古本考注》，極爲感謝。“王氏七種”爲貴館獨有，從此使北大又多一部法家著作，皆吾兄之力也。抄寫極佳，對抄者應給酬報，請兄酌一數目，當另寄上。當時查詢王書目的，爲的是辨清郭（沫若）老謂劉績爲遼人，其書遠在北宋初年。郭老最有力證據，是朱熹的《儀禮經傳通解》內《弟子職》篇注之中，雜引了尹知章、劉績的注文（清代莊述祖等已有此説），所以劉績必然是朱熹以前人。後來查了北京圖書館藏的明正德刻本《儀禮經傳通解》，《弟子職》原是白文無注，可見《儀禮經傳通解》竄入尹、劉等注，應在正德以後（必然是劉績注刻行以後）。……劉績明人，朱熹不可能引用。北圖藏的宋刻本《儀禮經傳通解》適缺《弟子職》，請兄與景鄭諸同志，如見到宋元刻的《儀禮經傳通解》，順手看看《弟子職》，想亦必無尹、劉注也。郭老謂劉績避遼諱、金諱之説，看來都是明代刻書通行俗字，間缺一二點劃，恐刻工之誤，或後印本板損之故，均非有意避諱也。俟有所待，再作書奉聞請教！

　　　聞兄參加《鹽鐵論》選注工作，極爲欣慰。此事是新工作，也是迫切的政治任務。前聞上海分得《鹽鐵論》選注工作，想必成立一大班子，還有工農兵參加，正是吾輩學習好機會也。（原信）

10月21日　先生有信致湯志鈞。

　　　前在香港路晤談爲快。囑查魏默深資料，我館有一詩集鈔本，中有改筆，審爲魏氏親筆。回憶的影象如此。原書適外借，未能翻閱詳告爲歉。

　　　又查我館所藏尺牘中，魏氏手札一通也無，魏氏墨迹僅有《簡學齋詩稿》中寫了幾條意見（上圖影印過一本《龔自珍魏源手批簡學齋詩稿》，宣統年間陳氏亦曾影印，書名爲《清夜齋詩稿》，我們照原大套印，他們略縮一色印。書名不同，内容則一——他們失印批一二條）。

建猷兄詢及法家著作目録,上海師大圖書館編印了兩册,有油印本。我館書目組也編了一種,已交人民出版社,可能印行,便希轉告。(《全集·書信卷·致湯志鈞》,下册第 414 頁)

11 月 17 日　先生有信致湯志鈞。

香港路把晤,忽已一月,時以爲念。

我們《鹽鐵論》選注修訂稿已陸續清出,您於注釋工作有豐富經驗,懇求您審閲一遍。明知您很忙,還要給您添麻煩。您看了能隨手改削,最爲理想。如果無暇,則請把錯誤處和不妥處分別加一標記可也。有費清神,不安之至。(《全集·書信卷·致湯志鈞》,下册第 415 頁)

12 月 25 日　先生有信致湯志鈞。

前談爲快。中華信已收到。因魏集稿本在後庫,已經領導批准提取,到即攝膠卷。全書多少頁,價若干,尚佔不斷,望你先爲轉告。我們擬俟書到,佔了拍膠卷價格後,再行作復。(《全集·書信卷·致湯志鈞》,下册第 416 頁)

# 1975 年　72 歲

1月1日　讀《元旦社論》。讀楊榮國撰《桑弘羊的哲學思想》。理舊稿,頗擬將經眼書籍札記加以整理,又所記"隸古定"亦擬補充成篇。昨上海古籍書店韓振剛送閱蘇繼廎藏書,有宋刻《通鑑總類》(殘存一冊)、敦煌殘牒(一張)、清乾隆《武備院清冊》(一冊)、弘治《糧稅底簿》(一冊)、元至元《稅冊》(一冊,有羅振玉、柯紹忞跋)、《魏書》二十九卷(眉山"七史"本,存一冊)、宋刻《禮書》(殘存一冊)、崇禎户部行文(四件)、明嘉靖新寧縣批文(一件)、《穀梁傳》(宋刻十行本,一冊,内閣大庫舊物)、元刻《圖繪寶鑒》(全,二冊,有黄丕烈、陳鱣、吳騫、章鈺等跋)、《流沙訪古記》,以及《敦煌石室遺書》(稿本,蔣斧、羅振玉、王國維等編輯)、滿文《避暑山莊圖》(二冊,開化紙,與陶湘影印本同)等。"繼廎,吾故人也,邃於中西交通史,所藏外文書尤爲專門。去年周秋芳告我,其同學之母爲繼廎之女,僅言繼廎藏書甚多,不忍動,余亦以館中未有購書計劃,不敢問津,今竟散矣。""前日張會五以大統十三年畫襲寫經求售,此卷與博物館所藏者後二年,審爲一人所寫。張爲蔥玉堂弟,未諧價。"(日記)

是日　在《起潛備忘》封面上書:

余爲燕京收書,琉璃廠南新華街海王村及隆福寺各肆,每周均以書樣送閱,每肆一次送二三十種不等,擇其希見者草草記之,其中當時未能諧價者,已展轉歸于我館矣。一九七五年元旦檢記,顧廷龍。

景鄭托抄書,寄來格紙,即借用之。(《全集·讀書筆記卷·起潛備忘》,下冊第453頁)

1月2日　學習《元旦社論》。閱《章太炎著作目録》。閱《非鞅》。誦芬寄來新出評法批儒書九種。謝國楨寄來《鹽鐵論校注》。(日記)

1月3日　閱《非鞅》。張文理來,福州人,父行醫,曾到合衆看書。(日記)

1月4日　鄧偉志贈《馬恩列斯論自然科學》。(日記)

1月5日　學習《十大軍事原則》。晚,沈之瑜來談甲骨,他已將戩壽堂拓片與釋文校過,雖有出入而不甚重要。并告松江方塔中有石函,啓而視之,得鎏金釋迦造像及佛牙舍利;《米帖》是翻刻,沈宗威已查出記載。又言明日上博請鄒衡介紹湖北、江西的考古情况。(日記)

1月6日　去上海博物館聽鄒衡關於湖北、江西的考古情况報告。沈之瑜介紹與鄒衡相識。閱《論儒》。(日記)

1月7日　王金山來,談書庫大搬動事。先生認爲無論如何搬,多不出空間來。如果一定要搬,必須做精細的調查研究。閱《憂邊》。(日記)

1月8日　晨,胸前作痛。到館後又痛數次。參加調整書庫座談會,先生提出家譜不宜處理。閲《輕重》一段。(日記)

1月9日　閲《輕重》及《後刑》《毀學》。(日記)

是日　先生有信致湯志鈞。

前囑提閲魏默深詩集,書已提來,我翻了一下,此書爲方朔家抄本,照録何紹基所批改的,其中錯字也沒有完全改正。有方朔跋文,沒有細看,既不是稿本,是否要複製,請考慮,是否抽空前往一看再定。您最近無暇,多等幾天也無妨,反正書已來了,要校要拍,均無不可。(《全集·書信卷·致湯志鈞》,下册第417頁)

1月10日　閲《後刑》。下午參加市統戰小組學習。(日記)

1月11日　閲《擊之》。上海書畫社贈《出版通訊》。(日記)

1月12日　蔡耕、周賢基來。章鼎來,贈其父近作《壽内》詩。(日記)

1月13日　上午聽傳達計劃會議精神。下午參加市統戰小組學習。(日記)

1月14日　徐恭時有信致先生,爲“雪芹小像”托查資料事。下午館中學習。(原信;日記)

1月18日　王重民有信致先生。

我們的古書整理進修班開課已兩個多月,所編《法家著作書目提要》已完成初稿。大家都很努力,您館派來的兩位同志很好,更是努力。您館藏李贄的著作特多,我們在編目過程中,遇到三個問題,和您館所獨有的兩種書要請您館同志協助查閲解決,附上説明一紙,請轉有關同志代爲查閲爲感!(原信)

2月11日　春節,因遼寧海城地震,先生未去瀋陽,在上海過年。除夕在吴織家吃年夜飯,包餃子。初一在沈津家吃年飯。(沈津的回憶)

4月5日　先生有信致顧頡剛。

二月中晤趙超構、譚其驤兩君,均言在京與公相晤,身體甚好,深爲欣慰!

我原想春節不去瀋陽,後來小媳函邀甚殷,因此臨時決定前往,好不容易在二月六日上午買到八日的票子(難在卧鋪),下午接芬兒電,囑暫勿去,知必爲地震影響,遂即退票。前天得遼大友人來函,謂尚有微震。我仍想五六月間先到瀋陽,再到北京。届時天暖,可以各處走走,但不知能如願否耳。聞先生屢來相邀,因曾函告赴瀋之事。上海到北京車票,必須經市革會批准可買,所以我要到北京,一定要先到瀋陽。

春節前,有人送我一張手錶券,是上海新産品女式手錶,質量不太高,價亦不貴。但我看式樣不錯,試走了一個時期,誤差不大。原擬來京帶去贈給侄孫女的,現在交郵寄上(比托人帶省事),請查收。贈給那一位,請伉儷酌之。

　　我去年一年全部時間爲參加《鹽鐵論》選注工作，非常吃力。到春節前，選注脫稿，送出版社審閱，我就回到館裏。館裏整理編目方面的瑣事亦多，遂鮮暇晷。所幸身體尚好，可以支持。今年打算破《四庫》分類，重編一表，“批林批孔”運動之後，決不能沿用《四庫》，重編亦甚艱巨。我館有二百萬册古書，其中有十萬册善本，頗想早日編印成書本目録，以供衆覽。

　　府上想均安好，時以爲念。(《全集·書信卷·致顧頡剛》，上册第193頁)

**4月6日　吴世昌有信致先生。**

　　接讀來教，不勝欣慰。去秋得在宥師來信，知尊駕春節前後赴瀋過京，可謀良晤，自爾欽遲，常切馳念。曾至頡剛師處問訊兄有否來京數次，知已取消瀋陽之行。地震預報，北京亦曾傳達，我輩老人衣不解帶者數月，近日稍弛，然仍在警戒中也。一説兩年内，京、津、唐(山)、張(家口)一帶將有六級左右地震，但鑒於上次遼南地震預報之正確與措施之周密，大家對政府有堅定信心，并無恐慌現象，一切如常，可慰遠念。

　　關於拙作《紅樓夢》方面文字，去年紹昌曾把我兩篇未發表文字交付南京師院，刊於該院中文系編《文史資料簡報》第23期。揚州師院新出《紅樓夢研究參考資料選編》則收我在“文革”以前舊作六篇(約十五萬字)，均已在國内各刊物發表(衹有一篇在港刊出，則中國新聞社在京組稿，供海外華僑刊物之用)。此二書本擬待尊駕來京時面呈請教，今既未來，改由郵局寄上，請查收教正爲感。另有若干作品，一時未便發表，或尚未定稿，容後再呈(南師刊出之文，亦非新作，實爲四年前之舊稿)。

　　關於陸繪“雪芹像”，十多年前承惠照片兩幀，原爲方行同志自鄭州博物館攝來，可惜當時詩畫分兩張攝下，以致兩幅紙心尺寸不同，一切誤會皆由此而起。實則詩畫在一張扁紙上，中間衹有淡淡摺痕，并未切開，不特當年寓京時，多人目驗如此，即今日但憑原件全紙照片，仍可明白看出是一幅紙上左詩右畫，并非如衹見兩幅尺寸不同之照片者所想像“疑出後人補配成爲對題”者。我存有此全紙照片，已由紹昌在滬複製，兄可向彼借閱，或請他添印一張奉贈，一見此照片，一切疑團均可冰釋矣。尹詩乃題此畫像，原詩見《尹文端公詩集》卷十九，題目爲《題俞楚江照》，則畫像乃俞雪芹，而非曹霑。但最堅强的反證爲畫家陸原信自己之題詞，説畫中人“案牘之暇”，辦“案牘”乃紹興師爺之事，業此者須讀律十年，熟悉大清、大明律及各省判例，曹霑何時曾習此本領乎？若既有此本領，何以不繼其所業而窮死在京郊乎？至所謂“通家之誼”，乃因紹興師爺多爲家傳專業，俞瀚(楚江)乃從其舅習此業者。凡父子、叔侄同在幕府者，其長官即認爲與此同僚有通家之誼，若曹家則當時已爲獲罪抄家之後人，時尹方貴盛，豈肯與之攀爲“通家”？衹要看袁枚之隨園，即從隋赫德之隋園而來，隋赫德即曹寅、曹頫之後任,而袁之《隨園記》即不敢提及此園原爲曹寅之園,袁主修之《江寧府志》亦不敢提此點。陸畫如果爲曹像,豈敢明説與尹有通家之誼? 而對於兩代之紹興師爺,倒不妨稱爲"通家",以示其對於同僚之親近,可博下屬之愛戴也。至於此畫情形,據去年北京人民出版社派人去專門調查此事,得博物館長及負責同志之協助,查得此幅多單頁,1951年購自商邱某國民黨上校軍官,價值爲三萬元(合今三元),背面有藏園收藏題簽,是傅增湘自題,則此軍官以前爲傅氏所藏。1964年,齊燕銘將此畫調京時,亦爲一單頁兩面,并非將此畫與詩從一厚本册頁中剪下寄京。此次調查,博物館負責人再三聲明,外間傳"一厚本"云云,完全誤會。該館當初收購此畫,有帳可查,購入後,亦未與他畫合裱成本,此可由背面傅氏題簽爲證。方行説"一厚册",實爲記錯,或他同時也看别的一本册頁,在記憶中與此單頁合并了。我擬爲此畫撰一文,因他事未暇及此。草草布復,乞恕不恭。(原信)

**4月13日　先生有信致顧頡剛。**

昨奉匯款,知手錶及函均已遞達。我兩家關係親切,喜見諸侄孫成長之速,想她們學習工作,諒必需此,適有所得,因特寄贈,幸勿客氣,即希哂納。來款奉還,并望勿再見匯。

我擬下月中去瀋陽,如能到京,可得暢教益。(《全集·書信卷·致顧頡剛》,上册第195頁)

**是日　又致周賢基信。**

多日未得晤談,正深懷念,今午乃辱枉顧,適因新疆來的親戚要回去,前往送别,他們就留飯,三時纔歸,致失倒屣之迎。歉悵無似!

書已收到,謝謝。(《全集·書信卷·致周賢基》,下册第450頁)

**是月　先生題簽的洪皓《江梅引》、湯顯祖《邯鄲記·度世》校點注釋大字本在上海印刷,送往北京中南海。**(《毛澤東晚年過眼詩文録》前言)

**5月上旬　先生題簽的張孝祥詞《六州歌頭·長淮望斷》、辛棄疾詞七首(《賀新郎·緑樹聽鵜鴂》《摸魚兒·更能消幾番風雨》《水龍吟·楚天千里清秋》《水調歌頭·落日塞塵起》《永遇樂·千古江山》《漢宫春·亭上秋風》《破陣子·醉裏挑燈看劍》)、王安石詞《桂枝香·登臨送目》、陳亮詞《念奴嬌·危樓還望》校點注釋大字本,送往北京中南海。**(《毛澤東晚年過眼詩文録》前言)

**5月13日　吳世昌有信致先生,再談"雪芹像"并托先生查書。**

上月得手教後,曾郵奉《文史資料簡報》23期及《紅樓夢參考資料》中拙文五篇抽印本各一册,未稔已送達否? 爲念。如未收到,當補寄一份。

陸原信繪"雪芹像",前函已略陳鄙見爲俞楚江像,非曹霑像。俞當時在江南亦頗有名,《小倉山房集》中有俞詩及袁叙,《揚州畫舫録》、阮元《廣陵詩事》均説到此人,他還能考釋古器銘文(當然在今日看來是不正確的,這是當時限於水平),與孔廣森等齊名。俞的《壺山詩鈔》,據説北師大藏有此書,但至今他們的圖書館尚未打開出借,爲此無法查看。不知上海方面能覓得此書否?

我因近來爲校看英譯本《紅樓夢》及他事占忙,久未出門訪友,故未見宥師,待稍暇當去一訪。顧剛先生則常見,因同居在一條胡同中,常獲邂逅相逢也。(原信)

是月　遼寧省圖書館館長趙琦偕韓錫鐸等至上海圖書館參觀訪問,先生接待并介紹上圖藏古籍情況。(韓錫鐸《緬懷顧老》,載《顧廷龍先生紀念文集》,第37頁)

6月中旬　前往瀋陽誦芬家休假。

6月17日　致吳織、沈津信,告知在火車上及沿途所見情景。(原信)

6月20日　聞宥有信致先生。

去冬日盼吾兄過京枉存,而足音杳然。後得朱新穀兄來書,言曾晤兄,始知兄此次未來京也。半年以來,忙於檢誦法家言并旁及近代諸家,始悟過去對餘杭章君之著述研習偏於語文方面,而於《檢論》《文錄》諸篇認識不足,殊爲遺憾。今《秦獻》《秦政》兩記已有選注之本,其餘亦多擇尤摘錄,以供參考,於是章君重要著作知者漸多,惟《革命軍》序始終未見。昨讀上海所出《鄒容》一書,知尚有《獄中聯吟記》《獄中答新聞報》等文,亦過去所未聞也。竊以爲章君遺著在正續叢書之外者正尚不少,尤其是早年著述更爲重要,在滬搜集亦比較容易,如能擇尤纂爲一書,或亦可供當前參考之用,不知景鄭先生有意爲之,上海中華書局有意出版否?我疝疾如故,承組織上照顧,在家工作。京滬老友,闊別已久,惟子臧兄曾屢來訪,傾談甚歡。炳燭餘明,能有幾時,甚望吾兄今冬來京,俾得作數日清談,亦他年值得紀念之事也。景鄭先生請代道候。《制言》所載《太炎著述目錄》,極便參考,過去竟未能充分利用,思之滋愧。(原信)

是月　先生題簽的《薩都剌詞》、白居易《琵琶行》校點注釋大字本,印刷七份,送往北京中南海。(《毛澤東晚年過眼詩文錄》前言)

夏　爲趙嘉福題篆書"實事求是"四字。(趙嘉福刻臂擱)

7月　先生有信致吳織、沈津。

11日接到來信并匯款,費神,謝謝。我不小心跌了一跤,承你們非常關心,深爲感荷!目前情況是左腿無力,站久就會屈伸不靈活,平常僅伸直時覺酸。臀部有時要小痛,尚無大礙,這是老毛病,每跌必驚動它。我因左腿無力,北京去正在躊躇,即使去,確實不敢多跑了。我原來曾想歸途到南京館看看,現在打消了。現在廣播中聽到各處的大幹快上,感到能早回就回去。我到遼圖去了兩次,由於寓所離館太遠,要換四輛車,需一個半小時。第一次看到一個書庫,二十年前看過的,稍有影象。架上有新受贈的宋刻《續資治通鑑長編》,完整無缺(北圖有殘的);元刻大德本《新唐書》;新從古籍書店買到《童溪易傳》殘本,恰和他們原藏一本配合完整;《戰國策》鮑注,宋本,殘一冊;《昌黎文集》殘宋本,二冊。還有漫堂劉先生文集,原題宋板,我看不是的,不知用什麼本子偽裝的,回館後一查可知。都是《天祿琳琅書目》中的書。第二次去了三小時,把他們的宋、元、明本的基本卡看了一遍。我想看稿本、抄本、校本,因爲基本卡不在手邊,沒有給我看。去一次不易,我也不想去了。遼圖古籍善本與普通本的區分,有一個整理草案,1964年打印的(給我一份)。另外有善本書基本卡片,給了我四張樣張,以後帶歸給你們。這個基本卡,我二十年前亦要過一張,當時重視不够,沒有考慮基礎工作之重要。二十年後來看,他們基礎工作好,現在的確還起着很大作用。因此想起我過去化了很大力氣,化了很多錢……(原信,下缺頁)

是月　先生題簽的《陸游詞》四首(《漁家傲·寄仲高》《雙頭蓮·呈范至能待制》《鵲橋仙·華燈縱博》《真珠簾·山村水館》)校點注釋大字本,印刷七份,送往北京中南海。(《毛澤東晚年過眼詩文録》前言)

8月6日　從瀋陽回到上海。

8月13日　先生有信致方行。

六日從瀋陽歸來,獲讀手書,敬悉一一。屬查兩書,有普通本,《叢書集成》中即有,要托古籍書店一找。我因時隔已久,蔡老不知尚有所需否?近年與古籍較疏,未與聯繫,如有必要,可爲一走。

我到瀋原想休養幾天,不意左膝骨炎,跌了兩跤,在瀋住了五十天,雖基本全愈,但多走多立後,就覺酸痛,現在擬繼續治療。又項際患了皮炎,時愈時劇,也要繼續治療,所苦無一相熟的醫生。

吳世昌君在五月中曾通過一二次信,他否定陸畫雪芹像,認爲是俞非曹,理由相當足,我無暇查資料,祇好算了。當時就想奉訪,一拖再拖,爭取最近幾天中詣談。您不良於行,我也不良於行,但我確比您良一點。一笑!
(《全集·書信卷·致方行》,上册第299頁)

8月25日　顧頡剛有信致先生,囑顧洪帶至上海轉交。

去今兩年接誦尊函并惠贈手錶,感刻何如!屢欲申謝,而大腦動脉硬化,精神不能集中,遂致怠於握管,有勞盼望,歉仄何似,幸恕之也。前函謂今秋擬赴瀋陽再到北京,告諸友人,同爲翹企,不知行期已確定否?念念。小女洪奉廠方派到上海參觀,特作此函,囑其奉謁,乞賜指導。外孫張春雨已能扶床學步,愚夫婦較有慰藉,可以告慰也。(《顧頡剛書信集》卷二,第543頁)

8月30日　顧頡剛得顧洪信,謂“到起潛叔處,知其病關節炎,不小心捽了一交,以病故,到瀋陽後未至北京”。(《顧頡剛日記》卷十一,第397頁)

是月　先生題簽的《張元幹詞》四首(《石州慢·寒水依痕》《柳梢青·海山浮碧》《點絳唇·山暗秋雲》《點絳唇·春曉輕雷》)校點注釋大字本,印刷七份,

送往北京中南海。(《毛澤東晚年過眼詩文録》前言)

9 月 8 日　先生有信致湯志鈞。

頃查錢應溥所撰《錢泰吉年譜》，咸豐六年丙午，泰吉六十六歲條有云："彝齋與唐端甫仁壽從府君游，在海昌同人爲最後，而性情嗜好，沉潛最深，府君亟賞之。所藏校本若前、後《漢書》《元史》類各種，而君皆手録一周。"據此，仁壽可能出生道光，没於光緒。(《全集·書信卷·致湯志鈞》，下册第418 頁)

9 月 16 日　先生有信致顧頡剛。

久疏箋候，時深懸念！上月下旬，洪洪枉顧，并奉手書，欣悉闔廬安康，快慰無似！

我於今年六月中旬前往瀋場，原擬小住三周前來北京，再回上海。不意在瀋因左膝肥大骨炎驟作，起床時站立不住，傾跌兩回，當時步履維艱，不能多走，不耐多立。經電療後，漸見恢復，共住了五十日。祇要腿部忽然發酸，隨時有傾跌之虞，因此不敢到京，徑返上海。歸後繼續就醫，注射"威靈仙"針劑，雖有進步，但終難全愈。病來實非幾天所形成，而病去亦非短期可望霍然，但求不發展就好了。我還有腹脹(消化功能不良)之病，時作時平。腹脹須要多走，而骨炎則多走乏力，遂甚矛盾。

小孩因患氣端不適應居住瀋陽，上學期寄其大姨家，即在北京航空學院附小借讀，本學期因不收借讀，改上兵馬司小學。該校距其二姨家較近，其二姨是兒童醫院醫生，醫療條件較好，但終非久計。我意擬於寒假接來上海，又不知上海能適應否？現在一家四口，散處三地，互難照顧，會合匪易。曾打報告，請求領導設法將誦芬調來上海工作，上海現亦有誦芬所學專業之廠，但上海户口甚緊，難能實現。惟静待發展耳。

洪洪來舍，談談家常，頗爲親切，破我岑寂，爲述參觀歷史博物館預展情況，我們現在對歷史人物評價，每感不易掌握，該館正式開幕，可資學習。聞之頗有啓發，亦頗神往。她於歷史亦甚有興趣，徵見家學淵源有自，殊爲可喜。她自杭歸來，見贈尚品綠茶，很爲難得。我退值索居，唯以茗烟爲遣，尤深感荷！她定八日離滬，我原擬七日晚往訪，見有雨意，遂爾裹足，想能諒其衰頹。既未能很好招待，亦未能赴站相送，歉仄何如！明春如腿力復元，當謀趨前，一疏結念。(《全集·書信卷·致顧頡剛》，上册第 196 頁)

9 月 19 日　"起潛叔於今年六月到瀋陽後，忽以膝蓋之疾連跌兩交，以致不能到京。渠一家四口，分居三地，除飯食貼給潘家外，餘均由己操作，且須上班，老年痛苦如此，予真在天堂矣。"(《顧頡剛日記》卷十一，第 405 頁)

是月　先生題簽的《吴潛詞吴錫麒散曲》(吴潛《滿江紅·豫章滕王閣》、吴錫麒《梧桐樹·一舸》)校點注釋大字本，印刷七份，送往北京中南海。(《毛澤東晚年過眼詩文録》前言)

是月　先生題簽的《昭明文選譯注》（陳宏天等主編），由吉林文史出版社出版。

10月　周恩來總理病重期間，指示"要儘快地把全國善本書總目編出來"。當時國務院辦公室主任吳慶彤立即電話向國家文物事業管理局局長王冶秋和北京圖書館館長劉季平作了傳達。（《全集·文集卷·中國古籍善本書目編輯經過》，上冊第438頁）

11月15日　路工有信致先生，希望複製《京本忠義傳》殘頁，并盼告知有關《水滸》的歷史資料。（原信）

11月27日　先生有信致方行，談章太炎《訄書》版本事。

手書敬悉。舊《文物》一冊，原是奉贈公閱，我匆匆付郵，忘附一條，乃承見還書款，不免太客氣，至爲感愧！

關於太炎《檢論》，聽潘景鄭說，第一次刻於蘇州，書名《訄書》，約五十篇。第二次在日本排印，約六十三篇，刻本中有二十餘篇爲日本印本所無。日本印本多的幾篇，有的是改寫的，有的是增加的。如《論商鞅》一篇，木刻本有，而日本印本所無。第三次印，經重新整理，改名爲《檢論》，內容與《訄書》多不同。第四次即爲解放後中華排印，是根據日本印本排印的，校得不細，每篇都有錯字，又每篇點句有誤。據太炎友人祝心淵說，《訄書》刻本印數甚少，不過二十部。我館有一部，經太炎親筆修改多處，復旦章太炎著作注釋小組均已攝印照片。

我參加《鹽鐵論》選注工作，目前已至定稿階段，因此碌碌鮮暇，屢欲奉訪未成，歉甚！你要什麼書，可告我，當爲留意。（原信；《全集·書信卷·致方行》，上冊第300頁）

12月19日　先生有信致湯志鈞。

屬書扇面，昨夜匆匆塗抹，今晚寄呈，想已先達。臨睡忽憶寫錯一字，必須改正，幸勿轉交，當屬舍弟重畫，我再重寫。諸希亮察。（《全集·書信卷·致湯志鈞》，下冊第419頁）

是年　與沈津合作撰寫《關於新發現的京本忠義傳殘頁》。此雖殘頁，但價值頗高，此一版本可能是明代正德、嘉靖間書坊刻本，各公私藏家書目均無著錄，比今天所見其他《水滸》各本更近於原本面貌。此本爲百回本，是《水滸》繁本系統中較早的一個本子。（《全集·文集卷·關於新發現的京本忠義傳殘頁》，下冊第736頁）

**是年**

4月16日　王重民卒，72歲。

9月15日　豐子愷卒，77歲。

12月30日　王伯祥卒，85歲。

# 1976年　73歲

1月30日　除夕,與顧衡(時在上海就學)去吳織家吃年夜飯,包餃子。

1月31日　春節,與顧衡去沈津家吃年飯。

2月20日　張震澤有信致先生,告知收到《京本忠義傳》殘頁複印件,并談學校教學情況。(原信)

2月26日　丁景唐有信致先生。

　　謝謝你爲我的學生觀泉寫字,他已來信要我向你致謝。觀泉是搞美術的,對書道也有些接觸。一年多前,他就告訴我,在《日中文化交流》74年6月、7月號上,都有關於"日中友好書法展"在日本展出情況,要我轉告你。但那封信給我一放,夾在雜志裏,一直沒有找到,實在抱歉。最近整理書籍,好不容易纔找到了,趕快轉抄給你。估計上圖會有這刊物的,它是很普通的文化交流刊物,現在郵局有出售,不過74年沒有留意,郵局是買不到了,請你向上圖找來一看。我想在下周三或四晚上來看你一次,不知有空否? 請便中賜復。(原信)

3月21日　朱士嘉有信致先生。

　　久未通音問候,從光貽同志來信中,知道您仍在上館服務,極爲欣慰。聽說您處古籍很多,正在整理,不知其中有無方志稀見之本? 整理工作大致何時可以告一段落? 整理過程中,有無發現天文學專著或者涉及天文學方面的書籍? 我從去年十一月起奉命來京,參加中國科學院北京天文臺普查方志中天文資料的工作,同時由於工作需要,對《綜録》進行修訂。組織上要我先把1959—1964年間已經修訂的稿件,委托謄印社油印幾百份,分送各圖書館核對、提意見寄下,將來匯總、校訂、定稿。這次增訂,增加內容、修改體例(同一種方志有不同版本的分別,注明何本、何館所藏)、訂正訛誤已經不少,但因限於水平,尚待繼續改正。估計油印稿五六月份可完成,今年年底希望定稿。領導已商請有關單位派同志們協助修訂工作,但仍望您和鳳起同志、光貽同志等提出修訂的寶貴意見。本單位領導先後與各省科委或科技局、文化局、統戰部聯繫,在各省成立整理方志中天文資料的小組,由於得到各單位的支持,整理工作進行得比較順利,不久將來,還要整理方志以外其他史書、文集、筆記……中有關天文資料,并盼您能提供這方面的稀見或寶貴資料,當向我處領導反映進行整理。聽說吳縣革委會近年收藏許多古書,不知有無整編,整編情況如何? 蘇州顧公碩、湯國梨、王謇及其他同志收藏稀見方志,現分別捐歸何館,可得聞歟? 便希見告。(原信)

3月28日　張珍懷有信致先生，并附《水調歌頭》二首，呈請指正。

　　久未奉候，想道履綏和，著述宏富。近聞傳言先生常在富民路舊館辦公，不知確否？珍懷七三年在杭與夏承燾先生共選《域外詞》，其後臥病經年，即以注詞自娛。現在《日本詞選》及高麗《益齋詞》已注畢，并承錢仲聯、唐圭璋兩先生削政，擬於日内趨前晋謁，請賜教益。如先生不常在富民路館辦公，到上圖總館，每周以何日爲宜，乞示爲感。（原信）

是月　爲丁景唐書魯迅詩句“願乞畫家新意匠，祇研朱墨作春山”。（《顧廷龍書法選集》）

4月　書毛澤東詞《清平樂·六盤山》。（《中國現代書法選》，第34頁）

是月　周秋芳、賈淦新婚，先生書魯迅詩句“願乞畫家新意匠，祇研朱墨作春山”和“世上無難事，只要肯登攀”二幅以賀。（周秋芳電話告知）

5月1日　爲丁景唐伉儷書毛澤東詞《卜算子·咏梅》。（《顧廷龍書法選集》）

5月31日　顧頡剛有信致先生。

　　年來數接手書，洪兒參觀上海工業，又得數度面謁，具稔尊體亦漸入老境，年不饒人，此固自然規律無可逃避者。惟聞芬弟言，叔每日步行到館，手不携杖。七十之年，正古人所云杖國，亦中外之通例。去歲入厠而顛，以致不能到京，正是一個警告，萬不可自恃强壯，致蹈覆轍。剛近年不但恃杖，且賴人扶，正以北京人口千萬，自行車接沓而來，不可不豫防衝撞也。千萬聽我勸告，是爲至幸。衡伭到滬，祖孫相伴，得有慰藉。聞已入中學，望其多讀一些地理書，多翻一些地圖，俾他年得更好地爲人民服務。剛年來爲糖尿、氣管炎及心臟供血不足三病所苦，逢冬必發，今歲且以有冬無春，臥病醫院歷半年之久，日以戲曲、小説消磨時間。每憶四十年前與公等同辦禹貢學會之勁力，直同隔世，可爲一嘆。手顫亦日甚，至於怕親筆墨，友朋來書經年不答，在京舊交亦難答訪。老友王伯祥、徐旭生俱於去冬逝世，益寂寞矣。心中實有幾篇論文而未能寫出，垂勞異國學人之盼望與關懷，奈何奈何。静秋膽固醇高已歷多年，一對病侶，相對殊無聊賴。兒輩俱以工作及學習過忙，不能陪伴。總之處處現出夕陽西下景，不堪爲吾叔道也。竊有請者：吾叔精神充足，日與圖籍相親，正堪藉此大好環境，將百年來著書、刻書、藏書掌故日記一條，爲我國近代文化留一目睹資料，尊意如何？（《顧頡剛書信集》卷二，第544頁）

6月3日　顧頡剛在1935年與先生一家攝於北平成府的老照片背面題字云：

　　此爲予家及起潜一家合攝于成府寓所者。起潜與我同出一族，而彼爲大來公支，我爲松交公支，其爲兄弟已歷十世，凡三百年矣。明萬歷中，吾族始自唯亭遷郡城，及清初而文化大盛，或著書，或刻書，或築園亭，皆於藝術、文學方面有所表現。及我之生而衰微已甚，惟起潛與我兩房爲讀書種子留一線之傳。起潛爲王栩緣老人之外孫，老人傳吳寠齋之學，研究古文字，善篆書，故起潛亦長此道。此爲四十年前所攝，亡者三人矣，誦詩沒于抗戰初期，履安沒于抗戰後期，承玉沒于六十年代之末。一九七六年，六，三。頡剛記。（照片）

6月4日　丁景唐有信致先生。

　　來函提及的二個問題，已向有關同志瞭解清楚，謹答如下：

　　一、古籍正本，都用繁體字，如《廿四史》《劉禹錫詩集》等，但向群衆普及的《古代文選》用簡體字，習慣如此，未找到正式文件。上海現僅保留中華印刷廠有繁體字車間，印刷十二廠情况特殊，專排繁體字的大字本。上圖搞珍本書目，那是要用繁體字的。

　　二、《人民日報》1956年1月1日改爲橫排的，1955年12月31日有一則啓事説明，請找出一看。

　　替你又印了二張書影，今附上。蔡耕同志也給了他。有空當趨訪。（原信）

夏日　爲蔡耕朱筆書扇："糟粕所傳非粹美，丹青難寫是精神。王安石句，蔡耕甚愛之，屬篆箋端草。丙辰夏日，顧廷龍揮汗書。"（易福平藏）

8月23日　陳凡有信致先生，托查其早年發表的詩作，并請爲其詩集《壯歲集》題簽。（原信）

9月29日　蔡尚思有信致先生。

　　別來數月，甚以爲念。我此刻需要翻查幾部佛學書籍，身邊和學校圖書館都沒有，所以祇好乞您幫忙了，您稍空時幸爲一查（唐代三部，也許日本《續大藏經》内有）。假使有，我擬於七日或九日起（您館學習時間還是星期二、三、五麽？）來您館夾樓借閲。費神費神！謝謝謝謝！（原信）

10月1日　陳凡有信致先生，再托查其早年發表的詩作。（原信）

10月24日　先生有信致陳凡，云："手書均悉。屬查大作，已重檢閲，仍未發現，想載它報矣。《大衆日報》敝處適無收藏，悵悵！"（底稿）

是月　粉碎"四人幫"，"文革"結束。

12月13日　周采泉有信致先生，將所製《金縷曲》（頌贊李春光同志大字報）和挽周總理長聯呈正。（原信）

12月22日　應作屏先生囑，爲《承名世山水十二圖册》題耑。（《承名世作品選》，上海文匯出版社）

是月　跋樊誦芬臨王石谷摹巨然《夏山清曉圖》。

　　誦芬學長攜示所臨王石谷橅巨然《夏山清曉圖》長卷屬題。誦芬爲吾師少雲樊先生之次女，幼承庭訓，秉授六法之能事。丁丑歲，龐虛齋僦居吳中，所寓與師衡宇相望，招觀藏珍，晨夕過從。嘗出石谷橅巨然卷共賞，石谷爲清初大家，深得宋元矩矱，師商借臨摹，誦芬侍硯伸紙，不離左右。師于規矩格法、丘壑蹊徑，隨予指授，誦芬心領神會，于師卒業之時，亟自對臨一通，時年甫二十有八。匠心描寫，舉凡烘染皴皱，窮工盡意，落筆烟雲，神韵滿紙，同時老輩無不贊許爲後起之秀。回憶庚辛之間，師授畫蘇校，余時肄業草橋中學，忝與弟子之列。曾造謁顔家巷賃廡，每見穎初、誦芬、伯炎姊弟三人，各據畫室一案，濡毫吮墨，凝神觀摩，一門融融，藝苑躋美，輒爲企羨不置。誦芬旋從余伯舅王董戚先生習詩古文辭，余亦時往請益，因得相與商榷，忽忽四十餘年矣。今承誦芬、伯炎枉顧，舊雨重逢，歡言一室，展玩臨本，撫卷嘆賞。屬繫數語，不殫瑣縷，聊述君家韵事，籍證鴻雪云爾。（《全集·文集卷·跋樊誦芬臨王石谷橅巨然長卷》，下册第 717 頁）

# 1977 年　74 歲

1月中旬　先生"忽然一天晚上覺得頭暈,房屋轉動,半小時即止。但此後時感胸悶、頭暈,不耐多坐多走。到醫院檢查,據説早搏,做心電圖,診斷爲房心早搏,當爲初期冠心。休息了一個月"。(4月4日致顧洖信)

1月28日　先生有信致朱士嘉。

久不通信,每從胡嘉處得悉近況。上周得手書,敬悉——。

承示頡剛先生身體安健,甚慰甚慰!已許久未曾通信,正以爲念。北京地震情況不知已平息否?

尊編《綜録》館中已收到。我們現在已把所藏方志編一總目,對修、纂、刻本年份逐部校閲,同版本的亦取出照比,發現問題很多,校正過去之失者亦不少。春節前後可以校完,將來必以一本奉正(打算印刷)。天一閣藏方志,我館亦有同志去校閲一過。

聶光甫是否仍來我館閲覽,已久無所聞,容詢陳光貽,或能知之。想他所發現者,我館此次重校,亦必能發現。

我近患"房性早搏",病休在家,一俟稍復,即須到館。周總理説過,年紀大了,要多做些工作。我想身體不好,更要趕快多做些。(《全集・書信卷・致朱士嘉》,上册第236頁)

2月11日　先生有信致朱士嘉。

屬查私人收藏地方志下落,僅查到一種,萬曆《烏青志》在我館,其他注了一些可能轉入的單位,你不妨托熟人探聽一下,其實等各處對《綜録》核對補正後,自能發現的。賤恙少愈,現服中藥,酒已多年不吃,烟也不抽旬日了。承諄勸,謝謝。(照片,李軍提供)

2月21日　陶白有信致先生:"回憶十餘年前,同去扶桑,至今思之,足堪紀念,想顧公亦有同感!""早已想的事:一、請您抽暇爲我寫幅字,作個紀念;二、您如與王老(按,王个簃)有往還,請代我問好,并求作畫一幅,作個紀念。""憶杭州老(按,潘天壽)爲我作的畫,現已不翼而飛了,甚可惜。人老又閑居,想到這些事,深乞恕。"(原信)

2月23日　吴世昌有信致先生。

今接徐仲年兄來信,知道他在春節曾到府上賀年,因知您身體很好,深以爲慰。但他也説起嫂夫人去世已三年,世兄工作又遠在瀋陽,吾兄一人在滬,乏人照料爲慮。他深表同情,但他説與兄相識不久,有些話不敢冒昧直陳,托我轉達。……我因避震,來鄭州暫住,想仲年已奉告。顧先生京寓係平房,較安全,其床上已用鐵管加高,上覆木板,雖頂棚塌下,亦可無虞。敝寓在三樓,雖非"瓊樓玉宇",但亦"高處不勝震",故祗好有此一避。聞先生仍在民族學院,時有信來,他和我一樣,有疾病,不良於行。(原信)

**3月22日　先生有信致方行。**

久缺趨候,何日不念? 昨晚沈津同志來,言及承你垂念,感甚! 頃接手書,敬悉一一。

年來老態日增,不大好動。去冬發現初期冠心,修養醫療,已稍痊可,近來基本上可上半天班了。沈津説,你精神甚好,就是步履尚覺不便,諸維珍攝!

去冬,報上發表了陳毅同志詩詞,曾見到幾種打字印本,我也弄到兩本,但是印得不精,而且有缺,不知尊處有精本否?

下周中,我到文藝醫院去看病,順道可以奉訪。(《全集·書信卷·致方行》,上冊第 301 頁)

**春　爲章元善《申增返滬與之話別》一首作跋。**

元善先生贈其子婦申增夫人長歌一章,紀述家常,親切有味,深得香山風韻。章鼎世兄示讀之次,囑書小屏,以張座右。余與君家有仍世之好,欣然命筆,聊以留念,工拙非所計也。(原件)

**4月4日　先生有信致顧頡剛。**

久疏箋候,時深懷念! 三月中旬報載您參加中山先生紀念會,知道您身體健康,爲慰! 日前得湲湲來信,又知您因天氣不正常,氣管炎復發,尚祈珍攝!

賤恙早搏,係初期冠心,服中西藥後,早搏已由頻發轉爲偶發,精神已恢復。最近擬再做一次心電圖,是否已算全愈了。我現在領導上照顧,上下班可不受規定時間的拘束,比較機動,可免擠公交車輛了。

粉碎"四人幫",思想大解放。十幾年不見的老朋友都遇見了。上周統戰小組學習,見到周谷城先生,精神甚好,要我向您問候。有一次文化局座談會,見到俞振飛,今年七十六,精神亦當不差,還能上臺清唱。因患神經官能症,必須拿小本子看了唱了。京劇女演員李玉茹,今年五十四,她被"四人幫"解而不放,一直在幹校。有許多老演員重上舞臺,電視中想有看到的了。開會學習常遇到賈亦斌先生,他每次要我向您致意。有一次我到中山醫院看病,紹虞先生也來了,他也向您問好。他由一位幫他整理稿子的同志陪來的,他身體很好,因爲好些時候沒有檢查,特去看一次門診。等了一個多小時,我們難得的長談了一次。

我館是"四人幫"直接插手的單位,他們爲了掩蓋自己的罪惡歷史,竟迫害了一批革命同志(新華社發過一個報道,電視中亦有)。後來"批林批孔","四人幫"另搞一套,要第二次奪權,打擊了老幹部。還有張春橋黑文

《論對資産階級全面專政》出籠後，所謂打“土圍子”，我在古籍組，就把古籍組說成“土圍子”，大事攻擊。他們顛倒黑白，混淆是非，無中生有，造謠惑眾……

夏秋間，頗想到瀋陽去，屆時當争取到北京一行。(《全集·書信卷·致顧頡剛》，上册第 198 頁)

是日　先生有信致顧湲。

許久没有和你們通信，時在懷念！前日接到你的來信，承你父母對我身體不好表示關懷，深慰感荷！

我於春節前(一月中旬)，忽然一天晚上覺得頭暈，房屋轉動，半小時即止。但此後時感胸悶、頭暈，不耐多坐多走。到醫院檢查，據說早搏，做心電圖，診斷爲房心早搏，當爲初期冠心。休息了一個月，正值春節，誦芬請假來滬，醫藥照料有人，比較方便。誦芬三月二日回瀋。我現在不大感覺什麼不舒服了，但用聽診器聽來尚有早搏。近來與人談及，老年人大都有之。我已上班半天，也是動静結合之法。領導上叫我不要做具體工作，因此去了亦隨意看看。有人說冠心是要早搏，但早搏不等於冠心，所以休養後還能恢復。暑假中想帶衡孫去瀋過夏，也是試試他回瀋後，喘病發不發。來滬一年多没有發過。

你母親近來身體如何？是否心臟方面也不很好？血壓、膽固醇均能降低些否？甚念！

你學醫後，已分配工作否？我們可惜南北迢迢，否則如在一地，有了病就可找你治療了，不知要方便親切多少呢！我們的公費醫療簡陋，而醫生少耐心，我有時托人介紹到大醫院去就診。總之，看病，很多麻煩。

洪洪、堪堪近况如何？潮潮常回家否？均念！(《全集·書信卷·致顧湲》，下册第 571 頁)

4 月 18 日　上海市文化局根據國務院文物局的意見，委托先生和潘皓平赴北京，就如何開展《中國古籍善本書目》編纂工作，與北京方面的專家共同研究討論。(上海圖書館編《展望與回顧》，第 170 頁)

在北京，聽取了國家文物事業管理局王冶秋局長傳達周恩來總理“要儘快地把全國善本書總目編出來”的指示，初步討論了如何貫徹落實之事，并就收録範圍、采用何種分類法和著録方法作了探討。先生認爲，“總理的指示，決不僅僅是搞宋元本，他是要編一本全國古籍善本的總帳”“這次會議還決定，古籍善本書目先由北京圖書館和上海圖書館試點。我們回來後，又與南京圖書館和浙江圖書館聯繫，得到他們的贊同，約定三家一齊動手搞。”(《全集·文集卷·十年苦幹，搶編出善本書總目——憶周總理、陳毅等同志對圖書館事業的關懷》，上册第466—467 頁)

到京後，住文化部招待所。“次日，余與皓平同往文物局，局長王冶秋招我坐其旁。到會者有文物局、北圖諸君。王局長講了周總理病重中聽到各處毀書情況，有遺言告左右曰，要編一全國善本書目。總理逝世後，由秘書吳慶彤下達的。但‘四人幫’尚在，不能工作，迨‘四人幫’倒，遂能開始。”（先生小筆記本）

先生在筆記本上還記有北京討論時的想法：這樣的標準比較大路，照北圖八本目錄的規格，王冶秋同志覺得可以。我們的草目（上圖）也是這個規格，就是後來一部分比較粗一些，必須核對。1. 簡目的提名，北圖提出的方案，要像藏書志那麼詳細，寫提要，考證藏書章的真僞、藏書的源流等。這樣做是好的，但時間需要多，不能做到“儘快”。我們意見，不作藏書源流及印章方面的考證，所以說“簡目”，以別於藏書志那樣的規模。2. 簡到怎樣。3. 估計工作有不少困難，① 書不在館裏，② 熟手不多。4. 周總理病中還關心到我們的工作，這是光榮的任務。但是編製目錄，是我們的本分工作，說明過去做得不夠，亦感到很慚愧，一定要鼓足幹勁去完成任務。外國人著作（酌），宋元殘本全收，明殘本如上海地區衹一本的收，叢書零本稀見的收。清刻的條件，一精，二稀，三質。分類，書目原封還是酌改，依北圖。北圖八本書目，趙（萬里）主、冀（淑英）副，按此標準，已有實踐，衆無疑議。（先生小筆記本）

在文化部招待所，遇上海作家杜宣。杜宣後撰文《記顧廷龍先生》：“他言語不多，但實實在在，有啥說啥，既無粉飾，亦無故作謙虛。在和他談過幾次話後，感到他真是一位潛心治學，視名利爲糞土、視富貴爲浮雲的人。”（《桂葉草堂漫筆》，第 266 頁）

4 月 23 日　先生有信致吳織、沈津，談《中國古籍善本書目》編纂及試點事。

我們到京次日，即在北圖座談了半天，第二日又談了半天，基本定下先編一簡目，就是像北圖的八本頭（按，指《北京圖書館善本書目》）、我們的複寫本（按，指《上海圖書館古籍善本書目》）那樣，分類暫不改。由北圖和我們作試點，逐步擴大。這是周總理病中安排的工作，我們務必努力進行。我在北圖看了半天書，約九種。我們星期一下午一時乘飛機到南京，瞭解一些南京圖書館的情況，還可以參觀一下雨花臺、梅園新村等。約星期四回滬。我家裏不另寫信了，請你們托老潘（景鄭）回去說一聲。我身體很好，沒有發過病。今日上午訪問文物局及文物出版社，看到修補的帛書及《戰國策》（已改名）照片等，他們希望我們支持他們編印關於書法藝術所需參考的碑帖。匆匆，書不盡言，回來詳談。（原信）

6 月 12 日　胡道静有信致先生，約次日與胡道彰“造府拜謁”，“欲整理先伯遺作，有些事欲求教於吾兄”。又爲道彰女婿汪尚棣“久聞盛德，渴思拜求請益”事。（原信）

6 月 23 日　張秀民有信致先生，談其退休後之情況。

多年不見，時切馳想。今寄上日本神田喜一郎博士所贈《敦煌學五十年》及拙著《中國印刷術的發明及其影響》日本文譯本(有神田序)各一册，送贈上海館，請轉交日文組編目收藏。余自七一年退休，回浙江嵊縣廿八都老家，忽忽已六年。七二年，北京館及國務院辦公廳曾數次來電、信，催促返京工作。辭以老母在堂，不能遠離，并擬完成《中國印刷史》(過去出版的祇是首尾兩章)，比較在北圖每天上班下班意義較爲重大。七三年，曾應寧波天一閣之邀，爲閣中挑選善本圖書。當時聽閣中邱同志說，閣下也想去閣中看書，但未見來，因之未能見面。又先後曾去福州、厦大母校、蘇州、浙江等省市館搜集印刷史資料。七五年底，又去北圖，時間匆促，收獲亦不大。近兩月來，爲北圖挑選北堂目錄西文善本，北京西什庫天主教北堂所藏外文善本，不但國內首屈一指，即在外國亦頗難得。其中有1620年法國教士金尼閣第二次來華帶來之書，其中有羅馬教皇保祿五世之贈書，丁老師送其學生利瑪竇之著作，及最名貴之十五世紀搖籃本四種，大部分爲拉丁文，次爲法文、意大利文。全部藏書四千一百部，多爲十六七世紀版本，十年前已由北圖接收。目錄中收有上海天主教會藏書八册，不知徐家匯尚存有外文古老圖書否？上海、南京兩館藏書豐富，久欲來滬、寧一行，因找旅館麻煩，所以雖過轉多次，始終未敢下車，不知閣下能設法代爲介紹旅館否？如貴館有招待所，當然更爲方便。瑣事相煩，殊覺不安。去冬家鄉小雪、大雪、雨夾雪，一連下了四十天。今年春夏以來，又小雨、大雨、暴雨，二三個月，不止影響稻穀結穗，室內外十分潮濕膩人。鄉居無善可告，幸老母今年九十一歲，高齡康強，殊爲可喜。現在各行各業學大慶，提倡又紅又專，圖書館工作必更忙碌，尚望勞逸結合，加意珍攝。便中請賜回音爲盼。(原信)

　　夏　在古籍組辦公室，與盛巽昌閑談。時毛澤東對許世友的講話中提到"常鄷隨、陸無武，絳、灌無文"，先生頗有興趣地說:毛主席真有學問，這句話出處在什麽書裏？盛答:毛主席是引用《晉書·劉元海載記》，是劉元海說的，隨是隨何，陸是陸賈，絳侯周勃及灌嬰。先生即說:這些人都是漢初大功臣呢，還祇是偏才，要全才可不容易啊！(盛巽昌致筆者的信)

　　7月26日　先生有信致張秀民。

　　　　闊別十餘年，時在懷想！月前接奉手書，快如良覿。

　　　　承惠大著日譯本及神田《敦煌學五十年》兩書，均已遵轉日文編目組登錄編目，供衆參考。盛情不勝感荷！

　　　　您退休回鄉，著述娛樂，曷勝欣羨！《中國印刷史》希望能早日成書。前書祇是首尾兩章，已爲中外學者所欽服，它日全書出版，嘉惠士林，未可限量。

　　　　您先後赴福州、寧波，均有熟人通訊言及。我想去天一閣多年，終未能實現。我館七二一大學古籍班前往參觀，因小病不克同往，甚以爲悵！以後有機會，必爭取一行。

今年四月中旬，我曾隨同館領導到北京，接受文物局布置任務，傳達周總理病中指示，儘快地把全國善本書總目編出來。在北圖商量了幾次，以北京、上海爲試點，然後全面鋪開。因在京勾留不多，仍未能很好地一看北圖善本爲憾！北圖曾見贈《北堂外文善本書目》一册，上海徐家匯藏書樓以前亦編過一目，忽將二十年，印本已無存（當時油印不多）。外文善本似亦有一些，當不如北堂之富。

您如有便來滬，旅館當爲極力設法。希望先函見告，以便聯繫（我館無招待所）。[①]（原信，韓琦收藏）

是日　將張秀民信交上海圖書館業務組，要求"贈書請轉外采，最好給一謝信或收條。退休人員看書手續如何？張先生必有閱覽善本之意，如何作復，希酌示"。（原件）

是月　爲心牧書葉劍英七律《八十書懷》："八十毋勞論廢興，長征接力有來人。導師創業垂千古，儕輩跟隨愧望塵。億萬愚公齊破立，五洲權霸共沉淪。老夫喜作黄昏頌，滿目青山夕照明。"（百度網）

8月13日　聞宥有信致先生。

三月間接到手書，當時即奉一復，想早達覽矣。劉、胡兩位近來不知曾晤見否？胡兄是否曾在書局，通信應寄何處，并望示知。子臧亦患疝氣，前在鄭州醫治，頃已痊愈回京，惟因我不能外出，尚未晤見。疝疾割治後，必須充分休息，否則會重復，川大的徐中舒兄即其一例。我前幾年從事世界史，近兩年又在搞地理書，最近所出《越南疆域》即系一同志所譯，而我加以審正者，想兄已見及，因手頭書少，未能奉寄爲歉。社會科學院有一潘君，精研古紙之學，屢有論文在《文物》發表。渠亦雅好書法，聞我談兄精於篆籀，極爲欣羨。留有一自製斗方（係仿唐人麻紙製成者）在我處，原擬乘兄來京之便揮毫，現因此間時有震情，度兄一時不能來，擬寄滬求書，如兄同意，當即寄上。景鄭先生想甚安好，多年未通訊矣，務請道念爲幸。（原信）

8月17日　張秀民有信致先生，告知抵滬時間，希望有人代爲聯繫旅館并等候（先生後將此事交沈津辦理）。

奉讀手教，敬悉在搞全國善本書總目，此事關係國家體面，希望能早日完成。現在秋凉，擬定於本月廿六日凌晨來滬，當夜六點半即可到北站，希望代爲聯繫旅館。自北站下車，到貴館當在七點左右，可能已閉館，可否交代一位同志在門口等候，以便赴旅館投宿爲荷。（原信；沈津的回憶）

8月22日　先生有信復張秀民，詳細告知從火車站到圖書館之乘車路綫，"本當到車站奉迎，深恐相左，不如在圖書館恭候爲妥"。（原信，韓琦收藏）

---

① 《全集》中此信録自底稿，本書則録自原信，兩者略有差異。

是月　就《秀野草堂第一圖》原跋略加修改，[①]云：

余八世從祖俠君公，以詞林宿素，膺書館之選，詩名滿天下，交游遍朝野。家有園亭花木之勝，坐擁書卷百城之富，觴咏雜遝，一時稱盛。東都之燕喜，西園之雅集，繪圖紀事，比美前賢。按，公友朋所爲諸圖，舉《詩集》《年譜》可考見者，一爲此圖，《年譜》繫於康熙二十七年戊辰；一爲王麓臺原祁仿董文敏《盧鴻草堂圖》筆意，朱竹垞有記，公自爲長歌一首，《年譜》繫於三十五年丙子；一爲金亦陶侃作，見《大小雅堂詩集》，題《金亦陶畫耘業山房圖》，自注云：亦陶嘗爲余作《秀埜草堂圖》，約在三十九年辛巳；一爲文與也點作，附見此圖阮芸臺題記；又一爲禹尚基之鼎作，則京師上斜街《小秀埜草堂圖》，時亦三十五年，見《年譜》，道光中猶藏高叔祖杏樓西元凱所，歲庚寅，復乞常熟翁二銘心存題句；一爲顧揖玉之珽作《雙井書屋圖》，見《年譜》，時四十五年丙戌。各卷皆有當代名流題咏甚夥，或刊附《詩集》，或載諸家乘。惜寒族譜牒重修，亂後文物放失，掇拾維艱。今所錄各圖題咏，錯落遺誤，宜所不免，良由未睹原物，無從補苴所致。即如此圖所題二十二家，家乘祇錄十一家，若張匠門大受六絕今遺其四，方共樞辰二絕今遺其一，不見此卷，何以證之？又按，《年譜》記繪此圖，并引匠門題詩，皆在戊辰，乃黃氏自署爲癸酉八月，張氏自署爲甲戌重陽，或公追述前事，偶未覆檢耳。是圖徵題，大都在康熙癸酉、甲戌間，迨嘉慶十三年，始由五世叔祖少卿公乞阮芸臺、梁山舟、秦小峴三人續加題咏，蓋什襲已百十五年矣。謹按，少卿公諱曾，諸生，曾應小峴聘，主修《無錫縣志》事，所撰《校經草盧詩文集》，得俞曲園先生序以行世，所纂《南宋文範》，藏其副於門人莊仲方家，迄今又百廿五年。余得護持遺澤，重乞題咏，抑何幸耶？竊念公遺著遺翰，所刊所藏，屢經滄桑，蕩焉無存。先父與先子虬從兄，夙嘗力事搜羅，以保手澤。余與頡剛從侄隨侍訪求，但所獲無多。戊寅春莫，余留滯故都，婦弟潘君景鄭獲遘此卷於滬市，貽書相告，余即乞代爲收得。據賈人云，前年難後自揚州散出者，不知幾經轉徙矣。己卯秋初，移家南來，景鄭即以相贈，欣然展觀，實爲草堂第一圖也。燈窗摩挲，翰墨燦然，題咏已滿幅，余因倩吾友顧君公雄繪一新圖，并乞老輩題記，別成一卷。(底稿)

是月　爲盧調文書毛澤東七律《送瘟神》："紅雨隨心翻作浪，青山著意化爲橋。"(《顧廷龍書法選集》)

10月27日　潘皓平、葉寶弟爲先生復出工作事來訪，不值。(先生小筆記本)

是日　先生有信致方行。

枉顧失迓，悵甚！昨日奉到惠賜橫槊主人遺墨，極爲珍荷！去年見到

---

①原跋作於1939年10月10日，收入《全集》。此篇據修改稿，與《全集》略有不同。

報上發表其遺詩時，我曾想寫本册頁加一小跋送給您，後以他事相擾，未能實現，稍暇仍當爲之。

我最近身體稍好，早搏頻發已變偶發，但醫生堅囑祇能半日工作。我有時在館吃了午飯回家，多耽擱一些時候，已不能全天上班。老潘同志亦屢囑我在家寫寫，不一定上班了，但《善本目録》總想參加校對一段時間，可以瞭解一些實際情况。杜甫有詩云："古來存老馬，不必取長途。"諸承關懷，至深感激！

下星期中赴文藝醫院有便，擬趨前一談，未知能如願否。(《全集·書信卷·致方行》，上册第 302 頁)

10 月 28 日　上海市文化局批復，任命先生爲上海圖書館革命委員會負責人，李芳馥爲顧問。(先生小筆記本;履歷表)

秋　北京、上海、南京等地的圖書館專家學者，爲即將編纂的《中國古籍善本書目》起草了《古籍善本書目收録範圍》《古籍善本書目著録條例》《古籍善本書目分類表》三個文件，爲召開全國性會議，正式部署編纂工作做準備。先生也參與了此項工作。(《全集·文集卷·中國古籍善本書目編纂工作總結》，上册第 445 頁)

11 月 1 日　唐弢有信致先生，打聽楊世驥信息，并請先生法書以作留念。

闊別多年，夢想爲勞。我們研究所近代文學組編了一本《魯迅手册》，係集體寫的，我原來聲明不參加，清樣出來，發現問題不少，祇得動手修改。但限於水平，而且木已成舟，無法大動，不妥之處仍很多，已寄奉一册，請指教。

我有一事請教，抗戰期間有一位楊世驥者，寫過《文苑談往》一書，由中華書局出版，對近代文學極爲熟識。多年來，我一直打聽此人，没有什麽消息。此書前有潘伯鷹先生序文，近來忽然想起，您與潘家似乎很熟，不知也認識楊世驥這個人否？如知道，請示其近况。

近從友好處看到法書，極爲歆羨，附上小箋兩幅，便中，請書自作詩以留念。先此謝謝。(原信)

12 月 16 日　顧頡剛有信致先生，"告以爲整理予稿，有不得不然之苦衷，請上海圖書館原諒"。(《顧頡剛日記》卷十一，第 521 頁)

四月一别，倏逾半年。在此期間，誦芬弟兩到北京，詢悉尊體安好，至慰遠念。惟是剛又兩度入院，醫謂無大病，祇是血管硬化，心臟與大腦供血不足，以致心律不齊，此是老年恒態。因念吾所享年壽已爲全族第一，兒女婚嫁將畢，生平無所遺憾，惟是一生所作筆記二百册，册平均二萬五千字，共計五百萬言，未經整理，無以貢獻於後人，良用耿耿，卧寐不寧。擬編爲三書：一《史林雜識》，即繼六二年所出之初編繼之，選其確有心得者再出五六册；一《尚書學筆記》，此爲吾生之專業，平生所覽前人專書筆記，可以表章者不少,其出自臆見,可以改正舊説者亦不少,將此二者順篇排列,以備後人選取,亦可得二三册;其他則見聞所及,有足供藝苑之取拾者,如鄧文如之《骨董瑣記》例,亦編二三册。如此則此世爲不虚生,無論吾再活幾歲,亦可無憾以逝。惟是逾八望九之年,精力已不足,偶一集中精神,病即叢生,雖有醫院可居,究竟不便工作。親友見過,每勸我選取助手,無如舊日北京友生雖多,實能爲此事者則極少,如張苑峰、吳子臧等固有其才,而本身業務孔多,必不容其全力相助。至四十以下人,則更無一可以擔當此項工作者。經多時之考慮,惟有王煦華君精力充足,學業根柢結實,可以助我成此。適值哲學社會科學部改組爲社會科學院,黨中央任胡喬木同志爲院長,剛即以此事爲請,承其允可,由院中徑函你館調用。明知如此行動,對於你館是一損失,但當剛壽盡之年,作此楚材晋用之舉,必能獲得你館領導之同情而特許。故奉此函述其私衷,一切請爲相助,至幸至幸。[1](《顧頡剛書信集》卷二,第 545 頁;原信)

是月　被推舉爲上海市第四届政治協商會議委員會委員、常務委員。(履歷表)

是月　爲陳凡篆書"毛主席《北戴河》詞一首,藉以留念"。(原件照片)

---

[1]此信末署"十二、十七",據《日記》寫於 16 日。

# 1978年　75歲

1月1日　書"百花齊放,百家争鳴"。(《顧廷龍書法選集》)

是日　爲嚴佐之書"謙虚謹慎,戒驕戒躁。佐之同志致力目録之學,辨章學術,考鏡源流,潛心探索,收效必弘,爲書毛主席教導以勉之"。(《顧廷龍先生紀念集》,第234頁)

是日　先生有信致顧頡剛。

上月中接奉手書,敬悉——。

承示大著整理,擬調王煦華同志相助,鄙意自極贊成,當即將尊意向我館領導陳之。據云社會科學院信亦已收到,俟總支研究後即復。此後我因參加市政協會議八天,至卅一日結束,明日上班,當向組織組催詢,再行奉告。

貴體近想健好,聞北京已甚寒冷,尚祈珍攝。賤恙尚穩定,請釋念。(《全集·書信卷·致顧頡剛》,上册第200頁)

2月14—25日　赴北京參加《中國古籍善本書目》籌備工作會議。民族學院圖書館吳豐培時訪先生,"商討邊事史料,頗以爲樂"。(日記;《文集·吳豐培邊事題跋集序》,第331頁)

2月24日　馬國權有信致先生,談借閱容庚藏張伯英題跋傳抄本事。

手示敬悉。希師曾藏張伯英題跋傳抄本若干册,晚嘗見之。手示奉到時,適爲新春,希師家來客甚多,而此傳抄本分置住處約十五分鐘遠之藏書室,一時未便請其一起往取。及新春剛過,希師又有北京之行,參加全國政協,一俟南歸,當代借查奉告,有稽時日,歉甚罪甚。

前聞貴館藏有汪由敦(松泉)《草訣偏旁辨疑》,不知能代複印一册否?該費多少,至懇示知,俾致璧奉。(原信)

是日　先生有信致湯志鈞。

日前匆匆,未獲暢談爲憾。我近回憶解放前參加徐森老主編的《甲午以後流入日本之文物目録》一事,當時有程天賦[1]同志。天賦是遭"四人幫"迫害致死的,她當時在歷史所的黨内職務,是否擔任支部書記,行政職務是否辦公室主任,想公知之,乞示一二。(《全集·書信卷·致湯志鈞》,下册第420頁)

---

[1]程天賦:女,上海社會科學院歷史研究所黨組成員,與楊寬分管中國古代史研究室,"文革"中被迫害致死,1979年平反。

是月　　爲唐弢書詩一首:"錦綉河山放眼明,鶯歌燕舞已回春。祝君健履身康復,名世文章繼達人。迢迢南北幾經秋,鴻雁傳來喜寸郵。却慚傖荒拈禿管,報君無似作銀鈎。晦庵同志屬寫近作,率成俚句奉酬,即希兩正。一九七八年二月,顧廷龍。"(中國嘉德國際拍賣有限公司 2012 年春拍圖録)

3月5日　　陳凡有信致先生。

前承惠允,設法爲《大公報在港復刊三十周年文集》撰寫一文,不知已寫成否? 甚盼早日擲下。因京、杭、滬、穗各地作者文章均陸續付排中,希望文章早日集齊,俾可成書也。日前曾將此間影印的《西厢記》及《陳岩野集》挂號寄贈貴館,想已收到了,便中乞示數行,俾慰渴想。(原信)

3月8日　　聞宥有信致先生。

日前賢喬梓枉臨,以病體未復,諸多簡慢爲歉。承賜茶葉等,尤極感謝。潘吉星兄字一紙,當時即轉去,今日始得其復函,兹附奉。這一段時間,渠調在别處工作,故作復稍遲。深望年内吾兄再度來京,届時我尚在人間,必約渠與兄一晤也。承告道静兄近况,深以爲慰。日内擬去函告以近况,但不知是否寫紹興路中華書局,記得吾兄曾以渠住址賜告,但病中諸事擾攘,業已遺失矣。我手頭尚有未刊稿數篇,都是比較用心之作,將來上海如有刊物出版,望兄作介。景鄭先生請爲代候。(原信)

3月26—4月8日　　全國古籍善本總目編輯工作會議在南京舉行。參加會議的有各省市自治區圖書館、高校圖書館、科研系統圖書館和文博系統圖書館代表,計一百六十餘人。與會者對全國古籍善本總目編輯工作的組織機構,制訂的"收録範圍""著録條例"以及分類方法進行了討論,提出了修改意見。會議統一了思想,爲後來各個階段的工作開展打下了良好的基礎。〔《文集·中國古籍善本書目編輯經過》,上册第 446 頁;《中國圖書館事業二十年(上、下)》,下册第 1841 頁〕

3月29日　　先生有信致吴織,就《中國古籍善本書目》的收録範圍、著録條例、分類方法,以及對每種善本書的卡片附注提出看法。

文件讀悉。文件三份,細閱兩遍,并請潘(景鄭)、于(爲剛)、嚴(佐之)、陸(國强)等諸位都看了,并一起進行了討論,提了幾點意見,現請老于整理寄去,供你們參考。希望先請老潘(皓平)、老阮(學光)研究一下,是否可提。我們對附注繁重是否有大作用,如果作用大,工作量雖大,應該務力;如果作用不太大,則覺得不值得。我看,不可能畢其功於一役,還得仔細考慮。爲了附注,可能拉長時間,也可能到匯總時并不省力,還須復查。總之,有許多事想不到的。關於《説明》,我們没有提意見。沈津問乾隆本除禁毁書外,還有什麼? 乾隆年間的精刻本不少,如唐英的《陶人心語》、石梁的《草字彙》;乾嘉學者的批校稿本,如戴震的《聲韵考》、王念孫批的《管子》《荀子》等。還有明刻本,説它重刻,古書的精工是一個方面,我以爲明版的更重要的價值是在明人紀錄明朝的歷史,如奏議、傳記、筆記(其中包括藝術、文學)、詩文集等。還有明末史料很重要,翻翻《晚明史籍考》就知道了。煩轉告。我因病不能去寧,恨甚! 星期六晚上,我原想到你家去的,開完會後覺疲勞,就回家了。第二天下午再去開會,仍覺吃力,歸家即覺發熱,熱度雖不很高,睡了二天,開會請假了。今天上班,上午討論,下午文史資料第一次會議,尚可支持,體力在恢復中,勿念。我最麻煩的甘油三脂高到 340,心跳一分鐘 100 次,知念附聞。老潘、老阮同志請道念! 老陳(石銘)、老艾(冲)、小任、小沈均此問好。書畫社已改回朵雲軒了,明日小陳同老潘、小王去看碑帖,我不去了。(原信)

是月　篆書朱德七言詩《上東山》:"登峰直上畫樓臺,春色滿城眼底開。四面青山圍屋海,花溪綠水向東來。"(網上照片)

4 月 4 日　陳凡有信致先生。

前曾奉上兩函,乞爲《大公報在港復刊三十周年文集》撰寫一文,以光篇幅,兩信均寄上海圖書館轉,未知收到否?《文集》決定在四月底截稿,目前已有一部分文章先行付排,尊文何時能來,便中乞先復一信,俾可通盤打算。如能將題目先行函告,對我們亦有好處。專此候復。(原信)

4 月 11 日　陳凡有信致先生。

知道你近來正在主持全國善本書目審編工作甚忙,但仍有一個要求,即《大公報》決自今年七月起恢復《星期論文》,乞你支持一篇,三千字左右,即可請就善本整理的必要性及進行近況作一著述即可,務乞撥冗一辦。我來滬到時面領不遲,故時間甚充分也。本報《卅周年紀念文集》曾得到你的支持,至今銘感未忘,乞再助一臂之力,俾我們戰鬥在宣傳前沿的人,可多獲一些後方"械彈"上的支援,可乎? 乞復示。先致謝意。

又《壯歲集》正整理中,至遲明夏可以向你獻醜矣。順聞。(原信)

4 月 25 日　先生有信致湯志鈞。

前奉手書,敬悉。承詢香港《文匯報》,頃已問明,我們訂有此報。如要閱覽,請憑你所介紹信來館,與業務組聯繫,報在南京路。

我有時上半天班,因此匆匆忘了,稽復爲罪。(《全集·書信卷·致湯志鈞》,下冊第 421 頁)

是月　爲上海延安飯店書毛澤東《七律·和郭沫若同志》。(《顧廷龍先生紀念集》,第 234 頁)

是月　參加上海古籍出版社召開的《中華文史論叢》復刊座談會并發言,建議出版一些前人有價值的遺著或資料。

大家曉得龔定庵有句詩"不拘一格降人才",我希望《中華文史論叢》也來一個"不拘一格",做到不拘題材,不拘形式,不拘文體,不拘字數。《論叢》刊載今人著作,我有一個不成熟的想法,就是學術研究工作,首先要積

彙資料和辨析資料,要大量占有資料,纔能很好地從事研究。上海圖書館
收集了不少從前人的遺著,篇幅大的可以考慮印專書,篇幅小的,不容易和
大家見面,這種資料,是否可以在每輯《論叢》之末附印幾篇,或者用與《論
叢》相同的篇幅,另出一種叢刊,或叫《叢編》,或叫《論叢》副刊,就是專印
前人的小篇幅的稿子。清初的《昭代叢書》,近人王大隆的以"甲戌""乙
亥"爲名的"十干叢編",都是把一些前人的小稿子給以流通。王大隆編印
的《叢編》一年四册,大約廿萬字左右,正和以前《中華文史論叢》一期篇幅
相仿佛。就是説讓古人的著作亦有發表的機會,每年把今人的東西出四册,
把古人的東西出一兩册。我再想簡單談談上海圖書館所藏的一些資料。

（一）日記方面有大部的,如清末孫寶瑄的《忘山廬日記》,他是孫寶琦
的弟弟,聞見較廣,記事較詳,有自己的見解,反映晚清史料很多。短篇的
有書法家何紹基的日記,清末政論家王韜的日記,以及漢冶萍經理李維格
的日記,等等。

（二）尺牘方面有大部的,如汪康年的師友手札,已抄成六十册,約
八九十萬字,是他編《時務報》時同各方面的來信,晚清史料很豐富。又如
繆荃孫的藝風堂藏友朋手札,抄成十册,約五十萬字,内容多談金石書畫、
古籍版本,也有晚清時事、詩詞唱和。其他尺牘也有一些,如鎮壓太平天國
的大頭目曾、左、李、彭,在清代反動統治階級認爲"中興名臣",所以保存他
們的信函較多,反面材料中可以看他們如何陰謀策劃。這種反面材料對研
究太平天國史的同志是有用處的。

（三）傳記方面,如杭州葉瀚（號浩吾）的《塊餘生自記》,他是清末有志
之士,謀求教育救國,追求學習外語,學習科學,贊成變法,嘗與汪鍾霖合辦
《蒙學報》,民國後任北京大學教授,研究學問方面很廣,與夏曾佑、汪康年
交好,他的經歷在當時知識分子中很有代表性。還有《陸謹庭（恭）自訂年
譜》,他是精於鑑别,清乾隆間在蘇州以收藏碑帖書畫著名的。

（四）目録方面,如湖南巴陵方功惠的《碧琳琅館書目》收藏明本較多,
貴陽陳田是編《明詩紀事》的,他有《聽詩齋所藏明人集目》,都沒有刻過。
如果要標注《千頃堂書目》所載詩文集有什麽傳本,這兩本書目就很有用
處。另外,過去收藏和研究法帖的,很少有目録流傳下來,僅有沈復粲的
《鳴野山房帖目》,惠兆壬的《集帖目》,以及不著姓名的《歷代帖目彙鈔》三
種。法帖目録和叢書目録差不多,它有總名,還有子目。而法帖子目沒有定
名,由編目人自定,如柳公權有一張帖,開頭寫"公權蒙詔出守翰林"云云,
有人稱它"蒙詔帖",也有人稱它"出守翰林帖",比叢書更複雜,有了目録,
有所參考。而所舉三種帖目,都沒有刻本,衹是展轉傳鈔,一向難得的,從
事帖學的人,真感到不便。

（五）圖咏方面,如清康熙間山東歷城王蘋（秋史）的《二十四泉草堂圖

咏》，浙江海鹽張腊（小白）的《涉園圖咏》，蘇州顧嗣立（俠君）的《秀埜草堂圖咏》，還有蒙旗法式善（梧門）的《詩龕圖咏》，這些很多出于同時人手筆的題跋、題咏，富有掌故。我們曾經傳抄得幾種，有的原件已不知流落何處了。（《全集·文集卷·圖書館工作者的願望》，上册第 371 頁）

5 月 4 日　胡道静有信致先生，介紹吴德鐸至上海圖書館看元刻本《農桑輯要》。（原信）

5 月 8 日　下午四時，與沈津乘船離滬，去寧波天一閣閲書。（沈津筆記本）

5 月 9 日　晨五時，抵達寧波港，天一閣負責人邱嗣斌來接。寓月湖旁之華僑賓館，不數百步即抵天一閣。下午，去天一閣參觀訪問，駱兆平、袁元龍、洪可堯、鄭芳華等陪同。駱兆平介紹此閣故事滔滔不絶，又述藏書之聚散經過亦至詳賅。[①]（《全集·文集卷·天一閣叢談序》，上册第 299 頁；沈津筆記本）

5 月 10 日　在天一閣看書。（沈津筆記本）

5 月 11 日　在駱兆平、洪可堯陪同下，游覽寧波天童寺。（沈津筆記本）

5 月 12 日　與沈津離開寧波，乘火車去杭州。（沈津筆記本）

5 月 20 日[②]　與沈津聯名致信邱力成副館長，爲在杭期間受到款待而致謝。

這次我們來杭參觀學習，諸蒙熱情接待，給予許多方便，看了許多珍貴圖書，獲益很大，深爲感謝。又承枉教，頗多啓發，所談各事，我們當向領導彙報。臨行時，猶勞親來車站遠送，更使我們過意不去。台駕來滬時，還望來我館傳經送寶，至爲盼幸。（新浪“桐蔭閣的博客”）

5 月 23 日　顧頡剛有信致先生。

醫院中一别，瞬逾數月，想尊體安好。衡侄在校進步，定符遠念。聞近有浙東之行，想係參觀天一閣藏書，不知遺存尚多否？爲念。

小女潮以工作關係，定於今晚赴滬，特囑其趨前問好，迄予接見爲荷。煦華到京後工作甚勤，確是我的一個好幫手，所惜我已届暮年，無法多與討論耳。元善步履已健，曾兩次見訪，而我已無此力量，爲之呼恨……

《尚書》隸古定文字，渴望早日整理。又及。（《顧頡剛書信集》卷二，第 546 頁）

5 月 25 日　吴曉鈴有信致先生，爲編鄭振鐸《西諦題跋》事。

久未通音訊矣，想近况清吉。六十年代初期受命整理之《西諦題跋》，以移存君箴師母許得免於厄。今歲爲先師殉職二十周年，因爲理董，將由文物出版社出版，與《西諦書目》合璧。在整理過程中，最感困難者，爲江、浙、滬、杭等地先師之朋輩、藏書家以及書林中人情况，因此懇請予以大力支持，感銘之至！謹附所欲瞭解之條目三紙，敬祈指教。關於人氏，以生卒

① 《天一閣叢談序》寫於 1988 年，其中對顧、沈二人天一閣之行表述爲 1979 年，當是記憶有誤。

② “桐蔭閣的博客”中收有此信照片，但日期中“2”右邊數字未能攝入畫面，此處姑作“20 日”。

年及籍貫爲主,略歷次之。關於書店,則以主者姓氏、生卒、籍貫爲主。藏書家,如潘氏昆仲,則您所知者當是第一手材料也。君箴師母囑代爲致候。(原信)

是月　參加上海市舉行的新時期總任務和新憲法宣傳周開幕式,賦詩二首。

抓綱治國樹良模,握管抽毫繪壯圖。戩滅四凶臻四化,中華兆衆邁新途。

衝霄幹勁力無邊,山可摧□海可填。伏櫪猶存千里志,策駑起劣答堯年。(底稿)

6月6日　在上海圖書館接待日本全國圖書館職員友好之翼訪中團成員米山寅太郎、川瀨一馬和橫山。(《顧廷龍先生紀念集》,第177頁)

6月11日　先生有信致方行。

多時不見,貴恙想日臻康復,時時爲念。手示敬悉。吳曉鈴同志在過去亦通過信,但似未見過面。最近接其來信,爲《西諦題跋》瞭解涉及一些人的情況,我正在作答案,許多人事情況,過去接觸過,但要寫出來,就覺不够正確,不够具體,因此尚未完卷,擬分批交卷了。(原信)

6月23日　上海市圖書館協作委員會召開有關圖書館負責人會議,傳達全國古籍善本書總目編輯工作會議精神,并成立上海市古籍善本書總目編輯工作領導小組。會議部署了全市古籍善本書的普查和編目工作。(《上海圖書館事業志》,第37頁)

7月5日　先生有信致方行,談新發現的魯迅佚文及《西諦題跋》注釋事。

前談爲快!承示魯迅佚文,我想起七二年在"文清"亂紙中亦檢得魯迅手札一張,原件已由魯迅紀念館入藏。其文甚風趣,抄奉一覽(我以前尚没有給人看過,問訊的甚多)。

《西諦題跋》中提到的人,我想建議吳君不要都注,如書店主人不詳注,曾任僞職及面貌不清的不注,歷史人物不注。我知道一些已寫出,請您審閱。丁之翔處查得五條,亦甚簡,我已併入。您高興時看看,不要太費神,删正後擲還。

盛宣懷資料彙報一份,奉繳。(《全集·書信卷·致方行》,上册第303頁)

7月18日　于乃義作《沁園春·贈顧起潛先生》一首。詞云:

江水東流,樂山西峙,郭老故鄉。喜凌雲靄靄,探源善本;薰風拂拂,敞發珍藏。想念導師,緬懷總理,繼往開來樂未央。深鑽學,要古爲今用,萬丈光芒。

亭林知類通方,久私淑方期共一堂。仰鐵肩擔荷,中華文獻;等身著作,後進津梁。吾友姜陶,頌揚高架,海角天涯空悵望。迎大治,快欣然忘老,趨步康莊。昔年友人姜亮夫、陶秋英伉儷稱道顧老道德學問,心焉景儀。兹以參

加樂山講習,聞顧老將蒞臨主講,以回昆未及親教,敬譜一闋,請孝友同志轉達敬意。(原信)

7月27日　先生有信致沈之瑜。

　　日前承教爲快。兹代選王力所著《漢語音韵學》一書,比較簡明,末有參考書目,可以按圖索驥。解放前印在《大學叢書》中,1955年中華書局重新出版。您處如無此書,我代借或託莊永貴來借均可,望酌示。(沈建華提供)

是月　上海市書法展覽,先生以金文書陳毅《冬夜雜咏·長江》,詩云:"有人雄今古,游泳渡長江。云此得寬餘,宇宙莽蒼蒼。"七年後,先生將此作品贈予葉寶弟。(《顧廷龍書法選集》)

8月5日　先生有信致顧頡剛。

　　關於《尚書》隸古定文字,停頓了四十年,極爲遺憾,但我未嘗一日去懷。參考資料亦積纍不少,攸待另編專目。我已開始將李遇孫釋文重加校對,尚略有誤字。擬先將已刻各種全部校對一遍,其次以殿本爲底本,作一校勘記。校勘過程中如有所見,或作按語,或作李氏釋文的補釋。考慮將來如何出版,木版刻字困難很大,上海書畫出版社曾培養年輕刻工,但尚無餘力接受外面任務。我想是否可改影印。如李氏釋文,我們校正了原刻之誤多處,釋文分條另起,閱讀較便。就是版心、卷端均留空未刻,如果改影印,可另印格紙剪貼其上,作爲底本。祇是日本所藏彼土抄本,我未能完全覓到,大概一二種。《雲窗叢刻》中影印的傳本,我們有原件,祇缺了幾段。尊意有計劃,便希約略見示,等我初步工作完成後,再行詳議。我希望古籍出版社能允出版,較方便,其他恐鮮機會。四川省圖書館爲編善本目錄,要邀往參觀交流,決定六日前往,一周即歸。

8月6—16日　四川省圖書館在樂山大佛寺主持舉辦"西南、西北八省(區)古籍善本書編目學習班",參加學習的有五十三個單位的五十八名學員。(《中國近現代圖書館事業大事記》,第244頁)

8月6日　應四川省圖書館之邀,與沈津一起飛往成都,趙宏梅、沈燁、顧衡去機場送行。抵達成都後,四川省圖書館館長彭長登、四川省文化局社文處幹部許文剛、四川省圖書館采編部主任張德芳到機場迎接。住省委第六招待所。(先生小筆記本;沈津筆記本)

8月7日　上午,張德芳等陪同去杜甫草堂參觀,下午去省圖書館,彭長登接待。顧頡剛收到先生信,"知受四川圖書館之約,前往審查善本書,八〈六〉日啓行,一星期即返"。(沈津筆記本;《顧頡剛日記》卷十一,第580頁)

8月8日　乘四川省圖書館車去峨眉,路上停車修理五次之多。中午在思濛,和沈津各吃餛飩兩碗。晚住峨眉報國寺舍堂,住宿費每人二元,四人一大間。夜,與沈津閑聊。(沈津筆記本)

8 月 9 日　晨,離開峨眉,一個多小時後到達樂山,住樂山黨校招待所。初步定下,先生講課二次,内容爲目録版本之關係、蜀本、鑒别版本應注意的問題。沈津講宋元明清刻本、抄校稿本、活字本、藏書印等内容。(沈津筆記本)

8 月 11—17 日　在"西南、西北八省(區)古籍善本書編目學習班"授課,先生共講三課。講授内容由四川省圖書館刻印成油印本《古籍版本概述》,學員人手一册。(先生小筆記本;油印本講義)

參加學習班的大部分是來自四川、雲南、貴州等省圖書館、博物館、文管所的工作人員。先生用"蘇州國語"講課,沈津在旁助先生在黑板上寫字。有些課由沈津代講,先生則坐在旁邊助陣。在樂山十天,先生心情愉快,飯後暇時,便會和沈津在大佛寺旁散步。先生曾説:"這幾個省來的人回去以後,不光是要在實踐中運用學到的知識,而且他們今後還會注意如何保管,如果每個圖書館都有懂得古籍重要的人,那也算是後繼有人了。"(沈津《學術事功俱隆　文章道德并富——回憶先師顧廷龍先生》,載《顧廷龍先生紀念文集》,第 69 頁)

8 月 14 日　下午,偕沈津游烏尤山。致吴織信。(先生小筆記本;原信)

8 月 15 日　偕沈津觀崖墓。(先生小筆記本)

8 月 16 日　下午寫字。(先生小筆記本)

8 月 17 日　偕沈津游眉山三蘇紀念館。(先生小筆記本)

8 月 18 日　返成都。(先生小筆記本)

8 月 19 日　偕沈津游武侯祠,參觀省博物館。(先生小筆記本)

8 月 20 日　返滬。(先生小筆記本)

8 月 26 日　乘車離滬去瀋陽。(先生小筆記本)

8 月 28 日　晨,抵瀋陽。誦芬夫婦來接。(先生小筆記本)

8 月 29 日　訪張振鐸,不值。(先生小筆記本)

是月　杭州西泠印社成立七十五周年,潘景鄭作調寄《西地錦》一首,先生篆書以賀。(複印件)

是月　上海人民美術出版社《藝苑掇英》創刊號發表先生和沈津合作的《宋拓十七帖》,介紹上海圖書館藏宋拓卷子本《十七帖》:"《十七帖》的摹本很多。在唐代,摹本就有十餘種,很多著名書法家如顏真卿等,無不臨摹此帖。宋元以後,勒石刻版者日益增多,明萬曆間吴繼仕説過,'所見無慮萬本'。《十七帖》流傳至近代,展轉翻刻,本子多得不可勝數。"上圖所藏《十七帖》"明弘治間曾藏吴寬(匏庵)家,嘉靖時爲項元汴(子京)所得,其後歷經清初吴郡繆氏、海寧查氏遞藏,後入清宫,帖中鈐有'嘉慶御覽之寶'璽印。清宫散出,歸之銅山張氏小來禽館""這一宋拓本子是目前所見各種《十七帖》之冠,它摹刻精工,鋒棱宛然,點畫之間,神完意足。"(《全集·文集卷·宋拓十七帖》,下册第 629 頁)

9 月 1—2 日　理稿。(先生小筆記本)

9 月 3 日　訪張振鐸。(先生小筆記本)

9月5日　在遼寧省圖書館看書。（先生小筆記本）

9月6—7日　在遼寧大學圖書館看書。（先生小筆記本）

9月8—9日　在遼寧省圖書館看書。（先生小筆記本）

是月　撰《顧嗣立與元詩選》。顧嗣立爲先生八世從祖，以一人之力，掇拾零縑殘片，終成《元詩選》，“洋洋大觀”。（《全集·文集卷·顧嗣立與元詩選》，下册第 788 頁）

10月12日　先生有信致方行。

節前後三次到醫院奉訪，適均外出，想爲恢復健康之先聲，仍望節勞爲荷。龍去瀋陽小住二十天即歸，回滬忽忽亦二十餘天了。阮學光同志言，南片開會，尊意要我談談鑒定方面問題，我不能系統發言，是否在參觀善本陳列時，隨意介紹介紹，尊意以爲何如？ 下星期中再謀良晤。（原信）

10月29日　先生有信致湯志鈞。

多日不晤，甚念。

關於“硃卷”，擬小作介紹，稍暇當試爲之，成稿後必先奉正。但目下編目工作較忙，尚不及動手，好在此種介紹，實爲不急之務。

《忘山廬日記》可以一看。康札，除致汪康年外，恐不多耳，當囑吳、沈兩同志一查。

委書金文，自當寫呈指教，匆匆走筆，終覺草率，因此一再拖延。廣東馬國權亦曾囑書小屏，一閣數年，近亦函索。最近恐又有蜀中之行，歸後必能安心翰墨，寫呈方正。（《全集·書信卷·致湯志鈞》，下册第 422 頁）

按，“康札”指康有爲手札，時湯志鈞正編《康有爲政論集》；“吳、沈”指吳織、沈津。

是日　爲王觀泉購得諸仲芳舊藏《吳窔齋先生年譜》題跋。[①]

此四十年前舊稿，草率無足觀，觀泉同志近自蘇州得之。回憶一九三九年，余來滬與張菊生、葉揆初諸老創辦合衆圖書館，諸仲芳先生退休寓滬，時來閲書，其頗好書畫，收藏不多而均精良，晚年返吳門，陸續售去。我館曾收其清人尺牘數十册，其中有爲陶湘所編《續昭代名人尺牘》所選印甚多。又有惲南田《哭王奉常》詩册，余勸其景印行世，忽忽數十年矣。觀泉同志出示屬題，率題數語歸之，并請教正。（《全集·文集卷·爲王觀泉題舊稿》，下册第 894 頁）

10月30日　胡道静有信致先生，爲農業出版社約其校注上海圖書館藏《浦泖農咨》《分門瑣碎録》，需求影印本事。（原信）

是月　參加全國古籍善本書總目南片編輯領導小組在上海圖書館召開的會

①諸仲芳舊藏《吳窔齋先生年譜》：此册爲 1943 年先生題贈諸仲芳者，後散出，由王觀泉購得，請先生再題跋。

議,交流南片十五個省、市、自治區編目工作進展情況。(《上海圖書館事業志》,第 37 頁;上海圖書館編《展望與回顧》,第 171 頁)

11 月 12 日　晚,與方行乘車往成都,參加全國古籍善本書總目編輯領導小組會議。陳石銘、沈津、任光亮隨行。(先生小筆記本)

11 月 14 日　下午抵達成都,住四川省委第二招待所。(先生小筆記本)

11 月 15 日　偕陳石銘、沈津、任光亮登青城山,在天師洞午餐。去都江堰參觀。(先生小筆記本)

11 月 16 日　參加全國古籍善本書總目編輯領導小組會議。王冶秋講話,譚祥金作工作報告。下午討論。先生建議,以省爲單位,大區不匯總;分冊出版,如宋元本、明本、清本、抄本、校本、稿本、佛道藏經、敦煌遺書。方行同意先生意見。潘天禎同意大區不匯總,但不同意分冊出版。(先生小筆記本)

11 月 17 日　繼續討論善本書的收錄範圍。(先生小筆記本)

11 月 18 日　討論善本書的著錄條例。先生提出出版年代後加注公元年,但未蒙採納。下午,參觀省圖書館及善本書展覽。(先生小筆記本)

11 月 19 日　下午,偕沈津往四川大學訪徐中舒。十餘年不見,"上次來蓉,渠適病在醫院,未能晤見。今年八十一矣"。又游望江樓。(先生小筆記本)

11 月 22 日　上午寫字。下午聽劉季平作出國訪問報告。晚,徐中舒的研究生林小安等數人宴請先生及沈津,相談甚歡。(先生小筆記本;沈津的回憶)

11 月 23 日　上午寫字。下午會議結束。此次會議聽取了各地的工作彙報,研究存在的問題,決定將全國的工作重點從前一階段的普查,轉移到版本鑒定和著錄方面,同時對收錄範圍和著錄條例也作了補充規定。會議期間,先生還參加了中國圖書館學會籌備委員會擴大會議。〔先生小筆記本;《中國圖書館事業二十年(上、下)》,下冊第 1841 頁〕

11 月 24 日　晚飯後,呂林(8 月在樂山結識的友人)來。夜九時,與方行乘車離開成都去重慶,與陳石銘、沈津等暫別。(先生小筆記本;沈津的回憶)

11 月 25 日　到重慶,住重慶賓館。下午參觀革命紀念館。(先生小筆記本)

11 月 26 日　往大足,上寶頂山看石刻。宿大足縣革命委員會招待所。(先生小筆記本)

11 月 27 日　原定參觀北山唐五代石刻,因連日陰雨,路滑難行而作罷。下午返重慶。夜,登紅星亭,觀夜景。(先生小筆記本)

11 月 28 日　往北碚,參觀自然博物館。下午,參觀北碚圖書館,游北溫泉公園。夜,看《秦香蓮》彩排。(先生小筆記本)

11 月 29 日　寫字。下午去重慶市圖書館看書。夜理行裝。(先生小筆記本)

11 月 30 日　晨六時,與方行同赴朝天宮碼頭,登長江輪去武漢。(先生小筆記本)

　　是月　爲配合《中國古籍善本書目》編輯工作,在先生的提議、指導下,上海圖書館古籍組編輯了《善本書影》。此書《後記》云:"通過實踐,我們感到對於初次參加編目工作的同志,在版本著録方面最好能提供實例,參證對比,有所借鑒。爲此,從我館藏書中選出宋、元、明、清刻本和抄、校、稿本共三十種,略具簡説,彙編書影,以應急需。"目録并簡説由潘景鄭、沈津撰,書名由先生擬定并題寫書簽,上海古籍書店静電複印出版。(《善本書影》)

　　是月　爲四川省文學藝術聯合會篆書葉劍英詞一首,又大字楷書"南橋豆花飯店"店招及"石筍塘小學"校名。(沈津藏照片)

　　是月　爲華偉篆書唐柳宗元《殷賢戲批書後寄劉連州并示孟侖二童》詩條幅。(《顧廷龍先生紀念集》,第 235 頁)

　　12 月 1 日　晨起,看三峽風景。(先生小筆記本)

　　12 月 2 日　下午,到達武漢。湖北省圖書館孫式禮館長來接,宿翠柳村客舍。即訪九女墩、黎園、東湖。孫式禮將沈津留信及款轉給先生。夜,看話劇《大江東去》。(先生小筆記本;先生致沈津信)

　　12 月 3 日　上午參觀省博物館,下午參觀省圖書館。(先生小筆記本)

　　12 月 4 日　先生有信致沈津。

　　　　我們二日下午二時到達武漢,晤孫館長,獲悉你與老陳(石銘)已於早晨行矣。轉到你的信和款,均照收不誤。會議情況,請你與老陳先向周旋、阮學光同志彙報(關於學會及條例、善本編目事)。關於編目會議的情況,請你向古籍組傳達,工作即按會議精神進行(方行:如局裏對傳達有指示,請照局指示辦,否則即照此做,并徵求周、阮同志意見爲要)。方局長的一份文件,請王言夫同志閲後送局黨委一閲。我們在此要參觀革命史迹及出土文物,此間文化局留我們多住幾天,也有人要我寫點字,在重慶寫了半天,筆墨不如成都的應手。我們現住武漢東湖翠柳村客舍 107 號,如有要事可來電報或電話,我們歸期定後當即電告。周旋、阮學光同志請致意。古籍組同志問好。方行同志屬筆致意,不另。我們身體均安好,勿念。(原信)

　　在武漢期間,爲湖北省博物館書毛澤東詞一首。(照片)爲景峰書唐李白《早發白帝城》,爲余魁書唐王之涣《登鸛雀樓》,爲左德書唐劉禹錫《酬家雞之贈》,爲上岷書唐杜甫《絶句》,爲美洲書陳毅《吾讀》,爲亞夫書陳毅《幽蘭》,爲小玲書徐特立詩,爲水亭書董必武《病中見窗外竹感賦》,皆篆書條幅。(《顧廷龍先生紀念集》,第 235—237 頁)

　　12 月 26 日　毛澤東誕辰紀念,作詩一首。

　　　　艱辛創業昭千古,祖國重新耀德輝。華誕年年懷此日,萬民載誦總依依。遺迹騰芳處處新,近經展謁仰慈仁。上月在蜀,曾瞻仰紅岩村曾家岩主席工作室。在鄂,又曾瞻仰主席舊居及農民運動講習所。東風已遍河山暖,繼述於今有情人。(原件)

是月　跋《臺灣民主國紀要》。

　　此書不著撰人,所紀臺灣民主國事甚詳。讀顧肇熙傳,字里待考。按,《吳縣志》有傳較詳。肇熙字暐民,號緝庭,江蘇吳縣人。清同治甲子舉人,納貲爲工部侍郎,特簡吉林分巡道。邵友濂巡撫臺灣,署臺灣布政使,旋授臺灣道,兼按察使銜,晚居木瀆,年七十餘卒。一九七八年十二月。顧廷龍記。(原書)

是月　爲國興書吳玉章《述懷》,爲鴻茂書陳毅《吾讀》,爲傅康書陳毅《青松》,爲敬豪書陳毅《冬夜雜詠·紅梅》,爲明星書唐李白《峨眉山月歌》,皆篆書條幅。(沈津藏照片或複印件)

是年　被上海市文化局評爲 1978 年度先進工作者。(履歷表)

是年　先生在上海圖書館書目部辦公室,看到書櫥上鑴有“琴侶齋”三字,對盛巽昌説:“這書櫥是史量才的,史的書齋叫‘琴侶齋’,是與他妻子共用的,故取此名。”又説:“史量才這個人很了不起,把《申報》搞得興旺發達。他很有文化頭腦,解放前上海的圖書館少説也有幾十家,可是有誰像他那樣,竟搞了一個《申報》圖書館。這個圖書館全是公益的,却搞得不錯,這其中有李公樸的功勞,但有他做後臺,出錢出人,這樣反而使《申報》的影響更擴大了。”(盛巽昌致筆者的信)

# 1979 年　76 歲

1 月 1 日　爲孫秉良書毛澤東詞《水調歌頭·重上井岡山》之“世上無難事，只要肯登攀”。(《顧廷龍書法選集》)

1 月 3 日　於《石田先生事略》上補記：“館中有刻本，此誤脫多，不足觀。”《全集·文集卷·石田先生事略跋》，下冊第 919 頁)

1 月 21 日　顧頡剛有信致先生。

去春承偕澤斐弟婦到北京醫院見顧，無任感紉。年來剛爲氣管炎及肺炎所苦，經常住院，未能奉候。聞尊駕在此一年中多所涉躐，所見善本書不少，至以爲慰。又聞還任館長，事必煩冗，務乞隨時注意健康，并加速編成《尚書文字合編》，以成一生之願。剛去歲曾見考古所新發得漢石經殘石一幅，其中《皋陶謨》“朋淫”作“鳳淫”，可證陸德明《莊子》釋文之説。惟有一極不可解之謎，則《禹貢》篇冀州“厥田”之上有一“黑”字，似原文爲“厥土惟白壤黑”，或謂冀州爲白黑兩色兼備之土耶？然白壤爲鹽碱地，實有明徵。而除鹽碱地外，則爲黃土平原，此“黑”字甚難解釋也。此石發見後尚未發表刊釋文字，吾叔如欲得此，剛可通知夏鼐同志，囑其將拓本寄上付刊也。又李遇孫所作釋文，吾叔曾謂以新出土之六國文字校之，謂非宋人僞造，亦乞早日寫文發表，此吾叔一生學力所萃，尤不可遲遲爲之。剛甚悔八十以前未將筆記着力整理，到今乃有心無力，故敢以爲請，乞斟酌情況，搶時間完此心願爲荷。日記本承代印十冊，此債必須奉還，幸勿客氣。大足文管所曾有信來，囑作文表揚，知吾叔去年亦往觀，然此出宋人手，在藝術上遠遜雲崗、龍門，實無可説耳。(《顧頡剛書信集》卷二，第 547 頁)

是月　爲四川名勝書“伏龍觀”“寶瓶口”楷書大字，極壯觀。(沈津藏照片)

2 月 25 日　劉準業有信致先生，托爲其子劉廣定尋找工作。(原信)

3 月 4 日　先生有信致方行，爲劉準業之子劉廣定工作事。(原信)

3 月 10—25 日　偕沈津、任光亮等人參加在廣州召開的全國古籍善本書版本鑒定及著録工作座談會，就善本書的版本鑒定、收録範圍、著録規則以及分類等問題，進行討論和經驗交流。出席會議的代表共八十一人。〔《中國圖書館事業二十年(上、下)》，下冊第 1842 頁；沈津的回憶〕

3 月 13 日　先生有信致顧頡剛。

久不通問，時深繫念！春節前煦華來，帶到手書，拜悉一一。瑣務栗六，稽復迄今，歉悵何如！

近爲編輯善本書目，以完成周總理之遺願，自當黽勉從事，加以領導上以識途老馬相期許,而目前情況,不及當年編輯《中國叢書綜錄》時之人手齊備,工作積極,每感吃力。龍近來身體較前年稍健,全天工作,以期稍盡棉薄。復職以來,事亦增繁,忙亂終日,退值之餘,伏案之時頓減。因此《尚書文字合編》之復校作輟無常。此次來粵,半月可歸,當爭取加快速度。

去年在成都參觀四川省博物館,獲見孟蜀所刻隸古定《尚書石經》殘石兩塊(《禹貢》),尚有真書《石經》三塊(有《易》《書》《詩》《春秋》),與通志堂本相校,完全相同。後讀馬叔平《凡將齋金石論叢》,曾有記及,但總數似尚缺一塊,我乞得一份拓片,現在裝裱中,返滬後當複印奉覽。承示考古所有新發現漢石經《禹貢》殘石,務望代覓一份,最好以公名義乞得後轉下為妥。

大足石刻,我僅到寶頂山,一座千手千眼觀音像較精彩,完整無傷,恐為明塑,正在修復整理,可惜色彩太新耳。據説北山有唐刻佛像,我因雨後路滑,未敢同往。閻文儒曾輯大足石刻資料,頗詳備。該處將為旅游外人開放,須作介紹宣傳。林彪、“四人幫”橫行時,破壞甚劇,與公往游時大不相同矣。曾游青城山,在天師洞獲觀公題字“秀絕人寰”石刻,甚雄偉。

我館照相影印工作已經恢復,現在試印元刻孤本《農桑輯要》。將來《尚書文字合編》可考慮由我館自印,聯繫方便,届時當磋商進行。如有出版社願為出版,則我館可作為承印單位則更好。前印日記格,所費無幾,幸勿齒及。

文物局在粵召開會議,為編目交流工作經驗,王冶秋局長要求各省市今年必須交卷,明年由北京匯總編成出版,因此很緊張。會期兩周,昨得閑,往訪希白師,頗老健。現居兩小間,頗逼仄,聞一周後將移新居。商老在市中參加文字改革會議,尚未晤及。

開會已四天,接觸各地同志甚多。聞山西省在普查中發現應縣之遼刻藏經,今又發現阜昌丁巳年(八年)刻《成唯識論了義燈鈔科文》,填補了版刻史上之空白。

此間忽冷忽熱,潮濕多蚊,不甚習慣。二十五日結束,當徑回滬。匆復,不盡百一。(《全集·書信卷·致顧頡剛》,上册第 201 頁)

是月　馬國權將赴香港就《大公報》事,主編“藝林”,贈先生端硯一方為別。(先生小筆記本)

春　《中華文史論叢》編輯郭群一見先生藏有“胡氏《水經注》論著及書札一束,以為有學術價值,為言於羅竹風、李俊民兩同志,為真正貫徹‘雙百方針’起見,決定於《論叢》一九七九年第二輯發表”,題為《〈水經注〉校本研究·關於〈水經注〉版本的書札》。文中收錄胡適致顧廷龍書札八通(内有一封上款為徐森玉、顧廷龍;附胡適致陳垣札、陳垣致胡適札各一通)。(《全集·文集卷·胡適之先生水經注論著附手札識語》,上册第 83 頁)

**4月7日**　馬國權有信致先生。

上月在廣州，多次領益，真平生快事。又承俯允代覓各書，代購各書，謹先致謝意。北京圖書館所藏林在峨《硯史》抄本顯微照片，近由廣東工藝研究所借到，現正托人印曬一份，以便重抄，此一資料可不必再覓矣。

晚到《大公報》工作事，已定本月二十二日成行。拙稿《章草字典》今年年底盼能完成，乞請我公賜序，先此敬求。（原件）

**4月11日**　先生有信復張秀民。

日前奉到承惠大著《中國印刷術的發明及其影響》一書，無任珍感！原版我館僅有一二部，借閱頻繁，不敷於用，今得再版，嘉惠士林多多。

去年十一月在成都開會，王冶秋局長在大會講話中提到先生，想請你回去。但公娛親著書，極爲難得。我今年三月又赴廣州開會，途經貴邑，山水秀麗，藏身其間，甚可羨也。

我館參加全國善本總目之上海地區部份，工作量甚大，深恐趕不上兄弟各館，殊爲惴惴！維公有以教之。（原信，韓琦收藏）

**4月14日**　吳羊璧有信致先生。

寄上《書譜》雙月刊，請教正。《書譜》雙月刊是在一些愛國華僑支持下創辦的一份書法雜志，學術性與普及性并重，刊行已四年餘，幸獲海內外讀者支持、鼓勵，目前仍繼續出版。辦這份雜志，我們人力及物力都很不足，所以一直在收集參考資料。上海吳德鐸先生常熱心代購一些碑帖（其中有些是珂羅版版本）。由於古代書法在流傳過程中，刻本、拓本甚多，《書譜》既是書法專題雜志，當然力求多收集各種版本，以作參考、印證。我們財力所限，不能搜求原拓，很希望多收集印刷品，往往是普通的印刷品，但也有一定參考作用。這些印刷品在寄出時，希望得到先生及諸位古籍組先生們的協助，俾能順利寄下，對我們的工作是莫大支持。當然，此外更盼望諸先生的指導賜教。《書譜》雙月刊目前工作人員都是兼任的，用業餘時間做一點事。晚之主要工作崗位是香港《文匯報》副刊課（即國內報紙之“文藝部”），故此吳德鐸君寄各書刊時，均寄《文匯報》地址。（原信）

**4月15日**　先生有信致鄭逸梅。

許久不晤，時以爲念！日前奉手書，敬悉——。承令孫女畫贈山水，彩筆秀麗，殊爲可珍，無任感荷！拙書無足觀，塗奉老法家指正，并希有慧小友察存。

龍上月赴廣州開會，返滬半月，諸事棗六，幸賤體頑健。暇再趨候，先此奉復，不盡——。（《全集·書信卷·致鄭逸梅》，上冊第211頁）

**5月7日**　上午，隨上海市書法友好訪問團赴日本大阪，參加書法交流展覽會，本次訪問是上海、大阪兩市結成友好城市五周年紀念活動的一部分。日本《每日新聞》夕刊選登中日兩方的作品，并登出訪問團名單，團長沈柔堅，秘書長

楊路,團員有先生、謝稚柳、陸儼少、葉潞淵、胡問遂、方去疾等人。(日記;《顧廷龍先生紀念集》,第 180 頁 )

5 月 8 日　與訪問團成員拜訪日本書藝院、《朝日新聞》社、市政府及日中友協,晚上宴會,先生與楊路坐第二桌。顧頡剛致信夏鼐,請寄洛陽新發現漢石經與先生。(日記;《顧頡剛日記》卷十一,第 655 頁 )

5 月 9 日　參觀大阪城,下午二時訪松阪屋,游阪急市場。夜,大阪市教育委員會社會教育課篠部來邀,參觀大阪圖書館。(日記 )

5 月 10 日　上午到松阪屋,參加上海大阪書法展覽開幕式。中午出席太同園酒會。參觀阪急市場。(日記 )

5 月 11 日　訪村上三島宅,出示《全唐詩》《咏物詩選》,參觀其書庫,見日本出版書道方面書籍多種。《語石》翻譯成四厚册(有加圖),此書不止一翻本(以前有過)。印章石、硯臺,又明萬曆間墨,據云京都博物館也有一塊。寫字。下午參觀松下電視機廠。參觀"每日放送",寫字。又參觀放送文化館,從礦石機開始,一直到現在。在"王府"晚餐。(日記 )

5 月 12 日　去京都,參觀御所。下午參觀三十三間堂、京都博物館舊館,居中款題"京都博物館",篆書甚好,平岡武夫告知,此係元田 × × 寫。平岡係淺田泰山總領事函告,特來會晤,十餘年不見,去年曾來上海,適先生在瀋陽,未能接待,"今日快晤,蓋亦前緣"。夜,宴於土井,宿京都旅館。(日記 )

5 月 13 日　在京都,參觀二條城、金閣寺、映畫村。午,在嵐山觀周恩來總理詩刻石。返大阪。晚,中日友好の船會在太閣園舉行酒會,宿皇家飯店。(日記 )

5 月 14 日　赴奈良,參觀春日神社、大佛殿、二月堂、正倉院,在大和山莊午餐。又參觀唐招提寺、藥師寺。(日記 )

5 月 15 日　隨團拜訪大阪府知事。出席在皇家飯店內舉行的書藝院座談會。下午書會,橫山弘來晤。晚,假座大成閣答席。(日記 )

5 月 16 日　參觀大阪港建設,中島先生陪同。(日記 )

5 月 17 日　晨發橫濱,晚參觀展覽,宴於中華街。(日記 )

5 月 18 日　晨游山下公園,參觀工業展覽,赴橫濱市府拜會。午橫濱市設宴招待。(日記 )

5 月 19 日　從岡本旅館出發,游箱根,到西熱海,望富士山巔,游蘆の湖,乘吊車。到東京,看銀座,到成田機場。(日記 )

5 月 25 日　葛正慧有信致先生,請爲《書林》創刊號撰文。"憶及去夏,您老曾爲復旦諸生演講《天一閣訪書記》,發前人所未發,聞者嘆爲耳福,如能賜交《書林》發表,當更有益後學。"(原信 )

5 月 29 日　先生有信致周叔弢。

久闊箋候,時切遐思。今春在穗,得與朱鼎老昕夕相見,縱談甚樂。藉悉杖履安康,精神矍鑠,欣慰無似。

龍昔承章式之、夏閏庵兩丈之啓迪,對嚴九能學問之淵博,鈔校善本之精勤,油然起敬,遂即草編其《年譜》。初稿雖已就緒,存之篋衍,迄未寫定,本可覆瓿,第念資料搜集亦既有年,未嘗不可供讀者之參考,因擬加以殺青,就正有道。兹蒙寵錫題字,并聞長者内障初愈,即爲命筆,不勝感幸之至。

從前徐森玉先生曾影印宋本蜀刻《劉賓客集》,末有跋文,印工雖不如董氏所印之精,而底本則較董印爲善,但其底本原爲誰氏所藏,後歸何人,訪問多人,亦均不詳。不知長者曾有所聞否? 若知其淵源,便請朱鼎老見告爲幸。(《全集·書信卷·致周叔弢》,上册第 85 頁)

是月　篆書"櫻花紅陌上,柳葉緑池邊"。(《顧廷龍書法選集》)

6月2日　潘吉星有信致先生,告知美國圖書館界訪華代表團九月下旬將抵滬,代表團成員錢存訓計劃訪問先生。(原信)

6月初　應安徽省圖書館、博物館之邀,前往觀書。(《全集·書信卷·致潘吉星》,下册第 448 頁)在兩館安排的一次座談會上,先生專門介紹了《中國古籍善本書目》工作情況:"第一,發揮了老專家的作用;第二,培養了新生力量;第三,普查中發表了前所未見的珍本。全國圖書館編製善本書目是空前的盛舉,目前江蘇、浙江已進入驗收階段,上海是比較落後了。"上海圖書館"原來提選的善本比較寬,編寫的片子與三個規定有不一致的,要改正。因此,把原有片子重校一遍。重校時,着重版本項的記録。由於編目片和原書分離以後,版本注得不正確,那就不容易發現,就會將錯就錯地下去了。我們的鑒定方法,主要靠比對,比對後得出的結論亦比較可靠"。先生還説:

這幾天看到不少好書,鑒定工作也很細,但其中有幾部還需要研究的。例如,《禮記集注》,元至正元年倪士毅抄本;《大學衍義摘粹》,明隆慶元年抄本;《重集草訣百韻》,明萬曆二十年手寫本;《禮記集注》十卷,原作至治二年刻本,此書元刊本是十六卷,明刻改爲十卷,從分卷上、從字體上看,恐不是元刻。

稿本很重要,有刻過,有没有刻過的。《貞素齋集》(元舒頔),可以説編《四庫》時的稿本,這張卡片如何著録可研究。昨天看到方望溪文稿,真是手稿,特別是有未刻文三十多篇。我們有《文徵明詩文稿》七本,一本是《詩稿》,大都是祝壽詩,我思想上以爲内容不重要。在我來合肥的上一天,有一讀者研究文徵明幾十年,他在編文的年譜,他看到壽詩中夾着一首懷唐伯虎的詩,他從來没有見過,認爲很重要,可以看出兩人的交誼。所以詩中亦有内容,不是深入研究看不出來。對一本稿本的取捨,要瞭解〔在〕這段歷史和社會關係,於是對詩句、文句有所瞭解。

我希望這次編全國善本總目,能多發掘出一些抄校稿本書,增加我們的財富。不是説刻本不重要,因爲宋元明清刻本,大家向來注意的,稿本則歷來不大受藏書家的注意。瞿氏鐵琴銅劍樓書目中沒有稿本，鄧邦述的藏書目中僅八種，而且列名人抄本中。現在兄弟館已大力注意搜集，雲南發現陳澧的稿本、黎貴惇的《撫邊雜錄》；四川有《四川通志》稿本（宋育仁），未刻；杭州市發現傅以禮華延年室稿本，童振藻的稿本，他研究地震的；廣東發現《春秋大義微言》稿。稿本中有很多第一手材料。

按，先生提到的有疑問的四種書，後經鑒定，第一種非元倪士毅抄本，第二種也非明隆慶抄本，第三種爲清抄本，第四種爲明刻本。又第一、第二種因不屬於善本，故未收入《中國古籍善本書目》。這次座談會上的發言，後來整理成《中國古籍善本書目編輯工作的彙報》，收入《全集·文集卷》上册第 442 頁

6 月 24 日　先生有信致潘吉星。

久疏箋候，時切仰懷。比奉手書，快如良覿。近維身體健康，著述日新，慰如所頌！

承示九月下旬，錢存訓先生參加美國圖書館代表團回國訪問，聞之甚爲高興。龍與錢先生一別計已卅餘年矣，此次如到滬，可得把晤，一疏繫念！屆時不識公能同來否？造紙史研究極爲重要，公研究有素，成績卓著，深爲企佩。龍雖未能有所研究，而對造紙史極感興趣，公如同來，必能暢聆教益。

龍今年曾至廣州出席善本編目工作會議。五月初，參加訪問團（爲紀念上海、大阪結成友好城市五周年，紀念書法交流展覽）前往大阪并游覽關西名勝古迹。六月初，又應安徽圖書館、博物館之約，前往觀書。賤軀尚健，惟左膝關節肥大，有時步履不甚便耳。辱荷關注，無任感紉，專此奉復。

（《全集·書信卷·致潘吉星》，下册第 448 頁）

是月　李根源誕辰百年，樹蘭夫人徵詩紀念，因作詩兩首。

精廬曲石懷鄉夢，卅載曾過大雅堂。贈句墨痕猶在憶，山陽鄰笛久星霜。

詩卷長留典範親，百年隙駒溯生辰。高風明德垂千古，繼述清芬後有人。（蘇州市博物館藏；《李根源先生誕生百年紀念集》）

7 月 7 日　離滬去山西太原，參加中國圖書館學會成立大會。（日記）

7 月 8 日　到鄭州轉車。（日記）

7 月 9—16 日　參加在太原晉祠舉行的中國圖書館學會成立大會和第一次科學討論會。全國二十九個省、市、自治區圖書館學會（籌委會）和北京地區兩個專業系統學會的代表近二百人參加。大會通過了《中國圖書館學會章程》，選舉劉季平爲學會理事會理事長，先生和丁志剛、黃鈺生、汪長炳、梁思莊、佟曾功爲副理事長。會議期間，參觀了新發現應縣木塔出土的遼刻各本，爲前人所未見者。（《中國近現代圖書館事業大事記》，第 260 頁；先生所記便條）

7 月 17 日　八時，到山西省圖書館，寄存行李後游覽市容。中午在上海飯店吃飯。午後游迎澤公園。在省館休息，訪丁福讓家，贈魏隱儒編講義。五時半

赴火車站,去河南鄭州。(日記)

7月18日　晨到鄭州,樂星及河南省館副館長來接,寓鄭州飯店。下午到河南省圖書館看書。(日記)

7月19日　赴洛陽,登龍門,游宋永定陵。晚,洛陽市文物局蔣若士局長來訪。(日記)

7月20日　參觀白馬寺,經鞏縣返鄭州,在鞏縣文化館看小碑林。(日記)

7月21日　參觀河南省博物館。晚乘火車離開鄭州,去瀋陽。(日記)

7月22日　抵達瀋陽。致馬國權信,復所詢《芥子園畫傳》事。

奉書敬悉。時適有太原之行,參加中國圖書館學會成立大會,匆匆未即作答爲歉。會後又赴洛陽,一訪龍門。今日又來瀋陽,略事休息,一周後即返滬。

大文已交《中華文史論叢》編輯部,收條在敝處。據説將出一文字專輯。

關於《芥子園畫傳》,要原刻精印者,確甚名貴,舊時(卅年前)約值四五十元。但翻本太多,原刻百難得一。翻刻刀法較粗,顏色不調和。原刻卷末有一行"館甥……",翻刻則無。我於此書没有研究,近從一老書友處請教來的,聊供參考。

我大約八月初歸去,餘容續上。(《全集·書信卷·致馬國權》,下册第443頁)

7月28日　王紹曾有信致先生,談撰寫《試論張元濟先生對我國文化事業和目錄學的貢獻》之原因。

久仰盛名,未緣聆教。由日前我館劉館長參加全國圖書館學會成立大會歸來,讀到大會簡報,獲知先生此次亦曾有太原之行,并當選副理事長,殊深欽敬。近日諒亦安抵滬瀆矣。

全國學會開會,山東省學會曾將拙作《試論張元濟先生對我國文化事業和目錄學的貢獻》一文報送太原,因省學會成立遲遲,未及將拙作打印,報去者僅爲複寫原稿一份,估計先生未及寓目。後學在卅年代初期(一九三〇年八月至一九三二年"一·二八"事變前)得有機會裏校百衲本《二十四史》,親承菊老杖履者有年,嗣後往返滬上,屢次晋見,獲益良多。一九五〇年最後一次探望,正值菊老病偏左未久,然猶在病榻暢談戊戌舊事及全國政協會議情況。日月如流,忽忽近卅年,回首前塵,歷歷如在目前。十多年來,在山東大學圖書館董理古籍,對菊老以畢生精力從事祖國文化事業,并對目錄、校勘之學作出卓越貢獻,感受特深。每思對菊老有所論述,自慚譾陋,未遑握管。今春偶讀北京圖書館李致忠同志文章《古書造偽與版本學》(刊登《北圖通訊》一九七八年第二期),其中涉及對菊老評價,頗多不實之詞,甚至抓住菊老片言隻語,亂扣帽子,攻其一點,不及其餘。

文章既不實事求是，亦非學術討論應有之態度，因思正確評價菊老之畢生功業及其在目録學上之貢獻，實有必要。

拙作原分四個部分，其中第四部分主要是針對李致忠同志文章而發，并對魯迅先生《四庫全書珍本》一文提出不同意見（魯迅文章編入《准風月談》）。在省學會科學討論會上宣讀之前，負責同志囑咐，最好將第四部分删去，因而又將第四部分主要論點移至第二、第三部分中去，從正面加以論證，避免指名道姓。

拙作寫成之後，幾經修改，仍感不滿，但又無法加以提高。主要癥結在於對菊老之學問事業，缺乏全面系統之深入研究與認識，凡所論述，不過皮相之見，挂一漏萬與謬誤之處尤所難免。目前山東省學會即將輯印科學論文特輯，并擬將拙作充數，在付印之前，亟思進一步修改。竊念先生與菊老交往至深，當今深知菊老者亦惟有先生，爲此將拙作另一份複寫稿挂號寄上，乞於百忙中賜予審閱，并請一一予以指正，以便繼續修改補充。山東省學會編印特輯，係内部刊物，作爲圖書館界交流之用。如先生認爲拙作尚有可取之處，能否請先生推薦在國内公開發行之其它雜志刊登（若《中華文史論叢》等），并請酌奪。全國學會出版《圖書館學通訊》，係普及性讀物，且預定今年祇出二期，恐無法刊登此類較冷僻文章。

後學一九三〇年在無錫國專畢業時，在錢子泉先生指導下，曾寫過《目録學分類論》一文，并送請菊老校審，後來作爲《國專叢刊》第一種排印出版。一九三〇至一九三五年之間，先後在《國專月刊》、《國風》半月刊、天津《大公報·圖書副刊》等報刊上發表《二十四史版本沿革考》《史通引書考初稿緒論》《繆藝風著述目補》《無錫刻書考》《國專圖書館善本書志》等論文。四十年來，學殖荒落，一無所成，深自愧恧。但願以有生之年，對目録、版本之學，繼續有所鑽研，尚祈不吝賜教，以匡不逮。溽暑困人，諸維珍攝爲幸。

又拙作第一部分簡介菊老生平時，曾提及菊老在國民黨中央研究院一次集體會上反對内戰，呼籲和平。一九五〇年探望菊老時，菊老曾贈與發言小册子一本，惜已於"文化大革命"中丢失，此次集會時間及會議名稱均已遺忘，你館入藏《申報年鑒》或國民黨《中央日報》，可否請館内同志代爲查證，并請將結果示知？一九五九年菊老追悼大會上由先生介紹菊老生平事迹，能否將尊稿抄寄一份？尤爲感盼。後學正在繼續寫《張元濟先生生平》一文，一俟完稿，即當寄請斧正。張樹年同志現在何處工作？請將通訊處一併見示，以便聯繫、請教。（原信）

8月7日　先生有信致王紹曾。

頃歸拜讀手書，敬悉一一。大著亦已收到，當抽暇細讀一過，再行奉問。

龍太原會後，曾到鄭州轉車，參觀了省圖書館、博物館，又赴洛陽，一登龍門。歸途由鄭赴洛〈瀋〉陽探親。到瀋後急患感冒,因而多住了幾天。草此奉復,餘容續詳。(《全集·書信卷·致王紹曾》,上册第 254 頁)

8 月 10 日　先生有信致姚遷。

別忽年餘,時以爲念! 我近外出一月,歸來接奉手書,敬悉一一。曩與周邨同志言及《關壯繆事迹》一書,不知其有用否? 遲遲未曾檢寄,悵悵! 兹特付郵,即乞轉贈爲荷! (原信,李軍提供)

8 月 12 日　先生有信致顧頡剛。

久疏奉候,時以爲念! 每從煦華來信藉悉近體安康,著述日勤,無任佩仰!

龍半年來在家日少,不克潛心伏案爲憾。三月赴廣州,五月訪日本,六月到合肥,七月去太原。歸途往瀋陽小住,忽患感冒,八月初旋滬,迄未全愈,但尚能支持。

在日獲晤平岡武夫先生,渠與滬總領事交摯,總領事去函通知,平岡遂候於京都博物館,否則不易相晤也。

石經拓本一張,已由煦華轉來。我此次赴太原,須由鄭州轉車,因由鄭往洛陽一游,訪龍門,登奉先寺,各窟均在修繕中。在洛陽聞人言,石經殘塊發現不少,晋《辟雍碑》座亦已發現,惜匆匆未能詳詢究竟耳。(全集·書信卷·致顧頡剛》,上册第 203 頁)

8 月 13 日　先生有信致馬國權,談《芥子園畫傳》。

前接手書,正將赴太原,到瀋陽後,草草寫了數語奉復,但因患感冒,竟未投郵,又帶回上海,致勞遠念,歉甚!

《芥子園畫傳》,清康熙四十年芥子園甥館刻,此爲原刻。有乾隆壬寅金閶書業堂重刻本,嘉慶間亦有覆刻本。如原刻精印,而配一嘉慶本,似亦可收。我前箋所寫之價,可酌予提高,并無一定標準。是否原刻,可找《中國版刻圖録》對一下即知。

昨得八月四日函,均悉。今日馬君來,藥已拜領,銘感無既。馬君欲找資料,當助之。

大著《章草字典》,大約何日脱稿? 委寫序言,年内當勉力交卷,不知太遲否? 便希示及。屬覓各書,有回音者,均無所得。我稍暇當自搜尋之。……藥價若干,便希示及。目前雖無法奉繳,略知其行市耳。(《全集·書信卷·致馬國權》,下册第 444 頁)

8 月 25 日　晨,與沈津乘火車去杭州,九時三十五分抵達,浙江圖書館副館長邱力成來接。住西湖邊上的新新飯店。下午去浙圖古籍部,瞭解浙江省古籍善本普查、編目進展情況。(沈津筆記本)

8 月 26 日　浙江圖書館凌毅、谷輝之來看望先生,談浙江省古籍善本編目具體工作及參與人員情況。在浙圖歷史文獻部看書。(沈津筆記本)

8 月 27 日　在浙圖歷史文獻部看書。(沈津筆記本)

8 月 28 日　離杭返滬,邱力成副館長到車站送行。(沈津筆記本)

8 月 29 日　袁行雲有信致先生,爲編清代學者許瀚著述目録,請先生囑人將上海圖書館藏許氏著作,包括批校本和稿本抄一簡明目録。(原信)

是月　先生有信致郭松年。

> 在晉獲承教益爲幸,一别忽逾兩月,時深懷念。上次談及湖湘本《齊民要術》,歸查明嘉靖本《要術》,王廷相序有云:"侍御鈞陽馬公直卿按治湖湘,獲善本……乃命刻梓範民。書成,方伯蔣君景明以序問予。"因知湖湘本當即嘉靖本,不知尊意以爲然否? 明單刻《要術》似僅此本,已不多見,我館有兩部,一部較精整。前懇查尊藏滿洲人官吉林者,有日記一部,不記書名、作者,似爲容峻峰或銘安,日記中有一時期與吳大澂往來甚多,當年披閲匆匆,未及録副,忽忽四十年矣。近來頗多友好勸補《吳大澂年譜》,手頭資料略有積,亦頗有意一補,因念此日記。倘蒙檢得,乞示書名,如有可能,我館擬拍攝膠卷一份,是否可行,便乞惠示爲幸。文物出版社將宋刻算經匯印成集,是一極有意義之事,我館四種與你館兩種附一種完全一式。我們擬了一篇《出版説明》,經修改後寄交該社,即送您館審定,希望多多削正。我們認爲此六種算經又附一種,均爲鮑澣之所刻。但頃見日友平岡武夫所編《日中求友しあわせ存》,載有北京大學圖書館善本展示目録中《數術記遺》及《五曹算經》均作宋丁亥刻本,不知丁亥來歷如何? 便希見教。(底稿)

是月　先生題簽的《上海博物館藏印選》,由上海書畫出版社出版。

9 月 1 日　上午館務會議,上海市文化局組織組負責人來館宣布領導班子名單,經市委批准,任命先生爲上海圖書館館長。討論接待美國圖書館代表團事,代表團成員錢存訓曾致信潘皓平,爲寫《中國印刷史》事,希望與先生見面商談。(日記)

9 月 2 日　丁振鐸來,還楊度書聯。夜,寫《圖書館學通訊》刊名。(日記)

9 月 3 日　張震澤贈《遼寧社會科學輯刊》。袁西江來,估張子美、陳清華書價。汪慶正電話,告知張子美的書不能還。其藏書宋刻本二十五部五百五十一册,估二萬一千元;元刻本三十九部三百五十五册,估一萬六千元;明刻本一百五十九部二百十二册,估一萬二千元;抄本等一百八十七部八百七十六册,估一萬一千元。共四百十部一千九百九十四册,六萬元。陳清華的書,宋刻本六部三十四册,元刻本五部五十六册,遞修本三部七十二册,明刻本一百三十二部一千三百零四册,抄本等十九部一百零六册,估價三萬二千元。(日記)

9 月 4 日　到館上班,時覺腹痛。午後就診,醫生謂消化不良。在醫院晤郭紹虞師。高式熊來,乞其代篆印章。將袁西江估張、陳兩家書價交阮學光,并與王言夫商估價幅度。(日記)

9月5日　湯志鈞來電,約明日上午歷史學會請日本早稻田大學歷史系教授依田憙家作《中國的近現代化和日本的近現代化》報告。吳織代買雲南茶葉二斤。(日記)

9月13日　上海市圖書館學會召開成立大會,郭紹虞被推舉爲名譽會長,方行當選爲會長,先生、李芳馥等爲副會長。(《上海圖書館事業志》,第38頁)

9月18日　章元善有信致先生,托將章鈺《四當齋集》原稿"妥當保存"。

　　不相聞問又久矣,時以爲念。舍親夏勇供職浙江大學圖書館有年,兩個月前來京,在科學院圖書館同各地來京同行交流經驗,近將公畢回杭,特爲紹介,希進而教之,感同身受。

　　《四當齋集》原稿,曾經我父手校一部,且是親筆,珍藏至今,幸度浩劫。兹托夏勇携請我兄代爲就蘇、杭兩地圖書館妥當保存,不勝感荷!

　　附寄近作一首,藉見近日心情,餘不一一。(原信)

9月19日　沈津、任光亮致先生信,報告在四川省圖書館、四川大學圖書館看書的情况:原作元刻本的《禮部韵略》,當爲日本翻刻本;另一明刻本有黃丕烈跋,僞。(日記)

9月21日　爲加强文物保護管理,上海市文管會召開會議,調整、充實委員會,以二十人組成,張承宗爲主任委員,方行、沈之瑜、陳從周爲副主任委員,先生爲委員。(日記)

是日　錢存訓隨美國圖書館界訪華代表團參觀上海圖書館,由先生負責接待,并代表上圖接受錢代表芝加哥大學贈送的有關高科技和電子計算機方面的西文圖書,共計五百餘種六百餘册。(日記)

9月22日　陪同美國圖書館界訪華代表團游覽黃浦江,與錢存訓同坐游艇的中央,得以暢談往事。錢詢古代刻書記載,先生介紹其看盧前《書林別話》。錢問紙之用途,古代有剪紙、墙紙始於何時,先生告以新疆曾發現以舊文書紙糊棺,棺以紙糊,疑非純爲節約,而是紙之用途之一。錢又問銅活字始於中國還是朝鮮,先生謂活字中國早,用銅亦可能始於中國,但朝鮮産銅,使用始廣。錢謂韓國有實物爲證,發現字體中有武后造字,時間大致相當於中國唐代。先生謂武后造字間有襲舊時抄寫別體者,尚待考證。晚,出席文化局於錦江飯店舉行的歡迎美國圖書館代表團宴會。(日記)

9月23日　上午,爲錢存訓、吳文津、余秉權、夏道泰寫字。下午,代表團作學術報告,陳譽主持,先生致歡迎詞。(日記)

是日　先生有信致李樹棠。

　　《法學辭典》定稿時,需向浙江圖書館借用大量圖書事,我已[和]該館同志面商并致函該館邱力成館長,届時由尊處去人聯繫可也。

　　我館所藏《時事新報》副刊《學燈》有缺,祇有您處完整,懇請惠借攝拍膠卷一份爲幸!(《全集·書信卷·致李樹棠》,下册第406頁)

9 月 27 日　王紹曾有信致先生,談《中國古籍善本書目》華東檢查組在山東協助版本鑒定等事。

前函諒邀垂詧。上周你館于爲剛同志參加華東小組來山東檢查《古籍善本書總目》編輯工作,備□杖履康勝,躬親館務,殊慰下懷。華東小組此次來濟,并於二十二日(上星期六)上午莅臨我校圖書館,對我館版本鑒定幫助極大。今日下午在省館舉行座談後,何槐昌、于爲剛等同志一行已前往曲阜,然後由合肥轉道南京,估計返滬之日將在十月底、十一月初矣。

拙作近由山東省圖書館學會輯入會刊,濫竽充數,深感愧悶。兹寄上抽印本一份,請予指正。山東省館印刷條件欠佳,拙作排印校對舛誤尤多,好在内部交流,無關重要。前寄複寫稿本,已無所用之,請不再寄還。拙作仍擬修改後正式發表,公餘之暇,尚乞不吝賜教爲幸。(原信)

是月　爲影印上海圖書館藏元後至元五年(1339)杭州刻本《農桑輯要》撰寫《出版說明》。

元刻本《農桑輯要》歷經明清以來六百餘年,流傳至今已如鳳毛麟角。據有關記載,有元刻殘本一種,祇存第二、三、六共三卷,爲清季寶應劉岳雲所藏。此殘本據劉氏後人稱已毀失,僅留卷二首葉照片一幀,半頁九行,行十八字,字體仿宋,似爲至元間所刻。至於元刊大字七卷本《農桑輯要》,現藏我館,可謂當世僅存的孤本。(《全集·文集卷·影印農桑輯要說明》,下册第 604 頁)

是月　先生題簽的《中國近代現代叢書目録(總目)》由上海圖書館編輯出版。(《上海圖書館事業志》,第 38 頁)

是月　先生題簽的《京本忠義傳》由上海圖書館影印出版。(原書)

10 月 2 日　因《中華文史論叢》發表胡適《水經注論著》及手札,先生撰寫長跋,回憶胡適關於《水經注》考證的經過。"胡適之先生《水經注》論文,憶是一九四九年三月來滬時,常至合衆圖書館閱書,謂將修改有關《水經注》文章,并出所著諸跋見示。余即隨手請杜幹卿君録副,每抄就一篇,余即校讀一過,儲之篋衍,忽忽四十年矣。"(《全集·文集卷·胡適之先生水經注論著附手札識語》,上册第 77 頁)

按,先生當時在原稿上還寫有幾段文字,兹録於下:

跋奉化孫鏘原校的薛福成、董沛刻的《全氏七校水經注》,《年譜》繫於卅七年十一月底,而稿本注卅七年十二月初□。

卅七年七月廿三日寫在東廠胡同一號,此處戰前爲東方文化事業委員會,後改爲北平人文科學研究所,日人橋川時雄主其事,戰後由中央研究院接管,胡氏即住其中。

《年譜》三月有"上海合衆圖書館有葉揆初先生藏的全謝山《水經注》三種"的第一次試稿及第二次試稿,以後有第三次試稿,第四稿當是到美國後所寫。四月六日，在上海坐"威爾遜總統號"輪船到美國去。是月經常來我館，全謝山《水經注》三種跋文似即在合衆屬草者。

　　卅七、十一、二夜信説，昨日寄出兩長信，臨行時謂未留稿，請予帶去。

　　卅七、十二、廿九函中，十二月十三日半夜一信，記得亦在索還之列。

　　關於沈欽韓《水經注疏證》之發現，訪求起因，我先從一親戚家見沈氏《王荆公詩注》稿本，借歸與劉氏嘉業堂刻本校一過，可補刻本頗多。劉氏所據底本當爲初稿。後來我館收購沈氏《後漢書疏證》稿本，校浙局刻本補證甚多。因讀其詩文傳記，知尚有《水經注疏證》一書。余求此書不得，詢諸友人王欣夫先生，先生主編《藝文雜志》時，曾分載數期，據稱[向]夏劍丞詢底本之下落。余即函劍老，復信大意稱，底本歸還原主矣。適之來談《水經注》，余因告以沈氏《疏證》迄未訪得。適之即謂要宣傳，多宣傳必有反應。渠即四出探詢，後來果有所得，確然宣傳之有效也。

　　夏劍老與葉揆丈爲甲午同年，與李拔可先生交尤摯。合衆成立，渠表示願以近人詩文集捐贈。揆老介余往謁，其後每於墨巢座上獲接談讌。文運後，其子將遺稿捐入我館。

　　楊守敬札中言及葉浩吾先生，浩吾名瀚，爲揆丈之堂叔，有自傳一篇，名《塊餘生自記》。入民國，任北京大學教授，所著講義、筆記甚多，余爲編成《晚學廬遺著》五十四種，詳目載《卷盦藏書目録》中。適之既以楊守敬致梁鼎芬兩札及援厂先生手札見示，屬加題記，匆匆寫付，未留稿，所書內容不復省憶。（原稿）

**10月3日**　先生有信致王紹曾。

　　頃奉手書，敬悉——。大著我曾請樹年先生校閲，他對您表示非常感佩！校出兩處，兹將其原條附上。樹年先生又請丁英桂先生校閲一過，他也感到您博覽群書，對菊老的表揚極爲詳悉，其校語兩紙，先行附閲，尊稿遵囑不再寄還。

　　我館已收到山東省圖書館學會會刊成立大會專號，大文已見到。我曾編了一本《詩文稿》，尚未完全搞好。菊老尚無傳記，尚須搜集些資料。菊老九十，他的老友有詩文爲壽，似有兩巨册。經過"文化大革命"，藏在何處尚須尋找。我雜務甚多，因此不克專心爲之，將來如有材料，當隨時奉寄。稽遲裁答，尚祈原宥，不盡而一。（《全集·書信卷·致王紹曾》，上册第255頁）

**10月5日**　中秋，爲天蔭書杜甫絕句："遲日江山麗，春風花草香。泥融飛燕子，沙暖睡鴛鴦。江碧鳥逾白，山青花欲燃。今春看又過，何日是歸年。"（百度網）

**10月14日**　王紹曾有信致先生。

　　接奉十月三日手教并轉來張樹年、丁英桂兩先生所提意見，盛意拳拳，彌增慚感。後學對目錄校勘之學本無根底，乃承獎勉有加，并轉請張樹年、丁英桂兩先生悉心校閱，正其紕繆，此種嚴肅認真、實事求是精神，足是令人矜式。樹年先生與英桂先生意見極爲寶貴，寄到之日，即已逐條補充更正，并將修改稿寄往北京中華書局《文史》編輯部矣。

樹年先生所提意見其中有一條，菊老在南洋公學"似任監學而非總理"，經核對菊老《戊戌政變的回憶》一文（此文係1949年菊老在北京開會期間，《新建設》雜志編輯部組織北大三位同學訪問菊老時之記録。稿子經菊老復核無誤，刊登1949年《新建設》雜志第一卷第三期），確係擔任總理職務。又丁英桂先生提，商務聘用日本顧問長尾槙太郎，"槙"係日本字，并非"慎"字之誤。除此兩條，餘均照改。樹年先生暨丁英桂先生滿腔熱情，并承過分誇獎，實不敢當，便中尚乞代致謝意。中華《文史》本擬將拙作全文刊登，經編輯部研究，因《文史》原先有過規定，不刊登評論當代人文章，故擬將拙作第二部分（"爲文化事業奮鬥終身"）刊登在《文史》《學林漫録》中，另將全文轉請《北京學術》（新辦刊物）發表。爲避免一稿兩投，故將第二部分稍加壓縮。初步決定如此，是否再有變動尚未可知。一俟正式發表，再當奉告。

菊老詩文集正在先生編輯之中，甚盼能早日付印，俾得先睹爲快。未知文集部分是否包括演講稿及其他學術性論文在內？1948年菊老在國民黨中央研究院發言，向國民黨呼籲和平，後學至今未能查出原文及發表時間、地點。又1934年前後，後學在無錫國專工作期間，曾受菊老囑托，在無錫申新管理處訪問薛明劍先生養兔經驗。當時菊老對海鹽一帶大量生產胎羊皮曾予大力支持，認爲事關發展地方生產，必須破除迷信，積極提倡。因爲當時有人提出反對意見，菊老曾寫過一篇文章，力闡其非。此類文章，似可收入雜著。

拙作《張元濟先生生平》一文，原係應浙江省朋友之囑而寫，目的爲《文史資料》供稿。因對菊老活動事迹知之甚鮮，迄未完稿，未知樹年先生能否提供有關菊老生平事迹（戊戌變法事迹除外）？今後先生如有爲菊老撰寫《年譜》計劃，有需後學盡筆墨之勞者，自當盡心力而爲之，蓋此不僅能發潛德之幽光，亦學術界所昕夕盼望之大事也。樹年先生通訊處，便請示知，以便將山東省圖書館學會會刊寄出，瀆神至感。（原信）

10月20日　到杭州，轉車去紹興，同車有浙江圖書館梁金榮書記。住縣委招待所，與王煥鑣同屋，王曾爲杭州大學中文系主任。（日記）

10月21日　代表中國圖書館學會宣讀祝賀信。下午，參觀秋瑾紀念館。（日記）

10月22日　與王煥鑣訪禹陵禹穴，大殿在整修，空無一物。又游東湖，乘船泛於石洞中，此洞爲人工開出，紹興用石均從此處開鑿而來。下午，乘車到杭

州,邱力成館長來接。宿西泠賓館。(日記)

10月31日　先生有信致湯志鈞。

　　　聞患感冒,想已康復,念念。關於現代期刊篇目卡片遭劫一文,甚好。語氣當爲代龍所寫,實深感荷。題目乃乞擬定,何處發表,均煩酌奪。(《全集·書信卷·致湯志鈞》,下册第423頁)

是月　先生有信致吳豐培。

　　　承示《書録解題分類綜合索引》編纂計劃,拜讀一再,極佩弘謀。竊擬補充幾點:

　　　一、關於敦煌遺書的題跋,亦應收録,如王重民先生的《敦煌古籍叙録》,周一良先生的《魏晉南北朝史論集》(需選)。

　　　二、日人有關漢籍題識可廣收,如《静嘉堂秘籍志》,及内藤虎、狩野直喜等撰著,還有京都、東京兩大學的《東方學報》。

　　　三、《史學論文索引》及《清代文集論文索引》中所載均可收采。

　　　四、釋典方面,有影印《宋藏遺珍》序跋、蔣維喬的《磧砂藏經考》、葉恭綽的《歷代藏經考》等,不識與尊旨有契合否?

　　　率書數語,聊供參考。總之,此一大工程值得做,必需做,至於細節方面,逐步充實,逐步完善,最好先搭班子,由小而大。抄卡必須正楷,必須當場校對無訛,否則發現錯字要查原書最爲困難。……雜志中頗多書跋,如《青鶴》《中和》,近的如《周叔弢先生六十生日紀念集》中有趙斐雲、王進卿等書録,日人藏書目中頗多漢籍,如《成簣堂善本書目》《恭和山莊善本書影》《静嘉堂宋元書影》《宋本書影》《十三經書譜》。將來可宋元明刻本的書影亦編一索引。(原信照片)

是月　《上海圖書館地方志目録》《中國近代期刊篇目彙録》(第2卷上册)出版。

11月23日　黄永年有信致先生。

　　　月初奉到手論,適□準備爲研究生及圖書館同志講授石刻拓本知識,爲整編館藏拓本打一基本功,此事自葉鞠裳《語石》後,幾無一完整之學術性著作,不得不自起爐竈,大費時日,《水經注疏證》竟未及時查看,至以爲罪。刻已草草講畢,下周定可赴西北大學圖書館,惟沈文起墨迹,年向未見過,恐亦[祇]能區另是傳抄或學人手稿本。

　　　年來陝師大工作逾年,任務頗見繁重。今年復應史筱蘇先生念海約(史先生現已任命爲副校長,年現編制仍在圖書館,日後或將轉入歷史系),在其領導下開展唐史研究,并帶了兩名研究生,明年還擬續招,着重史事及文獻之考訂,不尚空談空論,并準備以此爲基礎,成立唐史研究室,着手爲《舊唐書》作注,蓋自大學畢業三十年後,始從事本行專業。幸五七年事年初已蒙徹底改正,恢復政治名譽并工資待遇,得放手撰述講學,不□横逆矣。

　　館藏善本書目,本擬用繁體字付排,苦此間諸印刷廠竟已無此設備,遷延日久,至最近仍不得不用簡體字。排印款式則用直行,仿貴館及京館辦法,易綫裝爲平裝。以此去冬先生賜題書名橫行者已不適用,謹另打好格子紙寄上,乞重爲題寫内封面及封面之簽條可否? 又此間歷史系斯維至君,近撰一《史學常談》將出版,亦欲乞先生題寫封面,如蒙允可,益所感荷。

　　復有請者,前得蔣天樞先生來函,知陳寅恪先生手批兩《唐書》已入藏貴館善本書庫,不知批得是否多? 年已與筱蘇先生商定,擬過録一通,設以每日工作四小時計,不知若干日可過畢,能否乞先生費神一查賜告? 年本擬在年前爲此事來滬,自己動手,但要爲研究生講唐史、目録學等課,離不開。寒假中能否成行,亦頗難定,因下學期所用唐史、目録學講義尚未著筆,如過一遍一二周時間即可,尚好辦,如花時間多,不知能否在滬上請人代過? 又聞貴館現藏宋明舊拓唐碑及善本墓志甚多,前聞友人言,宋拓《姜退碑》之無甚損泐者即在貴館,抑在博物館,已記不清,能否擇要囑館友寫一簡目見示,日後擬乞攝影,以充唐史研究室資料。不知貴館有無攝影設備,屆時自當繕公函進行。

　　前寄呈講義兩種,《文史工具書簡介》是爲省圖書館協作委員會所辦講習班講授者,皆暑假中揮汗而成之急就章,且印本錯字甚多,不足當大雅一哂也。印本手頭已無多,前又寄呈一册,不知够用否? 景鄭先生近況如何? 至念。(原信)

12 月上旬　去杭州,參加西泠印社七十五周年紀念活動。(1980 年 1 月 7 日致馬國權信)

12 月 11—18 日　與沈津、任光亮參加在南昌召開的《中國古籍善本書目》編輯工作會議。會議代表聽取了全國古籍善本編目工作巡迴檢查彙報(計華東一組、華東二組、西南、西北、華北、東北、中南七組)。爲保證善本書目的編輯品質,會議提出"對各省、市、自治區善本總目彙編時的復查要求"。會議還決定,自 1980 年 5 月起,在北京開始進行全國總編,書名定爲《中國古籍善本書目》,"全國古籍善本書總目編輯領導小組"改爲《中國古籍善本書目》編輯委員會。會後,與沈津、任光亮等去九江廬山。(《中國近現代圖書館事業大事記》,第 267 頁;沈津的回憶)

12 月 21 日　先生有信致林公武。

　　出差旋滬,拜奉手書,辱承獎借逾情,皇慚莫名! 台端書法篆刻,剛勁樸茂,知致力於此者深矣,不勝佩仰之至!

　　石廬先生已於七四年被"四人幫"迫害致死,聞之極爲痛悼!

　　夫人如來滬,能獲一晤,甚爲企盼! 龍近以事冗,不克作字,稍暇當圖報命,就有道而正焉。(《全集·書信卷·致林公武》,下册第 537 頁)

是月　先生在上海市政協會議上提出"建議各區加強對街道里弄圖書館領

導"的提案。(上海圖書館編《展望與回顧》,第 172 頁)

是年 在和阮恒輝就語言文字的談話中,先生説:這門學問很重要,人才不多,接班人很少。古籍也是靠文字去傳播的,整理古籍,也要有一批受過專門訓練的年輕人去擔當。(盛巽昌致筆者的信)

是年 撰《唐宋蜀刻本簡述》并附《蜀刻書目》。(《全集·文集卷·唐宋蜀刻本簡述》,上册第 268 頁)

是年 先生囑嚴佐之"將散見在各種文獻的蘇東坡石刻書迹搜輯起來,并在三頁方格稿紙上親筆寫就'東坡書迹輯目'纂輯題綱交與他。題綱共四條,相當於編纂凡例。第一條擬定'輯目'的收録範圍;第二條指點如何收集資料;第三條列蘇軾生卒年及所歷宋朝五帝年號、年數等,提供大致年表;第四條'東坡行踪',備書録東坡石刻書迹所在地參考"。(《全集·著作卷·蘇東坡法書石刻目録》出版説明)

# 1980 年　77 歲

1月1日　先生有信致張秀民。

去年浙省圖書學會在紹興開成立大會,滿以爲可與先生把晤一談,後悉先生因感冒未能參加,悵悵! 我與王駕吾先生同住一室,三宿而歸。

日前奉到惠贈大著《活字印刷史話》一册,簡明扼要,拜讀之餘,不勝感佩!

近有美籍友人寄示高麗大學李弘植的文章,題目是《從木版印刷看新羅文化——在慶州佛國寺釋迦塔發現的〈陀羅尼經〉》,考訂它的年代約爲704 年,因爲經文中有武后新字。因新字創於 689 年,傳到新羅當稍後,武氏下臺是 704 年。這樣比貞觀十年(636)還後一些,而比咸通九年較早了。高麗原文,正請人譯,不知先生已有所聞否? (原信,韓琦收藏)

1月7日　先生有信致馬國權。

十二月中接奉手書,敬悉——。我於是月先到杭州,參加西泠印社七十五周年紀念,旋赴南昌參加一個會議,十九日纔歸。承囑訪呂文,頃已抄得,共十頁,挂號寄奉,即希查收爲荷。

戴自中屬攝尹老寫件,亦已照辦。

大作序文,必趕爲之,打算春節中爲之(屆時擬去瀋陽)。

馬力君曾贈《抖擻》一册,已收到,便爲道謝!

小媳膽囊結石,近在北京割除,經過順利,現已漸恢復。上次煩勞,敬此道謝,并以告慰!

香港有無舊書店,如有臺灣幾個單位的善本聯合目錄,似係六十年代出版,不知能有所遇否? 姑妄言之。

陳凡先生近想健康,晤時希爲道念。(《全集·書信卷·致馬國權》,下册第 445 頁)

1月10日　張震澤有信致先生,爲《孫臏兵法校理》出版事。

久疏問候,想念爲勞。昨聞誦芬老弟言,這一年來您經常出門,不避風霜,爲祖國的四個現代化而奔波,殊深欽敬! 不過年紀大了,切盼注意身體爲禱。

去年下半年,我也出去四次,一次到大連圖書館,調查古小説的稀見本,兩次出去講課,最後一次是隨遼寧省政協到北京參觀。回來就上課、改稿,碌碌不已,這也是疏於問候的原因之一。

我的學生王延海,現爲中文系助教,去秋到杭州跟姜亮夫先生學習《楚辭》，曾晤上海古籍出版社陸楓同志，索取拙作《孫臏兵法校理》，時全稿未完，即將《學報》發表的兩篇寄給他。延海告訴他，此稿曾經先生寓目，這樣也許他可能徵求您的意見。不過，那兩篇都是數年前臨時湊成，體例并不一致，尚希不吝賜教。姜先生遭小偷打傷，需休養至四月纔能恢復，因此王延海也要於四月份前往繼續學習。拙稿《孫臏兵法校理》體例全部完成，延海南下時當帶交陸楓同志也。

　　寒假將屆，大駕能來東北否？盼盼！（原信）

**1月13日　周叔弢有信致先生。**

　　昨見刻本《稼軒長短句》，刻印精美，頗具揚州詩局風格，但不列書手、刻工姓名，仍沿輕視勞動人民之舊習，殊爲憾事。解放以後，北京木刻久絕，今見此書，真有空山足音之感！不知先生能爲探悉書手、刻工姓名否？僕擬記之卷末，以廣其傳，後繼有人，可喜之至。瑣事上瀆清神，不勝惶恐之至。（原信）

**1月14日　先生有信致林公武。**

　　兩奉手書，敬悉一一。承惠墨寶及篆刻印章，無任感佩！龍眼乾是閩中名產，敬拜嘉貺，至謝至謝。

　　上海新出毛主席詩詞印譜一冊，敬以奉贈，想必邀欣賞也。

　　《上海市書法篆刻作品集》，此爲與日本大阪交流時所印，印刷較爲精良。拙書無足觀，濫竽其間耳！茲寫小幅一件，附印譜中，祈予教正。

　　新年方過，轉瞬春節，如儷駕來滬探親，可圖良晤。但龍亦以兒孫堅邀，需往瀋陽過春節，因此可能有相左之虞，悵惘何如！（《全集·書信卷·致林公武》，下冊第538頁）

**1月15日　柳非杞有信致先生。**

　　陽曆年乍過，舊曆年將屆，在此我特向公拜年請安。

　　今告者，去年上半年我曾有一信寄公，要求本館依照退休新規則第二條"一九四九年九月底以前參加革命工作的……相當職務以上的幹部"，可以安排一些老同志擔任榮譽職務，如文史館館員等等。當時公尚未正式任館長，公把該信轉到人事科後未有下文，據我猜想，可能我已經退休，不再過問，可能我尚不夠"相當職務"，或再有其他原因。今我想請人事部門去辦，比較費事，今公已正式任爲館長，可否請公以館長身份，爲我寫一信與政協副主席陳虞老，請他安排我爲文史館榮譽館員，但如資歷不夠，則一般館員也可以。公把介紹信附來後，我直寄劉思慕同志添署一名，共同介紹。添署好後，我再把信寄上，由館遞送信件者送給陳虞老。但如先請劉老寫而請公添署者，此辦法不大好，因公是我自己單位的首長，倘捨近就遠，不大自然，還是先公後劉爲宜。我進文史工作，包括對臺工作，必不會落後於其他館員的所做工作也。此事請公考慮後決定可也。附上劉老去年給我一

信,請參考之。冒昧之處,諒之。(原信)

1月19日　馬國權有信致先生。

　　一月七日手示并呂氏《洗硯堂記》抄本,均已拜收,感謝何似。拙稿承蒙賜序,先此致謝。沈老寫件之複製又蒙鼎力賜助,感激萬分。

　　香港有舊書店之設,晚接信往覓臺灣所出善本書目,已購得《"中央研究院"歷史語言研究所善本書目》,凡三百餘頁,將俟此間郵政罷工行動結束後始能郵上。(原信)

1月26日　胡道静有信致先生,爲南京農業技術史研究室繆啓愉將携湖湘版《齊民要術》前往上海圖書館修復事。(原信)

是日　張秀民有信致先生,談韓國發現唐刻佛經,調查國內所存宋、元、明、清雕版實物和複製上海圖書館藏明弘治本《嵊縣志》諸事。

　　手教早悉,因忙於寫作,又以天冷感冒,未能及時奉答爲歉。蒙示知南韓發見唐刻佛經,謝謝。關於此事,去夏在京時,曾早有所聞,後蒙上海出版社胡道静同志見告,去年年底錢存訓博士自美寄來其論文,文中有此經部分照片,惟李某文章未見,不知已譯好付印否?如有複本,望惠賜一份爲盼。

　　錢氏問及國內宋、元、明、清雕版實物及有無銅木活字,記得五八年德國萊比錫世界書籍印刷展覽,北圖曾送去常州做家譜用的木活字一盤,分館柏林寺尚藏有清《龍藏》經板七八萬塊,爲宋元以來一二十副《大藏經》板中惟一幸存的全藏。昨天寫信給老同事,是否中國圖書館學會可製一表格,發往全國各館,調查一下各地所存版刻情況(書名、版刻年代、版片全殘好壞情況),不知先生是否可提倡一下,或先從上海、江蘇做起(已向浙江學會建議)。去年九月中旬自北京還鄉後,寫了《明代藩府刻本》與《試論中越錢幣之關係》兩篇,在京時曾寫了《中越原是一家人》,從血緣上説明兩族之密切關係,當然未便公開發表。前年寫了《永樂〈交阯總志〉的發見》,上海某刊就不敢登。

　　聽説貴館藏有敝縣弘治《嵊縣志》一部,内容與天一閣藏明鈔弘治《嵊志》半部完全不同,是否可請貴館同志估計一下,如静電複製需款若干。

　　日本神田喜一郎博士,不通魚雁已十多年,最近又蒙其惠贈所著《東洋學文獻叢説》一厚册,他今年已八十多歲了。又瑞典研究東方印刷史的專家艾思仁先生寄到其所著吴越顯德本《寶篋印經》論文(英文,此卷爲瑞典國王得自美國紐約私人之手)一册,考證詳明,圖文并茂。

　　去夏在京時,曾聽説先生往太原參加會議,紹興開會也未能前去聆教,爲恨。天寒請加珍攝。如遇見譚其驤、胡道静同志,請代問好。素聞先生精於書法,臨池有便,是否惠賜一紙,作爲墨寶珍藏? (原信)

是月　上海華東師範大學圖書情報學系聘先生爲兼任教授。(履歷表)

2月3日　王紹曾有信致先生,談《古籍目録版本校勘文選》等事。

久疏音問，深以起居爲念。年前山東省館張副館長從南昌開會歸來，獲悉長者亦不辭勞瘁，遠道親臨，對會議有所指示，彌感欣幸。山東省檢查小組本指定後學參加匯總驗收工作，因我館另有其他任務，無法分身，另由其他同志前往替代。目前省檢查小組正在省館張副館長帶領下，分赴各地區進行驗收，春節前諒可藏事。

去年後學承我校中文系殷夢倫先生之囑，爲文科研究生編選《古籍目錄版本校勘文選》，日前已由我館將油印本寄請先生指正，諒已詧閱。此書由於編選時間倉促，選材有欠允當，在刻印時，又未親自校對，以致訛字連篇，標點符號亦多差錯，印出後已無法一一改正，遺誤讀者，良深歉疚。茲接周振甫兄來信，因目前高等學校需要此類參考用書，中華書局已決定接受，給予出版。目前中華正在研究修訂意見，一俟接到正式通知，即當着手修訂。後學個人意見，除增補《隋志》《四庫總目》各類目小序及佛道藏序跋外，并須擇要簡注。後學於目錄校勘之學本無研究，率爾操觚，訛漏難免，尚乞於百忙中親自審閱并指示修訂意見，臨穎無任感禱。

又拙作《試論張元濟先生對我國文化事業和目錄學的貢獻》，經張樹年先生及丁英桂先生校閱，已遵照兩先生指示逐一修改，惟丁英桂先生所示商務曾影印《續藏經》一條，因未查到根據(我館未入藏此書，《叢書綜錄》又不收佛藏)，未及改正。商務影印《續藏經》，丁英桂先生必有所據，便乞轉請丁英桂先生示知。拙文修改稿第二部分，已由中華收入《學林漫錄》，尚未出版。全文則由周振甫兄轉送《社會科學戰綫》，何時發表，尚無消息。樹年先生及丁英桂先生校語寄來之前，山東省圖書館學會已將拙稿付印，未及改正，至感抱歉。茲郵寄兩份，請轉交樹年先生及丁英桂先生指正，并乞轉致謝忱，俟修改稿發表後再當另寄。屢瀆精神，銘感之至。

再後學正在寫一篇《胡適〈校勘學方法論〉的再評論》，基本上肯定胡適的看法，認爲他在某些問題上存在着片面性，例如他片面地強調對校，隻字不提本校、他校及理校，特別是他反對所謂推理的校勘，貶低王念孫、段玉裁的成就。但胡適主張校勘必須依靠古本、善本，主張校改必須得到證實，反對臆改等等，應該給予肯定。1955年在批判胡適時，山大趙儷生教授曾在《文史哲》上發表文章，對胡適《校勘學方法論》曾批判得體無完膚，現在看來并非持平之論。拙作非敢爲胡適翻案，不過根據實事求是精神，予以適當評價而已，成稿之後，即當請求斧正。(原信)

2月12日　離滬去瀋陽，沈津送至機場。下午一時三十分起飛，三時半到瀋，誦芬、顧衡等均來接。(先生小筆記本)

2月13日　先生有信致沈津，告知旅途情况。

昨承你和老魏(芳萊)遠送，感感。上機後，艙中沒有坐滿，我在第二排靠窗，第一排全空，我的提包就放在第一排的中座。有一老乘客說，飛機空前不空後。第二排中座的客人坐到第一排靠窗看風景去,所以我坐的很舒服。過了二十分鐘送茶來,又過二十分鐘送小簿子一本。三時通知三點二十五分到達瀋陽,旋即送糖來,不一忽已到瀋站。我準備要坐三小時,實在不到二小時,真快,一點也不覺吃力。飛到雲層上面,有人説,今天氣流不好,我但覺飛機晃兩晃。到站,誦芬一家都在等候。我感冒在好轉中,帶來的藥按時吃。三樓書庫,節日中要我組自己多加注意,夾層比較安全。任(光亮)、陳(秉仁)兩同志及全組同志問好。(原信)

**2月20日　先生有信致周叔弢。**

獻歲發春,敬維杖履綏和,潭第康樂,爲頌爲慰。一月中旬接奉手書,敬悉一一。瑣事栗六,稽遲裁答,至以爲歉。

原上海朵雲軒曾感木刻書籍之技術已將告絶,因謀一線之傳,訪求老工人,招收知識青年學寫學刻,已有多年,成績頗顯著。刻成書有三種,第一種爲《共産黨宣言》,第二種《楚辭集注》,第三種《稼軒長短句》。原擬第四種刻《大唐西域記》,原主其事者爲茅子良君,茅君經始時常來商談。前年茅君調職,繼者亦曾一晤,此後即乏聯繫。兹奉來示,屬詢《稼軒長短句》刻工姓名,因電話詢問該部門負責人,托言修理房屋,搬遷他處,不得要領。最後詢之茅君,始知出版局有一位副局長,因該項工作不賺錢,決定撤銷。老年工人退休,借調者回原單位,青年分配各部門,有改學司機,有學財會等。去秋,美國圖書館代表團成員之一錢存訓先生(犀盦之孫)曾要求參觀刻書,經堅請始允,恐操作過程未能得見。方冀該社能爲版刻傳統綿一線之傳,今又告輟,殊爲可惜。前年嘗訪金陵刻經處,工無一人,書版亂堆,僅一老者在理版片上架。聞成都已無刻工,嚴氏書板,全已燒毀。揚州則知大印木版書,尚未聞有刻木版書。

朵雲軒今改名書畫出版社,該社如能保留二三人,刻小種罕傳之本,或能維持久長。如欲該社恢復此業務,希望長者登高一呼,促使出版局重新考慮。中國悠久之雕版技術,倘能絶而復蘇,豈非大幸!

關於《稼軒長短句》等刻工姓名如下:

刻工羅旭浩(已退休)、古曉堤、王建偉、徐敏、褚家琦、顧惠華、李華、古春琴、戎英、金青雲、祝君波、茅子良。

書手李成勛。

修字周樹根(長江刻字廠)。

拉綫夏宏泰(原紙品六廠,已退休)。

近來瀋陽探親,旅居多暇,拉雜奉復,書不盡言。順頌春祺,并賀春禧。(原信;《全集·書信卷·致周叔弢》,上册第86頁)

**2月21日　先生有信致羅繼祖。**

久慕大名,没由奉教爲悵!近於謝剛主先生處獲誦手書,藉知尊藏尺牘可以割愛。我館昔嘗蒐集近代名人手札，停頓十餘年，今在恢復中。尊藏素富，潘札之外，尚有何家，便中能否開示一目？潘致沈札百餘條，可否郵示？需價若干，并希示告。

承示明刻四種，我館均有入藏。龍來瀋陽度節，本擬歸途經大連奉訪，現因遽患感冒，日內即將旋滬，悵悵！（先生小筆記本）

2月22日　先生有信致王紹曾。

久未箋候，時以爲念。春節前接奉手書并《古籍目録版本校勘文選》一書，拜讀一過，無任欽佩。龍亦嘗有編選之意，但未着手，尊編先得我心，無任欣慰。深望中華能早日出版，以便讀者。油印本不知印數多否？能否價購數本，便希示及。《文選》中，是否可增選若干，如傅增湘《校史隨筆》序，余嘉錫《四庫提要辨正》序、《藏園群書題記續編》序，張元濟《寶禮堂宋本書録》序，陳垣《校勘學釋例》序等。似記校印百衲本《二十四史》樣本有説明校例，頗有可采，容翻帋有得，隨時奉告。上開諸文，可能尊編已有選及，因書不在手邊，不能復按，乞諒！

《續藏經》係簡稱，全名容查告，我館有此書。原版難得，商務影印本亦已罕見。

胡適之先生所著《校勘學方法論》，此文原爲《元典章校補釋例》序，如爲序而言，針對性較强；如爲方法論而言，則不够全面。將來采用此文，是否用《元典章校補釋例》序？至於一九五五年批判之詞，本非學術討論，似可不再提及。《胡適留學日記》中，亦有一段講校勘學者，不知能采及否？

新西蘭葉宋曼英女士，研究張菊老與商務，撰述博士論文，曾來見訪。我即告以先生有文撰述，而渠言已獲得單行本，對其幫助甚大。

我近來瀋陽小兒家度春節，日內即將旋滬。（《全集·書信卷·致王紹曾》，上册第256頁）

2月下旬　先生有信致喬好勤。

去年晉祠把晤，獲承教益，無任快慰！會上獲讀大文，甚爲佩仰！十月杪接奉手書，本當即復，適以雜務叢沓，旋有外出任務，一再遷延，歉悵何如！

您擬定的論文題目《近百年中國目録學初論》，把近百年中國目録學作一總結，甚有必要。以實帶虛，將各書目從藏書性質、書目編著、分類體系等方面加以評述，別成專著，亦很有意義。三十年前，日本長澤規矩也曾編著《支那圖書目録解題》（書名記不真），可參考。其實我們自己也可以寫一本，最近山東大學圖書館王紹曾同志編輯了一本《古籍目録版本校勘文選》，資料豐富，頗資啓發，不知您已見及否？

近來瀋陽小作休息，日內即將旋滬。（先生小筆記本）

是月　撰《一本書的遭遇——關於中國近代期刊篇目彙録》。

　　早在五十年代,上海圖書館考慮到中國近代期刊衆多,内容豐富,包含大量史料,爲了便于讀者查閱,在黨和政府的關懷與支持下,于一九五九年起組織人力,把近代期刊中哲學、社會科學方面有參考價值的匯録其全部篇目,編成《中國近代期刊篇目彙録》。這是過去從未有人做過的浩繁工作,是學術工作者和從事圖書館事業者所迫切希望的。經數年努力,于一九六五年出版了《彙録》的第一集(一八五七——一八九九),近二百萬字;第二集(一九〇〇——一九一一)、第三集(一九一二——一九一八),約一千二百萬字,陸續付排,打出校樣。至于一九一九——一九四九年五月以前的期刊篇目,已經抄齊卡片,編輯工作也逐步開展。

　　在我們校閱第二、三集清樣和準備把一九一九年以後各集送交出版時,"文化大革命"開始了,這項工作被迫停止,祇好裝箱儲存。不久,林彪、"四人幫"的黑手伸進了上海圖書館,竟以"房屋擁擠"爲名,把視爲"四舊"的一九一九——一九四九年五月前全部期刊卡片稱斤出售,作爲廢紙處理,造成不可挽回的損失。可是,這批卡片却不知花費了多少人力物力啊!一九一九年以後的期刊,我們搜集了二千五百多種,參加成員除上海圖書館二十餘人外,還有十多個中學成績優良的學生一百餘人,由老師帶隊協助,在浩如烟海的期刊中,認真稽索,反複配套。一律檢核原刊,逐篇著録,如"補白",目録往往不載,我們也一一登記,把刊名,創刊、停刊時間,刊期,編輯、發行者,出版地點,卷次,期數,出版年月日,分欄標題,篇名,著譯者等,均加著録,增刊、特刊、專刊、附册等,也按卷期號或出版時間列在相應卷次之後。歷時七年,一式三份,寫出卡片一百多萬張,裝在三十八個大木箱中(爲了節約,卡片用紙邊裁切,比通用的卡片稍薄略小),準備一俟運動結束,迅即整理,誰知竟成了灰燼! (《全集·文集卷·一本書的遭遇——關於中國近代期刊篇目彙録》,上册第 479 頁)

3月2日　周叔弢有信致先生。

　　前得瀋陽來信,承示稼軒詞刻印原委及書手、刻工姓名,感荷之至。昨至新華書店,索閲《共産黨宣言》及《楚辭集注》,《宣言》已無書,《楚辭》乃《古逸叢書》舊版修補重印者,不知與朵雲軒刻本是一事否?宋本《劉賓客集》至今尚未知其下落。……修字、拉綫作何解,乞示知。(原信)

3月5日　下午,看新屋。與同事商搬家事,決定用文化局車隊車。請同事代購燈罩、窗簾、拖把等物。(先生小筆記本)

3月6日　閲北京圖書館《關於協作試驗與研究美國機讀目録在我國的應用問題》的函復。(先生小筆記本)

3月8日　王紹曾有信致先生。

　　上月二十二日自瀋陽寄來手示,未及早日修復,殊深歉疚。此次先生在瀋歡度春節,與家人團聚之際,對後學尤殷殷賜教,關懷備至,隆情厚誼,銘感肺腑,未可言宣。兹將有關問題,敬陳於後。

(一)拙編《文選》,以囿於見聞,并爲水平所限,紕漏之處,所在多有,乃蒙獎勉有加,徒增汗顔。承囑增選傅增湘《校史隨筆》序、余嘉錫《藏園群書題記續編》序、陳垣《校勘學釋例》序,均已遵囑補選。至余嘉錫《四庫提要辨證》序及菊老《寶禮堂宋本書録》序,本已入選。承示百衲本《二十四史》樣本中有校例説明可用,因我館并未入藏,無從得見原文,先生處若能檢寄,迻録後即當奉還(你館如能複印一份,複製費當由後學郵上)。胡適之先生《校勘學方法論》,即係《元典章校補釋例》序文,《胡適留學日記》中《論校勘之學》一文(在第四册中)亦已找到,觀點基本上與《校勘學方法論》相同,因寫作時間較早,不如《校勘學方法論》周密而完整,似可不再補選。

(二)關於拙編《文選》如何修訂,中華希望後學先提出一個修訂意見,便於編輯部研究商定。現後學已根據各方面意見整理出一個初步意見,兹抄附一份,敬乞於百忙中核閲,逐項予以指示。其中佛道藏書目序跋,所選是否合適,能否適當增選校印《大藏經》序跋,若日本《大正藏》序跋、章炳麟《頻伽精舍校刊大藏經》序(以日本宏教書院本爲底本)、《校印大藏經凡例》、《日本弘教書院縮印大藏經緣起》? 商務影印《續藏經》,後學現已查明,時間在1936年,但未見原書,不知影印時是否撰有序跋? 能否予以選録? 又目録序跋中,新增有關小説、戲曲書目序跋,此係冀淑英先生所建議。後學所選,取捨之間亦未必恰當。關於第二輯版本序跋二十四例,原係采用北大圖書館學系善本書總目編輯研究班上講稿,因原稿意圖在於着重表明宋元舊槧之作用,未能全面反映歷代版本發展過程,故擬另行編選有關版本源流及論述宋、元、明、清版本得失一類文章,附以有代表性之序跋,以增加讀者感性知識。選録序跋,原則上儘量選用在《中國版刻圖録》《明代版本圖録》中有書影,或《四部叢刊》已有影印本,有實物可資參驗者;序跋作者,并須注意有一定代表性,不偏重於某幾個人。目前後學已選出一部分,是否合適,請予指示。若蒙提供有關篇目,尤爲感禱。至每輯中增補篇目,均係後學閉門造車,孰留孰删,統請詳細核示。此書如果能問世,則皆先生之賜也。

(三)拙作《胡適〈校勘學方法論〉的再評價》,已於春節期間寫成初稿,因限於水平,卑之無甚高論,錯誤之處尤爲難免。一俟清稿以後,即當寄請指正。

(四)我校所印拙編《文選》,係由學校科研處研究生科經辦,當時我館祇加印五十份,均已分別寄贈兄弟圖書館,别無剩餘。此書未經後學親自校對,以致訛文、脱字無法卒讀,印就後又未能一一改正,貽誤讀者,深感不安。現在中華既有出版之意,自當重行校點,以贖前愆。方命之處,尚祈鑒諒。(原信)

3月11日　由西康路寓所遷往淮海中路,新居爲兩室一廳,并與譚其驤、王个簃、朱霖等爲鄰。誦芬從瀋陽回滬協助搬家,上海圖書館艾冲及古籍組同事多人參與。誦芬返瀋後,由顧誦裕和周賢基陪住,以便照顧先生。(先生小筆記本;顧誦芬致筆者的信)

3月15日　先生有信致湯志鈞。

多日不晤,爲念。關於查閱早期《申報》,已與藏書樓芮太英同志商妥,擬在小房間内翻閱,雖稍簡陋,但可免援例,此不足爲外人道,希查報同志不必外傳,諸惟亮察。(《全集・書信卷・致湯志鈞》,下册第 424 頁)

按,時《申報》正在整理影印,暫不外閱。又湯志鈞正主編《近代上海大事記》,函請先生幫助。

3月20日　馬國權有信致先生,謂:"賜撰《章草字典》序言,至以爲喜,不知我公已命筆否?謹先敬致謝意。貴館所編《中國近代現代叢書目錄》甚佳,晚曾草小文爲之介紹,謹將剪報寄呈,并乞斧正。"(原信)

3月24日　上繳寫字稿酬與上海圖書館。"天津南開大學周總理青年時期活動紀念室舉行書法展覽,屬我寫字,我在工作時間所寫,煩了幾位同志幫助。昨天天津寄來稿酬二十八元,應上繳。"(先生便箋)

是月　跋黃再同文稿。

甲戌、乙亥間,余最喜游西單小市,書攤林立,目不暇給,得前人殘稿零縑片楮,輒考其作者,有所獲,手爲之舞,足爲之蹈。此册儲之篋衍四十年矣,終不能識爲誰氏之筆。近因移居,又檢閱及之,適讀朱桂辛先生所印《訓真書屋遺稿》,刊載此文,恍然知爲黃氏之筆。《遺稿》即爲卷盦所藏,余所創議者也。(《全集・文集卷・跋黃再同文稿》,下册第 837 頁)

是月　《書林》第3期刊發谷葦《顧廷龍談胡適遺著》。

4月6日　汪慶正介紹老同學之子季崇建至先生處學習書法。(原信)

4月24日　先生有信致錢存訓。

去年台駕來滬,獲聆教益,深爲快慰!

承惠大著兩種,均經拜讀,受益匪淺。新羅塔經景片并文章兩篇,得廣聞見,感荷之至。我去年經常赴外地開會,又以館務縶掌,忙懶交并,稽遲裁答,致勞遠繫,歉何如之!今年又承見惠塔經全份,當即交胡道静覽觀,道静筆勤,即懇其先行奉復,諒邀察及。

前囑請人代畫付梓圖式,即請我館楊律人君作畫,我因當時來樣不甚清楚,今按盧前所説分畫五幅,由楊君訪問了書畫出版社刻字工人,并觀看其刻字過程,拍攝了照片,并作畫圖五張,以供參考:(一)上板(附花格紙一張);(二)發刀;(三)扯刀(亦稱扯線,爲開刻的第一工序);(四)挑刀;(五)打空。兹將圖照一併寄上,如有錯誤或不明確處,望來信,當再改定。何謂"夾空三綫",非樣不明。花格,我館尚有存者,特以贈覽。張志哲、莊葳兩文，知道静兄已先將該刊寄奉，我實先已複印，遲未付郵，現在明知失晨之雞，還是附呈，以志我過。

　　承贈我館之書，已先後收到，當由館中另行函復，盛情感謝不盡。（原信）

4月27日　將《胡適之先生水經注論著附手札識語》重新書之。（原件）

是月　在曬印本《畫扇齋叢録》封面上，補書“欣夫藏本，今在復旦圖書館。龍記”。（曬印本；《全集·文集卷·曬印本畫扇齋叢録跋》，下册第734頁）

是月　爲胡道静伉儷書“白首論交久，江干話雨親。相期同滅燭，放眼百花新”。（《顧廷龍書法選集》；《文集》胡道静序）

5月9日　晨起，寫題簽。上午去文化局方行處，彙報上海地區古籍善本卡片完成情况，并談善本庫書要返回原處，方表示支持。吳織、趙興茂來，商購物送人。寫字二張。下午三時沈津來，即同去任光亮家，同赴火車站。此行赴京，乃爲《中國古籍善本書目》事，任光亮同行。（日記）

5月10日　中午抵達北京，冀淑英、李致忠、丁瑜、馮秉文來接。住虎坊橋香廠路六號國務院招待所。時全國各省市圖書館參加編纂《中國古籍善本書目》的專業人員也集中在此，七百八十二個藏書單位編製的古籍善本卡片也全部集中。下午，圖書館處吕朗、曾祥集來看望先生。在任光亮陪同下，在香廠路及前門附近蹓躂認路，購北京市交通圖。晚飯後，與冀淑英談工作細則和目録質量問題。寫信給誦芬。（日記；《全集·文集卷·我和圖書館／中國古籍善本書目編纂工作總結》，第363／448頁）

5月11日　下午四點後，去醫院看望顧頡剛。（任光亮日記）

5月12日　上午胡耀輝、曾祥集、劉季平、譚祥金來，召開總編會議。下午開全體會議。王煦華來，晚，先生請任、王到飯館吃飯。（任光亮日記）

5月14日　上午總編室會議，下午全體會議，討論工作細則。（任光亮日記）

5月15日　上午開編委會，商定以後每周召開碰頭會。（先生小筆記本）

是日　先生有信致方行，報告到京後工作情况。

　　我與任光亮於十日午到京，冀淑英、李致忠、丁瑜、馮秉文來接。住虎坊橋香廠路六號招待所，工作亦在這裏，辦公桌椅都是招待所新修的，我覺得條件很好，出入交通方便，附近有友誼醫院。我身體尚好，北圖有醫生來看過，以後一周來兩次，請勿念。

　　我們報到尚準時，我到後，辦公室即打電話催南京圖書館潘天禎十一日飛機趕來。浙江圖書館亦去電報催了。江浙片子尚未到，北京各單位尚未一家送到。我們可以説没有拖後腿，是您平日領導督促之力。

　　十二日在劉季老主持下開了一次編委會，商定了分編室名單，因爲有請假的，有更替的。今日討論《工作綱要》，同志們觀摩各單位帶來的片子，明天商量併片辦法。

譚祥金即將到澳大利亞出國留學，時間兩年，他擔任的工作均交李競接替，這裏事亦由李管。潘天禎住十日八日即先回去，他們片子要六月交。山東、安徽片子都六月交。大家問我可耽多久，我說有較長時期的思想準備。因此他們對《工作綱要》亦有所修改。劉季老說，這件大事，"四人幫"不打倒，辦不成；時間隔得長了，老人少了，也不是馬上搞得起來的。所以祇有現在，纔是完成這個目錄的恰好時期。

此間天氣不好，忽冷忽熱，必須慢慢適應。（《全集·書信卷·致方行》，上冊第305頁）

5月17日　看書目。下午，看劉少奇同志追悼會的電視轉播。"一生出生入死，爲共產主義而奮鬥，豈知不死於敵人之手，而在革命成功之後二十年，死於同志之手，嗚呼！"夜，不適，早睡。（先生小筆記本）

5月18日　上午去親友處午飯，覺不適，略有發燒。晚，熱度升高，即去友誼醫院看急診。（先生小筆記本）

是日　張中原（周信芳婿）有信致先生，欲在上海人民公園畫室舉行書畫展覽，請先生賜題。

欣逢郅治，願奮餘生，爲祖國"四化"建設貢獻棉力，吸取外匯。今已徵得人民公園同意，樂爲主辦個人作品展銷，在市文化局批示後，將於六七月間舉行。茲附上楮一頁，請賜鴻題，以資策勉，不勝欣幸。原件請於本月卅日前賜揮惠寄公園畫室爲感。（原信）

5月19日　晨，熱度退。任光亮買燒餅及豆漿來。編委會送《工作規程》和《工作細則》來，請審閱。夜，曹道衡夫婦及女來。劉啓釪來。來探視者又有王文珍、楊文剛等人。（先生小筆記本）

5月20日　冀淑英擬"審核卡片條例"送呈先生。下午三時，譚祥金、李競來。潘天禎彙報編委會工作。（先生小筆記本）

5月23日　錢存訓有信致先生。

接奉四月二十四日手教，附下代繪木刻圖解及照片各一套，又承惠賜花格樣張，均已照收。圖片承楊律人先生代爲攝影繪製，并訪問刻字工友，觀察過程，繪製精確，煩勞至感。承兄安排指點，多方協助，尤幸感幸，將來當在書中申明道謝。該書仍在修訂之中，如另有疑難問題，當再請教。代付費用，亦請見示，至當歸趙。承惠下張、莊兩文，亦已收到，并此道謝。

前寄有關新羅經卷朝文兩篇，據道靜兄函告，謂已經譯出，如屬可能，擬懇複印一份寄示一閱。因此件印刷品關係重大，李氏文中謂爲新羅自印，而非傳自中國，則朝鮮爲世界上印刷發明最早國家，但其論據頗多牽強，擬加駁斥。惟弟對朝文所知有限，極盼閱讀全部譯文，以免乖謬。故極盼早日寄下一閱，不勝盼禱之至。

近來國內團體來美訪問者絡繹不絶，聞國內圖書館界亦有組團來訪之

說，極望吾兄能到此一游，自當倒屨相迎也。（原信）

是月　《中國古籍善本書目》編輯委員會在北京成立。北京圖書館館長劉季平爲主任委員，上海市文化局副局長方行和先生爲副主任委員。先生兼任主編，副主編爲冀淑英、潘天禎。（《上海圖書館事業志》，第 39 頁）

全國各省市參加總編的工作人員到北京香廠路國務院招待所集中。總編工作實行了編委會領導下的主編負責制，在主編的領導下開始進行，首先按分類體系，成立了經、史、子、集、叢五個編輯室，每個編輯室在分主編的領導下，將本編輯室任務依二級類目分到各個人手中進行初審。全國各地共送交十三萬多張卡片，經過匯總、併片、分類後，由各編輯室負責開始了艱苦、細緻的初審工作。初審工作要求審查各館報來的卡片是否收錄，審核是否是同一書，同一版本，決定列一條款目，還是列幾條款目，著錄是否準確，鑒定是否恰當等問題。在看不到原書，工具書又缺乏的情況下，爲了保證質量，參加初審的同志采取了在北京就近核書，向外地發函咨詢，用書影核對版本、鑒定版本等辦法。經過大家的努力，初審工作較爲順利地完成了。（《全集·文集卷·中國古籍善本書目編纂工作總結》，上冊第 448 頁）

6 月初　爲張中原畫展題詞，并請沈津酌辦此事。

公園張中原書畫展覽要我寫幾句，我寫了，請老潘看看，如無不妥，請交公園同志（如文化局尚未批下，緩交）。如有不妥，則不要交去。沈津同志請酌辦。（原信）

按，題詞寫在信封上，云：“鎮海張中原先生，爲戲劇名家周信芳先生之快婿，多才多藝，擅畫工書，朝朝染翰，馳譽滬江。對花寫照，對鳥寫生，亦神亦韵，各具妙趣，今供衆賞，懿與盛哉！”（原信）

6 月 6 日　先生有信致方行。

月初接奉手書，敬悉。尊恙需要多休養，勿能過於勞累，無任盼禱！

《期刊彙目》第一卷以《湘報》增爲附錄，可以即行再版，甚善甚善！第二卷（上）即可再版，便利讀者，真是勝造七級浮屠。俟稍暇當寫一篇介紹文章，參加宣傳。將來可編一簡易的主題索引，最近有一老友與我談主題索引問題，頗有啓發。據說現在國外都在搞此。傳説外人譏我們不會利用資料，不會整理資料，其實他們不瞭解，我們人手的確不夠，我們不喜宣傳。《叢書目錄》，《讀書》第四期上的介紹文章寫得很好。我來京後，出版局倪志明同志（原不相識）爲陳原同志屬我寫一篇紀念張菊生先生的文章，電話聯繫相識，他即寄贈《讀書》第四期，我因有黄裳臭文章置之案頭，不喜翻閲，直至接奉手書，始檢閱讀，發現他折角爲記，要我一讀。讀後聯繫到《綜錄》的重印問題，我托趙興茂同志面陳一切。我覺能挖改多少即改多少，不宜做校勘表，校勘表篇幅一多，太不好看。有一華裔説，有些錯字一看就知道意思，關係不大。當祈酌奪。葉寶弟同志工作很積極，得您支持，可免無謂的掣肘,閱之極爲興奮!

關於館藏善本書目,趙興茂、吳織兩同志均甚積極,必能有成。著録上加詳,是目録學的發展,這點潘、趙、吳與我是一致的。"收録範圍"適應本地區、本單位的需要,使人看了覺得有點用處。我還希望把前階段搞了一些"副産品",不了不結,弄得一盤散沙,照相的費用,如果核算一下,恐也不少。我們總要弄出一點東西來,有了材料,不能建成高樓大厦,蓋成幾間平房也好。我身體尚好,特別有您的支持,再幹一下。

文物局長會議無所聞。關於書記處討論文物局事,決定了兩項:(一)管理圖書館事業,將在文化部設立二級局領導之;(二)北京圖書館建新館舍,由萬里同志主管其事。

此間情況,人員未齊,卡片未齊,參考書寥寥。托趙帶呈的《工作規程》,由潘老掌握會議,曾、譚同意改定的,最大出入在"主持日常工作"一條,原爲"主編、副主編、辦公室主任主持日常工作",今將"辦公室主任"刪去。辦公室的職掌"草擬"原爲"制定"。"辦公室負責總編室的行政工作和全體工作人員的考勤、考績",今將"總編室的"四字刪去,"行政"下加"後勤"二字和下一句刪。文件是定下來了,但碎葉後裔不很高興。崔説初稿是他起的,原想顧年老不能長住在此,潘亦不能常在,恐冀一人不易處理,所以當時的設想如此,現在情況不同,同意修改。冀與碎葉不甚融洽,冀辦事有困難。説句客觀公道的話,在我看來冀是真行家。爲了目録出好,在目前的條件形勢下,工作必不能一帆風順。代譚主管其事者爲李競,對古籍的複雜情況是否瞭解,很難説。他除聽碎葉的話,聽不到別的。曾亦不大來(潘去後,沒有來過),潘説六月份走不開,希望他七月份來。我是衰朽餘生,實在做不出什麽事,聊爲冀一臂之助,我告她潘不來我不走。起初她告我不願與人爭論,頗有申請退休之想。今日討論分類表,又想組織人力滋事研究編制,未能得到他人的支持。下星期中還要討論。

印刷問題尚未考慮,我原來主張卡片直接發排,據碎葉説曾聯繫,有可能。但我最近看形勢,卡片最好還是先油印出來定稿,廣泛徵求意見,閉門造車,深恐貽笑大方。碎葉、崔、潘均贊成。好在爲時尚早,静候研究。

我還與潘老商,在審片階段結束前,建議召開編委會,副主任必須出席,以商大計。我還主張要保證重點,指宋元本,潘老主增加抄校稿亦屬重點,至如何保證,毫無措施。此事將待潘老來再商。原定聘顧問三人,趙萬里、周叔弢兩處,擬由我去,打算到天津住一宵。潘景鄭處擬郵寄上海,由館轉復,或由李競帶滬。李將偕王潤華一同赴滬,王爲舊平裝目録"文化革命"前即由版本圖書館派到上海來編舊平裝目録者,此人現調北京圖書館,繼續此工作。王係王伯祥先生之子,王漱華(女)之弟,漱華與馮志成(?)交好。

我除去探望顧頡剛一次外,尚未它出。我有一内侄婿,原爲友誼醫院醫生,其家仍住院内。我們醫療適指定在該院,特別方便,此次復查,就是他們陪我去的。心肺正常,血脂也下降,但還高一些,現在繼續服藥。再過半月去查一次肝功能。香烟基本不吃,不是我戒香烟,而是香烟戒我(買不着好烟),一笑。(原信)

6月13日　受編委會之托,在天津市圖書館白莉蓉陪同下,專程赴天津,聘請周叔弢爲《中國古籍善本書目》編輯委員會顧問。

　　(當天上午)下火車後先到天津館,吕十朋老師請顧老看了幾部宋元版書。下午大約是二點,到周先生家(待了一小時左右)。因事先已通知,所以顧老到的時候,周先生已在客廳等候。他們相見的場面十分感人,兩位老人都前趨數步,緊緊握手,没有任何寒暄,開口就説起了書的事。坐下後,顧老談起編《總目》之事,説到此舉是爲實現周恩來總理的遺願,他倆都非常激動。顧老向周先生介紹了編目工作計劃,并説是代表編委會來聘請周先生爲顧問之事。周先生極爲興奮,欣然應諾,并對顧老親自來津表示感謝。之後,顧老又談到了周先生藏書之事,特别提到海源閣的書。周先生笑談他當年爲了買楊氏的兩部舊藏《蜕庵集》和《聞見後録》而借債的事,説這兩部書當時已被邃雅齋收得,周極欲購之,但對方出價很高,好像是經他的一個親戚從中説項纔借債買到的,後來他賣了北京自來水公司的股票還債。

　　關於從山東王獻唐處購黄丕烈跋《穆天子傳》一事,是我在去津的路上對顧老説的,并請他問一下周先生。當時顧老將山東的情況簡單向周先生説了,但周先生非常肯定地説,這部書是海源閣散出之物,并已被王獻唐收藏。周通過楊的後人從中説項,纔將這部書買下。後來他們也談到周先生捐獻《永樂大典》的事,還提到天津的張重威,周説了他們兩家相互借書把玩之事。(白莉蓉致筆者的信)

　　小白陪我乘八時四十五分的車到津。到站相接者有天津館副館長韓士奎、部主任吕十朋及楊燕英,司機爲黄大梅(女)。午後二時半,訪周叔弢先生,將二十年不見矣。寒暄畢,余即報告爲實現周總理遺願,儘快地編成《中國善本書總目》。兩年來,各省、市、自治區都已將卡片做好送京匯總,成立《中國古籍善本書目》編輯委員會,主任委員爲劉季平同志,決定請先生擔任顧問,我們有問題隨時請教。即遞交聘書,先生受之,很表高興。周老談研究紙可用方志,造紙的地區和時代最爲明確。又説上博印的畫很好,謝稚柳文章論鑒别與風格,他説鑒定版本亦是這樣的,有人以菊老言刀法爲玄之又玄,謂旁門左道。余即認爲這種謬論適以證明其學未入門,不能有此較深體會。歷來刻圖章的名家,各有其刀法,刻版何嘗不如此。比如寫字,有時代風格,有各家流派,刻書板何獨不然?《汲古閣圖》現在北圖,《魚玄機集》原在袁二處,後歸寶禮堂,今入北圖。周曾托日人小林景印《棠湖詩稿》,周以六百元收購,并蓋有藏章,結果天津館以一千數百元購去,并傳言周與國家搶購圖書,不是太不公平麼!(先生小筆記本)

是日　先生有信致方行。

　　日前上緘,想已先達。近想尊體已恢復健康,甚念。昨日學會開理事會,我也算在京理事應邀參加了。在會中聽説,六月廿七日在京第一招待所召開文化局長和博物、圖書館長會議,想台駕當能來京。會中討論決定十月下旬在杭州開年會(會必須開,人數不能太多)。

　　我今晨奉命來津,聘請周叔弢先生爲顧問,他非常高興,并出捐贈天津館的善本書給我看。他告我上博的畫册收到了,印得非常好。又説他讀了謝稚柳文章,所講畫有風格,很好,鑒別版本也有這個道理。總之,要看得多,纔會有體會。這幾天天津市人代、政協就要開會,没有空了,老先生精神之好,記憶力之强,在我所見到九十老人中,當推第一了。

　　明日去天津館看書,十五買到票即返京。(原信)

6月14日　下午看了《棠湖詩稿》和康有爲《大同書》。(先生小筆記本)

6月15日　去天津圖書館,館長黃鈺生及副館長均來晤。看《水經注》及《李學士新注孫尚書内簡尺牘》(半葉十二行,行二十字,小字雙行二十六字,四周單邊,黑口,雙魚尾,無缺筆,有簡體)、《穆天子傳》(黃丕烈校,末有跋,印記曰"蕘翁更字復翁"。周捐)、《中興群公啝稿》(士禮居藏,匣題"中興群公啝藁戊集七卷",殘宋刻,五册全函。水竹舊物)、《異苑》(明抄本,汲古閣舊藏,有笏居士、胡震亨、翁同龢跋)、翁覃溪摘録書畫彙考手稿(爲《式古堂書畫考》摘本《式古堂書畫考略記》和《郁氏書畫題跋記》《珊瑚網書畫題跋》,每種後有蘇齋跋,疑《四庫提要》稿,凡五册。此爲黃紹憲贈翁同龢者,不知何人題簽,可商。有翁同龢跋)、《石壁精舍音注唐書詳節》(巾箱本,存五十四至五十八、一百二十二至一百二十三,"朗"字缺筆。上海有一部存)、《唐拓多寶塔》(庫裝,原賜桂芳者,崇恩舊藏。有李鴻章跋,用寫經箋,有"法喜大藏"印。此箋不像藏經箋)等。中午,黃館長用車送先生回飯店。午後再去館,看康有爲《大同書》,《棠湖詩稿》錢儀吉、錢駿甫、[1]鄧邦述跋等,均被陳伯達扯下,今後須重裝。(先生小筆記本)

是日　先生有信致趙興茂、吳織,談在天津探望周叔弢和看書事。

　　我於13日來天津,下午訪周叔弢先生,九十高齡,手足輕健,望之如七十許人。談版本問題,頗相契合,亦説明我的想法是合理的。例如,要對兩朝交替之間的版本鑒定作點研究,冀大姐也感到這一問題了,但我們的工作已到了編目,來不及補課了。

　　昨到天津館的特藏部,四周靠墻全放書櫥,櫥内全爲各種參考書,而書

----

①錢駿甫:據上海圖書館"中文古籍聯合目録及循證平臺"查詢,天津圖書館藏《棠湖詩稿》有錢駿祥跋。駿祥字新甫。

目爲大宗,秩序井井。青年多,有一位小楊同志,爲小王的同學,她告我他們現在整理叢書,爲了配合我們的《綜録》工作。我來津的上一天,馮秉文告我,他們有一天外賓參觀,外賓看他們理善本卡片,没有問什麽。又看到他搞叢書卡片,就問了幹什麽用? 他們就介紹了《綜録》增訂事。人家對我們的支持,我感到很興奮,所以要向你們作一簡報。我本來打算今日要返京,天津館同志説下午車太熱,星期一清早走罷。下午再到津館看書去(今星期),津館的兩部全校《水經注》較細的看了,回滬時當在胡適信後的副頁上補寫一段。

《善本書目》已着手進行否? 方局長要我遥加指揮,我確很關心。全國善本目録,像清朝婦女纏過的脚,怎樣放也放不大了,我們館藏目好似没有纏過的天然脚,希望早日出現。

這裏很熱,招待所(國民飯店)很好,一個人住一大間,八元一天。有浴缸,可是水上不來(住三樓)。臺上有臺燈,看了有很高興,但没插樸(按,指插座)。陪我來的是津館的小白,她送我到飯店後,千叮萬囑不要出門,我完全遵命(她比我小半個多世紀,飯店居於交通道),没有事就寫信。祝全組同志好。(原信)

6月16日　離津返京,吕十朋及白莉蓉送到車上話別。吕言及天春園方志及其他書均已捐獻津館,又金鉞家書及書板亦已獻館,惟板片已亂。(先生小筆記本)

返京前,在天津車站附近新華書店購《智永真草千字文》一册贈白莉蓉,并跋其後,云:“莉蓉同志與余同訪周叔弢先生于津門,將歸,候車多暇,信步至新華書店流覽字帖。莉蓉以學書宜從何體入手見詢,余謂以實用爲主,尤以圖書館古籍工作者寫一書籤、鈔補缺葉,以用行楷爲繁,整理明清人批校本及尺牘,均須熟識行書、草書。莉蓉以爲然。因選此帖贈之,藉留紀念。”(《全集·文集卷·跋智永真草千字文》,下册第627頁)

6月17日　先生有信致陳先行。

來信閲悉。你能參加《叢書綜録》的增訂工作,甚好。這本書大體上是不錯的,有些錯字要仔細校。搞目録,必需記住書名。其次注意叢書本,是否另有單刻本。掌握了這情况,以後需要了解其出入。過去俞爾康同志寫過一篇有關叢書的文章,我也寫過一篇,都由業務組排印的,你便中問問包雪英同志,她處有無保存? 如有,可借來一閲。最近湖北館陽海清同志寫了一篇《叢書淺談》(此文趙興茂同志有),你看了三篇文章,寫一篇簡要評論如何?

師大無信來,原定隨時來信,想必忙不過來了。不知何日發榜。(《全集·書信卷·致陳先行》,下册第581頁)

6月22日　偕沈津、谷輝之同游琉璃廠,“新書多於古書,古書價高,無可

問津"。原中國書店門市部,現分別挂了兩塊牌子:邃雅齋、文奎堂。(先生小筆記本)

6月27日　聽劉季平作關於圖書館發展的報告。(先生小筆記本)

是月　周叔弢九十華誕,周一良(太初)以《自莊嚴堪勘書圖》囑先生跋(原件今藏周景良先生處)。

　　　五世丈周叔弢先生藏書之富,夙與李氏木犀軒、傅氏雙鑒樓鼎峙海内,而凌駕二氏,無愧後勁。龍久慕名德,未由識荆。既與令嗣太初學長同學燕京,又以京、津迢遞,未獲摳衣晋謁爲憾。抗戰初,龍應葉揆初丈之招,南歸創辦合衆圖書館於上海,逾年先生來滬,偕哲弟志輔同訪揆初丈,并莅合衆,始得以後學奉教,悉聞緒論。建國後先生視察來滬,時合衆已獻政府,改名歷史文獻圖書館,并已統一於上海圖書館矣。因出宋元善本乞予鑒定,館藏宋槧《西漢會要》原已殘缺,先生即詔曰:"此怡府舊藏,余家有殘帙一册,當爲失群之鳥。"允以見贈。未幾郵至,帙面書籤無少差異,遂爲延津之合。徵見真知篤好,一經寓目,歷久不忘,益令人企佩卓識,且拜高誼之賜,永矢銘感焉。旋遭動亂,不通音問者十餘年。迨四凶殄夷,爲完成周恩來總理遺願,編輯《中國古籍善本書目》之業,先由全國各地着手進行,今年五月在京集合彙編。龍衡編輯委員會之命,專誠赴津敦聘先生爲顧問,荷蒙欣諾,娓娓導論編纂目録之要旨,鑒别版本之精微,并出示將捐獻天津圖書館之宋元本若干種,相與評賞。竊謂鑒定版本,非見真憑實據者,不宜輕改前人之説,舉以相質,承許鄙言爲不謬。先生嘗收藏黄堯圃校《穆天子傳》一書,爲王君獻唐故物,曾付景印。或以爲影印本與先生所藏原本略有出入,遂傳真本尚在山東某氏,秘不示人,稱與影印本絲毫不爽。龍請觀比勘,影印本與原本確有不同之處,如朱筆之深淡,校文位置之參差,點畫略見肥瘦,諦審再三,始恍然當時影印條件較差,攝影、套版、描潤三者技術皆不精,遂失真面,滋人疑竇耳。其爲黄校親筆,固無庸致疑矣。具見明眼精鑒,非後生所能企及萬一也。先生博學强識,愛書若命,每得珍本之紙敝裝劣者,必爲修復如新。居恒于治事之暇,怡情典籍,丹鉛不去手,曾經校讀者,往往繫以題識。建國之三年,先生以所聚精本悉獻諸國家,近復出剩篋續歸公庫。嘗謂捐獻個人藏書乃求書得其所,使書籍免遭流散損毀之厄,藉以發揮應有之作用,由國家收藏,自較私人收藏爲勝。此其愛國熱情溢於言表,尤令人彌深敬仰之私。昔南雷嘗謂"藏書難,藏久尤難",而先生力謀書之得所,書延其年,人益其壽,斯亦可以解南雷之惑矣。今年恭值先生九十華誕,太初適以《自莊嚴堪勘書圖》命題,因書龍所獲承教者,附贅卷末。《詩》不云乎"君子萬年,介爾景福",謹爲長者頌之。(《全集·文集卷·自莊嚴堪勘書圖跋》,下册第712頁)

是月　參加趙萬里先生追悼會和劉國鈞先生追悼會。(沈津的回憶)

7月7日　先生有信致湯志鈞。

許久不晤，時以爲念。前承惠贈大著《章太炎年譜長編》兩册，拜讀之下，莫名欽佩。稽遲未謝，歉甚歉甚。

我近赴天津人民圖書館看書，獲見康有爲《大同書》稿本，八卷三册，親筆。前有日本犬養毅及柏原文太郎兩跋。……公在整理此書，想必爲所樂聞也。

前蒙代撰《書林》一文，極感極感。上月館中轉來人民出版社所送稿酬拾弍元，兹特匯奉，即請查收爲荷。

此間天氣早晚尚涼爽，聞上海奇熱，諸惟珍衛，如何。(《全集·書信卷·致湯志鈞》，下册第425頁)

7月27日　偕誦芬至顧頡剛家，長談，留飯。飯後，又與誦芬至江家。(《顧頡剛日記》卷十一，第725頁)

8月8日　先生有信致方行，彙報工作。

一别忽已匝月，無任馳繫。日前奉手書，敬悉種切。

此間工作，剔善(剔除非善本)净化工作行將告一段落，進入審片階段，但各編室進度不齊，或已發函外調，併片審校。按理祇要照原定計劃，一步做完後，就可繼續進行下一步的工作。但大兵團作戰者，必須停下來等口令再行。他們想法，如一編室先完，應當幫他室去做。而各室人員并非全才，也插不上手，以致各人手裹放慢等待了，於是對主編、副主編安排不當意見紛紛。很多同志要求召開全體大會，獻計獻策，速戰速決。我與李致忠談過要開一次大會，他停留在口頭上"要開要開"，實未布置。其中奥妙何在，我實莫名其妙。直到前天，李競、曾祥集兩同志到各室瞭解情況，崔建英對冀意見甚大，主張提高辦公室規格，崔的組員戴南海者(已調西北大學任教)建議增設副主編，推薦崔、李及王多聞(旅大館，弄小説戲曲)，余始恍然，是因潘老一時不能脱身，空穴來風，隨興逐鹿之波。

今晨我約曾談：一、建議由我個人致函潘老及周邨局長，請潘老來參加即將召開的全體人員會議(他同意後，我已去信)。二、我又建議要文物局保護冀老(有一次某罵得冀氣極，回宿舍哭了)。三、建議將來出書時，祇要署名"中國古籍善本編輯委員會"，不上個人名字，以堵倖進之路。如戴極奉承拍馬之能事，李許其遲至八月某日返陝，將來即可爲其上名卷首。各省市、各大專院校、科研系統多少參加出力的人，豈僅來京臨時凑數者。來京之人水平都不高，原來都不搞古書者，這批人反而上名，實在不合理。我在南昌時説過，我願任顧問，不要擔承主編名義，堅決不要上我名字。四、到外地對書，等初稿完成後另選人員，有口無目之人，去了也不解決問題。有人曾指出上圖的抄本多白片(意思説没有備注)，我説上圖白片寄回去請潘景鄭(他是顧問)解決。總之，有幾人想借機旅游，有的提出對書并探親(李競有點同意），我說這兩件事不能混在一起。五、建議願加班者發加班費，以求速戰速決。我想關兩扇門，一書首題名，一借佛游春，開一扇邊門以加速完成。

關於班子問題，有兩個方案：一、維持原狀，促潘即來；二、增副主編名額（但也擺不平）。我認爲第二方案太被動，不如第一方案爲妥。他們將向季老彙報，如何處理是好。現由李草擬彙報工作情况、今後打算等，暫定下周中開會，等潘的回音再定日期。

我曾向曾提出想返滬看看，家裏事也不少，目疾牙痛也要治療一下。他說等我們安排一下。十年動亂，鬥爭之味已嘗够，况我淡於名利，不願捲入旋渦之中，求公助我脱身，感激不盡！争名争利之劇，在新社會文教事業中似不多見。

潘老一時不來，由於辦公室發了一封公函給汪館長，要他叫小宫、潘老速來，詞句生硬，引起不愉快。發函前，我看到此信，曾感不得體，但不想多管事，因即聽其發出。大家公事公辦，因館務忙，周局長不同意他離開。聽小宫談及季老，説原在文物局有會不常去，現在大小會都要去，很忙。……小兒下月初將隨行訪美，我擬赴滬探親一行。（原信；《全集·書信卷·致方行》，上册第 307 頁）

8 月 15 日　先生有信致方行，彙報在京工作情况。

十三日接到復示，敬悉。致曾祥集同志信即以寄去。昨（十四）日下午李競、曾祥集兩同志來，述悉他們向劉季老彙報後，季老即親自寫了一封給周邨同志，請他敦促潘老即日來京主持工作。我去信後迄無回音。

季老又寫了一封給李競、冀淑英、我和李致忠等同志的信，主張最近期間召開一次古籍善本總目編委會議，在京委員及在外地的副主任委員（即公與周、彭三人）參加，時間大約九月十五日左右。周一開全體會議，季老將力疾參加。

此間工作號召十月底大兵團作戰告一段落，以後另組小班子精雕細刻。季老不贊成油印目録，要求出版初稿，他的意見另紙録奉。小班子如何組成，以後工作如何做法，當不簡單。小班子如何組成，仍由李致忠考慮。現於催潘來，可能季老并不同意改組。反對油印目録有李的因素。

我擬於二十一日赴滬，九月一日返滬，可能十五左右與公同來北京。不行也不好，到上海再説。（原信；《全集·書信卷·致方行》，上册第 310 頁）

8 月 19 日　先生有信致方行。

別後，我們開了一次總編會議，討論如何貫徹會議精神。各編室負責人均表示，對會議决定感到滿意，定次日上午各編室討論。各編室討論亦均説决定很好，没有大班小班了，心安下來進行工作。有建議原擬十月底告一段落，放假一次，現在是否可提前，回來後幹到年底。下午再開總編會，曾、李俱到,決定自九月二十五日起至十月十八日止放假探親,個別推遲一點亦可,路費由編委會報銷。沈、任、我擬於二十三日同歸。王多聞辭職,已慰留。彭長登同志今午後已飛成都。李仍請調回本館,未定。(《全集·書信卷·致方行》,上册第 311 頁)

**8 月 20 日**　先生有信致湯志鈞。

前奉手書并匯款,均收悉。栗鹿稽復爲歉。

囑書大著書簽,[①]寫呈三紙,附請指教。如不合式,重寫可也。

匯款兄不肯收,我亦不能收。偶游廠肆,見蕭耀南所印《耿天臺集》,油光紙排印本(六元),在上海似未見過;又有《覽勤齋詩文》(一元五角),辛亥革命時期的人;還有嚴範生手札(一元五角),他兒子所景行。得書三種八册,已寄上圖,以兄的名義捐贈該館,想兄必不以爲忤也。

我明晨將赴瀋陽探親,小住兩周,再回北京。現在廠肆多大塊文章,另本小册很不易見,瀋陽或有所遇。(《全集·書信卷·致湯志鈞》,下册第426 頁)

**是日**　陳福康有信致先生,建議上海圖書館出資影印出版《中國現代人物別名索引》。(原信)

**8 月 21 日**　到達瀋陽休假。顧衡收到北京航空學院工程力學系入學通知書。(24 日致吳織信;先生小筆記本)

**8 月 23 日**　先生有信致方行,彙報在京工作情况。

前上一函,諒先達覽。

我們於十八日開了一次全體會議,季老親來參加,原定每一編室有一代表發言,自由發言者也不少。季老講了幾句鼓勁的話。下午老曾、李致忠、冀、我商二十日要作一小結,歸納了大家的意見,集中在三個問題:一領導力量不足;二訂出制度,不能堅持執行;三工作條件差,工具書、參考書太少。有力舉李致忠爲副主編者。對缺乏工具書、參考書意見較多。

我們對今後的措施,商定下列意見:

一、加强領導力量問題,有三個辦法,(一)增加主編,(二)請一二位分主編協助主編工作,(三)加强會議制度。

增加主編及請分主編協助工作,這兩個辦法,須等編委會決定,目前先加强會議制度。爲了加强二編室工作,決定由王多聞(大連館)擔任分主編,由樂星(河南省館)擔任分副主編。二編主編原爲四川館沙銘璞,來了一周即返,去信亦不復。

二、儘快訂出審校和編輯定稿工作的要求和工作完成標準。

三、嚴格執行各負其責,根據大家意見,儘可能對人員和工作量作出適

---

① 書簽:指《戊戌變法人物傳稿》(增訂本),1982 年中華書局出版。

當的調整。如四編室的"總集"調到五編室，已經交接了；二編室的"方志"調到一編室，亦在進行中。

四、改善工作條件，盡力調借工具書、參考書。最近辦公室同志不辭辛苦地在努力進行，已經從首都圖書館借到一批，北圖也可借到一批，正在查號提書中（實際恐難辦得很理想）。

大家對這個小結，當無其他意見。對審校要求、工作完成標準，要求儘快提出來。會後安排大家於二十一日往承德避暑山莊參觀名勝古迹，以資修養，二十四日返京。

大家二十一日去承德，我來瀋陽。我原擬到瀋住一周返上海，後因大家估計我回上海後不會來了，有的說我在與不在氣氛不一樣，曾、李意最好要我等潘到後再回上海。還有編委會原定十五日左右開，季老希望早一點，可能十日左右開，因此我就暫不返滬，瀋陽住幾天仍回香廠路。關於大家要求提點完成標準，我草寫了幾點，請冀補一點。我并與李談過（吸收了他的意見），希望他們承德歸，即由編委會商定，交各編室討論定議，我遵囑在中間起一點調劑作用。這次不回上海，預備早幾天返香廠路，亦其意也。

今後有兩個難題：

㈠目録問題。要求現在就編成達到出版水平，這恐怕還需要經一次全面的加工。假定説我們現在的工作到十月底告一段落，或需延長一點時間。我原來想在十月底完成，作爲初稿，即刻蠟紙印若干份，可以廣泛徵求意見，同時請各省、市、自治區圖書館分頭進行校訂，然後匯總，由新的班子作細緻的、全面的平衡并校訂。例如清刻本較多，有的在傳統看法入不了善本的，有清末人的詩文，稿本多也不太適宜，比如説入全國善本的，像選人民代表，有當全國的，有當省市的，也要審查一下資格（著作水平）。現在片來片去，難能逐一檢閲（宋元本、批校稿本的鑒定問題等等）。

其次是下一階段的班子問題。上次的，李、崔定的，有幾個編室可以勝任的，有幾個原來不是搞這一行的（有的因落實政策考慮位置，先放來過渡的），有幾位研究文藝小説的，有的搞圖書館學的（有杜定友學生，有劉國鈞學生）。現在議論紛紛，小班子一定是要高水平的，編室的分主編、分副主編都要留的等等。我感到再組班子，人選難，我推薦不出。李知道的人多，但水平不高，雖對文藝小説方面目録版本知道一點，對其他不甚了了，那就處理卡片粗暴一點了。

我想這一大工程的最後一段工作，祇能由北京圖書館承擔起來了。北圖承擔，意味着須靠李致忠挑這擔子了（他是善本組長），祇能一切按他思路進行，可能順利些。我此來久住，可能打亂他們的思想。原來不設副主編，主編不能常留，完全由總編辦公室主持一切。後來設副主編（胡、曾同意潘的建議），我常駐了，潘亦來了，修改了他們原擬規程，特別寫明辦公室負責後勤工作,於是潘走後,對冀不快。把辦公室的權力下降,可能是胡、曾之意。這次增加主編之要求留待編委會考慮,亦曾意,冀、我當然同意,李則不快。我宣傳兩點,卡片收得寬一點,分類粗一點,這樣希望他們不知道的批校本多留一點(如顧廣圻、黃丕烈、汪梅村、黎庶昌等人)。分類仔細研究,有的小類目推敲費時多。崔、李表示他們也有這個想法,但是他們的表示靠不住,比如油印本事,原來都贊成這樣做的,結果變了。總而言之,外地來的都想速戰速決,本地的無所謂。

九月十日左右,深望尊駕與周老均能來京,我打算會後再設法回滬。我來瀋第三天了,適值兒子家移居(原屋拆建),亂了兩天半,今日纔能奉函,歉甚歉甚!(《全集·書信卷·致方行》,上册第 312 頁)

**8 月 24 日** 先生有信致吳織,談《中國古籍善本書目》各分編室常用參考工具書缺乏,僅憑卡片無法解決問題,祗得函請各地圖書館提供複印件。又云:

20 日在京接到你的信,給沈津的信即以轉交。洪煨蓮《史通》跋已收到,以前寄來的《叢書綜録》2—3 兩册、"臺目"(按,指臺灣《"中央圖書館"善本書目》)三册,均先後收到了,謝謝你們。關於函調問題,香廠路有點參考書,但不是常用的,然而常用的缺乏得可憐,原來用參考書可解決的,也祗好函調。原來規定發函須經各編室分主編看過該不該發,可是分主編可能没有看,或也没有看出來。周亮工問題是小谷發的,崔没有看。有一天小谷叫我看看她的片子,基本上做的對的。我告訴她,周亮工是有名的,我還問她發函了没有?她説發了。你來信,所以我完全清楚。

我看信時,李致忠在旁,我乘便提了一句,好多人提上圖、南圖、北圖的卡片,備考項注得不詳細,特别是抄本,我説寄回去請潘老解決。這裏事情也很多,我想回滬没有借口。你説館裏有事,祗有古籍組同志來信。我看了南京潘老的回音,得了啓發。他是汪長炳信,説潘是副館長,請示文化局,因館事忙,不能分身。我請方局長寫信給曾祥集,替我請假,爲兒子出國到瀋一行,上海也有點事要回去看的。由曾轉劉季平,劉當然没有不同意,劉又囑李致忠要如何照顧老人等等。我要請假回滬,有人猜一去不來了,有人説我在與不在氣氛不一樣,有的打聽顧老來不來。曾和李説,我最好等潘來再走。於是我改定他們去承德避暑山莊,我飛瀋陽,不回上海。接着九月上旬即要開編委會,到上海没有幾天可耽(旅費太大,到瀋探親,探親回滬,旅費應自負),會後再説。

我 21 日午到瀋。……我在此打算把郭群一交我的校樣看完,爭取時間,寫一二篇題跋。我很想寫一篇關於抄本的文章,因爲有人對抄本不重視,以爲清抄本隨便抄抄的,我想説説它的價值。在此赤手空拳,不好寫,回上海後請你幫忙了。在京又欠了一批字債,離京前也寫了兩次。硯臺未有,用小碟子盛墨,買了一大瓶墨汁,够寫到回滬,尚有十幾張,實在没有時間寫了。上次麻煩你去蓋章,最近理箱子,發現大小圖章俱全,也就是你叫我帶的原在辦公桌裏的一份。我真正老糊塗了,供你發一笑。

此間天氣尚不太涼,昨午後下了一陣冰雹。離館百日,諸事隔膜,祇能對一空策。(原信)

8 月 29 日　先生有信致沈津,告知抵京日期。

昨接手書并轉來各信均悉。聞潘老不日到京之訊,甚慰甚慰。本擬早日返京,一因腰際受寒,時作酸痛;二因顧衡定五日報到,現定九月四日一同到京。誦芬先兩日報到,屆時由他到站來接,北航有接待站在車站,顧衡可徑到校。由瀋陽到北京的火車時間太早,在清晨六時左右,你不要來接吧,并請轉告李致忠同志,不要去接。我在站上雇一車可歸,動輒麻煩人,心實不安耳。

此間適有赴機場便車,我去訪問了趙琦、韓錫鐸同志,韓欲二十幾號到京,趙說他因稍累,又住過一次醫院,我勸他徵求一下醫生的意見,他到京之志甚堅。冀大姐、沈老兄函均拜悉,恕不另復,并請致意。餘容面談,不盡一一。(原信)

9 月 4 日　與顧衡離開瀋陽赴北京。

9 月 7 日　先生有信致吳織,談校讀繆藝風藏札和湯志鈞贈書事。

我於四日偕顧衡來京,誦芬先一日到京,他們都住在香廠路。衡今日住校,芬星期二集中。我們十二日開會,會期三天半。今日星期天,小孫(翠蘭愛人)、費鳴先後來此,他們就與沈(津)、任(光亮)同游天橋去了。衡、芬去景山公園。我一人在宿舍,本想還字債,但東西都收拾起來了,尚未還原。在瀋陽,曾把繆藝風藏札排樣校讀了一遍,已寄還郭群一同志。現在目力不濟,多看即疼,祇能看看停停,滴滴眼藥水,可想見其狼狽了。

我前次寄給你一包書,是我代湯志鈞同志贈館的,其中嚴範孫手札,館藏可能有,但複本不致超過五部。我在瀋陽又買了四種,一《黃白山先生載酒園詩話評》,二《瞿忠宣公遺墨》,三《傳硯堂詩錄》(清吳縣張鴻基撰),四《許魯齋年譜》,明日寄去,請你收下,寫一謝信給湯同志為荷。瀋陽古舊書店接待熱情,書價不貴,就是舊書少一些,古籍出版社及古籍書店印本甚備。我看到《唐鑒》的書名頁,感到遺憾,我是隨意寫的(他們沒有給我尺寸),過去多次說明,字樣小可以放,大可以縮,現在他們不管,把我寫的小字就印上了,邊框也沒有,惡劣之至。我回家就寫信給小蠻,一時火氣甚大,恐甚不客氣,請你便中打個招呼。但《廣韻》《杜荀鶴集》不能再這樣幹了。餘容續上。(原信)

9 月 12 日　上午開編委會主任委員擴大會議。(任光亮日記)

9 月 17 日　上午開總結會。(任光亮日記)

9 月 23 日　下午,先生乘飛機回上海休假。(任光亮日記)

是月 將家藏稿本《元詩選癸集》、明皇甫涍詩卷等捐獻給上海圖書館,上海市文管會授予獎狀,并發給獎金五千元。先生將獎金全部移贈上海圖書館學會。(履歷表)

10月19日 到天津,住天津賓館。爲參加中國地方史研究會籌備會的全國地方志編纂會議。(日記)

10月20日 出席全國地方志編纂會議,參會的有十七省、市、自治區代表。來新夏、朱士嘉爲特邀代表。先生與朱士嘉、來新夏、左開一起草縣志編例,下午討論編例。(日記)

10月21日 先生有信致冀淑英、李致忠。

我於19日離滬來津,參加中國地方史研究會籌備會,會期約5天。我打算25下午或26上午返京,確定後再告。

沈津、任光亮兩同志,我館古籍組同志留他們協助查答一些函調,使他們熟悉一下情況,諒已函洽。

此間早晚很涼,想北京當也相同。潘老何日來京,念念。餘容面談。(原信,艾俊川收藏)

是日 參加全國地方志編纂會議,朱士嘉在會上談方志的重要作用。下午到南開大學圖書館參觀。(日記)

10月22日 各省交流地方志編纂情況。(日記)

是日 應邀至天津市人民圖書館鑒定善本圖書。(《天津市圖書館志》,第390頁)

10月23—24日 討論縣志的編纂體例。(日記)

10月25日 全國地方志編纂會議閉幕。(日記)

10月26日 先生有信致沈津。

你近來身體如何?何日可來?大家問你等何日可來,我說月底以前,不知果能來京否?我的棉襖、棉褲,不知你們能帶否?館裏沒有什麼事,我就中間不回滬了。此間我感到很冷,但是年輕同志并不感到很冷,你們初次北來過冬,還是穿多一點爲好。你們來後,安排你住520(北樓)了。北樓洗衣池西之房間要全部拆去,將來上下樓的扶梯改走原來封起的一邊。走了那頭,那末我們住的兩間,就是第一、第二間了。

吳田易、楊豐培月底回去,韓錫鐸已來。未來者爲崔富章、黃源海。小谷、小金走得晚,小宮等她母親出院,本人願意來。李龍如說不來了,老王、小易已來。情況大致如此。我在天津即感寒冷,北京甚於天津,深怕感冒,就要睡了。這裏招待所被子太薄,天津較厚,一夜不暖。誦芬爲我買了一隻皮水袋,想能好一點。你們的房間住了夫人們,原有東西也不好拿,我的漱口杯也祇好不拿了。(原信)

10月27日 先生有信致方行,彙報天津開會情況。

臨行承儷駕枉教,快幸何如! 公爲遠行演出事,準備一切,繁忙可想,尚祈珍衛。周叔弢先生處,因時間太緊,未能往訪爲恨。

天津會議四天,延長半天,梁寒冰同志最後作了發言,談了方志的重要性,地方史研究會與地方志研究會應該合在一起,不必另設。修縣志可以培養許多年輕專業人員,一縣有兩三人即可。有人建議修志最好在國務院下設一地方[志]編纂委員會。梁説,現在精簡機構,國務院下增設編委會不大可能,聽説文字改革委員會要撤銷,祇要由省、市、自治區領導即可。來新夏等起草的修縣志的條例,根據大家意見修改一下,交將來大會通過,供修縣志的參考。成立大會明年六月在太原舉行。大會地點是山西同志提出熱情邀請的,山西參加的李子明,政協副主席。

修縣志條例的起草,指定朱士嘉等五人,我也在焉。

二十五日下午我即來京,潘老來站相迎,他是準時歸來的。我曾去天津人民圖書館,商請《大同書》拍一膠卷,部主任説我們無設備,董副館長説我們要影印出版。在會外隨意談話中,聽到研究人員對圖書館、檔案館掌握太嚴,非常不滿。津歷史所卞君曾到我館找資料,收穫甚大,兩次來我房間表示謝意,不虞之譽也。

來此聽冀大姐説,放假期中,她看了經部卡片,非但没有排好,而改動處原來不錯,反而改錯了的也不少。頃李競同志來商,明日開一辦公會議,擬先將叢部、經部搞出來,即付謄印。今年尚有點錢,先買好些紙張。

館中如無事,我擬俟市政協開會再回滬。(原信;《全集·書信卷·致方行》,上册第316頁)

10月28日　先生有信致沈津。

《藝風堂友朋書札》上册已出版,送我兩册。方行同志應送一册,由我送,還是出版社,請與郭群一同志商定辦理爲荷。方行同志不久去港,他尚未見此書,人家談及,將無以應付。吴田易定月底離京。(原信)

10月31日　先生有信致王紹曾。

手書并《文選》叙例均已收到,拜悉一一。龍因南北往來栗六,有稽裁答,無任歉仄。

關於版本學之建立與發展云云,鄙意版本學不僅限於宋元本。"版本"一詞雖屬後起,而注重各種本子,則自漢劉氏父子已然,"各種本子"不成一詞,所以用"版本"二字較好、較習慣,内容當然包括各種本子。就是有刻本以後,抄本亦很重要,似不能拘版本必爲木刻之本。所以我想《顔氏家訓》卷六《書證》及《九經三傳沿革例》是否均可選録?

對胡適文章,收供參考即可,此文不涉政治,似可不予評價,一體編排。聽説他的《書信集》亦曾出版,可參考一下其出版説明如何介紹。《中華文史論叢》發表他文章,編者按中似提到不以人廢言,亦可參考。

建議有幾篇文章似可收録,如聶崇歧重印《太平御覽》序、陳垣影印明本《册府元龜》序、郭沫若影印《永樂大典》序等,不知符合你的體例否(我看與版本校勘有關)?復閱尊著叙目,聶、陳二文均已收録,希恕粗疏。

菊老《杜工部集》跋及鄙人《明版圖録》序均可不收,以省篇幅。

關於敦煌遺書的文章,似可檢閱一下《敦煌遺書總目索引》一書的前言、後記。還有戲曲方面,似可一檢《古本戲曲叢刊》有無總序可采。

客中無書,拉雜奉復,諸維亮鑒。(《全集·書信卷·致王紹曾》,上册第258頁)

是月　先生校閱并題簽的《藝風堂友朋書札》(《中華文史論叢》增刊),由上海古籍出版社出版。

是月　先生題簽的《裴鉶傳奇》(唐裴鉶撰,周楞伽輯注)、《明清進士題名碑録索引》(朱保炯、謝沛霖編),由上海古籍出版社出版。

是月　爲《中國科技史探索》(李國豪等編,國際版)題寫中文書簽,此書後由上海古籍出版社出版。

秋　爲俞平伯《重圓花燭歌》題俚句四章。

鷗侶風光六十年,雙修慧業正無邊。今朝花燭重圓日,五福齊備不羨仙。

舊誼苕岑溯兩家,春風桃李話桑麻。尊人階青丈曾及先蓉舫從伯祖之門。記曾温靃親承益,四十年前似夢華。已卯前曾訪階丈于老君堂高廬,親承教益,倏忽四十餘年矣。

四世清芬衍澤久,一門風雅盡人知。好將萊綵圖盈膝,看上金樽醉玉卮。

催妝一曲話從頭,花甲滄桑燕婉周。明世耆英新歲月,喁于盈卷粲吟儔。(《顧廷龍先生紀念集》,第238頁)

11月4日　上午,高丕琚來香廠路看望先生。(任光亮日記)

11月9日　先生有信致王翠蘭、陳君輝。

項由滬寓轉來徐孝穆同志信,他要查一查《資政新編》一書,據説原係柳亞子先生捐贈的。如確在我們庫内,請通知徐老來借攝書景,拍那一張,拍多少大,代他一辦。如果簡便一點,可以用《太平天國叢書》商務景印本來複印(《資政新編》在此叢書内,照原樣影印的),照原大(静電複印),如用太平天國刻本,祇能拍膠卷放大。現在問題,《資政新編》一書,我館是有一部,但來源記不起了,費心你們二位解決一下罷,有可能在徐群庫中。

鄒韜奮信找到否?放在何處我記不起了,祇好以後再説。

此箋寫了兩天未發,等趙興茂同志來,想必你們會有信的。果然有信,高興之至。先結束此箋,餘詳另紙。廷龍。11/9下午。

關於函調複印書影要不要收費事,我想館裏可以記筆帳,將來由各館付,或由編委會付,容討論再定。但是有一點要掌握,即等級藏品衹拍膠卷放大,不静電複印。放六寸與静電價相差多少,請核算一下。(原信)

**11 月 13 日　王紹曾有信致先生,談《古籍目録版本校勘文選》叙例事。**

前接駱偉同志來信,獲悉大斾甫自天津開會歸來,乃蒙於百忙中親自審閱,并承諄諄之指教,匡其不逮。當後學捧讀十月卅一日手示之際,喜悦與感奮之情,有非言語所能形容者。

關於版本學之建立與發展一節,尊意版本學不限宋元本,頗具卓見。後學本亦如此理解,故於版本選例中,將戰國帛書、漢魏竹簡以及六朝、隋唐寫卷,均予酌選。鄙意原以爲劉向父子在校書中固已重視版本,但作爲具有獨立理論體系之版本學,似在明清之際始逐漸形成,逮乾嘉時,版本校勘之學互爲影響,版本學亦因之而得到進一步發展。此種看法并不成熟,故寄上《叙例》,以求正於先生,今後定稿時,自當遵命重行改寫。

尊囑增選《顔氏家訓》卷六《書證》及岳珂《九經三傳沿革例》,極有必要。惟兩文均極冗長,擬就《書證》中有關論述南本、北本、俗本文字異同,以及引用長安出土秦鐵稱權,證實《史記·始皇本紀》丞相"隗林"爲"隗狀"之誤各條(共選用八條);《沿革例》擬除"書本"以録全文外,其餘如"字畫""注文""音釋"等,亦擬於每條中酌予選録,藉以節省篇幅。至於菊老宋本《杜集》跋文,原擬作爲鑒定版本範例選用,删去似亦未嘗不可。而大著《明代版本圖録初編》序,因與《中國版刻圖録》序有相互補充、相得益彰之處,則萬難遵命。

囑查《敦煌遺書總目索引》及《古本戲曲叢刊》,均已查到。《敦煌遺書總目索引》有《叙例》(商務寫)及王重民《後記》,内容基本相同,因《後記》不如《叙例》扼要,擬采用《叙例》,另於概述中對《後記》加以補充説明。《古本戲曲叢刊》初編卷首有鄭振鐸序,頗能説明問題,此類文章,均極寶貴,若非先生加以指點,則大有滄海遺珠之憾矣! 先生"客中無書",而於某書某卷如數家珍,益佩功力之深與見聞之博爲不可及。至於郭老影印《永樂大典》序,本早已迻録,因内容與趙萬里《談談〈永樂大典〉》基本相同,但不及趙文具體,故擬選用趙文。如此處理,未知是否有當?

前寄《叙例》,以文字過於繁冗,擬另行改寫。胡適《校勘學方法論》自可不予評價。關於胡適《校勘學方法論》,後學本於春節期間寫過一篇論文,重新予以適當評價(作爲山東省圖書館學會第二次科學討論會論文),以篇幅過長(約一萬八千字左右),擬壓縮到七八千字,便於在期刊上發表,但始終未能騰出手來加以删削,因循遷延,深感愧恧。一俟重行寫定,再當寄請指正。

上月挂號寄上《學林漫録》初編一册,諒荷詧閱。拙文係《試論張元濟先生》第三部分,題目爲傅璇琮先生所加。可惜於付印時,未及將寄去之修

改稿更換,以致錯漏之處未及改正,不免令人遺憾。知注順聞。(原信)

11月19日 晚,王言夫到京,先生作東,至砂鍋居晚餐。(任光亮日記)

11月20日 早上,與沈津、任光亮一起送王言夫至車站,去北師大學習。(任光亮日記)

11月30日 下午,王言夫來,請先生等在砂鍋居晚餐。(任光亮日記)

是月 北京圖書館《文獻》雜志聘先生爲顧問。(履歷表)

12月3日 起草《關於〈中國古籍善本書目〉總編工作的今後設想》,分工作簡況、存在問題、三種設想、幾點意見四個部分。

一、工作簡況

從五月中旬起,全國各館有四十多位同志集中北京,參加總編。總編過程計劃分爲匯總排片、審校著録、編輯定稿、出版發行四個階段。到十一月底,已經工作近半年,經過工作同志的辛勤勞動,取得了可喜的成績。

第一階段的總編工作是匯總排片,全國報來的卡片145299張,祇用了一個多月左右的時間,就完成了匯排,速度是很快的。六月十八日起,開始第二階段工作,審校著録。四個多月來,一編室經部、二編室史部、五編室叢部,都先後完成了卡片著録的初步審校,五編室還進行了編輯定稿;三編室子部比較複雜,初審工作年底也可完成;四編室集部卡片數量較多,今年雖不一定能完成初審,但差得并不多。從工作進度看,應該說都是比較快的。

通過近半年的業務實踐,做古籍工作時間不長的同志,學到不少業務知識,增長了才幹。古籍工作經驗較多的同志,參加這麽龐大的、前人不可能有的總編工作,也遇到不少問題待探討,得到新的提高。幹部水準的提高,對今後繼續整理我國古代文化遺産的影響,更是難於估量的。

二、存在問題

目前的工作主要是審校著録,這是總編過程中最重要的階段,將來書目品質的好壞,很大程度取決於這段工作品質的高低。原擬在各分編室初審定稿之後,總編室在總體上進行復審後油印,廣泛徵求意見,再定稿出版。從十一月六日起,總編室正、副主編和辦公室正、副主任,五編室分主編,共同對叢書進行復審試點。原估計叢書的品種不多,僅640種,分類和版本問題不像其他部類複雜,難度較小,分編室已基本定稿,工作基礎較好,又有《叢書綜録》可資參考,搞出油印本比較容易。具體審片後,發現的問題還比較多,有些卡片上的問題是原來沒有料到的,主要原因是各地各館基礎不同,報來的卡片高低不齊,著録規格不一致。

(一)參加工作的同志經驗不同,對著録條例、審校要求掌握不穩,對卡片上的某些問題發現不了。

(二)工作不够謹嚴,審校未清即定出標準片,或併片、改片。

總之,離油印本還有一段距離,總編復審實際上是逐片重審,還有不少工作待做。

　　叢書如此，估計其他四部的問題不會比叢書少，品種比叢書多得多，版本、分類等問題比叢書複雜得多，名人批校、題跋等鑒定問題花樣更多，難度更大，更應慎重、精細地審校，纔可能有較好的著錄品質。通過復審爭取較好的品質，是今後工作的關鍵。

　　三、三種設想

　　初審工作今年基本上可告段落，明年復審怎樣進行，可以有三種設想。

　　（一）照現在的人員、組織和工作辦法進行復審。好處是不需改弦更張就可進行工作，但恐審校工作不易進一步深入，勢必曠日持久，集中時間過長，外地同志和各單位的種種困難也不易解決。

　　（二）改組較小的班子，集中復審，各地同志的困難可以減少一部分，組織、後勤工作也可減少。但是人力如何組織？現在遠離書庫的工作困難如何解決？如果不在招待所，靠近書庫的工作地點定在那裏？均難決擇。

　　（三）分地復審，定期完成初稿，進行油印，徵求意見後再集中統編定稿。好處是各自接近書庫，查書方便，解決問題快，可以充分調動所在地區的力量，便於照顧同志和各單位的實際困難。缺點是需要互相查詢和各部中個別書的相互調整不方便。

　　三種設想，各有利弊。在沒有更好的辦法以前，第三種設想似較切實易行。假如分在京、滬、寧三地復審，編委會既有副主任委員直接領導，又有正、副主編分工負責，也有一定的力量和藏書基礎可供調動，有利條件較多。

　　四、幾點意見

　　如果采取分別在京、滬、寧三地進行復審，然後集中統編定稿的方法，可否按以下意見進行工作。

　　（一）現行組織領導基本不變，即在編委會的統一領導下，實行由各地副主任委員直接領導的正、副主編分工負責制。現有二、四分編室的工作由北京負責，一、五分編室的工作由上海負責，三編室的工作由南京負責。總編室的辦公室仍然保留，負責各地聯絡工作。

　　（二）復審要求在明年印好經過正、副主編分別定稿、徵求意見的油印本。至於定稿前到各地看書鑒定的辦法，俟復審進行一段，做好看書準備後再行研究。

　　（三）正、副主編分工復審，可就近組織力量當助手，人員名單經當地副主委批准後，報送編委會備案。參加復審人員的待遇三地統一。在復審過程中，正、副主編兩月會晤一次，進行交流，或商討業務問題，時間、地點由主編確定召集。

　　（四）有關復審工作和油印等費用，在81年總編經費中預撥一部分給滬、寧兩地，委托上海圖書館、南京圖書館財務部門代管，經分工正、副主編批准使用,統一向北京圖書館報銷結賬。

（五）在京集中初審時間,到 81 年元旦後告一段落,以後轉入正、副主編分工復審。分工復審的卡片、復函、書影等材料,全部移交指定的專人保管、移運。滬、寧兩地與兄弟館通訊、函調等聯繫,可借用上圖、南圖館章。

1978 年 4 月南京會議,本來提出五年定稿出版的目標,看來是接近實際的。12 月的成都會議要求加快一點,爭取 80 年完稿出版。這樣龐大、業務技術這麼複雜的善本書目,要在三年完成,實踐證明,要求急了,難於辦到。現在采取措施,處理得當,五年完稿的目標還是有可能實現的。(先生手稿)

12 月 14 日　携孫顧衡去北京醫院探望顧頡剛,得知其血壓、心臟均正常,惟有糖尿之患。顧頡剛精神甚佳,笑着對先生説:"我們雖在一地而見面不易。"遂留先生晚餐,臨行還堅欲送至電梯,却之再三始回。此次見面,竟成永訣。(《全集·文集卷·介紹顧頡剛先生撰購求中國圖書計劃書——兼述他對圖書館事業的貢獻》,第 399 頁;《顧頡剛日記》卷十一,第 753 頁)

是日　先生有信致方行,彙報在京工作情況。

頃閲十三日《文匯報》,欣悉越劇團已於十二日返抵上海,想公此行辛苦極矣,尚祈善加衛攝爲荷。

此間情況有須彙報者,即明年如何工作問題。十一月二十五日我們三人向劉季老作了一次彙報(胡、曾、李亦在座,地點在沙灘),事先我們約曾談了一次(李出差在外),我們覺得照現狀維持下去,必然曠日持久,人心思散,替人難找,找來的人,摸索或培養均非短期可就,難達完成之望。不得已提出了分而治之的意見。這個做法,主任委員擴大會時,公與周老均已有此意,因此正式提出了。季老要我們寫個方案出來(經局的領導小組討論,同意分治之説),徵求擴大會議的各位,希望十五日前有回信。徵求意見信及我們的方案,均打印發出,想公可能見到了。向劉季老彙報稿附閲,俾能瞭解此事經過。

據潘老聽曾説,丁、胡同意分治法,郭松年亦同意。曾原擬於十五日後與公通電話徵求意見。周處,潘先曾電話談過。我們商量都没有找李(致忠)、馮商量,恐一傳影響情緒。

我感到我們擔任兩部,勢所然也。初商時我認經部(原沈津分副主編的)、叢部(我們修訂《叢書綜録》,有兩個人摸索了半年了)。兩天前李進找冀商分後事,他們的班子如何搭,李意叢部留北京,要我們帶史部(他們認爲叢部基礎好,分量較輕),史部却較繁重,基礎差。我思想上亦怕接史部,但推來推去亦不好,我想不得已亦祇好肩下來。公以爲如何?

卡片帶回後,我們怎麼辦?亦費安排。我想回滬一次,先向你請示彙報。但時近歲暮,方案定後,即須準備結束。曾要我等方案定後再走,劉季老要我結束時參加會議。衰年天寒,憚於跋涉,希望年內結束,一月上旬可以各賦歸去。

言夫同志來參加研究班,見過兩面,方案問題未及與之相商。沈、任前亦來談過,踐三人商量時之約定,亦爲接受上次會議前之教訓。

目前情況尚平靜,二三日前,潘南圖有電促返寧,後經與局商,要他留下來,不回去。目前看審校的片子,問題還不少,接回去的片子要重加整理,奈何!(《全集·書信卷·致方行》,上册第 318 頁)

12 月 19 日　下午王言夫來。晚,先生在晋陽飯莊請王晚餐。(任光亮日記)

12 月 25 日　顧頡剛以腦溢血,經搶救無效,在北京去世,享年 87 歲。先生極傷感,痛泣。(《顧頡剛學術年譜簡編》,第 250 頁;《顧頡剛年譜》,第 399 頁;任光亮日記)

12 月 31 日　晚,請沈津、任光亮、沈燮元和顧衡在豐澤園飯店聚餐。(任光亮日記)

是月　撰《回憶張菊生先生二三事》。文章分"參與戊戌變法維新運動""致力出版文化事業""實事求是、一絲不苟的治學精神""堅持正義反對强暴""建國後積極參加政治運動"五個部分。

他離開我們已經三十年了,回憶音容笑貌,歷歷在目。我認識先生較晚,一九三九年秋,他與葉揆初(景葵)先生創設私立合衆圖書館,邀我主持館務,纔開始與他往還日益密切。他對館事極爲關心,數日必來館一視。一九四九年病後,我如數日不往,必以箋相招。獲接謦咳,前後達二十年,仰懷遺型,遺聞軼事可記甚多。(《全集·文集卷·回憶張菊生先生二三事》,下册第 950 頁)

是年　上海市史學會聘先生爲理事。(履歷表)

**是年**

6 月 25 日　趙萬里卒,75 歲。

6 月 27 日　劉國鈞卒,81 歲。

7 月 17 日　吕振羽卒,80 歲。

12 月 23 日　洪業卒,87 歲。

# 1981 年　78 歲

1月1日　晚,與潘天禎、沈燮元、宮愛東、沈津、任光亮在晋陽飯莊聚餐,共度元旦。(任光亮日記)

1月2日　爲丁瑜書扇"毋意毋必,毋固毋我。八閱月來,與丁瑜同志共事編摩,談藝論學,甚相得也。將別,爲書古語,藉以留念,即請教正"。(丁瑜藏原件)

是日　先生有信致方行,彙報在京工作情況。

奉示敬悉。港行必多賢勞,近想康復,念甚念甚。

此間事,頗多周折,三點意見,雖由各副主委同意,但提交總編會議討論,開會兩次,大吵大鬧,拍桌謾罵,宛如"文化大革命"光景。李競主持,草草結束。他們明言主編、副主編不要看片子,由分主編、分副主編審定即可。向季老彙報時,我説就不要復審吧,我們復審未必百分之百的正確,我們不看也不會百分之百的錯誤。而季老迷信復審,後經曾、李與反對派開會一整天,初步決定,我審經部,潘審子部,冀審叢部。史、集兩部留京,繼續由分主編初審。曾、李定明日向劉彙報決定。還要開一大會,以示善始善終,實則粉飾太平耳。

我近以頡剛先生之喪,心緒惡劣,精神不佳,急欲旋滬休息。館中如何安排,當俟向公彙報後再定。十月以來,度日如年,再過數日,可得解放矣。(原信)

1月初　與冀淑英、潘天禎聯名寫信,報請劉季平同意,將《中國古籍善本書目》編委會匯總定稿,改爲京、滬、寧三館負責定稿。(潘天禎的回憶)

1月7日　乘波音747飛機離開北京返滬,李致忠、丁瑜、楊文剛送至機場。中午抵滬,王言夫來接。回家後甚累,即休息。(日記)

1月8日　休息,未上班。外出歸來不即上班,此當屬第一次。下午吳織來,晚趙興茂來。(日記)

1月9日　胡耀輝到上海圖書館視察,先生陪同接待。(日記)

1月11日　接待美國社會科學和人文科學規劃代表團來訪。(先生小筆記本)

1月28日　就《中國古籍善本書目》工作事,向方行、潘皓平、王言夫、張杰作彙報,"領導上很重視,列爲全館重點工作"。(3月11日致冀淑英信)

2月4日　除夕。上午,車來接至文化局,聽傳達文件并討論。晚,去吳織家晚餐。得誦芬信。(日記)

2月5日　年初一,程沛時來。陳左高來,先生托其代求王蘧常寫字,橫幅一張,書顧亭林引《論語》句"博我以文,行己有恥"。周茹燕偕兩研究生來。中午,在沈津家午餐。上海圖書館余堅、王誠賢、鄭梅、姚衛、葉寶弟、沈菊芳來,未值。晚,武曦來。(日記)

2月6日　上海圖書館王言夫、張杰、余堅、郭學群、陳石銘、錢培生、周作杰、周秋芳來。理髮,順道至芮泰英處,吃圓子。潘皓平來,未晤。汪熙來。嚴佐之來,還《古文辭類纂》。午後理書,檢得日本天理圖書館書影,見《六帖》書影,一爲卷二,一爲卷二十二。卷二一頁較傳本精而刻工不同,此原刻也。卷二十二則同,乃知傳本已歸天理。長澤善本書影中記田中慶太郎,當由田中轉入天理。(日記)

2月7日　至長樂路書庫,稍坐。訪陳石銘。至西康路潘景鄭家午餐。午後,潘皓平來長談,同意善本書庫返回原處。姜長林來,未晤。接章熊信,囑爲其友袁行霈《中國文言小説書目》題簽。(日記)

2月8日　胡道靜夫婦來,談及《李約瑟紀念論文集》,請先生題字。晚,蔡耕、邱綏成及周賢基來夜飯,暢談。(日記)

2月9日　孫秉良談《青年報》訪問事。查《白孔六帖》版本。夜,寫上海書畫出版社所囑書簽。(日記)

2月12日　到長樂路書庫,閱《上海圖書館獎懲條例》。高式熊來,談製印泥事。洪丕謨來,談上海教育學院要拍書法教學片,請先生寫字示範。晤徐小蠻,爲渠校《經典釋文》事。讀《尚書古文疏證》。(日記)

2月13日　爲葉崇德查趙撝叔手札。《百科辭典》文學組來訪,商插圖事。(日記)

2月14日　到長樂路書庫,細讀《中國叢書綜錄》前言,考慮修改。李希泌來信,囑題書簽。接謝辰生信,囑寫《甲午以後流入日本之文物目錄》後記。孫秉良來,爲下星期新大學生來館代擬發言稿。夜,林葦來。(日記)

是日　先生有信致李希泌。

在京辱承枉顧,一疏結念,無任感幸,惜匆匆未能暢聆教言爲悵!

頃奉手書,敬悉——。劉宣同志來信早已收到,承《文獻》爲頡剛先生刊載紀念文章,感激莫名,屬草悼念文字,自當早日呈正。適值春節,雜務較多,因此稽延,并劉同志處尚未作答,罪歉奚如!晤時乞先致意。

我想寫一篇顧先生與圖書館,當年他爲中山大學圖書館采購圖書資料,寫有計畫書,蒐集範圍極爲廣泛,爲前人所不注意者,對各種資料之作用,均有説明,杜定友稱爲"衝破收書傳統"。龍深佩其卓識,昔創合衆圖書館,即遵其意,緩日當先以初稿呈政。

命爲大著題簽,日內當即塗奉。(原信,王鵬百梅堂收藏)

2月15日　寫書簽。楊友仁父子來,示《松師遺札冊》。王煦華來。(日記)

2月16日　二十一名新大學生來上海圖書館工作,先生致歡迎詞。(日記)

2月17日　理顧頡剛遺札。郭群一、莊葳來,談印叢書事。(日記)

2月18日　周茹燕來,約定每星期二下午,華東師範大學研究生來聽先生講課。(日記)

2月19日　下午,至華東醫院檢查身體。血壓正常,心律齊。在醫院晤吳文祺。方行、沈之瑜住華東醫院,登樓拜訪。(日記)

2月21日　驗血。應費舜賢邀,在上海電影製片廠看新攝影片《鄒容》,見到羅竹風、吳澤、蔡尚思、夏東元、吳杰、陳匡時、齊國華等。修改《中國叢書綜録》重印前言。(日記)

是日　完成《甲午以後流入日本之文物目録》跋。

抗戰勝利後,戰時文物損失清理委員會京滬區辦事處成立於上海,以徐鴻寶先生爲主任,時余主持私立合衆圖書館,與辦事處相距密邇。一日,以編輯《甲午以後流入日本之文物目録》屬爲相助,并謂此事在渝時有所醞釀,資料缺乏,工作遂未開展。今將如何進行,頗費躊躇。婉謝再三,而先生堅請,不得已,勉以應命。再四思維,因念孤島時期日本出版之各種圖譜一類書舶來甚夥,當時合衆圖書館收有四十種,亡友慈溪李君英年亦收有書畫集二十種,余皆嘗寓目者,遂以此爲基礎,又從番禺葉君恭綽借得十三種,徐先生亦有九種。凡上海所不易得而又重要者,如《河口慧海師將來西藏品圖録》、原田淑人的《考古圖編》、大谷光瑞的《西域考古圖譜》等十九種,則請北平圖書館録目。如《泉屋清賞》《甌香譜》《陳氏舊藏十鐘》等十七種,則請燕京大學圖書館録目。此外得張君政烺原稿一件,無錫華君繹之(巽)處及來薰閣、富晋兩書店各借得一種,共得一百二十二種,時限較促,不克廣事搜采爲憾。參考書既備,先生乃延聘吳靜安、程天賦、謝辰生諸君草擬體例,從事編纂,九閱月而蕆事。吳、程二君因事先去,編録校訂則謝君之力爲多。全書將成,賀君昌群來滬,書名凡例,共事商定。賀君實在重慶時參與其事者。一九四八年十二月出版之《第二次中國教育年鑑》載及此事之經過較悉。移録於下:

"編製《甲午以來流入日本之文物目録》。該會曾請外交部向遠東顧問委員會及盟軍駐日總部提出追償我國文物意見書一種。其中主要要求,爲自甲午以來,凡爲日本掠奪或未經我政府許可擅自發掘之一切文物,均須由日本交還。該會深感在甲午以後,我國文物爲日本巧取掠奪者,爲數至夥,此次辦理追償,自亦應不以民國二十六年後之戰時損失爲限。而在此期間,凡爲日本破壞,或因日本軍事行動損失之文物,則必須責令以同類或同等價值之實物賠償。故除編製戰時文物損失目録外,復編甲午以來流入日本文物目録以爲交涉之依據。此項目録,由委員徐鴻寶主編,歷時九月,引用日本歷年出版之參考書目一二二種,計内列珍物一五二四五件,并將戰事期中日人歷次在我國之發掘編爲附録。此項工作除外交價值外,在學術上更有其重要貢獻。"

　　忽忽三十餘年,當時參加此項工作者,現僅謝君與余二人,而且録副本亦僅存兩份(原合衆圖書館藏一份,今歸上海圖書館),且複寫字迹日就退落。此目雖較簡略,收藏情況亦必多變化,但以資料索引視之,未嘗不足以供文物工作者之一覽。因商謝君,經國家文物事業管理局領導同意,油印若干份,以供參考。

　　徐鴻寶先生字森玉,別字聖與,浙江吴興人。博識精鑒,世罕其儔。一生對文物之熱愛、研究、調查、保存等方面,不辭辛苦。在抗戰中遍歷平、津、滬各地,有出生入死之危,在所不顧。建國後曾任上海市文物管理委員會主任、上海博物館館長、中央文史館副館長等職,并被選爲第一、二、三屆全國人民代表大會代表。十年動亂中蒙受誣陷,迫害致死。程君天賦(女)畢業于華西大學,專研魏晉南北朝史,來滬後從事革命工作,解放後曾任上海教育衛生部科研處副處長,上海社會科學院歷史研究所黨組成員。"文革"中亦遭迫害致死。"四人幫"粉碎後,均得平反昭雪。附記數語,以告來者。(《全集·文集卷·甲午以後流入日本之文物目録跋》,上冊第 222 頁)

　　2 月 22 日　陳旭麓、汪熙來送稿費,却之,"上次也没有收,已繳館,這次亦照此辦理"。"今後要專心搞《善本書目》,館務亦少管,故請求在《中國近代史叢刊》編委上不要再放我的名字。"李魯人等來。宣森、蔡國生來。王煦華來。謝巍來,求題書簽。王个簃父子來。(日記)

　　2 月 23 日　得冀淑英、潘天禎信,冀兼《中國古籍善本書目》編輯委員會辦公室的工作。與沈津、任光亮、潘景鄭、吴織、趙興茂共商如何加快編輯《中國古籍善本書目》的速度。(日記;3 月 11 日致冀淑英信)

　　2 月 24 日　擬就"清末創辦圖書館以來的發展"爲研究生講課,"講版本,不能局限於宋元本"。郭群一來。葉百豐子偕戴正平來,出《皇甫君碑》,囑鑒定。中州書畫社爲出版《今昔談》,向先生徵稿。譚其驤、王煦華來。張樹年來,還尺牘四本。洪丕謨囑寫的字完成,請周志高轉。(日記)

　　2 月 26 日　上午聽陳錦華副市長作關於上海經濟調整的設想報告。《甲午以後流入日本之文物目録》跋改畢,寄北京。(日記)

　　2 月 27 日　擬撰顧頡剛紀念文章。擬復冀淑英信。王煦華來,明日北返。譚其驤媳爲先生量血壓,上面甚高,服複降片一粒。吴織來,未值。夜,沈津來,囑明日派車送華東醫院就醫。(日記)

　　2 月 28 日　赴華東醫院就醫。血壓略降。(日記)

　　是月　先生題簽的《古本竹書紀年輯證》(方詩銘、王修齡輯),由上海古籍出版社出版。

　　3 月 1 日　周松齡夫婦來,其夫爲徐鵬學生,徐要他們來聽先生的課。周道振來。顧頡剛紀念文章初稿成。下午,宣森偕裴先白來,暢談。裴允爲刻《尚

書》事與馬飛海說項,請先生先寫一份材料。(日記)

3月2日　宣森來,催寫關於《尚書》的材料。寫字。(日記)

是日　撰《介紹顧頡剛先生撰購求中國圖書計劃書——兼述他對圖書館事業的貢獻》,大體成篇,待抄清。

一九二七年夏,先生應廣東中山大學之聘,任語言歷史研究所教授兼圖書館中文部主任。學校委托他到江浙一帶收書,他就寫了一個《購求中國圖書計劃書》,詳列需要搜集資料的各個方面,并指出它的作用,這就說明了這些資料的重要性,促使了大家的注意和保存。

一九二九年秋,先生離開廣東就燕京大學之聘。當時所撰的那份《購求中國圖書計劃書》印刷不多,後雖印入中山大學圖書館叢書中,但流傳不廣,知者不多。曾承見贈一冊,我一直寶藏到現在。我從事圖書館古籍采購事將五十年,即循此途徑爲收購目標,頗得文史學者的稱便。這份《計劃書》很重要,對圖書館工作者有指導意義,特建議《文獻》叢刊將它重新發表出來,希望圖書館從事采訪者讀之,可以一擴視野,不爲傳統觀念所蒙蔽。(《全集·文集卷·介紹顧頡剛先生撰購求中國圖書計劃書——兼述他對圖書館事業的貢獻》,上冊第396頁)

3月3日　張樹年來。爲研究生講課作準備,擬講三個方面:(一)中文系的校勘工作與圖書館學系校勘工作有無不同之處;(二)可將建國以來近人文章中關於校勘有較好見解者,予以輯錄,如《讀書》雜志那樣;(三)版本爲專用名詞,不僅指宋元本,還應包括各時代的抄本、校本、稿本。(日記)

3月4日　下午,爲填寫履歷表需要,請吳織協助將過去主要著作開一目錄,并查找國外對先生的介紹、評價。"剛好美國國會圖書館副館長來,托他找一些書評材料,居然找到兩篇,一在哈佛《燕京學報》,一在亞洲德國雜志中。還有陳柱麟抄給一段美國雜志裏的介紹"。先生對顧亭林勉己勖人常引之"博我以文,行己有恥"句甚好之。(日記)

3月5日　華東師範大學陳譽、周茹燕來,談關於復旦大學研究生旁聽先生講課事。一致認爲,帶研究生人數不宜多,祇好個別指導,不宜上大課。(日記)

3月6日　到館,寫顧頡剛悼念文,下午寄出。"略倦,三時歸。"(日記)

3月7日　頭暈,寫《李約瑟紀念論文集》扉頁題字未成。下午,去長樂路書庫,查《山陰縣志》中關於蘭亭的詩。讀聞宥《釋季》一文,極精審。夜,周茹燕來,將預擬給研究生講二十次課的大概内容告訴她,請她再作整理并排定後告陳譽。(日記)

3月8日　寫《李約瑟紀念論文集》扉頁題字仍未成。晚訪譚其驤。(日記)

3月9日　看上海古籍書店送來的尺牘及書,其中有嚴元照批本一種。下午,去上海市政協開第十三次常委會。(日記)

3月11日　先生有信致冀淑英。

別來忽逾兩月，無任馳念，屢欲箋候，輒爲他事牽率，悵甚悵甚！奉手示，敬悉一一。您兼管辦公室，想益繁忙，工作諒較順利。

此間一月廿八日向方行、潘皓平、王言夫、張杰諸位領導作了一次彙報。領導上很重視，列爲全館重點工作，參加工作者沈津、任光亮、瞿鳳起、潘景鄭和我。沈、潘半休，上班時亦干擾甚多。我則不務正業（社會活動及來訪），任較專心。瞿雖病廢，家居工作，效率尚高。二月二十三日，沈、任、潘、吳織、趙興茂與我又開了一次會，共商如何可以加快些，估計四月完成尚無問題。談到準備刻蠟紙、印刷問題。我打算下周起專心校閱卡片。

您處近況已否正常？二編楊文剛外，有續到者否？王多聞情況如何？四編有四人（崔、魏、韓、楊）否？五編恐僅兩人（丁、陳）。辦公室馮能來否？① 現在還保留幾間房？

現在有一事須奉商者，刻印事須商定的：① 京、滬、寧是否分頭刻？② 行款如何（半頁幾行幾字）？我擬每半頁 13 行。開本大小如何？我擬白報紙八開。印多少份？每省館各一份，約 50 份至 100 份如何？用什麼紙？用白報紙、書寫紙、毛邊紙、油光紙？ ③ 我們想看完了小學類先行付刻，如小類（即款目少的）則幾類合在一起刻（必須次序相挨），不知尊意何如？ 請先考慮。④ 刻印價格，京中如何，能否請小周有便瞭解瞭解？價錢以張計，還是以字計？我們亦在瞭解上海行市。⑤ 我們何時會晤，有何事要商談，統希酌示。

承詢四種叢書的著錄，鄙意《澤古齋叢鈔》種數并無增加，應刪“增刻”兩字。《指海》《守山閣》即照來示著錄。《秘書二十一種》，我館藏本補刻後印，沒有進入善本，不知他館所藏如何？頗疑康熙據明版補刻，均不精工，似可刪去，尊意然否？

龍一周來爲血壓所擾，忽高忽低，時感頭昏目眩。血壓偏高一些，後即平復，但血脂又高至 580，在京時已降至 300 多。休息了數天，精神已經恢復。

圖書館局老張來商預算事，現擬先撥 5000 元，以後再補。（先生小筆記本；原信，艾俊川收藏）

3 月 12 日　參加上海市圖書館學會會長、副會長會議。復冀淑英信。（日記）

3 月 13 日　寫《李約瑟紀念論文集》扉頁題字。高震川、韓振剛來談《千頃堂書目》改字問題。（日記）

3 月 14 日　擬去南京，瞭解《中國古籍善本書目》子部審稿情況，并想看看卡片。下午，朱金元約晤，談印未刊稿本事，先生建議可先印李鴻章未刻稿、孫

①文中崔、魏、韓、丁、陳、馮，分指崔建英、魏隱儒、韓錫鐸、丁瑜、陳杏珍、馮秉文。

寶琦電稿等。(日記)

　　3月16日　貝祖遠來。閲《中國版刻圖録》。(日記)

　　3月17日　晤冒懷辛,冒請先生題寫《中國美術家人名辭典》書簽。(日記)

　　3月18日　華東師大研究生來館參觀學習,提善本書十種、書影二種。夜寫字,不滿意。(日記)

　　3月19日　文化部圖書館處杜克來,先生往晤。方行將修改後的《中國叢書綜録》重印前言送來,先生又修改數字,明日擬請陳石銘再酌定。(日記)

　　3月20日　爲紹興縣文物管理委員會舉辦"蘭亭流觴"書會,寫元余闕《蘭亭》詩篆書一幅。又爲廈門大學六十周年校慶并陳嘉庚紀念堂落成題詩。收到谷輝之信。(日記)

　　3月21日　到館參加辦公會議。下午去長樂路。(日記)

　　3月22日　閲《近代名人翰墨》及《清代名人翰墨》。閲張本政論吳大澂的幾篇文章,"評語亦甚公道"。(日記)

　　是日　潘天禎有信致先生。

　　　　張一千同志來南京,傳達您老擬於四月在寧召集主編會晤的高見,我完全擁護。會期可否訂在中下旬,因周邨局長現正訪問日本,需月底或下月初方回國。具體日期和與會者,請您老定後通知,以便預定招待所。祥集同志已任副局長,對《總目》極熱心,擬請争取他出席,對決定問題大有好處。會晤經費,一千同志意見,可由與會者在本地《總目》經費中報銷,不必另列預算。會晤内容,冀大姐提議商討分類表和著録條例中未明確的問題,鄙意還可研究油印本的規格、要求及臨時提出的問題,不知尊意何如? 凡此種種,敬候您老指示,我均遵命照辦。

　　　　半月前見姚遷同志,曾請他寄南博《文博通訊》給您老。他説不知您老願看,否則早就寄送了。不知現在寄到沒有? 違教逾兩月,時切馳思,迎駕匪遥,不勝雀躍。問沈、任同志好。(原信)

　　3月24日　上午去上海五官科醫院看眼科,"近來眼睛早覺乾,不舒服,請醫生驗光"。(日記)

　　3月25日　到館,閲善本書目卡片。(日記)

　　3月26日　下午至上海市科學技術情報所參觀。接潘天禎、宮愛東信。(日記)

　　3月27日　下午看焦循手繪程大昌《禹貢山川地理圖》。焦繪此圖每天三幅,花了十天時間。先生以爲名人親筆必須注明,與一般抄本價值不同。(日記)

　　3月29日　閲蘇東坡文。夜,看近人談關於侯馬盟書諸文,頗有啟發。致誦芬信、衡孫信。得何時希信,催索字。(日記)

　　3月30日　去申江飯店,訪單士元,長談。(日記)

　　是月　四川"中華文化要籍導讀叢書"編輯委員會聘先生爲編輯委員。(履

歷表）

是月　爲楊文獻舊藏《宋元明清精刻善本書影集錦》題詩一則（按，此書今藏杭州圖書館）。

剪取明清五十影，雕梨入眼已無多。舊痕簿録猶堪憶，四十夢華隙駟過。靈山景物最宜人，徒綺湖光長日親。披卷琳琅忘歲月，優游無慮葛天氏。一九八一年三月，文獻先生屬題即正。顧廷龍。（仇家京《〈宋元明清精刻善本書影集錦〉——顧廷龍、潘景鄭等題跋述略》，載《圖書館理論與實踐》，2013 年 11 期）

春　在徵得先生同意後，沈津開始搜集先生昔年所撰序跋及論文，擬編一本集子。先生亦將三十年代發表的文章抽印本等交沈津保存。（沈津跋《吳愙齋先生年譜》）

4月2日　先生有信致冀淑英。

手書奉悉，京中工作已趨正常，甚慰甚慰！

四月下旬擬會晤一次，地點在南京，具體日期已請潘老與周局長商定後，即請潘老發通知，屆時希望祥集同志出席（日期須先徵其意見）。商量内容，尊意很好。（一）分類表及著録方面問題，（二）工作進度問題，（三）其它問題。一切望您多考慮。

您處對刻印事已摸到不少情況，此間亦曾探問，刻蠟紙祇有青年，字迹不甚佳，繁體無把握。有單位自印書，較可，但其刻字係從退休人中找來，我們亦在物色中。紙張可用白報紙，較普通。

關於《秘書二十一種》的版本著録，鄙意當以該書的成書年代爲準則，應作“清康熙七年新安汪氏據《古今逸史》刊版重編本”，不知尊意以爲何如？供參考。關於行文，汪氏下寫“據”還是寫“用”，請按北圖習慣用法改定。我看到一張片子，北圖目 7270《周禮》，清乾隆福禮堂刻本，清陳奐校并跋。卡片上未寫“陳奐校”云云，有人以鉛筆補上了，則很好，可是片後又有人鋼筆有“陳奐校跋，疑非真迹”。此書重以陳奐校跋，真則入善，不真則不入善，便中請您鑒定示知，不另函調了。陳杏珍同志已報到否？晤時希爲道念。

賤體今已平復，現在時在長樂路書庫看片，較安静，但亦僅能保持三天時間。晚上在家，亦能看一點，但不多。京中事繁，賢勞可想，諸希珍衛。（先生小筆記本）

是日　先生有信致潘天禎。

三月廿四〈六〉日奉三月廿二日手書，敬悉——。尊見考慮周詳，佩甚感甚。

關於會晤，擬定奪數事，請酌。（一）會期暫定下旬在南京舉行，具體日期，請您俟周局長返寧後商定，并煩請您發通知。周局長回國途經上海，如能預知日期,頗擬到機場一晤。(二)祥集同志希其出席,會期請先徵求他的意見。曾處我亦當去函并與預約。李競同志是否亦邀,請酌。(三)經費遵照張一千同志意見辦理。(四)會議内容:分類表、著録方面的問題,進度問題及其它問題。

三月廿八日接冀大姐來信,藉悉京中情況,工作已趨正常,甚以爲慰。《文博通訊》已承姚遷同志見惠,仰仗大力,曷勝感荷。已另函道謝。

賤軀尚好,惟前月偶患血壓,忽而偏高,忽而偏低,終日昏昏,今已平復。雜事較多,不能專力於《書目》,現避居長樂路書庫,稍能看些卡片。沈津、潘老均半休,惟任光亮出全工。現在經部小學類已基本排好,由潘老復審,看完後擬先刻印。衰年腦筋遲鈍,諸事務煩老兄與冀大姐多加籌畫。(先生小筆記本)

4月5日　宣森來,囑書硯銘。楊振聲來,囑看字畫。(日記)

4月6日　潘天禎有信致先生。

四月二日賜書敬悉。遵命代擬通知進呈審定,如蒙俯准,再打印代發,敬候教。

會期已徵求周局長和曾祥集同志意見。祥集同志在電話中説,現正忙於草擬計劃,估計四月下旬初與會不可能,如在廿五六日後,當争取出席,出席者不宜擴大到分主編。因此,鄙見擬訂於四月廿七日(星期一)起開會,估計開三至五天,月底可結束。參加者除正、副主編外,請祥集、李競同志,方、周兩局長莅臨指導。如無不同意見,當打印代發,可否? 盼示。電話中,祥集同志因公務繁忙,是否南來尚猶豫,如您老再函邀,肯定可來。方局長在養病,不知能參加否? 有便,煩代問候。李競同志能否與會,尚不可知。據説月中他可能陪外賓來滬、寧,會面時再商。您老是否有隨行人員來寧,亦請先賜示,以便預訂招待所。

周局長三月卅日晚抵滬,本擬訪問您老,因遇雨不克果願,囑代致意。(原信)

附通知擬稿:

兹訂於四月　　日起在南京舉行《中國古籍善本書目》主編會議,會期預訂三至五天,商討分類表及著録方面問題,研究工作進度和其它問題,務請準時出席。出席者除正、副主編外,請圖書館事業管理局負責同志和京、滬、寧三地副主任委員莅臨指導。赴寧時間和車次或航班,請先電告潘天禎同志,以便接待。致敬禮。顧廷龍,一九八一年四月　　日。(潘天禎擬稿)

4月7日　到館開辦公會議。中午前接鄰居電話,告知有宵小闖入。先生即與上圖保衛科人員回家察看,區公安分局及文化局皆有負責人來慰問。經檢查,衣物及票證、香烟等被竊去。任光亮、陳秉仁、吳織、韋開霖、楊志清均來。晚,沈津夫婦來。(日記)

是日　代貝祖遠、王懷琮夫婦篆書"所求必喜,喜來如雲"贈"銘侄"。(佳士得香港國際藝術品拍賣有限公司 2019 年 11 月拍品)

4 月 8 日　區公安分局來人,請先生寫家中被竊情況及失物單。谷輝之、劉曾遂夫婦自杭州來看望先生,携來紅楓、綠竹兩種盆景及蘇州西瓜子一袋相贈。譚其驤來。徐小蠻來。接潘天禎信。沈燮元來信催字。(日記)

4 月 9 日　先生有信致張秀民,談複製明弘治刻本《嵊縣志》事。又云:"《善本書目》艱巨複雜,看書不易,幸有照片可觀,如《洪武正韵》,同一明本有二三十種不同版刻,以前尚無所聞。龍薄殖衰年,不勝臨深履薄之懼。現在擬於年內爭取印成草目,就有道而正之,再行寫定,印出務求多多賜教。"(原信,韓琦收藏)

4 月 10 日　先生有信致潘天禎。

昨奉手書,均悉。會晤日期訂四月廿七日,甚好。方局長擬爭取參加。通知稿已拜讀,敢煩印發,但具名請以南京圖書館代章爲妥善,尚祈俯允。爲討論分類和著録,潘景鄭同志是否可邀其參加? 祥集同志與冀大姐處,當即去函。惟日來市政協大會,匆此奉復,不盡一一。(先生小筆記本)

4 月 11 日　潘天禎有信致先生。

十日賜書拜讀。會期根據祥集、李競同志意見,定在廿二日。李競同志十七日將赴滬,廿一日到寧。祥集同志電話,二十日或二十一日來寧。因此定於廿二日起開會。參加者除正、副主編外,請曾、李和方、周兩局長及潘老蒞臨指導。通知署名,遵命用總編室(南圖代發)名義,特呈上通知一份,請審閱。祥集同志意見,方、潘和您老均年高,務請有一位年輕人同來照顧,實事求是,請勿客氣。如獲俯允,祈將性別賜示,以便安排住宿。(原信)

4 月 15 日　參加上海市政協五屆三次會議,并與文藝界組代表合影。(《顧廷龍先生紀念集》,第 188 頁)

4 月 16 日　先生有信致沈津、任光亮。

南京會晤在即,日來我因會議較忙,尚未能詳商。我擬下星期一與你們交流一次,我想瞭解數事:

一、《洪武正韵》版本多,就手中卡片數一數,究有多少?

二、這部書的版本靠書影能解決問題否? 如書影不能解決問題,出門看書能解決否? 當然有的要看紙墨,看原書與看書影效果有何不同?

三、進度如何?

四、工作中對分類二、三級類目上,經部有何感到不合之處?

五、著録方面,有何必要修改之處?

六、其它。

一切煩你們二位細細考慮一下。餘容面談。(原件)

4 月 17 日　先生有信致潘天禎。

示悉。日來市政協大會，共十一天，因未即復。今日下午獲李竸同志信，京中情況，藉悉一切。王多聞、樂星同志有幾點意見，到寧後再商量。方行同志爭取參加，潘景鄭先生和我三人，同于廿三日前來。李竸同志定廿一日到寧。會議一切祇好偏勞了。（先生小筆記本）

是日　先生有信致冀淑英，邀請其會後來上海。

前接來信，敬悉。南京會晤，諒已接洽。會期原約廿二日，但我因參加接待日本書法代表團，祇能遲一天到。要談的事，請您多考慮一下。

今天見到李竸同志，他給我看了王、樂兩同志的信，有不少問題，不知您見過此信否？到寧再商。

方行同志爭取參加，最近他的健康情況恢復得好一點了，可以出院。潘景鄭君同去。會後，我們想邀請您來滬一行，替我們鑒定一些版本，想您必能俯允所請的。

《藝風堂友朋書札》下冊亦出版了，敬以一冊奉贈，請查收。（先生小筆記本；原信，艾俊川收藏）

4月中旬　先生有信致曾祥集。

一別三個多月，時以爲念。《書目》工作分地復校以來，尚有待商之事，當會晤一次，交流情況，務望您莅臨指導。原約二十二日在寧開會，但我二十二日要參加接待日本書法代表團，祇能二十三日到寧，已于潘老聯繫。方行同志爭取參加，希望他這幾天恢復得快一些，即能出院。我想到分類、著録上可能有些問題要商量，潘景鄭同志因邀其參加，他對這方面有些經驗。

我最近身體較好，勿念。我館有宋元本鑒別上有不同意見，我想邀請冀大姐定一下，代表一個時期的鑒別水平，否則懸而不决，貽誤後人。（先生小筆記本）

4月22—28日　《中國古籍善本書目》主編工作會議在南京召開，先生與潘景鄭參加。〔先生小筆記本；《中國圖書館事業二十年（上、下）》，下冊第 1845 頁〕

4月末　《中國古籍善本書目》主編工作會議結束後，先生和冀淑英、潘天禎又去揚州，在平山堂合影留念。（《潘天禎文集》插圖）

5月上旬　先生有信致潘天禎。

在寧盛擾，萬分銘感，非可言宣。歸後栗六，胸悶復作，北京之行遂爾中止，略事休息，得漸舒適，惟血壓仍忽高忽低耳。知念附聞。

刻蠟油印事，用何色油墨，當時未曾談及。一般用黑色，但我喜歡用藍色，看來較爲醒目，不知尊意何？如亦有此意，當函冀大姐商定，否則即作罷論。

冀大姐于七日下午回京。是日上午，適從杭州文獻學會歸途諸友相訪，如謝剛主、劉乃和等，與冀大姐亦均熟識，遂同往古籍書店瀏覽，我已年餘未經登門矣。

周局長熱心招待，深感厚誼。見假尺牘尚未檢讀，稍暇當即展閱，加跋奉繳不誤。封函間，奉八日手書及類表等，容細讀再復。（先生小筆記本）

5月12日　先生有信致馬國權。

奉四月廿三日手書，敬悉——。

茲有舍親黃清士兄所撰《唐宋詞賞析》十餘篇，欲投《藝林》，該刊是否由公協助陳凡先生編輯？清士係黃任之先生炎培之姪，“文革”前曾在《藝林》發表十六篇。附上其擬寫各題，如《藝林》需要，他將用繁體字重行謄清，便中酌復為盼！大著《章草字典》序，得暇即寫呈教正。龍于章草素乏研究，真成佛頭着糞耳。

陳凡先生前請代致意。（原信）

是日　先生有信致陳原。

別將半稔，無任馳仰。最近林、汪兩同志來滬，龍適有事赴寧，林同志未克把晤為悵！汪同志則承其稍待，遂得商談。

關於菊老遺稿分册出版，今年先出《日記》《書札》兩種，甚善甚善。此外尚有《遺文》。《書札》當繼續搜輯，菊老詩較文少，而書札、序跋較多。最近蔡子民先生後人檢出給蔡先生信一百餘通，我館亦藏有菊老與傅增湘關於版本目錄往來書札約十餘萬字，鄙意書札可出續編。原輯《遺文》不多，擬將過去報刊發表者補充之，似亦可以成一册。原輯的《涉園序跋集錄》，擬將序文部分（不多）移入《遺文》，再訪求一些，重編為《書跋》一册。最後頗想編一些傳記資料，如能附一《年表》最理想，但龍年老體衰，有心無力。家熔同志現正校印菊老諸稿，工作認真，對菊老遺事亦已熟悉，最為適宜，不知能否抽暇進行之，龍當力助。菊老一生關係近代文化教育，影響較大，國內外研究者頗不乏人，提供資料亦頗需要。十年動亂，已多散失，及今蒐輯，尚有可為。今《日記》《書札》之刊印，實賴公之創導，深為感佩。此後如能續布，仍維仰仗大力有以玉成之。（先生小筆記本）

5月16日　文化部（81）文圖字第362號文件轉發《中國古籍善本書目》主編工作會議紀要，要求各地遵照執行。〔《中國圖書館事業二十年（上、下）》，下册第1845頁〕

5月21日　先生有信致潘天禎，談《中國古籍善本書目》著錄問題。

此次在南京開會，在幾位局長的指導下，解決了不少原則問題及具體問題。但由於龍急於旋滬，尚有一些具體細節未曾充分討論，以至尚有不明確的，我之咎也。

今讀《說明》草稿第二項，有關著錄條例的修改、補充，其中3.“稿本係指作者本人親筆所寫，或雖係別人抄寫，但經作者本人親筆修改、批校過的，或叢書編者親筆所抄的叢書。凡無作者親筆加工的，祇能稱作抄本”。關於這條，我認爲稿本要有區分，如作者親筆寫的原稿稱"手稿本"，別人謄清後經作者校改的稱"稿本"；又如别人謄清而無改動的稱"謄清稿本"（有的目錄稱"清稿本"，但恐"清"字易誤爲朝代，因擬加一"謄"字）。親筆稿本與一般略加修改的稿本不能没有區别的。簡單地説，到了書店，對這兩種稿本，標起價格來肯定不同的。近時國内外的書目對親筆稿本稱"手稿本"已很普遍，我們若籠而統之，竊以爲不妥。記得去年首次會上，公即倡言保證重點，抄校稿其一也。又有一次在四編室討論，亦曾談到稿本問題，有幾位同志提到要區别，我是贊成的，吾公當時説："我來和稀泥罷，片子上寫有'手'字的不去掉。"我未多辯，即按尊意處理。在寧時，雖會議中没有提出討論，但我亦曾宣傳我的管見，周、方兩位局長亦有此主張，一談即合。總之，我服從多數，保留自己的看法。記得我初到寧時，冀大姐有一稿給我看，我就按上述意見説的，她没有表示什麽，我以爲没有問題，實則没有解決。

其次 2. 叢書中"凡因轉版後改編的新叢書，須於版本項中注明原版的時代和出版人"。關於這條，我認爲祇要寫明原叢書之名即甚明瞭，無須注明原版和出版人。改編後成了新書，原版情況没有詳細説明的必要，況原叢書一般都是很著名的，一提叢書名，人都知道的。記得冀大姐曾函見詢，我的答覆是：關於《秘書二十一種》的版本著錄，鄙意當以該書的成書年代爲準，則應作"清康熙七年新安汪氏據《古今逸史》刊版重編本"，不識尊意以爲何如，供參考。可惜在南京没有提出討論。

再次 3. "油印本祇著錄標片的藏書單位代號，這是我提出的，想省點篇幅。現接李竸同志信，知道大部分同志主張收藏單位全列，我亦同意，現由任光亮同志擬了一草樣，希望大家修改定奪。

從稿本與叢書兩項的版本著錄，頗有"詳所不當詳，略所不當略"之感，愚見不一定正確，統乞我公裁奪處理，實所盼幸。（底稿）

是日　先生有信致李竸。

日前接奉來信，敬悉一一。承惠瘦西湖攝影甚精善，贈方局長兩張亦已轉交，同聲感謝。

香廠路同人對南京會議所訂幾條没有意見，甚以爲慰。潘老將關於收錄範圍、著錄條例及油印本問題等，當時以爲解決了，實則没有完全統一。現先與潘老函商，再與冀大姐研究。（底稿）

5月22日　先生有信致方行，彙報關於《中國古籍善本書目》著錄條例、收錄範圍等《説明》草稿，"收藏情況，已擬了一個式樣，先乞審閱"，又奉上致李竸信。（底稿）

是日　中央音樂學院林石城有信致先生及沈津，希望對上海圖書館藏明嘉靖抄本《高和江東》的版本再作鑒定。云："關於《高和江東》琵琶譜的鑒定問題，曾一再前來拜訪請教，承給予大力支援，非常感謝。爲了進一步鑒定《高和

江東》抄寫年份,曾煩請您們與旅居在美的周明泰先生瞭解,不知進行得如何,有何定論,請予賜知。"(原信)

是月　上海史志研究會聘先生爲理事。(履歷表)

是月　北京中醫古籍出版社聘先生爲顧問。(履歷表)

是月　先生題簽的《學林漫録》第三集,由中華書局出版。

6月3日　先生有信致張秀民。

前承屬拍攝《嵊縣志》,已放四寸并裝表成册,挂號寄奉,想已遞達。

兹附上收據兩紙,該款由龍墊付,便中請徑還鄙人。裝表以不對外接受任務,通融代辦的。(原信,韓琦收藏)

6月5日　周一良有信致孫啓治,介紹其去上海圖書館工作。

昨得顧起潛兄來信,希望和你見見面,因寫一介紹信,盼便中去找他。他一般上午在館,下午、晚間在家。……如上海圖書館有可能,我看你也不妨去那裏工作,當年向達、王重民、譚其驤、謝國楨諸公,都是在北圖任館員培養出來的。此意我在給顧的介紹信中未寫,因不知你意如何? 如有意,似可當面提出也。不一一。(《周一良全集》,第10册第231頁)

6月9日　先生有信致潘天禎。

昨奉手書,敬悉一一。

關於手稿本和稿本的區別,仰荷支持,幸甚幸甚。至謄清稿本的問題,尊見甚是。謄清稿本,如無題跋、作者印章等等,難以區別的,作抄本著録亦可。至現有卡片基礎上,如何決定此種區分,鄙意還是按公在香廠路的意見,在報來的片子正反面,有原著録可辨的,即據以分爲手稿本或稿本。有一定數量親筆的,即稱手稿本,如《天下郡國利病書》,不識尊意然否? 俟油印本出來後,我們可分工注意某項的著録,能從書景解決的最好,不能解決可待出去看書後解決,不知可行否? 公思慮周至,便請酌示。

冀大姐的類表修訂説明很簡賅,我無意見,已復冀大姐。日前接祥集同志信,知會議情況傳達後,大家沒有大意見。史部六月底可交,因屬我館下旬派人前往交接。附聞。(先生小筆記本)

6月10日　中國社會科學院研究生院院長周揚,聘先生爲院歷史系史學史專業1981年畢業生論文答辯委員會委員。(聘請書)

6月11日　囑沈津就《高和江東》事復林石城信。

關於《高和江東》一書的時代問題,我們又曾研究一過,認爲封面上的字迹,似非明人所書,係出後人所題。書中正文的字體及紙張看來,當爲明人抄寫,且周志輔先生的《周氏幾禮居藏戲曲目》中,他自己著録爲明嘉靖抄本。這樣看法,是否允當,還請指正。周志輔先生在美的地址,曾記在顧老小本子上,後因不慎,被偷兒竊去,故未去函瞭解,請諒。(沈津藏底稿,上有先生修改)

6月12日　先生有信致張秀民。

手書敬悉。《嵊縣志》的縮印及裝訂均承贊許,甚感甚感!祇有如此做法,最爲便宜。見還款項,業已照收無誤。今晨又奉茶之惠,不勝感謝!

季龍、道静兩兄,時得晤面,身體均健好。

關於南朝鮮發見刻經的譯文,當向《圖書館學研究》部門索贈,不誤。(原信,韓琦收藏)

6月17日　先生有信致周一良。

昨奉手書,欣悉圖卷已取到,慰甚!草率將事,恐有失辭,幸予指正。

令甥頃承其見顧,恂恂儒者,適宜於編校工作。我屬其寫一份簡歷,以便進行。最近領導上欲爲我配一助手,而我急欲整理者,爲四十餘年前頡剛先生屬我助其編校之《尚書文字合編》一書。自顧垂暮之年,非得一年富力强者相助爲理,終成廢紙,於心何安!現在年輕人不很歡喜治文字,因此找人亦不易。文字有因緣,尚待努力。

王廉生會試卷爲繆力薦(同考官)得中,徐桐尚疑之,繆力爭,當爲恩師。(《全集·書信卷·致周一良》,上册第 282 頁)

是日　先生有信致冀淑英。

日前奉手書,敬悉一一。

關於史部交接事,當由沈津、任光亮兩同志前來商酌辦理,請多指教。他們行期暫定 25 左右,以買到車票爲準。票買到即電告。

類表説明甚好,龍已告潘老,當即打印。餘由沈、任兩同志面陳,不一一。

《自莊嚴堪勘書圖》卷已率書數語,托人帶還一良矣。承借剪報,俟檢出即趙。(原信,艾俊川收藏)

6月29日　和袁英光、湯志鈞同赴華東師範大學,參加史學史專業研究生張承宗論文答辯,擔任答辯主持人,導師爲吳澤。下午,區公安分局等五人來,復查作案人手印,瞭解當時情況。晚,宣森來。周茹燕來。(先生小筆記本)

是月　參加上海市魯迅誕辰一百周年紀念委員會第一次會議,并與部分與會者合影。(《顧廷龍先生紀念集》,第 188 頁)

是月　支持并同意盛巽昌和吳織去蘇州參加太平天國進軍蘇州一百二十年研討會。蘇州方面希望上海圖書館提供一些相關文獻去展覽,先生建議可帶太平天國將領林彩新布告和張元濟捐獻的《太平天國田憑》。林彩新布告是當年歷史文獻圖書館徵集來的,《田憑》則是 1950 年張元濟捐獻的,并請陳毅、潘漢年觀看,有他們的題款。先生説,這是文獻,我們不能像圖書那樣,凡出了問題,就把人名用墨筆塗去。(盛巽昌札記)

是月　上海圖書館編《中國近代期刊篇目彙録》第 2 卷中册出版。

是月　先生題簽的《張元濟書札》,由商務印書館出版。

7月1日　中國共產黨六十誕辰,書金文"周甲開基宏猷大展,江河行地日月經天"。又楷書"歇浦南湖燎原星火,五洲萬國革命典型"。(《顧廷龍書法選集》;中國收藏網)

7月8日　杭州大學沈文倬來,多年不見,略談。下午,和趙興茂、吳織、潘景鄭、沈津、任光亮談《中國古籍善本書目》史部卡片問題及今後工作。晚,周松齡來商論文題目,并借書三種去。(先生小筆記本)

7月18日　先生有信致張秀民。

久不通函,時深懸繫。日前奉到手書并大文,拜悉一一。

屬印洗《嵊縣志》兩份,當照辦,費用俟裝册後一併奉聞。

《善本書目》經部、叢部已油印徵求意見稿,在裝訂中。一俟成書,當即寄呈誨正,務懇細加糾繆,不勝感荷。(原信,韓琦收藏)

是月　跋《張元濟書札》。

先生平時撰文、題識、通訊以及書翰扇册,均祇署名,人則以號稱之。文人雅尚,多取別號、室名,而先生不喜也。龍爲編《序跋集録》時循舊例,不欲直呼其名,因冠以涉園,非先生意也。涉園者,先生八世祖小白先生胝之園林,遂沿用之。先生藏書致力于海鹽人文,推及嘉郡著述,并張氏先世舊藏之本。至宋元秘笈,名校精抄,皆爲涵芬樓所收庋,而朋舊文中記及藏本,往往署爲涉園,實有未諦。近時編印前人遺著,均用其名,以便省記,今即以先生之名名其集。

先生文章不多作,而與友好書札頻繁,聲氣廣通。評論時事,商量學術,發抒己見,情見乎辭。由今觀之,皆成史料。顧書札搜集不易,大都信筆捷書,未必留稿。間有屬草,亦罕匯存。今所得者,乃録自各家舊藏原件,而得于存稿者無多。

…………

先生捐館後,陳叔通丈即屬龍纂輯其遺稿,擬編詩文、日記、書札、書跋、專著等。詩文録出,均經叔丈校閱。叔丈與先生爲數十年之摯交,無讓管鮑。未幾,叔丈作古,又未幾而"文化大革命"爆發,此事遂廢。去年商務印書館總編輯陳原同志來滬,商爲先生編印遺稿事,先生哲嗣樹年君檢理幸存舊稿,增補重編。先將日記、書札付印,以龍嘗與校理之役,命繫一跋,因述所聞於卷末。(《全集·文集卷·張元濟書札跋》,下册第1043頁)

是月　先生題簽的《袁宏道集箋校》(袁宏道撰、錢伯城箋校)、《宋朝事實類苑》(宋江少虞撰),由上海古籍出版社出版。

是月　先生題簽的《增補校碑隨筆》(清方若撰、王壯弘增補),由上海書畫出版社出版。

8月11日　先生有信致冀淑英。

久疏箋候爲念。經部現在刻印中,進度一般。本擬印成一類即發一類,但恐覺煩瑣。經部篇幅不重,不如全部印成後,裝册分寄爲便。尊處如何處理? 念念。

前承惠借《天津日報》報導弢翁藏書事,兹奉趙。手卷久稽作跋,後一良來面催,因此不管拙劣,率題數語繳去,不及奉求審閲,昔在香廠路有隨時可求教之樂。(先生小筆記本)

8月12日　先生有信致潘天禎。

久未奉候,時以爲念。邇來酷熱,南京當更甚,維近體安康爲頌。

龍栗六終朝,不能静居工作,甚爲悶損。《書目》經部在刻印中,争取九月底完畢,但不知能如願否耳。卡片經印出書本後,毛病必不少,届時求多指教。周老見借尺牘,欣賞閲讀斷斷續續,尚未完畢,稍涼後必率書數語歸之。晤時乞代致意。

沈津、任光亮兩同志到北京,曾公説今年尚須開一次會,我想有兩事要商酌:1.看書問題,即如何保證重點;2.定稿問題,如何搭班子。開會時間、地點如何? 公考慮周到,暇中希先有所籌爲荷。

油印本分發是否要附一公函,還是寫一油印説明? 望便中酌示。(先生小筆記本)

是日　先生有信致宫愛東。

别來忽已四月,在南京、揚州之樂,至今不忘。承寄來照片十七張,均甚清晰,我已插入照相本内,時時翻閲。費用若干,便請見示,應該照繳。

你在菩薩保佑之下,工作想必進行順利。老沈近來忙否? 下班後白乾一兩,可以促進工作,可以助興。我則栗六不務正業,最近小孫來滬小住,明日又將返遼。周老見借尺牘,欣賞過半,頗可以怡情養性,可惜時被它事牽率,下周當繼續閲讀,争取早日歸趙。老沈屬書之件,稍涼後即塗繳,晤時煩代問好,不另。(先生小筆記本)

是日　先生有信致劉緯毅。

久未箋候,時以爲念。今日奉到手札,快如良覿。蒙惠大著兩册,謝謝。容細細拜讀,必多啓發。

承示《山西省古籍善本書目》已經完成,即將付印,無任欽佩! 委書題詞,敢不祗以襄盛事。尊處想有前言、後記,能否賜讀? 全目約有若干種? 宋、遼、金、僞齊、元版約若干種? 遼刻初次見諸書目,尤爲難能可貴,前年曾飽眼福。地方文獻想必不少,能否酌示一二? 盼盼!

命書横幅,時想走筆,但不敢草草塞責,有負厚望,因此遲遲至今。稍暇仍當遵前次所屬,寫《陋室銘》一篇,原紙找不到,便中請將尺寸見告爲荷。(先生小筆記本)

8月20日　潘天禎有信致先生。

賜書拜讀并呈周老過目,周老囑代問好。尺牘題跋,多勞清神,不用着急,俟秋凉後再説。近日南京氣候晚上雖較前稍凉,白天仍悶熱,不能不影響工作。上海可能好些,仍請多多保重。

會議需討論的問題,尊示兩點極是。上次未充分討論者,此次是否可以補議并形成文字,以便劃一。開會地點似在上海較好,時間和參加人員,均煩您老裁定通知,不知尊意何如?

經部書目九月可刻印完畢,太好了。分發油印説明和公函似均需要,説明主要提出審查要求,例如"手稿"與"稿本"著録的新規定與修改,即需要求收藏單位復核注明。公函主要對專家學者,因對象不同,似當有所區別,不知當否?

在復查書畫目録中,發現《十竹齋畫譜》《芥子園畫傳》卡片相當多,孰爲原刻,孰是翻印,書影也難識别,如何解决? 祈您老賜教。(原信)

是月　先生題簽的《鄭觀應傳》(夏東元撰),由上海華東師範大學出版社出版。

9月12日　先生有信致冀淑英。

奉示敬悉。趙興茂同志歸,亦備述京中近况。

經部小學類一册寄審閲,附表能看得明白否? 各館代號我是記不清了(要把代號表放手邊)。關于今年開一次擴大會,必須早日籌備。尊意會前主編先碰頭一次,我極贊成,越早越好。地點非寧即滬,時間請你酌奪。如到寧,我可借此活動活動,一笑。方局長意,大會能安排在十一月份開較好,以便明年的工作安排。

弢翁藏善本書目序,敢不應命,惟龍文字拙劣,實愧勿稱。不知何時需繳卷,當勉爲之。草成,當先求正謬。

王靜安先生校《書古文訓》一書,1932年顧頡剛先生從斐雲借閲,我曾過録一通,惜朱墨不好,很多退色難辨,不知此書在北圖否? 檢善目卡片,未見此書,您尚能踪迹否? (先生小筆記本)

是日　先生有信致潘天禎。

八月二十日手書敬悉。油印本需有一個説明,現草擬了一個《徵求意見説明》寄呈台閲,并望多多修改,萬勿客氣。

原擬每類訂一本,現考慮裝訂費太貴(訂工加封面),衹好以頁數爲標準,約五十頁左右訂一本了,尊意何如? 關于稿本問題,按尊意在復查要求中談了,不知妥否? 冀大姐八月二十九日在北戴河來函,提到年内需要商量明年工作,這會如何開法,參加會議的範圍,討論主要問題等,需要早日籌備。她意主編先碰頭一次,我極贊成,并希望早一天舉行。三人碰頭在何處好? 看來非寧即滬,不知尊意何如?

冀大姐信附上一閲。寄上小學類樣本一册,請提意見。(先生小筆記本)

是月　先生題簽的《張元濟日記》，由商務印書館出版。

10月3日　先生有信致冀淑英。

　　　　前奉手示，敬悉一一。承示各節，均須細商。總目會議以十一月初爲宜，則三人碰頭擬在上旬或中旬最好，上旬恐來不及。地點還是在南京較好。潘老前些日子有些不舒服，不宜遠行，日期、地點均請潘老酌奪。定後，請即通知你我兩人。

　　　　要商之事，請你多考慮，我腦筋遲鈍，思慮不周。潘老處亦已去函，一切容面談。

　　　　徵求意見致專家函稿，已由潘老起草，附閲。閲後請帶南京商定。（原信，艾俊川收藏）

是日　先生有信致潘天禎。

　　　　前些日子，孟館長來滬，藉悉公足部被車撞受傷，并堅持上班，無任懸繫。後小宫電話，聽説尊恙已漸愈，尚望珍攝。

　　　　九月二十九日手書祇悉。致專家審稿信稿已拜讀，甚好。近得冀大姐來信，建議開一次三人碰頭會。十一月初將開總編會，十一月中下旬圖書館局召開一次全國性會議，因此碰頭會最好十月上旬或中旬，商量商量，比較從容。地點、日期擬請公酌定，由公通知即可。本來上海也應做次東道，招待所較緊張，恐住不舒適，且公近體不太好，不宜遠行，考慮還是南京。日期、地點請公決定，一切偏勞。

　　　　冀大姐來信附閲。尚有其它需談的，或向總編彙報的，公考慮周密，幸多指教。我一人出門，組織上不放心，屆時請吳織同志陪同。（先生小筆記本）

10月10日　下午，在吳織陪同下，由上海到達南京，潘天禎、宫愛東接車，偕至西康路招待所。（先生小筆記本）

10月11日　在吳織陪同下，拜訪南京圖書館汪長炳館長。文化局周邨局長來訪。辛亥革命紀念會派人來接先生去主持閉幕式。冀淑英到南京。（先生小筆記本）

10月12日　與圖書館局胡耀輝副局長、冀淑英、潘天禎交流北京、上海、南京三地《中國古籍善本書目》工作情況。（先生小筆記本）

　　這次會後，先生又去蘇州西園寺看佛經。在吳織和宫愛東的陪同下，到七子山找尋夫人之墓，"費了好多時間纔發現那塊已被荒草掩没了的墓碑，碑上的字也不知何人所寫，見此情景心中凄然。回想請顧老書寫墓碑的人也不少，作爲一位著名書法家的他竟未能爲自己的妻子撰寫一塊正式的墓碑"。（吳織《沉痛的追思》，載《顧廷龍先生紀念文集》，第74頁）

10月28日　先生有信致蘇州市博物館館長張英靈。①

─────────

①《全集》此信編入1980年，誤。今據原信所署日期"1981/10/28"移至1981年。

日前參觀貴館,多蒙指導,無任感荷! 爲複印柳亞子先生手札事,特囑我館肖斌如同志趨前面洽一切,幸指教。

寒家舊藏南宋紹定井欄,現儲存紅旗東路56號,請派人往找舍弟顧廷鶴同志領取。他祇有星期六(廠休)在家。

另有題詞一冊,俟加跋後再攜呈。(原信;《全集·書信卷·致張英靈》,下冊第725頁)

是月　《中國古籍善本書目》(徵求意見稿)編成油印本目錄,廣泛徵求圖書館之外專家學者的意見。(《全集·文集卷·我和圖書館》,上冊第363頁)

是月　爲《青海省古籍善本書目》題簽。(原書)

11月10日　先生有信致冀淑英,托查北圖藏《説文解字讀》"原書是否尚在,是否有段氏親筆,龔麗正題跋是否親筆,有無其他人的筆迹"。(原信,艾俊川收藏)

11月13日　先生有信致冀淑英。

別後我們去蘇州,前後五天,歸來感冒,一病旬日,今現恢復。

在京擬的信稿,已打出清樣附呈,如有不妥,即請您改定。稿件四份,1、2兩份擬請您處統一印發。另兩份:1.説明,打印附各印本中;2.致專家信,[分]頭徵求意見時用,分別打印即可。

前談油印本封面上要寫幾個"徵求意見稿",我試寫一個樣子,請曾祥集同志審閱,如無意見,即轉給您。您沒有意見,我們即刻印。

我們史部工作,明天方局長要作一安排,爭取明年六月可以發稿。

發送名單附呈核定。此即根據小宮紀録抄清的。(原信,艾俊川收藏)

11月17日　撰《高瞻遠矚　衷心欽佩》。此文爲先生讀陳雲關於古籍整理工作的意見後,有感而寫,并認爲"最好安排一定的人力致力于此,設立幾個專業,整理這些古籍,要有幾個步驟:校勘、標點、注釋、翻譯等。校勘要搜集衆本,標點要讀懂古書,注釋必須參考歷代學者的解釋,廣求各説,折衷一是"。建議"編索引","群經諸子必須完全標點出版"。(《全集·文集卷·高瞻遠矚　衷心欽佩》,上冊第415頁)

11月25日　周一良有信致先生。

我三月初赴美,十月初回來。在美曾晤鄧嗣禹、王伊同兩兄,均囑向我兄致候。伊同喪偶,子女不在身邊,老境頗感落漠。嗣禹已退休,但老驥伏櫪然,每天三段時間到研究室工作,孜孜忘倦。其夫人雖美籍,實爲西人中少見之賢妻良母類型,堪稱幸福。

我曾去劍橋,大有"訪舊半爲鬼"之感。專誠到洪煨蓮先生故居憑吊,并擬拜訪裘開明先生之夫人,惜未得見。記得我兄曾擬詢問家叔周志輔關于合衆館藏戲劇史料事,此次在華盛頓郊區見到他,他也想與兄聯繫,已告以尊址,不知已通訊否?

家父書目承題字,不勝感荷。而孫啓治得蒙推轂入館工作,并任閣下助手,獲親聆教益,尤深感謝,尚希不吝教導,促使成材。此子根柢尚好,肯于鑽研,英文亦嫻熟,定不辜負老兄培植也。(原信)

是月　先生有信致曾祥集。

我們南京碰頭會以來,忽將一月。我歸後,感冒發熱者數日,今雖已愈,猶覺疲倦,稽遲奉函,歉甚!

彙報想已鑒及,今年來不及開主任委員擴大會議,這是實情,得到胡局長的諒解。潘天禎同志意見,春節前後再開一次碰頭會,商定擴大會議明年何時開爲適宜。下次應該在上海,若早作準備,人數不太多,當能努力爲之,届時希望您能參加指導,先此預約。

徵求意見稿,經、叢兩部,已將次完畢。徵求意見等幾個稿子,我帶回整理打印了,附呈審政,如無改動,北京、上海各自印發即可。

關于經費問題,1981年,我們五千元,除支出二千元,餘款已買好部分印史部之紙以及蠟油墨。史部約多經部三倍,明年如要大規模出去看書,那末差旅費就大了。定稿時需要集中一個時期,估計至早亦在第四季度了。(先生小筆記本)

是月　先生題簽的《元曲家考略》(孫楷第撰),由上海古籍出版社出版。

是月　先生題簽的《中國文言小説書目》(袁行霈、侯忠義編),由北京大學出版社出版。

12月7日　潘天禎有信致先生。

賜書及有關總目各件,均拜讀,除遵照辦理之外,無他意見,祈釋念。

十月金陵之會,安排失當,接着有姑蘇之行,照顧欠周,致使道體違和,深感抱歉。承告貴恙痊愈,不勝忻慰,務請多多保重。

西園《血經》宋濂序,經慧眼鑒定是濂手筆,已囑小宫在卡片上著録。該園藏《趙城藏》兩卷,一卷極新,顯係複印;一卷稍舊,亦似複製。但典守者歷言流傳乃某僧自山西携吳,未便多拂其意,祇在報京時將卡片抽出,然蘇州市油印《善本書目》已經入録。現經指教,更無可疑矣。多謝多謝。

女排奪魁,全國振奮。尊示我們的書目亦周總理之遺願,油印本必須在明年内爭取出完。長輩壯懷,是我楷模,禎雖愚拙,敢不竭盡心力,追隨長者之後,盡力以赴。敬祈時加督促指教。(原信)

12月10日　《國務院關於恢復古籍整理出版規劃小組的通知》(國發〔1981〕171號)下達,李一氓爲組長,聘有顧問三十四人,先生亦在其中。(《出版工作文件選編1981—1983.12》)

12月21日　先生有信致冀淑英。

手書敬悉。經部亦已裝釘完成,今日已寄發了一部份。寄發中有幾位的住址不詳,乞查示。三位首長處如何遞送?是否寄您處轉去?張政烺、趙元方、謝國楨(聽説他家搬了)的住址請見告。天津古籍書店寄何人? 北京市文物局資料室再要一份,您處想亦有信(要叢部),應如何處理?

承寄示叢部已收到,前次給我的一本,兹退回,以免配不成套。

現在的工作人員油印本發不發問題,鄙意是否可以靈活掌握,但也要有一些制約。可否衹一發給現在在京的兩個編室一部或兩部傳閲,目的還是請他們多提意見。不知可行否? 希望您酌辦,必要時可與老曾商定。

名單中漏掉了李競同志(他也是副主任委員),應補。決定補,望告我,當將經部寄去。方行同志建議,胡主席、鄧副主席及喬木、任重同志亦均各送一份,我們工作還很艱巨,需要依靠領導多加支持,向上宣傳是有必要的,不知尊意如何? 我將另函曾局長請示。

上次談及春節前後再開一次碰頭會,目前徵求意見稿剛發,還來不及有回信,似可推遲一些。如有急需商談的事,隨時約晤。

集部情況如何? 念念。史部雖然想于六月份印出徵求意見稿,這是願望,恐怕要拖些日子的。看書如何看法,多少人,什麼時間適宜,您暇時考慮考慮。衰年任重,不勝臨深履薄之懼,惟有仰仗大姐多加籌劃。

春節在邇,兒輩不來,要我北行,可能服從多數而去。我想返滬時到京一行,面聆教益,不知香廠路尚能投宿否? 估計您處興遷不易,不知近有新消息否?

我近患頸骨肥大,時作酸痛,現在電療中,醫謂低頭閲覽所致。文史工作者豈能不伏案? 殊爲悶損。

歲莫事繁,匆匆不盡——。(原信,艾俊川收藏)

12月22日　先生有信致曾祥集。

兹寄上經部徵求意見稿一部,請審正。丁、胡兩局長不另寄,擬煩傳閲,嚴加裁正爲幸。其中錯誤尚多,尚不達出版水平,一方面候各省館的回音,同時當自行校訂。福建館、青海館同志來,均言有不少補充,我請他們儘量補充(他們都希望補充)。請首長審閲,原定三位,方行同志意見,胡主席、鄧副主席、喬木同志、任重同志均請審閲,這樣便增四份。又上海市領導一向關心我們工作的,擬送四位,即陳(丕顯)、汪(道涵)、夏(征農)、陳沂,不知妥否? 或單送經部如何? 與他省不致有影響否? 乞與胡局長酌示。

春節轉瞬即屆,兒輩促我去瀋陽。如果前往,歸途頗想到京一行,倘成事實,屆時必趨聆教益。天寒,諸維珍攝。(先生小筆記本)

12月27日　先生有信致周一良。

久未通信,時深念繫。昨奉手書,敬悉——。

尊公《藏書目録》編印,不勝欣慰。承命撰序題字,均當應教。希將《書目》全稱見示,序文至遲日期見告,當盡力爲之。

孫君事,已有眉目。可能先借,隨後再調,調的手續,尚需時間。我希望較切,決定還是暫借。孫君來後,增一臂助,可能多做出一點工作。承兄介紹,極爲感荷。

《善本目録》徵求意見稿已油印若干本,分乞專家賜正。兄處已寄上(單位外發的面不廣,因太粗糙),幸抽暇指其紕繆。能批改最好,或即作一符號,我們查改。種費清神,不安之至。(《全集·書信卷·致周一良》,上册第 283 頁)

12月30日　沈津在福州路上海舊書店購得《吴愙齋先生年譜》一册,先生知後,即囑沈津電話書店,詢此書"尚存多少,如有,全都要"。然僅購得一册。(沈津跋《吴愙齋先生年譜》)

是月　《文獻》第 4 期刊發先生撰《整理出版古籍小議》,文中提出十點意見,總結爲:(一)培訓專業人員,老中青三結合;(二)"必須先把本子整理一下,校勘一下,以便于標點";(三)培訓專研人員,大學文科應設古典文獻學系,創設研究所;(四)"已經有人翻譯或注釋的古書,希望速爲付印";(五)印刷部門應成立排繁體字的車間;(六)編校古書,應加以完全的標點符號,人名、地名須加專名號;(七)編選一部《中國善本叢書》,品質、數量應超過《四庫全書》;(八)徵求專門著作入藏;(九)摸清家底,編製各省、市、自治區圖書館藏古籍綫裝書目録或善本目録;(十)保護古書,培養修復人才。"裝修是一門專門技術。首先要培訓保管、修復、裝潢的專業人材。現在北京圖書館、安徽省博物館還有一兩位老同志,技術高超,應從速選派有志此一專業的年輕同志、并有一定基礎的去當學生,以資深造。過去辦過幾次訓練班,有的回原單位後就改行了,這是一個很大的浪費,這個教訓值得注意"。(《全集·文集卷·整理出版古籍小議》,上册第 412 頁)

是月　先生題簽的《中國美術家人名辭典》(俞劍華編),由上海人民美術出版社出版。

是年　爲周賢基補題 1971 年夏書贈之毛澤東詩詞《沁園春·雪》扇面款。(原件)

## 是年

7月15日　周予同卒,83 歲。

# 1982年　79歲

1月1日　王个簃來。晚，張珍懷來，談詩詞，爲抄録宋詩警句。(先生小筆記本)

1月6日　先生有信致趙琦、韓錫鐸。

前接您館來信，均悉。關于求審徵求意見稿，我們希望對省館收藏善本有無錯漏請校訂。至縣市各館藏書數量不多的，想省館基本上可以掌控，似可不必逐一傳閲。至市館收藏多者，當另寄徵求意見稿，如大連館已直接寄去一份了。如發現徵求意見稿上著録的各款目，它館有，您館也有，但“收藏情況表”上未見代號，則請補一代號。也有可能我們删錯了的，或者謄寫時漏掉的，統希有錯必糾。我們考慮不周，尚祈多加指教。(先生小筆記本)

1月7日　先生有信致周邨。

一别忽已三月，時深念繫！尊藏尺牘，返滬以後，爲雜事所牽，竟未觸手，曷勝歉仄！春節後，《善本書目》事擬在上海開一次碰頭會，屆時一定交卷。尺牘次序，還以作者先後排列爲妥。

《書目》經、叢兩部雖已印出，廣求意見，但錯誤尚多，尚祈隨手批改爲幸。史、子、集三部，爭取三季度亦能油印，徵求意見。

春節轉身即屆，兒輩堅邀往瀋陽，一年一面，似當物其所請，但亦不能多住耳。天寒，旅中維珍衛。(先生小筆記本)

是日　王守稼來，爲唐振常、胡繩武索字。館裏通知丁志剛明日來談善本事。(先生小筆記本)

1月15日　張秀民有信致先生，就《中國古籍善本書目》(油印本)經部、叢部提出意見，并請爲《中國印刷史》賜題書簽。

蒙兩次代爲洗印斂縣縣志，十分感謝。十二月二十一日寄下之《中國善本書目》油印本經部六册及叢部三册(由北京寄來)，均先後拜讀。此目内容豐富，著録精審，在我國目録史上堪稱偉舉。這與先生之領導、主持是分不開的。既蒙不耻下問，敢就愚見所及，另紙録呈，提供參考。限於水平，鄉間無書，近數月忙於搞《印刷史》，又寒齋零度苦寒，未能詳細審閲，所提愚見，祇憑記憶，可能有誤，尚請原諒。關於史、子、集三部，想亦油印完畢，亦希望能早日賜下，以便先睹爲快。

拙稿《中國印刷史》拖延十載，最近始請人在謄清中，希望先生賜一題簽(直寫)，以光篇幅，專此奉懇。在杭州時，曾寄上拙文《再論雕版印刷開始於唐初貞觀説》，未知貴館館刊能用否？

如遇譚其驤、胡道靜、李文俊、沈津同志，請代致意。（原信）

1月19日　上海圖書館黨支部開會，討論先生的入黨申請報告。會上，先生讀“入黨志願書”，介紹人余堅、王誠賢發言，鄭梅作審查報告。潘皓平發言指出，當年四館合併時，先生不同意搬動歷史文獻圖書館的書庫，實踐證明，這是正確的。“關於此事，我研究有素。我認爲藏書各有特點，特別是歷史文獻的收藏，各家所捐，各有其系統性，它的系統與其專業相結合，況各人向自己的目標收集，經歷了幾十年努力收集，鍥而不捨，纔能有此。所以改編打亂後，體現不出了，這是一點。還有，圖書館工作是像接力賽跑，不能不密切合作，否則前人所花力量全功盡棄，而新的工作量加了，永久泡在重編改編之中，換一領導改編一下，藏書越來越多，哪有完成的一天？”（日記）

1月20日　謝國楨從北京來看望先生。（日記）

1月中上旬　爲唐振常篆書“揮毫萬字，一飲千鍾”。（《顧廷龍書法選集》）

1月21日　吳織、沈津、芮太英、趙興茂來，幫助先生整理家中的辦公桌，打掃一清。晚，先生乘火車去瀋陽探親。（日記）

1月29日　先生有信致冀淑英。

在滬兩奉手書，均拜悉。適雜務紛繁，遂稽裁答爲歉！

徵求意見稿知已寄發，送領導同志的打印信亦收到。原定三位領導，後來擬增五位，不知亦已發送否？經部均尚未發，茲特先與您處聯繫，前三份是請圖書館局轉送的，後來五份如何，便請惠示，俾我們擬依照辦理。趙元方處已照詳址寄去。二十日謝剛老見訪，因即面呈。

弢老藏書目全稱如何寫法？便請指示，當先行交卷，序文則稍緩，當勉爲之。

龍於二十一日離滬來瀋，忽忽已一周矣，請假一月。本月二十日後，擬到京住十餘日，倘古籍規劃小組二月底三月初召開會議，適相銜接。來京頗思寄宿香廠路，比較熟識，主要可與您暢談，屆時請安排一榻爲幸。

徵求意見稿出去後，諒有反應，不知有所聞否？張秀民先生有回信來，并提意見數條，多中肯。關於山東要求油印本多幾份問題，遼寧亦曾有此意見，我以個人名義致函趙琦，説明油印本專請省市館查核館藏及校訂錯誤，基層所藏想省館比較清楚，不必逐館查對，至市館收藏較多者，如大連館，則已另寄一份矣。後來未有信來。我打算日内往訪一次，有情況再聯繫。北京文管會資料室要一份，未復。如要復，可告以此僅徵求意見之用，尚不能列爲資料使用。（先生小筆記本）

是日　先生有信致潘天禎。

久未奉候，念甚！新春敬維譚第康樂爲頌！

一月上旬曾接周邨同志從蘇州來信，龍即作一復，不意旬後原信退回。周老藏札久閣未題一字，殊深歉仄。茲肅一箋，并前函併乞設法轉致爲托。

周老寓雖一往造,但街名門牌俱未記錄,便希見示爲荷。

龍于二十一日乞假來瀋小住,藉少休息。歸途擬赴北京一行,屆時古籍整理規劃小組將開會,頗想參加,一聆諸公宏論。京中聞見,容當奉告。

油印本發出後,收到張秀民同志意見一份,多中肯,容複印奉覽。(先生小筆記本)

是日 先生有信致周邨。

一月上旬曾奉蘇州手教,均悉。尊藏尺牘雖曾粗加排次,但未寫成紀錄,因此尚未能交卷,當復一緘,請寬時日。不意此函未達,原件退回,維公明達,諒不責其置之不理也。龍以度節來瀋,藉少休養,乞假一月,即須旋滬,歸後當圖報命。

徵求意見稿已邀賜鑒,其中存在問題尚不少,尚祈不吝賜教爲禱! (先生小筆記本)

是月 先生題寫刊名、上海市圖書館學會編《圖書館雜志》(季刊)創刊號出版。

2月10日 先生有信致冀淑英。

手書敬悉。我昨訪遼圖,他們復校不久可完,對油印本祇寄兩份并未提出任何意見。趙琦同志對各館的編號,說能否用聯合目錄的編號,大家比較熟悉,用起來亦方便。聯合目錄無編號的單位,考慮如何補編。還談到同書名的書好多部排在一起,不很好看。此與張秀民先生主張用"又一部"是一個意思。有同志主張要編索引。

我因事日内須返滬一行,到古籍整理規劃小組開會時再到北京,屆時再通信聯繫。

《自莊嚴堪善本書目》簽或扉頁當先塗繳,還需到上海寫了。餘容續陳,不盡一一。(原信,艾俊川收藏)

2月12日 毛彦文有信致先生,爲整理出版《熊希齡遺稿》事。

違教卅餘載,時切敬念。曾多次向各方探詢尊況,未得詳情,引以爲憾。數月前,於偶然機會中得悉先生仍主持圖書館職務,且健康甚佳,不勝慶喜! 當即輾轉商請在滬舍親健立、健航二人就近趨候,順便請教先夫秉三先生遺稿的下落。前月接復信,謂蒙告以那批遺稿完整無缺,將整理出版云云。此乃天下好消息,不知應如何向先生表達感謝之忱於萬一!

回憶秉三先生遺稿十餘木箱,於一九四〇年由揆初先生飭人從天津敝宅搬運至上海,存放合眾圖書館交先生保管。當時葉先生面允彦文,將爲整理編輯成書,并爲亡友寫《年譜》。不幸葉公不久便去世,彦又匆匆離滬,時局大變,此批遺稿即無消息。今得先生大力保全,不僅彦衷心感銘,先夫在天之靈亦感謝無已。彦已垂垂老去,目力不濟,右手疼痛,寫字很難,行將就木。唯一心願便是遺稿完整,有人代爲整理與保存,對逝者有一交代,

於心已安而無遺憾。如蒙整理出版,可否寄賜一份。[1]（原信）

2月14日　張樹年有信致先生,談編輯張元濟書札等事。

　　前後接奉二月一日和八日兩手教,敬悉一是。承示交大徵求校史資料,先嚴書札集中的“上市長書”,就是爲了交大學生而發,現在贈送,正是時機。汪家熔復信言,凡文化團體由他們送,交大、海鹽圖書館、縣中和縣志編寫組由我送,因更有意義。如此安排可省去二十餘份。

　　來示提及報上一篇短文,談及題跋問題,其中提到《涉園序跋集錄》,我也看到這篇文章。如果商務決定繼續刊印先嚴遺作,按尊意進行甚爲妥當,《序跋集錄》《校史隨筆》和《中華民族的人格》都可包括進去。我看書札仍有不少,估計可分爲兩冊,如藏園尺牘約有兩百通,倘將傅沅叔丈的信一併收入,可能達四百通,這批信對古籍版本校勘學説有參考價值。再加上致蔡元培、胡適之信近一百通。此外去年我整理的信已交貴館收藏,現在查閱記錄,對象有185人,來信一千六百餘通不計外,去信有四百多通。當然其中大部分没有價值發表的,如有五分之一可以考慮,那就有近一百通。另外有一批打字信稿,我至今還未細看(民國十六年至廿年),其中或許有若干通可用。(原信)

2月19日　經中共上海市文化局黨委批准,先生成爲中國共産黨預備黨員。入黨介紹人余堅、王誠賢。(履歷表)

2月20日　跋《映庵自記年歷》。

　　一九五八年,四館合併,設善本組,僅瞿鳳起、潘景鄭兩君,年逾五旬。領導上考慮培養青年接班問題,因調沈津、吳織兩年輕同志來組。余意從事古籍善本,必須能作毛筆小楷,因經常以小冊分兩同志抄寫,此冊其一也。今檢閱及之,忽忽二十四年矣,補記數語,以告我後來青年同志。前三頁沈津寫,後九頁吳織寫。(《全集·文集卷·跋映庵自記年歷》,下冊第970頁)

2月21日　先生有信致曾祥集。

　　我本擬春節後到京一行,因上海有事,就于十六日先回上海了。昨郵寄經部捌份,共打四包,敬懇尊處分送,費神不安之至。收到意見兩份,張秀民、劉緯毅同志各一份。叢部審完退回者有四家。曾訪遼圖,知復校將畢。古籍整理規劃小組會期尚未確定,擬于會後多留幾天在京一游,屆時當趨領教益。(先生小筆記本)

是日　張樹年有信致先生。

　　本月十四日曾上一函,諒蒙詧入。商務印書館送與吾兄的先父《日記》和《書札》各三十部已送至舍間,當代保管。宋曼瑛的博士論文一厚冊,由商務林爾蔚、楊德炎來上海主持慶祝會之便,帶來交與我代轉。大會送的紀

---

[1]此信後先生有注云:“一九八二年三月七日張健航君遞來。彦文現在臺灣,信自美轉來。龍注。”

念品一袋，計有商務歷年出版的圖書書目兩册（分解放前和解放後），《現代漢語詞典》一本，先父《日記》和《書札》各一部，小筆記本二本，由我代領，將來吾兄返滬後一併送呈。商務慶祝會昨天上午在文藝會堂舉行，今天電影招待，放映茅盾的《子夜》。慶祝會沒有按中央的節約精神，祇備清茶一杯，而用高級茶點招待，風格似乎不太高。

臺從想即將去京，如與汪家熔會晤，如談及先父《文集》和《年譜》事，望見示一二爲幸。（原信）

**2月25日**　陳石銘有信致先生。

關於《劉師培生平和著作繫年》一文，我初讀後覺得較粗糙，且篇幅太長，要花一定力氣修改整理，《雜志》一下子難利用。適王煦華同志近來滬，我又請他幫助看一看，他看後提了一點意見。綜合了我和他的意見，整理了幾條，見另紙，先請您審閱，看是否妥當，如認爲還可以，擬請轉報方局長，供原作者參考。原稿奉還。（原信）

**是月**　先生題籤的《中國古代藏書與近代圖書館史料（春秋至五四前後）》（李希泌、張椒華編），由中華書局出版。

**是月**　上海圖書館編《中國近代期刊篇目彙錄》第2卷下册出版。

**3月1日**　劉修業有信致先生，爲王重民《中國目錄學史》序及《中國善本書提要》題寫書籤等事。

前得張明華同志的信，知允爲有三《中國目錄學史》寫序，至爲銘感。但因無全稿可供審閱，我即設法凑足一份，今另挂號寄上海圖書館。講義後附有關目錄學史的短篇論著，多係論宋代以後的目錄學史（因講義祇編至宋代），這些篇目係由我擬定，今已付與北大圖書館學系朱天俊同志去編輯。因彼此都忙，未多聯繫，大概今春發稿，由中華書局審稿即付排印。在中華書局則由崔文印同志負責，想您必認得他們。聽說朱天俊去年編的《中國目錄學概論》曾請您題名，朱同志自五十年代後，即爲有三助教，追隨他直至逝世前夕，現已提升爲副教授。但他不願系中人知道他代有三編此書，想因恐別的講師說他不專心講課，故您可不必向外人道及。可是在序中如有必需引他的名，則沒關係，因書出版即有成績，無可非議。

今將所附短篇另抄一目錄，另紙寄閱，請您審閱。如覺不宜收入《目錄學史》者，可待見張明華同志時告她，她常與我通信，當能轉告。我對目錄學是外行，恐所擬或有不合適者，尤其最後一篇《顧廣圻校讎學》，是有三未定稿，雖經整理也不理想，祇因顧千里的校讎是清代名家，或應在包羅中。我已將意見寫在這篇文章前邊，請您酌定取捨，朱天俊似不擬收入。

聽說《中國善本書提要》已蒙代題名，至感。我原擬請您寫篇序，因當時上海古籍出版社索稿甚急，許多提要均用原抄的稿，未存副本以供審閱，故未能如我所希望。今《目錄學史》由您寫序，定爲此書增光，您是現在目

錄學宗師，定能爲後學指出研究目録學的方向。至于序的具體内容，由您酌定。（原信）

3月3日　孫楷第寄贈《元曲家考略》，此書由先生題簽。（原書）

3月8日　《文匯報》發表徐英《終日爲讀者操勞的人——記上海圖書館館長顧廷龍》。

3月10日　先生有信致冀淑英。

　　昨奉手示，敬悉一一。冶秋同志處徵求意見稿今已寄圖書館局轉，鮑館長處亦當照寄。

　　我定十二日赴寧，十四赴京，乘機乘車，到寧再定。俟商定後當即電告，屆時煩周勇同志一接，您千萬勿要到站相候。

　　十六日下午或十七日上午與您同去報到，何如？餘容面談，不一一。
（原信，艾俊川收藏）

3月13日　離滬去南京，趙興茂、吳織、沈津送至車站。此行爲瞭解《中國古籍善本書目》子部審稿情況。沈燮元、宫愛東在南京站相迎。下午，潘天禎向省人大會議請假，到省委招待所看望先生。（致趙興茂、吳織、沈津信）

3月14日　上午，在南京圖書館聽宫愛東、沈燮元談子部審稿情況。下午，宫愛東等陪同到梅花山賞梅，又去南京博物院，院長姚遷病休在家，特地趕來接待先生。在南博看了一本薛氏家藏手札，有盛宣懷、吳汝綸等人，内容甚好，盛、薛爲親戚，故所談皆爲内幕情況。又探望南圖汪長炳館長。（致趙興茂、吳織、沈津信）

3月15日　上午，潘天禎來談工作，他們“現在工作中做到不聽電話，不會客，思想較能集中，進度也加速了”。下午，拜訪江蘇省文化局局長周邨。（致趙興茂、吳織、沈津信）

3月16日　上午，在南圖看子部卡片。下午，乘飛機去北京，冀淑英、周勇、陳紹業、陳杏珍來接機。住香廠路招待所，夜，冀淑英來聊天。（致趙興茂、吳織、沈津信）

北京之行爲參加國務院古籍整理規劃小組會議。

3月17日　到京西賓館會議接待處報到。（致趙興茂、吳織、沈津信）

會議期間，先生與謝國楨“朝夕相見，居室比鄰，暇即往來譚藝，引爲平生快事”。（《文集·回憶瓜蒂盦主謝國楨教授》，第586頁）

3月22日　晚，與謝國楨、梁容若在常任俠宿舍聚談，會議工作人員趙勇爲先生等四人合攝一影。（《文集·回憶瓜蒂盦主謝國楨教授》，第586頁）

3月30日　張樹年有信致先生。

　　前日傍晚接汪家熔信，知吾兄已返滬。昨日下午走訪，讀《新民晚報》，知市政協開會，不應打擾，行至半途即返，等會議結束後即當趨前聆教。

　　汪信談兩個問題，一是關于宋曼瑛的文章，宋的文字已寫好，逕寄上圖。現擬增加一段囑轉呈，信中有一段“如果趕不上和宋文同時發表，而有時間的話，補充丁老復信所講的一節，請轉顧老”。二是關於先嚴遺著將繼續整理，準備出版，這全是吾兄在京做了工作的結果。（原信）

是月　先生題簽的《目錄學概論》（武漢大學、北京大學《目錄學概論》編寫組編），由中華書局出版。

是月　爲《自莊嚴堪善本書目》題寫書簽，是書由冀淑英編，至 1985 年 7 月始由天津古籍出版社出版。（原書）

是月　河南張忠義寄贈《李斯子》（中州書畫社 1981 年 12 月版）一書。1975 年張忠義等爲編輯此書來滬，先生和盛巽昌接待了他們，當時先生對李斯刻石作了介紹，認爲這些都應視作是李斯親筆篆寫的。（盛巽昌致筆者的信）

4 月 1 日　劉修業有信致先生。

．原約同朱君天俊同往拜謁，他方在編輯《中國目錄學史論文集》，[①] 可由他談談所編的內容和經過。朱君在廿九日上午清早即來舍下，知您已回滬，亦以未能早日趨候爲憾，并托寫信時代爲問好，想將來定有緣一見。

一良兄現方赴美訪問，兩月後方能回京。有三生前曾與之同編《敦煌變文集》，故有三關於敦煌學遺稿多向他請教，因之不時通訊，且他現住北大燕東園，近在朗潤園亦常遇到。有三在師大求學時，與劭西師來往密切。劭西師與錢玄同先生組織中國辭典編纂處，即由有三任編《重修小學考》一書。劭西師對文字修辭之學極有造詣，想燕大必請他去講授此課，但未知其詳，待一良兄回國時，有與他通訊可順便一詢，當再函告。（原信）

4 月 15 日　先生有信致周紹良。

在京暢聆教益，無任快幸。奉求爲敝館《卅周年紀念刊》撰文，以光篇幅，乃荷速藻，感激莫名。該刊字體，爲印刷便利起見，祇能用簡體。

見示《中華大藏經》目表，展閱一再，深感藏經目錄如欲清理編目，決非少數人、短期內所能完成。《善本書目》不能久待，祇可留將來另編專目。

日前偶閱《胡適手稿》，其中《記美國普林斯敦大學的葛思德東方書庫藏的〈磧砂藏經〉原本》一文，提到“松坡圖書館所借《思溪》各卷，原是楊守敬在日本收買來的書，日本人在那時代并沒有注意《磧砂藏經》，所以楊先生也不知道有《磧砂藏》，故他認爲《思溪藏》。其實松坡圖書館所藏的‘楊惺吾之《思溪》’差不多全是《磧砂藏》的零本”，有機會北圖《思溪》（原爲松坡舊物）當往覆閱。

承借《藏經目》，已煩淑英同志轉奉，此書頗便參考，恐不易得耳。（《全集·書信卷·致周紹良》，下冊第 389 頁）

是日　先生有信致李俊民、包敬第。

① 《中國目錄學史論文集》：似指王重民《中國目錄學史論叢》，中華書局 1984 年出版。

月前同赴北京開會,籍承教益爲幸。

我館所編《中國叢書綜録》一書,您社與我館約定校改重印,并約定去年三月份交稿,當年出版。我館已如期交稿,迄今忽已逾年,杳無信息,至爲悵惘!自《圖書館雜志》發表了《重印前言》,各方函詢購買者甚夥,均以年内可以印成相答。嘗憶三月十日在出版局會議室,兩公曾言今年一定出版,聞之甚爲忻感。但迄今又已月餘,尚無落實之訊,不勝焦念。此書係改錯重印,自異於海外盗版之本。自國務院恢復了古籍整理工作,用者必多。有任務的單位,一定要多備幾部,且十餘年來知者日多,用者亦日繁。此因絕版久而買不到,非無人問津之書,即專家學者如郭紹虞、陳樂素兩教授,都急欲購買此書。

重印工作目前究竟進行何如? 敢煩兩公親自過問一下,甚盼將落實情況有以見告,無任盼禱之至。(《全集·書信卷·致李俊民、包敬第》,上册第237頁)

**4月16日    先生有信致潘天禎。**

前次到寧奉謁,備蒙優渥,感非言宣。臨行又承枉腹遠送,殊抱不安。

曾公於二十四日自西安歸,二十五日下午偕李公來談,歸納起來有下列幾點:1. 徵求意見稿爭取年内完成(尾巴不要留大);2. 主任委員、副主任委員擴大會議,擬在四季度舉行;3. 徵求意見稿各部可於明年按類刻印,哪一類審竣,即先付刻印;4. 子部小説類與集部小説還是分頭復審,等定稿時,再行商定分合問題;5. 釋藏龐大複雜,以另編專目爲宜。曾公意,將我們商定五點向季老彙報後,如均同意,擬向副主委發一簡訊,聊資通氣。

關於釋藏另編專目問題,閑談時,唐長孺、周紹良兩先生支持最力。唐先生説,敦煌經卷也是另編目録,如各藏均列,分量過重。周先生出示臺灣所編《中華大藏經》附各藏表(名稱記不完整了,方册一本,厚可寸餘),我翻了一下,必要弄清它,決不是一二人在短期間可以摸清的。李致忠、丁瑜兩同志過訪,我詢及《趙城藏》子目問題,據説當時寫卡片即按入庫先後爲序。他們祇覺得《趙城藏》《思溪藏》祇有北圖有之,似有捨不得割愛之情。因與曾、李兩公談時很堅決,希望不要被釋藏拖住。前在寧面談時,公亦同意,幸公爲熟籌之。

北京歸來,雜事紛紜,遂稽箋候,抱歉萬分。(先生小筆記本)

**4月30日    謝國楨有信致先生。**

頃接惠函,藉悉一一。

兹匯上鈔書費貳元捌角,至請轉致爲感。又附寄楨曾撰"出版説明"之《宛署雜記》一册,亦希存覽(書檢出即寄,當於下星期二三寄出)。

楨所藏明清及宋元人稗乘,如宋起鳳《稗説》四册,清康熙初年稿本,記明末江南及世系遺事;金埴《不下帶編》稿本一册,金埴清康雍時人,其中記孔東塘、洪昉思遺事及康熙時山東泰安之活字版;清程穆衡《燕程日記》一冊,傳鈔本,僅此孤本;別本《萍洲可談》,繆荃孫手校傳鈔本,此書與刻本根本不同,向覺明兄手錄一部;明葉潤山(號,忘甚名)《詩譚》四冊,十竹齋刊本,葉爲劉蕺山弟子,曾參加山東榆園軍,爲清廷所執,就義於東昌;《中州戰略》傳鈔本一冊,記李自成在中州戰績;稿本《金蹄逸史》二冊,記太平軍戰前之蘇州遺事。頃有人送來孟心史手校傳鈔本明黄景昉《國史唯疑》十二卷足本,尚有武進劉某筆記稿本,道光間人。如尊處需要時,可以爲之作緣。此二書,渠云五一節送至敝所,尚未知其價目也。謹以所記附陳於右,個人點滴之獲,以視尊館所藏與吾兄搜訪鑒別之勤,真滄海之一粟耳。然槙對於明清雜史篤好成癖,南北賓士,搜輯叢殘,亦未始不可爲談明清史事比之一助。辱承見詢,輒拉雜書之,罔博一粲,如需鈔錄時,槙亦可爲之代鈔也。

頃至王伯祥先生寓廬,談吳門掌故及文獻編纂之法,歸後書此。人至老年,惟書籍與知友可以慰情,可以益智,臨穎至此,猶不免眷念左右耳。此次來南,景鄭、鳳起兩公啓迪實多,未能登廬拜訪,細譚書林情況,彌爲憾甚,俟有機緣,再當話燭西窗耳。(原信)

**是月**　岳麓書社成立十周年紀念,作詩賀之。

岳麓刊書慶十年,地靈人杰樂新天。三湘今古多賢哲,舊籍新鐫四海傳。(複印件)

**5月5日**　張秀民有信致先生。

蒙賜題墨寶,以文駕即將赴京,未能及時道謝爲歉。

貴館三十年紀念徵文通知已兩次收到,今從拙著《中國印刷史稿》中抄出《關於畢昇與明代刻印工事迹考略》一篇,另封挂號寄上,請先生斧正後交給編輯,不知能用否? 若蒙刊出,請加印三十份,以便贈送國内外友人(費用可自出)。如不合用,請早退還。數月前,曾寄上拙文《再論雕版印刷開始於唐初貞觀説》,交給貴館館刊創刊號,至今久無回音,如不采用,亦請早日挂號退還爲盼。

二月底來杭整理《中國印刷史稿》,邊整理修改,邊請舍妹謄清,已抄好二十萬字,尚有約十萬未抄,工作十分緊張。抄好後,尚須核對。此書涉及範圍較廣,又有各種文字,限於水平,錯誤必多,然已化四五十年心血了。昨日接日本神田喜一郎博士來信,謬承獎飾,博士今年已八十六歲,曾爲舊作日文譯本寫序。先生鴻文《唐宋蜀刻本考》不知發表在何處? 亟欲拜讀參考。又全國善本書目史部、子部、集部已有油印出版否? 亦望一併示知爲禱。

如遇譚其驤、胡道静、李文俊等同志,請代致意。(原信)

**是日**　馬國權有信致先生。

　　年餘疏於箋候,時在念中。兩月前,此間中華書局王修齡兄赴京參加古籍整理會議,云嘗得見長者并承垂問,至深感謝。日前上海陳左高先生致書陳凡兄,於信中轉達長者已俯允爲拙編《章草字典》撰序,感何可言。此稿正請王蘧老審閱,收章草一百三十餘種,文三千五百餘,重文一萬二千餘字,目前正在充實中。

　　晚近得一出版機構約注元人應在之《篆法辨訣》,據知明人已有《篆訣辨釋》一書可以參考(有《玲瓏山館叢書》本),惟《辨釋》外間不易見,不審貴館有此否?擬乞爲複印乙份,未知是否方便。屢屢相煩,既感且愧。

　　容師三月前跌傷,臀部骨碎爲四,甚爲嚴重。晚嘗回穗探望及帶上所需藥品,現仍續需藥物治療,八十八高齡,殊不易易也。知注奉聞。(原信)

**5月6日　　爲葉崇德藏葉恭綽畫竹作跋。**

　　退庵先生才能卓絶,餘事尤工書法,見重當世。晚年嗜畫竹,蓋取其虛心直節,用以自況,惜不多作,流傳遂稀。此爲寫付令侄崇德君者,清逸瀟灑,如見其人,殊可珍也。一九四二年,先生由港移滬,息影懿園,時獲奉手承教,嘗爲余畫修篁直幅,并繫長句,什襲至今,忽忽卅餘年矣。回憶前塵,不勝人琴之感。崇德君出示屬題,率賦一絶報命。

　　蒼茫遺筆溯前塵,直節疏篁意氣真。鄰笛江干懷舊夢,還看一幅阮林珍。一九八二年五月六日,顧廷龍敬題,時年七十又九。(上海泓盛拍賣有限公司 2016 年 6 月拍品)

**5月23日　　參加上海市少年兒童書法繪畫比賽授獎儀式。**(《顧廷龍先生紀念集》,第 189 頁)

　　**是日　先生有信致馮其庸。**

　　前年在京,獲承教益,良爲快幸。今年三月入京開會,匆匆即歸,未克趨候,至以爲歉。日前台駕蒞滬,得訊稍遲,不及奉訪,悵何如之。乃辱畫書,宛如晤對。

　　今年我館成立卅周年,擬編印國內文史哲方面專家學者學術論文集,作爲紀念,并作爲國際交換之品。素仰吾兄學問精博,撰著宏富,敢乞惠賜宏文,以爲光寵。

　　集稿時間原擬六月底,爲時太促迫,我們的紀念刊現在打算由我館小工場自行排印,可以陸續發稿,較有機動(年內成書),尚祈勿缺爲荷。(《全集·書信卷·致馮其庸》,下冊第 410 頁)

**5月30日　　跋金天翮贈詩書扇,并以金文爲向岑學兄書金天翮詩作。**

　　一九二二年夏,余受業于金師松岑先生之門,時師主政太湖水利局,爲疏浚泖湖事,與持異議者撰文論辯,日不暇給。午後集同門講課,授諸子及古文辭。於時同學者爲馬介子、王巨川、顧志新及龍,先生令嗣季鶴亦隨侍聽講焉。旋龍負笈滬上,僅歲時伏臘摳衣晉謁。

一九三〇年暑假返里,吾師適假草橋中學一教室爲讀書消夏之所,承招侍坐,得親函丈,爲平生所難忘之樂事。余於草橋中學,曩曾弦誦于此者四易寒暑,舊地重游,尤爲欣幸。

時吾師評點《史記》,余則讀《漢書》,并傳録各家批校,師閱讀有得,隨筆寫記一條,授龍繻正於劉氏嘉業堂刻大字本眉端,後此本歸藏清華大學圖書館。假滿將別,師出王先謙《漢書補注》見貺,并書貽一扇,引爲寵光。款云:“起潛仁弟與余結夏草橋中學,柳蔭冪户,凉蟬嘶風,以扇索字,書此爲贈。庚午閏六月立秋後七日,金天羽。”不意内亂中被劫以去。今始歸來,失而復得,珍逾百朋。回憶前塵,百年過半,每誦遺句,不勝梁木之感。

近識向岑學兄,知其搜集先師遺著甚勤,深爲企佩。兹承以素册屬書,因録此集外詩,藉奉鑒存,并以留念。(《全集·文集卷·金松岑師贈詩書扇跋》,下册第650頁;《世紀學人百年影像》)

是月　爲黄葆樹編《紀念詩人黄仲則》題詩。

兩當詩筆傳千古,轉瞬韶華二百年。繼述遺芬賢裔在,辛勤點檢入芸編。

名流南北徵題鴻,披展琳琅椽筆豐。附驥塗鴉聊博粲,俚吟猥許賦雕蟲。(《紀念詩人黄仲則》,第52頁)

是月　先生題簽的《中國書店三十年所收善本書目》由中國書店出版。

約5—6月　題戚叔玉畫《閩江攬勝圖》。

武夷處處晦翁詩,叠翠澄波九曲奇。玉女簪花臨寶鏡,爲教彩筆寫妍姿。八閩勝迹圖縑素,我亦隨君入畫游。放筏乘風江水碧,凉生衿袖暑全收。(《海上收藏世家》,第402頁)

6月1日　曾祥集有信致先生。

香厰路如何貫徹《報告》,三十日全體會議討論了一次,會由冀主持,李競和我到了會。會開得比較好,多數表示了照檔執行,有的對如何徵求意見收到更好的效果提出了意見,有的認爲“分三地復審”一段的話本可不提等等。對此,我們作了些解釋,他們對您們同意在油印本中注明館藏代號表示滿意。

史部的同志還希望在交接時上海能够來人。我個人覺得,能够在六月下旬時候,請您派一二位同志來京三五天,當面交接一下似爲妥當,這樣禮儀上似乎説得過去,工作上似乎有益無害,如何? 與您商量,請酌定。

方局長身體如何? 念念,請代爲致意。(原信)

6月16日　張珍懷有信致先生。

您驗血的報告如何,念念。日前到王瑗仲先生處,王師母説心臟病要注意飲食,補品也要吃一點,如王先生冬天服白參,夏天吃銀耳(銀耳可當早點,前一天蒸好,放在小熱水瓶中,次晨便可做早點)。我想您也可這麽試

服,冬天白參東北很便宜,銀耳祇要先發好,燒起來不麻煩,也許您已在吃了吧。(原信)

6月20日　先生有信致馮其庸,答謝其爲上海圖書館紀念論文集撰稿。

昨奉手書,敬悉一一。承許爲敝館紀念論文集撰文,光我篇幅,至深感荷!

大著《蔣鹿潭年譜考略》甚好,希望得暇命筆爲荷。近閲楊殿珣年譜目録,鹿潭年譜尚付缺如,尊作出,足彌此憾。

聞京中炎熱,上海尚不過二十八九度,諸惟珍攝。(《全集·書信卷·致馮其庸》,下册第411頁)

6月21日　馬國權有信致先生。

惠贈《圖書館雜志》奉到,謝謝。爲發一消息於報端,以資介紹,剪報奉呈指正。

《章草字典》今資料增至一百四十餘種,單字估計近四千,然未作最後點核。曩承俯允賜序,亟盼能得一書,以增光寵也。

容師身體近未好轉,至爲可慮。順告。(原信)

6月30日　參加上海市文化局在上海音樂廳舉行的新黨員入黨宣誓儀式。(日記)

是日　《新民晚報》發表《書城五十年——訪新黨員顧廷龍》。

是月　上海市委宣傳部幹部楊如英來訪,鼓勵先生"將未竟之稿,繼續完成"。先生遂決意將顧頡剛遺願《尚書文字合編》一書提到議事日程,并承楊如英應允,配備得力助手,延請孫啓治來館協助此項工作。(《全集·文集卷·尚書文字合編後記》,上册第16頁)

7月1日　上午,接待日本東洋文庫理事、中央大學教授市古宙三及東洋史研究中心的古柏先生。市古贈東洋文庫目録兩本,古柏贈湖南省案例膠卷四個。先生回贈《張元濟日記》《張元濟書札》膠卷各一份。(日記)

是日　周志輔有信致先生,爲查昔年捐獻合衆的戲單。

久疏箋候,歉咎良深。日前一良舍侄來美講學,便道過訪,談及我公曾向其詢問弟之在美住址,不知有何見教,但迄未獲明示也。

茲有懇者,弟從前所贈圖書館之幾禮居戲曲文獻中,有舊日戲單多束,茲擬自1920年起,由其義務戲單中覓取歷年各次窩窩頭會義務戲單,及梨園公會年底救濟同業義務戲單兩種,不知我公可否托館中同仁代爲撥冗一覽?倘能覓得,務乞代爲複印或照相(略爲縮小)寄下,其複印或照相費用,定當如數奉繳。區區瑣事,有費清神,實深感紉。(原信)

7月2日　馬承源來,爲上海圖書館三十周年館慶徵文交稿。午後至人民公園散步。下午就醫。(日記)

7月3日　閲汪孟涵文。看關於阮元《十三經校勘記》的書。下午,吳織、

徐小蠻來，談印《徐光啓著譯集》事。夜，沈津來，贈西瓜一隻，先生以增訂本
《晚明史籍考》回贈。（日記）

7月4日　《解放日報》"朝花"版發表先生《書海滄桑》，談入黨前後的心路
歷程。

　　我是一個新黨員，懷着無比喜悦和幸福的感受，迎接黨的生日，慶祝黨
的生日。我們黨領導中國革命與建設，經過長期的奮鬥，千錘百煉，它更健
康，更成熟，更强大，更勇往直前，充滿朝氣，充滿希望。

　　在批准我入黨之後，聽到一點反映，有人說年紀那麼大，爲什麼還要入
黨？也有人說知識分子入黨是奉命入黨。我想在這裏談談我申請入黨的
來由。

　　我出生於清朝末年，經歷了各個時代的政權，新舊對比，無數事實，使
我堅信不移的是：没有共産黨就没有新中國，祇有社會主義能够救中國。

　　一九三二年我從燕京大學研究院畢業後留校，即在圖書館工作，當
時并没有長期在圖書館工作的打算。盧溝橋事變後，一心想離開北平。
一九三九年，上海成了孤島，愛國人士葉揆初、張元濟、陳叔通等幾位老先
生深憂東南藏書流往海外，招我來上海創辦合衆圖書館，目的在于保存幾
家的藏書，保持一部分，儘可能少流失一部分。同時，美國有人大言要買盡
中國的書。當時上海有藏科技書的明復圖書館，藏報紙期刊的鴻英圖書館，
而文史哲圖書尚没有收藏之所，合衆圖書館的設立正好補其所缺。不料我
到滬之日即僞幣貶值之始，而我們的基金亦無形中打了大折扣。我有一顆
愛國之心，決心把小圖書館辦像樣，護持好幾萬册的古書。艱難困苦，一言
難盡。抗戰勝利了，誰料國民黨發動内戰，交大學生爲反飢餓、反内戰、反
獨裁而遭迫害，張元濟等十老義憤填膺聯名營救，其中合衆圖書館董事有
四人，餘亦合衆贊助之人。我平時與鄭振鐸、徐森玉先生往來較密，注意收
集革命刊物，我很受他們的影響，對黨的景仰之心也逐漸加深了。

　　解放前夕，國民黨軍隊曾占用我館樓頂，住了兩夜，騷擾不堪。數日之
後，又來軍隊要强占全部房屋，要把所有二十多萬册圖書資料立刻搬空。我
說，我們花了多少人力物力，爲了保存文化，你們不能用。反動軍官怒目狰
獰地說："現在還講什麼文化。"相持片刻，旁邊有人說附近有空屋，你可去
看看。反動軍官走了不久，傳來了梵皇渡已經解放的消息，乃得化險爲夷，
轉危爲安。傍晚解放軍來借宿，首先問這裏是什麼房屋？我說是圖書館，有
一間空房可用。解放軍說，文化單位，我們不住，即在我館後門弄内露宿了
一宵，送水也不受。相隔幾個小時，真成了兩個世界，兩個天地。這使我感
動非凡，不是語言所能形容。

　　國民黨反動派經常宣傳我們黨不要古書，解放後市教育局即撥款一萬
元給合衆圖書館收購古書。當時一輩老先生都感到興奮，奔走相告，反動派

的宣傳不攻自破。北京文物局成立，即頒布了保護文物法令，文物圖書不再有外流之憂。故宮博物院重價從香港收回了王獻之的《中秋帖》、王珣的《伯遠帖》的真迹。北京圖書館也從香港收回了宋刻《荀子》、元刻《夢溪筆談》等孤本。説明了黨是真正愛護圖書文物，保存歷史文化遺產的。

舊社會裏舊書店爲容易賺錢，把有用的書論斤賣給造紙廠，如完整的《四庫全書珍本初集》《江蘇省立國學圖書館圖書總目》《國學季刊》等，眼看它們送去做還魂紙，真是心痛。解放後，華東文化部大舉搶救廢紙，搶救出宋本《五臣注文選》、宋本《蟠室老人集》、太平天國文獻以及大批家譜。解放前後，相隔不長的時間裏起了大變化，像我這樣親眼目睹的人，思想上自然也起着同樣的變化。

解放前，上海實在没有一個像樣的圖書館。不到十年，政府每年撥給巨款，大量收購圖書刊物，上海圖書館事業突飛猛進。先後任命我爲上海市歷史文獻圖書館館長、上海圖書館館長。特别使我感動的，就是《中國叢書綜録》《中國近代期刊篇目彙録》兩部大型目録工具書，在黨的直接領導下，發揮了集體力量，各單位予以大力支持，較快的樂觀厥成，充分體現了社會主義優越性。這些事都是舊社會裏不能想像的。

十年内亂，浩劫空前，文物圖書，自不例外，而周總理在病重期間，關心文化遺產，指示要儘快地編輯全國善本書目，意義極爲深遠。五年來，初稿不久即將告竣，這是一件史無先例的大工程。去年陳雲同志曾兩次對整理出版古籍的問題提出極爲重要的意見。中央指出這個事業是"一項十分重要的、關係到子孫後代的工作"，"整理古籍是一件大事，得搞上百年"。今年三月，國務院恢復了古籍整理出版規劃小組，制訂了規劃，今後十年内可以順序前進，不必要有青黃不接的顧慮了。最近公布憲法草案，增加發展圖書館的條文，這是歷史上所未有的，也充分説明了社會主義圖書館事業，前程未可限量。作爲一個從事圖書館的老工作者，從苦難中走向光明，而且一年更比一年好，叫人多麽興奮啊！

我長期以來身受黨的培養教育，三十多年來感到革命事業的偉大和艱巨，和參與這事業的無限光榮，我願將自己的一切力量貢獻出來。怎樣能真正做到全心全意爲人民服務，祇有參加到先進的隊伍中，纔能獲得歸宿，以期得到更好地改造和更多更好地工作。年紀雖然大了，自信思想還没有很老。我自一九五八年四月擬訂"紅專規劃"時起，就有加入偉大、光榮、正確的中國共產黨的志願，平時總以黨員標準要求自己。一九五九年寫過入黨報告，一晃二十多年了，自己也考慮到年紀大了，但這個問題始終感到心裏還没有落實。到去年學習六中全會決議以後，下決心再一次打了申請報告。現在我深信，黨的大門是爲一切願爲共產主義奮鬥終生的人開着的，這就是我爲什麽這麽大年紀還要入黨的緣故。我從事圖書館工作五十年,對古籍整理保管方面略有點心得。希望在黨的直接教育下,在四化建設中起添磚加瓦的作用。這是我多年的理想和信念。但是入黨以後,自己深深感覺到學習很不夠,不會運用辯證唯物主義和歷史唯物主義的方法分析問題,研究問題,處理問題。今後一定要努力學習馬列主義、毛澤東思想,提高理論水平,改造世界觀,更好地爲黨工作。(《文集·書海滄桑》,第 697 頁 )

7 月 21 日 [①]　上海圖書館舉行三十周年紀念會,上海市黨政領導、學術界、圖書館界及讀者代表二百餘人出席,先生發言彙報工作。(《顧廷龍先生紀念文集》內封照片;《上海圖書館事業志》,第 41 頁 )

7 月 26 日　馮其庸有信致先生。

前承台愛,囑撰貴館三十周年紀念論文集稿,以長者所命,不敢藏拙。昨晚已成《蔣鹿潭年譜考略》一文,都四萬餘字(實際字數不足),今日即付抄寫,約十日內可以全部抄清奉寄審定。

此稿草創及修訂成均在合衆圖書館,"文革"中清鈔本丟失,今全部重新屬稿。以資料散失,簡略疏漏,自覺難以問世,懇請起老師座嚴加審核,如能暫不濫竽,則庶免貽笑士林,而不致爲鴻著之累。此係實情,并非虛話,幸起老鑒察。倘仍欲刊用而文字太多,則可删去附錄部分(附錄共三部分:一傳記,二序跋,三札記),或連"交游考"一併删去,留《年譜》及版本兩部分亦無不可。總之,一切由吾師裁定。如時間太晚,已趕不及付排,則更無問題。總而言之,我是向老師交了卷也。生明日即去南京,三十一日去合肥,大概三號去黃山,八月十五日左右回北京。此稿旬日內抄畢,即由抄者代爲挂號寄奉,請查收。(原信 )

是日　傅璇琮有信致先生。

久闕問候,伏想起居佳勝。

啓者,京中一友人擬校點整理《宋宰輔編年録》,此書有《敬鄉樓叢書》本,係據《四庫全書》本刊刻,聞尚有明抄本,未知藏于何處,欲一查全國善本書目,乃聞知書目之史部部分已携至上海。今欲從先生處打聽書目存于何處,如能告知《宋宰輔編年録》明以前諸本,則更不勝感荷。有瀆清神,容後面謝。(原信 )

是月　撰《關於整理出版稿本叢刊的管見》。這是國務院古籍整理出版規劃小組會議期間,李一氓提出的建議,先生積極贊同。并提出摸清未刻稿本,包括傳抄本的家底,有兩個辦法:一是等全國善本書目徵求意見稿出齊後,大體可以瞭解,但一般傳抄本不一定列入善本的,在此基礎上,選編一個待刊書目,需要寫一篇提要,介紹情況,以供規劃小組討論選用;二是由古籍整理出版規

①《上海圖書館事業志》作"7 月 23 日",待考。

劃小組通函各省市圖書館,專誠徵求稿本目録,并請各館寫點内容簡介。可分批編送,不致緊迫。(《全集·文集卷·關於整理出版稿本叢刊的管見》,上册第420頁)

是月　先生有信致周志輔。

久疏音問者廿餘年,懷仰長者,何日不勤。比奉手書,敬悉精神矍鑠,身體健康,不勝欣慰之至。

屬查戲單兩張,僅查得"義演"一張,"窩窩頭會"一張則未查得,即尊編《五十年來北平戲劇史料》中亦未見著録。這批戲單早於一九六〇年裝裱成册,以免散失。雖經十年内亂,尊捐各書,均完好無恙。知念附聞。

前年有中央音樂學院林石城君從此書考證,中國琵琶曲譜的指法與後來的指法不同。過去以爲琵琶始於明末,而從《高和江東》封面明題"嘉靖二年",因此定爲明嘉靖間抄本。但從封面紙色、題字墨色不類嘉靖,而全書的紙、〔紙〕墨色確像明代舊抄,可能封面及題字可能是後補者。又據尊編《目録》亦注"明抄本",當時本擬函請指教,由於林君急於成文,即與弢丈商定,作爲明嘉靖抄本,諒無大誤。林君文容檢得再奉公覽。

附戲單膠片一張。(《全集·書信卷·致周志輔》,上册第217頁)

是月　跋姚昆田藏"金山姚石子先生周甲退慶致語"。

一九五零年五月,爲故友姚石子先生六十退慶之期,哲嗣昆群、昆田兄弟等九人,篤念先人畢生聚書之辛勞,冀得永護,以慰先靈,特舉復廬遺篋都數萬册,悉以捐獻上海市人民政府。陳毅市長爲文稱許,并由沈尹默先生楷書直幅,付之姚氏昆仲携歸,懸諸廳事,引爲光寵。不幸内亂中失去,夢影前塵,深爲痛惜。比與昆田時相過從,素諗余與先生舊契,屬爲補書,以資紀念。(《全集·文集卷·書金山姚石子先生周甲退慶致語後》,下册第982頁)

是月　先生題簽的《中國近代現代叢書目録索引》(上海圖書館編)出版。

夏　出席潘景鄭先生捐獻圖書儀式,并與古籍組趙興茂、吳織、沈津、任光亮、林星垣、陳光貽、馮金牛、周秋芳、朱榮琴、陳君輝、王翠蘭合影留念。(沈津藏照片)

8月7日　沈津、任光亮請先生書扇。(先生小筆記本)

8月9日　程毅中有信致先生,爲王佩諍遺稿事。

惠示敬悉。垂詢王佩諍先生遺稿,確有《説苑》等書校釋稿數種,動亂中幸得無恙,已於去年交還其女王韵嘉同志(在中國人民銀行總行《中國金融》編輯部工作)。此稿爲讀書札記,不無創獲,惟尚須整理謄録。吾公如欲取觀,亦可轉告其子女。家君受業于東吳大學時,爲佩諍先生門下,故亦幸附世誼也。

承示《宋宰輔編年録》版本情況,至感。傅璇琮同志囑代致謝。(原信)

8月16日　柳北野有信致先生，寄贈《芥藏樓詩抄》《望海樓詞》合訂本一册。（原信）

是日　崔建英有信致《中國古籍善本書目》編委會，陳述他對工作的意見。

一、我已完成對明別集的審校和對清別集的復校，兩項共有卡片二萬二千六百六十九張，爲總編總量的百分之十六點三七。從工作進程中發現，基於多種原因（另有專文總結），卡片中的大多數必復據原書核校。兩年來我在京區約校五千種次，除文學所收藏的一小部分外（暫無人力開箱，需待今冬），現京區應校者已全部校完。外地用查詢函，已發三千三百六十件。函詢可以解決一部分問題，但也基於多種原因，相當一部分復函叙述含混，答非所問，甚至錯中錯，也有的是情況複雜，非一封簡單的信所能説清楚，還有少數單位無復信。這部分則需親自查看（爲減少去外地的工作量，凡原件在外地而北京有膠卷的，都查了膠卷）。現將待查□□分地區表列於後，需要説明的是，待查的一種多非一家收藏的單位，往往是問題有牽連的一組，一家一片定不下來，別的也不能定。

二、根據兩年來我個人審校體會和原四編室幾位同志的審校經驗，卡片著錄中所涉的問題和存在的錯誤是多方面的：有客觀性質的，也有主觀性質的；有技術性的，也有常識性的（複雜一些的也可説是學術性的）。這些問題和錯誤多帶共性，或彼此牽連，并非集部特有，不解決，不糾正，將嚴重影響總目品質。一九八〇年秋天，北京召開的副主任委員擴大會議中決定的先編油印本，是有具體要求的，即接近正式出版水準。何爲"接近"可能出現不同解釋，但不能重新返工當無可置疑。初步翻閲已印出的經、叢兩部，印象是：條目審定依據不足，缺乏核實，屢見誤差；經部且收錄範圍混亂，刪留任意，多與規定相違，定稿時難免全面重審。回顧一九七八年以來，多次出現"矛盾上交"，致使總編階段難度加大，工作量遠遠超出預想。如果油印本仍屬"夾生"，則定稿時仍需再一次全面審校，時間、人力與業務條件的可能將難以想像。

三、一九八一年一月京、滬、寧三地分審以來，没組織過一次全體編輯人員的經驗交流，對錯綜複雜的各色業務問題没組織過一次專門研究，没向編輯人員（包括分主編、副分主編）徵詢過隨着工作進展，對全域以至部分工作的看法和改進意見（起碼京區是如此）。因此也就無法向與總編工作有一體關係的廣大收藏單位（尤其是省市館、主要大學館）古籍編目人員繼續通報情況，交換心得，建立共同的思路和業務語言。在如此規模、整體性強、難度大，多無現成資料、經驗可直接套引的工作中，出現如此局面，其實質性的後果是應該客觀地估量的。

四、《中國古籍善本書總目》將是我國第一部國家古籍版本目錄。基於五年來全國廣大古籍編目工作者和各級有關單位黨政負責人的努力，基礎素材以及其它主、客觀條件都遠勝於之前編製其它類型版本目錄時所具有，因此必須編製出一部收錄條件分明，具有時代特色，條目著錄準確，標示版本鑒定水準，類目包容全面，通過其結構，足以反映我國封建社會文化的全面成果，編排得宜，符合學術源流的無大懈可擊的成品。祇有如此，纔能算完成周恩來總理的遺願，纔不辜負全國廣大古籍編目工作者和各級有關單位黨政負責人的委托和期待。但近來頗覺有種避難求易，刪繁就簡，急於交卷的趨向。收錄條件已置不論，體例難明，條目著錄多憑無充分依據的原始素材，未能通加嚴格審校，正確與錯誤雜糅，審校棘手者，不惜全類刪削……

兹事體大，困難誠多，但以現有之條件，祇要組織得宜，不泥私見，發揚學術民主，群策群力，未始不可爲。（原信）

**是月　題吳敔木水墨花卉冊。**

吾吳文士薈萃之區，擅丹青者一時稱盛，六十年來，就余所接席承教者，老輩如劉照臨川、顏元薇生，父執邱玉符瑞麟、樊浩霖少雲、陳摩迦仙、顧岩墨彝、陳晉湜子清、程琛魯士、尤志道可亭、吳國祥、顧則勛彥平、顧仲華諸公。與余往還最密者，如吳湖帆丈，潘博山內兄，及彭恭甫，顧則堅公柔、則揚公雄、則奐公碩昆季。公雄寓滬時，嘗爲余補作《秀埜草堂圖》，今尚珍藏敝篋。諸君子遺筆，昔年家藏具備，其精工者且不止片幅尺縑，顧一遭日軍之蹂躪，再遭十年內亂，遂蕩焉無存。每一念及，殊深惋惜而已。欲爲諸公作傳揄揚，藉存鄉獻，祇以塵事倥傯，迄未如願。今天雲同志主持吾蘇地區文化事業，倘能及時收集遺作行誼，掇拾成編，度爲時尚近，當不難致羅。他日補入志乘，爲桑梓藝術之光，豈非盛事與！（《全集·文集卷·題吳敔木水墨花卉冊》，下冊第 716 頁）

**9 月 1 日　題劉氏家藏《老殘游記外編》稿。**

吾友蕙孫先生，一別四十餘年，去冬偕令侄德隆過訪寓齋，暢叙舊情，積愫爲之冰釋。頃德隆以先德《老殘游記外編》手稿見示，凤聞其名，無緣寓目，今得留置案頭，展讀再三，曷勝欣幸。一九八二年九月一日，蘇州顧廷龍敬記，時年七十又九。（原件照片）

**9 月 2 日　劉起釪有信致先生。**

法書擲下，滿紙生輝，不僅爲拙稿增色，抑亦學林盛事也。頡剛師地下有知，亦當引爲感慰。收到後，已於日昨送往出版社，社中同志亦感高興，謂謹當於橫竪二式中擇一采用。

尊稿《尚書文字合編》，彌足珍貴，惟未及發行問世，爲知者所屬望。今聞正在整理加工，指日可成，學術之幸，爲之雀躍。如有下詢蒭蕘之處，自當竭其譾陋以報。惟不知於原刻各件之外，尚擬補充增益未收各件否？如尊著能成爲隸古定集大成之本，則誠學術珍籍，然此非短期可舉，不知尊慮

曾及此否？（原信）

9月15日　向圖書館事業管理局及劉季平彙報《中國古籍善本書目》史部復審進度,經部、叢部徵求意見稿收回情況等事。

一、關于史部的復審進度。復審工作自去年十一月中旬開始,到今年八月底,完成了全部卡片的五分之三。根據初步統計,史部款目約爲一萬七千種,復審工作爭取在今年十一月份告一段落。1.在復審過程中,我們感到在收錄範圍上,初審剔除的卡片中復審予以恢復的,有清傅山批校的《路史》（殘本）、清抄本《讀史方輿紀要》、清二餘軒抄本《天下郡國利病書》以及王闓運稿本《湘軍志》等,約有近百種左右,今已改了過來。2.有些卡片上的卷數、撰者、著作方式等方面不符合著錄條例的較多,此外還有一些版本鑒別上的問題,如《戰國策》的宋、元、明幾種刻本在初審時尚有混淆,這次復審已得到糾正。有的原爲一書,但幾張卡片的版本著錄各異,有的殘本誤作全書,如此等等。3.經、史兩部經過復審後的卡片,尚有部分需要將來去外地看書解決,估計要看書的多屬宋元刻本和抄校稿本等,如浙江省館藏明陳洪綬稿本《筮儀象解》、明黄道周批點的《書傳會選》、北京大學藏元刻《無錫志》等等。

二、關于經部、叢部徵求意見稿收回情況。截止到九月底,經部徵求意見稿退回的三十六個單位,尚未退回的三十四個單位。叢部徵求意見稿寄回上海的二十四個單位,尚有四十六個單位未寄回（可能有寄還北京的）。寄給專家的僅二人退回來。許多單位在收到意見稿後,積極核對館藏,工作認真負責。有的單位,如新疆館,還專門召集大學中的教授及有關人員開座談會,徵求對油印本的意見。許多意見主要集中在:1.館藏漏載,即在收藏情況表上加列代號,并補報卡片;2.著作方式的統一;3.卡片次序前後有倒置現象。（原信）

9月17日　張静秋有信致先生,請瞭解蘇州市是否有辦章太炎、吳昌碩及顧頡剛紀念館意願,如可辦紀念館,"頡剛的手稿和先世遺墨,就有了專職機構來保管整理,自較捐贈他處爲妥善,當能世代保存下去,永爲後人所瞻仰和學習,頡剛當含笑於九泉之下"。（原信）

9月18日　先生有信致林公武。

暑假中台駕來滬,辱承枉教,無任快慰,惜匆匆未克盡東道之誼,不勝抱歉!

昨奉手書,敬悉——。尊編《書林擷錄》甚好,有便參考,不知已搜集多否?我對書法是愛好的,惜爲他事所擠,未能潛研,遂成惡札,亦無撰述,慚甚。

小荷同志要拙書,稍緩必有以報命也。最近較忙,幸予亮察。（《全集·書信卷·致林公武》,下册第539頁）

9月27日　汪家熔有信致先生。

　　接讀九月十八日手書,得益極多。關于菊老選書原則,自以來示爲準。原來我與王紹老的分歧也不甚大,王老原稿説菊老貴初刻,我感覺就選印講,菊老還重視書的實用價值,在確定選用那些有實用價值的書後,追求初刻。王老稿子已有兩章寄張老,您能抽空審讀,實在太好了,對我擬改之處,如有不妥,萬懇指正。

　　菊老《年譜》的材料收集得還很不够,現在收集得比較豐富的是菊老早年活動材料,而後期覺得少。菊老進商務後着意出版,而且着重在企業全面管理,從《日記》看,有關書籍出版極零碎,且不一定都是有影響的書,因而很難摘録資料入《年譜》。菊老退休後,編《四部叢刊》二、三編,纔有時間寫些跋。後期材料,我預備在往來書信裏能找到一些。本計劃八月在上海多耽幾天,在張老處和上圖看些往來書札,後來脚壞了,因爲上海住在山東路三樓,行走不方便,自己一個人又無法洗澡,所以没有再回上海。現在想過些天能找一段時間專門去一次,安下心看一月半月,否則極難弄好,屆時還望您給予協助。天氣漸凉,諸維珍攝。(原信)

9月30日　周志輔有信致先生。

　　頃奉復書,欣聆種切,并附下義務戲單膠片一紙,極感費神。

　　承詢有無新作,溯自旅港及旅美以來,偶有寫出付刊,奈均以所印不多,轉瞬即成絶板。兹謹將手邊僅存三種,另由海郵寄贈貴館惠存(一《讀曲類稿》一册,二《近百年京劇》一册,三《京戲瑣記》一册),順祈眘閲指教爲盼。

　　再者,弟前捐各書,倘若已與貴館所藏戲曲文獻彙編專目,乞賜寄一册,此爲紀念而志因緣,實所至禱。(原信)

是月　先生題簽的《鄭觀應集》,由上海人民出版社出版。

是月　先生題簽的《先秦史》(吕思勉撰),由上海古籍出版社出版。

10月4日　袁行霈、侯忠義寄贈先生題簽的《中國文言小説書目》。(原書)

10月7日　劉修業有信致先生,請爲王重民《中國目録學史論叢》題寫書簽。

　　有三的《中國目録學史論叢》已由朱天俊同志編完,他已決定不收入有三在1957年校訂姚名達《中國目録學史論》撰的《後記》,及《毛晋刻書的企業經營》《顧廣圻的校勘學》三篇的論著,但又加上有三在1932年撰的《清代兩個輯佚書家評傳》(即馬國翰、章宗源),曾在前《輔仁學志》三卷一期發表。今特告知,如需再補寄此篇舊稿以供審閲,當再複製寄上。(原信)

10月16日　王紹曾有信致先生,請爲《近代出版家張元濟》賜序并題書簽。

數月以來,屢於樹年先生信中獲知杖履安康,著述日宏,惟百務叢集,目不暇給,并蒙於百忙中審閱拙稿,私心慶幸,不可言宣。菊老道德文章,海內共仰,後學以限於水平,不足以知菊老之生平於萬一,復以扶病之軀倉促成稿,紕繆之處,所在多有,尚祈於審稿時一一予以斧正。

聞拙稿第一、二部分已由汪家熔同志寄呈左右,第三、四部分亦將修訂完畢,不久即可陳上。頃承樹年先生轉告,尊意以"現代出版家張元濟先生生平"命題,極爲允當,惟"生平"二字是否可以省略,敬請卓裁。書名確定後,如先生時間許可,擬請爲拙稿題簽并賜撰序文,倘蒙俯允,則不僅後學之幸,亦將爲讀者所渴望也。

秋凉,諸維珍重不一。

我館入藏梁任公《列子》批校本,承樹年先生轉請鑒定,并非梁氏親筆,恐係出自他人過録。并此致謝。又及。(原信)

10 月 18 日　貝祖遠來。方行、王辛南來。黃德士來。(先生小筆記本)

10 月 27 日　晚,與燕京同學會上海分會的校友在老正興飯店聚餐。(先生小筆記本)

10 月 30 日　離滬,前往昆明,爲參加中國圖書館學會第三次科學討論會,沈津、艾冲送至機場。(先生小筆記本)

10 月 31 日　先生有信致沈津,告知旅途情況。

昨天承你遠送,非常感激。我們通過安全檢查,到達候機室,抽了兩支烟,時已二時。潘老(按,潘天禎)去服務臺問訊,他們説要七點能開。等到六點,廣播通知到昆明的去用餐,我們兩人去吃夜飯了,吃完夜飯回到候機室,又聽到廣播,到昆明改 31 晨 7:45 起飛了。我們商量住賓館,跑去客滿。有人説有招待所,我們就上招待所,照顧老年人,纔安排了一個四人房間,遂得安眠一宵。我不知怎麼的,午飯前很好,午飯後忽感腰酸,行動不很自然。潘老發覺了,幫我提包包,所以到了招待所即睡,其時不到九點,一覺睏到今晨六時,我先起來,走走很自然,我自己也放心了,可笑。

今天 7:45 起飛,到長沙停 40 分,再飛昆明。劉德元與吳館長來接,住翠湖賓館,太高級了。天津王館長也住這裏,晚餐同桌。晚飯後,李孝友、金志良、老韓、老邱都來翠湖,他們代領了一大叠論文,要認真閱讀。明日有石林之游,王老要去,我也要去游覽一下。

吳織、艾冲同志均此道謝不另。十時了,即將就寢了。即頌儷安。(原信)

在昆明期間,曾去雲南省圖書館看書,潘樹廣陪同前往。他回憶云:

顧老寬厚、謙和,有大家的風範,却没有大家的架子。會議期間游石林,顧老游興很高,和我們邊走邊談。途中遇雨,大家未帶傘,顧老就把手帕蓋在頭頂遮雨,穿梭於奇山怪石之間。

…………

顧老是《中國古籍善本書目》的主編，我問起此書的進展，顧老感慨地說，進展慢，困難多。由於經辦人不熟悉業務，各館上報的卡片存在問題較多。編委會向有關單位調閱資料，往往遲遲沒有回音，缺乏大協作的精神。顧老深情地回憶起50年代全國40多家圖書館協作編寫《中國叢書綜錄》的盛況。他説，那時協作精神好，凡要求各圖書館上報材料，他們都能迅速響應，而且工作質量高。所以，《中國叢書綜錄》祇用了一年多的時間就編出來了。（潘樹廣《學林漫筆》，第56頁）

是月　復旦大學分校圖書館專修班八〇級畢業紀念，先生作書賀之。

圖書宏業，四化廩倉。栽桃植李，教思無疆。進修成器，多士蹌蹌。瞻前顧後，吾道之光。（《顧廷龍書法選集》）

是月　先生題簽的《中國歷史地圖集》（譚其驤主編），由地圖出版社出版。

是月　先生題簽的《中國近代史詞典》（陳旭麓、方詩銘、魏建猷主編），由上海辭書出版社出版。

是月　先生題簽的《江西省圖書館古籍善本書目》（江西省圖書館保管部編）出版。

11月1日　陳樂素有信致先生，瞭解《郡齋讀書志》版本情況，并請代購袁本、衢本《郡齋讀書志》各一部。又云：“今度重來滬，時間匆迫，祇能留三兩天。知道您很忙，但總希望能見到您，又前承慨允揮毫寫條幅，一是代揚州師院祁龍威教授請的，一是我希望的篆或隸，但願您最近在百忙中揮就，我到滬可得，不勝感謝之至。”（原信）

11月5日　汪向榮有信致先生。

久慕盛儀，無緣識荆爲憾。此次到滬，能親接謦欬，至爲感激。

倭寇及援朝抗倭，爲有明一代中日關係史事中最主要活動之一，過去兩國學者研究所見，除明代若干典籍外，惟《李朝實錄》及三數鮮人筆記，日本方面則付闕如。但最近日本方面發現若干新資料（包括倭寇侵擾圖卷），致使某些結論不能不作修正。因憶江南一帶，不惟爲當時倭寇活動中心，抗倭主帥及媾和使臣亦均籍江浙，且文墨亦甲全國，必有筆記之類遺留，如能發現，當可補史籍之闕遺。奈此行以限於時間、人力，致所得甚微。來年如能擺脱他事，擬再作較大規模調查，届時自當再請教益。又吾公主持圖籍，有關是項典籍圖册如有所聞，亦盼隨時賜示爲感。（原信）

11月24日　先生有信致林之滿。

前承枉顧爲幸。屬書楹帖，適感小疾，稽遲爲歉，兹塗呈指教。

兹寄上我老友張珍懷同志近作《日本三家詞〔選〕箋注》前言一文，擬投貴刊發表，不知可邀采用否？如蒙采用，感甚！不適用，便請擲還可也。

前談沈燮元同志介紹顧頡剛先生遺文，後來沈同志來函索還，不克奉

寄,歉歉。(《全集·書信卷·致林之滿》,下册第 721 頁 )

12 月 2 日　先生有信致湯志鈞。

　　昨談甚快。汲古書院、文海、文成三家書目三册,已細閱一過,選了數種,托外文書店去采購。承對我館采購工作關懷,深表感謝。(《全集·書信卷·致湯志鈞》,下册第 427 頁 )

12 月 6 日　吴豐培有信致先生。

　　春季曾去□頤賓館走訪,適公出未遇,僅與士嘉先生相見。五月又去武漢開方志會議,原聞亦邀請吾兄,而未能莅會。明春若有機會去申,定當造訪,面聆教益。

　　《中國叢書綜録》,聞貴館同志曾編《續録》,現有人携説明來,托弟代向出版界推薦,并聞已得吾兄同意,特函奉詢,請即示尊意,再向出版社聯繫。

　　前承惠題《絲綢之路資料彙鈔》書簽,因夾放書中,竟找不到,可否再求法書。該稿已由青海出版社約定,稿已寄出。再編有《川康〈藏〉游踪匯編》及《清代藏事輯要》《清代藏事輯要續編》等,均已將稿寄出,亦懇題簽。一再奉煩,容當泥首。

　　伯平小傳現已寫完,正交其弟子等審核,一俟刊出,當寄奉請教。古籍整理,民院也成立小組,亦邀弟參加,不久即有樣本出版,再當寄贈。

　　如晤季龍兄,請代致意。(原信 )

12 月初　去常熟,參加江蘇省圖書館學會第三次科學討論會,并爲學會會刊題寫刊名。(潘樹廣《學林漫筆》,第 56 頁 )

12 月 14 日　朱士嘉有信致先生,請題《中國地方志聯合目録》書簽。(原信 )

12 月 25 日　先生有信致張秀民。

　　久疏箋候,馳念良殷。頃奉手書,敬悉一一。

　　承爲子部提出寶貴意見,曷勝感荷! 油印本雖然謬誤尚多,可以就正有道,否則難以向各處請教。高見當即分致南京、北京參考。

　　承爲我館撰寫論文,極感盛情,紀念刊已在排印中,現在印刷較費事,預期明年上半年可以出版( 洽談時言明,明年一季度出書,恐不能必無延誤 )。

　　史部及子部各類陸續印出,陸續呈政。

　　道静兄常見,季龍兄外地會多( 近在廣州 ),文俊同志久不晤,沈津近體已漸恢復。胡、譚忙甚,龍亦鮮伏案之時。"夕陽無限好,祇是近黄昏",祇希望書目在諸公指導之下早日完成耳。(原信,韓琦收藏 )

## 是年

　　9 月 4 日　謝國楨卒,81 歲。

# 1983年　80歲

1月1日　爲上海龍華寺方丈室題"華林丈室"匾額。(趙嘉福電話告知)

1月4日　馬國權有信致先生,爲容庚九十壽辰,懇請爲《古文字研究》之一專號撰文,并請上海圖書館代爲複印十種印譜。(原信)

1月18日　楊向奎有信致先生。

　　　　前曾寄一信與先生,介紹宿學謝元震先生。如今謝先生持書拜望先生,望能撥冗賜見。謝元震先生無奢望,祇求能進貴館看書。鄉居簡陋,有志于學者不便,當爲先生深知。(原信)

1月中旬　參加保管部主任周作杰離休座談會,并與周作杰、王言夫合影留念。(《顧廷龍先生紀念集》,第190頁)

1月22日　先生有信致方行。

　　　　昨胡老來,示讀手書,均悉。敦傑同志住址他已告我,去京當能訪到。

　　　　《古史辨》第六册出了,兹以一册奉贈,祈察閱。柳亞子書信選稿,想蒙賜閱,不知可否發排?人民出版社曾來探問,便希示及。(《全集·書信卷·致方行》,上册第321頁)

是日　胡道静有信致先生,建議影印明弘治刻本《農桑輯要》,謂"我在校閱以後,當以比勘結果,連同此書的刻本源流寫一小文,類如前在《圖書館雜志》發表的述元刻《農桑輯要》那樣,以求教正"。(原信)

1月25日　先生有信致劉季平,報告《中國古籍善本書目》史部復審情況。

　　　　關於《中國古籍善本書目》史部的復審工作,我們于去年九月曾將進展情況向你們彙報,想已鑒及。我們於一月十九日研究了去年第四季度的工作情況,現簡報如下。

　　　　一、工作進度

　　　　(一)審片工作。至去年年底止,已完成編年類、紀事本末類、雜史類、傳記類、史抄類、史評類、職官類、政書類、詔令奏議類、時令類、金石類、目録類等九類,以及地理類的總志及方志的復審,至於紀傳類和地理類中的雜志、專志、山水志、水利、游記、外紀等,雖已動手,估計要到今年二月間纔能做完。

　　　　(二)刻印和裝訂工作。史抄、史評、職官一册,政書一册,詔令奏議、時令一册,金石、目録一册,紀事本末、雜史一册,方志一册等,共六册,已於年前刻就裝好,一月初以來,陸續向外寄發。至於傳記類和未復審完的卡片,預計全部刻就裝好,争取於今年第一季度完成。

二、存在問題

復審工作的進行,經過內查外調,所遺留的問題已基本上解決。如《唐書》(十行十九字本),原上圖、南圖、北大等單位均作宋本,這次調集了原書和影本,從刻工、紙張、字體等方面重新校核,認定是元刻本,因而修改了原來的著錄。又如《中吳紀聞》,原著錄爲清黃丕烈校,經過函調書影,翻覆審視,并非黃氏親筆。還有《歷代封建史迹考》,來目認爲是惠棟稿本,并有惠棟印章,經我們派員前去查看原書,發現并非惠氏手稿,至惠棟的印章,是後人從它書上剪下來後貼上去的。

(一)有些有問題的版本,該單位雖有書影寄來,閱後仍有疑寶,以致一時還是不能解決問題。如某館藏錢曾校補《武林舊事》,從書影看僅有數字,難以作出結論。對於那些重要或較重要版本的認定,應特別審慎,力求看到原書,至少要先看影本後再論。在沒有確切的依據之前,決不輕下結論。尤其是宋元刻本、抄本、校本、稿本等,最好要看原書。如《武林舊事》,祗好待將來另作鑒定。

(二)史部中有疑問的卡片,已發出函調信近六百封左右,如北大、復旦、遼寧等館,認真負責,積極配合,回復函及時到達,使有疑問的卡片較快得到了解決。但有個別單位久不函復,甚至拖了幾個月也不復。另外有些單位雖有復函寄來,可是答非所問,使人一籌莫展。總之,遇到上述這種情況,嚴重影響工作的開展。

(三)因此我們對近地區可去看書的規定,于十二月上旬曾派趙興茂、任光亮二位同志去寧波、杭州看書,以解決該處所提供書目之疑問。不意天一閣的史部的某些圖書,謂已破損,不肯出示,祗得負負而返。

三、關於經部、叢部、子部徵求意見稿發出後的情況

至去年年底所收到的意見,經部有四十個單位及個人者二人,叢部有三十七個單位,子部有八個單位及個人者一人。從收到的意見來看,如上海社會科學院歷史研究所圖書館看得很認真,并提出了如下幾點意見:一編排次序有誤,二版本行款有漏注,三某些圖書分類上認爲還可商榷,四版本鑒定上認爲有出入,五刻印時校對有疏忽處。可是北圖、北大、中科院等藏書很多的單位至今迄未提出意見,因而不勝翹盼。

以上如有不當,請指正。(《全集・書信卷・致劉季平》,上冊第242頁)
是日　吳文祺有信致先生。

屢承指教,以開茅塞,既欽佩又感激,不圖晚年得遇良師,何幸之至。

弟藏書不多,十年浩劫中又損失大半,欲至圖書館查核,又苦于年邁力衰,無法擠車。茲又有一疑問,仍請先生賜以南針,不勝盼禱。近閱劉成禺《洪憲紀事詩本事簿注》附錄張衡玉《憶梅九》七律六首,其第二首云……先生既博覽群書,圖書館藏書又多,務乞明以示我爲感。(原信)

1月27日　乘晚八時車赴京轉車,去瀋陽誦芬處過春節。(先生小筆記本)

1月28日　上午九時五十分到京,冀淑英、李競、陳杏珍來接,住中共中央紀律檢查委員會招待所。(先生小筆記本)

是月　山西《圖書館學文摘》聘先生爲顧問。(履歷表)

2月3日　先生有信致王紹曾。

> 久疏音敬,想念爲勞。辰維起居安康,新著日富,慰如所頌。
>
> 前承惠賜大作《胡適〈校勘學方法論〉的再評價》一文,拜讀一再,深爲佩仰！校書實不易,對校當然就是不可缺少的步驟,死校,活校,亦不能機械的分工。校書方法,可能須要因書制宜。活校甚難,主要看校者學養之深淺耳,所謂"資之深,則取之左右逢其源"。乾嘉諸老對《十三經》、前四史、周秦諸子、唐宋諸大家以及《文選》等均讀得相當熟,自然能夠融會貫通了,現在七八十歲之人都不能用過這個功了,時代使然也。十年內亂,古籍消沈。今中央決定恢復古籍整理工作,民族文化遺產可得發揚,豈不懿歟！
>
> 張菊老《日記》及《書札》,已由商務批印出版,聞樹年先生即將奉寄。因趕時間,恐尚多訛誤,望指正。
>
> 龍近來瀋陽略作休養,大約三月中返滬……
>
> 尊編《文選》,何時可出版？念念。(《全集·書信卷·致王紹曾》,上冊第260頁)

2月8日　李希泌有信致先生,代林其錟請題《劉子集校》書簽,并謂"介紹《日本三家詞選〈箋〉注》書稿,我們決定出版"。(原信)

2月9日　先生有信致沈津,談《中國古籍善本書目》徵求意見稿送領導事。

> 別忽兼旬,想近體安康爲念。
>
> 送領導同志的徵求意見稿共八份,如何遞寄,已函詢北京。茲得冀大姐信,説徵求意見稿送領導同志又增五份。叢書部分已送圖書館局轉發,打印信亦附寄,經部是否亦寄圖書館局轉送如何？擬送領導同志的徵求意見稿共八份,每份要加入北京寄來的打印信。打印信我拿了一份,恐不夠用,附繳(請留一個底)。八份最好都要六本的,如果原裝的六本一套不夠,是否可把單行本湊足,改裝爲六本。預包三份,要解開加信。增加五位是葉帥、胡主席、鄧副主席、胡喬木、王任重,打印信留空處都要填寫。
>
> 張秀民同志意見,請你細看一下,是否可歸納幾點,寫進我們的總結。一、油印本缺少一個編例。他提的《洪武正韻》的注,是否這個問題？他的"歌……應再"一句,與它本出入何在？二、恐屬于先天性的,是體例問題,未注出版地。不知南京討論時如何取消的,你有印象否？臺灣目錄注否？定稿時能補救否？三、一般筆誤細校不難改正,總結中有無必要談到這個問題,請酌定。(原信)

2 月 12 日　　先生有信致吳織,談《徐光啓集》及寫《徐氏庖言》後記事。

日子過得真快,我來此已十七天了。思想彙報已寫寄王誠賢同志了,不長也不好,久擱也好不了。思想情況必須有日記,我原想一月一日開始寫日記,未成,明日起再寫一下。香烟不吸已算穩定了。

這幾天讀《徐氏庖言》及王重民編的《徐光啓集》,看到兩書有錯字,不知刻本如何,返滬後,要看小蠻的印樣了。《徐光啓集》第 584 頁《徐文定公奏疏》,明抄本,現藏北大。王重民認爲這抄本是徐氏家藏舊抄本,我想假使《徐文定公奏疏》是徐氏家藏舊抄本,那末和我們所藏抄本《徐文定公雜著》是否有相同筆迹?有何聯繫?我想請你向小蠻要一張印樣,或者館裏有照片寄一張亦可。我想上北大對一下,有没有徐家舊抄的特點可尋,你説好不好?樣張寄冀大姐轉較妥,我于 28 日即去一信告她,春節後想去北京等,但尚無回音。

《庖言》後記寫起來不難,但是無一點新意,祇能在王重民的文章裏打圈子。我想《庖言》卷四"書牘"中,"致焦座師""復呂益軒中丞"等收信人的姓名、仕履開名單附在後記中,你説妥否?王編《徐光啓集》第 607—608 有一張目録,608 頁第二行《葩經嫡證序》現在找到了,其它幾篇不知《徐文定公雜著》有無輯及。

此地室内溫暖如春,室外冷極。我終日不出門,看《徐光啓集》。《後記》當先將草稿呈政,赴京前交卷,回滬修改。我曾言要你坐鎮長樂路,有何反應聽到?（原信）

2 月 13 日　　春節,題沈燮元藏清趙之謙《二金蝶堂印存》。

叢殘掇拾見奇珍,金蝶餘痕檢點新。明眼多君能事在,琳琅錦笈伴昏晨。

長年精力勤書府,諸子百家樂有餘。剪取金陵山水影,還將畫意補新圖。(《全集·文集卷·題沈燮元藏二金蝶堂印存》,下册第 720 頁）

2 月 15 日　　先生有信致沈津,爲《中國古籍善本書目》工作彙報事。

兩奉來書均悉。彙報已讀過。你説打印九份,留底一份,抄致冀、潘各一份,季老與圖書館局應分開作兩份,不知分開否?當前情況與以前有所不同,首長處應送份數,俟冀大姐詢明再寄。

專家無回音的,擬去函催詢。你便中擬一稿,要情意迫切,措詞宛轉,不知你以爲何如?這種文筆,潘(按,潘景鄭)老優爲之,你可一學。

我來此已半月餘,初來一眨眼即瞌睡,近日已恢復。春節您和宏梅都有值班否?您們都要好好休息,保重身體。敬賀您全家愉快,身體健康。光亮、惠娟同志問好不另。(原件）

2 月 16 日　　先生有信致吳織,爲復旦大學陳匡時教授選印《汪康年師友書札》事。又云:"《庖言》、柳亞子書信選的跋文,在此寫不出來,我想三月上旬返滬。我擬于 24 日赴京,可與胡(按,胡耀輝)公一晤,否則他要去陝西開會,就不能會晤了。前由館轉到馬大任之弟來信,要我們邀請馬大任來講學參觀。此涉外事,我與馬又素無交往,當即寄回,請孫秉良同志與言夫同志商辦。你有所聞否?"(原信)

是日　先生有信致冀淑英。

春節中曾上一緘,想邀鑒及。胡、譚兩君均曾晤見否?他們對我們的目前情況有何意見?前天接老沈自蘇來信,他與小江把叢部剪貼工作於四日完成,交由光亮複印後發交古籍。春節後上班,可專攻史部。

我來瀋後睡眠較多,工作甚少,加以感冒未愈,疏懶益甚。我原想到京一行,即爲:一經費,二集部要偏勞丁、陳二君,三談談子部如何進行(在寧、在京或在滬),待史部發稿後與潘公先商談後再説,不識尊意如何?如一、二解決,我就不一定赴京了。希望您與胡、譚兩公一商,不知您已曾見到他們否?我去京一行,尋招待所、市内交通等諸多麻煩,統希酌示。您打算何日去滬?小孫擬二十三日返校,我如與他同行,是否太遲了?便盼惠復數行爲荷。

以上各節,您回京必向幾位請示彙報。我到京亦即爲此數事,而您又不能不陪我重複一遍,求您總代表如何?衰老行動多艱,特效馮諼無車之呼。(《全集·書信卷·致冀淑英》,下册第 394 頁)

2月19日　先生由中國共産黨預備黨員轉正爲正式黨員。(履歷表)

2月21日　先生有信致吴織。

我本來定二十四去京,兒輩要我再住幾天,一面等冀大姐回信,如何可與胡公(按,胡耀輝)一面,估計胡需往西安開會的,冀是否會去,現尚未知。

王煦華來信,他爲我覓到《尚書》兩種:日本九條本(静電複印本),又《西域考古圖譜》本。如何交接,我已去信請交你代爲保管。當年日本九條本因蘆溝橋事變未便往商,一九六三年前往日本,尚未復交,不便啓齒。今則兩國邦交日趨友好,始能得之,真亦不易。到現在各本俱全,回滬後當摒棄雜事,專心爲之。年届八十,來日無多,不能不一學女排之拼搏精神矣!

昨天偶然想起我怎樣進圖書館工作的,一是燕大圖書館,一是合衆圖書館。按古人説,這是有緣。緣從何來?從回憶粗粗寫了三張紙,先給您一閲,未經修飾,您看了隨手替我改改,或者標—?

《崇禎曆書》詳目,望寄冀大姐轉。小蠻信昨晚接到,《幾何原本》《簡平儀説》有無缺頁,到京後當注意查閲。(原信)

2月22日　去遼寧省圖書館參觀訪問。(先生致吴織信)

是日　先生有信致沈津。

前上一緘,想邀督及。上次給劉季老及圖書館局的彙報信,第二頁末一行"至今迄未提出意見"云云,我讀了再三,深感内疚。我們自己看了没有？我希望你們幾位如何擠出時間補補課，你們研究一下，如何安排力量，我想瞿老在家，送一份去請他看看，能看出多少是多少。其他見縫插針了，你以爲何如？

我原擬二十四到京，日來腰部忽然酸痛，現改二十七動身，二十八到京（星期一）。趙（興茂）、吳（織）、于（爲剛）、任（光亮）、陳（秉仁）諸同志問好不另。潘（景鄭）老、林（星垣）老請代致念。（原信）

2月23日　先生有信致吳織，對上海圖書館1982年度總結（初稿）内，中文古籍方面的工作不足百字頗有意見。

昨日收到一九八二年度工作總結（初稿），粗粗一翻，中文古籍方面不足百字，一年竟無很多可記録的嗎？收購中國書店及古籍書店的書中，有些稿本可以提提，朵雲軒的尺牘可以摸得細一點。《中國古籍善本書目》工作，好像每年館中計劃是提出的，那麼我們最近一次彙報應送總支一份，報一報，請沈津補辦一下。

落實瞿氏抄家書可以列一項罷？發還抄家圖書兩大家，一内一外（黄裳），將來總結可提，順告楊志清，要陳秉仁先總結一下。收購嘉業堂劉氏尺牘是大批的，從他們名氣説，可宣傳的。我們認真落實政策應提，政策是黨的生命。巴金同志贈書，是否可以叙入？

《叢書綜録》修訂重印出版樣本我已見到，似在八二年度之内，但修改工作是八〇年—八一年，此事請老于考慮。善本組接待各單位，特別是外地讀者，有無重要的提供？

總之，請大家多考慮我們工作如何提高，要提高必須總結過去。我看到第五頁倒數第四行"膠卷2000册"，這一"册"字，使我興無窮之感。"册"字打字錯誤，那是無關緊要的，若然古籍組原提的錯字，那是很遺憾了。希望有關同志研究一下。

昨日我去遼寧圖書館，趙琦館長因病住院，見到韓錫鐸，他二十六日去西安開會，老趙（興茂）想也是這時飛去。他們善本拍膠卷，宋元本已拍好，祇拍了正片，没有拷貝。他們現在編館藏善本書目。

我想到一點就寫一點，以代面談，請你留心，有機會再研究，此種事，希望老趙好好考慮。他十號左右可回，我大約這時亦可歸了。福建省圖書館特藏部來函，請轉交沈津同志代我復一信，增補卡片寄上海，以後我們再分。來信及復信稿都要交王翠蘭保管。（原信）

2月28日　上午，從瀋陽到達北京，李競、冀淑英、陳杏珍到站相迎。下午，胡耀輝、鮑振西、李競、冀淑英到招待所探望先生。（日記）

是日　先生有信致吳織、沈津。

明日打算去北圖，後天去故宫，最後去北大，科圖亦要去看，待晤嚴敦傑後再定。

　　《庖言》後記,考慮再三,得補充王有三兄一點,大致可靠,歸後即可試寫,請你們先爲校正。徐光啓有《適志齋稿》序一文刻在集前,我疑這序是否徐手寫上版的,這集我館有其書,可否查一下,如確是手寫上版的,輯佚中可加一篇了。年來記憶力日衰,前看後忘。我現在一人行動大家不放心,我亦乖乖聽人安排了。(原信)

　　是月　　先生題簽的《秦漢史》(呂思勉撰),由上海古籍出版社出版。

　　是月　　爲費舜賢、吳織夫婦書聯:"爲知在人莫求,每思于世何補。"(《顧廷龍先生紀念集》,第239頁)

3月1日　　上午李競來,接至北圖,看新購自日本的彩色影印機,閲《西洋新法曆書》。下午劉季平、杜克、譚祥金、冀淑英來,談《善本書目》事。(日記)

3月2日　　上午到北圖看書,下午整理記録。訪吳豐培。冀淑英來。(日記)

3月3日　　上午去故宫博物院看書,下午胡耀輝來,汪家熔來。(日記)

　　是日　　先生有信致方行。

　　一别月餘,時深懷念。聽説尊體稍感不適,當係勞累所致,務望珍衛。一張一弛,文武之道,不能張而不弛。

　　我於二月二十八日上午到京,住中共中央紀律檢查委員會招待所,在地安門東大街七號,房間很大,伙食很好,是胡公之力。

　　二十八日下午,胡公約李競同志與冀大姐來談開會事。首先明確我們會議的性質是工作會議,是主編、副主編向編委會主任委員、副主任委員匯報工作,擴大範圍可請趙平(廣東)、趙琦(遼寧)參加,不擬邀請專家參加,將來另找時間由總編室來邀請(胡公重申定稿在上海)。目前三地工作人員可參加,并在開會期間,將工作中有些心得體會開一次交流會,這樣,像崔建英就不邀請了。要我們在三月下旬開一次碰頭會,做好準備工作,這會可在上海開,匯報會打算在四月中下旬在黄山開,已經安徽省府秘書長批准了。

　　一日下午四時,季老由譚祥金、冀淑英陪同枉顧,他談了一貫主張編委會領導下主編負責制,負責制就是責任制,這點符合十二大精神的。還談了支持主編工作,如李、崔的齟齬,使工作受到影響,現在工作比較順利了(大意如此),希望質量不能低於臺灣。我提了您的意見,書名上加個"稿"字,他同意。分册出,也同意。如何可以做到,很不容易,一定要花大力氣。

　　杜公去西安前亦來暢談。有一件事,我特别感興趣,就是圖書館招研究生事,亦是您幾年前所提的。他也很熱心,即與教育部去聯繫。研究生可在館内招,亦可在館外招。我很願帶圖書館自己招的研究生,他問我能帶幾個,我説兩個。我説越快越好,晚了我要等不及的。

　　北圖有《西洋新法曆書》兩部,我比對了,書名頁是挖版改刻,痕迹顯然,著者、校訂者的具名幾行也是挖改的,吳織編的表開頭八行即與最後的兩行的内容全同,就是一個東西,應併。故宫有四部,一部全的(較多),與北圖本同。另有七本簽題《崇禎曆書》(簽是手寫的)，較詳的記了式樣。内容與《西洋曆法新書》校，《曆法新書》有加頁，數字有更改，《新書》在它加頁改數字之前，有幾句說明的。另外有一本《比例規解》，故宫一位同志説，這是《崇禎曆書》之一，調出一觀，封面有《崇禎曆書》，與上圖有一頁是相同的，原編作康熙補刻本，我與冀看不像重刻或補刻。我已請故宫將《崇禎曆書》十一本送北圖代拍膠卷，現請冀大姐與故宫楊玉良同志商，不等上海來公函，可以幾種拍在一卷中。

明日去北大，後天去科圖。曹同志説，嚴先生已返京，住首都醫院療養，用手杖可在室内走動。她約我星期日下午去看他，所以我祇能星期一離京赴寧了，有些準備工作要與潘天禎面商。

拉雜奉告，餘容面罄不一。(《全集·書信卷·致方行》，上册第 322 頁)

3 月 4 日　在冀淑英、陳紹業等陪同下，去北京大學圖書館看《西洋曆法新書》，中午在陳鴻舜家午飯。鄭如斯來談，北大圖書館學系三月底有一次關於古籍整理的研討會，欲請先生參加。晚王煦華來。(先生小筆記本)

是日　先生有信致吳織。

我要故宫把《崇禎曆書》十本，另《比例規解》(此有封面《崇禎曆書》)一本，共十一本，口頭已與楊玉良聯繫好了，她説要領導批一批。我説我們補一公函來。故宫無複製膠卷設備，要拿到北圖去拍，麻煩是麻煩的，但也祇好如此了。公函請你速辦并寄冀大姐，請她設法洽辦。《益世報》有介紹文，我已忘了。另吳玉年有介紹文，我曾剪存，歸後找出奉閲。

星期上午到顧家，下午訪嚴老。星期一上午離京。(原信)

3 月 5 日　汪家熔約去商務印書館，談《張元濟日記》原稿應還歸上海圖書館事。下午歷史研究所來人談事。(日記)

是日　訪林爾蔚、程毅中、吳澤炎。(日記)

3 月 6 日　上午顧衡來，訪馮其庸，不值。即赴乾麵胡同，晤静秋、灝、弘、王煦華、朱一冰等。王煦華偕訪楊向奎。飯後，顧衡伴先生返寓，旋冀淑英、曹婉如來，同訪嚴敦傑。夜，李競來暢談。(日記)

是日　先生有信致方行。

今日(六日)下午三時，曹、冀兩同志陪我訪嚴老，見面後，看他很高興，講話較慢。他説舌頭尚不在正中，所以説話較難。他問我看了《崇禎曆書》沒有？我説就是科學圖書館本尚未看。他身邊有一兒子及博士研究生在陪夜。研究生很沉着，真如一家人，可羨也。研究生説，嚴老在廣州病後還説，方局長交他的任務還沒有搞，他對此事尚念念不忘，説明答應一事，就負起責來，真難得。研究生告訴我説，他知道我要去，他早就盼望了，走到扶梯探望。醫生要他鍛煉，今日走過上下樓梯一次，現在學用右手寫字，明天醫生要考試他了。他神態甚好，我不敢多坐，怕他多動腦筋。

我定於七日中午離京赴寧，復旦同學來，我請冀大姐幫忙解決。我明日見到李競同志再托他一下，必更方便。

昨天下午，李競同志請一位他們基建的工程師介紹情況（帶了平面圖），我於此事一竅不通，聽他介紹了幾年來摸索到的經驗。我衹不過有一點想法，建築新厦特撥一筆巨款，但必須考慮經常費要多少，如何保養？用最新設備，要考慮以後修理碰到的問題。我經常看到我們小電梯出毛病，求神拜佛都不應，怎麼辦？要考慮得多一點，不能一哄而上。（原信；《全集·書信卷·致方行》，上册第 325 頁）

是日　王紹曾有信致先生。

春節前先由樹年先生抄示先生審稿指示九點，繼由汪家熔同志寄到拙稿第四章及指示原件，均經拜聆。在樹年先生信中，備諗貴體違和之際，未遑稍事休息，即於百忙中逐字逐句審核拙稿并逐條批示，指其舛謬，補其闕漏，感激之情，實難言宣。衹以當時春節將屆，聞大駕已赴遼瀋與家人歡度春節，故未及時修函申謝，稽疏之罪，尚乞鑒宥。

有關指示修訂各節，均已於春節前後一一遵辦，并已將修改稿寄還汪家熔同志。惟其中對精練文字一節，以時間無多，但能稍求潤飾，不及反複推敲，予以删削，有負雅囑，深感惶愧。現拙稿第三章至今未蒙汪家熔同志寄下，函詢亦未允復，未知將如何取捨。鄙見以爲，菊老畢生精力固以古籍整理出版爲重點，但對新文化運動潛流時期，傳布科學文化與民主思想，啓迪民智，影響深遠，自亦未可湮滅，故仍擬請其酌予保留，或另行改寫。若全部删去，則有如鳥之兩翼缺其一翅，尊意如何？可否請樹年先生轉告？拙稿俟汪家熔同志清稿後，不久當可發排。

前承樹年先生告知，已蒙允題簽賜序，令人感奮不已。此事不僅爲小書增光，如菊老有知，亦將含笑於九泉也。先生百務叢集，社會活動頻繁，本不敢多瀆清神，惟淺陋之作，不能不仰賴一言以爲品第。區區私衷，敬祈亮詧。春寒料峭，諸維珍重不一。（原信）

3 月 7 日　中午，乘火車離開北京去南京。（3 月 6 日致方行信）

3 月 8 日　晨，抵達南京，潘天禎、宫愛東到站相迎。致吳織信。（先生致吳織信）

3 月 9 日　與潘天禎一起出席南京博物院五十周年紀念會。1949 年前，先生曾任該院編纂名義，"當時介紹人徐森玉、鄭振鐸，院長曾昭燏，皆古人矣"。（先生致吳織信）

3 月 10 日　離開南京，回上海。（先生致吳織信）

3 月 17 日　汪家熔有信致先生。

林譯小説已將各種書名抄告中采，請其查重後補，我們尚有存書。王紹老稿子在改第二遍，約本周可完，因稿面極亂，須抄清後再看一遍。有關葉德輝，除輯印《二十四史》緣由因菊老引用無法迴避外，增重之語已全刪盡，這點以及對菊老評價的方法，他可能不同意。全稿裏"貢獻""首創""不朽"之類雖已刪盡，但其意思仍在在皆是，這點再看一遍，也不能刪盡。我比較耽心書出來後挨棍子，我挨一下不要緊，怕因此而影響菊老其他未刊稿。

下周將着手《年表》，因而想問您有無見到湯志老，乞撥冗打一電話或去一短函，如果當年阻廢名單中有菊老，乞代複製電文全文，以便引用。上圖珍藏汪穰卿先生友朋信札，其中涉及菊老定多，聽說有出版可能，要四五年後見書。我翻過一小部分，印象中仲〈頌〉谷先生當年曾編排過次序，分册陸續出版似無困難，讀者可先見到一部分。您在京時向您彙報各節，張老是否同意？有無變化？（原信）

**3月25日　汪家熔有信致先生。**

上海辦事處來信說，張、傅尺牘已將三校樣送呈，諒已收到。本來要工廠多打一份初校樣給你，後來漏打了，拖到三校要付型之前，上海纔來信告訴說，給你一份校好的三校樣，時間就更短了，這兒則任何一校都沒有給。去年讀過原稿，我記憶中兩人六百封往來書信裏，在民五年前的，談到大戶藏書散集的事不少，聊城海源閣書約在民國十七、十八年間（此事好象因要價太高而拖了兩年纔賣掉）也有商量。此外鑒別版本的也有，傅接觸版本在辛亥議和赴上海後，菊老對他有所指點（信中無反映），而後來他脫空身子搞校勘，接觸面更廣一些。後來商務印《四部叢刊》《衲史》等，在版本取捨上都有商討，大量信件記錄了雙方互借書籍（傅借涵芬樓書校，張向傅借印），書價的記錄極多，古籍流入日本亦有所記載，也涉及一些他人他事。

這批信件作爲一種史料，其意義是多方面的。跋文希能早一些，另外題簽更望早一些，因製版排隊。又有無厭之求，求一尺×二尺楷書一幅。十七日曾有一信呈上，湯志老處不知有無回信？數數煩瀆。（原信）

**3月28日　章元群有信致先生，爲修改卞孝萱撰章鈺傳初稿事。**

久違尊範，每一念及在先君求是舊居書齋就教，如在目前。瞬又半世紀，弟爲生活所迫，極少親近，每從大家兄處得知尊況，深以爲快。

旬前大家兄以卞孝萱同志爲先君立傳初稿寄下，囑在月底前提出我個人愚見。弟不才，不敢多參末議，而且內容周詳，殁存同感，唯有三數點似以稍加修改爲是：

一、二家姐元淑適錢王，複姓，而非錢氏。

二、先君在九一八事變後，由我弟兄頤養北京，罹此惡疾，于七七事變前六十日辭世，而非在京即得此惡疾，弟以隨侍在側，知之甚詳。以上兩點，雖非關重要，爲核實起見，也以稍加修正爲是。

三、先君曾任清史館纂修，稿誤爲"篡"，估計爲打印人所誤。

大家兄告我，由我兄在上海匯總定稿，謹此奉陳。（原信）

**3月31日　吳世昌有信致先生。**

前得去年十二月二十五日來教，藉悉貴館三十周年紀念論文集1983年第一季度可以出版，至深欣慰。并承告知一俟清樣打出，即可寄我校對，迄今第一季度已盡，未見寄下清樣，爲念。我于三月九日曾寄上航函奉詢此事，緣我將于四月十七日離家，赴酒仙橋開會，直至月底方能完畢回家。若在此期間寄下清樣，勢必延誤校對，影響印刷出版。希望貴刊編輯部即能見告目下排版情形，以便作出安排，實爲兩便。（原信）

**4月8日　先生有信致湯志鈞。**

許久不晤，甚念。劉君信已拜讀，俟其續音，再商。

友人汪家熔同志（商務工作）現在編寫張菊老年譜，從大著中讀到經元善等一千二百三十一人聯名奏章一語，不知原文尚能覓讀否？便中希示一二爲盼。

再，我友張珍懷君承介紹教育學院整理古籍，她極感興趣，一則離家較近，二則可擺脱雜務。不知該院進行如何？公有所聞，幸即見告。（《全集·書信卷·致湯志鈞》，下冊第428頁）

**4月11日　陳凡有信致先生，請爲香港《大公報》撰寫介紹《中國古籍善本書目》的文章。（原信）**

**4月19日　王紹曾有信致先生。**

項由樹年先生轉下四月七日手示，敬聆一是。

拙稿倉促寫成，本極粗疏，乃蒙於百忙中親自審閱，匡謬正誤，感動肺腑。後學前以汪家熔同志曾擬將拙稿第三章“在新文化運動中的作用”删去不用，亦未將此章寄請先生核閱，故於樹年先生信中道及此事，并非對先生指示有所誤解。蓋先生所審閱者爲第一、二、四章，其中并無第三章也。前承指示修訂各節（有關引用葉德輝原話以及不提《史記》等問題），早已函請汪家熔同志遵囑修訂，目前家熔同志正在將拙稿謄清，俟寄來過目時，再當注意及之。

關於第三章之取捨問題，汪家熔同志來信已同意保留，惟措辭上須略予修訂（擬將菊老在新文化運動中所起的作用，概括爲同盟軍的作用），後學已表示完全同意。此事前於樹年先生信中表達不清，樹年先生似亦未加辨別，致瀆清神，深感歉疚。叨在愛末，敬祈鑒諒。

後學本學期正爲古典文獻專業研究生講目録版本、校勘基本知識，自愧濫竽，毫無新得。今年八月間，中國圖書館學會聞將於瀋陽開會，討論目録學發展方向問題，山東省圖書館學會囑寫論文，無以應命，或擬就如何整理古典目録學遺産問題略抒己見，惟五月十五日前能否完成，尚無把握。未知屆時先生是否赴瀋主持會議？如能趁此機會親承馨欬，當亦平生之幸也。（原信）

4 月 21—28 日　　與沈津、任光亮至安徽黃山，參加《中國古籍善本書目》編輯委員會主任委員擴大會議。參加人員計二十八人。文化部圖書館事業管理局副局長胡耀輝主持會議。會議具體研究了定稿方法、地點、人員，決定由正、副主編負責，集中在上海定稿。〔《全集·文集卷·中國古籍善本書目編纂工作總結》，上冊第 449 頁;《中國圖書館事業二十年(上、下)》，下冊第 1848 頁〕

4 月 25 日　　劉廣京有信致先生。

　　去年年底接奉 1982 年 12 月 4 日來示，贊同晚關於美國私人團體捐贈微卷機器之擬議，至爲感幸。此事美國學術團體聯合會已通過，惟需向有關基金會申請款項，礙於若干基金有捐助款項用途以美國國境爲限之條例，茲始覓得無此禁例之基金會，聞款已有把握矣。該聯合會拜讀先生 12 月 4 日函，極爲欽佩，決定即辦此事。

　　適該聯合會中國文化研究委員會現任委員(前任主席)費慰愷教授(渠任密斯根大學中國文化研究所主任，現并兼華盛頓美國科學院美中學術交流委員會委員)將於五月間來華，於五月十九至二十二日之間在上海三四日，同行有美中學術交流會職員，精通華語，可任翻譯。美國學術團體聯合會已托費教授前來拜謁，藉得商詢貴館需用之機器模式、種類等，以便購定寄運。該聯合會負責此事之 Jason H.Porker 先生茲來信，囑京修書爲費教授先容，盼先生能於五月十九至廿二日之間，撥冗親自賜予接見，至爲感荷。該聯合會 4 月 19 日致京函茲附寄供閱。先生高年爲圖書館事業努力，海內外同深欽佩。報刊攝製微卷，不致破碎，多一部機器，可能加速保存工作，微忱當蒙贊許。(原信)

是月　先生題簽的《江寒汀百鳥圖》，由上海人民美術出版社出版。

是月　先生題簽的《書目答問補正》(范希曾編，瞿鳳起校點)、《忘山廬日記》(孫寶瑄撰)、《鉅宋廣韵》(宋陳彭年撰)，由上海古籍出版社出版。

是月　先生題簽的《近三百年人物年譜知見録》(來新夏撰)，由上海人民出版社出版。

5 月 12 日　　徐雁有信致先生，誠邀擔任學海社顧問，并寄上《學海》創刊號和第 2 期。(原信)

5 月 13 日　　沈燮元有信致先生，談蘇州博物館及圖書館藏吳大澂手札事。(原信)

5 月 19 日　　曹婉如有信致先生，詢問 1936 年禹貢學會影印《利瑪竇坤輿萬國全圖》，當時是否在國內據刻本拍攝的? 底本從何處得來? 現在何處? (原信)

5 月 21 日　　先生有信致徐雁。

　　接奉惠書，獎借逾情，讀之不勝皇愧。身丁動亂，輟業廢書，炳燭餘光，學鮮寸進。辱蒙以學海社顧問相屬，本不敢貿然應命，重以諸君雅意拳拳，未便懇辭，甚望通訊商量，有以見教爲幸。

貴刊《學海》一、二期已收到,拜讀一過,琳琅滿目,將爲學術界放一異彩,爲文化史創一新篇,可以預卜。三月中曾訪貴校,塔影湖光,亦嘗弦誦於此。它日尚有機緣,頗思重游其地,藉聆教益。(《全集·書信卷·致徐雁》,下册第703頁)

5月23日　鄭如斯有信致先生,謝題書簽。(原信)

6月24日　徐雁有信致先生。

幸承先生欣然允我後學之請,應聘爲我社名譽顧問,至爲鼓舞。暑假之初(七月二十二日前後),我社將委托兩位滬、蘇同學前往貴館拜訪,順便想請先生着重談談圖書館學專業、古典文獻專業的青年大學生,應怎樣在校期間造就自己的知識結構和研究能力,爲今後從事古籍整理、中國書史、版本、校勘、目録等傳統學術的研究工作作準備。我們將根據您所談,整理成《學海》"導師論學"欄的專文。另外請先生爲我們學海社的後學們題首詩,或者題幾句勉勵的話。(原信)

是月　西安市文物管理局寄呈《古籍善本書目録乙編》和《志書目録》各一册,請先生審正。(原書)

是月　集古匋文,書"墨華"二字。(《顧廷龍書法選集》)

是月　先生題簽的《聽雨閑談·燕程日記·石湖櫂歌百首》(清桐西漫士等撰),由上海古籍出版社出版。

是月　先生題簽的《首都圖書館善本書目》(首都圖書館編)出版。

是月　先生題簽的《佩文韵府》(清張玉書等編),由上海古籍書店出版。

7月14日　吳世昌有信致先生。

久未奉候,時切馳念。今日王煦華同志來談,知兄上月曾因膽石住院動手術,想現已痊了,爲頌。王君又言,貴館紀念論文集早已付印云云,因記兄前次來函云,排字清樣當寄作者自校。我至今未見清樣,是否印刷而不管作者是否同意自印,校對不寄作者了? 抑王君所謂付印,乃指付排或發往印局之不正確説法? 如何,尚乞貴館責編此論文集之負責同志有以澄清,明確見告爲幸。(原信)

7月26日　先生有信致方行。

示悉。孫龍畫的題句,是録自《圖繪寶鑒》。我反複辨認筆迹,與光啓所寫其他各件是出一人之手。因此,内容是别人的,字迹是徐光啓的。所以輯佚中不必收采了。

據艾冲同志言,冀南來行期未能驟定,争取月底。今承示展緩集中,因即致書潘天禎同志,何時集中,再行籌商。

《古史辨》第七册三本呈政。第八册雖有擬議,不知何日可以編成(王煦華編),更不知何日可以出版。目前七册全了。(《全集·書信卷·致方行》,上册第327頁)

8月7日　張秀民有信致先生。

　　貴館寄下三十周年論文集中拙文《關於畢昇與明代刻印工事迹考略》二校樣一份,已於昨天纔收到。改好後,仍將原樣奉上。上月關於全國《善本書目》意見數紙,想已早蒙賜覽,全部目錄不知何時能脫稿? 杭州每日三十八度至四十度,酷熱難受,尚請加意珍攝。(原信)

8月19日　先生有信致方行。

　　《善本書目》工作彙報,已與同志們談過,日期、時間、地點,請公指定。我擬二十七、二十八,不知您有時間否? 我們已作準備,什麼時候都可,候示祇遵。

　　《紀念論文集》按十六開,直行排,與印刷廠正在聯繫中,容再彙報。所約文章基本到齊(缺吳世昌文,約一周寄來)。此集都是文章,祇是俞平伯是咏史詩,有注,郭老徵來的。

　　《談綺》放大,已交複印組。《徐文定雜著》,胡兄尚未交還。(《全集·書信卷·致方行》,上册第 328 頁)

是月　撰《上海圖書館建館三十周年紀念論文集》前言。

　　在紀念上海圖書館建館三十周年之際,我們深切懷念已故的無產階級革命家、上海解放後第一任市長陳毅同志,上海圖書館就是在陳毅市長的直接關懷下建立起來的。上海圖書館在其建設和發展過程中,得到了不少愛國知識分子和社會知名人士的支持,他們捐獻大量圖書,幫助充實了館藏。對於他們,以及對於多年來與上海圖書館經常保持聯繫并熱心支持圖書館工作的許多學術界人士和圖書館界的同行,我們都是應當表示感謝之忱的,特編印這本論文集以資紀念。(《全集·文集卷·上海圖書館建館三十周年紀念論文集前言》,上册第 350 頁)

是月　西泠印社成立八十周年,篆書“藝苑精華群才星斗,西泠喬木八秩鰲齡”以賀。(原件)

是月　《中國古籍善本書目》定稿工作在上海進行,先生和北京圖書館冀淑英,南京圖書館潘天禎、沈燮元,上海圖書館潘景鄭、沈津、任光亮等參加了具體工作,爲此付出艱辛的勞動。(《全集·文集卷·中國古籍善本書目編纂工作總結》,上册第 449 頁)

是月　《中國近代期刊篇目彙錄》第 3 卷上册出版。

是月　先生題簽的《兩晉南北朝史》(呂思勉撰)、《中國善本書提要》(王重民撰),由上海古籍出版社出版。

是月　先生題簽的《上海圖書館建館三十周年紀念論文集》(上海圖書館編)出版。

9月1日　李侃、趙守儼有信致先生,爲中華書局影印《大明一統志》,欲請上海圖書館拍攝明天順五年内府刊本。(原信)

**9月9日**　先生有信致方行,彙報《中國古籍善本書目》定稿并《崇禎曆書》情況。

奉示敬悉。《善本書目》定稿情況,大家覺得運轉正常,經部一共六本,已落實到人,估計年内可以完畢。潘天老約去一周即來,小宫要去半年,這學期終了即可畢業。我曾建議叫小江(女,南京館參加《善本書目》)來,做點助手工作,潘顧慮小江不是香廠路工作過的人,是否合適,回去商量一下。承關懷,敬以奉聞。

陳君輝到科學院圖書館,崔建英接待尚友好,他説《崇禎曆書》因爲没有編目,所以複製部門提不到,他允爲協助提攝。又説他現在編該館的善本書目,并希望上海館協助。

汪慶正同志尚未返滬,徐光啓刻《石鼓文》又修改了一下,便希斧正。承名世已寫完,書畫社人亦來了,當無問題了。(原信)

**9月15日**　先生有信致冀淑英。

上周接來書,因悉論文尚未收到,甚念。當屬師大電告答辯日期及補寄論文。今晨芮同志[告]知,論文等均已收到,爲慰。公駕何日來滬?會前可住師大招待所,會後可移居離上圖相近之處,届時潘天禎同志要來滬看書,我們可會晤了。此信恐要十七日纔登籤閣,買票不易,能乘飛機可快一點。如果能二十到滬,二十一休息,二十二商量一下論文意見,二十三整天答辯,二十四即無事。我們談兩天,你不要急于回去,可以多談幾天更好。我們開會,潘老請他看書,我打算請他來滬,統請酌奪(這次要做到不太緊張)。

行前不知有無時間,請一謁胡公有何指示。我們幾個月來工作,寫了一個小結寄局及季老。你行期定後,請給潘老一信爲荷。芮同志等過寧亦談過(我們商量翻拍膠卷事)。(原信)

**9月18日**　先生有信致方行。

多日未獲承教爲悵。冀大姐應師大聘爲研究生答辯委員,將於二十或二十一到滬,先住師大。二十三日答辯會,二十四日移居市區。潘天禎同志定二十四日到滬,借此機會開一碰頭會。住所已托金階平同志聯繫了,我希望能住衡山,我可來去自由。

崔建英同志有給編委會的意見書,抄件附呈。《崇禎曆書》我館無,館藏爲《西洋曆法新書》,卷數、種數比較多,王重民所録可能即據是本。徐宗澤説過,徐家匯藏書樓有崇禎初版徐氏四種,即《崇禎曆法》之内容,猜想《西洋曆法新書》是《崇禎曆書》逐步擴充修版補刻而成。沈燮元同志來摸了一下,等他回寧後匯片時有何發現,請其來函。我們會晤後談有頭緒,請公參加,予以指示爲盼。

昨晤韓静華同志,論文集排印,大廠均不接,現與小廠聯繫中。(原信)

是月　華東師範大學圖書館學系聘先生爲兼任教授,至 1985 年 12 月止。
(聘書)

是月　接待中國人民解放軍總參謀部趙勇田同志,沈津陪同。(沈津藏照片)

是月　先生題簽的《王國維學術研究論集(一)》(吳澤主編、袁英光選編),由上海華東師範大學出版社出版。

是月　先生題簽的《王國維遺書》,由上海古籍書店出版社出版。

是月　先生題簽的《中國修辭學》(楊樹達編撰),由上海古籍出版社出版。

10 月 4 日　顏棣生有信致先生。

久違了!我的大妹夫孫子敬(顏櫻生之夫)獨自自美歸國探親觀光,本月九日至十五日在滬(除可能短時去蘇、杭外),大約住靜安賓館,機會難得,我及舍弟植生將盡力動員他將那册《永樂大典》真本捐獻國家。

竊以爲先生不妨也設法與他接觸,如約他參觀貴館及博物館等,介紹十一届三中全會以來祖國的大好形勢等,想先生必能更爲妥善地考慮此事。同時也可以向他介紹,他的先岳父顏老先生所藏書籍雖不多,更無精品,但老先生素有捐獻之風,如勝利後,先父就將在津之書籍(外文爲主)2900 餘册捐給南開大學了。解放初,又將在滬的中文書籍 3100 餘册捐贈聖約翰大學。曾記否,由我經手于 1952—1964 年間,將先父在北洋政府時代之私人重要檔案文件分批整理,陸續捐獻與張菊老及先生領導的上海歷史文獻圖書館,約計 160 種(450 餘卷、册、包)。凡此種種,應能激起他勉續半子之誼。其他愛國人士、愛國海外僑胞之捐獻珍貴書籍文物者,更是很多很多,凡此種種,先生比我更爲知悉。

本應面陳,奈暑假以來,重病卧床三個多月矣。年逾古稀,恢復極慢,不能多説話,不能多思考,有氣無力。卧榻草此,并致敬禮。[1](原信)

是日　李俊民有信致先生,請爲高郵王念孫父子故居題字:"題字一事,非您老無以克當。因時間迫切,務望於一二日内大筆一揮。"(原信)

10 月 5 日　章元善有信致先生。

久違,念想起居佳勝爲頌。蘇州修志,來徵先父傳稿,乃擬蒐集資料供其使用。擬以兄著《書目》跋及張爾田先生寫的傳文爲基礎,另從各方蒐集資材,以資補充應用。時適卞孝萱同志顧談,承其慨允,草創初稿寫出,尚待修改,舍三弟元群以之寄兄斟酌。今卞稿已以别的題目發表,擬即以之爲基礎,提供蘇州地方志編委會主持寫文,遇有疑問,建議他們就近與兄商酌定奪。茲事體大,未及事前奉商,恕我唐突。(原信)

---

[1]先生於信末注云:"棣生爲駿人先生之長子,此札商《大典》捐獻事,不久即以癌症不治去世,不勝悼念。龍志。"

10月31日　先生有信致吳豐培。

奉示均悉。適患小疾，稽遲作答，歉甚！

驚聞夫人之喪，不勝哀悼。吾兄伉儷情篤，一旦分離，悲痛可想。龍鰥居十餘年，深感其苦況，祗有賴書卷以排遣耳。

吾兄勤于著述，甚佩甚佩！頡剛先生《西北考察日記》由兄推薦出版，無任感荷！命寫小序，似以跋文爲宜，一俟擬就，當先奉誨。書簽兩條，先行呈正。匆復，不盡一一。(《固圉齋珍藏名人墨迹》)

10月31—11月6日　中國圖書館學會第二次會員代表大會在福建廈門舉行，與會者二百餘人。會議選舉產生了第二屆理事會，丁志剛爲理事長，先生和黃鈺生、佟曾功、杜克、莊守經、鮑振西爲副理事長。(《中國近現代圖書館事業大事記》，第353頁)

是月　爲魏廣洲臨趙孟頫書《道德經》題跋。

廣洲先生與余一別四十餘年矣，今荷枉顧，握手言歡，并出示手臨趙松雪書《道德經》，知于小楷用力甚深，不勝企佩。率志數語，以留紀念。(原件照片)

是月　爲楊泰偉篆書"柳骨顏筋千秋楷法，韓潮蘇海萬頃文瀾"。(《顧廷龍先生紀念文集》，第114頁)

是月　先生題簽的《張元濟傅增湘論書尺牘》，由商務印書館出版。

11月下旬　到無錫箕山太湖療養院休養。

是月　八十壽辰，誦芬正好由法國返回北京，即來上海爲先生祝壽，參加者有顧翼東及女兒其華夫婦、顧廷蟾及顧誦裕。(顧誦芬致筆者的信)

是月　跋裝先白藏宋徽宗趙佶草書《千字文》影印本。

《千字文》爲古代啓蒙讀物之一。……周興嗣所撰者，最爲通行，流傳至今，已成爲家弦户誦之本。童時塾師授讀，無不滾瓜爛熟，宜書家取以染翰。唐宋以後，釋、道二家用以編録藏經之序次。唐代名家所書《千字文》，如歐陽詢、孫過庭及僧智永、懷素、亞栖等，又敦煌出土尋常鈔寫者不下三十餘本。宋代書家如宋徽宗趙佶、高宗趙構、僧夢英，元代如趙孟頫，明代如祝允明、陳淳等書人，尤喜以狂草揮灑。蓋《千字文》無重字，字體結構各盡所能，至或以爲書學盡於此，恐未必然。余謂《千字文》人多熟誦，揮毫疾書，不須思考而命筆飛舞。此卷爲趙佶四十歲時所作，精力充沛，一氣呵成，跌宕縱橫，毫無倦筆，勝其楷書瘦金體遠甚，可謂智巧兼優，宛轉自如，下筆有神矣。……原卷爲遼寧博物館庋藏，紙長三丈餘，泥金雲龍，描繪生動，可見宋代製箋之精工矣。名書精紙，堪稱雙璧。此複製品，精心攝印，幾可亂真，且印本無多，宜亦珍同瑰寶焉。先白同志出示屬題，率書數語，即請方家正之。(《全集·文集卷·宋徽宗趙佶草書千字文景印本跋》，下册第635頁)

是月　先生有信致沈津，附徐光啓墨迹刻石跋文，"請景鄭兄再推敲一下，

改妥後，電話見告可也"。（原信）

是月　跋徐光啓墨迹刻石。

今年爲明代杰出科學家徐光啓逝世三百五十周年，特於墓側修建碑廊，橅刻徐氏墨迹與像傳嵌置廊壁，以垂久遠。墨迹爲《幾何原本序》及致顧老親家尺牘等四篇，皆據原槧上石。又行書唐人李頎詩，則摹自真迹。遺像請程十髮臨寫，傳文録自清初查繼佐所撰，倩承名世書丹。鐫字者爲趙嘉福、張鵬程、董覺偉。合志顚末於尾。顧廷龍跋。一九八三年十一月，上海市文物保管委員會立。（《全集·文集卷·徐光啓墨迹刻石跋》，下册第 637 頁）

12 月 5 日　先生有信致吳織，告知在療養院情況。

我已來逾十天，一切安好。每天上午檢驗血便等，一周後已完畢。睡眠甚好，但血中查出血脂高達五百多，這是麻煩的事。我想早點返滬，自己在飲食上控制，條件可能好一點。醫生説，要吃素食就能下去，現在吃一點降血脂的藥，不知有效否。

《集韻》後記已基本理清了頭緒，正組織文字中，明後日可能交卷，讓徐小蠻去復核和修改。

這裏風光甚好，又是天天晴朗，湖光山色，茂林修竹，非常美麗。可惜我不會做詩，否則可以寫成一册《箕山雜咏》了。（原信）

是日　先生有信致沈津。

我來了十餘天，很安適。此間風景極佳，山色湖光，茂林修竹，陽光一室，獨缺書本耳。轉來外調（湖南館）函寄上，請查收。致徐小蠻同志字樣，煩轉交爲托。請代問各位同志好。（原信）

12 月 10 日　先生有信致方行。

我蒙組織上關懷和照顧，來此療養，實深感荷。經各項檢驗，均尚無恙，惟甘油三脂一項特別高，超過五百。自維大油肉已多年不入口，體檢時僅三百多（亦已高矣），主任醫師查房説，下星期再驗一次。糖尿已查不出，心電圖正常，看東西已比前好些，不發腫痛了。知念謹聞。

同室一位郝光同志，他一問我姓名，即説二十年前曾托公屬寫過一把扇面，他已三進三出，每天寫字一小時，以此養性。

沈津同志來信，知公曾往訪冀、潘二老。冀將帶隊出去看書，深望能解決一點問題，據説年內可復看完畢。我想早點回館，他們復看過的翻閱一過，連下來要談出版問題了。上次張一千談及中華趙叔岩與他們談過此事。印刷到北京，校對以集中北京爲便，恐又多周折耳。（《全集·書信卷·致方行》，上册第 329 頁）

12 月 13 日　先生有信致張明華。

許久未晤，時以爲念。

近因小疾，來無錫華東療養院休養，携來王重民先生《中國目録史》遺稿,已粗讀一過。劉修業先生要我寫幾句話,現在正想趁此閑暇寫篇後記。劉先生曾説《中國目録學史論文集》曾由朱天俊同志寫一序文,略述王先生生平及對目録學的貢獻。《論文集》想已發稿,朱同志的文章可否請你把初樣借我一閲,以資參考? 朱同志的稿子,想已到出版社,如能抄一份或複印一份均可,需費若干當照繳。

《千頃堂書目》題簽臨行時塗就,托小蠻同志轉奉,想已收到。(原信)

**12月16日　先生有信致李文。**

我匆匆來錫,未及告辭爲悵!

前日接到你的來信,非常高興! 附示辛文在《航空檔案》中一文,極爲感謝! 不是你編索引,不會見到的。這個期刊想必是内部發行的,誦芬也可能還没有知道呢。他最近出差去成都,要過年返瀋,容當函告。

我來此半月,已逐步復元,糖尿已查不出了,心臟亦已正常,就是甘油三脂較高,要素食一個時期,亦會下降。諸請勿念。(《全集·書信卷·致李文》,下册第465頁)

**12月17日　先生有信致吴織,**聽聞吴織和王誠賢要來療養院探望,非常高興。又云:“《集均》跋,謝謝你爲我復核,我寫寫很方便,但是還要查兩個地方,另紙開列,再煩你查一查。”(原信)

**12月18日　先生有信致王紹曾。**

疏懶,久未奉候起居,無任繫念! 前承惠示大著“目録學研究方法”一文(題目記不清了),粗粗拜讀,頗有啓發,對公研究有得,不勝企佩!

龍於上月中因糖尿病來華東療養院療養,現在基本平復。旅中頗思重温大著,但家中無人,尋檢不易,不知尊處尚有餘本否? 倘插架尚有複本,擬懇檢惠一份。如果無餘,龍當於返滬後檢讀之。龍擬年底年初歸滬。

在滬時樹年先生談及尊體已恢復健康,寫作甚勤,極爲欽佩! 此次冀淑英同志帶隊到各地校片,此時可能要到達山東,諒可良晤。龍本欲隨行,小病纏身,領導上數來此地。療養院位在伸入太湖中之半島上,風景極佳。來此氣候晴暖,即在院中散步,頗爲閑適。知念附聞。(《全集·書信卷·致王紹曾》,上册第261頁)

**12月23日　王紹曾有信致先生。**

山東省圖書館學會代表從廈門開會歸來,即詢知我公并未赴閩,嗣經樹年先生函告,始悉尊體違和,已赴錫療養。因不知詳細地址,未及馳函問候,深以爲歉。頃接十八日手示,敬聆種切。太湖箕山爲療養勝地,景物宜人,我公多年以來過於勞瘁,現在得有機會在此優游小憩,康復之期當可預卜。我校老年教師中糖尿病患者頗不乏人,以歷史系教授王仲犖先生最爲調攝有方。渠每天主食均以豆粉爲主(自己用大豆加工,每頓以豆粉二兩,麵粉一兩,加鷄蛋一隻打匀,和水調成糊狀,然後隔水蒸熟),多吃蔬菜,故尿糖"＋"號極少。此種方法，出院後似可一試，倘行之有效，不妨堅持。

拙作《試談整理研究古典目錄學遺產的幾個問題和主要任務》，原係應今夏瀋陽召開之目錄學專題討論會而作，老生常談，了無新意，持論亦未必允當，乃承獎掖有加，彌深惶愧。拙作本擬重行改寫，再謀公開發表，奈以入秋以來，先因右脚趾不慎骨折，繼之患牙痛，兼以忙於備課，未暇顧及。茲遵囑寄呈打印稿一份，敬乞於休養之餘，不吝一一教正。其中"培養人才"一節，談到北圖、上圖有條件招收碩士、博士學位研究生，即暗指我公及冀淑英先生而言。博士研究生輔導教師必須形成梯隊方能批准，北圖、上圖人才濟濟，具有研究員、副研究員職稱者四人，即可組成。究竟如何進行，似應與文化部圖書館事業管理局及教育部進行會商。竊意我公年登耄耋，似宜及早擺脫行政事務工作，適當減少社會活動，集中精力，培養幾批高級專門人才（每次招生人數不宜過少，在批准招收研究生以前，似可先辦研究班），以期後繼有人。今春樹年先生來濟，即請其轉達此意，諒蒙鑒及。

關於整理出版目錄版本叢書，前年公布了《古籍整理出版規劃（1982—1993）》，雖列有項目，實際内容空洞，無濟於事。是否應由中國圖書館學會邀請部分專家集思廣益，另行充實調整，明確分工，落實到人，逐步整理出版。今夏瀋陽集會討論重點，在於如何開展目前書目工作，且主持其事者爲北大、武大兩家圖書館學系，對整理目錄學遺產問題并未列入議題。即使列入議題討論，亦不可能有任何結果。

又拙作提到編纂"全國古籍總目"及"中國圖書書目提要"，均爲刻不容緩之舉。目前我公及冀淑英先生年事雖高，然尤精力充沛，如能加速進行，可望早觀厥成。管窺之見，未必有當，倘蒙公等率先倡議，預料響應者當不乏其人也。又拙作中提到重修《清史藝文志》，茲事體大，必須在"全國古籍書目"編成之日方能着手。後學從中華去年出版之《清史藝文志及補編》（包括吳士鑒、朱師轍編《清志》及武作成《補編》）中發現，清人大量著作未及著錄，估計增補之書當在萬種左右（尚係初步估計）。現已徵得中華同意，正式約稿，先由我校圖書館及古籍整理研究所部分同志進行核對書目，抄出片子，再由後學主編。兩個月來，已抄出增補卡片五千餘張，正在繼續查對抄補。暫定書名爲"清史藝文志拾補"，估計明年即可交稿，俟初稿抄成，即當呈政。"拾補"體例，一仍其舊，惟每書均加著版本及輯補來源，以便有所稽考。

商務約稿《近代出版家張元濟》一書，屢承我公熱情關注，并迭蒙指示，感激之至。商務現已決定，争取於年内發稿，正式出版，此事樹年先生諒已轉陳。原稿在"古籍整理"中對整理《孤本元明雜劇》及殘宋本《册府元龜》未加闡述，實爲一大缺點。兩閱月來，反複閱讀《孤本元明雜劇》及有關資料，深感菊老對此書之整理出版，耗費心血達三年之久，且爲脉望館趙氏鈔校後三百多年來第一次得到徹底整理,功不可没。……根據上述情況,後學又在"古籍整理"中增補有關《孤本元明雜劇》及殘宋本《册府元龜》整理經過約一萬餘字。……後學對戲曲原非素習,□□急於交稿,以免延誤發排時間,故寫就後不及仔細推敲,即匆匆付郵。樹年先生處寄有複寫副本一份,諒係我公在錫修養,不敢煩瀆,故未代爲轉陳。俟大駕返滬之日,當請樹年先生轉陳核閱,不妥之處,尚希逐一指示,以便函汪家熔同志代爲改正。

冀淑英先生一行到杭州,然後來濟,現尚無確實消息。到濟之日,即當趨領教益。知注并聞。(原信)

**12月29日　王紹曾有信致先生。**

二十三日寄上蕪函并拙作《試談整理和研究古典目録學遺産》一文,諒蒙詧閱。關於商務書稿中增加整理《孤本元明雜劇》及殘宋本《册府元龜》事,二十六日接商務總編辦公室復信,因拙稿已於十二月中發稿進入工廠,無法再行增補,殊感美中不足。現擬改寫後,另行專文發表,其中不妥之處,所在多有。後學已函請樹年先生於大駕返滬後,在貴體康復情況下轉懇審閱一過,并指示修改意見,未知能否俞允? 又先生爲小書題簽,原係橫寫,倘印成如菊老《書札》大小之36〈2〉開本,勢必將字體縮小,故建議商務能否改成竪排,則上下、左右較爲寬展,字體大小可以不受限制(最近出版的《柳亞子年譜》即采取此種方式)。商務來信,并不反對此項建議,但稱在未徵得先生同意前,未便貿然變更。爲此向先生請示,是否同意將題簽改横爲竪? 尚乞裁奪示知爲幸。

冀淑英先生等一行來濟校片,事先後學曾托山東省圖書館劉副館長,冀先生來後請即電話通知,以便前往領教。結果冀先生來濟第三天,渠始囑古籍部駱偉同志轉告,而冀先生則已準備上飛機矣。失之交臂,深以爲憾。先生返滬,如見到冀先生時,請代致歉意。(原信)

**是月　跋影宋鈔本《集韵》,上海古籍出版社影印本。**

建國以來文化昌盛,珍本送出。段氏據校之毛氏汲古閣影鈔宋本入藏于今寧波之天一閣,錢氏述古堂影鈔宋本今已歸之上海圖書館。此兩本皆出于北宋慶曆原刻。田世卿於南宋淳熙重刻之本,亦尚有兩帙,一爲北京圖書館所藏,一爲日本官内省圖書寮所藏。即此南宋覆本,已屬人間瑰寶矣。

今就毛鈔與錢鈔言之,兩本版式行款完全相同,應爲從同一底本所出,但錢鈔字畫不完,缺漏空白,而毛鈔則否,何也? 竊謂缺字缺畫,審係原雕板片之漫漶,非印本紙張之殘損。毛鈔已經重修,所以不缺不殘……

五十年前,龍負笈燕京,從事《集韵》之學,先後承葉揆初(景葵)丈以過録段校郵示,張仲仁(一麐)丈亦以許勉夫(克勤)校本相假,均經移寫,未及研讀,而盧溝事變,舉家南旋,此事遂廢。年來喜獲錢氏影宋鈔本,以爲校訂譌訛尤爲重要,因丞謀之上海古籍出版社影印問世,公之同好。……它日如能以淳熙本并予印傳,以供校勘,則更善矣。當今黨和政府重視古籍整理工作,倘能組織人力,參考各家之校語,覆勘引書之原文,訂正字畫,辨析異文,成一《集韵》之定本,豈不盛歟!(《全集·文集卷·影宋鈔本集韵跋》,上册第 37 頁)

是月　先生題簽的《中國歷史大事年表·古代史卷》(沈起煒編撰),由上海辭書出版社出版。

是月　先生題簽的《山西歷史人物傳》(劉緯毅主編),由山西省地方志編纂委員會出版。

是月　先生題簽的《上海博物館藏明清摺扇書畫集》(上海博物館編),由上海人民美術出版社出版。

是年　被聘爲上海市古籍整理出版規劃小組顧問。(履歷表)

**是年**

　　3 月 6 日　容庚卒,89 歲。

　　7 月 1 日　尹達卒,77 歲。

# 1984年　81歲

1月7日　吳世昌有信致先生。

久未通訊，想一切安好，新年納福爲頌。我以前爲貴館紀念冊所寫論文，半年多前已看過校樣，按常例，看校樣後一個月左右即可出書，或至少作者已可見到樣書。但半年多以來，消息杳然，令人納悶、納罕。我輩均已古稀以外之人，隨時可赴馬恩列斯之召，或孔孟程朱之邀，想貴館此刊編輯部其他同志皆富于春秋，不易瞭解老人焦急之心情，悠哉悠哉，聊以卒歲。然自貴館發動徵稿以來，亦已卒歲多次矣，不知何年何月纔能見此刊物也。又王煦華君負責編集之顧頡剛先生紀念冊亦遥遥無期，洪煨蓮去世在顧先生之後，不到半年，中華書局已將洪之遺著精裝一大冊（十六開）問世，二公九原有知，不知作何感想？如果我們以此速度搞四化，大概要到二十二世紀纔化得出來。如何，目前紀念冊編輯同志們有以見告。（原信）

1月8日　先生有信致林公武。

久未奉候，至念。我因老病曾到外地療養，近始返家，接奉手書，敬悉一一。委書"静樂樓"額，一俟天氣稍暖，當即塗呈指教。

去夏令妹來訪，有失迎近，不安之至，乞代致歉意。承賜佳茗，至爲感謝！（《全集·書信卷·致林公武》，下冊第540頁）

1月15日　劉修業有信致先生，爲撰寫《中國目錄學史論叢》跋表示謝意，并寄來王重民生平材料。（原信）

是月　書毛澤東《沁園春·雪》中"數風流人物，還看今朝"句。（《顧廷龍書法選集》）

是月　爲紀念淮海戰役卅五周年，作詩一首并端楷書之。

牧野鷹揚氣似虹，會師淮海起雄風。勢如破竹殲群醜，鍾阜雲沈一瞬空。

高奏凱歌卅五年，今逢盛會更歡闐。九州四化宏圖展，玉宇澄清赤幟鮮。（《淮海戰役碑林精品集》，第100頁）

是月　先生題簽的《漢書窺管》（楊樹達撰），由上海古籍出版社出版。

是月　先生題簽的《孫臏兵法校理》（張震澤撰），由中華書局出版。

2月2日　正月初一。晨，潘皓平、王言夫、余堅給先生拜年。周茹燕、邱建群、王世偉來，贈果物。下午，參加市委等五單位舉辦的聯歡會。譚其驤來，未值，贈蘋果一袋。"留紙索字，久稽未報命，今又催促，日內當報命也"。王翠蘭夫婦、趙興茂來，未值。芮泰英來，適歸，略談。誦芬來電話，知顧衡返滬，大約數

日即返京。陳左高來,并爲陳子展惠贈大著《詩經直解》精裝兩册。盛潔來,贈食物。(日記)

2月3日　顧文韵夫婦携女冬妮來。沈津夫婦携女燁、吳纖携女喆來,同午餐。沈携熏魚、吳携餃子等,"皆選余所愛者"。"韓静華來,贈磁筆筒、印盒、筆洗等六件,爲其女光璞寄來者"。下午二時散,即赴上海博物館,觀青浦所出良渚文化古器物及美籍華人所贈瓷器十二件,從舊金山運回者。又觀歷代字畫,有趙松雪書章草《急就篇》,吳湖帆舊藏,精極。又觀金農畫册,虛齋舊藏,極精。赴林葦家晚餐,周賢基同座。鄧雲鄉來,未值,携來許寶驥賀年片。(日記)

新春,應譚其驤所請,爲録清人朱衍緒致劉叔俛兩札并跋云:

季龍學長校理《肇域志》,三百年未刊之稿行將出版,不朽盛業也。茲承索字,即録清人朱衍緒致劉叔俛兩札,以資留念并請正腕。甲子新春,顧廷龍。時年八十一。(照片,金曉東提供)

2月7日　晚,章培恒偕支書丁來,談復旦講課事,"目録版本校勘已由吕貞白擔任,要我講一二次。後談要學生實習編目,章説時間可否兩個月"。(先生小筆記本)

2月16日　上海書店在上海賓館舉行茶話會,聘請先生及丁景唐、馬飛海、馬蔭良、方行、羅竹風、周谷城、趙家璧、胡道静、徐鑄成、蔡尚思、譚其驤等十二位專家學者爲影印出版工作顧問。(《上海書店建店三十週年紀念》)

是月　撰《葉景葵雜著》後記。

揆初先生博學多才……晚年上海爲孤島,有鑒於古籍淪亡,遂與張元濟、陳陶遺、陳叔通、李拔可諸先生創辦合衆圖書館,捐資捨地,備建館址,爲祖國保存文化遺産不遺餘力,蓋可見其志矣。畢生不急功近名,無疾言屬色,獎掖後進,與人爲善。一九五六年,余既輯其讀書題識爲《卷盦書跋》行世,越五年,陳叔通先生緬懷舊雨,發起編印先生讀書隨筆、古今體詩及聯語爲《卷盦剩稿》,委余輯録,親加點定。裴延九先生篤於舊誼,力任印資。延九蓋先生深交金仍珠先生之至戚也。今上海古籍出版社將重印《卷盦書跋》,余因請以《卷盦剩稿》附之,暨從《興業郵乘》檢得雜文若干篇,輯爲《文存》。《郵乘》者,爲銀行同人之讀物,今甚難得,文多回憶之作,可補企業之史料。爰彙編爲《葉景葵雜著》,聊供讀者之參考。(《全集·文集卷·葉景葵雜著後記》,下册第863頁)

是月　先生題簽的《故宮新語》(《紫禁城》雜志社編),由上海文化出版社出版。

是月　先生題簽的《江河集》(《江河集》編委會編),由甘肅人民出版社出版。

是月　爲孫鴻泉、王翠蘭伉儷書李清照《如夢令》:"昨夜雨疏風驟,濃睡不消殘酒。試問捲簾人,却道海棠依舊。知否? 知否? 應是緑肥紅瘦。"(《顧廷龍

書法選集》)

3月4日　上午,復旦大學派車來接先生與吕貞白去學校,中文系古籍整理研究所聘兩先生爲兼任教授。章培恒介紹該所情况,有研究生四人,其他留校有七八人。(先生小筆記本)

3月5日　顧誦芬托同事帶來維他命E一瓶。上午研究生來。下午周紹良介紹沙知來,看敦煌經卷。(先生小筆記本)

3月13日　王煦華有信致先生,告知已收到《紀念顧頡剛學術論文集》題簽。又"昨晤吴豐培先生,談及《新疆大紀補編》及《西北考察日記》,他説《新疆大紀補編》題簽等着製版,公能即日寫了寄下以救燃眉之急,《西北考察日記》跋則尚可稍緩,但也望能早日撥冗寫成寄下"。(原信)

3月16日　劉修業有信致先生,談及王重民1941年3月自美歸國,在滬起運北平圖書館善本書赴美事。(原信)

3月24日　先生、冀淑英、潘天禎共同具名的"《中國古籍善本書目》定稿工作彙報",寄呈文化部圖書館管理局以及劉季平。(原件)

是月　跋王重民《中國目録學史論叢》。先生與王重民爲五十年之舊交,且與王夫人劉修業爲燕京大學同學。

　　　　君學貫中西,尤邃於目録版本之業。早歲曾在北平圖書館從事編纂之役,潜研群籍,輯著多種。暨乃遠涉重洋,歷訪法、英、德、意、美諸國,遍讀中國善本、敦煌遺書,見聞益廣。平日尤勤于筆札,翻簾所及,輒爲提要。其探賾索隱、鈎深致遠之功,名山傳布,久爲學術界所贊揚……

　　　　君夙主"從事目録學史研究,不可忽視書目工作實踐",其言最爲深切,蓋實踐多,則體會益深。研究目録學而不事深入實踐者,是爲無源之水,無根之木,古人所謂"不揣其本而齊其末,方寸之木,可使高於岑樓"。君之學皆從實踐中來,誠足以信今而傳後也。

　　　　猶憶一九三二年,吾家頡剛教授與余從事《尚書文字合編》之纂輯,需求敦煌寫本《尚書》,時適君訪法,向君覺明赴英,即托訪致國外景本。未幾,兩君先後以照片見惠,感不能忘,惜摹刻稽時而盧溝變起,事遂中輟。荏苒四十年,今者國泰民安,躬逢盛世,余得重理舊業,必將有以慰我亡友也……

　　　　展誦遺文,獲益滋多。學有同嗜,而請益無從,言念往事,夢影宛然,執筆陳辭,益不勝牙弦絶響之感已! (《全集·文集卷·中國目録學史論叢跋》,上册第405頁)

是月　先生題簽的《王國維全集·書信》(劉寅生、袁英光編),由中華書局出版。

4月7日　張秀民有信致先生。

　　　　拙文蒙先後寄來貴館紀念册及稿費、抽印本,謝謝。全國善本書目集部曲類由北圖寄到一冊，弟對于詞曲係門外漢，提不出意見，惟六九頁曲譜首列《北雅》，是否應移在《太和正音譜》之末，因《北雅》係萬曆張萱所改名，寧獻王朱權固原題《太和正音譜》也。全國善本書目由先生領導，極費苦心，而由冀淑英同志等熟手協助，必能得心應手，事半功倍，將來出版，嘉惠士林，當與《四庫提要》比美矣。

拙稿《中國印刷史》蒙賜題簽及資料，自序中有所述及，引用冀同志文章也一併注明。現在請人剪貼，劃一格式中。平日最愛先生篆書，每過杭州書畫社，必佇立以觀。是否在百忙中再賜一篆書題簽，篆文直書《中國印刷史》，作爲副題，不情之求，尚望鑒原。錢存訓博士曾來信并爲拙稿作序，李希泌同志也有一篇。近期《文獻》中有拙文一篇“石印傳入不是光緒而是道光說”。

冀淑英同志處不另書。如見譚季龍、胡道靜、李文俊同志，請代致敬意。（原信）

4 月 19 日　撰《回憶瓜蒂盦主謝國楨教授》。

一九三一年夏，我上燕京大學研究院肄業，有時即至北平圖書館閱書，由王以中先生之介得識先生及向達、賀昌群、劉節、趙萬里、胡文玉諸先生，相談甚得，從目錄版本、金石文字、輿圖水利，導牖聞見，獲益良多……

十年內亂，音訊隔絕。“四人幫”粉碎後，每來申江，必圖一晤。有時小飲酒樓，縱譚爲樂。先生旅游蘇杭，所見所得，娓娓言之不倦，令人爲之神往。嘗告我近年所收漢石刻甚富，各地新出土者亦有寄贈，將加考訂編爲目錄，不知如願否？所得心賞小品，輒命題識，亦同好之樂事也……

一九八〇年春，余于役京華者半年，先生寓郊區，不辭道遠，時承過談。余性懶，曾一答訪，獲見藏書，琳琅盈室。案上羅列衆本，蓋正爲及門講授也，謂余曰現由歷史研究所派一青年相助整理。翌年來滬，又爲我言所藏明清以來野史筆記、志乘和漢魏碑刻拓本盡數捐獻歷史研究所矣。而領導上發給獎金，俾資繼續購書。先生邃于目錄版本之學，尤好筆記小說、類書，南游中得《玉塵新譚》，爲晚明信州鄭仲夔所著，甚爲稀見。先生遂商之古籍書店複印若干部，爲古人續命并廣流傳。承以一帙相贈，余即移送我館以資保存。先生博覽群書，熟諳版本，流傳多寡，如數家珍。非具真知灼見者，盍克臻此。（《全集·文集卷·回憶瓜蒂盦主謝國楨教授》，下冊第988 頁）

4 月 26 日　先生有信致方行，爲召開《中國古籍善本書目》編委會主任委員擴大會議事。

昨天艾冲、沈津同志到延安飯店落實開會日期，經磋商，需要五月十九日纔能騰出房間。不得已，祇好按我們原擬的日期推遲三天。即日下午已將通知發出，謹此彙報。

戴君來索字,携來照片一包,擬懇告便帶交趙樸老。樸老已出院,屬奉告。(《全集·書信卷·致方行》,上册第 330 頁)

是月　爲李希泌題《健行齋讀書圖》。

夢痕曲石溯前塵,曾許當年拜謁親。繼武英髦繩懿澤,健行不息見傳薪。(《健行齋文録》)

是月　爲蔡尚思書王國維、梁啓超、柳詒徵、顧頡剛語并跋。

余曩主合衆圖書館,尚思先生日來閱書,暇輒論學談藝,甚相得也。忽忽四十多年,先生年高學進,著述日新,益深欽挹。叩其修養之道,則曰:得力于往時師友箴語,終身服誦不懈。適承索字,爲書四先生名言,張之座右,即請方家教正。(《全集·文集卷·爲蔡尚思書王梁柳顧四先生名言》,下册第 654 頁)

是月　復旦大學聘先生爲中文系兼任教授。(聘書)

是月　以金文書"東風卅五,大地騰光。千紅萬紫,錦綉争葽。三中導策,四化無疆。藝林隨步,濟濟鏘鏘"一幅。(《中國書法》2001 年第 11 期)

5月16日　攝影家金宏爲先生拍照。(照片)

5月19日　周一良有信致先生。

奉到複製函件,感謝無量! 老人遺有論版本之筆記,擬加整理,連同書札付印。前者從趙斐雲先生家徵得四十餘通,據趙夫人言,遠不止此,惜皆於"文革"中被抄走矣。(原信)

5月20—23日　《中國古籍善本書目》編委會主任委員擴大會議在上海召開。劉季平主任主持會議,先生與副主編潘天禎、冀淑英彙報了前一階段工作以及經部目録編輯情况。會議審定并通過了經部目録稿,安排了下一階段的工作。會議結束後,先生和劉季平、方行、彭長登、胡耀輝、譚祥金以及工作人員合影留念。(《上海圖書館事業志》,第 44 頁;《中國近現代圖書館事業大事記》,第 366 頁;沈津藏照片)

是月　爲譚祥金書"業精於勤荒於嬉,行成於思毁於隨"。(原件)

是月　爲汪觀清題《角牴圖》。

關前紫氣老聯過,轅下迎晨寧咸歌。奔騰火陣破强敵,放牧漢書挂一幟。古來英杰載簡編,與爾之名共流傳。今見勇猛角牴戲,宛若相撲大力士。牯壯乳多犍宜耕,振興中華逢盛世。(陳燮君《整合水墨旋律　喜傳新安神韵——汪觀清國畫藝術談》,載《上海藝術家》1997 年第 1 期)

是月　撰《柳亞子文集·書信輯録》序。

一九五〇年,先生關心新中國文化事業的發展,即將原存吳江家中的幾萬册藏書捐獻國家,其中一大部分歸之上海圖書館。這批圖書資料中有先生早年搜集的吳江地方文獻,很多出于手抄并加跋語,極可珍重。尚有他人與先生的書信一批,略可窺見先生的交游。

　　我館爲了對先生的敬仰，收集其手札，以資對其生平和學術思想的研究。近年來，經廣泛徵求，所得益富，特爲編輯柳亞子書信選輯一書，以饗讀者。

　　書信自一九〇八年至一九五二年，共計三百餘封，内容豐富，具見先生在各個時期的思想、生活及學術活動等方面的情況，是我們深入瞭解先生的最好材料。對于史學工作者來説，這些書信也可從一個側面提供中國現代史上的若干史實，頗資參考。(《柳亞子文集·書信輯録》)

6月 3 日　潘樹廣有信致先生，請爲《古籍索引概論》賜題書籤。(原信)

6月 21 日　晤王屏，得知郭紹虞患肺炎，已入華東醫院醫治。(《全集·文集卷·悼念郭紹虞先生》，下册第 983 頁)

6月 22 日　郭紹虞去世。午後接訊，"哀悼不已"。(《全集·文集卷·悼念郭紹虞先生》，下册第 983 頁)

6月 24 日　先生有信致潘樹廣，并寄去《古籍索引概論》題籤。

　　滇中把晤，忽忽兩年，時以爲念。承惠大著《書海求知》一册，祗領感荷！

　　命題《古籍索引概論》書籤，塗呈教正。目昏手戰，殊不成字，乞諒。(《學林漫筆》，第 57 頁)

6月 26 日　先生有信致方行。

　　昨商"題額"兩字，鄙意從前"牌額"可連用，現在稱"題額"較習慣，即用"題額"何如？"題牌"不大慣。

　　郭師遺體告别定星期六，附聞。(《全集·書信卷·致方行》，上册第 332 頁)

6月末—7月初　撰《悼念郭紹虞先生》。

　　旬前蔣凡、郭信和兩同志過訪，銜紹虞師之命以新出版的《照隅室古典文學集》上册見贈，詢知吾師近體安康，塵事鞅掌，尚稽省視，而無日不在繫念之中。六月二十一日晤王屏同志，告以師患肺炎，已入華東醫院醫治。豈意翌日午後接信和電話，駭悉吾師已于清晨逝世，爲之哀悼不已。

　　回憶一九三一年負笈燕京研究院國文部，師任主任，遂及門墻。時我家頡剛教授在歷史系任教，同寓成府之蔣家胡同，兩家比鄰而居，往還較密。余住頡剛家，亦得時往請益。畢業後，師擬留我任教，而余以不善講述，未敢應命。適洪煨蓮先生邀任圖書館采訪事，因即就之。圖書館設收購委員會，委員爲顧頡剛、容庚、鄧之誠諸先生及紹虞先生，余仍有時得請益之機會。盧溝橋事變之後，頡剛遠赴西北，商南旋之計者惟紹虞先生。後余應葉景葵、張元濟兩先生之函招，來滬籌設合衆圖書館。未幾，師亦携家春申就開明書店之聘，主編《國文月刊》，時招余商談，遂與開明諸公相熟習。抗戰勝利後，先生任同濟大學文法學院院長，招余授目録學等課，每周獲親函丈,引爲快幸。建國後,先生任復旦大學圖書館館長。一九五九年上海成立第二中心圖書館委員會,爲三大系統圖書館協調機構,復旦爲成員館之一,吾師每次會議必出席,而余亦忝陪末座,又得追隨左右。一九七九年上海市圖書館學會成立,以先生之學術文章爲當世所重,衆望所歸,公舉先生爲名譽會長,先生樂受之并親筆爲會牌題字。前年上海圖書館成立三十周年,編印紀念論文集,時先生體力較遜,尚勉撰《駢文文法初探》一文見惠,并撰聯祝賀,句云:"三十而立,奠定規模求進步;億萬斯年,爲民服務樹新功。"先生之熱心圖書館事業,可見一斑……

　　先生之學博大精深,非我所能盡窺,謹就平時侍座所聆緒論,略述一二,以志悼念。前年哭頡剛先生,去年哭容庚先生,今又哭紹虞先生,環顧師門,相繼殂謝,立雪無從,愴懷靡已。(《全集·文集卷·悼念郭紹虞先生》,下冊第 983 頁)

是月　《中國古籍善本書目》經部在上海進行清稿審議,開始試排。(上海圖書館編《展望與回顧》,第 178 頁)

是月　先生題簽的《古書經眼録》(雷夢水撰),由齊魯書社出版。

是月　先生題簽的《後山居士文集》(宋陳師道撰),由上海古籍出版社出版。

7 月 23 日　先生有信致方行。

　　《善本書目》出版事,曾與古籍出版社商談過,擬定協議書稿一份,敬呈審正。茲得韜奮手札複印件奉閱,紀念館已另送。此件是新西蘭宋曼瑛寄來的,原件在何處未詳。樹年亦未見過,不知何時流出,流往何所,時代不遠,而已不可知。樹年已去信詢問,得復後再告。(原信)

是月　爲上海書店成立三十周年題詞:"創業卅載遐邇馳聲,廣羅典籍嘉惠群英;絶版影印書報更生,四化建設精神文明。"(照片)

8 月下旬　錢存訓來滬,與先生見面。(9 月 20 日先生致張秀民信)

　　1984 年,我再次回國參加在北京召開的第三屆國際中國科學史討論會,會後再訪上海,會晤顧老,談起 1941 年太平洋大戰開始前夕,我從上海秘密運送北圖存滬的善本古籍約 3 萬册交由美國國會圖書館保存并攝製縮微書影,以及後來由美遷臺的經過。他對此事非常關心,詳細詢問。……他表示當年這批善本運離上海,未遭敵軍掠奪,是十分明智的決定,否則將遭受存港善本的同樣劫運,將不堪設想。他并希望這批國寶能早日完璧歸趙。(錢存訓《懷念顧起潛先生》,載《我與上海圖書館》,第 35 頁)

是月　爲"湖北省圖書館開館八十周年紀念",篆書詩一幅。(《湖北省圖書館建館八十周年》)

9 月 20 日　先生有信致張秀民。

　　前承惠書并爲子部提意見,無任感荷。八月下旬錢存訓先生來訪,暢談爲快。他爲兄所拍嵊縣膠卷，由于我們一位同志不熟悉包裝，以致稽留多日，歉何如之。

大著《中國印刷史》又增補了數萬字，又益以《中外印刷史大事年表》，更見精善，將來是否交中華或古籍出版，希望早日與讀者見面。記得曾命另寫内封面一頁，兹塗呈請正。如不用，留作紀念，姑以寄上。

季龍、淑英、道静均健好，當代致意。

《善本書目》經部已定稿，準備國慶後發稿，商交古籍出版，知念附聞。（原信）

9 月 22 日　張秀民有信致先生。

上年蒙賜照貴館珍本弘治《嵊志》，此次又蒙代爲轉寄到錢存訓博士在美國所攝康熙第二次修《嵊縣志》膠卷（康熙第一次修《嵊縣志》，已早由北圖寄來複製本），在百忙中裝箱付郵，諸多麻煩，不特個人十分感激，敝縣文化界亦將感先生之厚賜矣。今年十月，華美協進社在美國舉辦中國古籍善本展覽，爲瑞典人、東方印刷史專家艾思仁先生（常有信來）負責，寄來陳列目錄一份（四十種書），錢博士亦有文章，尚未寄來。

先生領導全國善本書目之編纂工作，任務繁重，尚希勿過于操勞，多加珍攝爲盼。

如遇譚季龍、冀淑英、胡道静同志，請代問好。（原信）

9 月 26 日　因感冒久不愈，略有咳嗽，已將一月，晨赴華東醫院就診。（先生小筆記本）

10 月 11 日　下午，吳織陪先生去華東醫院復診。拍 X 光片檢查後，發現肺部上角仍有黑影，醫囑住院。回家取物，并於四時入院。晚飯後，吊葡萄糖一瓶。（先生小筆記本）

10 月 12 日　晨，抽血并刺指血，再吊葡萄糖一瓶。王言夫、王誠賢、沈津、朱榮琴去醫院探望先生。得顧衡信。（先生小筆記本）

10 月 13 日　潘皓平、周作杰、盧調文、艾冲、張麗芳、何品珍、吳織、聶佩華、韓静華、王誠賢夫婦、沈津、熊怡青等先後去醫院探望先生。（先生小筆記本）

10 月 14 日　姚衛、張麗芳偕司機來，接先生返家取物。王世偉來探望先生。（先生小筆記本）

10 月 15 日　冀淑英、潘天禎、陳杏珍、任光亮至醫院探望先生。（先生小筆記本）

是日　張樹年有信致先生。

十三日造府奉訪，知吾兄住院檢查身體，問患何病，阿姨答不上來。今晨去圖書館，見王翠蘭同志，方知因肺炎住院醫治。又悉日來黨政領導紛紛去院探望，弟不敢增添吾兄接待之勞，稍緩數日再當奉訪。老年肺炎恐短時間不能完全治愈，務祈静心療養，千萬不可急急出院。

　　海鹽圖書館以先嚴名字命名,并請陳雲同志題寫館名,承陳公欣然允諾,親筆題辭已寄至海鹽縣,兄聞之想亦爲之高興。(原信)

　　10月16日　吴織、沈津、顧文韵、童芷珍來。周賢基、王世偉、戴珊梅、盧毓華、王永平來。視譚其驤(亦住該院)。(先生小筆記本)

　　10月17日　方行、孫更舵來,略談。胡群耘、邱健群、戴承平、戴珊梅來。接張珍懷信并詩。(先生小筆記本)

　　10月19日　冀淑英、吴織、朱克慧、李文、熊怡青來。胡道静來。(先生小筆記本)

　　10月20日　余堅、鄭梅、王光輝、王克澄、狄華來。孔毅夫婦來。(先生小筆記本)

　　10月21日　潘家都夫婦、顧誦裕來。李文來。沈津携沈燁來。(先生小筆記本)

　　10月22日　文化局車、宋二君來。華業等來。(先生小筆記本)

　　10月23日　盧藻翰等來。(先生小筆記本)

　　10月24日　陳石銘、楊志清來。郭群一、吴旭民來,爲《中國古籍善本書目》排樣事。晚,譚其驤來。(先生小筆記本)

　　是日　先生有信致錢存訓。

　　旋奉手書并大文,均拜悉。因患小疾住院,敬誦一過,深佩翔實。

　　兹有三點意見,提供參考:1.黄楊質堅,可刻印章,刻書則恐没有足够的寬度,因此樹無高大者。2.盧前,字冀野,南京人。中央大學教授,吴梅學生,工詞曲,喜刻書,四十年代在南京刻書甚多。其室名飲虹簃。五十年代初病逝。3.旋風裝,相傳爲梵夾裝,將兩面粘聯即是。我們編寫《辭海》條目時,根據錢遵王《讀書敏求記》及故宫影印的唐寫本《唐韵》跋文,糾正了舊説。(原信)

　　10月25日　中醫來診。下午請假回家,沈津、于爲剛、沈燮元來接,到家寫字兩張,即回醫院。沈津報告《中國古籍善本書目》經部工作情況。沈燮元交"小學"稿三本。(先生小筆記本)

　　10月26日　先生有信致蔡耕。將《中國古籍善本書目》排樣寄還郭群一。王言夫來,長談。寄誦芬信、顧衡信。(先生小筆記本)

　　10月27日　閱《中國古籍善本書目》"小學"稿。吴織、韓静華、孫秉良、孫慧娥來。(先生小筆記本)

　　10月28日　熊怡青來,在花園爲先生拍照。顧誦裕、誦清等來。(先生小筆記本)

　　10月29日　閱《中國古籍善本書目》,寫了幾點意見。阮學光來。沈燮元來,送目録。芮泰英、熊怡青、馮金牛來。奚柳芳來。(先生小筆記本)

　　10月30日　周秋芳來。張樹年來,示陳雲書"張元濟圖書館"題字。汪英

森來。(先生小筆記本)

10 月 31 日　復誦芬信。市委宣傳部文藝處包寒英、文化局車同志來探視,并談館況。吳織、沈津、王翠蘭來。(先生小筆記本)

是月　書宋張載《芭蕉》詩:"芭蕉心盡展新枝,新卷新心暗已隨。願學新心養新德,長隨新葉起新知。"(《顧廷龍書法選集》)

是月　重書"大吳勝壤"匾額,并跋云:

虎丘山門原有遠祖希馮公書"大吳勝壤"匾額,清乾隆時失去。咸豐十一年,族人曾壽得此四字於黃埭村肆敗壁上,而"大吳"兩字已蝕過半,遂以意補全,於光緒三年製匾置寺中,越百有三載。今匾額已復殘泐,爰爲重書并志顛末。西元一九八四年十月,顧廷龍重書并記。(底稿;《全集·文集卷·題虎丘大吳勝壤匾額》,下冊第 626 頁)

是月　爲何時希輯《何氏歷代醫學著述考》題簽。(底稿)

是月　先生題簽的《韵語陽秋》(南宋葛立方撰),由上海古籍出版社出版。

11 月 1 日　潘天禎來。吳世文來。(先生小筆記本)

11 月 8 日　"昨夜胸脯偶痛,醫生説可能胃部不好,須拍照,但不是心絞痛。"下午三時,東吳校友會派代表探視先生,并贈食物一盒。潘天禎來,説月底前可以發稿,并言以後分三地定稿,潘又贊朱榮琴。吳世文、趙宏梅來。華業送徐鵬論文來,囑提意見,爲評職稱用。(先生小筆記本)

11 月 9 日　下午,王言夫、李仁甫、王誠賢、鄭梅、徐英、韓沛霖來,送蛋糕一盒,爲先生八十壽,并附賀語云:"顧廷龍同志:您爲發展圖書館事業,一直勤奮地工作。適逢您生日來臨,敬祝健康長壽。上海圖書館。"夜,林(其鋏)同志來,出示《劉子集校》排樣。渠言接李希泌信,言及天津某圖書館閱書收費事,認爲不利于科研,將向政協上提案。(先生小筆記本)

11 月 10 日　吳織、李文來。戴珊梅來。周而復來,已二十餘年不見,談及曾見先生回憶郭紹虞文,始知先生與郭老的關係。(先生小筆記本)

11 月 11 日　李文來,包餃子食。(先生小筆記本)

11 月 12 日　方行來。冀淑英來,商工作,談排片問題。夜,咳嗆不得安眠,服止咳藥水方得睡。(先生小筆記本)

11 月 13 日　晨起,疲甚,服止咳藥水。汪家熔來。沈津、蕭斌如、徐群來。(先生小筆記本)

11 月 18 日　王世偉昆仲來。熊怡青、陳慧中來。李文送餃子來。胡道靜來。(先生小筆記本)

11 月 19 日　嚴佐之來。本擬參加《文心雕龍》學術研討會,因氣候降溫作罷。夜,王世民來,贈盂臅拓印本,甚精。(先生小筆記本)

11 月 21 日　拍 X 光片。王誠賢、朱克慧、狄華、張賢儉、于爲剛、李國鈞等來。(先生小筆記本)

是日　張伯舜有信致先生。

　　素未通訊，感到唐突。先生之書法造詣較深，令人傾倒，今冒昧來函，乞求先生墨寶，以置陋室生輝。余自幼酷愛書畫，“文革”期間曾遭洗劫，近十年來，又珍藏豐子愷先生臨終前屬書一幅，郭紹虞教授八十大壽屬書一幀，馬一浮先生書札，周谷城教授、蘇淵雷教授、陳祖範先生、趙冷月先生、單曉天先生、徐伯清先生、方傳鑫同志及百歲老人蘇局仙先生之《蘭亭序》，山東蔣維崧教授甲骨文、遼寧文史館沈延毅先生、寧夏胡公石先生之大草，湖北漢口黃亮先生屬詩兩正，南京畫院黃養輝教授、蘇州張辛稼教授、浙江沙孟海教授行書橫直二幅，姜東舒先生、呂邁同志、郭仲選同志、劉江先生、溫州方介堪教授等八十多位書畫家，其書藝方圓肥瘦，各盡其妙。

　　顧先生，由于我對書法之愛，迫切求學，附紙再次乞賜墨寶，以供朝夕楷模，不知尊意如何？草草不工，靜候佳音。(原信)

**11月22日**　沈津、朱榮琴來，朱贈糕點。夜，王誠賢來，約明日到館，接待日本來華參加《文心雕龍》學術研討會的學者。向醫生請假，醫生言，已看過X光片，吸收很好。(先生小筆記本)

**11月28日**　傅熹年有信致先生。

　　前日趨謁聆教，見先生尊體康復，大慰下懷。匆匆返京，不及拜辭，祈恕罪。《郭界日記》照片已檢出，現寄呈一閱。惟書畫鑒定組訂有紀律，即未出版之件，一律不得自行發表或宣揚，以免開罪收藏單位，影響以後鑒定或拍照工作，故此片用畢，尚祈擲還爲感。此件今秋首都博物館曾公開展出，如需用，可做爲由此展覽得知向彼索取，必可如願(我們拍照時底片亦贈博物館一份)。(原信)

是月　被聘爲《中國文化》編輯委員會編輯委員。(履歷表)

是月　應上海嘉定有關部門之請，題寫“清錢大昕先生之墓”。(照片)

是月　先生題簽的《近代出版家張元濟》(王紹曾撰)，由商務印書館出版。

是月　先生題簽的《楚辭要籍解題》(洪湛侯編)，由湖北人民出版社出版。

**12月22日**　爲新疆圖書館題詞：“網羅文獻信息梯航，服務四化振興新疆。”(底稿)

是日　爲《文物之友》題詞：“地不愛寶，文物海傾。千載而止，□無能名。詩罕鑒賞，端賴群英。嚶其鳴矣，求其友聲。”(複印件)

是月　被聘爲《中國美術全集》編輯委員會成員并“明代書法”卷主編。(履歷表)

是月　爲費維愷、梅儀慈夫婦篆書唐人句“秋風萬里芙蓉國，海燕雙栖玳瑁梁”，并跋：“秋風萬里芙蓉國，譚用之句；海燕雙栖玳瑁梁，沈佺期句。《說文》無‘玳瑁’，據《漢書》用‘蠚冒’。去年五月，費維愷教授過訪，藉聆教益，今秋夫人梅儀慈女士來館，又獲晤談，引爲快事。曾承索字，爲集唐人句以資留念，即請

儷正。一九八四年十二月顧廷龍并記,時年八十有一。"(《顧廷龍先生紀念集》,
第 239 頁)

是月　先生題簽的《龔自珍研究資料集》(孫文光、王世芸編),由黄山書社
出版。

是月　先生題簽的《唐文治年譜》,由蘇州大學校史編寫辦公室編印出版。

初冬　爲周賢基楷書蘇東坡句"春蚓秋蛇隨意畫,白魚紫蟹不論錢"。(周賢
基收藏)

是年　撰《展望與回顧》前言。此書爲上海圖書館同人關於圖書館專業之
論文集,内容包括"回顧館史,總結經驗,介紹館藏,探索學科,倡言改革"等。
先生云:"今日圖書館事業與其他事業一樣,日新月異。通過勤奮學習和鑽研,付
諸實踐,必將有更多的撰述。倘在此基礎上,每年編印一册,俾社會人士對我館
同志的工作和學習有所瞭解,進而加以指導和督促。"(《全集·文集卷·展望與
回顧前言》,上册第 352 頁)


**是年**

2 月 14 日　周叔弢卒,93 歲。

10 月 8 日　吕貞白卒,77 歲。

# 1985 年　82 歲

1月25日　錢存訓有信致先生。

　　前承惠書,并告《善本目錄》進展情況,至深感謝。兹趁芝大鄭炯文兄到滬之便,帶呈紐約華美協進社主辦之中國善本書展覽目錄一冊,敬請指正。内有拙文一篇,多承相助指導,至深感企,謹再申謝。

　　月前去臺,曾往探視在臺寄存之前平館善本書102箱,現由臺方"故宫博物院"代管,仍在原箱中,有鐵皮固封。善本書庫有温度、濕度調整器,保存尚稱妥善。(原信)

1月27日　譚祥金有信致先生、潘天禎、冀淑英。

　　自去年上海會議以來,《善本總目》的工作取得很大成績,這是你們和參加工作的全體同志辛勤勞動的結果,大家會感激你們,歷史也會記載的。劉季平同志對《善本總目》的事很關心,托李競同志到南京參加縮微工作會議後,到上海看望你們,并聽聽你們的意見,商量今後的工作,以便回京後向他彙報,作出安排。本來我應參加南京會議後到上海的,但因負責新館工作,最近很忙,馬上召開電子計算機方案的論證會,實在不能到上海,請原諒。

　　關于前言,劉季平同志希望把臺灣省、港澳、少數民族以及私人手裏的善本書,在本《總目》暫没收入,以後另編的意圖交待一下,因為這涉及民族、统戰政策和國家統一問題,請你們考慮。

　　春節快到了,祝你們節日愉快。"每逢佳節倍思親",春節來臨之際,我看可以早一點讓潘老、沈老和冀大姐分别回南京和北京與家人團聚。具體時間,根據工作情況請顧老决定,這衹是一個建議。李競他們的會議2月2日結束,可能5日前會到上海,據説王言夫館長也到南京開會,我想他們會聯繫的。(原信)

1月30日　《新民晚報》發表先生書法作品"縱一葦之所如,凌萬頃之茫然"。

　　是月　爲林公武題"静樂樓"。(《顧廷龍書法選集》)

　　是月　先生題簽的《中國地方志聯合目錄》(中國科學院北京天文臺主編),由中華書局出版。

　　是月　《圖書館雜志》發表先生撰《關心一下街道圖書館》。(《圖書館雜志》1985年第1期)

　　年初　先生有信致韓錫鐸,將自藏楊鍾羲詩文雜著稿本《留垞雜著》(楊懿涑輯錄)贈予遼寧省圖書館。楊是遼陽人,先生以爲此稿本應屬遼寧地方文獻,

故予捐贈。（韓錫鐸《緬懷顧老》,《顧廷龍先生紀念文集》,第38頁）

2月14日　離滬去瀋陽誦芬家過春節。（2月17日張樹年致先生信）

2月17日　張樹年有信致先生。

日前去上圖訪景鄭兄,代海鹽圖書館籌建小組徵文,知吾兄因有重要會議,推遲至十四日纔動身。昨接葉宋曼瑛囑轉一信,附信附上。宋也給我一信,她在香港中文大學中國文化研究所看到盛宣懷檔案一大批,内有先嚴親筆致盛的書札二十五通,與該所再三商量之後,允許影印,她將複製一份寄我。又説該所準備出版真迹本,中華書局出排印,分上中下三册。

前請吾兄撰寫一篇當年先嚴與揆公、叔老倡辦合衆的回憶,如在瀋稍閒,可否開始動筆,俟回滬後擲下,俾便交與海鹽。鄒振環談過多次,借去不少資料,這位青年研究員頗有寫好這部書的願望,但從談話中覺察到他對舊社會太不瞭解,近代史的研究似乎亦不太深。（原信）

附宋曼瑛致先生信（寫於2月8日）:

去年年底,張樹年先生告訴我,您已從醫院回家休養了。我很高興,希望您多多保重,古籍整理的工作很需要您呢! 又托樹年先生轉交您一份文稿,拙文《張元濟、李伯元與綉像小説》,未知達覽否? 我一年中很少有時間寫文章,大部分精神都放在教學上。不過有適合的材料,又知道該投稿往何處時,便應該把握時機,寫一些東西了。

我有一位朋友對版畫很有興趣,黃裳先生出版了《榆下説書》,好些文章都是談及明清的版畫和插圖的,他希望能直接寫信給黃先生請教,請問您知道黃裳先生是否中華書局的老編輯? 怎樣可以和他聯絡呢? 又還有誰對版畫插圖有研究（特别是福建建陽明代的通俗小説插圖）,可以向誰請教呢? 謝謝指示。（原信）

是月　先生題簽的《昌黎先生集考異》（宋朱熹撰）,由上海古籍出版社出版。

3月2日　先生有信致譚祥金,爲《中國古籍善本書目》史部編纂事。

二月三日李競同志來滬,轉達尊意,翌日又奉一月二十七日手書,敬悉一一。冀大姐處已將大函示之。關於臺灣、港澳及少數民族以及私人手裏的善本書,原稿寫在編例中,今當遵季老指示寫入前言,勿念。潘老先已返寧,尚未及予覽觀。龍十六日來瀋,[①]大約三月中可歸,俟經商討,當即奉聞。季老與公對《善本書目》關懷備至,不勝感荷!

目前工作情況:經部發交古籍出版社,古籍亦已發交印刷廠,現在排版中。史部各類早已發給各人復閲,當時在冀大姐閲定經部全稿時,史部已開

①此處“十六日來瀋”,未詳具指離滬或抵瀋時間,因與2月17日張樹年致先生信中“十四日纔動身”略有歧義,姑并存待考。

始交叉進行,一俟大家回滬,再行部署。鄙意就我們現狀而論,史部衹能在目前條件下進行,不宜有所變動,爭取史部於下年秋冬間完畢。在史部將完之時,召開一次編委會擴大會議,解決一些急待解決的問題,例如:1.定稿方法應否更改? 2.編輯人員署名問題,署名問題在延安飯店會議時原已商定刊於卷末,近來時有要求提前公布者,亦有各省的具體工作者亦要求列名,均有待於擴大會議作出決定。名單如今秋決定,估計還能趕在經部上發表。3.廷龍日就衰頹,主編一職已不堪勝任,應避賢路,希望能及見史部之脱稿付印耳。去年撥來經費已告垂罄,曾向張一千同志面陳,便中煩公再與商撥。(底稿)

3月29日　譚祥金有信致先生、潘天禎、冀淑英。

顧老的信收到了,經與季平同志和其他同志商量,我們完全尊重顧老的意見,先集中力量把史部編完,待適當時機召開編委會,商量下一步的作法及其他有關問題。

丁瑜同志本應早就赴滬參加工作,但身體有些不適,故沒有前往上海。現已康復,可以到上海工作。考慮到他的生活和工作,在安排住房時,最好不與其他旅客住在一起,因爲旅客流動性大,容易傳染疾病,如感冒之類,生活也不安定,這對工作和生活都帶來一定困難。

以上意見,僅供參考,可能會有很大困難,如實在不行,也不要勉強。我明早就赴美國、加拿大、日本訪問,考察電子計算機,5月15日回京。關于丁瑜同志赴滬的具體時間,請冀大姐與他直接聯繫。臨行匆匆,不多談了。(原信)

是月　先生題簽的《圖書館古籍編目》(北京大學圖書館學系、武漢大學圖書館學系合編),由中華書局出版。

4月11日　張秀民有信致先生。

前蒙代爲賜寄錢博士論文,當時未及道謝爲歉。該文刊載於瑞典人艾思仁先生所編之《中國善本書目錄》内(去年十月在紐約舉辦中國善本書展覽),去年曾蒙艾先生自美寄來《目錄》一册。

北圖寄來全國善本書目"宋至清別集"九册,由老家轉來杭州,粗粗翻閲,將愚見另紙抄呈,過幾天奉上。由於整理《中國印刷史》稿十分緊張,親友間書信也往往長期未答。稿中關於蜀刻文集及明代印工、裝訂工,引用了先生及冀淑英同志鴻文,小注中都已注明。本擬在春節前寄交上海人民出版社,現定於五月上旬先寄出一半,全書連附錄約近五十萬字,其中第一附錄《中國印刷史大事年表》費數月編成,約三十四頁,北京有兩家刊物來要,已於日前寄給《中國印刷》雜志。

春和,請多保重。譚季龍兄北京開會,想已回滬,如見他與胡道静、冀淑英、貴館善本組潘同志等,均請代問好。(原信)

4 月 19 日　張秀民有信致先生。

上星期奉上一函,想早垂閲。全國善本書目集部九册,由老家轉來杭州,因忙於趕拙作《中國印刷史》,無暇細閲。前三四天往游嚴子陵釣臺及瑤琳仙境,又耽誤幾天,今日始能將愚見呈上五紙,限於水平與見聞,其中可能有差錯,請原諒并指正爲盼。此目工程浩大,由先生等完成,可稱目録史上不朽大業,不勝欽佩。

拙作約四五十萬字,雖化了四五十年心血,不學無術,自知漏誤必多,五月上旬先交上海人民出版社部分稿子,出版後即當奉上指正。

此次小外甥韓琦赴合肥科技大學研究生復試,過滬時,令其前來代爲問候,望惠予接見,賜以教誨爲盼。

春暖,望勞逸結合,爲國珍重。譚季龍兄時在念中,如見他與冀淑英、胡道静同志,請代問好。(原信)

是月　先生題簽的《中國文言小説參考資料》(侯忠義編),由北京大學出版社出版。

是月　先生題簽的《鐵琴銅劍樓藏書題跋集録》(瞿良士輯),由上海古籍出版社出版。

5 月　《清華大學圖書館古籍善本書目》編纂告成,先生題詞:"清秘琳琅垂簿録,華光輝耀映書城。"(《清華大學圖書館古籍善本書目》)

是月　改任爲上海圖書館名譽館長。(履歷表;《上海圖書館事業志》,第97 頁)

是月　爲周賢基書唐盧綸《塞下曲》:"林暗草驚風,將軍夜引弓。平明尋白羽,没在石稜中。"(《顧廷龍書法選集》)

6 月 8 日　《文匯報》發表先生書法"珠藏澤自媚,玉韞山含輝"。

6 月 9 日　在南潯參觀嘉業堂藏書樓并留言:"一九八五年六月九日,來訪嘉業藏書樓,修建一新,圖書秩然,檢閲清人集部,率記志幸。顧廷龍,時年八十二。"(《嘉業堂志》,第 38 頁)

6 月 18 日　先生有信致錢存訓。

去秋枉顧,快慰無似,惜匆匆别去,至爲悵惘! 冬間鄭炯文先生來館,帶到承蒙惠贈《中國善本展覽圖録》一册,首載大文《雕版源流技法》,論述精詳,恐在國外尚未有言之者,國内亦未見爲之圖解者,不勝欽佩之至! 稍一相助,乃荷齒及,愧何如之。

《圖録》不僅印刷精良,海外孤槧秘笈,琳琅滿目,如獲至寶。其中兩書爲龍尤感興趣者:一爲宋刻《集韵》,五十年前嘗治《集韵》之學,因知段玉裁僅見毛抄,校正曹刻甚多,後之學者展轉傳録,雖聞宋本爲翁氏所藏,未詳究竟。今見書影,不勝欣慰。我館藏有述古堂影宋抄本,當爲同出一源,因慫恿古籍出版社影印問世(毛抄現藏天一閣,龍曾登閣覽觀)。又一爲《施顧注蘇詩》,此宋刻相傳存兩部,一爲翁方綱所藏,余外叔祖王勝之先生(同愈)任湖北學政時曾見之,首册題跋纍纍,抄成一册,龍曾傳抄。此書後歸袁思亮。袁氏失火,燒去一半,余嘗在書友處見及燼餘之本(後歸中央圖書館)。今兩書如新,保存誠匪易也。翁先生博學精鑒,主編此録,無任佩仰。

兹適我館副館長吴建中君訪美,將參觀貴館,草泐數言,以當面談。賤軀健好,知念附聞。(《全集·書信卷·致錢存訓》,上册第 252 頁)

是月　參加華東師範大學古典文獻專業研究生畢業典禮。(《顧廷龍先生紀念文集》内封照片)

是月　先生題簽的《古籍索引概論》(潘樹廣撰),由書目文獻出版社出版。

7月18日　張秀民有信致先生。

久未問候,時切馳想。前月在西湖浙江省分館見到貴館某同志(補《叢書綜録》),説先生去瀋陽過春節,身體很康健,聞之欣慰。主持全國善本書目,經部可以先印,大功告成,可與紀河間比美,堪稱近代目録史上之巨編鴻著。拙作《中國印刷史》也從此目初稿中得到不少珍貴資料。

去年十二月初來杭整理《印刷史》,至本月六日已將全部稿子約五十萬字寄交上海人民出版社。十多年來,挨凍受暑,吃盡苦頭,總算鬆了一口氣。惟限於水平及見聞,誤漏必多,一俟出版,當首先呈上請教正。内外封面均用先生墨寶,爲本書生色不少,在自序中也有道謝。昔顧亭林云:著書必前人所未及就,後世所不可無,而後爲之。未知拙作有當於斯文否。

杭州太熱,難受,日内即還鄉。酷暑,望勞逸結合,爲國珍重。自傳一篇,將在《文獻》最近一期刊出,尚未見到該刊。如見冀淑英、胡道静、譚季龍等同志,請代問好。(原信)

7月19日　先生有信致王紹曾。

上月中奉到手書并大著(按,指《近代出版家張元濟》)一册,拜領,謝謝。菊老平生學術文章、出版事業,得公椽筆,爲之表彰,特別關於古籍整理一章,尤非吾公莫能道其詳也。前言、後記中屢承道及賤名,不勝惶恐。

十一月菊老誕辰,無錫將舉行盛會,公能前往……鄙人亦當參加,藉承教益。如台駕能來滬□□,□龍所歡迎。

龍已退居二綫,擬整理舊稿,否則身後盡成廢紙。昔日沉浮雜務之中,文字久荒,假我數年,重温舊業,則甚幸矣。

上海天氣炎熱,今晚有風,尚稱涼爽。率書數語,以當晤談,并致謝忱。(底稿;《全集·書信卷·致王紹曾》,上册第 262 頁)

7月26日　王紹曾有信致先生。

捧讀七月十九日手示,敬諗我公現已退居二綫,屏除冗雜,鋭意著作,并悉新祉納福,起居萬安,無任欣慰。

拙作《近代出版家張元濟》一書,幸賴我公匡正,始得問世,乃承宏獎有加,深感愧恧。此書對菊老生平僅具端緒,古籍整理一章,未提及《寶禮堂宋元本書目》,尤屬疏漏,容當另擬專文,以資補苴。

今年十一月間,爲先師蔚芝先生誕辰,無錫盛會理宜參加,若蒙我公駕臨,定當赴錫奉陪。後學對我公傾慕已久,未緣叩謁,無錫之行,倘能侍聆教益,亦平生之幸事也。俟會期有定,再當奉邀。(原信)

是月　撰《張元濟與合衆圖書館》。合衆成立於 1939 年 8 月,爲紀念這個同人創辦的圖書館在非常時期對文化事業所做的貢獻,先生特就十四年中所經歷的各項事務,用當時的書簡、決議和其他文件編排成文,并加以簡要説明,成爲反映合衆全過程的文獻記録。(《全集·文集卷·張元濟與合衆圖書館》,上册第 325 頁)

是月　先生題簽的《歷代婦女著作考》(胡文楷編撰),由上海古籍出版社出版。

是月　先生題簽的《先秦諸子宣傳思想論稿》(郭志坤撰),由福建人民出版社出版。

8 月　唐文治先生紀念堂落成,先生贈書云:"英才樂育爲興邦,歇浦梁谿兩上庠。瞻望豐碑師表在,門墙桃李自芬芳。"(《顧廷龍先生紀念集》,第 241 頁)

是月　撰《重視對圖書館學的研究》。

圖書館學是研究圖書館事業的發生發展、組織形式及其工作規律的一門科學。我國古代没有圖書館學這一名稱,但圖書館學的某些知識産生極早。我國古代藏書樓活動爲我國圖書館學的發展積纍了大量有用的經驗和材料,成爲我國圖書館學發展的淵源。但圖書館學發展成爲一個具有較完整的内容體系,則一直要到近代圖書館出現以後。

…………

圖書館學不是一門孤立的學科,它要利用其它學科的理論和方法來促進自己的發展。同時,也以自己的研究成果去豐富其它各門學科。由于圖書館事業中的重要理論和實踐問題具有廣泛的社會意義,因而圖書館學與圖書學、目録學、情報學、教育學、社會學、心理學以及管理學、數學等學科聯繫日益密切。對這些相關學科的瞭解與研究,是豐富、推動圖書館學研究的重要措施。(《全集·文集卷·重視對圖書館學的研究》,上册第 369 頁)

是月　爲蘇州滄浪亭題"明道堂"匾。(照片)

是月　先生題簽的《訪書見聞録》(路工撰),由上海古籍出版社出版。

是月　先生題簽的《淮南子證聞·鹽鐵論要釋》(楊樹達撰),由上海古籍出版社出版。

9 月 14 日　先生有信致孫文光。

久未通信,時以爲念。日前接奉大函并龔自珍詩文學術研討會請柬,均拜悉。龍近來身體不佳,憚于遠行,盛會不克參加,無任悵歉。恐勞遠

念,草此奉復,諸希亮詧。(《尺素風誼——天光雲影樓師友書札》)

9月16日　錢伯城電話,《中國古籍善本書目·經部》綫裝本已開始印刷。(先生小筆記本)

9月19日　陳鴻舜有信致先生,誠邀在京聚談,"弟竭誠歡迎兄能惠然降臨,弟當掃榻以待,并備專室以供起居。行期定後,即希早日告知,以便到站照顧"。(原信)

9月23日　謝國楨子紀青有信致先生,寄呈《史料學概論》。(原信)

是日　朱士嘉有信致先生。

久未通信致意,諒一切安詳爲慰。十月底十一月初,如時間允許,擬赴滬濱,渴望能有面謁請益機會。……又景鄭先生處,弟曾去函瞭解有關黃季剛遺著情況,迄無回玉,至以爲念,乞代致以親切的問候。(原信)

是月　爲紀念沈括逝世八百九十周年,鎮江市重建夢溪故居,先生題詞:"沈括科學名著多種,皆其晚年憩栖潤州今江蘇省鎮江市時所完成。一九八五年九月爲夢溪故址規畫重建識。胡道靜題,顧廷龍書。"(《顧廷龍先生紀念集》,第240頁)

10月23日　王紹曾有信致先生。

久疏箋候,辰維興居納福,著作日宏,至以爲頌。

近接蘇州大學來信,欣悉先師唐蔚芝先生學術討論會,即將於十一月九至十日舉行,尊處諒已寄到請柬。後學因此間抵蘇州直快、特快車票不易購買,決定於月初先到上海,再與上海部分校友同赴蘇州開會。到滬以後,即當趨謁崇階,藉聆教益。知注謹先奉聞。(原信)

10月30日　爲舉辦茅盾逝世五周年和誕辰九十周年紀念活動,浙江桐鄉茅盾故居管理所致函先生,請賜題詞。(原信)

是月　上海古籍出版社水賚佑來訪,先生問"宋四家"書法史料集的編纂工作進展得怎樣,水答:"《蔡襄書法史料集》已於1983年出版,《黃庭堅書法史料集》已交稿,蘇、米兩家還在收集整理中。"先生建議"應該再整理《蘭亭序》史料",水答:"這是千古之謎,搞不清楚。"先生説:"正因爲如此,纔有意義。慢慢來,長期積纍,一定能搞出成果,你有這個條件。"(水賚佑《〈蘭亭序〉研究史料集》自序)

是月　先生題簽的《劉子集校》(林其錟、陳鳳金集校),由上海古籍出版社出版,林其錟即奉上樣書給先生。(林其錟《流到前溪無半語,在山做得許多聲》,載《顧廷龍先生紀念集》,第100頁)

是月　先生題簽的《熊希齡集》(林增平、周秋光編),由湖南人民出版社出版。

是月　先生題簽的《續補藏書紀事詩四種》(徐秋禾整理),由北京大學學海社出版。

是月　先生題簽的《經典釋文》（唐陸德明撰），由上海古籍出版社出版。

11月2日　參加上海市文化出版界人士紀念開明書店創建六十周年集會并發言。（《文匯報》1985年11月3日）

11月6日　羅繼祖有信致先生。

久缺通候，維履祉增羊爲頌。繼祖頻年病廢杜門，現改隸吉大古籍研究所，主編先人遺著，因人手不齊，進展甚慢。最近又見到臺灣刊本《全集》七編一百四十册，乃併自著及所刊書匯集一起，古無此例，乃商人逐利，但能復印一次，亦甚難得。惟影印縮小，其中尚有遺漏，亦間有誤收者（如萬年少《墨表》，非我家石印之本）。

此次重印，祇收論著，約有九十餘種，分爲十集左右，已與中華有約，印爲大本。手內楹書久經失散，現取之吉圖，尚勉可够用。惟偶有缺佚，須事旁求，不識貴館藏書中有無《七經堪叢刊》一種，內有《瓜沙曹氏年表》，係出後來改訂，與《雪堂叢刻》本不同，倘有，希將該種複印寄下（印費若干遵繳）。瀆勞清神，無任感叩之至。餘再續陳。景鄭先生同候。（原信）

11月12日　王紹曾有信致先生。

後學此次來滬，原擬摳衣晋見，親承謦欬，一償多年來夢寐以求之夙願。奈以腰椎增生舊病復發，以致有勞大駕，親臨存問，并蒙惠賜珍貴補品，盛情高誼，感愧交并。賤恙經在滬就近治療，三數日間即已基本痊愈，惟因遵醫囑仍須注意休息，故未及奉陪前往蘇大，深感歉疚。八日上午上海校友會負責同學見告，先生與王蘧老均已同意赴會，海內學者名流，濟濟一堂，諒必有一番盛況也。

後學因久滯滬上，諸多不便，業已于九日返抵濟南，一路平安，堪以告慰。承示將《清史稿藝文志拾遺》改編爲“重編清史藝文志”，真知灼見，令人欽佩。倘于兩年前即向先生請示，當可收事半功倍之效。現在《拾遺》查核書目，年底即可告一段落，究應如何處理，待與中華書局交換意見後再行決定，屆時當再奉告。後學所需貴館入藏孔廣林《鬥鷄懺傳奇》二卷（收入《幼髥孔氏所撰傳奇雜劇三種》稿本），原擬到滬後親自到貴館查閱，如篇帙不多，即隨手迻録，以免複製膠卷後冲洗放大，反多不便。現在此項設想無法實現，不知能否請先生商請館內雇人代抄？如雇人代抄不易辦到，則惟有複印膠卷一法，所需費用，請複製組函告，并將銀行賬戶見示，以便匯款。

再貴館藏有周永年手札多通，前年我校歷史系老師來貴館查閱資料，曾請其代查，但未得要領。不知能否請善本組代查，一併抄寄或攝製膠卷？如需由我校古籍整理研究所來信，是否徑寄先生一併轉請複製組辦理，尚祈于百忙中示之爲幸……

近閱《全國善本書總目》（徵求意見稿）經部小學類韻書中，有明崇禎刊本畢拱辰撰《韻略匯通》二卷（書號爲1454），著者誤題蘭茂，與蘭茂所撰

《韵略易通》混爲一談。蘭茂係嘉靖間人，畢拱辰係崇禎間山東掖縣人。《韵略匯通》係在《韵略易通》基礎上寫成，但併《易通》二十韵爲十六韵，已非《易通》之舊。臺灣語言學家對此書屢有引證，後學曾見過青島市博物館藏此書原刊本，亦題畢拱辰撰，不知何以誤題，似以改正爲宜，請便中轉告冀先生。此次來滬未及向冀先生問候，并乞代致歉意。又及。（原信）

**11 月 27 日**　李希泌來淮海中路寓所探訪，先生就多年從事圖書館工作的體會，談了文獻學的範圍、性質以及研究對象等問題。

　　文獻學的範圍應是哪些東西？我認爲凡是《文獻通考》中所收集的東西都是。《文獻通考》全書分二十四門：田賦、錢幣、户口、職役、征榷、市糴、土貢、國用、選舉、學校、職官、郊社、宗廟、王禮、樂、兵、刑、經籍、帝系、封建、象緯、物異、輿地、四裔等。因此文獻學接觸到的歷史和範圍還要廣，我們現在談的是從古典文獻這一角度出發的，用“古典文獻”，這樣比較明確一點。所以，將來文獻上要標明哪些是屬於古典文獻的東西。古典文獻，在解放以前稱之爲“國學”，所以曾有過一個國學圖書館，表示與專收新書的圖書館有一點區別。過去稱之爲國學，現在我們叫作古籍，也就是我們所講的古典文獻。

　　在文獻學的範圍上，還有一個文獻資料問題。文獻和文獻資料還是有區別的。書本中有文獻和文獻資料，但是有的文獻資料并不屬于書本的。比如我們館收了很多魚鱗册，都是明末清初的。它有兩種：一種是地主家的，記録田地多少、方位等；一種是官府的，記録田地分布、田賦分配等等。這就不屬於一般書籍，而屬於圖籍資料，它也是一種文獻資料。抗戰時期，日本人大量收集魚鱗册，他們要從中瞭解江南農村的地理情況，特別是道路、橋梁的分布。這是出於軍事的需要，爲了要侵略我們。所以，文獻資料的使用是多功能的，怎麼利用，也是一個值得研究的問題。又比如這張圖（按，顧老模寫鄭大鶴所擬《學宫植園修治計畫圖》）所繪的是蘇州學宫一個植園，這也是一種文獻資料，將來如果能把這些東西整理出來，就可以編撰成書。還有尺牘，亦稱信札，也是一種文獻資料。比如編《時務報》的汪康年，他和師友往來的信札，原是單張的，前人雖曾編排次序，但易於散亂，我們花了大約兩年時間裝裱成册，就成了書了。現在又加以鈔寫，標點一下，由上海古籍出版社出版，這就同單張、散亂的原始資料不同了。所以，圖書館應該重視這些文獻資料的搜集整理工作。可以利用的，印刷出來使用就廣。圖書館一般是讀者上門看書，所以人數有限，假使能整理印出來，既可播之遠方，也可傳之久遠。這對於原始資料來説，本身保存得好自然好，如果保存得不好，也還可以有印本。所以我主張能够儘量地把資料整理編排影印出來，這種資料就是文獻資料。爲此，我曾勸古籍出版社印稿本叢書，稿本是原始資料，着重在没有發表的，都是親筆的，有修改的，要照原本影印。比如《四庫全書》底本的《三朝北盟會編》,可以看到《四庫》館臣刪改的原貌。

我對文獻資料範圍起初也不明確,在燕京大學圖書館任采購工作,在鄧之誠、郭紹虞、容庚、顧頡剛諸先生的指導下(他們是收購委員會委員),通過實踐,逐步認識的。顧頡剛先生在民國十六年(一九二七)爲廣東中山大學圖書館收購圖書資料,編寫、出版過一本題爲《購求中國圖書計劃書》。他指出:"以前人收集圖書,目光所注,至爲狹隘。例如西漢《七略》不收當代律令,清代《四庫》不收釋、道二藏及府縣志等。"他提出"要能够用了材料的觀念去看圖書,能够用了搜集材料的觀念去看圖書館的事業"。因此,"要把記載自然界和社會的材料一齊收來,無論什麽東西,祇要我們認爲是一種材料就可以收下,不但要好的,并且要壞的"。他肯定了當時北京大學研究所和故宮博物院的圖書館的做法:"例如北京大學研究所國學門裏,于普通書籍之外,更搜羅明清的題本和報銷册等十餘萬件,歷代的碑碣拓本和佛像照片一萬數千種。故宮博物院的圖書館分做兩部,一是圖書部,一是文獻部。文獻部中,如圖畫、照片、墨迹、檔案,以及各種表示宮廷歷史的器物都陳列在内。"他本着"搜集材料"這個宗旨,擬具有十六方面的購求中國圖書計劃,計有:(一)經史子集及叢書;(二)檔案(包括詔令、實錄、國書、奏章、告示、會典、方略、則例、報銷册、統計、表册、公文、公報等);(三)地方志(包括一統志、省志、府州志、縣志、鄉鎮志、山水志、寺廟書院志、地圖、地方調查表等);(四)家族志(包括家譜、族規、家訓、祖先圖、世德記、氏姓考等);(五)社會事件之記載(包括報紙、雜志、報告、傳單、章程、紀念册、人名錄、某一事件之專記等);(六)個人生活之記載(包括日記、筆記、手札、訃聞、哀啓、壽文、挽詩、傳文、節孝録等);(七)賬簿(包括商店之取貨簿、營業簿、貨價單,工廠之物料簿、工資簿,田主之收租簿、完糧簿,公共機關之徵信録,家庭和個人的伙食簿、雜用簿,以及婚喪喜慶的用費簿、禮物簿等);(八)中國漢族以外各民族之文籍(包括滿、蒙、回、藏、苗、僮等民族之書籍、經卷、公文、金石文字拓本及記載其語言歷史之書等);(九)基督教出版之書籍及譯本書(包括各種方言之新舊約、宗教學書、歷史書、科學書、定期刊物、報告等);(十)宗教及迷信書(包括佛書、道書、善書、神道志、神像、符咒、卜筮書、星相書、堪輿書等);(十一)民衆文學書(包括小説、故事、戲本、彈詞、鼓詞、攤簧、雜曲、歌謡、寶卷、詼諧文等);(十二)舊藝術書(包括醫書、樂譜、棋譜、法帖、畫譜、圖案畫譜、游戲書等);(十三)教育書(包括舊式兒童讀本、科舉用書、歷年新式教科書、各學校講義、課藝、試卷、報單、文憑等);(十四)古存簡籍(包括商代甲骨、周秦漢竹木簡、漢魏以下石經、六朝以下寫本書、宋元及明初刻本書等);(十五)著述稿本(包括未刊之著述稿,已刊著述之原稿、改稿、印刷樣本等);(十六)實物的圖像(包括記載性的圖畫、照片、金石拓本、留聲片、影戲片、幻燈片及模型等）。關于顧頡剛先生的《購求計劃書》，曾在《文獻》第八期上發表過，這十六個方面對文獻資料涉及範圍的説明是比較全面的，也就是現在所謂記載有歷史價值的都是文獻，他在半個世紀以前已有所見了。我們收集資料的範圍大抵不出乎此。所列十六個方面，好象範圍很廣，但是真要收集很不容易，一般人家不會保存這麽多的東西。比如説《申報》吧，當時出版發行數量决不是很少的，但是現在保存得比較全的祇有上海圖書館所藏的一份了。可知保存流傳之不易。我認識文獻資料，大概也是根據他的購求計劃。起初，我們對這些瑣碎的文獻資料怎麽使用法，有什麽作用，不大懂，後來從説明中得到啓發，覺得很有意思。

的確，文獻資料包括的方面很多，比如由潘景鄭先生收集、整理、保存的汪鳴鑾受饋帳册，後來并經冒鶴亭、張元濟、顧頡剛先生加以題跋，張元濟題署爲《廉泉録》，從中可知當時京官清貧，依靠親友門生資助的情況，這便具有一定的史料價值，足備清季京官的掌故。可見零星記載，具屬史料，其作用就看保存者與參考者之怎樣處置了。又如革命文獻中有許多傳單，像長辛店鐵路工人罷工發的傳單、宋教仁被刺後發表的傳單等等，這類資料雖然我們也收集保存了若干，但還没有很好地整理出來。

一九三一年十月書友郭石麒君收購了嘉興沈氏藏書，其中有門簿一册，以爲無用，但我認爲可作史料，因承見贈。這册門簿是封建社會官場的遺物，可以看到酬應的一些禮節，因此特請當過京官的熟悉情況的張元濟、冒廣生兩位老先生寫一段題記，不致後人看了無用。有這兩位身歷其境的老先生寫了題記，使它成了珍貴的文獻。張先生説："京官宅子之門簿，閽人每日來訪之客之姓名、住址及來訪之原因，或見或否，有時并及其官職及與主人之關係，以備酬答之用。"冒先生説："中國禮俗尚于往來，老輩于尋常賓客若過五日不答拜則謂爲不敬。此門簿之設之由來。而于婚喪祝壽尤極重視，不通慶吊者等于絶交。"又説："往時京朝官往還率皆師生、同年、同鄉、世交、親串，無故而奔走權門者有之，則衆目爲鑽營。"這種情況，恐怕所謂正書中是找不到的。

一九五五年秋，上海造紙工業原料聯購處從浙江遂安縣收購了一批廢紙，約二萬〈百〉擔左右，我們組織了六個人從中挑選有用的東西。怎麽挑法？首先，要訂出取捨標準。標準怎樣定？我們考慮圖書館應該從保存的角度出發，否則是無法下手的。古時有葉公好龍，但葉公見了真龍，棄而還走，失其魂魄，五色無主。是葉公非好龍也，好夫似龍而非龍者也。今天文獻資料在廢紙包裹，要能識別，挑選應加保存的東西，也就是看你是真"好龍"還是假"好龍"了。我們挑出了兩千斤，其中有明代民間用書《萬寶全書》、訃聞、哀啓等。在挑選過程中有一書爲明張銓撰《國史紀聞》，有三位同志各揀得一册,共得三册,缺一册,感到遺憾。後經一位同志回憶,他亦見到一本,以爲殘而無用,仍把它丢了。這一例子説明,熟悉古籍者所見相同,不熟悉的,棄之如敝屣。總之要實踐出真知,不能象葉公的好龍那樣。

　　文獻資料貴重的、珍貴的,便是文物。例如信札,如宋、元、明人的信札便算文物。又如郭天錫的《日記》,大部分在我們館,有影印本書;但有一小部分散佚了,是從整本中散出去的,北京有幾張,山西也有幾張,他們擺在書畫裏,便成了文物。青銅器實物在博物館,自然是文物,銅器銘文的拓片,又是文獻資料。文獻資料是分散的,零碎的,未經整理的,比如封建時代的訃告以及生活中的零碎的東西,像登科録、硃卷等等都是資料。如果是完整的原本,便是文獻,登科録原本便是文獻。文獻資料經過集中整理并加以説明,它同文獻一樣,刻印出來就是書了。青銅器銘文拓片,我們把它裝訂成册,印了出來也就是書。所以,文物、文獻資料、文獻、書,有區别,又有交叉。書,不算文獻,但包括了文獻,書中有文獻資料。比如墓志銘,單張的石刻拓片是歸到金石裏頭去,編印入《碑傳集》就成書了。編纂碑傳時,先要搜集資料,有的是石刻拓本,有的是抄寫的文章。

　　的確,現在範圍越來越廣,門類是越來越多了。因爲一個專題確立之後,就要把有關的方面擺進去。其中最容易接觸到的是傳記,現在還没有人正式寫一本傳記資料學。傳記資料,比如剛纔講到的硃卷呀,同官録呀,同年録呀,這些都是傳記資料,是頂好的材料。傳記學還没有人搞過。我于一九四八年在暨南大學兼課,便想講傳記資料。傳記資料也可以説是傳記學的一個内容,因爲一個學科得先有資料。傳記學同文獻學交叉,但也能分,它以傳記爲研究對象。文獻學包括的範圍廣,傳記學是其中的一個部分,一個門類。

　　因爲研究歷史離不開人物,比如天文學史,涉及天文學家;中醫文獻學,醫學方面的人物也得擺進去,甚至病例裏也有涉及人物的。所以統統離不開人物。傳記學有助于解决歷史問題。比如某一事件牽涉到多少人,這裏頭相互的關係,也有個"關係學"的問題。潘光旦研究過家族關係,出了一本書,他收集家譜,收集的資料也很多。以往我主持上海合衆圖書館館務時,收集了大量硃卷,硃卷上詳列卷主的家世。有一次,葉景葵先生要寫熊希齡先生的傳略,但對熊的家世不詳。他來問我,我從熊的硃卷中查到了熊的詳細世系,答復了葉,葉很滿意。硃卷的史料價值是很高的,是傳記學的重要參考文獻資料。(《文獻》1986年第3期;《全集·文集卷·從圖書館工作角度談文獻——與李希泌先生的一次對話》,上册第379頁)

是日　鄧廣銘有信致先生，請代攝製上海圖書館藏《四庫》底本《三朝北盟會編》。(原信)

11月29日　王紹曾有信致先生。

十一月十二日寄奉寸緘，諒蒙詧及。近維杖履安康，至爲頌禱。

後學返濟後，晤及山東省圖書館學會(現實際工作由山東省圖書館副館長任寶楨同志負責)、我校圖書館、圖書館學系、古籍整理研究所負責同志，均竭誠歡迎先生及冀淑英先生于明年三四月間來濟南講學，并游覽泉城、泰山、曲阜諸名勝。我校新建留學生樓條件雖不甚好，尚堪下榻。我校圖書館學系目前僅有專修科，明年暑假開始招收本科生，系主任一職，現正與武大圖書館學院喬好勤同志聯繫，請其來校擔任。校領導素仰先生及冀先生爲圖書館界名宿，道德文章，海內宗仰，擬于兩先生莅校講學之際，敦聘爲兼職教授，以後每年能否定期莅校講學，可由兩先生自定。我校古籍整理研究所今年招有研究生班，兩年結業，并接受山東省古籍整理規劃小組委托，舉辦古籍整理進修班，由全省各高等學校文科選送助教以上教師來校進修，爲期半年，明年仍將繼續舉辦。惟我所師資力量較爲薄弱，如蒙兩先生莅校講學并任兼職教授，不特青年學子問學有途，即後學及其他中青年教師亦將受益無窮也。

以上請求，未知能否俞允？ 關于明春來濟講學時間及具體安排，屆時當專函奉商，冀先生處已另行函陳。尊意如何，敬祈示知爲幸。(原信)

是月　爲盧調文書宋陸游句"萬頃烟波鷗境界，九秋風露鶴精神"。(《顧廷龍書法選集》)

是月　先生題簽的《十鐘山房印舉選》(清陳介祺輯)，由上海書畫出版社出版。

是月　先生題簽的《沈括詩詞輯存》(宋沈括撰，胡道静輯集)，由上海書店出版。

12月5日　《文匯報》發表先生《加快上海公共圖書館事業發展》文章。

是月　先生書詩贈林其錟。

佳偶懿行與照圓，同心合著似前賢。《雕龍》萬古翔文苑，濟世經邦貴此篇。其錟、鳳金賢伉儷合著《劉子集校》書成，深佩其考辨精博，當屬不朽之作，率成俚句奉正。(林其錟《流到前溪無半語，在山做得許多聲》，載《顧廷龍先生紀念集》，第100頁)

是月　爲沈文倬寫推薦信。

沈文倬同志受業于清末蘇州著名三禮學家曹元弼先生之門(清光緒進士、特授翰林院編修，建國初江蘇省文史館聘任館員)，具有文字、音韵、訓詁方面較深造詣，長期以來，研治《儀禮》之學。《儀禮》爲研究先秦典章制度、民風習俗不可不讀之古籍，但此書去古較遠，清代學者從事此學者已較少，關于《儀禮》專著不過四十餘種。沈同志孜孜矻矻,致力斯學數十年不改其度。一九四七年,吾家顧頡剛教授相見,接談之下,極爲欽佩,當即舉薦于國立編譯館,任經學整理工作。一九五八年,上海圖書館編輯《中國叢書綜錄》,任經部分類主編,于類目上有所改定,爲目錄家所稱道。近年來出土漢簡,從事考訂校釋工作,著有《禮漢簡異文釋》《荮闇述記》《漢簡〈服傳〉考》等書(論文及其它著述略),用新材料、新觀點撰成專著,有超越前賢之處。現在研治《儀禮》者很少,已成絕學,後繼乏人,爲搶救文化遺産,薪火相傳,亟宜招收博士研究生傳授此學,特推薦沈文倬先生爲博士研究生導師,請予審核。一九八五年十二月,顧廷龍(上海圖書館名譽館長,華東師範大學、復旦大學兼任教授,古籍整理出版規劃小組顧問)。(原件照片)

是月　史敏以所藏先生手書字册,請先生題記。

史敏同志靜嫻好學,嘗從余習字,爲書此册以供參考。史敏收藏勿失,至今忽忽二十餘年矣,屬補題記,因志數語歸之,以資留念。(原件)

是月　書蘇東坡《次韵秦太虛見戲耳聾》於扇面。(《海派書法:百年百家作品集》,第 177 頁)

是月　先生題簽的《康熙字典》(清張玉書等編),由上海書店出版。

是月　先生題簽的《木樨軒藏書題記及書録》(李盛鐸撰,張玉範整理),由北京大學出版社出版。

是年　先生題簽的《湖南省圖書館館藏湖南地方志目録》,由湖南省圖書館編印出版。

是年　朵雲軒重建二十五周年紀念,書詩賀之,云:“譽滿五洲廿五春,天工巧奪筆如神。名賢書畫名箋譜,千萬化身稀世珍。”(照片,李軍提供)

**是年**

6 月 19 日　夏蕭卒,75 歲。

# 1986年　83歲

1月1日　爲沈津篆書:"竹有節,不屈折;石如堅,不礦没。君子之交淡彌益。沈津同學行將赴美深造,臨别率書古人語贈之,籍以留念。顧廷龍。一九八六年元旦,時年八十有二。"(照片)

1月17日　張秀民將《中國印刷史大事年表》抽印本寄給先生。(原件)

是日　美國克萊蒙聯合大學東方圖書館館長王左猶麟有信致先生。

憶一九七九年到貴館與陳柱麟先生見面,曾交換資料,但未得晤面爲憾。去年十一月因赴修復先曾祖文襄公墳墓及公逝世百周年紀念典禮,同時參加左宗棠學術研究討論會,在長沙耽擱三星期,得與林增平校長見面。歷年來長沙近代史研究機構編著《熊希齡集》,需要使用熊公遺留下來的資料,林校長、周秋光及田紀熊要我轉達熊夫人他們的要求(因我與熊夫人是乾親關係),并爲他們轉寄德王贈熊公花瓶像片。這次林校長爲使用資料事托我,再申述他們編著全集的需要。

我於去年十二月七日離開上海去香港大學開會,并參加中國在香港舉行的書展及座談會,於十二月十四日去臺北拜訪熊夫人,停留三星期之久,於今年一月五日返美。熊夫人雖年事已高,但精神甚佳,胃口亦健,現爲國會代表,但心臟衰弱,關節炎不時發作,服藥治療,特此奉告。

關於熊公十六箱資料,熊夫人甚願聽取館長意見或指示。兹將熊夫人致您的信附上,盼將復信寄我轉寄。離職兩個月,公私信件堆積如山,未得早日上函爲歉。(原信)

附毛彦文致先生信(寫於1月2日):

違教忽忽三十餘年,在此期間,變難迭起,國事全非,一切如同隔世,然對先生的仰慕與懷念,無時或已。近年來,輾轉得到消息,敬悉福體康泰,諸凡順適,仍主持圖書館事務,不勝欣慰。

回憶四十餘年前,在抗日戰爭時,華北發生水災,承先夫秉三先生老友葉揆初先生的熱忱協助,將先夫遺稿十餘木箱(好像是十六木箱,也許記錯數目),由天津舍間搶運去滬,存放在當時葉公主辦的合衆圖書館内,交先生保管。迨彦文由桂林返滬,向葉公問安時,他告我搶運稿事經過,并謂擬代爲整理及編輯成書,又將寫《年譜》等。當時葉公曾親自介紹我與先生相見,謂所有稿件均由先生專責保管。不料時局遽變,葉公不幸在此時逝世,彦亦隻身赴美謀生。數年前,因年邁始回臺定居,該遺稿迄無法親自處理,有勞先生數十餘年的保管與照料,瀆神既久,費時又長,盛情厚誼,無從圖

報,祇有没存均深深銘感耳。至於該稿應如何處置,乞先生指示辦法,無任感盼。目力不濟,書不成字,乞鑒諒。(原信)

1月29日　張樹年有信致先生。

流感一病十天,體弱不出門,大駕去瀋陽,致未造府話別爲歉。

兹接商務總編辦公室來信,稱先嚴詩文已校勘整理點抄完畢,即將發排。另從1902—1952年各舊報刊,我們未搜得的文計二百二十二篇、詩四首補入,至于書名仍擬用"張元濟詩文",已出版各集均用文體命名,似較清楚。如改用"存文",略似别集,反不清楚。看來他們主張全套一致之故。囑弟轉致,是否妥當,請酌。

題簽寫就望早日擲下,最好多分一二幅,附上宣紙備用。王紹曾兄來信見告,商務叠接讀者來信,詢及《續古逸叢書》是怎麽一回事。吴澤老函請紹兄寫一篇《〈續古逸叢書〉編印始末》,已經接受,但材料甚少。最後《杜工部集》跋文由兄所撰,想知其印的經過,紹曾兄渴望吾兄如有材料,便乞告知或指一綫索可循。(原信)

1月31日　張秀民有信致先生。

接奉手教,并賜墨寶"瞻山橋""瞻山亭"題字,爲我縣山水增輝,傳之無窮,幸何如之!先生在百忙中賜下墨寶,不特弟深爲銘感,合鄉亦拜賜多矣。特先道謝,容後面謝。《中國印刷史》交付上海人民出版社後,擬再整理《安南史》舊稿。(原信)

是月　先生編輯并題簽的《葉景葵雜著》,由上海古籍出版社出版。

是月　《書與畫》第1期發表鄭麗芸《從篆書作品"養新"談起》。"養新"爲先生所書。

是月　先生題簽的《宋本方輿勝覽》(宋祝穆撰),由上海古籍出版社出版。

2月9日　春節,在瀋陽過年,篆書一幅:"太平有象人人醉,造物無私處處春。"

是日　侯忠義寄贈《中國文言小説參考資料》(先生題簽)。(原書)

2月11日　張樹年有信致先生。

日前奉四日手教,附詩文題簽四張,吾兄目力衰弱,一下子寫了二十餘張,深感不安,即日將寄商務。

關於《續古逸叢書》,承向王紹曾兄提供不少綫索,當即寄去。不久前紹兄來信説,化了二天時間在山大圖書館查閱資料,基本上摸清了情況,但未提及樣本和緣起,如他需要,當去找吴、王兩位,請協助幫忙。

商務寄來致貴館公函的抄件一份,信稱:"我館當尊重菊老生前意願,日記由合衆圖書館保存。菊老日記原件共35册,係珍貴資料,爲防遺失,不便由郵局寄遞,我們將由便人去滬時送至貴館,至希檢收。"此事得到圓滿解決,爲之高興,亦爲日記獲得永久保存之處而慶幸。吾兄原定回滬途中先去北京,日記問題既已解決,似可携之歸來。

日前海鹽同志來滬,告知商務今秋擬在海鹽召開學術討論會,如果吾兄覺得方便的話,可否請向林爾蔚一詢,是否仍有此打算,邀請對象是誰?共有多少人?今秋正逢先嚴 120 歲生日,是否亦可一提?海鹽同志正督促施工單位早日將紀念室和講堂建成,供討論會使用。(原信)

2月17日　張忱石轉呈周一良《魏晉南北朝史札記》贈先生。(便箋)

2月21日　先生有信致吳織。

日前奉復一信,想邀鑒及。昨接冀大姐信,説謝、譚、胡諸公皆盼我去一談,又説三月四日到九日文物局有鑒定會議,此會可能亦邀我。請便中到辦公室打聽一下,如有我的,擬俟這會完後與冀同機飛滬。而我要與諸公商談《書目》事,擬于二十八或一日去北京。

商務允還日記,樹年已先接抄件見告。我認它們此次還書,當爲端正黨風的影響之力,但可獲得一條經驗,館中入藏之品:1.外借必需有憑證,有期限;2.上輩所捐贈的資料,子孫無權索取,祇能與一般讀者對待,即任何繼承人無權索取,比如劉經傳所捐的東西,其它旁系子孫不能干涉,照一般讀者接待。尊意以爲何如?商務與上海聯繫事多,日記等他們送來可也。(原信)

2月23日　上元日,跋程瑶田詩册。

易疇先生學問淵博,著述精湛,讀其書,景仰其人久矣。書法亦高妙有致,意趣盎然。敬顔訪獲先生爲吳亦山所書詩册,承遠道寄示,并屬題記。按是册行書近作,計《蒔菊》一律、《和方樸山治豐潤》四律及《閑坐》一律,皆有自注記事,可補今人羅繼祖撰《年譜》所未備。清乾隆三十七年壬辰,先生年四十八歲,居京師。靈石何聖容,名思温,號石峰,宰武邑,延課其子。聖容初令浙江之武康,復攝永康,既又調繁定海,繼復宰武邑。四十年乙未秋調豐潤,先生隨往,時年五十一矣。嘗手拓文廟所藏牛鼎,證爲劉宋孝建時物,以駁汪師韓趙宋之説,爲朱竹君、翁覃溪所賞。樸山,方棨如字也。其子粹然,號雪瓢者,爲先生受業師。樸山無詩集,其《豐潤雜詩》四首,僅見邑志,不易得,因檢録於後,以資參考。

…………

乙丑歲莫,來瀋陽小兒誦芬寓廬度節,室暖如春,明窗净几,展對名迹,心曠神怡,率記數語,以志眼福。(《全集·文集卷·跋程瑶田詩册》,下册第812頁)

是月　參加上海市古籍整理規劃小組會議并發言。

青年讀者不熟悉目録學,整理古籍要懂得古籍目録學。古籍中有繁體字,繁體字中還有古體字。不僅如此,古籍中還有行書、草書,整理者認識不多。這是一個大問題,要整理古籍、整理稿本,不識字怎麽行?稿本和親筆尺牘,都是很重要的資料,假使字不認識,以意改之,全失真意,必致誤己誤人,希望培養古籍整理人才者注意及之……

上海圖書館現藏有家譜一萬種,七萬五千冊,數量很多,不過有一個問題,紙張已經很破舊。這使我聯想到一個問題,就是古籍整理工作中,修補古籍是第一步。原來上海古籍書店有些修補古籍的高手,現在已經不在了,故世的故世,退休的退休。上圖現在有幾位中年同志,技術還不錯,但人手太少。應該把培養古籍修補人才列入規劃。我替古籍修補工作呼籲一下,希望大家能够關心。(《全集·文集卷·古籍整理二三事》,上冊第 417 頁)

是月　撰《柳詒徵先生與國學圖書館》。

曩得《古史辨》第一冊,從中獲讀劬堂先生論文,其後又讀《國學圖書館年刊》及《國學圖書館藏書總目》等,印象彌深,心儀久矣。建國初,先生自寧來滬,偕尹石公來合衆圖書館參觀,遂獲識荊。後先生就上海市文物管理委員會之聘,時徐森玉先生主管會事,又爲合衆圖書館常務董事,余因時時往訪,并得晤先生,獲聞緒論。先生博覽群書,融會貫通,愛書如命。領國學圖書館事二十年,經營擘畫,館務日隆,聲聞于中外。余主合衆圖書館,甘苦略同,相談甚契,受益良多……

回顧一九一八年之夏,余始至蘇州省立第二圖書館,時爲最早創辦之國學圖書館成立之十年,越二十四年,余從事圖書館工作,忽忽五十年,可謂目睹圖書館發展之全貌。總之,解放前之圖書館事業,蚊負蠕動,進展遲緩,政府不予重視,全憑主管者之努力與否。先生致徐森玉函中嘗云"弟以敝館在部中久視爲化外",實則北平、中央兩館稍愈于此耳。北平恃中華教育基金,中央則恃中英庚款,所以尚能活動者,在此省館往往有捉襟見肘之窘。省立圖書館作出較大貢獻者,當推先生主持之江蘇省國學圖書館、陳叔諒先生主持之浙江省圖書館,經費不旺,人員寥寥,而成績可觀,爲學術界所贊揚。解放後省市圖書館事業發展之速,無不勝於過去之國立圖書館。建國之三年,先生應聘爲上海圖書館籌備委員,親與其謀,余亦忝叨末座。今日上海圖書館藏書達八百萬冊,讀者日有三千人次,可以慰先生於九原。《全集·文集卷·柳詒徵先生與國學圖書館》,上冊第 306 頁)

是月　爲姜俊俊伉儷書"閑軒"二字。(《顧廷龍書法選集》)

是月　先生題簽的《全唐五代詞》(張璋、黃畲編)、《汪康年師友書札》(上海圖書館編),由上海古籍出版社出版。

是月　先生題簽的《葉德輝評傳》(杜邁之、張承宗撰),由岳麓書社出版。

3 月 5 日　國家文物鑒定委員會在北京成立,這是文化部爲加強文物保護和管理而設置的國家級文物鑒定機構,委員會共有委員五十四人,先生亦在其列。(《顧廷龍先生紀念集》,第 193 頁)

3 月 9 日　跋周紹良藏明萬曆廊房胡同費氏刻本《新刊宋朝故事五鼠大鬧

東京記》。

　　　紹良先生與余同參加國家文物鑒定委員會成立大會，會餘談藝甚樂。承攜示所藏善本三種，皆屬罕覯，此明萬曆間廊房胡同費氏《新刊宋朝故事五鼠大鬧東京記》其一焉。審與上海嘉定縣出土之成化唱本款式相類，可見唱本之編印亦代代相傳。然人民喜聞樂見之通俗讀物，向不爲藏書家所重視，歷時四百年遂成星鳳，此冊彌足珍貴矣。一九八六年三月九日，顧廷龍展閱一過，欣志眼福，時年八十有三。（《全集·文集卷·跋周紹良藏明萬曆廊房胡同費氏刻本新刊宋朝故事五鼠大鬧東京記》，下冊第 739 頁）

3月19日　張本政有信致先生，談吳大澂立銅柱時間及勘界等問題。（原信）

3月21日　先生有信致侯忠義。

　　　春節前赴瀋探親，近始返寓，奉到承惠大著兩部并潤資貳拾，拜領至感。資料搜集贍博，爲研究者必備之書，將與原書并傳不朽。

　　　龍於三月初曾到京一行，并訪北大圖書館。惟時間匆促，未克遍訪諸友。既入北大之門，而未能趨前候教，悵何如之！（《全集·書信卷·致侯忠義》，下冊第 471 頁）

3月23日　潘吉星有信致先生，乞爲《天工開物導讀》題簽。（原信）

3月26日　中國圖書館學會學術工作委員會顧問、北京大學圖書館學系教授、原燕京大學圖書館主任陳鴻舜去世。（《中國近現代圖書館事業大事記》，第 410 頁）

是月　國家文物局聘先生爲文物鑒定委員會委員。（履歷表）

是月　爲喻培倫大將軍紀念館題詩：“先驅爲國建功勛，血灑黃花舉世聞。高館巍然瞻故里，萬民長憶喻將軍。”（底稿）

是月　先生題簽的《楚辭資料海外編》（尹錫康、周發祥等編），由湖北人民出版社出版。

是月　先生題簽的《嘉業堂鈔校本目錄·天一閣藏書經見錄》（周子美編），由華東師範大學出版社出版。

春　陸谷葦贈先生《文壇漫步》。（原書）

4月1日　楊廷福有信致先生，介紹日本明治大學法學博士岡野誠君去上海圖書館訪書。（原信）

4月5日　谷輝之有信致先生，告知在浙江圖書館查到數通吳大澂手札。（原信）

4月14日　王紹曾有信致先生。

　　　自一月間肅寄寸緘，尚未問候，辰維杖履安適爲頌。

　　　前承惠允來濟講學事，曾于正月二十四日請冀淑英先生先行轉達，諒蒙鑒及。現山東省圖書館學會舉行會員代表大會及一九八六年學術研討會

時間,因涉及省級領導參加,至今尚未最後確定,惟大體上確定在六月上旬
舉行,不知屆時先生有無其他社會活動?如有其他活動,是否可以商請先
生作適當調整?俟最後日期確定,再當專函奉候。

　　去冬商務吳澤炎先生來信,囑寫《〈續古逸叢書〉編印始末》,後學以此
書原始資料不多,曾函詢樹年先生。旋據樹年先生轉告先生指示,當時商務
似發過樣本,并印有"緣起"。經後學檢查,1922 年《東方雜志》第 19 卷 11
期有刊發售預約廣告,知確有樣本,益信先生博聞强記,令人敬佩。惟《東
方雜志》廣告,僅登簡短"緣起"及發售書目,樣本則無從檢尋。當時發售
預約者爲 20 種,另有 26 種,均係 1928 年以後隨《四部叢刊》續編、三編而
陸續影印。其中先收入《四部叢刊》,再收入《續古逸叢書》者共 20 種 ①(計
初編 7 種,續編 10 種,三編 7 種),有菊老跋文者 14 種,有校勘記者 7 種。
《張元濟傅增湘論書尺牘》中論及此書者亦復不少。故此書底本來源及版
本傳授源流,已基本上獲有眉目,能否查到樣本、"緣起",已無關緊要。

　　拙稿寫就甫半,因最近偶感心律不齊,暫行停筆。澤炎先生意在着重談輯
印佚書意義,如此則尚須上溯汲冢書之發現,以至近代鳴沙石室佚書之輯印,
如能道其原委,一俟擬就初稿,即當呈請指正。知勞廑注,謹先奉告。(原信)
4 月 17 日　甘肅省圖書館致函先生,乞爲《甘肅省圖書館建館七十周年紀
念文集》題簽。(原信)
4 月 21 日　朱士嘉有信致先生。

　　頃接鴻舜治喪委員會寄來訃告,驚悉渠已先我去世,實爲圖書館學界
的損失,異常痛惜,已去電信,諒我兄也有同感。

　　二十日,商務印書館編輯部陳江同志特來舍,約爲該館建立九十周年
紀念(明年二月)撰文,表示祝賀,約一千字,多多益善。陳同志説,曾向吾
兄約稿,囑通候之便,也去信拜托,揮毫題詞或撰大文,諒不我棄。陳希望
大文能于五月中旬寄出更好,以便趕排,當信件挂號寄出,可節省時間,否
則以稿件寄出,十天甚至多一些日子纔能收到。(原信)
是日　王湜華有信致先生。

　　月前幸得京中拜會,欣喜無似!命查《積古齋鐘鼎款識》批校本事,已
專程去我院資料館訊問。因館中舊藏不少均係浩劫中其它單位轉來,今已
一一歸還原藏者。幸而尚存原藏目録,托友朋一一查檢,答云從未有此書入
藏也,想必此書在社科院文研所之可能較大。不知洪洪與熙華先生查到此
書否?念念。

　　數年前懇求公賜篆扇面,不知能撥冗一揮否?先此敬謝。(原信)
是日　谷輝之有信致先生,告知在瀋陽開會情況。(原信)

---

① 20種:原文如此。

4月22日　馬國權有信致先生。

　　手示奉悉,承俯允爲《章草字典》撰序,不勝榮寵之至,敬謝敬謝。此稿仍在不斷增補中,但無大變化。晚主要精力在考釋每字如何由隸演變爲章草,又如何衍爲今草,如純把百餘種章草帖排比,并加漢簡、漢陶等文字,則較易耳。《金文編》晚補後,因調港工作,改由張振林增補,北京中華書局已在徵訂及印行中。(原信)

是月　爲《書法篆刻書目簡釋》(楊泰偉編撰)寫序。

　　書目索引爲研究科學藝術的重要工具。我國書法篆刻藝術源遠流長,傳世的古今優秀作品,真可謂百花齊放,蔚爲大觀。欲作深入之研究,探幽覓隱,非賴書目不可……

　　關於書法篆刻書目,吳惠霖君醖釀已久,於郭紹虞先生生前曾往請益,郭先生甚表贊同。今楊泰偉君編纂成書,惠霖夙願得償,亦大快事。(《書法篆刻書目簡釋》序一)

是月　先生題簽的《中華全國風俗志》(胡樸安編),由上海書店出版。

是月　市委統戰部柯達來訪,先生贈其"多聞闕疑"篆書題詞。(柯達《顧廷龍贈我"多聞闕疑"四字》,載《世紀》2010 年第 6 期)

5月9日　陳善偉有信致先生,請爲《近代名人手札真迹》撰序。(原信)

5月11日　羅繼祖有信致先生。

　　前寄上拙著《庭聞憶略》《楓窗脞語》,想蒙惠誓,并求法書先人遺著簽題,惟至今未竟還雲,不勝翹企。兹以中華來信催促,敢求速藻。不情之請,伏乞鑒原,幸甚幸甚。……又致潘景老拙著兩册,敬煩轉致,想亦收到。(原信)

是月　爲朱克慧伉儷書唐杜甫詩句:"功蓋三分國,名成八陣圖。江流石不轉,遺恨失吞吳。"(《顧廷龍書法選集》)

是月　劉德隆、朱禧、劉德平贈《劉鶚及〈老殘游記〉資料》(先生題簽)。(原書)

是月　蘇州重修范成大祠堂落成,先生爲題"范文穆公祠"匾,并書"萬里記吳船,蜀水巴山經過處;千秋崇廟祀,行春串月感懷時"。祠堂在行春橋西側,1963 年被列爲蘇州市文物保護單位。(《顧廷龍先生紀念集》,第 249 頁)

是月　先生題簽的《交通大學校史資料選編》第一、第二卷(《交通大學校史》撰寫組編),由西安交通大學出版社出版。

是月　先生題簽的《顧頡剛先生學述》(劉起釪撰),由中華書局出版。

是月　先生題簽的《中國舊志名家論選》(朱士嘉編),由北京燕山出版社出版。

6月19日　朱士嘉贈先生《中國舊志名家論選》。(原書)

6月20日　鄧雲鄉有信致先生。

　　日前荷蒙惠臨,接待不周,甚感抱歉! 説項盛情,榮於華衮,慚愧慚愧!

蘇州來信，二十二日放車來接，誠懇奉請，務望吾丈撥冗□□爲感！原函附呈，如何，請先安排好時間。（原信）

6月22日　蘇州市文管會來車接先生去蘇州。（鄧雲鄉致先生信）

6月23日　蘇州市文管會派人陪同先生一行參觀曲園、顧頡剛故居。（王西野致鄧雲鄉信）

6月24日　蘇州市園林局派人陪同先生一行，游覽盤門三景、范成大祠和天平山。（王西野致鄧雲鄉信）

6月25日　游覽虎丘。（王西野致鄧雲鄉信）

6月26日　周一良有信致先生，寄贈《自莊嚴堪善本書目》。

　　《善本書目》昨始從天津取到，奉呈二冊，兼表謝忱。其中魯魚亥豕恐正自不少，因出版社來，交弟等校對，更未送冀淑英同志最後審閱也。

　　文旌北來及令郎調動事有眉目否？亟盼早日實現。譚季龍兄日前來京，晤談甚暢。北大辦退休，弟秋後即引退矣。（原信；原書）

6月27日　“承蘇州園林局之寵招，得暢游吳中諸勝，爲余平生第一快事”。同行王西野作詩云：“設飯山齋味最奇，墻根鞭笋佐深卮。居然酒帝豪情在，龍虎風雲此一時。設飯白雲古刹，肴饌甚豐，尤以本山鞭笋爲雋味。起潛丈豪於飲，有酒帝遺風，座上惟柏傳儒副局長可與之抗手，余戲以酒龍酒虎目之。”（《顧廷龍書法選集》）

是月　《出版史料》第5輯發表先生撰《張元濟與合眾圖書館》一文。

是月　爲蘇州怡園題“藕香榭”匾。（照片）

是月　先生題簽的《滿宮殘照記》（秦翰才撰），由岳麓書社出版。

是月　先生題簽的《拙政園志稿》，由蘇州市地方志編纂委員會辦公室、蘇州市園林管理局編印出版。

7月8日　上海市文管會轉發上海市人民政府“滬府發（1986）61號”文《上海市人民政府關於調整上海市文物保管委員會成員的通知》，先生被任命爲上海市文管會委員。（上海市文管會原信）

7月23日　上海古籍出版社送到《中國古籍善本書目·經部》綫裝本一函五冊。（先生小筆記本）

是月　撰《祝賀商務印書館百齡大慶》。

　　涵芬樓爲商務印書館藏書之所，搜集善本，供編輯參考影印之需。菊生先生編輯《涵芬樓燼餘書錄》一書，將付印行，而菊生先生忽病偏中。因與李拔可先生商，屬余相助校印，余欣然應命。書成，菊生先生命爲後序，余因感受不深，所言平淡，及呈菊生先生審正，菊生先生謂我曰：“景印之事，早十年，諸事未備，不可也。遲廿年，物力維艱，不能也。此何幸于文化銷沈之際，得網羅僅存之本，爲古人續命，而又何不幸于甄擇既定之本，尚未版行，乃贏火橫飛，多成灰燼。是真可爲長太息者也。”是皆切身經歷，深刻體會之言也。選印古書工作，實甚重要而又艱巨，若非菊生先生之熱心毅

力,萬難完成。(《全集·文集卷·祝賀商務印書館百齡大慶》,上册第483頁)

是月　先生題簽的《大金國志校證》(宋宇文懋昭撰,崔文印校證),由中華書局出版。

8月1日　饒宗頤介紹女弟子來見,爲閱書事。晚,上海人民出版社葉亞廉來,先生提出不再擔任《李鴻章全集》主編。(先生小筆記本)

8月3日　晚,方行來,明日將訪李一氓,談影印稿本叢書事。先生意擬先印《讀史方輿紀要》稿本,并將錢穆回憶録中涉及《紀要》事抄録一份去。蓋因錢氏嘗"後悔先整理再付印,曠日持久,終於不成"。(先生小筆記本)

8月4日　與王元化同去金山。(先生小筆記本)

8月8日　爲蘇州市園林局寫聯預作準備。夜,方行來電話,允撥二萬元,影印《讀史方輿紀要》稿本。(先生小筆記本)

8月14日　先生有信致鄭逸梅。

久闕趨候,無任馳念。項奉手教,快如良覿。承命題簽,兹即塗呈指正,如式樣不合,儘可重寫。

大著《上海舊話》已蒙賜讀,謝謝。近編葉揆初先生《雜著》一册,希賜察。昔人以私財辦學者有之,辦慈善事業者有之,而辦圖書館者絶少。尊體康復,祈有以彰之。(《全集·書信卷·致鄭逸梅》,上册第212頁)

8月20日　陳智超有信致先生。

兩次到上圖閱書,承您關照。前年又從家父樂素先生處轉來館藏援老手札影印件數紙,十分感謝。我現在正在編輯整理援老《來往書信選集》,有幾個問題要向您請教:

一、上圖所藏援老信札中,有一函稱"舉人陳垣敬復太尊大人鈞座",援老雖曾參加順天鄉試,但落第,所以他過去填履歷,"出身"一項祇填前清廩生。我對清代科舉制度知之甚少,不知像他這樣資格能稱"舉人"嗎?是否有可能爲同名者所書?

二、在《書信集》中,每人均擬作一簡介(出生年代、與援老關係等等),與援老通信而健在者已不多,所以我想請您親自寫一簡介,收入集中,望您同意。

三、援老致您函中多次提到"筱珊",他是誰?

四、援老一信中提到"致廉公一份暫存,因有不利于公,聞已隱去也",此"廉公"是沈兼士嗎?

五、我處還有援老致您一函的手稿,開頭是"滬濱握手,倏又旬日",未見影印件,如您需要,當影印寄上。(原信)

是月　秦曾志、秦曾期、秦小孟贈先生秦翰才撰《滿宫殘照記》。(原書)

9月8—10日　《中國大百科全書·圖書館學情報學檔案學卷》圖書館部分籌備組在北京召開籌備組擴大會議,研究圖書館學部分條目表(報批稿)的各分

支條目撰稿人選,并對今後工作作了安排。先生爲籌備組顧問。(《中國近現代圖書館事業大事記》,第 425 頁)

9 月 11 日　香港中文大學出版社有信致先生。

敬啓者:本校中國文化研究所現進行編印《近代名人手札眞迹》一書,由本社負責實際工作。上月,陳善偉博士赴滬與上海圖書館洽商攝製圖片事宜,蒙允予以協助,編印工作得以順利進行。

此書爲我國近代史之重要資料,所輯手札篇幅浩繁,内容龐雜。爲使一般讀者容易閲讀起見,本社另編《選輯》一册,彩色印刷,使當時書牘用紙、圖案、格式、色彩及書法風格等,重現讀者眼前,既富歷史意義,亦具收藏價值。但爲使讀者先有一基本輪廓,書前應有一序文,作一扼要介紹,俾不致茫無頭緒。素仰先生對近代書牘研究有素,對本書所輯資料瞭解深切,擬請惠撰序文一篇,以光篇幅。日前陳善偉博士曾奉上一函,兹再專函奉懇,至希惠允。謹將撰寫要點列後:1. 以語體文撰寫,解説力求通俗。2. 字數不少於五千字。3. 特別介紹清代信箋紙料之類別、製造方法,以及顔色、圖案、幅度、書信格式、書法風格,并及郵傳制度、郵票、信封式樣等。4. 本社對文稿有删節取捨之權。5. 如經采用,由本社致送稿酬港幣壹仟伍百元。如不采用,則致送港幣柒百伍拾元。6. 文稿采用與否,版權概屬本社所有。7. 文稿務請於本年十月十五日前寄出。上述各項,如荷俞允,尚請賜復爲幸。(原信)

9 月 13 日　先生有信致冀淑英。

聽説你已回北京,講課很辛苦,要好好休息。兹有二事:

1. 我婺源之會不能參加了,因近來身體不太好,不敢遠行。

2. 上海的兩個會的籌備工作,比較緊了。希望您在京落實編委擴大主任會議的日期,要發通知。北京發,還是上海發? 請商定。

請你在京與諸公洽談。您從婺源回滬已是十月初了,會議日期定了,以便與古籍商定一切按排。(原信,艾俊川收藏)

是月　跋《汪康年師友書札》。此批書札爲汪氏創辦《時務報》後,在京、滬時,師友及讀者來信,是研究近代史極重要之資料。1942 年秋,葉景葵先生在汪康年後人汪振聲家發現,遂建議汪振聲捐贈合衆圖書館。

余既按原編次序抄成姓氏録一册,有不詳者,亦有未填者,亟請張菊生、葉揆初、陳仲恕(漢第)、陳叔通(原名敬第)、章仲和(宗祥)、項蘭生(藻馨)諸先生加以補注,余亦間有增補,惜塵事鞅掌,作輟無常,卒未有成。

每思書札單片易致散失,按藏家之整理,均應裱爲册頁,講究者,裱托宣紙五層挖嵌,頁與頁黏綴成册,每册加楠木書版。但合衆財力非所能及。余但求托裱平正,裝訂成册,既便閲覽,又便保存,於願已足。時適善裱碑帖尺牘之華敏初君閑居無錫,特邀其來滬,專裝尺牘。當時宣紙不易得,改用羅地紙單襯,鑲以紙邊,使其平整,用藍紙爲書面,以絲綫裝成書本。如此,則可維持多年不致散失。圖書館既要考慮長期保存,又要考慮便於讀者之檢閱。歷時四年而成。

此宗尺牘既由散頁裝治成册,遂有出版流傳之謀。于是首先倩人謄録清本,六年而成書。(《全集·文集卷·汪康年師友書札跋尾》,下册第1040頁)

是月　先生題簽的《孫中山史事詳録》(王耿雄編),由天津人民出版社出版。

10月5日　先生有信致吳豐培。

久疏箋候,正深馳念,接奉手書,敬悉——。

尊體雖甚康健,究已八十外人,必須節勞。龍略有體會,現已不敢過度伏案。佩韋兄久不通信,月前曾晤其侄德隆,并未言及佩韋兄來滬之訊。倘確來滬,當謀一晤。

命題書簽,塗呈教正。近有一感想,新印書,最好新裝,不宜綫裝。新型圖書館對綫裝書難以歸架,兄必知之。(《固圉齋珍藏名人墨迹》)

10月8日　張珍懷有信致先生,請代爲提名參加滬上召開的古籍整理會議及介紹工作事。(原信)

10月23—26日　《中國古籍善本書目》編委會在上海舉行主任委員擴大會議,先生就經部、史部、叢部定稿作工作小結,會議還就今後子部、集部定稿工作及其他問題進行討論研究。與會成員參加了《中國古籍善本書目·經部》首發式,先生發言。

今天我們舉行《中國古籍善本書目·經部》發行儀式,有兩個重大意義:一是紀念周恩來總理逝世十周年,這個書目是根據周總理生前指示編製的;二是這個前所未有的大型的、全國性的古籍善本聯合目録開始發行了。古人説:"踥步不休,跛鱉千里;纍塊不止,丘山從成。"我們決心繼續努力,爭取全書早日問世。

回顧這一光榮任務的歷程,從創始至今,忽忽已十個年頭了。一九七五年十月,周總理在病重期間,曾指示"要儘快地把全國善本書總目編出來"。當時國務院辦公室主任吳慶彤同志立即電話向國家文物事業管理局局長王冶秋同志及北京圖書館館長劉季平同志傳達了周總理的指示。但在當時的歷史條件下,編目工作不克進行。直到粉碎"四人幫"後,從一九七六年十二月纔開始着手進行準備工作。一九七八年四月在南京召開全國會議,進行動員。一九七八年十二月在成都召開的全國編輯領導小組會議上,又請國務院秘書趙茂峰同志向全體與會者把周總理的遺願作了傳達。歷時十年,經部先告完成,其餘各部意可陸續出版。從開始至今,大略可分爲四個階段。

　　十年動亂中,古籍遭受厄運,極爲慘重。《書目》的編製,喚起了各系統
的古籍工作者的注意,逐步開展普查工作。舉行了多次的大會小會,制定了
收録範圍、著録條例、分類表等草案,通過交流,統一認識,并劃片分區,舉
辦了對青年同志進行專業培訓。參加編製《書目》的單位有省、市、自治區
圖書館,高等院校、文物保管委員會、科研系統圖書館、中等學校、文化館、
寺廟等七百八十多個單位。組織動員,有篳路藍縷之功。這是第一階段。

　　從一九八〇年五月開始,卡片目録集中彙編,各單位選派人員集中整
理彙編工作。如有疑問即向原單位諮詢,文字難於説明的并附複印件,必要
時,又前往各處看書,鑒定版本,工作經過一年三個月告一結束。這是第二
階段。

　　從一九八一年十月開始,根據卡片目録改編成書本目録,油印爲"徵求
意見稿",寄請各圖書館復核,同時送請專家徵求意見。這是第三階段。

　　從一九八三年八月進行定稿,又在油印本的基礎上作了分類上的調
整,著録上的訂誤,版本上的鑒定,認真編校,陸續交稿。這是第四階段。

　　整個工作先是在國家文物局,後在文化部圖書館事業管理局領導下進
行的,劉季平同志則始終主持其事。由于上海古籍出版社、中華印刷廠、古
籍印刷廠、江蘇省文化局、上海市文化局、上海市出版局,以及各省、市、自
治區的文化行政主管部門的關懷和支持,《書目》得以順利出版發行。趁今
天舉行這個儀式的機會,我謹向有關領導部門,有關參加編製本《書目》的
各單位和同志們,有關出版印刷的部門,以及關心本《書目》的學術界人士,
既是彙報工作,也表達我們編委會全體同志對他們的衷心感謝。

　　另外,我也談一點個人的體會。《善本書目》的編製,是有關搶救和保護
我國民族文化遺産的大事。"文革"劫後,古籍被摧毀之餘,進行調查搜集,
各單位積極參加,先後編送卡片,從中發現了許多珍貴圖書資料,對各地現
存的古籍狀况有了比較全面的瞭解,得悉了爲保護古籍的許多動人事迹。
回憶解放初期周總理指示收回了流散在境外的晋代大書法家王獻之、王珣
的親筆墨寶,"文革"前夕又收回了宋刻《荀子》、元刻《夢溪筆談》等孤本。
因此,我體會到周總理儘快編目的一言,是有深遠意義的。這樣大規模的訪
求遺書,編入書目,是空前的大事。

　　《書目》中所收之書,爲我國流傳至今的綫裝古籍的精華,今後在國家
文物保護法貫徹執行之下,一定可以世世代代珍護下去。這個書目祇是全
國公藏的善本書目,共收書五萬七千五百多種。這個書目是一個簡目,有了
簡目就可按圖索驥,爲學術研究求書之導引,爲目録版本學的研究,爲整理
古籍提供了大量綫索,對國内外學術界必將産生很大的影響。

　　最後,我們還熱切希望有一天臺灣省所收藏的古籍善本和流散在國外
的我國古籍善本也將彙編入本書目。我們特別希望在臺灣的圖書館界同行

能奮力促成此舉,這也是有關海峽兩岸和海外炎黄子孫協力促進祖國統一的大業。(《中國近現代圖書館事業大事記》,第 428 頁;《全集·文集卷·中國古籍善本書目編輯經過》,上册第 438 頁)

是月　篆書王西野"古吳城闕川原壯,舊國干戈戰伐多"句。(原稿)

是月　先生題簽的《張元濟詩文》,由商務印書館出版。

是月　先生題簽的《西游記研究》第 1 輯,由淮安《西游記》研究會編印出版。

11 月 4 日　張世林有信致先生,請爲中華書局成立七十五周年題詞。

我已由滬返京,行前倉促,未曾面辭,致歉。在滬期間,曾同上海人民出版社一同志到您府上拜訪,并約您以"紀念中華書局成立七十五周年"爲題,寫一題詞。蒙您應允,并言寫好後連同改定好的給《書品》的文章一同寄來。因七十五周年紀念日已迫在眉睫,各方題詞均已收齊,惟欠您的大作,故此致函,望您及時擲下,以輝我局。(原信)

是日　先生有信致盛家琪。

頃接來函,敬悉——。八日因尚有事,不克離滬,西泠之會,我不擬參加了(報到日期有改變,人數可能有壓縮),杭州之游,將來再找機會吧!

拙書兩張,已承轉送,謝謝!您要我寫字,要寫什麼體?便望見告。

西泠方面,便望您去一電話,告他們我不能去了,爲托。艮山段離孤山遠否?我假使有機會到杭州,再去奉訪。(《全集·書信卷·致盛家琪》,下册第 532 頁)

11 月 5 日　先生有信致張秀民。

久未奉候,時以爲念。前承介紹艾思仁先生來訪,相談甚契,據云明年將來滬作博士論文。囑書"名山福地"已塗就,敬奉教正。

淑英同志尚在滬,俟史部發稿後即返北京,大約要春節前可結束。

季龍兄曾赴日講學,近已返滬,身體甚好。[①]（原信,韓琦收藏）

11 月 7 日　先生有信致沈津,時沈津在美國紐約州立大學石溪分校任訪問學者。

別來忽將一年,殊深懸繫,每從同志們傳述尊况佳勝爲慰。日前奉手書并大著等,均經雒誦,知您勤奮異常,經眼甚富,可羨可喜,尚望勞逸結合爲要。

我衰憊日甚,懶于筆札,一無所就。前年曾寫《張元濟與合衆圖書館》,近始在《出版史料》中刊出,寄奉曬正。我一生從事圖書館,以歷史文獻最爲順手,亦最能體現我的設想,人手得力,經費不窘,收書甚多,編印之書亦不少,惜成曇花,暇亦擬寫一文記之。您他日歸來,則長樂路之廢紙可以不

---

①此信據內容,應該是針對 11 月 7 日張秀民信的復函,末署"11.5"費解,或爲"15 日"之誤,待考。

廢，目前有吳織在，可以放心。

寄示詹景鳳一札，有"夜檢門簿"云云，我們有門簿標本，并有諸老題記，已印入《文獻》，足資參考。讀戴（廉）先生與洪（業）先生唱和詩，洪先生晚年詩書均甚高雅，甚可珍也。擬複印一份贈王鍾翰先生（洪先生高第，現任民族學院歷史系主任），他亦曾在哈佛留學，在哈佛留學之友甚多，近已寥落。

裘開明先生著《中國圖書編目法》，商務出版，中國書編卡片目錄是其首創。哈佛燕京圖書館目錄卡片，有多以紫墨水複印者，皆燕館所代辦，不知已全更新否？裘先生主張古籍善本用玻璃櫥平放，不知現在如何？戴先生《劍橋吟》長歌，讀之可以想象其美。我初上大學（交大前身），同學皆慕麻省理工，後入燕京，皆慕哈佛，我當然亦不例外，一笑。

寄示明人手札複印件，均佳。您曾提戚繼光手札，不知真贗如何？齊耀琳、耀珊兄弟，曾任江浙省長，郭學群則齊氏婿也。大約抗戰後流去。

承詢美洲地區善本書目的看法，如能辦成，是一大好事。人數不必多，要有一個組織，統一思想。如果對古籍目錄版本有基礎又真有興趣的在一起，這是不難的，我們編目的經過，您是身歷其境，必然有較多的體會。步驟要分的，而不是搞段落的。美洲藏書單位，可能都有卡片，可慮的是不够準確，恐怕編目的資歷很高，而不是從事這一行的。所以最好選年紀較輕的，進行一次培訓參觀。如果各館皆有卡片，集中後看一看，先抽樣檢查一下，再研究校片辦法。

善本標準，我最近又仔細考慮了一下，覺得"三性"是不錯的，是可行的。但是"善本"的這個名稱，應該與張之洞的說法要有區別。張之洞《書目答問》的標準是對當時的士子（仿佛現在的中學生）自修用書善不善的標準。現在我們的善本從文物角度出發的，所以不能以張之洞的說法，與版本目錄學角度不同。

還有一點重要的是鑒別。分類還是用《四庫》酌加增删，如果先搞分類，一定是曠日持久。定了分類法就可進行。著録則須鑒別，批校有親筆與過録及偽作，明清本有撤去序跋，有我們的《善本書目》可以參考，書影校比。美國交通方便，最好疑難的能看書。步驟是：一組織，二培訓，三徵集卡片、匯總、分編、定稿。我們的油印目錄一步，依我看是可省的。我編《四當齋目》，後來上圖編《叢書綜録》，都是卡片發稿的。您瞭解一下他們的基礎如何，基礎好則易辦，但亦可能善不善沒有分的，那須先為分檔，那須要人出去看書了。我想培訓一下很需要。今年紐約圖書館東方部主任來滬，我見着他說起有全美洲編一善本書目事，但他說有了機構，尚無行動。張家璩君即為他們工作，說您亦去過，并未多談。如果組織班子，亦要兩套：一是組織領導（人事、經費），二是具體編輯工作。您經過我們的工作，可以參考擬一計劃。我衰老日甚，否則可以到美一游。存訓先生是行家，有較深的研究，我近讀其所撰《歐美各國所藏中國古籍》一文，極佩極佩。

張秀民先生曾介紹一位瑞典學者（J.S.Edgren），中文姓艾，他寫了一篇《顯德三年〈寶篋印陀羅尼經〉考》，很有研究，給我一本抽印本。他還見到美國某博物館藏中國木佛像肚中找出的一個經卷，年代甚早，不知您有所聞否？艾君在美與翁萬戈先生一道編寫一本 *Chinese Rare Books in American Collections*，翁先生見過否？《蘇齋詩稿》看見否？艾君明年來滬寫博士論文，可得再晤。書不盡言，言不悉意。（原信）

是日　張秀民有信致先生。

十月初在杭州時曾上一函，想早收悉。九月中旬瑞典人艾思仁先生來杭時，對先生書法十分贊美，當時寫了一張便條，請他前來晉謁，不知有否晤面？

敝鄉瞻山橋去冬建成，將先生法書大字刻在橋之內外兩面，見者無不贊美。瞻山亭石柱六根已豎立（年內建成），亭匾也在製作中。現於上山入口處造一石坊，坊前陳列石獅一對，坊額擬橫書“名山福地”四大字，又來麻煩先生，請大筆一揮（最好篆書，請標年月，落款，蓋章），不情之求，實難啓齒，尚望俯允爲盼……

如見冀淑英、譚季龍先生，請代問好。附上拙文《瞻山亭記》一篇，請教正，并望賜回示。（原信）

11 月 23 日　鄺健青有信致先生，詢問“龍”字的書寫問題。

我是一個山村裏的孩子，挺喜歡寫毛筆字和畫畫。雖然這對我這樣一個農村人來說，沒有什麼用處，但我一有空就學着寫字畫畫。

顧爺爺，有一次我在《書法》這本書上看到了您寫的字，您的名字中的“龙”字都是（龍）這樣寫，但我查了字典，龙字的大寫應是（龍）這樣。我還在別得〈的〉書上見到過“龙”字象（龍）這樣的寫法，不知爲什麼？

我想這不是別字，但又説不出爲什麼這樣寫，所以就來信問您了，顧爺爺，請您告訴我好嗎？（原信）

11 月 30 日　華東師範大學校報第 190 期發表王世偉《我的導師顧廷龍》。

約 11 月末　先生有信復鄺健青。

親愛的小朋友：

最近接到你的來信，很高興。你提的問題，很有意思。“龍”字應照簡體寫作“龙”，我因爲是自己的名字，按簡體字規定，專名字可不一定改簡體，所以自己的姓名，按習慣寫作“龍”。“龙”的繁體應作“龍”，但“龍”字，隋唐書法家常簡作“龍”，或作“竜”。中國文字都是由繁到簡的，現在都應遵照簡體字書寫。你認爲對麼？（《全集·書信卷·致鄺健青》，下册第 732 頁）

　　是月　先生題簽的《積微翁回憶録·積微居詩文鈔》（楊樹達撰），由上海古籍出版社出版。

　　是月　先生題簽的《周貽白小説戲曲論集》（沈燮元編），由齊魯書社出版。

12 月 1 日　王紹曾有信致先生。

　　久疏問候，辰維杖履康勝，著述日宏，爲無量頌。

　　今春承上圖複製孔廣林《鬥鷄懺傳奇》，無任銘感。兹因另需許鴻磐《女雲臺傳奇》一卷（係《六觀樓北曲六種》之一，上圖藏有同治刊本），托古籍所官慶山同志來滬之便，代爲聯繫，可否仰懇我公轉知古籍組負責同志惠予複印，如不便複印，可否即由官慶山同志代爲迻録。因卷帙無多，迻録較爲方便也。如何之處，敬祈酌奪。

　　帶陳山東特産阿膠一斤，即墨老酒兩瓶，尚乞哂納爲幸。餘俟官慶山同志面陳不贅。（原信）

12 月 10 日　魏羽展有信致先生。

　　上月七日寄上一函，想已早蒙台覽。有關爲本社所編《近代名人手札真迹》一書撰寫序文一事，日昨陳善偉博士見告，日前已與先生長途電話聯絡，已蒙先生惠允撰寫，至以爲感。至於時間方面，由於時届歲晚，假期影響，各方面工作進行均有阻延，故先生撰寫序文時間較爲充裕，如可於八七年二月中完成寄下，已可趕及排印。將來此書出版，有先生之序文，則相得益彰，誠出版物中之佳構也。（原信）

12 月 15 日　張世林有信致先生。

　　寄來的題辭已收閱，因近來工作頗忙，未能及時作復，還望您寬恕。領導和一些同事看了您的題詞，非常高興，非常滿意，已决定收入爲慶祝中華書局成立七十五周年而編的《中華書局圖書要録》一本紀念册當中了。大約明年二月出書，書出後即當奉上。

　　另外，上次拜訪您時曾説過，您爲《書品》寫的稿子已撰好，稍加修改即給我們寄來。不知您是否已寄出？我們到現在也未收到。《書品》明年準備公開發行，還望您的稿子能及時擲下，我們擬發明年第一期，時間頗緊，萬望從速。又請您由貴館中物色一適當人員，代您爲《書品》寫一篇介紹上海圖書館館藏古籍的文章，可參閲《書品》第一和第三兩期上刊登的介紹北大和科學院圖書館館藏古籍的文章，字數在兩千左右。着重介紹貴館古籍的特色，都藏有那些珍貴的善本、那些孤本等。（原信）

12 月 16 日　王守稼有信致先生。

　　手書拜讀，謝謝您了。本月中旬，我去北京參加中國古代經濟史國家重點項目課題規劃會議，十二月八日乘飛機去的，十三日乘飛機返回。收到您信的時候，我正在京，回家後纔看到您的大函，因此回信遲復，望諒。

　　我們列入國家重點項目的是"明清蘇松杭嘉湖地區（長江三角洲）社會

經濟史研究”，我承擔的是明代松江府和上海古代“人物志”，1988 年前基本要求完稿。《明代的上海》的書簽，便中煩請書寫，有您的墨寶，將爲此書生色增輝。謝甚謝甚！當然此事也不甚急，待您方便時寫好了。(原信)

12 月 29 日　錢亞新有信致先生，請爲《杜定友先生遺稿文選》題簽。(原信)

是月　金文書“人壽年豐”。(《顧廷龍書法選集》)

是月　書“壺天歲月樂康莊，檢點奇珍粲錦囊。圖出廬山真面好，鬟翁杖履見新裝”。(《海上收藏世家》)

是月　先生題簽的《積微居甲文説·耐林廎甲文説·卜辭瑣記·卜辭求義》(楊樹達撰)，由上海古籍出版社出版。

是月　先生題簽的《中國文學文獻學》(張君炎撰)，由江西人民出版社出版。

是年　撰《努力開發文獻資訊資源，爲社會主義兩個文明建設服務》。(複印件)

是年　爲《蕙風樓爐餘幸草》(陳乃文撰)、《吕伯子詞集》(吕貞白撰)題簽。(照片)

是年　爲蘇州市北塔公園内楠木觀音殿題“一塵不染”。(照片)

是年　先生題簽的《胡適年譜》(曹伯言、季維龍編撰)，由安徽教育出版社出版。

### 是年

2 月 10 日　丁英桂卒，85 歲。

5 月 11 日　夏承燾卒，86 歲。

5 月 19 日　洪駕時卒，81 歲。

5 月 28 日　翁獨健卒，80 歲。

6 月 23 日　孫楷第卒，88 歲。

8 月 31 日　吴世昌卒，78 歲。

# 1987 年　84 歲

1月1日　撰《近代名人手札真迹》序。此書由王爾敏、陳善偉從香港中文大學藏盛宣懷書牘中選輯。

> 盛宣懷馳政壇垂四十年，所遺文書甚夥，奏稿、電稿、公牘、函札、條陳、説帖、條約、合約、告示、傳單、會議録、家信、日記、帳册，咸有存留。盛氏既逝，後裔延人以奏稿、電稿編印《愚齋存稿》一百卷、《補編》十二卷，亦係部分掇拾，尚有大量文書散置各處，上海圖書館亦有收藏。(《全集·文集卷·近代名人手札真迹序》，下册第1048頁)

序中還就明清尺牘箋紙的變化和書法等作了叙述。

是日　臨《秦詔版》於扇面。(複印件)

1月29日　春節，顧誦芬、江澤菲及顧衡在上海過年。爲上海古籍出版社吴旭民(《中國古籍善本書目·經部》責任編輯)題詞："旭民同志爲此目責任編輯之一，相助甚力。今經部樂觀厥成，爲學術界同聲慶幸。其餘諸部尚望督促不懈，它日全功告竟，與君浮一大白，書此爲券。丁卯元日。"(原件)

是月　《上海文獻叢書》編輯委員會聘先生爲編輯委員。(履歷表)

是月　《圖書館學通訊》第1期發表吴織《書海五十年——記顧廷龍館長》。

2月3日　先生有信致錢亞新。

> 命署杜先生遺著書簽，適因拇指酸痛，寫了數次，均不恰意，故遲遲未能報命，歉何如之！頃塗呈兩式，乞指教選采。署名最好不用，姑備設計同志之安排。杜先生嘗爲顧頡剛先生在中山大學草擬《圖書采購計劃》曾寫序文一篇，不知已收入否？寫得很切實，如有需要，我可能找得出。
>
> 今年有機會到寧，定當奉謁。(原信，南京大學謝歡博士提供)

2月20日　撰《郭紹虞論語文教育》序。

> 回憶一九三一年夏，龍負笈燕京大學研究院國文系，時郭紹虞先生任主任，因得忝附門墻。龍住吾家頡剛教授家，時郭師寓成府蔣家胡同四號，頡剛寓三號，比鄰而居，往來甚密，龍亦得時從請益，春風化雨，獲益良多。燕大畢業後，余投身圖書館界，一九三九年秋復來上海籌創合衆圖書館。後來師亦來上海任同濟大學文學院院長，招余任教，是余兼任教學之始。師之編《國文月刊》，發起中國語文協會，余均忝叨末座。建國後余仍致力於圖書館事業，六十年代初師主編《中國歷代文論選》，即在上海圖書館闢專室以供采擷，又得朝夕相見者兩易寒暑。十年動亂，不通音問。迨余久幽獲釋，造門問安，談次，瞥見書室中猶懸余在校時所作楹帖，吾師不以其丁亂

而棄去,徵見先生對後學之愛護,感篆莫名。(《全集·文集卷·郭紹虞論語文教育序》,下冊第866頁)

是月　跋李大釗同志遺墨。

　　一九六五年秋,我們有搜集景印先烈李大釗同志遺墨之舉。乃蒙田家英同志以所藏大釗同志手寫《黃石公素書》一册見示,卷首自署“闇齋”,知爲大釗同志早年手迹。乞假影印,即承慨允,感幸莫名!何意墨版甫竣,而“文革”暴發,未及裝幀,即將單片包裹束閣。“四人幫”粉碎後,竟失所在,經多年尋覓,近始於故紙堆中發現,尚存百有餘册,亟付裝訂。不幸家英同志已於“文革”初被迫害致死,不獲親見其成書。我們對家英同志之不憚辛勞,訪求革命文獻之熱忱,彌增懷仰。(《全集·文集卷·跋李大釗同志遺墨》,下冊第864頁)

是月　跋《明喬一琦將軍手迹》。

　　上海喬一琦將軍(一五七一——一六一九),字原魏,號伯圭,明萬曆季年出師遼東,犧牲于滴水崖,事迹見《明史》。將軍才兼文武,詩文書法均著當世,歷三百餘年,屢經兵燹,手迹傳世,已如星鳳。上海市文物保管委員會重視地方文獻,現將所藏喬氏遺墨并徵取上海圖書館所庋致袁度一簡,彙輯影印,以廣流傳。蒙定一同志寵錫籤題,遺澤增輝。予幸快先睹,聊志顛末,濡筆而跋于尾,藉申敬仰之忱。(原書)

春日　篆書唐張彥遠語“凝神遐思,妙悟自然,物我兩忘,離形去智”。(複印件)

3月4日　撰《我與商務印書館》,呼籲整理出版張元濟《百衲本二十四史校勘記》。

　　今年二月爲商務印書館九十周年大慶,謹在此表示熱烈的祝賀。回憶四十年代,上海成爲“孤島”,江浙藏書紛紛流散,于是,張菊生(元濟)、葉揆初(景葵)、陳叔通、李拔可、陳陶遺等創辦合衆圖書館,網羅散佚,招我來主持其事。張、葉、陳、李四人都是商務董事,祇是葉的任期較短。因此合衆與商務往來比較密切,我與商務同仁也比較熟識。合衆人手少,時常能得商務的幫助。菊老九十生日,商務同仁爲菊老歡宴合影,我也被邀參與同仁之列。今雜記往事,以資紀念。

　　菊老與熟人通信,都利用紙邊或包皮紙,信封多用舊信封反過來寫,很少用正式信封,他給我的許多信函就是如此。有一次我問菊老,您何時開始把信封反過來充分利用呢?他說,在第一次歐戰中開始的,覺得物資缺乏,不能不珍惜,要充分利用。老輩都有這樣的觀念,要愛惜物力。我的外叔祖王同愈先生(菊老之友)也教我把用過的繩子收好,包扎的繩子不要一刀剪斷,雖然比解起來快一點,但是這條繩子就不能再用了。我一直學着這樣做。這也是人盡其材、物盡其用的一點美意。

　　菊老七十、八十歲都沒有做壽。世俗所重，而他似有自己獨特的想法。八十壽辰時，我聽葉揆老說他誕辰謝客，我就不去了。那天下午菊老到館裏來，并且隨帶唐人寫本《文心雕龍》的照片，他自己先校勘了數頁，又交給我續校，可惜現在已記不起來校出的結果如何了。

　　一九四九年四月，葉揆老病逝之日，其時館中經濟困難至極，余正憂惶不已，而菊老偕李拔可先生聞訊即來館，寬慰說："一切由我們負責，你放心。"其誠摯之情，令人難忘。揆老曾談及圖書館之興替，說："我們五人（指前舉張、葉、陳、李、陳）學問未必皆深，也未必人人皆知圖書館之辦法，但皆飽經憂患，有相當之修養，且皆無所爲而爲之。五人間有甚深之情感與互諒，故能知無不言，決無問題。"使我深感五位老先生肝膽照人。

　　菊老逝世後，陳叔通先生與商務同仁議編菊老遺集，雖經動亂，遺稿無恙，今在商務領導和陳原、林爾蔚兩同志的關懷和主持下，已將日記、書札、詩文及與傅增湘論書尺牘等先後整理出版。菊老遺稿尚有專著數種，必將陸續印傳。此外，新西蘭學者葉宋曼瑛博士用英文所撰《從清代改革家到二十世紀出版家——張元濟生平和事業　一八六七——一九五九》一書，商務亦已爲之出版，希望譯成中文，尤便閱讀。菊老一生事業，必須編一年譜。回憶一九四八年，胡適之先生來合眾，張、葉二老也在座，適之又言兩老應有一年譜（適之在其《四十自述》序中即倡議要爲二老編年譜事）。當時，我曾自告奮勇願任其事，因與揆老朝夕相見，請益甚便，而菊老很多資料已移送館中，所以編寫二老年譜，我是有較好條件的，無奈因循坐誤，至今引爲憾事。

　　菊老校百衲本《二十四史》（佐之者胡文楷、王紹曾先生都認真不苟），當時寫成校記若干冊，我曾獲一睹，所據各本不同之字都一一校出。有人認爲有用的已入《校史隨筆》，餘下的都沒有用了。我認爲它還是一部有用的校記，值得印出來。因爲當時花很大的人力詳校各本，後人欲知某本作某，一索即得，可節省研究工作者的很多時間，亦可考察一字致誤之由。如果不能印，最好貢諸國家圖書館，以利參考。文楷曾爲合眾義務編目，每星期日工作一天，我則利用下一星期中的每天晚上校對一遍，相助實多。工作細緻，校閱甚便。紹曾是受益于菊老多年，曾寫《近代出版家張元濟》一書，闡揚菊老校勘之學非常詳盡。

　　我一九三九年秋到上海，當時涵芬樓燼餘善本均已移存金城銀行保管庫，菊老同意合眾選借傳鈔。負責取書者爲任心白、丁英桂兩先生，每部書均有一張記錄，每卷若干頁都有明細數字，破碎污迹也都注明，其工作精細，確實少見。

　　商務樸實之風，至今不衰，竊謂與菊老治事之精神是分不開的。(《全集·文集卷·我與商務印書館》，上冊第 484 頁)

3月12日　《解放日報》發表先生《我與商務印書館》。

3月16日　谷輝之有信致先生,希望能隨先生去蘭亭,"一方面可作些記録之類,另外也是一次學習機會"。(原信)

3月29日　鄭偉章有信致先生。

　　我現在正蒐集關于葉昌熾的資料,想爲他編一年譜,在他開始寫日記至他逝世,材料極豐富。困難的是,他二十二歲(同治九年)以前的資料極少,我雖找到吴鬱生、王同愈合寫的墓志銘和曹元弼寫的墓志銘,但覺得所記早年事迹亦極略,尤其是他的家譜,不知流落到何處。先生是蘇州人,聽您説王同愈老是您的叔舅,我想您一定耳聞過一些關于葉氏的事迹,或知道一些有關葉氏資料的綫索,萬望您老賜教,以撥冗開塞。(原信)

是月　爲浙江大學圖書館撰《袁氏贈書記》。

　　袁紹文、紹良先生昆仲,舉其先德滌庵先生所遺宋元明清善本共計二十二種二百二十九册,捐贈浙江大學圖書館,誠盛事也。

　　滌庵先生名翼,字興中,號鴻縉,又號堅伯,浙江嵊縣上碧溪人。曾留學日本,與魯迅先生同學,又同任教于紹興學堂,後任北票煤礦總經理,遂久居北京。好聚書,富收藏,動亂中藏書均被抄没,近始發還。其中最珍貴者,一爲宋刻《資治通鑑綱目》,一爲元中統刻《史記》,二種書中均鈐有"大公無私""康生"等印章,因知曾被康生所竊據,今乃物歸原主,實爲幸事。

　　按《綱目》雖屬殘本,而字大悦目,刻印精良,紙質亦瑩潔,實爲希世之珍。《史記》爲著名善本,完整者尤爲難得,明天順游明刻本即從此本出,清張文虎、唐仁壽撰《史記》校勘記曾著其精善之處甚詳。《綱目》半頁八行,行大字十五、小字二十二。刻工可見者,有李二文、虞全、劉立、范仁、虞文、蔡正、劉京、蔡伸、張榮、李子文等十人。其中虞全、虞文、張榮均曾參加刻《通鑑紀事本末》者,范仁曾刻《春秋音義》及《夷堅志》,蔡正參加刻端平本《誠齋集》及明州本《文選》,而張榮又參加刻紹熙三年黄唐浙東茶鹽司刻本《禮記正義》《漢書》《玉篇》《廣韵》《陳書》等,皆南宋時浙人也。

　　今紹文、紹良先生熱愛故鄉,熱愛浙江大學,遂將上述兩書捐贈浙江大學圖書館,洵爲盛舉。紹文先生又將自用科學技術圖書一千餘册由美遞運回國,併以捐贈該校,津逮後學,以廣流通,愛國熱忱,殊可稱頌。兹承圖書館主者見示,屬繫數語,爲記顛末,以告來者。(原件)

是月　爲張蘇華主編《名賢咏題菜譜》篆題"天下第一名菜"。(原書)

4月8日　下午赴杭州。行前致宫愛東信。

　　昨奉手書,快慰之至。春節前承惠南京名産鴨肫肝,不勝感荷!正與家人談及南京肫肝之美,可惜上海見不到,忽承見惠,真是喜出望外。稽遲函謝,尚乞見諒。

　　江凌同志來滬,十分歡迎,冀大姐亦同此心情,望隨時降臨爲盼。

龍今日下午赴杭州參加中日書會，小谷同意陪我參加會議數天（三天），亦一快事。

潘老近體如何，深念。切勸其安心休養。上海潘景老亦因身體不佳，春節後尚未來過，亦不能多勞了。古籍情況複雜，中青年人不够多，奈何！我自以爲識途老馬，總想與中青多談談，可是爲寫字所累，應付不了，非我願也。（《全集·書信卷·致宮愛東》，下册第 574 頁）

4 月 9 日　由《人民日報》社、浙江省文化廳、中國書法家協會浙江省分會，和日本《讀賣新聞》社、日本電視放送網聯合舉辦的中日書法討論會在杭州飯店小禮堂舉行。主講人爲沙孟海、顧廷龍、谷村義勇、今井凌雪。（會議通知）

是日　先生再致宮愛東信。

昨匆匆復一緘，一件正經事忘寫，歉歉！

潘寅生館長所談下半年《善本書目》要不要去開會一事，我個人意見目前尚無特殊問題，祇有一般經常工作。關於名單問題已解決，稿費問題亦已定議（該款現在上圖代管，等冀大姐返京帶走）。最近收到學會通知，原定要開大會，現在取消了。所以《善本書目》今年亦可不開會了。便希與潘天老一商，如亦同意，請告潘寅生同志爲幸。北圖正忙於搬家，譚館長必難分身。

小谷囑筆問好。三時去紹興，後日回滬。（《全集·書信卷·致宮愛東》，下册第 575 頁）

4 月 10 日　參加在紹興舉辦的首屆中日蘭亭書會。日本方面出席者有青山杉雨、上條信山、村上三島、殿村藍田等，中國方面則有沙孟海、啓功、方去疾、謝稚柳、沈鵬及先生等。（吳柏森《啓功談慈禧寫字》，載《世紀》2002 年第 2 期）

書會期間，先生作詩二首：“右軍妙墨仰千秋，修禊蘭亭曲水濱。今日迎來蓬島客，兩邦友誼倍相親。”“當年飛渡訪瀛洲，歲月悠悠廿四秋。盛會樂燒留茗椀，相逢舊雨話繆綢。”發表論文《宋游相藏蘭亭述略》。（先生小筆記本）

4 月 14 日　《文匯報》發表秋水《顧廷龍與圖書目録研究》。

4 月 20 日　白化文有信致先生，云：“有關徐森老生平的賜示收到，衷心感謝。該辭條完全按您的指示全部照録。此後定有學習、工作中難以解決之問題，當隨時請求指示。”（原信）

4 月 22 日　《人民日報》（海外版）轉載 4 月 14 日《文匯報》秋水《顧廷龍與圖書目録研究》。

4 月 26 日　將《宋游相藏蘭亭述略》（中日書法討論會論文）抽印本寄給高橋智。（原件）

是日　日本《讀賣新聞》發表先生《蘭亭略述——宋游相藏本的探索》（按，即《宋游相藏蘭亭述略》）。

4 月 27 日　谷輝之有信致先生，并附其所録先生在紹興時所談 1963 年訪日之事。“根據顧老意思，我主要記録了中日書家之間以文會友的情誼，時下講

經濟效益,人情味淡薄了,這些往事,顧老不説,別人也無從得知了。"(原信)

是月　書鄭逸梅撰《重建草橋中學廿周紀念塔記》。

　　草橋中學紀念塔,建於民國十六年,即公元一九二七年,屹立鼎丞圖書館前,歷經板蕩,而塔基幸免於阤。迨一九六六年浩劫來臨,遂被毀於橋昧之手,致使風瀟雨晦,殘迹頹然,不毋令人起荆棘銅駝之嘆。兹值百廢俱興,發揚教育,又適欣逢創校八十周年紀念,爰集資庀材,重建是塔,煌煌奕奕,恢復舊觀,對此能不緬懷鐸化之維艱,樹型之不易。菁莪棫樸,遺澤猶存,而學子莘莘,藉以追躅溯徽,黽勉策勵,日後爲國家增光,爲社會造福。端發喤引,其庶幾乎! 是爲記。(《顧廷龍先生紀念集》,第251頁)

是月　爲惲南田學術討論會書"南田論書畫語",又書"顧亭林論南田詩"。(《書法》1987年第4期)

是月　陳乃文贈《蕙風樓爐餘幸草》(先生題簽)。(原書)

是月　《行政與人事》第4期發表劉慶雲《他像一部書——記顧廷龍》。

是月　先生題簽的《常用古文字字典》(王延林編撰),由上海書畫出版社出版。

是月　先生題簽的《杜定友先生遺稿文選》(初集)(錢亞新、錢亮、錢唐整編),由江蘇省圖書館學會出版。

5月3日　崔文印托張明華轉呈《大金國志校證》(先生題簽)。(原書)

是月　先生題簽的《簡明中國古籍辭典》(吳楓主編),由吉林文史出版社出版。

初夏　篆書"山水壯觀"。(《顧廷龍先生紀念集》,第242頁)

6月10日　朱維錚有信致先生,邀爲楊志剛碩士論文答辯委員會主席。

　　久未奉候,想貴體安泰。您介紹的新西蘭葉宋曼瑛女士文稿,業在《中國文化》刊出,樣書及稿酬已請現在貴館的小徒朱聖騄致送,想已污尊目。

　　今年六月,晚所指導之中國文化史研究生楊志剛,將面臨碩士論文答辯。楊志剛所選題目爲《北宋司馬光"書儀"及南宋朱熹"家禮"研究》,晚於宋代禮學爲外行,勉强指導成篇,待海内前輩及專家指教。然小徒論文答辯,在滬上除您以外,實難覓得主持人選。知您健康欠佳,但同諸友商量,以爲於禮學造詣甚深,非您莫屬。故而命小徒鄒振環(已爲敝系講師,研究生秘書)登門拜懇,千乞俯允出任此論文答辯委員會主席。楊志剛之論文已命鄒振環呈送,但盼您能拔冗一閲。後生淺識,不足以污前輩法目,已知之矣。但仍懇請您俯允主持答辯,因滬上學人接觸此題者委實難覓。儻蒙前輩惠允,則此文答辯擬於本月廿四下午舉行。答辯委員還有上海師大副教授朱瑞熙,敝系副教授汪槐齡、趙克堯、許道勛,千祈前輩於此時勿另作安排,迎送車輛當由敝系妥爲安置。具體事宜,將由小徒鄒振環與前輩聯繫。(原信)

6月14日　先生有信致冀淑英。

兹有一事奉托：吾友張珍懷同志所著《日本三家詞注》一稿，書目文獻出版社接受出版，但近況如何，迄無確信，甚爲焦念。旬前北京舉行中華詩詞學會成立大會，她當選了理事，因開會忙，不及一訪書目文獻出版社。

兹悉台駕返京，擬懇往該社一問，如果因訂數不多，不克付印，不妨退稿，勿使該社爲難。如晤殷夔同志，幸爲道念，我亦不敢一再向其瀆請，幸爲探一實況爲托。（《全集·書信卷·致冀淑英》，下册第395頁）

6月18日　先生有信致潘美娣。

你的文章，寫得很好，認真讀完，非常高興。

修復這幾部書，很辛苦。能把經過詳細地寫出來，表達得很明白，我外行亦能看懂，過去還沒有人這樣的紀錄傳下來。

修復這幾部墳墓中出來的明板書，意義很大。一、今天重視明刻本，正如明代人重視宋刻本。二、這幾部書，在明刻本中不多見的，殉葬入墓，可知死者的珍愛，在當時也必難得的（可惜一種缺字，沒有仔細查考）。三、這種修復工作，難度很大，前人也難得碰到。做一點前人沒有做過的事，足以自豪。四、銀雀山也曾在墳墓中發現宋版書，毛病沒有這樣大，有機會到北圖，必須參觀一下。

鄙意可投稿本館《圖書館雜志》。草草書此，聊志吾喜。〔《古籍修復與裝幀》（增補本），插圖〕

6月21日　先生有信致谷輝之。

自湖濱別後，忽逾兩月。旋滬即往武進，游了善卷洞，又在常州參觀、寫字。歸後亂忙數天，忽患病毒性感冒，旬日告痊。手書及側記在病榻上拜讀，無任快慰！本當早日奉復，奈病起後，又雜務叢集，又乏相助之人，假使在杭州，你必能幫我大忙。近月又投入季節性勞動，如研究生答辯、評職稱的推薦，這些都是不務正業。我的正業祇有《善本書目》一項了，但亦不能認真去做，愧恨之至。

冀大姐審稿告竣，業於前日返京，將於八月赴英講學。現在我和燮元通讀一過，尚有小問題要修改。余雖衰朽餘生，自冀北返，每日前去，希望早日結束。前日午後，李競同志來電話，通報劉季平同志以癌疾不治，已於前日作古，不勝傷悼！經部成書，季老尚及一閱，而史部下月發稿，已不及向其彙報矣。

韓錫鐸同志來滬，承惠天台佳茗，感何如之！似聞貴館亦將派人來核對卡片，不知有其事否？如有其事，不知會派你來否？

側記寫得很好，但恐"海外版"未必會登。因"海外版"曾要我請人寫一文，恐久延未交。後來，他們見到《文匯報》登了一篇記者采訪稿，後來"海外版"就轉載了。上海《書法》雜志將印我舊作，并請柳曾符君寫了一篇介紹,大約八月可出版。一俟出版,即行奉閲。吳纖同志亦曾寫了一篇介紹我的事迹,刊在今年第一期的北京《圖書館學通訊》,已托人去代購數本,一到即寄呈。

側記想有留稿,不知有何刊物可登? 尊稿我要留下,如你要自留,來示即還。餘容續陳。(《全集·書信卷·致谷輝之》,下册第 607 頁)

6月30日　日本學者尾崎康有信致先生。

一個多月的中國訪書旅行結束了,我於六月十八日平安地回到日本。此次旅行,在上海、北京、南京諸地,承蒙眾多友人的親切接待,得以拜讀特級善本,感到榮幸無比。此乃諸位先生厚意和盡力的結果,深致謝意。日後我將努力進行書志學、版本學的研究,藉以報答先生的情誼。

盛夏之際,祈祝先生身體健康。(原信)

是月　先生題簽的《總結·開拓·前進:建館三十五周年紀念文集》,由上海圖書館編印出版。第一篇爲先生舊作《合衆圖書館小史》,文末補跋曰:"此文係一九五三年捐獻時的報告,忽忽卅餘年。合衆圖書館于 1954 年 3 月 12 日改名上海市歷史文獻圖書館,1958 年與上海圖書館等館統一機構。今日上海圖書館事業的蓬勃發展,非當日所能夢想。偶檢舊稿,略具始末,以實館刊,匆匆不及重寫,聊供研究上海市圖書館事業發展史的參考。"(《總結·開拓·前進:建館三十五周年紀念文集》,第 7 頁)

7月6日　谷輝之有信致先生,談評職稱、蘭亭側記、從先生習字諸事。(原信)

7月10日　張世林有信致先生,請爲《書品》寫稿并題詞。

久未問候,不知您近來身體可好? 是不是又到外地開會去了?《書品》第二期已出,隨後寄上,請您指正。

您答應爲《書品》撰的稿子,記得去年去上海到府上拜訪時,您說已寫好,待謄寫後即寄給我,但至今仍未見到,我真心希望能儘快見到您的這篇大作。上次回京後,我即向局領導彙報說,顧老的文章已寫好,不久即可寄來。現在衹好催債,以了宿願,萬望儘早擲下。……(題詞)最好能用篆體并配上釋文,即用您給文物社慶寫的那種體。另外,我個人也是您的書法的崇拜者,借此機會,我也斗膽求您一幅字,最好是一首絶句,若蒙恩准,當不勝感激。《書品》的那條字因要發稿,請您早些擲下。(原信)

夏　書張珍懷撰《瑞華交輝曲》,贈馬悦然夫婦。

昔日北歐一少年,迢遥萬里入西川。峨嵋山寺尋幽處,勤學漢語讀簡編。錦江淑女結良緣,舉案齊眉德曜賢。揮翰聯吟同偕老,巨著輝煌傳譯稿。《水滸》豪宕《西游》奇,瑾瑜在握光皎皎。寄語淵博漢學家,尚有通靈玉無瑕,彩筆何妨放紅花。三部交輝耀瑞華,雙巵高舉醉流霞。《瑞華交輝曲》,敬贈馬悦然先生、夫人儷正。(《顧廷龍先生紀念集》,第 241 頁)

8月31日　谷輝之有信致先生,爲調動工作事,請先生寫推薦信。(原信)

是月　《書法》雜志第4期發表柳曾符《胸中原有雲烟氣,腕力遒時字始工——記顧廷龍先生和他的書法藝術》。末云:"顧老爲人篤實誠樸,平易近人,有長者之風。他的書法渾穆雅静,功底深厚;他在治學方面態度嚴謹,一絲不苟;還有他對事業的獻身精神,都是我們學習的楷模。"

9月初　先生有信致宫愛東。

前奉手書,極爲興奮,祇以《書目》尚未脱手,因此不克離滬。現在《書目》已編次完畢,剪貼亦已完畢,祇剩編號未竣。

我定在本星期内趨寧,向潘老請教幾事:一如何寫書面彙報,二今後工作的大體安排。車票到手,當即電告。

另外,您談的培訓問題,我很感興趣,很感重要。但自覺年老體衰如同廢物,多一事不如少一事吧! 一切面談。

吳織同志同行,她也體會很多,可交流交流。潘老前恕不另行具札,煩轉致念忱。面晤在即,不一一。①(《全集·書信卷·致宫愛東》,下册第573頁)

9月11日　與吳織到常州。(陳建華致王小寧信)

9月12日　與吳織到南京,瞭解《中國古籍善本書目》子部審稿工作情况。(陳建華致王小寧信)

是日　谷輝之有信致先生,爲推薦信致謝。(原信)

9月26日　出席在北京東路友誼商店如意酒家舉行的王世偉、王曉雲婚禮。(王世偉日記)

是月　跋李一氓藏游相《蘭亭》卷。(《全集·文集卷·跋李氏無所住齋藏游相蘭亭卷》,下册第625頁)

是月　先生題簽的《校讎通義通解》(清章學誠撰,王重民通解),由上海古籍出版社出版。

10月1日　先生有信致吳織(時先生在北京探親休假)。

我臨行,承蒙陳雷同志、佩華同志和您均來相送,感何可言! 車中很安静整潔,我睡得很好。到了車站,兒媳、小孫均在等候。從車站到北苑很遠,北苑實在朝陽區(北京有兩個北苑,另一個在通縣)。北京朋友的電話號,我向不注意,也不記録,這回想要找人就感困難了。但在小本上翻到譚祥金同志家裏電話,一打就通,説定二日下午派車來接,去會所報到。

我身體甚好,請勿念。祇是到了此地,時時想睡,還没開始工作。此地房子較瀋陽寬敞,環境安静,有緑化,祇是寄信不便,墨汁買不到,必需遠到安定門纔能買到。此地有一服務社,買日用品尚方便,信箋、帶格的稿紙都

---

①《全集》中,此信末署"(一九八一年九月)",疑誤。當在1987年。

有,但信封祇大號的,可以將就了。

　　茲寄去車票五張,請代繳。陳雷、聶佩華兩同志前代道謝不另。206 工作請你關心一下。吳下名士,少緊迫感,一定要拖到 30 日,實在無可奈何!

　　書不盡言,容開會後,當寫一點花絮奉告。(原信)

**10 月 2 日　葉宋曼瑛有信致先生。**

　　十天左右以前曾上一函,請教有關海源閣的資料,現已從好幾本書找到這有名的藏書樓的歷史,并知一部份藏書現待在山東圖書館。菊老和傅增湘的信,有好幾封是談及這圖書館的書流散的事。昨天又奉到樹年先生寄贈的《張元濟友朋書札》,其中葉恭綽(玉虎)的五封信也是談這事的,所以不必麻煩前輩替我找基本的資料了。現祇有一事未知,就是菊老曾去信胡適(1930 年),請他代爲介紹見新買主,看部份已易手的藏書,不知是否賣到海外? □□祇在平、津流散,不會運到上海吧?

　　樹年先生來信說及您身體很好,每天都回古籍組辦公。上海古籍最近出版了不少很有份量的書,真可喜可賀。

　　經上圖複製的胡適信件,承樹年先生給了我,與五十多封菊老的信一起比較研究,我最近寫成了長文(大約三四萬字),如您不嫌損耗目力,當奉呈并請指教。(原信)

**10 月 4 日　葉宋曼瑛有信致先生。**

　　前二天曾上一函,略謂山東聊城海源閣歷史已略知梗概,不敢有勞前輩清神。今夜又遭到一些難題,這次大概先生知之最詳,不得不勞您作答。

　　拙文《新舊交替時期——兩代杰出人物歷史角色的探討》已寫成近四萬字,已寫完了有關最後一封信之事(是菊老手迹,略述祥保女士婚禮,金元券幣制改革,中央研究院開會等事,日期是 1948 年 8 月 28 日),本可以算是寫完,但發現了一些頗有研究價值的事:

　　1. 中央研究院是 1948 年 9 月 23 開會,他 10 月 20 回北平,此時北平教員罷教,他在 10 月 30、10 月 31 都有信(11 月 28、29 也有)給您(而您在 10 月 31、11 月 29 都有回信),那時他已研究合衆的三部全謝山《水經注》殘抄本,所以來往信大概是談此事? 他有提起北平的局勢嗎?

　　2.1948 年 12 月 15 日,胡適離北平南下,行前有信給陳垣(署 12 月 13 日夜),此後他在美國手錄了陳垣的來書、他自己的答書及您讀了這兩封書後的跋文,您是怎樣讀到胡、陳二人的信件的? 談的大概是《水經注》吧?

　　3.1949 年 1 月 25 夜,胡適抵上海,住霞飛路 1946 號,請問那是誰的住宅?

　　4. 胡適在上海一直到 3 月纔離開往臺灣,其間常到合衆圖書館,他作了《齊白石年譜》、上海合衆圖書館所藏葉揆初藏三種《水經注》抄本的筆記草稿。您一定常見他是否? 他對時局有何看法?

5. 就您所知,他有和菊老見面否? 情形如何?

以上的事,都是年代久遠了,請就所記憶回答,除非您有信稿或回信原件,如有的話,可否影印擲下,再由我附上費用? 不情之請,幸勿見却。(原信)

**10 月 7 日**　跋馬飛海所藏日本建仁二年(1202)刻《成唯識論》卷二。

右日本建仁二年刻《成唯識論》卷二,相當我國南宋嘉泰元〈二〉年,字體樸茂,頗有唐代經生書法餘韵,至可珍寶。讀江建霞題記,知爲貴陽陳衡山舊藏,原爲十卷,不知何時離散,甚爲可惜。……衡山名槼,績學好古之士,乃兄即採詩太史松山陳田。衡山隨黎蒓齋使日本,舊刻舊鈔甚富,德清傅雲龍刻《籑喜廬叢書》、上杭羅嘉傑刻景宋本《備急方》,其底本多借自衡山者。衡山旅日時,偶獲宋本《中説》十卷、《二李唱和集》一卷,兩書皆爲景刻流傳,工良印精,咸推善本。黎氏使日時訪求善本,輯印《古逸叢書》,隨幕諸人雲從響應,其功亦不可没,附述及之。(《全集·文集卷·跋日本建仁二年刻本成唯識論》,下冊第 746 頁)

**10 月 9 日**　先生有信致吳織,告知在京參加中國圖書館學會有關會議情況。

我于一日寫了一封信給你,附了六張車票,[①]以便報銷,豈知開會歸來,這封信因欠資二分退回了,真所謂"欲速不達"。開會期間,我住招待所,與邱克勤同志同住一室,潘皓平同志參加我們的會,住另一室,斜對門。到北圖參觀半天開放部門,基本上都走到了,一忽上,一忽下,好在有一同志在旁介紹,有時即攙扶。看了書史展覽,李致忠同志等辦的(配合外國人的興趣,突出了修補工作)。晚上舉行便宴,主人説明不排席次,但我剛與潘、邱、潘(寅生)等坐定,謝館長把我拉到任繼愈、李長路、郭館長、胡沙副館長、北大館長莊守經同座。會議同志勸我去深圳一行,看看玩玩,我想走一趟看看也好,廣東佟館長説屆時一定去接我。胡館長接待外賓,據説外人很重視《古籍善本書目》。錢存訓晚上纔到,他去接。次日開幕,人多,無法見面。冀大姐與陳杏珍四處尋找我,居然碰到了,冀送我回家的。吳館長、楊局長都見到了,不住同一招待所,就難再見了。

車票容後帶回吧,郵寄不一定可靠。我擬 26—27 買到車票回滬,你能來接我嗎? 屆時打電報。餘容面談。

費喆事如何? 念念! 誦芬頃亦歸來了。聶佩華同志問好。沈津同志返滬否? (原信)

**是日**　連雲港市圖書館有信致先生,請賜題館名。(原信)

**10 月 15 日**　再跋李一氓藏游相《蘭亭》卷。

---

①10 月 1 日致吳織信中作"五張"。

一九八七年十月十五日,此卷還瓶之時,氓老爲言,當年仲弘元帥任上海市長,愛好王字,曾收購《蘭亭》多種,均不見佳。徐平羽爲言,氓老有一卷,北宋精極,何妨索取之,勝於所得者多多。氓老知之,即以舉贈。後元帥作古,其子昊蘇檢得後即以送還。此卷授受如此,附記於此。(《全集・文集卷・跋李氏無所住齋藏游相蘭亭卷》,下册第625頁)

**10月25日　先生有信致林其錟。**

奉示敬悉。大稿拜讀一過,甚好。龍二十七乘車旋滬,屆時再約談。

此間秋高氣爽,祇是居處偏僻,探親訪友則不便。李老處相距甚遠,他家電話未留,因此通話亦不成,在北圖新館之談一二語即別,時因尋一送我回家之車,而原來之車有東西存其上,急於取還,忙亂了一陣。

賤軀幸健好。昨寫字一天,當不覺累(都是上海帶來清理者)。(《全集・書信卷・致林其錟》,下册第457頁)

**是月　張元濟“百二十年誕辰”,撰《張元濟訪書手記輯録小引》,以志紀念。**

辛亥以後,張菊生先生即有景印古籍之設想,因此對古籍采訪甚爲積極。曾聞人言先生赴日訪書尚有專門筆記,惜當年侍坐時,未嘗請問,殊爲遺憾!今見先生批注《邵亭知見傳本書目》,訪日之另有筆記,當可信也。

“文革”中,余以“接受再教育”之名義,派往上海市文物圖書清理小組參加抄家圖書整理之役,獲見熟識或知名者之手迹不少,如劉半農、姚石子諸君之日記、魯迅之手札(今藏魯迅紀念館),老舍之手稿等,皆無署名,因余熟識其筆迹,遂知爲某人之物,先生批注之《邵亭知見傳本書目》亦然。余既睹先生手迹,即爲提出別存,意欲使其不致與普通書混雜一處,免遭遺失。再三考慮,即夾小條標明某人手筆,俾此後一再轉手遷移,或可不致遺棄。三中全會後落實政策,抄家圖書乃得絡續歸原主,張先生批本亦得由哲嗣樹年君領回,樹年即以見示,余所夾小條尚在,并經後人加批云:“此條可能是顧廷龍親筆。”余欲使後人重撿得此,知所珍護,時越多年,人手數更,留一小條,確能令人注意及之,喜慰莫名。

邇來《中國古籍善本書目・史部》告竣,始得重理舊業,因出張先生手批《邵亭知見傳本書目》展讀一過,先生工作,精勤不苟,令人敬慕不已。

……當時涵芬樓廣事搜羅,收藏漸富。先生致力於是,從各家著録以至見聞所及記録頗詳。觀其收書目標,似已有影印《涵芬樓秘笈》《四部叢刊》《百衲二十四史》之意圖。先生主編諸巨著,精心結構,別出心裁,絶非一蹴可就之事。越時若干年後,使閲讀者稱道不止,既便學者之檢覽,又使前賢著作不致有湮沒之虞。而先生之《校史隨筆》及《叢刊》後跋校記,皆具有心得體會者,嘉惠後學豈淺鮮哉!

……言目録版本,是一門實學,非空談者所得知。昔章鈺校《鮚埼亭集》,補得《李元仲別傳》佚文一篇。陳垣讀《册府元龜》,補出《魏書・樂志》中缺頁壹張。張先生所作《四部叢刊》《百衲本二十四史》之後跋校記，可見其平直、會通，先生不尚炫奇，一爲平直，真足以體現先生之真奇真情矣。

　　　　龍從事搜求遺書者亦既有年，見聞亦不鮮，而懶于筆札，過眼雲烟，均成陳迹，展讀先生之批注，彌深敬仰之忱。(《全集·文集卷·張元濟訪書手記輯録小引》，上册第 192 頁)

　　是月　與冀淑英合寫的《套印和彩色印刷的發明與發展》一文發表。(《出版史料》1987 年第 3 期)

　　是月　張太雷紀念館落成，書詩云："當日風霆震九天，羊城起義正英年。巍峨高館懷先烈，碧血丹心照簡編。"(《顧廷龍先生紀念集》，第 242 頁)

　　是月　書《文心雕龍》語："句有可削，足見其疏；字不得减，乃知其密。"(《顧廷龍書法選集》)

　　是月　爲上海豫園書《西園記》碑文。(《顧廷龍書法選集》)

　　是月　先生題簽的《中國古代圖書事業史概要》(來新夏撰)，由天津古籍出版社出版。

　　是月　先生題簽的《文徵明集》，由上海古籍出版社出版。

　　是月　先生題簽的《周慧珺行書字帖》，由上海書畫出版社出版。

　　是月　先生題簽的《中華民族的人格》(張元濟編撰)，由香港商務印書館出版。

　　初秋　爲《戴春帆印存》書跋。

　　　　戴君春帆雅俊多才，工作之餘精研篆刻。曩時曾爲余治印兩方，高古可賞，珍藏於篋中久矣。近時携來印譜，囑爲書跋。展視之下，龍蚪鳥魚，各盡其妙。屈曲纏繞，規矩謹嚴，洋洋大觀。刊行之後，必將載譽於藝林焉。爰題數語，以志墨緣。丁卯初秋，顧廷龍。(《戴春帆印存》)

　　秋　應邀出席上海古籍出版社在山東濟南舜耕山莊召開的《古本小說叢刊》出版工作會議。會議期間，在王紹曾陪同下，參觀了山東省博物館和山東省圖書館。在博物館，調閱了王獻唐編《齊魯匋文》，先生云："此皆濰縣陳介祺《齊魯匋文》原拓廢棄之物，已無影印價值。"在圖書館，參觀了海源閣遺書，在特藏部座談時，館領導及采編部、特藏部諸同志"咸手持宣紙尺頁，欲求先生墨寶，先生謂人數過多，無法當場書寫，請開列名單，允於返滬後有以報命"。後先生依名單每人書册頁一幅，寄至山東省圖書館。(《顧廷龍文集》王紹曾序)

　　秋　爲王世偉書"善待問者如撞鐘，敲之以小者則小鳴，敲之以大者則大鳴"。(《顧廷龍書法選集》)

　　11 月 6—8 日　與沈津、聶佩華去深圳，參加中國圖書館學會第三次會員代表大會，出席會議的正式代表一百三十一人，列席代表六十人。會議選舉任繼愈爲中國圖書館學會第三届理事會理事長，先生和譚祥金、杜克、莊守經、史鑒爲副

理事長。(《中國近現代圖書館事業大事記》,第458頁;沈津筆記本)

11月9日　與沈津、任繼愈、譚祥金同車離開深圳去廣州。(沈津筆記本)

11月10日　參觀廣東省中山圖書館。(沈津筆記本)

11月11日　在廣東省委某辦負責人陪同下,前往肇慶,游覽七星岩,參觀端硯廠,廠方贈端硯一方與先生。(沈津筆記本)

11月12日　至王貴忱家晚餐,觀看其藏書數種。(沈津筆記本)

11月13日　自廣州飛返上海。(沈津筆記本)

是月　任上海市文管會委員。(履歷表)

是月　先生題簽的《秦岱史迹》(崔秀國、吉愛琴撰),由山東友誼書社出版。

12月1日　爲程毅中祖母藏《王狀元集百家注編年杜陵詩史》寫書面證明。

　　程王季常先生是我的表姑母,平生熱心辦學和愛好古籍。她收購得宋刻本《王狀元集百家注編年杜陵詩史》一書,當時藏書家及圖書館界多知其事(大約在蘆溝橋事變前後)。我當時在北平,没有機會看到,直至一九七一年後,我與她的本家爲鄰居,季常先生時往其本家處,因此亦常來我家。談起這部書,我要求給我看看,她説在蘇州,寄放在人家。一九七三年春,她到蘇州之後,就來信邀我到蘇州去看這部書。但我因事走不開,就没有看到此書,亦辜負了老人家的好意,非常遺憾。(原件)

12月15日　沈燮元有信致先生,代宋伯胤請賜題《明涇陽王徵先生年譜》書簽。(原信)

12月16日　冀淑英有信致先生,爲《中國大百科全書·文物卷》條目約稿,"請先生分神組織上圖同志撰寫。上博何人撰寫爲宜,亦請先生酌定代約"。(原信)

12月22日　王紹曾有信致先生。

　　十月間赴海鹽參加菊老學術研討會,道去滬上,適值大駕赴京,不及面聆教益,深以爲憾。海鹽返校後,據樹年先生告知,我公曾赴深圳出席圖書館學會會員代表大會,會後徑去北京,致未能及時問候。日前南圖沈燮元同志來濟核對版本,始悉我公深圳會議後并未赴京,昨已函告樹年先生,所有海鹽會議情況,日内諒可由樹年先生面陳。

　　此次海鹽會議,後學曾提出兩項建議:一爲成立菊老學術研究會,二爲整理出版《衲史校勘記》,得到與會同志一致同意,并當場推定研究會籌備小組人選(其中有我公在内)。惟能否落實,尚須待商務領導決定。關于整理《衲史校勘記》事,因目前不屬商務專業分工範圍,更難付諸實施。後學前在《解放日報》拜讀大作《我與商務印書館》一文,知我公對《衲史校勘記》備極關注。曾于九月間以商務老同仁名義上書陳雲同志,建議將《衲史校勘記》出版事宜批轉國務院古籍整理出版規劃小組研究解決,信中并檢附我公文章複印件一份。此項建議,是否蒙陳雲同志采納,尚未獲知。此次海鹽會上,據中華書局趙守儼同志談,《衲史校勘記》在十年動亂中已殘缺不全,究竟丟失若干種冊,須清理後方能知悉。倘所言屬實,不免令人痛心。後學在海鹽時,建議《衲史校勘記》應先由中華認真清理,造具清冊,交還商務。在出版問題未解決前,先由商務指定專人就《校勘記》中菊老加具案語條目,逐一迻録,彙編成冊,付諸剞劂(書名可以另定)。萬一全書一時無法出版,庶幾菊老二十年辛勤校史成果,不致長此沈埋。至原稿今後交何處保存爲宜,似可由樹年先生參加意見。現在海鹽會議已逾兩月,尚未知商務領導如何進行。後學記憶所及,《衲史校勘記》不僅詳細記録各本異文,其中重要異文,菊老均加有案語,證以中華點校本《二十四史》所引"張元濟校勘記"云云,更加確鑿無疑。此類案語,實爲校勘記精華所在,如果逐條迻録,當可與《校史隨筆》相互表裏。一旦中華歸還商務,究應如何整理,尚乞我公明示,以便向商務正式提出建議。

再,校同鄉王伊同先生,與我公爲舊交,渠自解放前燕京與哈佛互換留學生赴美深造後,長期在美、加各大學執教,并任匹茨堡大學東亞研究中心主任。1985年退休後,曾應臺灣清華大學之聘,在該校歷史研究所講學兩年,甫于今秋返美。最近結集以往發表論文,即將在臺北出版,書名爲《王伊同論文集》(分中英文各一冊,中文本約一千頁)。原已請董作賓之子玉京題簽(所題爲甲骨文),因讀到拙作《近代出版家》,知後學與我公有舊,囑轉懇我公題簽,并代致拳拳。來信謂,倘蒙顧老俯允,即使臺北已將董玉京題簽製版,亦決定抽換,態度極爲懇摯。爲特附上宣紙一方,敬請于百忙中書就賜下,以便轉寄。後學多年來擬求墨寶,未敢啓齒,倘蒙不棄,可否一併賜書條幅,寘諸座右,則感激無涯矣。

大駕如須于春節前赴京,請將京寓地址示知,以便轉告王伊同先生,請其直接與我公通信。又及。(原信)

冬日　跋《蘇堂墨緣》小冊。

今歲之春秋佳日,曾兩度言歸故里,均得與西野先生朝夕相親,暢游山水,鑒賞書畫,至足樂也。一日,先生出示近代名家書畫,其中蕭愻謙中山水二頁、陳半丁二頁(半丁畫佛)、林長民寫《心經》、姚茫父山水一頁、汪吉麟藹士一梅一山水、鄭孝胥詩二首、林長民小楷二頁,羅惇曧、樊增祥二頁。詩人所作,皆極精工,展玩不能釋手。

此冊原爲釋戡先生所集,沈璘慶題曰《蘇堂墨緣》,展轉爲從周教授所得輒贈西野者。釋戡爲墨巢之從弟,墨巢爲合衆圖書館創辦人之一,余因得與釋戡相熟識。文芸閣致于晦若手札,即釋戡屬爲録副以付《同聲》刊佈者。又蘇龕有與纕蘅、仲堅登高詩,纕蘅,曹公經沅之字,四川綿竹人。辛未秋,余編《吳憩齋先生年譜》,廣求資料,聞曹公藏有憩齋手札一冊,因乞汪衮父丈爲之商借録副，雖緣慳一面，而頗通尺素。後曹公長貴州民政，承拓贈紅岩石刻全份，至可珍貴也。仲堅爲向迪琮之字，雙流人，曾在梅景書屋座上一見之，工詩詞。羅惇暖，字復戡，又號敷庵，順德人，曾供職司法部，工章草，與容希白師交契，嘗屬余作篆屏求正，而復戡亦作章草屏答之，至今珍藏篋衍中。言念往事，忽忽已逾半紀矣。西野先生屬爲題記，因連犿書之，藉志眼福，即乞教正。（《全集·文集卷·跋蘇堂墨緣小册》，下册第643頁）

12月27日　先生有信致王紹曾。

昨奉手書，快如良覿。海鹽開會，不克參加，實爲憾事。開會情況，樹年兄來談，已略知一二。《袘史校記》竟遭遺失，實在可惜。此種稿本，祇有交國家圖書館纔能重視。出版單位少真知灼見之人，若個别妄人謬言作用不大，遂視同棄物，復何言哉！

命書小幅，稍緩呈教，不誤。

伊同老友昔曾來滬兩次見訪適左，而龍又懶筆，竟未箋候，歉仄無似！通函時乞爲問好。屬書其《文集》書簽即塗奉，乞轉致。簽上署名，留否聽便。龍約春節赴京。（《全集·書信卷·致王紹曾》，上册第263頁）

12月29日　經上海市圖博系統專業技術職務高級評審委員會評審，確認先生"具備研究館員任職資格"。（履歷表）

12月31日　程毅中有信致先生。

奉讀賜書，不勝感激。承爲先祖母所藏《杜陵詩史》寫一證明，甚好，最好能補記大致年份。按先祖母于1974年1月病逝于上海，是年之前曾回蘇一兩次，内子亦于73年3月下旬離蘇返京，是後蘇州已無親屬，不會久居，故在蘇之春似即1973年。原稿奉還，請重書後賜下爲禱。

張菊生先生《二十四史校勘記》稿本已有散失，大部分尚存中華書局，此事向由趙守儼同志經手。海鹽會議上，王紹曾先生等倡議，將稿本整理後藏入上海圖書館或張元濟圖書館，守儼同志深表贊同。惟不知已否查點，當隨時催問，力促其成。鄙意如藏在上海則便于讀者使用，惟未知能否如張元濟圖書館之精心專職也。（原信）

是月　先生題簽的《上海市圖書館學會論文集》，由上海市圖書館學會編印出版。

是月　先生題簽的《蘇州史志筆記》（顧頡剛撰，王煦華輯），由江蘇古籍出版社出版。

是月　先生題簽的《上海方志資料考録》（上海師範大學圖書館編），由上海書店出版。

是月　先生題簽的《中國史曆日和中西曆日對照表》（方詩銘、方小芬編）、《甲骨學小詞典》（孟世凱編撰），由上海辭書出版社出版。

是月　先生題簽的《直齋書録解題》(宋陳振孫撰,徐小蠻、顧美華點校),由上海古籍出版社出版。

是月　先生題簽的《李于鍇遺稿輯存》(李于鍇撰,李鼎文校點),由蘭州大學出版社出版。

是年　鑒於身體狀況,先生在家貼有"我已不問館務,如有查找圖書資料事,請向上海圖書館各級領導聯繫爲幸"。(原件)

**是年**

3月1日　瞿鳳起卒,80歲。

6月7日　章元善卒,95歲。

6月11日　劉季平卒,79歲。

9月14日　侯外廬卒,84歲。

10月5日　王冶秋卒,78歲。

# 1988 年　85 歲

1月1日　在上海豫園,書金文"龍騰虎躍"。(《顧廷龍書法選集》)

是日　爲周賢基書"最養百花唯曉露,能生萬物是春風"。(《顧廷龍書法選集》)

1月2日　鄭麗芸游日歸來見訪,贈册頁及裱軸,又韓國産圓珠筆一支。與方行、趙嘉福等在龍華禪寺午膳,商刻趙樸初撰《重修寺記》。將《西園記》寫樣交趙嘉福。陳石銘來,贈九龍杯,今年龍年,恰與先生生辰相合,以資紀念。晚寫字。(日記)

1月3日　田汝康來。聶佩華來談職稱事。閱《漢書補注》。又閱方行贈唐寫本《文心雕龍》殘本。(日記)

1月17日　先生有信致冀淑英。

日前上一緘,計邀台覽。

徐小蠻君寫"銅活字唐人集"一條已寄來,兹轉奉請正。

汪長炳先生作古,聞之傷悼!《善本書目》創始時,曾同客日壇總工會招待所,共商"三性、九條",忽逾十年。

我近體尚好,在家時多,了理字債。腦力日蜕,懶于作文,此自然規律也。

上海不算冷,我已點燃紅外綫,解去一些寒氣。(原信,艾俊川收藏)

1月20日　香港中文大學出版社魏羽展寄來《近代名人手札真迹》一套。附信云:"此次本社出版《近代名人手札真迹》,多承協助以臻于成。本校中國文化研究所所長陳方正博士以此次出版事宜,先生居功至偉,爲□謝忱,特致送本書全套九册以供玩賞,并囑本社寄上。"(原信)

1月21日　王伊同有信致先生。

十年前到申,兩趨明廬,值外出開會,竟未得一面,悵甚憾甚。是年曾謁希白、頡剛兩師,已而家兄寄來尊著哭郭師文(郭紹虞先生)中,涉及顧、容兩先生,人生朝露,竟復何言!

亡姐伊荃,曾館菊老家教群玉,以是得與世兄樹年及山東大學之鄉兄王紹曾先生通信,時拙稿《王○○論文集》將付印,因托紹曾兄妄求法書,今日果轉到,甚感甚感。唯該書兩册(中英文各一册,二册一套)係橫排,如《燕京學報》,自左向右,且書名係"論文集",非"文集",如蒙照銜惠題,曷勝感荷。

弟自幼好書畫,離燕京日,吳雷川先生及容希白師曾各賜書,已而入川

（存滬）遺失。十年前到穗，容師重賜金文小中堂一幅，托友自港轉來。在京晤顧師，渠面允賜書，竟未能入藏。今年逾七十，此等身外物，仍渴望如前，亦痼疾已。

昨接鄧嗣禹轉來譚季龍先生信，知與先生比鄰，信中提及瞿同祖、楊明照諸兄，瞿在美常晤，楊則闊別逾五十年矣。譚先生自燕京相別，未嘗一面。周一良、朱士嘉則常通信，均七十以外人，豈當年貝公樓前、未名湖畔所能設想者耶？匆謝以請，新年增綏。

信已封口，特啓拆補寫：橫排自左向右，如西文例。以臺灣有自右向左風氣，恐致誤也。原件已兩校，即日寄臺，當與出版書局言明此節，緩日補寄耳。又懇。（原信）

## 1月26日　先生有信致沈津。

承示讀《傳記文學》，謝謝！閱《王重民傳》，提及拙跋“一九四一年三月，君自美歸國”句，注云“誤”。查鄙人民國三十年三月日記，有關與有三往來者，錄于下方：

十五日，王有三來，談英、法、美藏中國書情形甚詳。倫敦、巴黎藏敦皇卷子極多，巴黎藏者經伯希和編號，八千以後者有三曾爲續編，皆非整卷矣。以日本薄紙綴糊正面，致字迹蒙蔽，僅存影約耳。揆丈來，與有三值門前，談片刻。

十六日，袁守和來，述悉渠將游美，由有三主持館事。

十八日，訪有三不值。

十九日，訪有三，詢伯希和住址。旋訪袁守和。

廿三日，晚宴袁守和、徐森玉、王有三、劉重熙、浦江清，邀揆丈、博山、景鄭陪。

又閱葉揆初先生在有三所贈《巴黎敦煌殘卷叙錄》書衣記有其贈書年月，爲“辛巳莫春”，辛巳爲一九四一年，與余記相符。當年二人各自之記錄，當不致誤。一字出入，認真辨證，聊供一粲。（原信）

## 1月27日　先生有信致方行。

茲奉還多年前承借《善本書目人名索引》一册。奉贈《中華民族的人格》一本，又謝辰生同志奉贈《甲午以後流入日本之文物目錄》九册，并請查收。（原信）

## 1月31日　爲《甲午以後流入日本之文物目錄》補作附記。

此目成，複寫九份：森玉先生攜往南京，計送教育部二份，張道藩一份，傅斯年一份，李濟二份，森老自留一份，合衆圖書館留一份，余亦留一份。余所留者，即爲刻印此書之底本。據森老當時歸來談及張道藩意見，主張要分類，否則失去追索之所需。傅斯年則盛贊此目不僅在外交上可供依據，而在學術價值上亦爲重要貢獻。後李濟與盟軍接洽，而盟軍則以需要提供時間地點却之。顧在九閱月中完成一較大之目録,當年工作諸君之辛勞可以想見。當時工作地點即在合衆。一九八八年一月三十一日,匋諺補記。(《全集・文集卷・甲午以後流入日本之文物目録跋》,上册第 222 頁)

是月　撰《明清制義叢編》題記。

明清以八股取士,亦文人進身之階,十年寒窗,沈浸其間,或木天穩步,或一衿終身,無裨實用。

光緒之季,外患日逼,有志之士競出留學,謀求改革,遂有興學校、廢科舉之舉。從此制義範作盡覆醬瓿,歷時數十年,市肆已經絶迹,而舊家間有留存,然亦甚稀。張元濟、葉景葵諸先生既創辦合衆圖書館,委余主其事,主要搜集文獻資料,零本散册,皆在收羅之列,整理保存,流傳後世。

嘗聞老輩背誦八股文之名句,確經精心結撰,構思精巧。因念兩朝統治者皆從此出,而辭書亦載"八股"之條,後之學者欲一睹八股之面目,須有樣本流傳,遂向舊家徵集一二。後聞松江封氏收藏甚富,倩人商讓,而索值過昂,祇可置之。未幾,全國解放,封氏書歸華東文化部,大宗之八股文在焉,旋發交合衆圖書館入藏。

後張先生養疴在家,聞其事,索閱全部,分批送閱,余請先生隨筆批注其警句所在。時先生精力不濟,未能動筆,甚爲遺憾!

"文革"前夕,管理此庫者葉銘三同志原事舊書業,善裝治,余即屬其抽暇爲之裝釘成册,使其不致散失或遭毀棄,銘三允之。未幾,銘三病殁,遂將其庋置書架之最高層,不爲人所注目。"文革"亂作,余亦被幽。十年亂平,余恢復工作,又數年,始克請童芝珍同志裝理成册,外加紙盒,使其可以登録編目。原係單片散葉,多經播遷,葉次可能散亂,不及逐片編校,讀者檢閱,自能察覺。若詳加整比,又將曠日持久。若後人笑我工作粗疏,自不能辭其咎也,惟讀者加以亮鑒。(《全集・文集卷・明清制義叢編題記》,下册第 901 頁)

是月　撰《敦煌遺書劉子殘卷集録》序。此書爲林其錟、陳鳳金輯。

敦煌遺書乃中國近世所發現中古文化之寶藏,品類繁多,藏量宏富,具有極大之文物價值與學術價值,足窺我國古書之真面目。林君其錟、陳君鳳金伉儷合作,既成《劉子集校》一書,馳譽中外;繼而從事於敦煌遺書《劉子》資料之搜集整理,輯録成殘卷六種,其中一種係傅沅叔丈增湘據劉希亮影寫唐卷子本《劉子》之校本,爲《敦煌遺書總目》所未經著録,并加標點校訂,題曰《敦煌遺書劉子殘卷集録》,商由上海書店景印問世,對學術研究有深遠意義。

……敦煌遺書殘卷六種,及著録資料五種,寫本年代始自隋朝,迄于五代,其中多存六朝古字、唐寫別體,書法之工整者,秀麗多姿,猶具褚薛之風韻,亦可供從事楷法者之借鑒。

其鋏、鳳金努力於古籍整理之業,孜孜不倦,每承枉顧,頗聞校讀所得,益我良多。今敦煌本《劉子》輯録成書,行將出版,忘其耄荒而樂爲之序。(《全集·文集卷·敦煌遺書劉子殘卷集録序》,下册第 727 頁)

是月　爲江西新餘市抱石公園題句:"雲霞舒捲景清幽,一代宗師粉本留。懷念鄉賢開勝境,西江人在畫中游。"(照片)

是月　爲蔣放年題"遠勝絹縑創蔡倫,而今妙法更翻新。流傳古籍宣紙□,① 萬幅琅玕出富陽"。(《顧廷龍書法選集》)

是月　書篆聯"日煥杏林菁色美,泉浮橘井夜香清"。(《中國文物報》2003 年 6 月 18 日)

是月　篆書"人壽年豐"四字。(照片)

是月　先生題簽的《隴右方言》(李鼎超撰,李鼎文校點)、《隴右方言發微》(李恭撰),由蘭州大學出版社出版。

2 月 2 日　臨"它敦"銘。跋云:"它敦,一九七五年十月出土于内蒙霍林河煤礦沙爾呼熱采區南五華里一小山南坡窖藏中,同出有簠鎣等,今藏哲里木盟博物館。"(複印件)

2 月 5 日　連雲港市圖書館有信致先生,謝題圖書館館名。(原信)

2 月初　到北京過春節并參加文物局有關會議。行前,録"霜桐野屋近詩"(王西野)贈錢星。(日記;《顧廷龍書法選集》)

2 月 9 日　在顧誦芬陪同下至文物局報到,并將有關文件交圖書館司人員。午餐後,見到啓功、謝稚柳等人。啓功代范用請先生寫"日月長"三字,印賀年片用。(日記)

2 月 17 日　春節,在北京誦芬家過年。

2 月 23 日　張珍懷有信致先生,瞭解《日本三家詞》出版事。(原信)

2 月 28 日　得谷輝之信,并寄示蘇東坡書拓本照片十二張,皆前所未見。(日記)

2 月 29 日　閲《明清書法》説明稿(四十二人)畢,認爲"一部不署名者較妥,其他評價不恰當,所記著作,亦有未諦。手頭無資料可查,祇可提幾點意見寄去"。寫《文徵明年譜》序。致任繼愈信。(日記)

是月　在京期間,誦芬陪先生訪文化部部長王蒙,請辭《中國古籍善本書目》編委會主編職務,又通過王蒙的弟弟王知打電話,催王在先生的辭呈上批示。(《顧廷龍先生紀念集》,第 6 頁)

是月　上海大地文化社聘先生爲顧問。(履歷表)

是月　爲蘇州北塔公園梅圃題"飛英堂"匾。(照片)

3 月 2 日　接沈錫麟信,李一氓招往一談。即電話約時間同去。(日記)

---

①原件此處似有缺字,存疑。

是日　與冀淑英、丁瑜、陳杏珍同至故宮博物院,看吳大澂手札,并抄錄吳致潘祖蔭信。(日記)

3月3日　寫畢《文徵明年譜》序,即寄周道振。

竊謂年譜之作,難于資料之搜集。凡譜主年壽高者,功業盛者,著述富者,藝事豐者,均必點滴積纍而成,非一蹴即就之業。勤采博訪,偶遇一事,如獲至寶,亟以入譜,深恐一縱即逝。在同好者見之,自能稱賞;在不事考證者見之,往往以爲繁瑣。此乃見仁見智之異也。

曩余撰《吳愙齋先生年譜》,多蒙老輩之指導,師友之瓶借,上距愙齋之去世,不過二十餘年。當時其高弟尚健在,嗣孫又能傳家學者,親友中亦多珍藏其遺墨,清代軍機處檔案亦允抄撮,搜集遺事,各方資助,尚不甚難。忽忽五十餘年,迭經滄桑,藏家零落,遺物星散,若至今日而始爲之,則甚難矣。(日記;《全集・文集卷・文衡山先生年譜序》,下册第918頁)

3月4日　校《説文檢疑》畢。閲《宋史・食貨志》。(日記)

3月8日　冀淑英電話,告知故宮博物院同意將吳大澂致潘祖蔭手札拍攝成膠卷。約冀淑英有暇擬一談。(日記)

3月9日　章鼎來長談,爲其先輩著作等事。得沈津信。(日記)

3月10日　吳豐培來暢談,并贈新出之書《川藏游踪匯編》。豐培編寫西藏史料甚富,已成稀見之專家,其子女均有專業,但無一人繼承其長。(日記)

3月11日　先生有信致吳織。

一别已逾匝月,時以爲念。我臨走寫了五個"龍"字,下面寫了宋朝人咏龍的詩,我覺得很有辯證意義的,供你一笑。

鄭麗芸刻的圖章拿到没有?不妨催催。我在此很悠閑,寫寫看看,就是缺乏緊迫感,有時吃吃睏睏,真所謂"日飽三餐,夜度一惚"。我想早點回滬,料理自己的遺稿。我想在此做兩件事,有希望辦到了:1.故宮藏的吳大澂手札,他們同意拍膠卷了;2.自己校錄各家批注的《積古齋鐘鼎款識》,托人聯繫後,亦同意去看了,我想最好拍一膠卷回來,恐怕太貴,抄錄幾個題跋算了。出門必要車,比較麻煩。

任館長來看過我一趟,我應回訪一次,同時想見見兩位兼館長的局長。家譜事,李勛達説不要太積極,等商定一個價格(通了一次電話)。我已函告轟館長了,但是總想催催,所以要找兩位館局長。我原對此事不關心的,但現在考慮,所謂複製中心,協調衙門,都不合現在簡政放權政策的,説得難聽點是大魚吃小魚。北圖要印明朝方志,可能邀我去商量,我當然順水推舟,但可知道一些奧妙。

姚衛同志寄來兩批信都收到了。她説黄懷覺燒傷致死,真不幸!他怎會被火燒的,想不通。他總算教會了趙嘉福的刻碑,黄刻碑工夫的弱點,自己不會寫字。其實趙嘉福應該在寫字用點功。(原信)

3月14日　收到章鼎寄示卞孝萱撰《章鈺傳》及章元義撰《中人回憶》。（日記）

3月15日　向王煦華借《經今古文字考》,讀之頗有啓發。（日記）

3月16日　草擬《章太炎篆書墨迹》序。

太炎先生學術文章博大精深,平生功業照耀千秋。一代儒宗,人倫師表,書法其餘事耳。先生作書,有應人之求者,亦有興致所至,出八行箋,隨意揮灑,故舊門生往往見而索取珍藏,此册即爲門人繆篆子才所乞得者。文孫章君念馳將授上海書畫出版社景印問世,屬爲釋文,以便讀者。

余維先生所作篆,以《説文》爲主旨,采初文,并用本字,多從古文,間采或文,偶及金文,亦取通假,而不依新附……

先生晚年,僑居吳門,設帳講學,時余方負篋燕京,不獲厠門墻之列。一九三二年夏暑假旋里,始由婦弟潘君景鄭之介,晋謁于錦帆路寓邸。因余方治隸古定《尚書》之學,先生爲言薛季宣隸古定《尚書》大致與《經典釋文》舊本相應,蓋開寶後儒者輯録釋文未改本爲之,亦有采《説文》諸書者,不盡依東晋本也,此説後著於《古文尚書拾遺定本》中。娓娓講述半日而不倦。五十年後余游成都,獲見孟蜀石經附刻之隸古定《尚書》殘石,益信薛氏之書皆有所本,惜先生之不及也。（日記;《全集·文集卷·章太炎先生篆書墨迹序》,下册第648頁）

是日　先生有信致吳織。

我在京很安適,想做的事亦均就緒。即刻要赴文學研究所一看我六十年前所校的《積古齋鐘鼎款識》,一九四〇年日軍進占燕京時失去者。故宫資料,免費攝贈（補《吳愙齋年譜》之用）。考古所借閲陶文亦有可補,我尚能樵寫,并不覺得費力,天假我年,修訂工作必可完成。

我急于返滬,要爲文管會寫一篇《宋人佚簡》的前言,我于宋史素乏研究,必需看些資料。（原信）

是日　先生有信致沈津。

手書均悉,你入政協,在意料之中,賀賀!我在北圖見到一書很有用,可否商請領導買一部,書名列下（《敦煌俗字譜》,潘重規主編,臺灣石門圖書公司,“民國六十七年”八月,臺北市郵政5—60信箱）。該書館中是否已入藏,請先查一下。

北圖港臺及日新書甚多,可惜没有時間看。北圖老館已設敦煌閲覽室,又將開方志閲覽室,還有《四庫》閲覽室等,我原想去看書的,飯後要我寫字,寫到車子來了,書實未看成。

我不日還滬,餘容面談。矗館長問好。夫人問好。（原信）

3月17日　中華書局李侃介紹陳錚、吳杰來談影印舊雜志事。先生意可將《中國近代期刊篇目彙録》所收各刊影印,“有些舊期刊已成孤本,急需爲之續

命。并且《彙録》中有篇目而無原文可查,真所謂過屠門而大嚼"。致吳織信、于爲剛信、王翠蘭信。(日記)

是日　先生有信致沈津。

接奉手書,不勝欣慰。附示美國世界宗教研究院和圖書館的信,讀了很高興! 足見你訪問二年,成績卓然,譽滿中外,可喜之至。

我從天津開會歸後,即承任繼愈館長由冀大姐陪同降舍,談培養問題。任公即言要象對你培養這樣來培養點研究古籍人才。你與吳織同志實皆自學成才,我何敢貪天之功以爲己力? 你信中亦以你的成績與我聯繫,增我汗顏。與任公談話中,他感到我們不能"禮失而求諸野"。閑談之後,我頗興奮,就再寫了一封信給他,補充了一些事。回憶當年上級領導的支持,可以説十分信任的,我亦比較大膽。現在自顧年邁廢學,又不適應於新環境。但是總感到古籍不能任其散亡,古籍數量上是不會大發展,而古籍整理工作是要大大發展,古籍工作者要大大培養。人皆不體會我們的工作與古籍研究所和圖書館學系的大不相同,真不能"禮失而求諸野"啊! 是將望你們繼而爲之。

此間安適,可惜無書,僻處郊區,不便訪問親友,但中華書局同志專程來商景印書問題,總之,可做之事很多,若然不做,也没有什麼,不比飯,不能不吃。

我這兩天寫了一篇《章太炎先生篆書墨迹》序,兹附上,請你轉乞潘老斧削,原件照片不在手邊(在書畫出版社周慰手裏),憑記憶寫的,恐多失實。潘先生如要看看照片,可請趙嘉福同志向周慰索來一看,趙、周相熟。潘先生改好後,複印一份寄我,爲托。

我月底月初想回上海,不寄來亦可。[①]　(日記;原信;《全集·書信卷·致沈津》,下册第525頁)

3月18日　先生有信致谷輝之,請查高欣木藏吳大澂校《積古齋鐘鼎款識》在浙江圖書館否。致李競信,托查臺灣"中央圖書館"膠卷目録中有無清職思堂抄本《讀史方輿紀要》。閲周一良贈《談中外文化交流史》,"極精博"。(日記)

是日　在日記中記下"要完成的幾篇文章",如薛尚功款識(宋拓本)跋,影印《讀史方輿紀要》稿本跋,黄樸奇姐夫傳,《宋人佚簡》序,遼寧博物館紀念文章。(日記)

3月19日　讀柯家山館(嚴元照)詩文。(日記)

3月20日　校《説文檢疑》。(日記)

3月21日　王世民偕馮時來,蒙惠借匋文拓本四種:瘦雲閣古匋拓本一册、三代秦漢文字集拓三册、三代秦漢六朝古匋册、齊魯匋文九册。(日記)

---

① 《全集》中此信末署"(一九八八年三月十八日)",似爲編者所加。本書據"日記"置於3月17日。

3月22日　閱嚴九能年譜稿,考慮修改寫定。下午,胡耀輝、杜克、鮑振西、冀淑英來訪。冀淑英轉交故宮博物院攝贈吳大澂手札縮微膠卷三卷。(日記)

3月23日　閱《蔡元培美學文選》。(日記)

3月24日　向王煦華借《書林清話》。(日記)

3月25日　擬《目錄學》章節。(日記)

3月26日　向王煦華借《古匋文審録》。閱《書林清話》、柯家山館詩文。(日記)

3月27日　校《説文檢疑》畢。閱匋文拓本,"有可補者"。(日記)

3月28日　閱《蔡元培美學文選》,摘録數條,擬寫字用。接谷輝之信,知吳大澂校《積古齋鐘鼎款識》在浙江圖書館。(日記)

是日　又接沈津3月21日信。

我有時會想到,我不僅從先生處學到業務上的知識,而更重要的是學到一些做人及做學問的道理。我覺得,先生的謙虛謹慎,并不是什麼人都能學到的,我也是從師多年纔有一點領悟的。先生過去教導我不要鋒芒畢露,要大器晚成,要虛懷若谷,做事要從小事做起,這些都對我的學習、工作有重要的指導作用。當然,我也希望,現今從事古籍整理的青年同志也能遵循師訓,做點切實的事情。

任繼老和先生對於培養研究古籍人才的意見極是。我還覺得,以後選苗也是一條,有的人好高騖遠,不願腳踏實地,不願作艱苦的工作,這類人不是我們所需要的。先生過去曾言及或許能從社會上招聘,這是極好的意見,我是雙手贊同的。

上星六下午,我請學會古籍版本組的同志到上圖,二十餘人,算是第一次專業組活動:1.互相見面認識;2.討論下一步工作計劃,以後每三個月活動一次,每次請兩位同志就專題研究作發言;3.我談了一下美東地區的東亞館藏書情況。看來大家都覺得有此必要。趙嘉福、潘美娣同志也參加了此組,我想將來請他們也能講一次,即從實踐向理論上的遞升。先生於此種活動有何指示,盼能見告。

承局領導的安排和信任,我被選爲市政協委員,這是我原來不知道的。四月下旬開會,我很想在上級所賦予的權利上爲上海圖書館事業作點呼籲工作,但不知能在提案上寫點什麼,先生於此經驗豐富,能否予以多多指示?

因久久不得先生音訊,不知先生近況,佩華同志和同志們都很惦念,故要我電北京誦芬同志。現知先生安康如前,大家都很欣慰,還請先生多多保重。(原信;日記)

3月29日　先生有信致谷輝之。

昨得手書,很高興!愙齋批阮《款識》竟已找得,可喜之至!你現查得的是墨筆所批者,尚有一部朱筆或紫筆所批的,末有王同愈跋,不知亦在否? 原亦高欣木所藏,我借録過。我在六十年前借各家所批校的阮《款識》彙校在一個本子上,這部阮《款識》雖原刻而印得不早了,當時祇化一個銀幣。我的彙校本自己很寶貝,抗戰起來,寄存在頡剛先生的書箱裏,而頡剛先生的大部分的書裝箱寄存在司徒雷登的住宅裏,以爲安全了,豈知日軍一進燕京,這批書全抄走了。勝利後,顧先生尋回了一些,而我的寶貝没有了。由於此次編《善本書目》,文學研究所報片中發現了這部書。我想看看,丁瑜同志爲我跑了幾趟,不予一閱。最近托人去聯繫,同意我去看一看(看後的情況再告你)。但是,我感到憩齋手批本没有列入《書目》,而我過録的倒入了《書目》,真是笑話。

我四月中返滬,到杭州事,祇好再緩緩。最好亦能象這次在北京那樣住住暢,這較難了。

此間離市區遠,上海、杭州來信,都要一星期。(原信;《全集·書信卷·致谷輝之》,下册第 609 頁)

是日 先生有信致陳先行。

前寄去大文,略加點竄,不知尊意何如? 文獻出版社看了如何? 有何意見? 如有意見,一起作一次修改爲幸!

《元詩選》一文須俟返滬再改編,此間無書,北圖去一次亦很周折。它們善本部已調班,李致忠去業務科,新任善本部主任張國風、方廣錩兩位博士,均見過了。

中國書店出版社副社長馬建農君來我家,出示他們組織一部稿子《清代禁書總目》,要我題了一個簽,書名記不清了,仿佛辭典式的。據云所禁書故宫有不少。到他們店裏看到兩部好書:一百納本《史記》(傅氏舊藏,《藏園題記》中有之),二《吴闓生藏親朋手札》(民初),同時名流皆有往來,可惜匆匆不能細看。他們請我到晋陽飯店吃了一頓午飯,該莊我們在香廠路時去過多次,光亮當還記得,忽忽十餘年矣。

我在北圖看了中州出版社出版的北圖藏《石刻圖録》(書名記不清了),我館似已訂購,不知到了没有? 從中州出版社想起我們館藏有顧燮光的《河朔石刻文録》(名稱記不清了,在南京路)稿本,有機會可介其出版。

我想早歸,但小楊説月底到上海,一定要她先到,我若先到,吃飯成問題。我要做的工作非要翻書不可,不能憑空寫出。大百科催稿,他們很禮貌,很客氣,不好再拖了,返滬要趕趕。

您的"善本"一條,胡道静、冀淑英都是長條,都很好。我的一條恐須要你幫忙了。

光亮及組裏諸同志請代問好。① (《全集·書信卷·致陳先行》,下册第583頁)

3月30日 陳杏珍來,接先生去北京圖書館看書。見到《吳窗齋年譜》"確被翻印,顧剛序未印,插圖未全印。劉氏《春秋舊注疏證》亦翻印了。潘重規《敦煌俗字譜》我很有用,將設法購之"。(日記)

是月 《民國叢書》編輯委員會聘先生爲編輯委員。(履歷表)

春日 爲孫曉泉隸書"風和日永華初發,雨後天空水自流"。(《文瀾》2010年第1期)

4月2日 接吳織信。(日記)

4月3—4日 摹匋文拓本。(日記)

4月5日 應蔡元培研究會所囑,寫字。(日記)

4月6日 傅宗泰來訪。電話沈錫麟,約見李一氓。(日記)

4月7—8日 摹匋文拓本。(日記)

4月9日 下午赴中華書局,訪沈錫麟、傅璇琮。又偕沈錫麟探望李一氓,彙報《中國古籍善本書目》工作情況。(日記)

4月11日 摹匋文拓本。"旋漚後,將簏齋藏拓細讀之,幸橅字尚不太難,其可如願以完成補訂之功乎? 匋文亦有如鉢文者,而較鉢爲活潑自在。"(日記)

是日 先生有信致方行。

別來忽已兩月,無任馳念。

三月一日接手書,敬悉。次日錫麟來信言李老招談,但因此時他會議多,終未得見。昨日② 下午始由沈陪同往晤,略談《書目》現狀,其實沈已瞭解過,所以我談的一些感覺相合。我在車中探沈意,我説最好由李老來領導我們,他説絶對不可能。所以與李未談及此。我向李老談三點:㊀領導班子不健全,有死、有離、有調;㊁工作班子分散力薄,進度遲緩;㊂出版情況,叢部、史部稿子都閣出版社,希望要重整旗鼓。李屬我給他一信,他轉王蒙一促,并説他與王可以講話。

我考慮兩個方案:㊀把手中這個《書目》完成,即結束了事;㊁爲長期打算,亦當時季老嘗説,要編輯出版完整的全國古籍善本目録,可以培養一些人才。現在看來很亟迫,學校不談此。

給李老信,他要我回滬再寫,我起草後當先奉正再寄。

我來此後,任(繼愈)即來枉過,談培養事,他説我們"禮失而求諸野",甚是。後來杜(克)、鮑(振西)、胡(耀輝)三位亦見訪,但均未及談到《書目》事,我亦没有提。冀大姐見過三四次,未詳及工作,她參加政協會。我必須

①《全集》中此信末署"(一九八九年)三、二十九",疑誤。現據顧先生在北京的日期及信中內容,移置1988年。

②昨日:當指9日。

聽一聽她的意見,與我觀察是否一致。我想主編推冀,我當顧問。

古籍編目,後繼問題嚴重,這是我從兩件事上發覺的,一是集部各書的編次都應以人的先後爲序,雖不能絕對準確,祇要求大致相近。現在宋元以前均按科分或生卒爲序,明清當無例外,豈知他們竟按姓氏四角號碼排列,這是非不能也,是不爲也。還有古籍著録標準,遷就外國做法,按序文年代著録,不管原刻、翻刻。古籍應以中國爲主,而新派人一味遷就外國,夫復何言!

此間環境安適,惟乏參考之書。中旬擬返滬,《宋人佚簡》序,當勉力爲之,屆時必需到上博看幾天原件。晤談匪遥,不盡一一。(《全集·書信卷·致方行》,上册第 333 頁 )

4 月 16 日　上午,冀淑英與陳杏珍來,接先生去社科院文學所圖書館,看《積古齋鐘鼎款識》。"前戊辰,在仙槎橋所録諸家批校,五色繽紛,確甚可愛。余有兩跋,均已忘却,余鈔前跋,冀爲鈔頡剛一跋。"先生擬商借携歸摘録,未成,"祇可再去,其中頗有可觀"。(日記)

4 月 19 日　上午,由顧衡陪同,再赴文學所圖書館,拍攝《積古齋鐘鼎款識》題跋,該所人員囑"不要發表"。晤曹道衡等。下午,王世民偕馮時來,還匋文拓本四種。(日記)

4 月 22 日　寫字竟日。(日記)

4 月 23 日　至北京圖書館文津街分館,閲潘祖蔭批《積古齋鐘鼎款識》,"壬申、丁丑兩次所批,語甚精闢。回憶前戊辰,余臨聞師所録本,有汪柳門、葉東卿、翁宜泉諸批當另一本,或爲乃乾所匯録者。我向以爲涵芬樓藏本均有之,實則非也"。接王言夫、張珍懷信。(日記)

4 月 24 日　閲《圖書館古籍編目》。寫《文化史志》簽,又祝王遽常壽詩。(日記)

4 月 25 日　張秀民有信致先生。

去年十月六日參加北圖新館落成典禮,當時雖均在館内而未能會見(會見了錢存訓博士,今年八月美國開第五屆中國科技史會議,限于經濟,未能參加),聽説先生住遠郊,交通未便,未及訪問爲憾。拙著《中國印刷史》,去年四月出初校樣,新書預告八七年十月出版,至今年四月纔寄來二校樣,一俟出書,自當立即送呈請教正。

兹有懇者,敝縣決定成立王羲之研究會、王羲之墓修建委員會,擬聘請先生爲名譽副會長(又有舒同、沙孟海、唐雲、沈定庵諸先生),如蒙慨允,即由縣方發出正式聘書。前幾年,先生爲我鄉瞻山所書墨寶早已刻石,與"名山福地"碑同垂不朽矣。

先生主編之全國善本書目,雖極有價值而價太貴,非經濟困難之知識分子所能買。史部、子部已出否?

請代向譚季龍兄問好,他最近送我巨著《長水集》。冀淑英先生如在滬,亦請代問好。瑞典艾思仁先生將于最近來滬杭。(原信)

4月27日　譚祥金、冀淑英、丁瑜、陳杏珍來送行,并送來車票。譚爲蘭州開會事詢問先生,先生説没有新情况,祇好暫緩。譚説以後《善本書目》事改由杜克負責,因譚要調動工作。(日記)

4月28日　離京返滬。此次在京收穫有:1.得到日本《佛教難字大字典》複印本;2.重閲自校《積古齋鐘鼎款識》;3.得到故宫博物院所攝吳大澂尺牘膠卷及複印本;4.看到北京圖書館藏公文紙印本宋槧,略有所悟;5.看到清乾隆中黄履吳刻《耕織圖》小册,北圖亦藏,洋紙甚厚,可能石印;6.爲蔡元培研究會、山西五臺山、蚌埠博物館等單位寫字;7.王世民見示匋文拓本;8.傅熹年示《嵩山居士集》孤本照片;9.暢庵自製精肴相享,并見明代傢具,得未曾有;10.寫了兩篇文章及版本學提綱。(日記)

4月30日　顧誦芬被國務院授予"全國勞動模範"稱號。(《中國人物年鑒》1989年)

是月　先生有信致盛家琪。

承惠茶葉等,多次叨擾,不安之至!

紅對兩副塗就,對的頭上反面寫有上下款,請注意。請告裝裱工,這是用墨汁寫的,當心糊塗。

您寄來紅箋五條,兩副對多一條,這一條開頭弄髒了,還能寫一"壽"字,爲國强先生祝賀!您要我寫《蘭亭序》,這要用宣紙,不宜用紅箋的。等我身體好一些,再爲您[寫]一幅。(《全集·書信卷·致盛家琪》,下册第533頁)

是月　先生題簽的《盛宣懷傳》(夏東元撰),由四川人民出版社出版。

是月　先生題簽的《宋詩鈔》(清吳之振等輯)、《宋詩鈔補》(清管廷芬、清蔣光煦補),由生活·讀書·新知三聯書店上海分店出版。

5月1日　先生有信致李一氓。

關於《中國古籍善本書目》工作,仰荷關懷,至爲感激!該項工作原據周恩來總理的指示開展起來,忽忽已逾十年,經同志們的努力,從分部説,經部已經出版,叢部在排版中,史部已發稿。現在手中有子部與集部,分在北京、南京定稿之中,最後還有一個綜合索引。所以從表面看,已完成了一半,實際上工作量尚不小。自主任委員劉季平同志逝世之後,其他副主任委員六人中也有去世者,現已成群龍無首之狀。定稿北京三人,南京四人,力量較爲單薄,已發之稿亦非一二年中可以見書,必須有堅强之組織領導。建議請北京圖書館常務副館長杜克同志擔任主任委員,他對此項工作開始及經過均甚瞭解。請原副主編冀淑英同志擔任主編,她是著名的中國版本目録的專家。龍已八十有五,衰老日甚,不克肩荷重任,請辭去副主任委員和主編,改任顧問。希望我公向文化部領導代達鄙忱,這樣可使工作重振旗鼓,早日完成周總理的遺願,實所感盼。(先生小筆記本;底稿)

5月8日　赴豫園。周穎南、蘇淵雷、許寶騤、鄧雲鄉等發起雅集,爲祝陳從周七十壽、周穎南六十壽。參加者有朱屺瞻夫婦、俞振飛夫婦、孫道臨夫婦,又汪道涵、蘇步青、譚其驤等人。(日記)

5月9日　夜,檢得葉恭綽所贈馬蕃侯像題記諸人簡歷,擬撰一文。方行來談。(日記)

5月10日　新餘市文化局寄奉先生證書:"恭受顧廷龍同志爲'抱石公園'惠贈書法壹幅,謹致謝忱。"〔北京泰和嘉成拍賣有限公司2019年常規拍賣會(二)"古籍文獻專場"圖録〕

5月26日　先生有信致張秀民。

四月廿五日手書敬悉。龍於二月下旬(按,當爲上旬)前往北京度歲,直至四月廿八日返滬。返滬後雜務叢集,稽遲奉答,歉甚歉甚!去年北圖新館開幕前,滿以爲可與兄及錢存訓先生均能把晤,豈知分居數處,不獲如願爲悵!

大著曾聞人民李君來談,由他細校,大概初樣誤訛較多耳。李君甚細心,想不久可以成書也。

《中國善本書目·經部》不久將再縮印平裝本,以便普及之需。叢部已排出校樣,今年可能出書。史部已于去年九月發稿。

尊處成立王羲之研究會,盛事也,承命附名末座,敢不祗遵,如有機會,尚可一游貴邑諸名勝,欣幸何如!

艾思仁來過上圖,我未遇及,悵悵!（原信,韓琦收藏）

5月31日　谷輝之有信致先生,告知擬爲浙江圖書館八十五周年撰文《三十年代之浙江圖書館》,并寄上先生托查的龔橙叢稿篇名。(原信)

是月　先生題簽的《顧頡剛選集》(王煦華編選),由天津人民出版社出版。

是月　跋承名世花鳥册。

吾友承君名世,工山水,擅小楷,多見歷代名迹。近作花鳥册八幀,有寫生,有擬古,筆墨高雅,頗得清狂、青藤諸家遺法,誠如沈邁老所謂運墨簡練、風神蕭散,對之賞心悦目,百讀不厭。因題數語,以志眼福。(《上海市文史研究館館員書畫作品系列:承名世作品選》)

是月　先生題簽的《甘肅文史資料選輯》第28輯《甘青聞見記》(顧頡剛、王樹民撰),由甘肅人民出版社出版。

6月1日　王蒙有信致李一氓,謂"顧廷龍先生提出更換主任委員和主編的建議,我們考慮,爲客觀如實地反映有關人士在書目編輯工作中付出的辛勤勞動,也爲保持書目編輯體例等方面的一致,還是不改動爲好。顧先生身體、精力尚好,還能領導定稿工作。爲加强今後的組織工作,擬增補杜克同志任副主任委員,主持這項工作。另外,擬在今年適當時候召開一次會議,研究布署一下今後的工作,充實編輯人員力量,力促書目的後幾部儘快定稿、出版"。(原信)

6月6日　周一良有信致先生。

　　惠書及大作收到,至爲感謝。陳寅老紀念論文集已徵稿不少,唯出版補貼尚無着落,正在籌措中。"異端辨證"一書北大善本庫亦未收藏,并以奉告。持宇兄事頗突然,近得其夫人函云,以車禍傷骨入院,一月以後因肺炎逝世,惜哉! 此節便中乞轉告譚季龍兄,渠允爲寅老紀念集撰文,亦希代爲催促。一良因赴穗參加寅老紀念討論會,日前返京始見大札,遲遲未復爲歉。(《周一良全集》,第10册第29頁)

6月11日　李一氓在王蒙信上批"已閱。轉送起潛同志。一氓"。(原信)

6月30日　沈津將發表在《九州學刊》上的《宏燁齋書跋》(五)寄給先生審正。(原刊)

　　是月　王蘧常執教六十五年并九十壽慶,先生書詩:"後王妙墨繼前王,雲壑當胸萬卷藏。纂史傳經同盛業,一廬明兩自輝煌。先生居明兩廬,從事秦史纂著,戊辰端陽,恭值璦仲先生執教六十五年并九十大慶,率成俚句,藉申祝賀之忱。"(底稿)

　　是月　先生題簽的《三才圖會》(明王圻、王思義編),由上海古籍出版社出版。

　　夏　林其錟持倫敦大英博物館藏敦煌遺書《文心雕龍》殘卷(斯5478號,字體行草)影印件向先生請教。先生説:"我從張菊生那裏見到的《文心》卷子也是手寫本,字體不是草書和行書,而是楷書,字比較大。我記得是菊生過八十歲生日,他爲避壽,隨帶這卷子來到合衆圖書館,并叫我校一下,所以我記得很清楚。"(林其錟《流到前溪無半語,在山做得許多聲》,載《顧廷龍先生紀念集》,第105頁)

7月5日　陳杏珍有信致先生。

　　昨天聽杜克局長説,原打算今夏在蘭州開《善本總目》工作會議,經與蘭州潘寅生同志等商量,會議仍打算召開,具體問題想聽聽您和南京潘老的意見。初步打算會期兩星期,參加會議的人員是編委會領導和定稿人員(與上次在上海開會的人員一致)。

　　這次會議如何安排,開會内容打算討論什麽問題,解決什麽問題,會議議程等,請您考慮一下,并給這裏來封信。沈津、光亮同志等有什麽意見,也請一起告訴我們。您如果忙,可請沈津、光亮等同志代筆。(原信)

7月13日　先生有信致陳杏珍。

　　昨接手書,均悉。叢部校樣我閱後,請任光亮同志送古籍出版社。

　　今夏在蘭州開會,甚好。承詢意見,茲將已想到的略述如下:

　　1.要解決班子問題,自季老逝世後,已成群龍無首之局。鄙意請杜局長任主任,請冀淑英同志任主編,我辭去主編(年老體衰,精力不濟),改任顧問。2.定稿人員不多,集中定稿,可收集思廣益之效。地點最好在北京,重振旗鼓,以符周總理儘快完成之意。3.考慮索引的編製問題,從繁或從簡。4.其它:經部存書的處理,稿費的處理,又如培養問題,資料保管問題,全書告成後的修訂問題,補編問題等等。(原信)

7月24日　閱藝風堂日記。(日記)

7月26日　劉小琴有信致先生,轉達王蒙對2月份先生提出辭職的批復意見,又徵求關於蘭州會議時間、需解決的問題等意見。

您給一泯同志的信已經王蒙同志閱示,爲使書目編輯工作善始善終,仍請您老主持定稿工作爲好。爲加强組織工作,增補杜克同志任副主任委員。有什麽困難、問題,我們一起研究解決。總之我們要盡力配合、支援您,努力做好組織和服務工作。這些年來,您很辛苦,爲此我們深表敬意和慰問。(原信;《顧廷龍先生紀念集》,第6頁)

是月　先生題簽的《嘉靖鄭州志校釋》(明徐恕修,王繼洛纂,張萬鈞校注),由鄭州市地方史志編纂委員會編印出版。

8月初　先生有信致劉小琴。

在京晤教,別來忽逾三月,時在念中。今日接奉手書,敬悉一一。

關於蘭州開會事,曾接陳杏珍同志七月五日來信,詢及打算討論什麽問題,解決什麽問題。我即於十三日還了信,我想到的有幾件事:1.自季老逝世後,已成群龍無首之局,鄙意請杜局長任主任,請冀淑英同志任主編,我改任顧問。2.定稿人員不多,集中定稿,可收集思廣益之效。地點最好在北京,重振旗鼓,以符周總理儘快完成之意。3.考慮索引的編製問題,從繁或從簡。4.其它:經部存書的處理,稿費的處理,又如培養問題,資料保管問題,全書完成後的修訂問題,補編問題等等。(底稿)

8月2日　彭衛國來談《十三經校勘記》,借去汪紹楹《十三經校勘記》稿本。(日記)

8月3日　出席方志編輯委員會會議。(日記)

8月4日　寄黃葵立軸一紙并信。又寄顧志興及吉林大學古籍整理研究所囑題簽各一紙。(日記)

8月5日　到長樂路書庫,看《十三經校勘記》。孫啓治交還《説文檢疑》,已完全校正一遍,并將篆書亦寫上,"啓治篆書有進步"。(日記)

8月6日　茅子良交來書法方面稿件一批,請審閱。(日記)

8月7日　閱茅子良交來稿件。周道振來,囑題其父年譜書簽并書聯一副。夜,李文來,示《支部生活》,有記誦芬事。托李文赴濟南之便,代訪山東博物館藏吳大澂爲陳簠齋篆聯。致誦芬信。(日記)

8月12日　韓錫鐸有信致先生。

我們和北京故宮圖書館聯合編輯《清代內府刻書目録解題》的工作已

于去年開始,現在兩館各自復核所藏清內府出版之書的工作已經結束。爲了提高目録的水平,決定撰寫提要,提要内容包括介紹著者、編輯與版本源流,揭示該書價值等。正在撰寫提要,前面還要冠一篇總述清内府刻書的前言,還決定邀請您寫一篇序。您是我們圖書館界搞古籍版本的老前輩,又曾多次對我們此項工作予以關注,我想您是不會拒絶的。還煩請您爲該書題一書名,暫定名爲"清代内府刻本書目"。明年第一季度,我們派人去北京故宫聯合編目,還將去北圖、承德、南京博物院等藏清内府刻本書較多的圖書館,調查所藏清内府刻本書的情況,還將與臺灣出的有關書目核對。我們這個書目,争取把現存或所知的清内府刻書包攬無遺,在品種和質量上要超過陶湘的書目。

代問沈津、吳織、任光亮等諸同志好。(原信)

8月13日　法國留學生格林、法比恩夫婦來訪,談中國書法,兩人均在四川美術學院進修。沈文倬來,贈其點校焦循《孟子正義》。丁景唐電話,請爲南通紡織博物館寫字。吳織夫婦來。周慰送還《章太炎篆書墨迹》序。(日記)

8月18日　跋《滂喜齋藏書記》。

《滂喜齋藏書記》成於甲寅(一九一四),試印本流出後,即有索借者,仲午先生祖年遂將板片封存,未曾印傳。甲子(一九二四)冬,陳乃乾得傳鈔本付之排印,跋語誣衊潘氏後人。婦兄博山承厚始將家刻加撰序跋印行,時爲戊辰(一九二八)初夏,余適假館王栩緣先生同愈家,先生爲文勤門生,因乞其署耑,忽忽一周甲矣。今原版毁於兵燹,此家刻朱印本,已甚難得,高橋智同學喜研中國版本目録之學,明日即將返國,因檢贈此本,藉以留别。明日余亦將有敦煌之行。(《全集·文集卷·滂喜齋藏書記跋》,上册第183頁)

是日　先生有信致沈津。

大著拜讀一過,知您所得甚富,羡羡。《敬米齋筆記》未見刻本,尤可珍也。您提到蘇文忠與民師尺牘,原件珍藏上博,可以一觀文物出版一本書畫叢刊,中有詳細介紹,有真迹印本,記得曾有單印本可參考。

明日赴西北匆匆行矣,回來再談。此致宏燁齋主人。(原信)

8月20日　飛抵蘭州,同行有方行夫婦、任光亮。(日記)

8月21日　參觀甘肅省圖書館。下午寫"甘肅省圖書館"館牌,又爲館中數人寫小屏。夜游蘭山公園。(日記)

8月22日　甘肅省圖書館安排敦煌之行,下午至張掖,參觀博物館。(日記)

8月23日　晨發嘉峪關,晚至敦煌,住飛天賓館。(日記)

8月24日　參觀敦煌石窟。(日記)

8月25日　參觀敦煌石窟。下午參觀敦煌市圖書館。(日記)

8月26日　返蘭州。晚宿酒泉。(日記)

8月27日　發張掖。晚宿武威。(日記)

8月28日　　參觀武威博物館。晚抵蘭州,宿寧臥莊賓館。晚飯後開《中國古籍善本書目》定稿會之預備會。(日記)

8月29—30日　《中國古籍善本書目》定稿會在甘肅省圖書館舉行。(日記)

8月30日　　高橋智有信致先生。

　　小生無恙。八月十九日到仙臺之老家,日本氣候現在比較熱,可能東京比仙臺熱得多。生九月份到東京去。先生敦煌之行如何?正好日本首相竹下登也去敦煌,八月二十七日之事。

　　今以生寫的小文章,關于先生指導下之《春秋》《公羊》之問題,在先生居宅照之像片,又八月十九日開始連五天登載之青山杉雨先生談話集(日本《讀賣新聞》),更日本江户時代寬延四年刻《尚書孔氏傳》一本(凡六本,他五本下次寄過去)呈先生,請先生笑納。先生托生之事情,等一會查查。敦煌之行,若先生疲勞的話,應該休息休息,請注意身體。(原信)

8月31日　　在甘肅省圖書館看敦煌寫經。下午離開蘭州返滬。(日記)

是月　　西北師範大學古籍研究所贈《隴右方言》《隴右方言發微》及《李于鍇遺稿輯存》三書(先生題簽)。(原書)

是月　　張萬鈞贈《嘉靖鄭州志校釋》(先生題簽)。(原書)

9月25日　　爲宣城梅文鼎紀念館題詩。

　　白日運籌夜測天,璣衡七政自精覈。博通周髀超前古,千卷新書百世傳。梅文鼎紀念館。戊辰中秋。顧廷龍,時年八十五。(照片)

是日　　爲蘇州留園題"吳下名園"匾,"此曲園老人爲盛旭人撰《留園記》中語也,以其建園較晚,能取諸家之長,後來居上,洵篤論也。戊辰中秋,顧廷龍"。(《顧廷龍先生紀念集》,第248頁)

9月28日　　先生有信致左猶麟。

　　曩年台駕來滬,曾獲晤教爲幸!

　　上月由湖南林君托人轉到毛夫人給我的一信(複印打字本),因未有地址,不知發自何地。今有復毛夫人一信,擬懇設法轉致。您亦關心此事,請先一閱,不另詳述。毛夫人有何意見,希得一復。

　　明年初,國際中文善本書聯合目錄的國際諮詢委員會要召開會議,我將應邀出席,屆時當趨前拜訪,一敘契闊。(《全集·書信卷·致左猶麟》,下册第729頁)

9月29日　　先生有信致毛彥文,詳談熊希齡遺稿事。

　　一別半紀,想念爲勞。多次奉到手書,欣悉先生精神矍鑠,至爲欣慰!龍今年亦已八十有五,而身體頑健,尚堪工作,一面了理經手各事,一面指導中外研究生。現在主要是主編《中國古籍善本書目》,正陸續定稿出版中,差堪告慰。

　　兩岸相隔,言難悉意,遂懶握管,有勞懸繫,罪歉何如!"文革"後,一九八一年十一月朱君美先生關心秉公遺稿,曾來館瞭解情況,當囑我館特藏部主任吳織同志前往同濟新村面告一切:一、原合衆圖書館已捐獻政府,後又改名上海市歷史文獻圖書館,一九五八年與另兩專業圖書館統一機構;二、秉公遺稿,雖經"文革",保存安善;三、即托朱先生代致拳拳。

一九七六年後,諸事安定,始克將秉公遺稿加以整理。一九八六年開始組織人力,進行工作。龍親自主持,并請我館研究館員于爲剛君及另兩位館員着手整理編校。秉公遺稿僅揆公親自檢閱一過,當時爲撰寫傳文并將《明志閣詩》請人鈔録清本。後來揆公作古,館務紛繁,無暇及此。先生明達,必能亮察。

揆公《札記》有云:"擬輯秉三雜著,定《明志閣遺著》,用叢書編年,分爲若干種。另輯《明志閣電稿》《文存》《詩存》《詞存》四種,大略盡之矣。"現在我館整理即按上述所擬體例進行。初稿編定,尚可調整。

最近整理情況:關於清代部份已編寫好四十萬字。工作繁重,原因是,一、秉公手稿均爲草體,謄録工作,不是人人所能辨識;二、原有部份謄清本,皆爲繁體字,必須重抄并加標點;三、現按編年排次,題目儘量采用原定者,不予改動。

湖南林、周二君來訪數次,當時封存別庫,不便取閱。龍當時表示俟上海編好後,可以送交湖南出版,因此字體要改用簡體,其實現在新出版書亦頗多用繁體者。在改簡體上破費時間,因此非人人所能抄寫。鄙意現在兩峽文化交流日益開展,我館編成後儘可寄臺灣出版,如有可能則書名字體都可不必改動,時間可以縮短,并望先生親加《前言》或《後記》,以資紀念。

一九四二年,天津尊寓交中興輪船公司運來秉公遺稿,實僅柒箱(是普通大小者,亦非特大特小者),此點曾托張健航君轉達。至來信所稱十餘木箱及十六大木箱,此想爲先生回憶之誤。至於秉公印章及德王花瓶兩項,是一九四九年五月田君倉皇他遷時,送至合衆圖書館者,至今保存安妥。周君來滬索觀,當即從庫中取出并爲拍攝照片,渠以爲一大發現,蓋未知其歷史也。道遠展轉傳述,必然有誤,愈傳愈失其真。尚祈始終信任我館,勿爲浮言所惑。上海圖書館藏書八百萬册,工作人員六百餘人,有保存文獻資料之職責,人稱僅次於北京圖書館。我館有修理古書、裝裱書畫之專業人員,叢稿編校後,原件需加裝釘,以利保存。現有保存條件者,亦僅有數幾處。

總之,我館對秉公遺稿力圖善始善終,完成揆公受托之遺願,予以妥善保存,并謀整理出版,以供中國近代史研究者廣爲利用。古諺有謂"受人之托,忠人之事",諒荷贊同也。(《全集·書信卷·致毛彦文》,上册第223頁)

是月　先生有信致李一氓。

久疏箋敬,想念爲勞。旬前承錫麟同志轉示王部長復函,祇悉一一。

上月由圖書館局借甘肅省圖書館召開了一次會議,原各大區負責人亦均參加,宣布了杜克同志補副主任委員,其它副主任委員及主編均繼續工作,不予變動。大家聽了很高興,一致表示要善始善終。子部、集部經仔細研究,在明年九月全部定稿完畢,送交出版社,亦爲慶祝國慶四十周年。此次下情得以上達,推動了工作,定稿者咸願鼓其餘勇,爭取早日完成,勝利在望,皆仰仗公之大力,感幸何如!

前屬查刻印《耕織圖》之黃[履]吳經歷,未有所得。曾在北京圖書館(文津街)見到一本,似是道林紙所印,殆爲影印本耶? 它日當借與尊藏比對之。(原信)

是月　先生有信致沈錫麟。

手書敬悉。文化部復函亦已讀過。《善本書目》工作已于上月下旬在蘭州開過一次會議,會議情況甚好,推動了工作,明年此時可以定稿全部完畢。

龍擬年底前去北京,參加一點工作,屆時當再奉訪。致珉老信煩轉致。(原信)

是月　題"沅江亭"①匾,注云:"是亭建于清乾隆五十三年(一七八八),取臥子《會葬夏允彝》詩"沅江春草勝文魚"之句以名亭,王希伊有記并勒于石,年久俱毁,今重修于原址。一九八八年九月,顧廷龍。"〔北京泰和嘉成拍賣有限公司2019年常規拍賣會(二)"古籍文獻專場"圖録〕

是月　先生題簽的《中國文字學概要·文字形義學》(楊樹達撰),由上海古籍出版社出版。

10月1日　尾崎康有信致先生,請爲《正史宋元版之研究》賜題書簽。

去年五月,我訪問上海圖書館,看書之際,先生特別照顧又教□賜正,讓我閱覽貴館極上珍藏善本,誠頓首爲感謝。因看得到上海之宋版《史記》《後漢書》二部、《三國志》二部、元版《五代史記》,這次我可以整理《正史宋元版之研究》一書,而且今年十二月準備汲古書院出版上梓。所以我熱烈希望請先生寫篆字以封面題字修飾是書之卷頭。若果先生同意寫字的話,我之欣喜爲雀躍,請多多關照。若先生的時間、身體來看,可以的話,十月底得到就高興了。同封一點中國郵票,請用。(原信)

10月5日　蔣清蘭有信致先生。

日子過得真快,回想兩年多以前,您和冀淑英等同志在我家小叙,鴻舜和你們談得多高興啊,不想那次竟成了永訣。過去的事,真是不堪回首。鴻舜遺體告別儀式時,承誦芬遠道參加,後又帶您的孫子到我家看我一次,并贈茶葉一盒,特此致謝。鴻舜去世後,86年5月份,我就到鄧廣銘先生領導

①據泰和嘉成官網照片,"沅江"二字未見,祇剩一"亭"字,是原件佚失或官網未展示,未詳。據注文可知,此爲上海松江佘山陳子龍墓"沅江亭"匾。

下的中古史研究中心工作了,幫助他們搞一個《宋人文集分類篇目索引》,現在已接近尾聲,但尚有十餘種書需到貴館查閱。因此我介紹鄔天民和臧健兩位同志前來登門拜訪,一來是替我帶個信兒向您問候,二來是請您大力協助,給予方便,以便能按期完成任務。諸多麻煩,不勝感謝。(原信)

10月7日　在《說文廢字廢義考》論文封面上書:"郭紹虞、容庚、吳文藻、黎錦熙、錢玄同、胡玉縉諸先生審閱。尚須修訂,將來請孫啓治同志詳校修改。"(原件)

10月16日　方詩銘有信致先生,爲刊印鄭振鐸《中國版畫史圖錄》事。

多時未晤,時以爲念。近讀《鄭振鐸年譜》,至以爲佳,因感到今年爲西諦先生死難三十周年,似應有所紀念。《中國版畫史圖錄》說明流傳不多,我前加抄錄即爲此故,時思打印或刊布以廣其傳,是否能由文管會重印,以資紀念? 今乞先生考慮,如荷同意,即請函(或電話)告方行同志鼎力相助也。先生與方行同志與西諦先生深交,再寫一紀念文章同時刊入,則更佳矣。(原信)

10月23日　完成《天一閣叢談》序。

一九七九年春,余以參加《中國古籍善本書目》之編纂,因偕沈津君前往寧波,寓月湖旁之華僑賓館,不數百步即抵天一閣。駱兆平君介紹此閣故事滔滔不絕,又述藏書之聚散經過亦至詳賅。一別十年,兆平以近著《天一閣叢談》稿寄示,屬爲一言。余展卷拜讀,全書分十二章,曰史話,曰史事瑣考,曰藏書管理,曰藏書目錄,曰刻書考,曰藏書傳抄遺聞,曰乾隆頒賞書畫記,曰散書訪歸記,曰明代地方志述略,曰明代科舉錄述略,曰家譜概述,曰碑帖概述,紀事翔實。兆平於天一閣歷史可謂淹貫,故聞、傳述如數家珍,甚足欽服! 余從事圖書館工作五十餘年,深感研究圖書館與普通圖書館性質不同,管理亦不同,研究圖書館之管理人員不能不熟悉館藏,憑一卡片難能盡達,亦非電腦所盡能反映。若熟悉館藏,則由此及彼,由表及裏。熟悉館藏之後,對藏書之珍護尤爲親切,管理方法亦多研索。竊謂今日之管理善本,重在重印,使其化身千百,代代相傳,不至湮沒。昔人所用之紙爲手工製造,可以經久。嘗見敦煌寫經六朝用紙,至今千年後披展如新。凡古書之損毀,皆出於人爲。今日機製紙印本,質脆不能耐久,出於自毀,典藏者皆應知之。兆平寢饋其中,或以余言爲不謬乎?

抗戰中,余應張菊生、葉揆初兩先生之招,創設合衆圖書館。余主張上海已有科學技術之明復圖書館,近代史之鴻英圖書館,合衆應以古籍爲主之歷史文獻圖書館,此三館均爲研究圖書館,便利專門讀者,培養專業管理人員,編印專業資料,廣爲流通,面向世界。綜合性圖書館可以綜合各科之圖書,實不能得綜合性之人才,局限甚大。雖然事在人爲,不是有意長期培養,而欲一舉手、一投足有以成之,是緣木以求魚也。

　　一九七八年春,調查全國各館所藏古籍情況,藉知十年動亂中各地圖書文物遭受損失之烈,甚於秦火,聞之髮指。但亦有典守者盡力抵禦,置生命于不顧,英勇精神,令人肅然起敬! 嘗憶北京圖書館善本庫管理員陳君,人皆呼之爲陳先生,一書借閲,出庫還庫,必詳加檢點,鄭重安放原架,數十年如一日,於善本之珍貴特點,均極熟悉,今乏其人……

　　兆平勤學好問,既熟悉天一閣之歷史,又熟悉天一閣之藏書,瞭然天一閣盛衰之迹。建國以來,天一閣如枯木之逢春,有篤好古書之人,纔真能愛護數百年來之劫餘。展讀史話,喜閣書之典守有人,足爲研究圖書館之矜式矣。余不辭耄荒,率書數語以爲喤引。(《全集·文集卷·天一閣叢談序》,上册第 299 頁)

**10 月 27 日　高橋智有信致先生。**[①]

　　先生身體怎麼樣? 秋天已深,不要感冒。生智很好,但今也要每星期一次到先生之居,從先生游。可現在先生之隸古定居是大海之彼方,遺憾。生智之讀書,是在《四當齋藏書目録》。讀《目録》之意義,是可以知道藏書家章鈺之學問,與先生之學問的兩個學問之總體。這個《目録》,生智又想中國目録學史上特異之目録也,所以愛讀之。碰到這個事情,章《目》上先生按語裏説:"王同愈,字勝之,號栩緣,江蘇元和人。……又工書畫,所藏以宋槧《五臣注文選》爲最精。"嗚呼! 王同愈是先生經常講的那位先生也。而且,宋槧《五臣注文選》,現在臺灣"中央圖書館"之所藏,最近有影印本,在此同封影件王同愈之跋。人家知道不知道王同愈是什麼學者,先生應介紹細得。王同愈之文集,稿本準備出版否?

　　最近生智之大學,慶應大學之斯道文庫買了一套書,即《京師圖書館善本簡明目録》,稿本,江幹〈瀚〉手校。這目録裏之書,歸安姚氏之舊藏比較多,這是什麼事情呀? 歸安姚氏是否姚文田? 先生請教請教。反正這本稿本算珍貴吧。

　　又一事,上次先生給生智看之尺牘手迹集(有先生之解題,香港出版的),是什麼正式的書名? 因生智想買一套,以請教那書之書名。静嘉堂文庫所藏徐養原《頑石廬文集》,抄本(皕宋樓舊藏),裏有一篇"與嚴修能之書",生智抄下來後寄給先生,請等一等,又有很多嚴氏之手抄本題跋,以後查查告訴先生。請快編上《嚴氏年譜》,又《日本訪書記》他原稿,寫整理後給生智看一下,可以出版。(原信)

是月　蔡耕贈《江寒汀百鳥圖》(先生題簽)。(原書)

是月　爲盧調文書集殷契"小雨游魚出,東風燕子來"。(《顧廷龍書法選集》)

---

秋　　與陳從周、蘇淵雷、王企華、田遨、鄧雲鄉應王西野之邀,去蘇州參觀蘇州古典園林藝術陳列室,并游覽拙政園、環秀山莊。(王西野《半個世紀幾代人——蘇州園林申報世界文化遺産成功的背後》)

秋日　爲劉建才藏郁華畫題識。

此畫爲郁達夫烈士之兄郁華烈士生前所作,今其次子興智先生檢篋得之,輒贈劉建才同志以資紀念,建才其珍護之。(底稿)

秋日　爲福田先生篆書"龍"字。(照片)

秋日　爲楊泰偉書"冰式之後,得一通餘"。(《顧廷龍書法選集》)

秋日　爲日本學者尾崎康著作《正史宋元版之研究》題簽。

11 月 4 日　韓錫鐸有信致先生。

您好!惠函閱悉。您對我以同輩相稱,我不免驚恐之至,實不敢承。論春秋,您倍數于我;論學識,您是海内泰斗,我是無名後學,又何止倍數。故請您以後不要這樣稱呼。

翁宗慶先生尚没有信來,如來信及乃祖《清兵制考》書事,我一定盡力斡旋。我常羡沈津、光亮、宫愛東諸兄處境之優,他們有師可受,我獨處塞外,苟撑蘭臺古籍之梁,遇事無處問津,祇好自己在荆棘中前行。不久即將召開《東北地區古籍綫裝書聯合目録》第一次編委會議,由我來主持,心不敢擔,但是没有辦法,祇好充胖子了。徐雁兄現在北京國家教委工作,他的書是遼寧人民出版社王偉同志拉來的,委我爲責任編輯,我改正了一些小的失誤,又增添了一點資料。全書清樣我未及細校,再加上印刷廠力量有限,所以錯誤一定很多,乞您多予指正。(原信)

11 月 9 日　先生有信致林公武。

來函敬悉。屬爲潘主蘭先生印譜題簽,格式如何已記憶不起,姑寫一紙,請呈潘先生指教。如格式不合,似可剪裁一下。我近將到外地去休養一段辰光,草此奉復。(《全集·書信卷·致林公武》,下册第 542 頁)

11 月 10 日　先生有信致周一良。

久疏音問,時以爲念!

美國將有編輯中文善本書目之舉,函邀龍參加他們顧問諮詢會議。據安芳湄説,我兄亦將參加這一會議。我已同意前去,但究已年高,尤以近年外出都有人陪同,今若獨自遠游,語言隔核,家屬不放心。我想兄熟悉彼國情况,如能結伴同行,則甚最理想。但一南一北,是否可同機而行是一問題。據説到美出機場,查看證件,很多手續,迎接的人可否進機場,我均不瞭解。兄旅行海外各國較多,便中請指示一一,曷勝盼幸!本想挂長途與兄一談,可是上海近來電話時有阻塞,不如一札之爲速也。(《全集·書信卷·致周一良》,上册第 285 頁)

11 月 13 日　先生有信致冀淑英。

　　蘭州一別,忽已兩月,時以爲念! 歸來栗六多日,乏善足述,最無聊的應酬寫字,花的時間太多,久不作一字奉候,職是之故。

　　近從任光亮處所見南北函調,藉知兩地工作非常認真,可喜可慰!

　　我曾接美國研究圖書館聯合會來信説,他們要編一《國際中文善本聯合目録》,成立諮詢委員會,邀我當顧問,并訂於二月二十七日舉行會議一星期(在華盛頓),據説臺灣、日本、南朝鮮等都有人參加。兹將他們要討論的意圖等譯附給您一閲,請您幫我搞點答案。

　　我有致杜克局長一信,請您轉交。請您先看一看,主要是請示:㈠中國是不是參加《聯合目録》,㈡他們要我們的油印目録。我們的書目,古籍出版社[出版]後,他們就可收入,不參加亦就參加了,況且我們現在對外開放,很難説不同意。至於他們願意出錢,拍一全份膠卷,我們是否送一套油印本,還收費拍膠卷? 請您與杜局長商量定奪(尊意如何,亦請示知)。安芳湄女士(哥倫比亞大學)來滬時,與沈津、吳織提及這問題,均未答復。後來與我見面時未提此事,今來信明確提出要求了,不能不請示。油印目録送不送,我不能決定,參加《聯合目録》,我亦不能作決定,一均麻煩您。(《全集·書信卷·致冀淑英》,下册第 396 頁)

11 月 20 日　徐雁有信致先生,請爲《中國歷史藏書論著讀本》賜題書簽,并求書條幅“惜花春起早,愛月夜眠遲”。又寄呈《清代藏書樓發展史·續補藏書紀事詩傳》一册。(原信)

11 月 25 日　周一良有信致先生。

　　手書敬悉。我月中亦收到美方邀請參加顧問會,并于二月末到華府出席會議的函件。今日詢問我校圖書館長莊守經同志,他説可按出國參加學術會議的途徑去辦手續。但聞有新規定,凡離退休人員由本單位老幹部處代向教委去辦。你館如無老幹部處,則通過人事部門當亦可行。將來最好能訂同一航班(民航赴美有過滬者),可以互相照應。不知是美方寄機票來,或我們自購再報銷。簽證、護照以早辦爲宜,我所收到的信中稱,即是正式邀請,故擬本月内即去着手也。如有事望再聯繫。(原信)

11 月 28 日　左猶麟有信致先生。

　　本年九月廿八日函、致熊夫人函,及尊撰《張元濟與合衆圖書館》、吳織著《書海五十年——記顧廷龍館長》二文,于十月十七日抵達敝館。我于十月十三日去臺灣訪熊夫人,在她家住了四星期,十一月十四日回美,十六日返辦公室,因離職一月,案頭文件、書函堆積如山,未得早復爲歉。熊夫人等待您消息數年,一九八三年去臺時,她托帶給您一信,同時我返美後亦曾上函,和她的信同日寄出,未得回音,不知該二信是否遺失。上星期已將來函及文二篇,以航郵快遞轉寄熊夫人。(原信)

是月　先生題簽的《顧頡剛古史論文集》(第 1、2 册),由中華書局出版。

是月　先生題簽的《惲南田專輯》（武進文史資料第 11 輯），由政協武進縣委員會文史資料研究委員會編印出版。

是月　先生題簽的《陳子龍文集》（上海文獻叢書編委會編），由華東師範大學出版社出版。

是月　先生題簽的《中國上古史研究講義》（顧頡剛撰），由中華書局出版。

是月　先生題簽的《新編鄭和航海圖集》（海軍海洋測繪研究所、大連海運學院航海史研究室編），由人民交通出版社出版。

12 月 2 日　周一良有信致先生。

上月廿五日曾復一函，諒達左右。弟後瞭解，赴美參加圖書館會仍由學校社會科學處，老幹部處祇處理探親出國事宜。北大社科處認爲，美國來信祇提旅費，未及食宿，故委不能批准。故弟今日又函美方，請其重寄邀請信，明確負擔一切費用，同時亦請其給我兄同樣致函，以便辦理手續。弟函中又表示，希望能安排與兄同機而行，以便照顧，諒可照辦也。（原信）

12 月 15 日　谷輝之自杭州來滬探望先生，先生贈書云：“黑雲翻墨未遮山，白雨跳珠亂入船。卷地風來忽吹散，望湖樓下水如天。”（《顧廷龍書法選集》）

是月　先生有信致王煦華。

來函閱悉，即作函呈泯老，并托沈錫麟君轉致。以後兄可與沈君聯繫。（底稿）

是月　先生有信致李一泯。

《古籍善本書目》幸公一言，得以重振旗鼓，子部、集部明年國慶必可先後完工。上周龍又與諸同志晤談，知工作已正常，明年全稿完成，當無問題，可請釋念。龍自當努力從事，庶不負領導之望。

茲接王煦華同志來函，爲顧頡剛先生紀念論文集出版事，囑求吾公加以援助，使功敗垂成之事起死而回生。茲特代呈顧頡剛先生九十誕辰紀念論文集編委會致我公函一件，乞予賜覽。

月前曾接美國國家人文科學研究圖書館組織來信，邀龍參加國際中文善本書聯合目録咨詢會議。我已同意前往，以便瞭解我國善本流散在國外的情況，屆時當將所聞所見詳行奉聞。

竊思頡剛先生一生對整理古籍亦甚努力，初則標點《辨僞叢刊》實爲創始，而標點《二十四史》實爲最後之一大工作，當蒙亮鑒。（底稿）

是月　先生有信致沈錫麟。

久疏音問，時以爲念。茲有致泯老一信，求您轉呈，如何之處，敬煩與王煦華君聯繫。王君與楊向奎君居住密邇，可以轉達。一切費神。致泯老及附袁庭棟文并希一閱不另。（底稿）

是月　先生題簽的《古籍知識手册》（高振鐸主編），由山東教育出版社出版。

是月　先生題簽的《孫詒讓紀念論文集》,由温州師範學院學報編委會編印出版。

是月　先生題簽的《王伊同論文集》,由臺灣藝文印書館出版。

是月　先生題簽的《蘇州盆景》(蘇州園林管理局、蘇州新華書店編),由香港大道文化有限公司出版。

冬日　爲楊泰偉書"墨景樓"額。(《顧廷龍書法選集》)

冬日　爲毛昭晰書篆"爲學不作媚時語,獨導真知啓後人"。(《顧廷龍書法選集》)

冬日　爲史丹烈、肖錫椒伉儷篆書七絶一首,詩爲錫椒令堂姚慧英夫人爲婿女所賦。(原件)

**是年**

1月11日　汪長炳卒,84歲。

2月10日　朱東潤卒,92歲。

10月7日　師陀卒,78歲。

12月1日　陳旭麓卒,70歲。

12月18日　王个簃卒,91歲。

# 1989 年　86 歲

1月1日　爲周賢基書金文"知足不辱,隨遇而安"。(周賢基藏)

是日　爲《明清藏書家印鑒》(林申清編)題簽,此書于是年10月由上海書店出版。

是日　張珍懷以"己巳新春,起潛先生應約赴美國國會圖書館,出席寰球所藏中國古籍整理大會,謹奉贈紅領帶,并賦長歌,以壯行色",詩云:

魏武暮年嘆老驥,公如天馬騰空起。榮期九十帶索行,公展鵬翼飛萬里。若問何事最關情,怡然南面坐書城。摩挲簡册不知老,四部書目集大成。神州自古漁桑幻,運厄丙丁多灾難。秘閣珍藏終佚散,流落海外千萬卷。宋元精鐫異國收,華夏遺編遍五洲。而今寰宇重漢學,花旗書館聚名流。典籍之學誰爲首,中華顧老尊山斗。博學通德八六叟,雙鬢皤皤佩紅綬。領綬紅,春融融,融融煦煦廣厦中,四座名流沐春風。古昔燃藜何朦朦,那及電炬光瞳瞳。稀世之珍映方瞳,流散書卷喜相逢。中華典籍萬國通,放眼世界樂無窮。(原件)

1月2日　先生有信致壽墨卿。

久慕大名,無緣識荊爲恨! 辱承惠書,拜悉一一。

葉揆初先生所作,向不留稿,歿後,龍搜集録存,必多譌訛。承示"漫說民嵒通帝謂"疑有誤字,"民嵒"二字似用《召誥》"王不敢後,用顧畏於民嵒",如用此典,則下句"競將公器作私儲",如此則對仗較恰當,不知尊意以爲何如? (《全集·書信卷·致壽墨卿》,下册第708頁)

1月10日　在章太炎先生誕辰一百二十周年紀念會上發言,盛贊章太炎在學術上的貢獻。

章太炎先生誕辰一百二十周年,政協今天開會來紀念他,很有意義。太炎先生學術文章博大精深,五十多年前,我兩次有幸得見先生,目睹風範,親聆教誨。一次是一九三二年上半年,我正在燕京大學研究院讀書,先生蒞故都作學術報告,我去聽講。見到講臺上是錢玄同先生爲他寫黑板,劉半農、馬幼漁諸先生都坐在聽講席裏。此外各大學教授、學生都去參加,一個教室坐得滿滿的。講的内容似爲關於群經諸子方面的問題,但記得上述這幾位寫黑板的和聽講的,也都是當時知名的學者,可見太炎先生不愧爲一代儒宗。

又一次是一九三二年下半年,當先生在蘇州辦國學講習所時,我的親戚潘景鄭君是他的及門弟子。這年暑假,我從北京回蘇州,於是由潘君介紹,到錦帆路寓邸拜見章先生。當時我正從事隸古定《尚書》的研究,即向先生求教。章先生指出,薛季宣隸古定《尚書》,與《經典釋文》舊本相應,這大概是由於開寶後的儒者輯録《釋文》的未改本而來。其中也有采自《說文》諸書處,不是全照東晉本的。這一説法,先生後來曾寫入《古文尚書拾遺定本》中。先生爲我娓娓講述了半天,真正是誨人不倦。五十年後,一九八一年我到成都講課,看見了孟蜀石經附刻之隸古定《尚書》殘石。由此更信薛氏之書皆有所本,可爲太炎先生之説的重要佐證。可惜先生不及親見此殘石,而先生在學術問題上的真知灼見於此可見一斑。今天回憶及此,不禁令我深深感動。太炎先生是不朽的。(原件;《全集·文集卷·紀念章太炎先生誕辰一百二十周年》,下册第960頁)

1月12日　毛彥文有信致先生。

蒙賜賀年卡(元月十一日收到),實不敢當,謝謝。

彥近來患眼疾,醫囑勿寫字,現在勉强寫數字,藉賀舊曆新年。1988年9月29日先生寄至美國左猶麟女士處與彥的惠書,適彼時左女士在度假期間,轉至彥處已在11月26日,兩份尊著同時收到,深爲感謝。俟眼疾稍愈,當即奉復。匆匆不一,敬賀年禧。(原信)

1月16日　沈燮元有信致先生,請其介紹去上海博物館看黄丕烈詩稿:"博物館書畫,均屬藏品範圍,不能隨意查閱,非德高望重、具學術威望者,萬難辦成,故此事捨我公莫屬也。"(原信)

1月20日　先生有信致高橋智。

別忽數月,時深繫念。叠承惠書多種,無任感荷! 文旆歸國後,此間少一可談之人,每感寂寞,但雜務紛紜,甚鮮暇晷,稽遲作答,職是之故,尚祈見諒!

尾崎康先生屬題書簽,當即寫寄。近得其來信,欣悉月内可以出版,快甚快甚! 坂本健彥先生亦來兩函,許贈《静嘉堂圖録》,極爲高興,亦已作復。惟兄處遲遲未答,想熟人相知有素,不致見怪。

大著《公羊校本問題》一文,閲讀一過,考證甚詳,采摭廣博,可喜可喜! 其中有幾處似有誤奪,另紙附閲。

拙著《嚴元照年譜》,現請王翠蘭君整理抄録,一俟告竣,即行奉正。一九六三年訪日日記,尚在補寫文物經眼録,但所見各種,近年均經發表,載諸刊物,或擬略去。

承示《文選》王同愈先生跋文,甚感甚感! 王先生寫跋時,龍正在其寓。後來原書轉展易主,今乃影印出版,上海尚未見到,謝謝! 王先生《文集》已編好,正在校字標點中,出版尚無聯繫。又見告斯道文庫新得《京師圖書館善本簡明目録》,江瀚(不作幹)手校。《目録》裏之書,歸安姚氏之舊藏書比較多。歸安姚氏,疑爲姚覲元,文田孫,字彥侍,清道光舉人,官至廣東布政使,刻有《咫進齋叢書》。

　　承詢香港中文大學出版之尺牘,其全名爲《近代名人手札真迹:盛宣懷珍藏書牘初編》,王爾敏、陳善偉編,香港中文大學中國文化研究所史料叢刊(三),中文大學出版社,香港中文大學,香港、新界、沙田,未定標價。

　　靜嘉堂文庫所藏徐養原《頑石廬文集》抄本,似尚未經刊行,嚴氏之手抄本題跋,似亦未見傳本,俱爲皕宋樓舊藏。陸氏選刊《湖州叢書》,徐、嚴兩氏其它雜稿不爲整理,置之不刻,實則整理之乏人耳。嚴氏之稿,不知其量大否? 可否設法複印一份,其價必高,便希估計其頁數若干。徐養原與嚴久能交誼極深,其稿中必多與嚴往來,請便中選録與嚴有關者補入嚴氏《年譜》,拜托拜托。

　　承惠《尚書孔傳》極珍貴,有賀島矩直句讀,相當於乾隆刻本,字大便於閲讀,我放在手邊,經常翻閲。尤其第二册到第六册,增加一贈書章,留一有意義之紀念。照片幾張均收到,可惜陽臺未加整理,很不雅觀,好在熟,不拘禮,一笑!

　　青山杉雨先生文承示讀,謝謝。前年蘭亭書會活動,近已編印成紀念集,印得很好。我將於下月二十五日前往美國華盛頓參加討論國際中文善本聯合書目問題,約留十餘日即歸。届時有所聞見,當即奉告。(原信;《全集·書信卷·致高橋智》,下册第 670 頁)

是月　先生題簽的《天工開物校注及研究》(潘吉星撰),由巴蜀書社出版。
約是月　陳從周撰《顧廷龍先生書法》。

　　四十年前,客上海聖約翰大學,課餘侍欣夫王師大隆于抱蜀廬,初見起潛顧先生廷龍著述與法書,心儀其人,先生以目録版書學家兼工書法,遒勁工整,學者之書也。建國後同任上海市文物保管委員會委員,把晤日久,益知先生深矣。余維書法之道,有書家之書,學者之書,其得之于學,而先生之學得力于版本目録金石書畫,平時抄書校書,題跋碑志,又必嚴謹出之,所謂一絲不苟者。發之于書,高古精深,淳穆寧静之氣,敦樸如見其人,先生學者也,君子也。書重品,品高書自高也,求之今世,唯先生當之。先生謙甚,從不以書家自名,亦未行市道,蕭然寒儒,陋室清居,沉潛于學問之中,令人起敬者其在斯乎?

　　先生以篆隸成家,金文雅秀樸厚,秀難掩薄,樸易流俗,秀樸并存者,功力在學,無學問之深,終成書匠矣。余嘗見先生作爲,字字必有據,若碑記文獻,必先校勘,排比成章,無一處不妥帖,亭亭當當,如造園之築亭安樹,面面有情也,然後欣然下筆,蓋胸有成竹矣,見其揮毫自如,而未解其作書之周密性與用心之苦也。先生以望九高齡,華東重要碑記,胥出先生之手,工整楷書,精力充沛,秀潤若朝雲舒卷,大年之徵也。興移偶爲草書,飄逸如仙子,知能者無所不能。際此滄海横流,藝無空格,書家不爲學,不讀書,余之所以重先生書,在于學也。余不能以私交之厚而過譽先生,仁者見仁,智者見智,世自有公論也,歷史自有公論也。小齋岑寂,瓶梅初放,觀先生四體之書,一室温和,古趣盎然,益信先生法書之能怡人也、感人也,爰爲記。戊辰歲闌于梓室。(陳從周《隨宜集》,第262頁)

2月3日　周一良有信致先生。

昨、今兩日打電話到府上,都無人接。今天給令郎去電話,亦不通,祇好寫此信。

前晚得小兒從紐約來電話,謂科研圖書館協會已決定爲我們買聯合航空公司機票,先乘中國民航赴東京,在東京換聯航,飛西雅圖,再到華府。既不經上海,恐我兄須準備先來北京等候,謹先通知,以便思想上不至突然。好在令郎在京,可以早來一叙天倫之樂,而北大圖書館長莊守經同志亦甚盼文旆到京,可以通報此次會議情況,有所準備也。(原信)

2月10日　美國普林斯頓大學葛思德東方圖書館館長白迪安(Diane Perushek)有信致先生,邀請先生訪美期間去該館參觀,并與東亞研究所中文部師生舉行座談會。

頃悉先生將于二月廿五日飛華府,參加研究圖書館組織召開之全美圖書館中文善本書聯合書目國際顧問會議,無限歡欣,渴盼之至。并自研究圖書館組織及卑詩大學(Pace University)鄭先生(Pei-Kai)處,得知先生將于會後轉赴紐約。本校圖書館總館長、東亞研究所主任及迪安均竭誠歡迎先生順道來普大參觀,迪安將引導先生參觀葛館善本珍藏,如于參觀期間,能與東亞研究所中文部師生舉行一次座談會,尤所至盼。時間一小時,題目自定(過去完成的工作,或中國善本古籍聯合書目的編撰等均可),并回答聽衆問題,校方當略致薄酬,聊表謝忱。華府會後,先生如能同回普大,即可于三月六日(星期一),在東亞研究所舉行座談會最佳,此時旅館較易安排。或如鄭先生以前建議,會後與鄭先生先赴紐約,然後鄭先生開車約一個半小時陪先生來普大。因普林斯頓鎮居華盛頓與紐約之間,會後先來普大係順道,節省行程,也許較方便。先生離開中國前,務請告知訪問普大確實日期,以便安排一切接待工作。(原信)

2月14日　先生有信致周一良。

昨夜電談,獲得消息,爲慰。

我機票已領到,飛機時間表,我是乘日航到東京,兄是民航到東京,據説如吾兄到東京多等一些時候,這樣我們可在成田相晤,即可同機到西雅圖了。此間的時間表寄上,請查照。

美方尚無信及文件寄來,恐尚須等待。

莊館長有話希望兄相晤時見告。到華盛頓無人接,亦一難題。(《全集·書信卷·致周一良》,上册第286頁)

2月21日　鮑熙年有信致先生。

　　頃接湖南師範大學文史研究所熊希齡研究室寄來該室寫給湖南省政協和統戰部報告一份，這是該室爲配合北京香山慈幼院校友會籌備迎接該院先院長熊希齡遺骸歸葬香山熊氏墓地和籌設熊希齡紀念館所作努力的一部分。因爲看到您老曾在《熊希齡集》上題字，并得悉您老目前仍在指導上海圖書館研究人員整理熊秉老遺稿，想必您老亦關心此事，故將該報告複印件奉閲，希望您老對此多加支持贊助。(原信)

2月23日　王湜華有信致先生。

　　久未致候，維起居康泰爲禱。

　　今有一事懇求，乃受至善兄之托，請公公爲蘇州甪直葉聖陶紀念館書聖陶先生詩一首，以存館珍藏之。至善兄凡選詩詞共一十二首，今選其中五絶一首(鈔如另紙)，求公公作大篆或小篆，擬用立幅，尺寸不超過四尺均可。請於三月份内挂號寄再侄之單位，以便由至善兄匯總寄甪直。去歲聖丈骨灰安葬，再侄亦同去甪直，在蘇州盤門等處拜觀公公法書多幅，敬羡不已。若公公能乘此作書之便，賜再侄一幅，誠三生之幸也。

　　葉詩爲："大地藏無盡，勤勞資有生。念哉此意厚，努力事春耕。"(原信)

2月24日　赴美前夕，沈津有信托人致先生，談關于在美注意事項。

　　顧師：我在醫院所作試驗均好，最後一次也屬正常，所以星六醫院找家屬談話，確定治療方案，下星期就要付諸實施了，我想一切都會往好的方面發展的。

　　我希望先生此行一切順利，身心愉快。有幾件事，我想再説一下的：1. 無論遇到什麽事情，先生都不必緊張，應泰然爲之。2. 先生演講時，應用普通話，有些聽衆是臺灣到大學研讀、進修或訪問的學生、學者，他們所提問題，先生除闡述外，可用例證作説明。我想他們一定會着重于先生對歷史文獻的認識、整理以及對館藏特點提問，當然這些對于先生來説，是成竹在胸的。3. 先生隨身應放一小筆記本，上面最好印有日期(上午、中午、晚上)，因爲在美會有小的、很細的日程安排，諸如宴請、約會、參觀、會議的具體時間、地點、陪同等，請隨時(當場)記下，不能疏忽的，而且要隨時看，進行翻查。4. 在紐約，將支票兑換成現金事，可向培凱提出辦理，不必客氣。培凱就等于我，一定會盡力相助的。有的地方支票來得很慢，不必去問，或許會寄到上海的。5. 飛機進入美方領空後，即有機組服務員送來須填寫的表格，先生可細細看看，然後再填(護照上的號碼、姓名、出生年月、出生地點等等)，如有困難，可請周先生或請同行的中國學生或機組人員幫忙，不必怕難爲情，凡事祇要開口，總有人幫忙的。6. 建議先生從大庫借一本袖珍《英漢辭典》，隨帶身上。7. 見到白(迪安)小姐時，可説"您四月去上海訪問，上圖

已作安排，歡迎您去上海。沈先生問候您”。在見到總館長先生時，也可以
説“我希望在館長先生方便的時候，能够來中國，到上海圖書館參觀訪問”。
離別時，一定要説“謝謝您們的安排和接待”。先生見到普大的總館長、牟
復禮、余英時、劉子健、高友工諸先生時，請説“見到您很高興”，也可説“沈
先生在普大時，得到您們的許多幫助，很謝謝您們”。他們都知道我是先生
的學生，他們都會很客氣地接待先生的。（原信）

2月25日　應美國研究圖書館組織爲編輯“全美中文善本書聯合目録”召
開國際顧問會議的邀請，離滬飛美國華盛頓參加會議。（《全集·文集卷·沈子它
毁拓本題記》，下册第550頁）

周一良《畢竟是書生——我的自傳》中云：

　　另一個研究生朋友，是國文系的顧廷龍（起潛）先生，由于古文字的共
同愛好而熟知起來。顧先生精于甲骨鐘鼎文，以後擴展到版本目録之學，新
中國成立前爲籌辦及主持上海合衆圖書館出了大力。新中國成立後主持上
海圖書館，領導全國善本書目的編纂，作出巨大貢獻。1989年美國組織編
纂國際中國善本總目，以備輸入計算機。顧先生和我一同應邀參加其顧問
委員會，五十餘年老友，分別年過八十或七十，南北睽違已久，竟得聯袂遠
飛，亦足稱快事了。（《周一良全集》，第7册第20頁）

是月　爲來新夏《古典目録學》寫叙，其中談及《中國古籍善本書目》，云：

　　建國以後目録之學大盛。近年來在文化部圖書館局領導之下創編了
《中國古籍善本書目》，收録了全國八百餘館所藏古籍善本，近乎全國公藏古
籍之總書目。關於此目的著録要求與分類方法，經過廣泛徵求意見和討論
研究，在許多方面采取了古典目録學的基本做法，而有所變通和發展。此
目之成，就其全過程而言，它也確非單純技術性的圖書登録工作，而是受
到國内外注目的一項學術事業。（《全集·文集卷·古典目録學叙》，上册第
407頁）

是月　被上海市有關部門任命爲上海市海峽兩岸文化學術交流促進會學術
委員會副主任。（履歷表）

是月　先生題簽的《蘇州勝迹重修記》（蘇州市舊城建設辦公室編），由生
活·讀書·新知三聯書店上海分店出版。

2月28—3月3日　美國研究圖書館組織在華盛頓國會圖書館召開“全美
中文善本書聯合目録”國際顧問會議，出席者有錢存訓（芝加哥大學東方圖書館
名譽館長）、馬泰來（芝加哥大學東方圖書館館長）、吴健生（哥倫比亞大學技術服
務部主任）、白迪安（普林斯頓大學葛思德東方圖書館館長）、周一良（北京大學歷
史系教授）、昌彼得（臺北“中央博物院”副院長）及先生等十四人。會議主要討
論了“全美中文善本書聯合目録”的收書範圍、著録規則以及輸入計算機采取何
種拼音等問題。（《全集·文集卷·應邀赴美國參加中文善本書聯合目録國際咨

詢會議匯報》,上冊第 471 頁）

3月5日　由華盛頓飛往紐約,佩斯大學（Pace University,一作卑詩大學）歷史系教授鄭培凱相迎并住其家。由鄭培凱安排參觀大都會博物館。（先生小筆記本）

3月6日　鄭培凱開車送先生去新澤西州的普林斯頓大學葛思德東方圖書館參觀,看敦煌卷子。又應白迪安館長之請,題寫"葛思德東方圖書館"館額。晚宿該館王林笑蘋女士家。（先生小筆記本）

3月7日　離開普林斯頓大學,白迪安館長送至紐約。中午,安芳湄宴于中餐館,并陪同參觀哥倫比亞大學東亞圖書館。晚宿鄭培凱家。（先生小筆記本）

3月8日　參觀紐約市公共圖書館。（先生小筆記本）

3月9日　未出門,寫字。跋鄭培凱藏《明代版本圖録初編》。

余應美國研究圖書館協會之邀,參加中文善本聯合目録編輯諮詢會議于華府。事畢,訪鄭培凱先生于紐約,留宿其家旬日。先生所藏中西書甚爲美富,余曩纂《明代版本圖録初編》一書亦在焉。忽忽四十餘年,銅版已毀,不克重印。當時上海已淪爲孤島,王伯祥先生在開明書店任事,鼎力玉成,每一念及,感不能忘。培凱屬記數語,以留鴻雪。（原件;《全集·文集卷·跋鄭培凱藏明代版本圖録初編》,上冊第 140 頁）

又爲鄭培凱篆書清代學者戴震語:"爲學不作媚時語,獨導真知啓後人。"（鄭培凱《顧廷龍的字》,載香港《蘋果日報》2013 年 7 月 28 日副刊）

3月10日　在鄭培凱的畫家朋友卓有瑞家,看畫竟日,寫字。（先生小筆記本）

是日　白迪安有信致先生。

迪安於華府、普大兩度拜聆教益,不勝榮幸之至。唯招待欠周,尚乞海涵,願先生他日再次光臨時能有所改善,尤當擇一景明氣和、陽光普照之良辰吉日。

先生慨然惠賜墨寶,葛館爲之增光,迪安感激不盡。而先生臨紙揮灑之姿、穩健之筆更爲普大同仁留下深刻印象。吾將妥爲裝裱,以爲葛館永恒之紀念。希望此次旅行,先生未過分勞累,并安然返國,則堪稱圓滿矣。

附上葛館贈書兩冊,敬請笑納。（原信）

3月11日　鄭培凱送先生至機場,自紐約飛往芝加哥。此行應芝加哥大學東方圖書館名譽館長錢存訓教授的邀請,前往觀書。（先生小筆記本）

3月12日　在馬泰來陪同下,參觀芝加哥城內的海洋博物館、自然歷史博物館、農業博物館等。（先生小筆記本）

3月13日　在馬泰來陪同下,參觀芝加哥大學東方圖書館,并跋館藏《杭雙溪先生詩集》（明杭淮撰）。（先生小筆記本）

馬泰來先生去年來滬,枉顧上海圖書館,因得相識,恂恂學人也。今年二月同出席國際中文善本書編目會議,又接席商討此目,有功於世界學者之研究工作至大。昨來芝加哥,又承陪往博物館,今日參觀東方圖書館,獲觀善本多種,其中雙溪杭公詩集係朱竹垞采入《詩綜》之底本,後修《四庫》,亦據以繕録,館臣即以模糊處徑加删略,但皆署名,則甚希見也。又潘文勤致李文正手札,四十五年前在滬曾讀一過,今來芝城,重讀一過,惜有散佚矣。率記以志鴻雪。(《全集·文集卷·跋雙溪杭公詩集》,下册第 800 頁)

又跋潘祖蔭手札:

　　潘鄭盦致李蘭孫手札有云:弟處尚有紀文達親筆,字劣極,然人間所無也,蓋其生平不作一親筆,亦禿筆自晦之意也。又王漁洋無親筆,皆顔光敏代之。此種記載鑒賞家應知之。一九八九年三月,在芝加哥東方圖書館閲潘札記之,書似泰來先生之屬。顧廷龍,時年八十有六。(馬泰來藏原件;《全集·文集卷·跋潘祖蔭手札》,下册第 1033 頁)

3 月 14 日　　離開芝加哥,飛往舊金山。(先生小筆記本)

3 月 15 日　　參觀加州大學伯克利分校東方圖書館,"獲見英人傅蘭雅史料專題展覽,材料很豐富"。(先生小筆記本;《全集·文集卷·應邀赴美國參加中文善本書聯合目録國際咨詢會議匯報》,上册第 472 頁)

3 月 16 日　　自舊金山返回上海。此次赴美參加會議并參觀訪問,共計二十天。(先生小筆記本;《全集·文集卷·應邀赴美國參加中文善本書聯合目録國際咨詢會議匯報》,上册第 473 頁)

3 月 29 日　　先生有信致壽墨卿。

　　訪美歸來,拜讀手書,敬悉一一。

　　承示揆老詩"漫説民嵒通帝謂"句,對"帝謂"有疑。回憶當年搜録遺稿,似未發現有寫誤,且抄稿亦經陳叔通、劉放園先生校閲,且揆初先生平時作字并不潦草。鄙意故人遺作,祇可存其舊,以不改爲是。不知尊意以爲何如?(《全集·書信卷·致壽墨卿》,下册第 709 頁)

是日　　周一良有信致先生。

　　華府一别,忽忽已近一月,想早已安抵滬上矣。

　　照片三幀洗出寄奉。《沈子佗敦》拓本,在此間静電複製,尚清晰可辨認,寄呈一份,以便大著早日動筆。家叔九十餘,我兄八十餘,一良七十餘,雖在華府,未克會聚一堂,同爲此拓本及題跋盡力,亦小小盛事也。一良將寄縮印本一份致錢存訓教授,如在紀念論文集中複製插圖,最爲理想。由美國徑寄芝加哥,可省我兄麻煩。不妨在寄大著給錢時,一提插圖要求,能否辦到,則不可知矣。

　　北大白化文同志擬看上圖卷子事,尚祈予以照拂,感同身受。論交五十餘年,晚歲竟獲連袂西游之樂,亦昔日所不曾料及也。一良因子女挽留,大約六月間返國。(原信)

4 月初　先生有信致冀淑英,談在美討論中文善本書目事。

我返滬已有半月,栗六未有稍暇,幸賤軀尚健適。您參加政協,亦甚忙碌,現在大會已畢,可稍安適。

在美討論編中文善本書目事,我將我們的收録範圍、著録規則等,及普通古籍的著録規則(國家標準)介紹給他們參考,他們立即複印若干份,可以人手一册。原來他們并無條例,着重在如何編入電腦。我們的條例如采用,所謂國際目録可得一致,其他我無什麼意見可提。歸後接它們來信説,今年或明年再要開會。

集部進度如何? 南京近況如何? 索引事,我原希望他們先寫出一份索引編輯計劃,後來給杜克同志信未有提及,不勝遺憾! 宫小姐是做官的,不是作學問的,祇好聽其發展。

我本月内擬來京,届時再晤談。(《全集·書信卷·致冀淑英》,下册第397 頁)

4 月 3 日　普林斯頓大學周刊(Princeton Weekly Bulletin)刊登先生爲葛思德東方圖書館揮毫書寫館額的照片。(照片)

4 月 4 日　昌彼得有信致先生。

華府數日,得接晤芝顔,至快平生。所囑托事,歸來後,即函"中央圖書館"特藏組蘇精先生,將該館所藏職思堂抄本《讀史方輿紀要》所需參考之葉複印,兹乘友人吴先生來上海接洽商務之便,托便中轉陳,敬乞簽收是幸。(原信)

4 月 7 日　沈燮元有信致先生,談黄丕烈詩文輯佚事。(原信)

是日　白迪安有信致先生。

先生離開普城已整整一月,想必早已安返家門,并已從感冒與暈機中復元。希望其餘留美的日子,均在輕鬆愉快中歡度。

上周在哥大遇到安小姐,她交來您送的禮物(托盤、圍巾、手帕),先生實在不必客氣,却之不恭,祇有謝領了。

再次謝謝先生所作的書法表演,附上普大周刊兩份,上面有先生揮毫時的留影,照片中其餘的人是東亞系系主任(戴眼鏡者)、龍惠芬、浦安迪(中國傳統小説教授,留鬚者)和劉興豐先生。

前曾致函先生,索取先生爲 PRC 所編《中國古籍善本書目》經部油印本,研究圖書館組織的先生下周到中國,將去取回。北大和中國科學院圖書館館員們已安抵普城,并于今晨開始工作,不久又可再見。請向沈津先生致候。(原信)

4 月 18 日　先生有信致高橋智。

我從美國回滬,接到您的來信,非常高興。我在美訪問了華盛頓國會圖書館、紐約的哥倫比亞大學圖書館、紐約公共圖書館、普林斯頓大學的葛思德東方圖書館、芝加哥大學的東方圖書館、柏克萊加州大學東方圖書館等,時間關係,看書不甚多。

承您寄給嚴九能與徐養原的通信,謝謝! 這些稿本,恐怕當年《静嘉堂書目》漏編之書,其實亦很珍貴的。

我寫的《嚴九能年譜》,基本上已完成。現在請王翠蘭君抄一清本,并補充一些,大約不會太久,即可完畢。謝謝您熱心爲我介紹出版,等寫完後,即行寄呈。

前承寄給我王同愈先生《文選》跋文,當時我在他家中當家庭教師,我看他寫這跋文的。我前請友人顧榮木先生畫一幅《槎南校書圖》以爲紀念。王老先生家在南翔仙槎橋之南,所以稱"槎南"。

《愛日精盧藏書目錄》是很少見的,北京圖書館有一部。瞿氏書目,先稱"恬裕齋",後稱"鐵琴銅劍樓"。

承惠《圖錄》一本,極好,謝謝! 關於阮氏刻本,書口有"古芸書屋"字樣,一俟查明,即行奉告。匆匆奉復,不盡一一。(《全集·書信卷·致高橋智》,下册第 673 頁 )

另有附函,爲周嘯軍入學日本東京學院,請高橋智協助任擔保人。

4月21日 余子安贈先生《余紹宋》( 賴謀新、朱馥生、余子安編 )一書。(原書)

4月24日 王紹曾有信致先生,邀請參加山東大學古籍整理研究所舉辦的古文獻學學科理論建設討論會。

久疏音問,時切神馳。辰維杖履康勝,著述日宏,定符臆頌。

近接王伊同兄來信,敬悉我公與周一良先生代表國家前往華府,協商善本書互借事宜,并已于三月底安返滬上,問訊之餘,曷勝懽忭。我公此次以耄耋之年,不辭辛勞,遠渡重洋,造福人民,令人欽遲。伊同兄《論文集》聞先寄哈佛,後以貴體稍感不適,決定不去哈佛,徑由吴文津先生轉寄芝加哥大學,并已于離美前收到。伊同兄贈後學之書,春節前由一良先生哲嗣啓博先生托人携回國内,輾轉帶濟,盛意可感。展卷之餘,知我公題簽見諸扉頁,爲之欣喜若狂。伊同兄去歲惠寄《敬悼嚴一萍先生》文,于菊老頗多推崇,并以一萍先生與菊老先生相提并論,後學當即請樹年先生轉交《出版史料》,最近寄到八八年第三、四期合刊已承刊登。此亦爲海峽兩岸交流之先聲也。

今年十月,敝所接受國家教委高校古籍整理委員會委托,在濟南舉行古文獻學學科理論建設討論會,并交流古籍整理經驗( 具體時間未定 ),意在通過討論,明確古文獻學係綜合性學科,内容兼賅哲學、社會科學、自然科學各個方面,應有其自身體系,不能從屬中文、歷史( 目前,中國古文獻學屬于漢語言文學係,中國歷史文獻學屬歷史系 ),使中國古文獻學提高其應有之地位,得以健康發展。自黨中央提倡古籍整理以來,正式討論學科理論建設,尚屬首次。屆時周林同志(原高校古籍整理委員會主任委員)、在京委員,及國內高校古籍整理研究所、室有關同志均將雲集濟南。敝所擬邀請先生屆時撥冗蒞臨,以便集思廣益,向國務院學位委員會提出建議。會議期間,擬安排一定時間赴泰岱、闕里參觀。前年本擬邀請我公來濟講學,惜已蒙俞允,未能成行,未知今年十月能一償宿願否?一俟確定開會時間,再當奉告。

再後學去年招有中國文獻學專業碩士研究生一名(以目録版本爲研究方向),原定兩年半畢業,因該生學習成績尚稱優異,擬報請學校准予提前半年畢業。今年暑假爲該生訪學旅行時間,擬囑其趨前晉謁,面聆訓誨。倘蒙就如何鑒別版本略予指示,使莘莘學子得以攀附門墻,豁然貫通,則感戴者不僅後學而已也。春寒,諸維珍重不一。

關于文獻學學科理論建設問題,我所霍旭東同志(副所長)曾撰寫論文,茲隨函寄上《古籍整理研究學刊》88年第2期一份,請詧收指正。(原信)

是日　高橋智有信致先生,談有關嚴元照資料。

在此静嘉堂所藏宋板《夷堅志》嚴元照跋,又稿本《娱親小言》嚴元照親筆照片,司書增田女士爲先生拍了一下。以後,先生需要的一部分,她隨便拍照。智現在斯道文庫裏開始工作,所以比較忙,不太經常去静嘉堂,但繼續查静嘉堂裏之嚴元照之資料。(原信)

是月　爲燕京大學七十周年紀念題寫校訓"因真理得自由以服務"。(《燕大文史資料》第6輯)

是月　先生題簽的《列朝詩集》(清錢謙益輯),由生活·讀書·新知三聯書店上海分店出版。

是月　先生題簽的《新英格蘭詩鈔》(程步奎撰),由臺北皇冠出版社出版。

是月　上海市書法家協會召開第三次會員大會,在回顧總結中提到:從1988年10月起,上海書協組織拍攝了《書壇耆宿——上海古稀之年著名書法家藝術資料》的影像,其中包括王个簃、謝稚柳、王蘧常、顧廷龍、錢君匋、葉露淵、李天馬、胡鐵生、翁闓運、趙冷月、任政、胡問遂十二位書家。這些影像系統地介紹了他們的書風特點和形成過程,爲新一代書法家提供了有益的借鑒。(《上海百年文化史》,第2卷第1037頁)

5月4日　毛彦文有信致先生。

首先應向先生致無限歉意! 1988年9月28日手示,不克及時答復,有勞錦注,内疚實深。手示係由美轉到,時適逢左猶麟女士夫婿王庭顯君去世,以致擱置,12月始轉臺。乃彼時彦患嚴重眼疾,不能寫字,所有來往信件,均無法處理。近雖能勉强執筆,但眼疾并未完全告愈。

讀手示,欣悉先生精神矍鑠,健康良好,雖已高壽,仍能主編重要書籍,此乃學術界之幸,曷勝慶賀。

　　關于先夫遺稿整理事,來示中有“我館對秉公遺稿力圖善始善終,完成揆公受托之遺願,予以妥善保存,并謀整理出版”云云,深爲感銘,且已蒙先生親自主持開始整理,并按揆初先生所擬《札記》次序編輯,他日書成,定爲研究中國近代史者重要資料。先生爲吾國史學權威,先夫有幸蒙在百忙中爲其編纂遺稿,令他在世時搜集之資料不至湮没散失,此不僅彦感銘無已,即先夫在天之靈,亦有幸逢知遇之欣慰。至于遺稿中倘尚有未采用者,或已用過之原稿,擬懇仍代爲保管,寄存貴館,乞恕不情之請。彦已年邁,對于編輯遺稿事無從協助,誠有心有餘而力不足之憾,諸凡書名、字體以及其他有關編輯事項,悉勞先生指揮定奪。祇盼有生之年,能讀先生親編之《明志閣遺著》,則不勝欣感矣。1949年3月,彦匆匆離滬來臺,因當時認識不清,以爲不久即能回滬,故家中有三十六小紅木箱善本書、三大盒印章(陳叔通先生代爲整理裝盒)、先夫考進士時《策論》一卷、德王花瓶及其他有紀念價值之什物等,均未處理妥當。不謂時局突變,住滬寓家人星散,當時委甥田學曾一家同住,遺物不知落在誰手,僅德王花瓶及印盒(是否三盒)由舍甥媳田沈岳錕出名送至貴館保管,此無法彌補之損失,時耿耿于心。

　　由左女士轉來尊著《書海五十年》及《張元濟與合衆圖書館》兩種刊物,讀後深深欽佩先生一生致力于圖書館事業,爲吾國圖書館開創新紀元,厥功甚偉,後者詳悉合衆圖書館之由來,無任感謝。目前海峽兩岸成名學者,可互相訪問,誠盼先生能來臺講學或出會議,俾彦得面致衷心謝忱……

　　于爲剛先生及兩位館員先生(協助編輯遺稿)均此致候及申謝。

　　湖南方面編輯熊集,如向先生請教,需要資料,祈賜指示并協助,費神謝謝。彦文又及。(原信)

5月8日　華東師範大學聘先生爲古典文獻專業葉農碩士學位論文答辯委員會委員。(聘書原件)

5月18日　王翠蘭來,交《嚴元照年譜》稿,已録成清本,約六萬字。童芷珍交來代裱王同愈《哭女手札》。下午乘火車離滬赴京。(先生小筆記本)

5月19日　上午九時抵京,誦芬、顧衡接返家中。(先生小筆記本)

5月21日　校阮元《積古齋鐘鼎彝器款識》舊跋。(先生小筆記本)

5月22日　谷輝之有信致先生,告知擬編浙江圖書館藏詞籍目録事,并擬尋找途徑參與美國的中文善本書聯合目録編製工作,詢問臺灣近來出版有關版本鑒定的圖書書名、作者。(原信)

5月24日　先生有信致鄭培凱,感謝在美接待。(原信)

5月26日　閱報。理物。校阮元《積古齋鐘鼎彝器款識》舊跋。(先生小筆記本)

5月27日　冀淑英來,借到《圖書館學與目録學研究》第2輯(臺港及海外

中文報刊資料專輯)。(先生小筆記本)

5月29日　先生有信致沈津。

別來想您身體日益健康,念念。我此來不是自己理的行裝,忘帶不少東西,因此很不方便。我寫了給培凱的信,但地址找不到了,没有辦法,祇好寄你,請你加封代寄,拜托拜托,即懇慧娥打字加封寄發爲托。

昨日冀大姐來訪,丁公(瑜)、陳(杏珍)同志同來。聽説北圖新編《善本書目》已出版,古籍組不知已買否?又書目文獻出版社《圖書館學與目錄學研究》亦不知我館訂否?我見到1986年第二輯,内有余崇生寫《日本漢籍目錄解題》中著錄《漢籍叢書所在目錄》,介紹説:"此目錄收集的中國所刊行的叢書,也就所謂叢書類,其中也增入了若干在日本刊行書物,其排列順序是依上海圖書館編的《中國叢書綜錄》編目。"這書目似可複印,存組内大家參考。書不盡言。(原信)

5月30日　高橋智有信致先生。

久未通信,甚爲抱歉。先生可能從北京回來,身體好嗎?上次寄到北京照片幾張複印收到否?

智今考日本流傳舊抄《孟子校記》,難考的是異體字之問題,日本之異字,跟中國本來之異字兩樣,所以有用不有用,還是考不清楚。漢字異化之問題,又遠難得解決。希望先生快爲《尚書文字合編》。《嚴久能年譜》如何?最近智買了翁方綱手簡一帙,不錯。又最近出版之《藏園群書題記》,又有趣。智想先生之《郘亭知見傳本書目》上所加批注,又應該影印,又整理出版。先生家智看到之書,都是不得了,誠爲珍又貴,下次再請給看看。

先生請注意身體,不久將來去滬拜見先生。快夏天來,請擔心炎暑。《古籍善本書目・叢部》買到了。内藤湖南舊藏目錄,下次寄去,請等一等。(原信)

是月　爲諸健生題《豫園雅集圖》。

余於一九三九年秋,應葉揆初先生之招,自燕京回上海,籌建私立合衆圖書館,旋識仲芳先生,時承過訪,縱談今古,頗相得也。先生久客四川,任電報局長,閲歷豐富,熟悉數十年往事,實皆清末民初之稗史也。既悉先生與先兄少蕚公廷實爲蘇州電報學堂同學,又爲電信工作同事,相知較深,余即乞爲家傳,没存均感。余編印《合衆圖書館叢書》乏資,而館藏有焦循、江藩手稿,亟謀流傳。先生聞之,許爲籌措,乃在江都知交中募集印費,遂獲流通,學者至今珍視之。先生好收藏書畫,雖不稱富,而所獲無一不精,蓋别具隻眼。所藏惲南田《哭王奉常》詩册,景印二百册,用廣流傳。建國後,武進人民爲景仰先賢,建南田紀念館,搜集其遺墨,以資觀摹,而先生印本已如星鳳,然亦足以傳世矣。如藏家知什襲而不知流傳,設有損毀,不將抱無窮之憾乎?先生之襟懷,可以諷世。健生世兄專程來訪,出示《豫園雅集

圖》屬題,因略述舊事歸之。〔底稿;江澄波藏原件;《全集·文集卷·豫園雅集圖(爲諸健生作)》,下册第714頁〕

是月　撰《絲綢之路文獻叙録》序。

我注意西北的歷史地理,始於三十年代初,當時負笈于燕京大學研究院,顧頡剛教授創禹貢學會,出版《禹貢》半月刊。九一八事變後,爲喚起全民抗日,把研究的重點放在邊疆,多刊研究西北歷史、地理的論文,我則爲學會輯印《邊疆叢書》,出版了《西域遺聞》《敦煌隨筆》《敦煌雜鈔》《哈密志》《科布多政務總册》等書,使我對西北的歷史、文化與中西交通史有所認識。嗣後頡剛教授爲研究《尚書》文字之演變,邀我相助,我遂致力于敦煌本《尚書》之搜集,從而得知敦煌石窟蘊藏的豐富,然很多珍貴資料流散海外,雖專心訪求,有若鼴鼠飲河,不過滿腹而已。我對敦煌之學既經粗涉範籬,嚮往之情,時縈夢寐。抗戰中,我於一九三九年應葉景葵、張元濟兩先生之邀,到上海創辦合衆圖書館,從事歷史文獻的搜集與保存,每見有關西北之書刊,力謀采集,所獲雖不甚富,而搜集之念未嘗一日忘懷。經數十年之積纍,有關此學的基本圖籍,大致具備,可供東南地區研究者的參考……

我常謂編輯各種專題資料索引是省、市以上公共圖書館和專業圖書館的最重要的工作之一。因爲圖書館收藏的各種專門圖書資料,衹有編製了各種專門的資料索引,纔能爲廣大的科研工作者所充分利用,促進科學文化的發展,真正發揮圖書館的效用。但要做好這項工作,却非輕而易舉,除了豐富的收藏這個物質條件外,對編輯者的素質又有很高的要求:一是要對專題有較全面的瞭解和相當豐富的知識,二是要有爲他人作嫁衣裳的無私忘我的精神,三是要有兀兀窮年、不懈地探索追求的毅力。近時有許多人輕視目録索引工作,不知目録的排比類次,其繁重并不亞於論著的撰述。索引目録之業,造福于專家學者,推進科學文化之發展,實爲一種隱而不顯的潛在的功能,看不見,摸不着,因此不易爲人們所瞭解和重視,但它推進科學文化事業又確實存在着。因此,我希望大家能瞭解它,重視它。(《全集·文集·絲綢之路文獻叙録序》,上册第219頁)

是月　爲鄧雲鄉篆書"同聲相應,樂在其中",陳從周畫箋。(原件)

是月　先生題簽的《近代上海大事記》(湯志鈞主編),由上海辭書出版社出版。

是月　先生題簽的《鄭逸梅收藏名人手札百通》(鄭汝德整理,雷群明選編),由學林出版社出版。

6月17日　先生有信致高橋智。

我於三月中回國後,曾上一緘,諒已鑒及。旋接您四月下旬來函,敬悉一一。承您寄示嚴元照題跋照片等,極爲珍荷。承蒙增田女士大力幫助,不勝感謝。嚴元照手跋,《皕宋樓藏書志》及《静嘉堂藏書目録》似均未見著録,看來静嘉堂未編目之書,或尚不少。

您已在斯道文庫中工作,可喜可賀!

…………

《嚴元照年譜》已由王翠蘭女士整理完畢,一俟校定,即可寄請指正……

來信承屬少抽烟,多飲茶,盛情可感! 我到美國後,就未抽烟,美國烟較凶,抽了即咳。説明我的抽烟,隨時可停,没有瘾。

承告您見到莫楚生致傅沅叔尺牘,内容必有可觀。您已複印,可考慮整理出版。莫氏於版本目録頗有研究,書法亦甚精美。他每在藏書簽上加注數語,書上間有跋語,皆極精審。六十年前我在蘇州集寶齋(古玩店)中見過一二次。民國初年的藏書家很有學問的,信札中討論問題,尤爲親切。您以爲何如? 您有意收集民國時代學者之書札、文稿,極有意義,望努力進行,流入日本者必不少。清光緒中黎庶昌使日時,隨幕諸子均喜收書,各有所得,如陳衡山、姚子樑等。莫楚生名棠,貴州遵義人,可能亦曾隨使至日,手邊無書,不能詳矣。書不盡言。(原信;《全集·書信卷·致高橋智》,下册第676頁)

6月20日　先生有信致沈津。

昨得手書,慰甚。致鄭培凱君信已轉去,謝謝! 我因忘記了地址,不得已祇好托你轉了。紅梅赴港定居,甚好。我將來如有港游機會,她一定會像鄭培凱那樣留宿的了。錢存訓八十紀念文集這篇文章非寫不可,我來此即構思,基本上湊得起來的,但内容不象論文,題目是《沈子佗殷墨拓題記》,不象學術論文,叙一點往事,奈何奈何!

聶館長一定很忙,晤時希爲道念。她似曾言及鐘樓上有葉恭綽的字軸,搬場時還見到否? 從前張元濟、陳叔通曾爲合衆寫的對聯及立軸,不知會雜在其中否? 游相《蘭亭》複印件乞得,不勝快慰! 陳方正先生之大力,不勝感謝! 複印件請暫留尊處,我返滬時再看。費神費神! (原件)

6月21日　鄭拾風有信致先生,關於狼山法乳堂書聯事。

抱聯因木料須待乾燥,故施工需時較多,這幾天大約已經製成。原迹先裱,懸之法乳堂東側之方丈室正中,此是狼山之佳勝處,待抱聯製就挂好,再攝影奉上。(原信)

6月23日　丁景唐有信致先生。

近好爲頌。常州瞿秋白紀念館送您紀念册、彩色照等,已交蔡耕兄,因您留京,存在他處,待您返滬後面呈,未悉您何時返滬?

今爲李大釗烈士書寫的"鐵肩擔道義,妙手著文章"事,向您求教。我的一位友人在《新民晚報》上撰文,批評一書法家臨摹(複寫)李大釗"鐵肩擔道義,妙手著文章",認爲是錯的,應是"鐵肩擔道義,棘手著文章",是李根據明楊繼盛的對聯寫的。我記得 1957 年夏,北京中國革命博物館在北京展出李大釗犧牲五十周年展覽會後,又移上海歷史文獻圖書館展出,展品中即有李大釗所書這副對聯原件,確爲"鐵肩擔道義,妙手著文章",似乎還有上款。後來,你和方行同志還在上海博物館用珂羅版精印 20—30 份(?),也送了一副給我(我後來轉送富華同志,他現在國外開畫展去了)。據我的學生告訴我,北京榮寶齋後來(大概六十年代初)也複製出售,定價較貴。還據説,李大釗畫册、文集中也有此副對聯。我爲此找到您家,想把李大釗對聯事弄個清楚,因您在京,特函求教。倘您留京較久,希簡單告訴我。如您不久即回上海,也請告訴行期,以便登門聆教。順祝吉安。(原信)

是日　劉興豐有信致先生。

上次來普大,招待實欠周。由于下大雪,劉子健先生未能到場見面,次日他曾來晚處索取先生地址,以便寫信道歉。大約一個月後,周一良先生亦來普大作訪問。

篆書條幅已轉到晚手中,多謝禮物。先生的字,真名不虛傳,運筆穩健,工整秀麗,獨具風格。可惜晚才疏學淺,不諳金石文,不完全體會文句的含義,它念成"忘分久似意□□",尤其最後二個字難辨認。曾問此面藝術系、東亞系友人,他們看了也無法作答,倒很欣賞這幅字,贊美不已。這個懸案,勞請先生指點,免得被人問到,晚又不知所措,貽笑大方。

晚原在臺灣"國立中央圖書館"工作,經屈萬里先生推介,來普大圖書館,在圖書館界已混了 28 年,没有什麽特別表現。這次和先生有一面之緣,特蒙揮毫相贈,深感榮幸。(原信)

6 月 24 日　陳杏珍有信致先生。

星期四去了趙文學所,終于看到了書,將唐蘭先生和您的題跋文字抄補完整了,現寄給您,請過目。如果仍有不清楚的,請指出,我再去看書。(原信)

7 月 15 日　到北京圖書館,見冀淑英、丁瑜。又想看《向氏家譜》,但有卡無書,無功而返。(7 月 16 日致吳織信)

7 月 16 日　先生有信致方行。

別逾兩月,甚以爲念。

近讀向沟資料及影印書札樣張,覺得有一問題,既是向沟之親筆信(但從筆迹看像親筆),向氏子孫尊重先人遺墨,不應取以印書。再看他信是寫給實缺知府的,從這一點看,可能向氏後人買得處理的檔案。還有印書人是否向氏? 推想印書人不是向沟,"向氏珍藏"一印,不易解釋。北圖有二部,《向氏家譜》與《宗譜》,可惜有片無書。昨天周六,他們書庫不開門,祇好下周中再去。當於最近數天中草成初稿呈教,回滬後再商改,擬下旬歸。賤軀尚健適,承垂注,感感。

　　《善本書目》工作進行正常,增加兩位女青年,由陳杏珍指導剪貼排比工作,即發稿底本。(原信;《全集·書信卷·致方行》,上冊第 335 頁)

是日　先生有信致吳織。

　　七日奉六月三十日手書,敬悉——。適因爲錢存訓先生八十生日徵文,勉以完篇。現請王煦華同志審閲,湊了數千字,重温舊夢,略有所見。

　　日記承爲審閲,感感。您的意見甚是,可留即留,以後再説。

　　我一共祇到北圖三次,王煦華家兩次。昨日聽説圖書館司在召開全國圖書館工作會議,我館必有人來,但我是無車不行的人,没法出去探親訪友的。昨日星期六到北圖,冀大姐、丁瑜同志均在,但書庫不開,因爲業務學習,此老例承紹至今。我要看《向氏宗譜》《向氏家譜》兩書,卡片有,架上無書。據組長言,以前領導上曾經要編專題目録,把書集中過,請幾位老先生編,但未完,而老先生退休了,書存何處已無人知道了。柏林寺搬到文津街尚未弄清,新館的善本亦近似。所以我感到編專題,決不能把書集中,祇能把卡片集中,就像户口一樣,不能隨意搬動,卡片必要多備幾套,但此願有志未竟。有單位要把地方志集中,抽得庫裏書亂了。没有切身體會的人,不會理解的。北圖分館組長很熱情,甚誠篤,約我過天再去。

　　我想本月下旬要回上海,乘目前體力尚可,未完的稿結束結束。(原信)

是日　先生有信致沈津。

　　先後奉到美國編製中文善本目録顧問會議記録并手書,均悉。

　　錢存訓教授八十生日紀念文集自當湊一篇,化了好多日,祇是一篇文兩三千字。現請王煦華兄提意見,如可用,即繕正寄去。但其中有篆書、古體字,要自抄後照相石印,不管怎樣,我總算交卷了。

　　中華書局出版《文史知識》,主編張先生要我館介紹一下全面的所藏古籍情況,一直未交卷,終覺遺憾!您能不能寫一篇,二千字左右。我們普通古籍亦有特點,幾本油印目中就看得出。您發現襯頁《三國演義》很有意義,亦可石印否?(原信)

是月　撰《沈子它殷拓本題記》。此器原爲廬江劉體智所藏,銘文十三行,計一百四十九字。

　　一九八九年二月,一良學長與余同應美國研究圖書館爲編輯中文善本書目召開國際顧問會議之邀請,遂於二十五日偕往華府。翌日,一良省其叔志輔先生,回寓云:丈年逾九旬而精神矍鑠,尚親筆墨,撰著不輟,良可企敬!又出示丈所贈沈子它殷拓本一軸,諸家題記滿幅,一良曰:題記諸公君皆奉手,宜加一跋,以志鴻雪。余欣然應命,一再展觀,往事如昨,既述蠡管之見,并作懷舊之思。(《全集·文集卷·沈子它殷拓本題記》,下冊第 550 頁)

是月　先生題簽的《顧千里研究》(李慶撰)、《清代學者象傳合集》(葉衍蘭、葉恭綽編），由上海古籍出版社出版。

是月　先生題簽的《彊邨叢書》（朱孝臧輯校），由上海書店、江蘇廣陵古籍刻印社出版。

8月4日　先生有信致王世偉。

　　聞您遷新居，賀賀！

　　彭衛國同志論文提綱尚未見到，前曾交我一份，後來如何決定，我已記不清楚。但我現在看看，"阮元校勘學"題目似太窄。阮元是開創風氣之人，他實際研究的方面甚廣。我想可否"阮元與校勘學"或"阮元的學術研究"？題目太專太小，找工作單位亦難。題目很重要，請教請教胡老。

　　我不贊成搞統計表，不能説明問題，你以爲何如？我因事不能即歸，請你幫彭同志擬定題目和提綱爲荷。（《全集·書信卷·致王世偉》，下册第625頁）

從1980年至1990年，先生共招收了周松齡、邱健群、王世偉、彭衛國四名研究生。周松齡的論文題目爲《傅增湘對古籍整理的貢獻》，邱健群的論文題目爲《略論康熙刻本》，王世偉的論文題目爲《孫詒讓校勘學研究》，彭衛國的論文題目爲《阮元文獻學研究》。（王世偉《顧廷龍先生晚年未刊信札中的學術信息》，載《文匯報》2017年2月3日）

8月18日　先生有信致吳織。

　　您與老于（爲剛）來信，天天想復，因寫《宋人佚簡》序，不敢稍有停頓。衰年健忘，翻書時多。但到北圖查書，接待熱情，令人感激！但是由於古籍未全編目，提書困難，亦有管書同志不熟悉目錄，拿不到書，説明脫節情況嚴重，我祇好心裏明白，不敢胡説。拿不到書，祇好與冀大姐、丁公隨意談談。有一次，有朋友知道我要去，來了三四人，一談半天過去了。

　　我到新館一次，杜館長預備了午餐，也沒有好好看書。現在《善本書目》在新館有個辦公室，比北圖一間好象大一點，新式目錄櫃木製的四隻，有兩位女青年由陳杏珍帶她們剪貼清本。此去見到了兩位新同事，這裏《書目》工作可能要明年可完成。

　　冀大姐很忙，她給我看大百科稿一叠，還要開會發言稿，五千字左右，我聽聽就怕。任館長亦説，他也感到舊事記得牢，新事記不住。老年人同此情景。我感覺老年人的記憶力象斷絲燈泡，有時拍拍會亮，有時竟不亮了，所以寫東西很艱難了。

　　您在長樂路工作，甚好，我以後亦常到長樂路工作，要避人，主要想結束稿子，《嚴久能年譜》《説文檢疑》都沒有一翻。我身體很好，究近九十之人，時間不多了。

　　我在此身體甚好，就是看書不便，出入不便。有一件高興的事，就是前年想拍膠卷的我六十年前彙校的《積古齋鐘鼎款識》一書，時隔一年，事過

境遷，人事變動了，老朋友轉托一人，已全部複印來了，我已清點了一遍，如逢故人。（原信）

是日　先生有信致錢存訓。

別忽半年，時在念中。承惠大著，謝謝。在美多承照拂，并蒙款待，深爲感刻。龍來京忽已三月，勉成《沈子它殷拓本題記》一篇，擬以應馬泰來先生等之徵文，爲公祝壽，茲寄馬先生處并請賜正。聞台駕近將有來京之訊，龍因此推遲旋滬，冀得把晤。拙文多古文繁體，恐不便排印，則留記室以爲紀念可也。沈殷拓本聞周一良先生已寄呈，諒邀察及。拓本複印件如何插入文中，即請丈與馬先生商定可也。

龍因丈之介，得承湯乃文先生推屋烏之愛，熱誠接待，偕游舊金山。湯先生于傅蘭雅極有研究，至爲欽佩！從舊金山經東京旋滬，一路安善，承垂念，至感。（原信）

8月19日　先生有信致周一良。

別來忽已五個月，時以爲念。我來京已三個月，勉成《沈子它殷拓本題記》一篇，複寫兩份，一份呈教，一份已寄錢先生。是否可用，請吾兄多提意見。因爲供紀念集需要，特原題録入，又加案語，拉長篇幅耳。將來若要寫到軸上，衹要一段即可。務望吾兄多提意見爲幸！

吾本擬八月中旬回滬，聽説錢先生八月廿三日要來參加全國書展舉行之圖書館界座談會，因而多留旬日，以圖一晤。[①]（《全集·書信卷·致周一良》，上册第284頁）

是日　先生有信致沈津，談新發現的明嘉靖本《三國演義》殘葉。

來函讀悉。《三國演義》殘葉印本，我給冀大姐看，她説早于萬曆，丁公看萬曆。我是望高看的，同意冀老的意見。您的細心發現，很高興，這不僅發現殘葉的本身，而可使全組同志有所感受，比講堂上講多少時爲有效。

我本想二十左右返滬，適杜克同志要我參加全國書展舉行的圖書館座談會，美國有安芳湄、錢存訓、王冀等，日本一人，澳大利亞一人。我因安、錢來，很高興就多留幾天，屆時冀淑老有發言，她認真寫了五六千字的稿子，必有可觀，我去做做聽客。聽説上圖有二人參加，不知誰來？

錢先生紀念文集，我湊了一篇，題爲《沈子它殷拓本題記》，勉成五千字，寄給馬泰來先生，如錢來北京，複印一份交他。文管會的《宋人佚簡》序，拼湊了二千字，昨日付郵了，肩上一輕。好在出門不認貨，有了毛坯，請大家改罷。在此三個月，就做了這一點事。

熊希齡稿，承聶館長和您支持兩千元，使其重鈔，成人之美，玉成其事，

---

① 《全集》中此信末署“（一九八四年）八月十九夜”，疑誤。現據顧廷龍由美回滬及在北京的日期，移置1989年。

感感。我打算如何與熊夫人作進一步的聯繫，歸後再商。錢先生地址從《文獻》陳翔華處抄來的，陳希望您多給他們寫點文章，最好集中一個專題，大意是集中一小類、一中類或一大類，請您考慮罷，我也説不清楚。(原信)

8月24日　高橋智有信致先生。

　　猛暑，身體難耐，先生如何？上次智信收到否？那時先生在京，智寄到上海。智想到去年八月在先生家請客，非常快樂，且先生飲酒飲得多。若有工〈空〉，智明年初或今年底訪滬，想拜先生。在此封裏的是先生特別教智之文章，智特別感謝，思在顯彰先生之學問。

　　在此，智有兩三問題問先生：一是汪紹楹先生之事，智有機會介紹《阮氏重刻宋本十三經注疏考》，所以想知汪先生之爲人又略歷。二是孟森先生之事，先生在《北平圖書館館刊》裏寫一篇《宋槧大字本〈孟子〉校刊記》，就是關于《四部叢刊》本《孟子》之校記，先生什麼人哪？三是一本書《舊京書影》之事，此書先生所知作的時候，怎麼情況哪？橋川時雄主事編集北平圖書館、大連圖書館之善本，把它拍了照樣本，編二本，然後送給朋友們。橋川先生早久死了，今知先生之人少，匋詵先生以前講到了一次，但智不熟，現在智感興趣。民國時代中國、日本書志學者之交流，先生若知，編入《舊京書影》時之狀況，請教一下。

　　猛暑未去，先生好好休息。(原信)

8月27日　離京返滬。

是月　作《宋人佚簡》序。此佚簡爲上海市文管會藏宋刻《王文公文集》背文，計書簡六十二人，三百餘通，公牘五十三件。

　　宋刻《王文公文集》背文，皆爲宋人書簡及宋代公牘，皆宋代之實物文獻，可補史册之未詳。《王文公文集》爲龍舒刻本，今存于世者僅兩部：一在中國，一在日本，前者用公文紙所印，僅此一帙。此爲武進王氏捐獻于上海市文物管理委員會者。文管會不僅對此書極珍重，并及書背之文。實則書背爲正面，印本是其背面，與敦煌經卷不同，經文爲正面，雜寫者爲背面。古時紙張堅韌瑩潔，使其可以長久保存。當時公牘用紙，其質較厚，所以背面可以印書。自宋以來公文紙所印宋刻之書，今所有者，殆僅十餘種，其稀珍爲何如哉……

　　木板書之印數歷來不多，非今日印數動輒千萬者所可想像。因此希望出版界對現存古籍，擇其稀見者爲續命之謀，終使孤本不孤，秘本不秘，有利于學術研究，豈不善哉……

　　《宋人佚簡》湮霾于書背者八百餘年，今上海市文管會、上海博物館，皆爲真知篤好者，對實物文獻之重視逾常，遂將《佚簡》全部影印，以廣流傳，使其反客爲主，重顯于今日，實一創舉焉。乾嘉諸老所見公文紙印書不少，恐未必不想一一閱讀，但缺乏條件，非不爲也，是不能也。(《全集·文集

卷·宋人佚簡序》，下册第 1010 頁）

9月4日　撰《應邀赴美國參加中文善本書聯合目録國際咨詢會議匯報》。

　　我於今年二月下旬，應美國研究圖書館聯合會的邀請，出席該會爲編輯中文善本書聯合目録而召開的國際咨詢會議，事前經過領導批准，辦好出國手續後前往。

　　會議是在華盛頓美國國會圖書館召開的，會期二月廿八日至三月三日。出席人員有: Ms.Phyllis Bruns（美國國會圖書館計算機專家）、昌彼得（臺北"中央博物院"副院長）、顧廷龍（上海圖書館名譽館長）、吳健生（哥倫比亞大學技術服務部主任）、馬泰來（芝加哥大學東方圖書館館長）、Ms.Beatrice Chang Ohta（美國國會圖書館編目部主任）、Ms.Charmian Chang（普林斯頓大學葛思德東方圖書館）、白迪安（Diane Perushek，普林斯頓大學葛思德東方圖書館館長）、Dr.Lyun Strure（印第安納大學歷史系副教授）、錢存訓（芝加哥大學東方圖書館榮譽館長）、周一良（北京大學歷史系教授）、John Hacger（研究圖書館聯合會副會長）、Den Tucker（美國國會圖書館計劃部主任），共十四人。

　　會議主要討論了計劃中的中文善本書聯合目録的收書範圍、著録規則，以及輸入電腦采取何種拼音等問題。後來決定以我國正在施行的《中國古籍善本書目》編目規則及中國古籍著録規則爲準則（Guide Line）。關於叢書子目的問題，凡已經在上海圖書館所編的《中國叢書綜録》著録的叢書，可以不開列子目。

　　會後，我到紐約參觀了哥倫比亞大學東方圖書館。除在書庫中瀏覽一周外，看到一本《永樂大典》，一幅董其昌的字卷，可惜未經裝潢。我告訴他們説，中國古籍字畫必須有高手裝裱，可使它倍覺精神，令人更加珍愛。

　　參觀了都城博物館，見到了宋、明人字畫數件，碑帖數本，都有翁同龢題跋。因時間不多，未及紀録。又參觀了紐約公共圖書館，未看書。

　　後應普林斯頓大學葛思德東方圖書館之邀請，前往參觀，出示了晉〈吳〉建衡二年（二七〇）敦煌索紞寫的《太上玄元道德經》一卷，末有葉恭綽跋，已刻入《退庵題跋》中，我已先知之。該館館長請我題寫了葛思德東方圖書館館額。

　　後又應芝加哥大學東方圖書館名譽館長錢存訓教授邀請，前往觀書。所見有雙溪杭公詩集，爲朱竹垞采入《明詩綜》之底本。後來《四庫全書》采輯時，即據此本抄寫的。但館臣於模糊處即删改不鈔，但改動的人皆有署名，此甚希見。又潘祖蔭致李鴻藻尺牘，四十年代我在上海曾見過，當時是完整的，今已不全。此外，還參觀了水産博物館、自然歷史博物館、農業博物館等。

　　歸途經舊金山，由錢存訓教授之介，參觀了加州大學柏克利分校東方圖書館,獲見英人傅蘭雅史料專題展覽,材料很豐富。傅蘭雅於清同治、光緒間經清政府請來,在上海江南製造局從事翻譯聲、光、化、電、數學、機器等書,頗爲著名。

我於三月十六日回到上海。此行延長了十天,共二十天。(《全集·文集卷·應邀赴美國參加中文善本書聯合目録國際咨詢會議匯報》,上册第471頁)

**9月6日**    周一良有信致先生。

惠書及大作皆收到。跋文從異體字着眼,别出機杼,不落舊套,至佩至佩,將來必請兄題記後再捐獻也。尊稿已轉呈家叔,老人極感欣悦。唯唐立庵先生乃無錫國學專修館畢業,非出清華研究院,弟當逕函馬泰來先生改正,較爲便捷。

前者與普大、哥大兩校工作之北大圖書館同志晤談,均稱華府會議所定條例實行後,頗有待改訂處,聞九月中將與主其事者重加商討也。

弟歸期原定四月、六月,兩度延期,目前敝校密雲不雨,一俟雨過天晴,當即言旋耳。(原信)

**9月23日**    方行邀請王元化、先生、柯靈、謝稚柳、唐雲等,相聚上海博物館,鑒賞夏衍捐贈的納蘭性德手札卷。(方虹《夏衍舊藏納蘭性德手札》,載《中國美術報》2018年10月22日)

**是月**    爲紀念范仲淹誕辰一千周年,蘇州市園林部門在天平山南麓范公祠前建花崗石牌樓,先生爲書范氏名句"先天下之憂而憂,後天下之樂而樂"。范公祠,1982年與范氏祖塋、天平山莊同列爲蘇州市文物保護單位。(照片)

**是月**    爲"張瘦石遺墨展"題詞。

四體兼長雄一代,臨池論述久知名。李梅庵康長素衣鉢真傳在,遺作琳琅光滿楹。(《顧廷龍書法選集》)

**是月**    先生題簽的《西湖二集》(清周清原撰,周楞伽整理),由人民文學出版社出版。

**是月**    先生題簽的《中國印刷史》(張秀民撰),由上海人民出版社出版。

**是月**    先生題簽的《中國歷代名人圖鑑》(蘇州大學圖書館編),由上海書畫出版社出版。

**10月1日**    先生有信致湯志鈞。

昨奉手書及介紹信,感甚。

《文廷式集》簽寫就,奉正。李公[①]處請聯繫,如何之處,候回音再商。(《全集·書信卷·致湯志鈞》,下册第429頁)

---

①李公:指中華書局總編輯李侃,時正商請出版"中國近代期刊匯刊",將上海圖書館所藏近代期刊陸續影印。

10月19—21日　在蘇州,參加紀念范仲淹誕辰一千周年學術討論會。(照片;發言底稿)

10月24日　胡道靜有信致先生,并附洪震寰作《黄溯初生平》一文。先生昔年曾將黄溯初《敬鄉樓詩》手書付諸石印。(原信)

10月26日　前上海圖書館副館長潘皓平因病去世,先生聞之,甚爲難過。(王誠賢電告日期)

10月29日　再次檢理全祖望《水經注》校本題記。(原件)

是月　中國索引學會成立,先生題詞:"祝賀中國索引學會成立,是爲學術界鋪路架橋,造福群衆,功德無量。"(底稿)

是月　先生題簽的《古籍版本學概論》(嚴佐之撰),由華東師範大學出版社出版。

秋　爲上海書店俞子林書"路漫漫其修遠兮,吾將上下而求索"。(照片)

秋　爲李偉慶題"百石堂"。(《中國古舊印石》插圖)

11月2日　在上海圖書館古籍部與上海古籍出版社影印室二十餘人的陪同下,參觀上海圖書館龍吳路書庫及在該處舉辦的全國古籍修復培訓班。在參觀完建築設施後,陳秉仁又陪先生察看了堆積在九樓、十樓的文物圖書清理小組清退剩餘圖書。先生説,1970年秋至1972年10月,即將落實政策的他被工、軍宣隊派至"文清組"工作過兩年,每日接收許多圖書資料,別人往往棄多留少,而先生所留較多。對特殊圖書資料尤爲注意,曾多次救回別人棄置廢籠的珍貴圖書資料,如李鴻章、李經方父子出訪國外的大幅照片,康有爲親筆簽名的在南洋的照片,以及翁同書信札等。先生問陳秉仁,剩餘的書札、照片情況如何? 陳答:剩餘不多,但翁同龢信札與李氏父子的照片尚在。當先生看到堆積在一起的家譜時,又説:家譜雖珍貴版本不多,零星一二種也可能看不出多大作用,但集聚成規模,價值就不一樣,所以要想辦法將其匯集在一起,并按圖書館要求編目,以利于讀者使用。(陳秉仁《顧廷龍先生與中國家譜收藏》,載《顧廷龍先生紀念集》,第71頁)

11月6日　文化局舉行潘皓平追悼會,先生爲治喪委員會委員,并書挽聯:"病榻尚談建新館,有志未酬哭老朋。"(先生小筆記本)

11月11日　胡道靜有信致先生,請題《浙江出版史研究》(顧志興撰)書簽。(原信)

11月17日　爲《古籍修復與裝幀》(潘美娣撰)寫推薦意見。

潘美娣同志於一九六三年來我館,即分配其修理古籍工作。這項工作,將有失傳之虞。當時尚有高技老師傅輔導下工作多年,又送往北京圖書館進修。她參加了上海博物館治理墳墓中發現的明代成化説唱小説,後來又爲太倉墳墓中發現的明刻本二種,均能整舊如舊。墳墓内出土時黴爛成餅,必要耐心細緻逐葉揭開,精心細補,所以難度較大。

　　她通過長期工作實踐，一九八七年，她寫了一篇短文，我很贊賞，發表在《圖書館雜志》上，我就勸她，多寫一點出來。兩年功夫，她寫成了這本《古籍修復與裝幀》，比較有系統的敘述，把她長期積叠的工作體會也寫進去了。這類著述，目前國內尚不多見，出版後必有需要的讀者。國內各大專院校、各省市自治區有古籍的圖書館都要參考。美、英、日本等國都有中國古書，古書亦均要修理，也必需要這種書的。自古以來修書工人，自己不作記録，這本書可以説是總結了廿多年的經驗，我認爲很可貴的。(《古籍修復與裝幀》插圖）

11月18日　《解放日報》發表查志華《大叩大應的顧廷龍》。

　　顧先生是著名的古文字學家和版本目録學家，他視事業爲生命。他研究《尚書》文字問題時，得出“隸古定”是文字變遷之一端，而非《尚書》本子專用之字體的響亮結論。爲欲進一步疏釋隸古之演變，遂以“隸古定居”名其書室。三十年代，他看到當時研究古文字，甲骨文、金文、璽印文均有專編，唯獨陶文一直不曾有同類編集出現。爲了彌補這個缺憾，他就以“匋訹”爲自己的別號，用了多年工夫搜集考釋，終于編輯出版了《古匋文香録》，貫通了古文字的脉絡。此書被學術界譽爲“搜羅最備，考釋最精，以專書形式問世的第一部成功的陶文字典”。

　　顧廷龍先生爲人敦厚、沉穩，不苟言笑，説起自己事業的緣起，倒有一句俏皮話，他説：“我是兩部書目定終身。”這是指他後來長期從事圖書館事業是由兩部書目作了因緣的。先是因爲用心匯録一部《四庫全書簡明目録》的各家批注，他被引進了燕京大學圖書館任中文采訪部主任。後來編成的《章氏四當齋書目》，爲學術界所重，遂招他主持合衆圖書館。解放後，他長期擔任上海圖書館館長的職務。他學識淵博，平易近人，讀者贊譽他“博聞強記，小叩小應，大叩大應，而且對于館務，埋頭工作，願以此業終其身，環顧國內，罕見其儔”。

　　對于書海五十年的經歷，顧先生那天對我説了這樣一段話，他説：“我因自己做過讀者多年，也做過管書者多年，雙方的心態頗有瞭解。在這方面，研究性圖書館應力求其統一。積多年圖書館工作的經驗，我認爲讀書人與管書人打成一片，極有取長補短之樂。”

　　顧先生先後編輯書目五種，主編兩種，校書十餘種，印書五十餘種。他領導編纂的《中國叢書綜録》被國內外學術界認爲是中國歷史上規模最大、收録最廣的古籍目録，爲我國古籍目録史填補了一項空白。他主編的《中國古籍善本書目·經部》由上海古籍出版社出版後，國務院古籍整理出版規劃小組組長李一氓撰文評價説：“這部目録，包羅宏富，任何一部從前的書目都趕不上，這是近年中國圖書事業的最大成就。”

11月25日　先生有信致冀淑英。

前上一緘,想已鑒及。關於縮本《善本書目·經部》已出版,我們須購若干部,請匯報定奪見復事,我當時筆誤,三萬寫了三千,想蒙糾正。

現在已否見到杜公? 如何決定? 念念! 在延安飯店開會時,杏珍同志曾有紀錄否? 敝處未有記。三萬之數不小,如何籌措?

古籍寄上樣本,已否收到? 念念! (《全集·書信卷·致冀淑英》,下冊第 398 頁)

是月　爲《中國歷代圖書著録文選》(袁詠秋、曾季光主編)作序。

在我國古代典籍中,有關目録學、校讎學、文獻學、版本學等方面的學術資料至爲豐富,學習之,研究之,借鑒之,有助于進一步充實現代圖書館學的内容,并使其具有中國的特色。(《全集·文集卷·中國歷代圖書著録文選序》,上冊第 303 頁)

是月　先生題簽的《簡明陶瓷詞典》(汪慶正主編),由上海辭書出版社出版。

12 月 1 日　《聯合時報》發表先生撰《硯邊談屑》。

久雨乍晴,有客遠來,倍覺高興。適有新製砂壺,新餘花茶,煮水對飲,縱談文事。客問我練習書法的經過。我記得五歲開始描紅,既而映寫,然後臨摹。我父親是書法家,他每晚必作書,我必侍立觀看,寫大件,必須有人拉紙,我是最高興當這個差使的,實在是一個觀摩的過程。稍久,培養出興趣來了,我就想自己來發揮,等父親擱筆,我即取而代之。吳中風俗,婚喪喜慶,常要送聯幛,這上面要寫大字的,我就争取揮毫,這是一個鍛鍊的過程。

幾十年來,寫的字祇是字體端正而已,基本上做到了劃平竪直。我有自知之明,我祇是一個書法愛好者,圖書館工作纔是我的本行。我寫字多從實用出發,要寫給現在人看,甚或要寫給後來人看,人人識得,看了不加厭惡。

一九六三年冬,我參加中國訪日書法家代表團,見到了日本著名書法家、著名學者。一九八二年上海和大阪結成友好城市五周年,我再次訪日,交流了書法。我因爲自幼即愛古文字學,因此作篆爲多。篆書我服膺吳大澂。吳大澂熟于金文,勤於考釋,精熟異體的演變,創編了《說文古籀補》(用金文編成字典,爲後來容庚的《金文編》開了先路)。我最愛讀他給陳介祺的尺牘,有時作正楷的,頗似隋墓志;有時作行書的,略師黄山谷;有時作隸書,略仿摩崖石門銘;有時作篆書,則作金文。妙趣盎然,可惜流傳不多。他的篆書尺牘,我見到的祇有給陳介祺、潘祖蔭、李鴻裔三人的。吳大澂篆書早年作玉筋體,中年以後變化較多,所寫碑記志銘均經勒石,我所見甚多,惜未彙集。其論篆書未有專著,但尺牘中有所談及。一八七六年秋致陳介祺信中説:“近益從事古文,極服來示運腕而指不動之説,鈎字易擬己書,此自來通病,直落直下,直行直往,而曲折與力俱在其中,名論至確,服膺弗失,當有進益。學篆二十餘年,患匀患弱,匀弱則庸,近始力避匀而舊疾略去一二,弱則終不免也。"我讀了很得啓發,近年作篆,略師其意,而尚未能達到從心所欲的境地。但朋好中,每多嗜痂之癖,索書者甚多。年來全國各地都有人來信要字,來無不應,祇因我雜事較忙,或先或後而已。中日文化交流較密,所以拙書携往彼邦者最多。爲美國友人所作亦不少,港澳臺亦皆有所應寄。日前英國圖書館來謝信,對我所寫的一幅字已收藏入東方手寫本的部門中。是皆所謂"不虞之譽"也。

我去年所寫碑記最爲高興的,一是上海市文物保管委員會囑寫的《陳子龍事略》;二是沙孟海先生介紹爲張蒼水墓門所寫的楹聯,聯爲清浙江學政趙光撰句;三是陳從周先生囑爲豫園所寫喬鍾吴的《西園記》(鍾吴,上海人,官遷安知縣時,上官指之爲直隸第一廉吏,工詩精琴理),均勒于石。

再談尺牘。我最喜歡觀賞前人尺牘,寫作俱佳,箋紙精美,尤其内容豐富,有的商兑學術,有的商討朝政,有的議論時事,有的交流藝術,書法皆甚工緻。所以尺牘之學,名爲帖學。二王遺墨,轉展摹刻,稱爲法帖。唐孫過庭《書譜》即云"傍窺尺牘,俯習寸陰",又云"謝安素善尺牘",所以尺牘歷來爲人所重視。近人尺牘,亦均認真,流風未泯,反複覽觀,頗堪尋味。

關於尺牘用箋,我看到明末清初人的用箋,已有簡單的圖案,有的四周加畫迴文,還邊刻室名,如十竹齋、寶硯齋;一般賣紙鋪所製箋,如"五雲箋"。此後名家常自製畫箋,花色品種最多的有俞樾、潘祖蔭、吴大澂、江標、梁鼎芬等。在四十年代,有幾個朋友都喜收信箋,有的收集個人自製的,有人兼收紙鋪製作的,我亦收集了一些,今已無存。當年的箋紙藝術性很強,明代的《蘿軒變古箋譜》《十竹齋箋譜》,與《北平箋譜》實而不同,可惜今已不易收了。小齋閑話,書畫佳箋,寫上流利的行楷,真堪欣賞,也是可謂一種美的享受。客去,信筆記之,聊存鴻雪。(《全集·文集卷·硯邊談屑》,下册第 874 頁)

12 月 5 日　上海科學教育電影製片廠劉恒宇等五人,爲拍攝宣傳片《哈囉上海》而采訪先生,影片中有介紹先生之書法鏡頭。(介紹信)

12 月 7 日　王世襄有信致先生。

久未上書請候,維興居多福,悉符遥祝爲慰。最近此間爲刊印拙稿《北京鴿哨》小册,謹另函郵呈。游戲之作,以能博得一哂爲幸!

近日頗思整理有關蟋蟀文獻,從《善本書目》獲知,上海圖書館藏有《鼎新圖像蟲經》二卷附《樗蒲譜》一卷(萬曆刻本),擬求吾丈代爲洽購顯微影片一份(祇需《蟲經》,《樗蒲》部分不用拍),未知能蒙許可否?作爲個人研究資料,倘可酌量從優,則感激之至。天一閣藏有嘉靖本《重刊訂正秋蟲譜》二卷,亦求指示途徑,如何始能購得顯微。謹此專函拜懇。(原信)

12 月 13 日　易雪梅有信致先生,感謝爲《絲綢之路文獻叙録》作序。(原信)

12月15日　李希泌有信致先生,請爲《唐大詔令集》賜題書籤,并爲雲南騰衝李根源故居題寫"以垂久遠"。(原信)

12月24日　周松齡、孫猛有信致先生,告知在日本情形。(原信)

12月25日　王紹曾以《〈百衲本二十四史校勘記〉必須得到重視——張元濟先生逝世三十周年所想到的》一文,呈先生指正。(複印件)

12月28日　王世襄有信致先生。

　　昨奉賜示,承蒙俯允代求《蟲經》顯微,欣喜逾望。前輩愛護,後學衷心銘感。天一閣無拍攝設備,未知可否請人依原書款式抄録,筆潤當從豐。此類書,篇幅想不長也。

　　熹年兄所編家藏古玉圖録,已由香港中華出版,甚爲巨麗。拙編《明式家具研究》亦由三聯印成,文字、圖版各一册,合裝一函,圖爲黑白版,不及已出之《珍賞》華美,但實例倍之,未知滬上能見到否?

　　春節將屆,吾丈是否準備來京與家人團聚,誠盼得面聆教誨并一傾孺慕也。(原信)

12月29日　周穎南有信致先生,云:"十八日惠書及墨寶均已拜領,將爲百樂酒家增添光彩,衷心感謝。"(原信)

12月下旬　應杭州大學古籍研究所崔富章之邀,與沈津同去杭州,參加評閱博士論文并出席答辯會。會後,崔富章陪同先生、吳澤夫婦、沈津游覽了六和塔等處。(《顧廷龍先生紀念文集》,第131頁;沈津藏照片)

是月　先生題簽的《中國圖書館館長名録》(劉景龍、胡家柱編),由南京大學出版社出版。

是月　先生題簽的《晚晴簃詩匯》(徐世昌輯),由生活·讀書·新知三聯書店上海分店出版。

是月　先生題簽的《陳旭麓先生哀思録》,由該書編寫組編印出版。

是月　與于爲剛合作撰寫的《關于〈華陽國志〉版本的幾個問題》,收入《紀念陳寅恪先生誕辰百年學術論文集》中(北京大學中國中古史研究中心編)。

是年　書王西野爲紀念范仲淹誕辰一千周年所作詩:"忠烈堂堂百世師,當年十事嘆難施。漫抒騷怨靈烏賦,高唱窮邊白髮詞。芳草時縈鄉國夢,蒼松不改歲寒姿。重新廟貌垂千祀,霜菊雲泉薦一卮。鄉先賢文正公鶴降千年紀念。歲在己巳,後學王西野撰,顧廷龍書。"(照片)

### 是年

10月25日　王蘧常卒,89歲。

12月28日　朱士嘉卒,84歲。

# 1990年　87歲

1月6日　馬國權有信致先生,請爲《達堂漢字論集》賜序。(原信)

1月上旬　高橋智自日本來滬探望先生。(照片)

1月14日　潘樹廣有信致先生,請爲《文獻學辭典》(趙國璋、潘樹廣主編)用篆書或隸書賜題書簽。(原信)

1月18日　葉瑞寶有信致先生,告知吳大澂資料已攝好,將托人帶上。又告蘇州博物館也藏不少吳大澂信札,該館歡迎先生前去閱覽。(原信)

1月20日　王世襄有信致先生,并附致上海圖書館謝函。

今日收到上海圖書館惠寄明刊本《鼎新圖像蟲經》顯微片一卷,拜領銘感之餘,爲之欣喜無狀。今後倘對此類圖籍有所述作,皆上圖及吾丈所賜。求攝膠卷例當收費,敬希館方見示,以便匯奉。茲除附函求轉交外,別繕一箋徑寄上圖,因恐春節間吾丈來京,致與信件相左也。

抵京之日,即祈示知,當趨前請安。謹此叩謝。(原信)

1月26日　除夕,爲趙國璋、潘樹廣主編《文獻學辭典》題簽,共兩式,并有信說明:"篆書者印裏封,行楷作外面書簽,不要署名。茲寫兩式奉正。記得張秀民先生《印刷史》即如此處理。"(潘樹廣《顧廷龍先生二三事》,載《學林漫筆》,第58頁)

1月28日　王世襄有信致先生。

欣悉您已安抵京寓,俟雪小晴,當趨謁請安。惟電話屢撥不通,想已易號,無法先期奉聞。顯微卷上海圖書館已寄來,感激之至。曾作謝信,附上吾丈函中,又別繕一紙,徑寄上圖,如是則定可如期收到。謹先上書拜年,并請道安。(原信)

1月31日　先生有信致林公武,謝贈紀念鄭和書法篆刻集。又"屬寫書簽兩種,塗呈指教。樣書上海書店尚未見惠,想春節事忙,未及送出耳。《石廬金石志》因事冗尚未尋找,一俟春暖,當設法檢寄"。(原信)

是月　爲南通狼山廣教寺法乳堂書聯:"名寺萬千唯此間小中見大,高僧十八向彼岸迷裏求真。"(照片)

是月　先生題簽的《明代宮廷雜錄彙編》(吳豐培整理),由全國圖書館文獻縮微複製中心出版。

是月　《圖書館研究與工作》第1期發表陳東輝《上海圖書館名譽館長顧廷龍先生等在杭講學》。

1—2月　在北京過春節。

**2月20日　先生有信致沈津。**

小楊來，帶到手書敬悉。簽兩條塗就，即請教正并轉致爲荷。兩處通問，均煩致意。

我在此看集部清本(按，指《中國古籍善本書目》集部徵求意見稿)，一天看一本，有疑問夾一條而已。其中冀大姐已校改過一遍，所以尚未發現問題，祇錯別字而已。希望年内全部脱手，則大喜事也。天一閣藏明萬季野《明史稿》，我們去天一閣亦即看此書也，史部徵求意見稿如何著録，您能一查否？陳叔諒先生信所説丁山先生藏《明通鑑》稿，我知其事，丁先生已去青島，旋即病没。丁先生與我交久，不及請觀，悵悵！現在館藏係潘景鄭先生所贈，有太炎、卷盦兩先生跋，考證精確，可信也。

我擬于三月上旬返滬，家中在協商中。身體尚好，今年當可維持也。致光亮箋煩轉致。(原信)

**2月21日　崔富章有信致先生，乞爲《四庫提要補正》題簽。**

去年本所博士論文答辯，先生以八十五歲高齡毅然應邀前來，全所上下至今銘感。惟彼時沈津兄急于返滬，先生亦有華師大論文答辯諸事纏身，未能多住幾日，所内研究生每引爲憾事，盼望將來能有機會，聆聽先生教誨！

杭大出版社近日告知，拙作《四庫提要補正》擬于三月間發排，正在設計封面，很希望請先生題寫書名。年前買到張秀民先生《中國印刷史》一部，有先生隸、篆兩體題名，見者無不稱道。《四庫提要補正》擬請先生作隸書，款式一如張書，未知先生應允否？三月間我來滬辦事，拜訪先生。先生在杭州有事要辦，可吩咐沈津兄函告，一併帶上。(原信)

**2月22日　高橋智有信致先生。**

久没通信，抱歉。訪滬拜見先生以來，已過兩個月左右。先生已到京，養靜身體，避寒好否？

在滬過愉快之時，看看先生之家寶，真如在藝林游之心情。中國之文化之根源如此，而已昔長澤先生游漢之時，日本也是。中國真是版本目録學全盛之時，而長澤先生也從民國學者學得很多、很深，今也日本之情況寥寥不進。但小生得到難得的機會，學顧、潘兩巨之學，誠爲幸福。願以後也先生健康，教目録書志之學。

《松鄰遺書》一書，今日本書庫裏没找到，遺憾。曹箋經之書裏，吴昌綬之名繁見，又章四當之文章裏亦居多。橋川先生《人名總鑑》謂，甘遯又有《梅祖庵雜詩》《松鄰書札》《吴郡通典備稿》，然此等書今無法見到，再遺憾。又一事，小生今讀《葉景葵雜著》，近代藏書之動向、之知識，從此得事居多。中《卷盦札記》一八六頁五行"閔胡綏之玉縉《鄡盦文稿》三册。精於四當，邃於箋經，博極群書"。生按，"四當"指章鈺，"箋經"指曹元弼。如是，則當標點"四當""箋經"是否？《鄡盦文稿》又難得見，遺憾。

　　總之,中國近代之學者之文稿,特別在日本甚難閲,願多多影印、排印、流布民間,然後中國古典之學又進大步無疑矣。在此日本關西大學所藏内藤湖南舊藏本之簡略解題,就是小生看過的目録之抄本,同封請看看,没有什麼紀念,幾張照片一起寄,請笑納。

　　先生原稿如何? 又請休養保養身體。(原信)

**2月24日　先生有信致沈津。**

　　兩奉手書,均拜悉。普大劉先生、林女士的信,讀了很高興! 照片亦收到,葛思德圖書館額,亦已配鏡框,從照片得識了馬館長。謝謝您的聯繫。我已寫信給劉先生、林女士了。

　　最近周一良先生寫自傳,還提到他和我飛渡到華府出席會議事,亦堪紀念。我每想到他們教授研究室,不勝羨慕之至!

　　我現在身患皮炎,痛癢不已,搔癢則遍體鱗傷,聽説馮友蘭、王伯祥先生晚年多有此患。我手中尚有《尚書文字合編》一書,今年可以完成,要求上帝保佑維持我一年,可向顧剛先生報命了。此事中斷了六十年,多幸黨和政府之關心,配備助手,得以有成。現在正在寫序文,比寫《讀史方輿紀要》序從容些。此兩書每感謝聶佩華同志幫助很大,没有她幫助,皆成泡影。但她近來北京,得一握晤,知其已離休矣,爲之悵惘不止!

　　今年二三月我要回上海一行,希望能把《尚書文字合編》發稿,此屬國家古籍規劃小組重點項目。書不盡言。敬賀春釐! (原信)

**2月26日　先生有信致方行。**

　　前日下午接奉大函,無任快慰!

　　關于《善目》,杜館長、冀大姐及陳杏珍曾枉駕商談一次。① 關于縮本經部購送參加單位及名單上的工作人員。至以後再出叢部縮印本,要量力而行。② 今年五個部分脱稿開一總結大會。這個總結大會如何開法,要討論一下,擬先開一個小會,像蘭州規模,地點打算在南京。小會的籌備已交圖管局去聯繫。時間打算五月份。③ 集部清本,交來六本,恐怕還有六本之多,交我者已看定。北圖善本,聞在拆包上架中。

　　首都館館長馮秉文,原在香厰路有共事之雅,拍照鉛印本,或可辦到(費用照交),什麼書? 望即來信。

　　我身體甚好,"出無車"較不便耳。忽焉三月份了,頗動歸計,上海字債急思一了。(原信)

**2月28日　張世林有信致先生,爲中華書局《書品》創刊五周年,請先生"寫條勉勵性的字,以激勵我們把該刊辦得更好些"。(原信)**

　　**是月　爲《龜阜齋藏硯録》作序。**

　　余幼好弄翰,家有傳硯,粗知厓略,而於鑒賞則乏深研,引爲遺憾! 然余於題記製銘之品,喜愛尤甚,以其既可見前賢之遺澤,又可知一時之雅故也……

中日兩國文化交往，源遠流長。龜阜齋主人蘭錡世家，退栖高蹈，雅好收藏中土名硯，積聚日富，研摩所得著爲《龜阜齋藏硯録》，選其精品百數十事，時代則有宋、元、明、清，地區則端州爲多，次爲歙縣，亦有名家銘刻，可謂大觀。(《全集·文集卷·龜阜齋藏硯録序》，下册第724頁)

是月　先生題簽的《中國通俗小説總目提要》(江蘇省社會科學院明清小説研究中心編)，由中國文聯出版公司出版。

3月18日　張樹年有信致先生，談《百衲本二十四史校勘記》事。

別來已近兩月，今悉閣下在京參加圖書館會議，三月底前返滬。近得商務來信，告知《衲史》校《史記》已由中華書局送還。香港商務印書館總經理陳萬雄先生去北京，林爾蔚兄已與陳先生商定，校《史記》由香港商務出版。中華書局究竟送還若干史，散失若干史，來信均未提及，大約清查尚未完畢。吾兄是否可抽暇去商務，看看這批有價格的史稿保存得如何，有無損壞黴爛情況。最好請林總指派專人負責進行整理，并督促中華繼續追查和歸還散失在外的史料。

先嚴致孫毓修信請林星垣先生校對，日前校完，非常細緻，糾正不少錯誤，現請繼續校致劉翰怡信。(原信)

3月20日　先生有信致王紹曾。

去年到濟，獲承教益，臨行并蒙厚惠，感荷曷已。十二月又奉手教及大文，拜悉一一。

《二十四史校勘記》，四十年代蔣仲茀即爲吾言此稿已無用，我未與爭辯，後來標點校勘《二十四史》就有用了。可是用的人亦有見仁見智的不同，決不能以一人之管見爲定評。近讀《古籍整理校勘》(全稱已記不起)第二期中有一文，極言校勘不能擇優而從，甚是甚是！擇優而從，伸縮性太大。況現代學者與古之學者所見差距尤大，豈能一言爲定，没有作過校勘工作者，他不理解，真所謂夏蟲不可與語冰。"思誤一適"，豈可與外行道哉！

我來京已有月餘，曾訪林爾蔚未值。樹年先生要我見他，希望他們把《年譜》《文集》《日記》《書札續編》早日印齊。還有印《校勘記》問題，希望索還幾本就幾本，或者原本借來複印，有多少即多少，不全就不全。此意樹年先生已有函給林了。總之，從事這種學問愈來愈少，是無可如何的事。

命書兩簽寫好已久，因爲不滿意，一閣甚久。兹附呈指教，如不合式，儘可重寫。今晚返滬，匆此奉復。(《全集·書信卷·致王紹曾》，上册第264頁)

是日　先生由京返滬。(是日致王紹曾信)

是日　熊克有信致先生，咨詢繆荃孫藏本《帝學》是否宋代泥活字印本。(原信)

3月26日　胡道静有信致先生,請題《中國古代農業博物志考》書簽(此書爲胡著日譯本,當年11月由日本農山漁村文化協會出版,渡部武譯)。(原信)

是月　篆書張元濟別商務印書館同人詩一首,以贈香港商務印書館留念。(底稿)

是月　先生題簽的《中華古文獻大辭典·醫藥卷》(莊樹藩主編),由吉林文史出版社出版。

是月　先生題簽的《楊文驄傳論》(白堅撰),由上海人民美術出版社出版。

春　爲沈燮元篆書聯句:"復翁異代逢知己,中壘鈎玄喜後生。燮元仁棣正之。庚午春日,顧廷龍,時年八十有七。"(原件)

4月初　與沈津一起去南京圖書館參加《中國古籍善本書目》主任委員擴大會議,其間去南圖龍蟠里書庫參觀,但見未整理之舊書甚多,先生感嘆:"没有一個大館的家底是清的。要清,祇有一個辦法,那就是編成書本目録。"(沈津《學術事功俱隆,文章道德并富》,載《顧廷龍先生紀念文集》,第65頁)

4月22日　王紹曾有信致先生。

三月卅日復上蕪函,諒蒙詧閲。四月二十五日商務邀請座談菊老《年譜》并研究《衲史校勘記》編輯出版問題,後學原已作好安排,預定251次濟滬直快車票,準備來滬參加。因接樹年兄來信,商務上辦及商務印刷廠車輛均極緊張,無法保證到滬時派車來接,後學以年届八旬,事先并未安排助教或研究生隨行,萬一到滬時不派汽車來接,在夜幕降臨之際,自己前往揚子賓館,勢必走投無路,故立即電告樹年兄,不再來滬參加座談。此次上海之行,是否參加《年譜》定稿會,原無足輕重,首要問題在研究《衲史校勘記》如何編輯出版。商務總經理林爾蔚同志亦有此想法。惟商務上辦對遠方來客未能作妥善安排,深感遺憾。

五月初臺灣友人返大陸探親,本擬來濟南相見,後學因須日内返無錫、江陰料理私事,故或擬于四月底來滬迎候臺灣友人。如時間許可,届時當前來聆教。

日昨與山東省圖書館任寶禎館長通電話,去年原與我公約定,于春暖花開季節來山東旅游觀光,渠意五月份將連續出發開幾次會議,王祐臣館長已調離,家中乏人接待,故擬請我公于秋季莅濟,届時再行聯繫。我公爲山東省圖書館特藏部同志所贈墨寶均已奉到,任寶禎館長囑爲致謝。(原信)

4月24日　王世襄有信致先生,詢天一閣抄稿應如何付酬。

昨晤冀大姐,得知安返滬濱,後又赴汕頭講學,足見杖履清健,遙俯孺祝,爲無量頌。

前讀天一閣上吾文函,獲悉《秋蟲譜》二月間已抄一半,不知頃已竣工否? 亦不知將寄上海,抑由郵至舍間? 此譜乃用宣紙過録,所費不貲,工楷繕寫,更耗精力,不知應如何致酬,或饋贈禮品,以表謝忱,如蒙賜示,感激

之至。(原信)

是日　周一良有信致先生。

華府一別,忽忽經年,想興居安吉,定符私頌。

頃獲啓治來函,已致知貴館館長,唯此事尚須我兄鼎力,方克有成耳。

一良歸期,因種種原因一再遷延。家叔拓本立軸始終未及面呈,以便題識,一俟返京,當即與令郎聯繫。又前者赴匹兹堡,王伊同兄囑代詢允爲渠寫之件已着筆否,亟盼早日揮就也。另致譚季龍兄函,請閱後便中轉交。

國際善本目録事因經費困難,以無進展。又及。(原信)

4月25日　出席《張元濟年譜》徵求意見座談會并發言。(《張元濟年譜》,第517頁)

4月30日　在嘉定秋霞圃參觀《鞠國棟詩詞名家墨迹展》。(照片)

是月　劉正成有信致先生,爲紀念辛亥革命八十周年,團結出版社擬出版《海峽兩岸名家書法作品選集》,約請先生提供書法作品。(原信)

是月　先生題簽的《紀念顧頡剛學術論文集》(尹達等主編),由巴蜀書社出版。

是月　先生題簽的《中國地名詞典》,由上海辭書出版社編輯出版。

是月　沈津將赴香港,先生書贈"資之深,則取之左右逢其原",語出《孟子·離婁章句下》:"君子深造之以道,欲其自得之也。自得之,則居之安;居之安,則資之深;資之深,則取之左右逢其原。"(《顧廷龍書法選集》)

5月3日　蘇州中學李雲剛來訪,先生托其查詢錢鎏其人。(原件)

5月8日　顧洪有信致先生,請爲修改稿件,并告知在中國社會科學院文獻情報中心從事"計算機古籍聯合目録"工作,擬先輸入顧頡剛藏書目録。(原件)

5月10日　爲沈津赴香港,寫推薦信給香港中文大學中國文化研究所所長陳方正。

沈津同學現任上海圖書館研究館員,特藏部主任。早歲即在上海圖書館善本組工作,從余問業,前後三十餘年。沈君于古籍目録學及版本的鑒別,頗具隻眼,曾參加《中國古籍善本書目》的編輯工作。後以訪問學者前往美國各大東方圖書館,遍觀中文善本,所見益廣。著有《翁方綱年譜》等。在編寫翁氏年譜過程中,所見古籍以及金石書畫亦較廣博。

沈君即將移家居港,嘗聞貴校圖書館需要聘請中國古籍專家,特此推薦。顧廷龍,一九九〇年五月十日。(原信)

5月15日　李雲剛有信致先生,謂蘇州中學"與校友之間自一九八五年開始聯繫至今,沒有錢鎏的信息,二十年代至今還健在的校友已所剩無幾"。(原信)

5月17日　潘天禎有信致先生及冀淑英。

五月八日顧老手示敬悉,籌劃周至,不勝敬佩。謹報如次:

　　一、史部已經排完，集部明以前部份既經顧老審閱，"先行發排，以免排字工作的等待"，丁山會上已經提出，未聞異議，今又重申，所示極是，自當贊同。

　　二、子部絕大部份已經剪貼，醫書、道家兩類，不足兩千款，經過審閱，有個別問題待定，尚未交剪。兵家類三百款左右，變元同志復查完畢，工作已告段落。小説家七百餘款，尚在排列中，未復核。已經剪貼者，即可遵命派人送冀大姐審閱，需全部審完修改後，方可統一編號。何時送京，是否在京就便編號，均祈垂示，以便照辦。

　　三、集部兩萬多款，占全目三分之一以上，在京定稿。如交寧再看，輾轉遷延，勢必推遲完稿之期。冀大姐才高心細，經驗豐富，責任心極強，經手編定之稿，必臻上乘。禎才疏學淺，蒲柳早衰，難當大任。因此明清以後集部目，請直接由京送滬，不需經南京轉手，非敢違命，實不能也。

　　臨楮惶愧，萬祈俯允。專此，敬祝健康。（原信）

5月26日　　周道南有信致先生，請賜對聯一副。（原信）

5月30日　　王紹曾有信致先生，談《百衲本二十四史校勘記》出版事。

　　四月二十二日寄上一緘，諒蒙垂督。此次菊老《年譜》定稿座談會未能赴會，至今引以爲憾。四月底到滬迎候臺灣返大陸友人，以在江陰故里不慎跌倒在地，致左肋軟組織受傷，抵滬後祇得在友人家中養傷，不克前來聆教，尤感歉疚。

　　座談會及《衲史校勘記》如何編輯出版等情況，承樹年兄駕臨敞友家中譯讀。《衲史校勘記·史記》及《三國志·魏書》複印件，亦由敞校劉光裕兄攜回，其中《三國志·魏書》校勘記當年即爲後學所校。所有校勘中刪改批注情況，基本上均已有所鑒別。近日將《校勘記》複印件與《衲史》影印本復核，凡《校勘記》中加○，或于書眉上及邊欄下注"修"字者，十之八九均已據殿本改字。《校勘記》如果能出版，則不僅可以考見各本異文，且校改之字亦均可覆按。根據《校勘記》上批注刪改等複雜情況，確實無法整理出版排印本，且耗費大量人力、物力，非一二年內所能蕆事。聞尊見力主交由香港商務印書館影印出版，後學深表贊同。鄙意以爲《衲史》雖曾于五十年代出過精裝縮印本，但國內新建圖書館收藏《衲史》者不多。此次香港商務影印《校勘記》時，最好同時重印精裝縮影本，將《校勘記》附于各史之後，既便于讀史治史者復核，又可于徵訂時增加吸引力。已將此意告知高崧同志。

　　商務當前首要任務，必須根據中華書局提供綫索，派得力幹部追蹤迄今爲止尚未交還商務之九種《校勘記》。中華點校《二十四史》，事擱二三十年，人海滄桑，變化極大，原來擔任點校諸公已不少物故，能否全部璧還，頗成問題。倘能及時追查，則亡羊補牢，猶未爲晚。

附呈拙作《張元濟校史十五例》抽印本,敬祈指正爲幸。再《史記》校勘記中,下欄除標明殿本、元本、汲本、南本、北本外,尚有"劉本",不知所指何本,便乞賜知。

近接王伊同兄來信,轉懇重書趙甌北詩句屏幅,未知百忙中能否賜辦?又及。(原信)

是月　爲陳訓慈九十壽誕作詩。

典藏馳聲四十載,勤求博采賴群賢。西湖盛會誠創舉,舉辦浙江省文獻展覽會,實爲全省珍貴圖籍之調查。開卷朱鈐識舊編。書館經營仰柳翼謀主江蘇省國學圖書館。陳,我來滬上曾效顰。榮期三樂何須説,老子猶龍福壽臻。(底稿)

是月　書杭州汾陽別墅盛慶蕃舊聯:"紅杏領春風,願不速客來醉千日;緑楊足烟水,在小新堤上第三橋。"(底稿)

是月　東吳比較法進修學院校董會聘先生爲名譽校董。(聘書原件)

是月　先生題簽的《孫詒讓遺文輯存》(溫州文史資料第5輯,張憲文輯),由浙江人民出版社出版。

是月　先生題簽的《千頃堂書目》(清黄虞稷撰,瞿鳳起、潘景鄭整理),由上海古籍出版社出版。

是月　書"葵藿傾太陽,物性固莫奪",賀《中國年鑒》出版十周年。(底稿)

6月1日　王宏有信致先生,請題《丁佛言手批窸齋集古録》書簽。(原信)

6月3日　顧洪有信致先生,告知《顧頡剛讀書筆記》交臺北聯經出版公司出版經過,并附當時合同。(原信)

6月7日　先生有信致王宏。

兩奉手書,均奉悉。

命題丁佛言先生手批《窸齋集古録》書簽,兹已塗就,敬呈指正。丁先生嘗著《説文古籀補補》一書,龍早年即曾購讀,甚爲企佩!尊處將爲影印,可垂久遠,盛事也。

樹青先生久闕箋候,時在念中。題簽可否複印寄請審正?幸甚幸甚!(原信;《全集·書信卷·致王宏》,下册第646頁)

是日　邢建榕有信致先生,爲複製上海檔案館藏顧頡剛手迹事。(原信)

6月13日　王宏有信致先生,告知收到《丁佛言手批窸齋集古録》書簽,又請賜題"燕居超然"四字。(原信)

6月14日　黄俊貴有信致先生,請賜題《中國圖書館學報》刊名。(原信)

6月24日　在上海寓所客廳書橱張貼手書啓事,云:"衰病侵尋,憚于握管。即日起,停止寫字,願親友亮鑒。"(《顧廷龍先生紀念集》,第242頁)

是月　爲任書博自刻印存《樸廬印痕》題字。又跋云:

近承任書博君過訪,別忽數十年。君爲吳湖帆丈之高足,曩在嵩山草堂座上識之。君工書畫篆刻,兹以自刻印存見示,淳樸高雅,與浙派爲近,余甚好之。湖丈早年亦喜治印,嘗爲先君作滿白名章,當時老輩均甚賞之,惜歷劫無存矣!今喜書博之薪火相傳,發揚光大,誠藝苑之盛事也。(底稿)

是月　書陳從周撰《東湖小記》。文云:

杭之西湖,越之東湖,隔錢江,占浙東西之勝。昔陶濬宣因地制宜,造景東湖,後漸不治。李君志亭承紹興市府之命,就商于余,經之營之,得復原觀,景倍于前,而徐公文成之督導,功皆不可泯也。庚午榴月,陳從周撰。顧廷龍書。(底稿)

是月　先生題簽的《圖書情報詞典》(王紹平等編),由漢語大詞典出版社出版。

是月　先生題簽的《吳承仕研究資料集》(莊華峰編),由黃山書社出版。

是月　先生題簽的《黃宗羲詩文選》(寧波師範學院黃宗羲研究室編),由華東師範大學出版社出版。

是月　鄭麗芸有信致先生,爲其日本友人佐藤房雄求書蘇東坡詩句。

在滬期間,承蒙賜教,非常謝謝。送給橫山先生的書法,他極高興,到處宣傳,并將昭和五十四年《國語》雜志上發表的《中國圖書館、書店》一文複印給我,其中寫到您。現將譯文奉上,譯得不好,請原諒。先生在日資料,待收集後,定會隨時向您彙報。

另有一事相求,我有一好友,也是高先生的朋友,住鎌倉,叫佐藤房雄,他酷好中國文化歷史,常游中國。仰慕您的大名,渴求您的墨寶,擬裝裱後挂于書齋,不知能否如其願。如蒙應允,則請您揮毫(蘇東坡詩,不一定全詩,可寫詩二三),書體隨便,書後可由家父寄我轉他。在您百忙之中又打擾您,非常抱歉,容後面謝。(原信)

7月4日　王宏有信致先生,謝賜墨寶并詢出版《吳大澂篆書手札》事。(原信)

7月10日　陳訓慈有信致先生。

憶自杭市圖書館新厦晤教,倏已數年,唯頗從浙圖谷生輝之得聞清況,稍慰飢渴。

弟駑才膚受,倖厠于柳師劬堂夫子之門,復由同研諸君子之提攜,得免于失墜。然早年忝執教職,已多誤人子弟之追悔;司書文瀾,尤屬汲深綆短;遭遇時變,轉增妄竊虛聲之慚疚。何則?浙圖創設較早,前修建樹,自章仲銘、龔(寶銓)以逮民初念劬錢先生,實奠其初基。在三十年代,由社會人士之愛護支持,閻師登高之一呼,使文瀾閣本得簀覆之獲全,其成事亦由多賢。而大學路館宇由浙大代建,一般稱湯督捐建者,弟在職日,堅持不爲立□碑,按其究竟,固亦民脂之還民。亦以此故,舊時代教廳亦不得不于浙圖經費定得稍寬,全國省立圖書館之歲費預算,抗日前猶以浙圖與粵省爲最大。當年政亂民國,但知識分子多不與政治合污,僅就圖書館界言,以社會之同情支援，自北京各大圖書館，至若干大學、若干省館，以相互觀摩與推動，在三十年代，似有相當之進展。浙圖實賴前述之基礎，在毗鄰若干省館中幸未落伍，職斯故耳。台從溯念往事，自可洞明，即如在1935年始刊之《文瀾學報》，今尚不致覆瓿，即由于當時浙大三院，裴子師長文理學院，有意先發展理科，文科竟未設中文系（曾一度有史政系，而停辦1930年），故浙大尚無國學之書刊。此一學報即在此情況下，除同人勉以小文充任幅外，全賴省內外浙人士之供稿（包括浙大錢寶琮，之江夏瞿禪、李雁晴之著作），故至今尚有可留（杭州前年重印本，想浙圖已有全份六冊贈滬）。今則各大學浙有杭大社科版，及寧大各師院皆有學報，社科院又有《浙江學刊》。此昔年衆賢乃舉端惟時爲之耳。至在學報中尚留"鄉賢遺著""浙刻""浙藏"之群書解題，爲一"專輯"之會，即承鑒爲"創舉"之浙文獻展覽，先由一友人葉君之建議，館友數人樂從，弟遂不顧當時外交艱危，賴馬叔平先生、葉揆初前輩及葉遐庵先生在滬（非浙人，而公私有舊誼）與在杭諸公之力助，大膽試辦（次年七月上海踵行，竟已太晚），當時浙圖信用尚佳（浙教廳所出費僅三四千，徒尸其名，否則如許紹棣之無行，決難取信），此又時代爲之，端在尊詩所謂"賴群賢"耳。抗戰期中，王獻唐先生挾重物自魯客渝，劬堂師爲丁書在運朝天宮者，不詳西途否心中風，後亦輾轉迎至蜀中。倭甫納降，兩公急速東歸，辦老館之復員。盍山劫餘書目，精華未失，世所共見，弟則雖于文瀾閣歸浙□曾奔走，終始其事，而書刊未全保，木板乃□存。自身初則浙大調用任教，又以兄命佐幕，不但于浙圖爲不忠（當時以病浮沉，同時試政），解放次年邵師召來文管會，畀以任圖書資料工作，雖理舊業，實曾改行。乃浙圖竟以圖書工作六十年寫入請柬中，實爲史實貽譏，此又不敢不在老專家前自訟而不遑公報糾正之者也。不盡觀縷，敬叩崇安。[①]（原信）

是月　鮑熙年贈先生《北京香山慈幼院院史》。（原書照片）

是月　先生題簽的《宋代鹽業經濟史》（郭正忠撰），由人民出版社出版。

夏　上海"南匯百九歲老人"蘇局仙贈先生"福壽"二字。（原件）

夏　爲貝祖遠姨丈書"康安居"匾額。（照片）

8月2日　謝辰生有信致先生，催《中國大百科全書·文物卷》善本書綜合條目稿。

　　在京一晤，匆匆又已半年之久，近況奚似爲念。當時曾蒙惠允，撰寫《大百科·文物卷》善本書綜合條目稿，深爲感謝，不知目前進展如何？邇來大百科工作已近尾聲，索稿甚急，期能在八月底前交稿，甚盼能商冀淑英同志早日擲下爲感。溽暑逼人，諸祈珍攝。（原信）

---

①信末加注："此信七月初盛暑中初寫及半，立秋後循原意寫成之。叨在早年交末，差比面陳，幸鑒其誠而不呵其瀆也。乞恕草率。慈又及。"另據8月12日陳訓慈信內容可知，7月10日信是與8月12日信合併寄發的。

8月10日　先生有信致李致忠。

別忽經年，時以爲念。

龍訪求沈欽韓《水經注疏證》一書，數十年僅得傳抄殘帙，每以爲憾！近又重溫舊夢，因從聯合目録檢到《疏證》手稿俱在，不勝快慰！一部手稿在南京館，近已蒙愛東同志將其首末頁複印見示，并録其每卷後之題記見示。觀作者題記，爲嘉慶、道光間重勘者。因念貴館亦藏有一部，不知其編勘年月孰早孰遲？可否請公檢録其每卷後之題語見示，還懇將首末兩頁攝示書影，以資比勘，不勝感盼之至！（《全集·書信卷·致李致忠》，下册第475頁）

8月12日　陳訓慈有信致先生。

久疏通問，時念清況。六月間，谷輝之同志賫來尊作賜詩，十分慚悚。由于夙不解韵律，不敢求人和作，以詒君子。稍一遲延，適在六月底，已嬰熱潮，得有小疾，即設法住入浙江醫院。老更畏暑，以致逡巡，稽復至今，歉疚萬分（斗室二人，無案作書，又多種檢查等，皆費時多）。

由于二年前在鎮江印之柳師紀念集中讀到尊文，于昔年國學圖書館之卓越成就外，齒及弟在浙江圖書館之微勞，已譽過其實，原擬函陳而未果。今次浙圖諸同志，以其馬齒九十，原謂内部約一座談，乃不意無形擴大，驚擾領導，請柬且發及外埠，先生賜詞，甚至以"柳陳"并提，則更萬不敢當。爲此略溯往迹，説明當年浙圖幸未失墜，端賴先輩賢達已奠其基，其他有可道者，亦皆省内外人士之群力，言之頗涉覼縷（不復改寫）。兹值星期休假，仍將前月書如前述而僅及半者賡續録成之，意在于長者前溯往存實，聊備乙覽，兼爲稽復請罪耳。

解放後，省文化事業舉辦多端，圖、博二館基建久無擴建。今省領導至大學路現場察看，春日已定重建，最近已決在大學區某地重建新宇，落成有期。浙博地處湖山之勝，中央與省費已撥，已在原址增建中，想均台端所樂聞也。草草謹謝不一，敬維珍重。（原信）

8月13日　張維明有信致先生，告知賜題《吳縣志》書簽已收到，又《蘇州史志》第2輯將刊發先生的《清江西提學使王公行狀》。（原信）

8月15日　張世林有信致先生。

久疏問候，不知您近來身體可好？前不久在香港的一本書裏，看到了您撰寫的《顧嗣立與元詩選》一文，趙守儼先生和程毅中先生看過文章後，囑我給您寫信，希望您能稍加修改，交《書品》在國内發表。一則所評是中華版書，與《書品》宗旨正合；二則對國内研究工作者，特別是對我們整理《元詩選》更有幫助。（原信）

8月20日　鄧雲鄉有信致先生。

北京紅樓夢所友人胡文彬兄新編《中國武俠小説辭典》即將發排，擬請夫子賜題書名,原函附呈,請閲。一横一竪,想夫子能如其所請也。寫好請即賜寄,當爲轉寄北京。魯莽之請,先此叩謝,容日趨謁。專肅奉懇,謹叩大安。(原信)

是月　臺北"中央圖書館"館長王振鵠先生訪問上海圖書館,先生接待并陪同參觀善本書庫。又贈上圖善本目録一册,托王轉蔣復璁先生,囑代問候。(王振鵠《書緣——圖書館生涯五十年》)

是月　篆書朱舜水"犀角杯銘"。(底稿)

是月　先生題簽的《丁佛言手批窀齋集古録》,由天津市古籍書店編印出版。

是月　先生題簽的《兩朝憲章録》(明吴瑞登撰),由全國圖書館文獻縮微複製中心出版。

9月11日　程毅中有信致先生,請爲白化文評定職稱事給予評議。(原信)

9月15日　對白化文的學術水平作出評價,建議北京大學晋升其爲教授。

白化文同志與我雖未謀面,但讀其論文并通過信,頗致敬仰。他學識淵博,著述宏富,對敦煌學研究尤深。所著《敦煌學目録初探》一書,深入淺出,頗多心得。敦煌寫本,涉及學科很廣,原件散在中外各地,系統地編述這一目録,不是輕而易舉的事,尤其關于佛學、道教,均有所研索。日人嘗大言不慚地説"敦煌在中國,敦煌學在日本"。今後在白化文同志指導下,培養出更多的專業人員,對敦煌學發揚光大,可以預卜。建議晋升白化文同志爲教授。顧廷龍,上海圖書館名譽館長、研究館員、復旦大學兼任教授。一九九〇年九月十五日。(底稿)

是日　先生有信致張世林。

接奉八月十五日手書,敬悉一一。

承屬改寫《顧嗣立與元詩選》舊稿事,極願爲之,但手頭雜事尚多,稍寬時日,必有以報命。

柴劍虹同志編輯之《元詩選》,初集出版時曾蒙見惠,《二集》《三集》當均出版,不知《癸集》亦曾重排印否? 癸亥極少見,如已印,甚好甚好! 上海圖書館藏《元詩選》癸集之丁,篇幅不多,未曾刊過。今春王湜華君來滬,他參加編《全元詩》,此係古籍規則〈劃〉中任務,我已告之,希望能設法印出流傳。我有一個願望,要使孤本不孤。

承示柴同志在首都查到《元詩選補遺》一書,昔所未聞,更無所見。查上圖館藏未有收入,亦珍品矣,自當叙及。錢氏書版,曾經兵燹,恐流傳甚稀。近取原刻與影文淵閣《四庫》本校數卷,如遇"胡"字等均經改動,不足取也。

《書品》今年一、二期均收到,謝謝! 讀之受益甚大。忽忽五周年,自當題詞祝賀! 今冬到京,自當趨前問候……

李侃同志、守儼同志請代道念。錫麟同志晤時代爲致意。(《全集·書信卷·致張世林》,下册第 628 頁)

是日　劉尚恒有信致先生,請賜書"狂臚文獻耗中年""不薄今人愛古人"句。(原信)

9 月 17 日　臺灣地區圖書館界代表團參觀上海圖書館,并開座談會,先生出席。當晚,在金谷園酒家餐叙,先生以中國圖書館學會副理事長身份致辭餞别,盼今後兩岸加强合作,共爲傳承中華文化而努力。在宴會上,先生暢談續修《四庫全書》的構想,盼望兩岸通力合作,先從禁毁書做起,兼及底本,加以續修,并希望與在臺北的蔣復璁先生合作,共襄盛舉。(王振鵠《書緣——圖書館生涯五十年》)

9 月 25 日　參加上海市古籍整理出版規劃小組預備會議。(會議通知)

9 月 26 日　先生有信致王宏。

前承周恩宏同志枉臨,爲幸!

關於吴憲齋篆書信札,深得青銅器銘文的奥秘,頗可爲學金文者的參考。我已收集得不少,可與商務所印之本相仿。近因他事較多,未克整理,恐須明年可以着手,容再聯繫。丁佛言批《集古録》已印成,甚好甚好。今冬到京後,再謀良晤。

命爲貴店本版圖書目録題字,兹已塗就,特寄上,不知可用否?①(《全集·書信卷·致王宏》,下册第 653 頁)

9 月 28 日　張維明有信致先生,請賜題《盛澤鎮志》書籤。(原信)

是月　先生有信致張秀民。

接奉手書,敬悉——。

去年拜賜大著及照片等,疏懶事冗,久稽裁答,歉悵無似,諒知吾者當荷曲亮也。屬題大著書籤,兹寫兩條,請法家選采(如不合式,可重寫)。弟喜作題籤,因不滿意,可重寫,最怕寫佳紙舊籤,寫壞後一無辦法。我與兄約,今起大著題籤,由我承包,兄其允之乎?

《古籍善本書目》經部已出,并出縮印本。叢部去年亦已出,尚無縮印本。史部已排完,正在校稿中。集部元代前者亦已發稿,最近聽説明代亦已完。希望年内能將子、集兩部定稿完畢,交至出版社,編輯工作可告完畢。索引另編(單獨發行),出精裝,不附綫裝之後,索引要求多方面可以查到欲查之詞匯,北京同志正在擬編例中。

季龍近體安康,雖爲貼鄰,不常往來。我家居可一周不下樓,不出門,其懶可想。(原信,韓琦收藏)

①《全集》中此信末署"(一九九四年)九、二十六夜",疑誤。據"丁佛言批《集古録》"出版時間、"吴憲齋篆書信札"計議收集時間等信息,可以確定此信寫於 1990 年。

是月　先生題簽的《辛亥以來藏書紀事詩》（倫明撰，雷夢水校補）、《水經注》（酈道元撰，陳橋驛點校），由上海古籍出版社出版。

10月2日　章培恒有信致先生。

敬奉月餅二盒，水果若干，祈哂納是幸。

《全明詩》自今年底起將陸續出版，數年來，承蒙指導并大力支持，感謝無任。其《前言》《凡例》，已刊於《復旦學報》，今呈上一份，祈賜誨正爲感。唯《全明詩》本用繁體字排，《學報》改爲簡體，以致發生問題，如四位顧問名次排列，本按繁體字姓氏筆劃爲序，改成簡體後，仍用繁體次序，讀者將不知何以致此。事先考慮未周，不勝愧悚。肅此，敬請道安。（原信）

10月3日　爲上海朵雲軒題句：“畫譜精鎸十竹齋，稼軒詞集亦瓊瑰。華光絢采照寰宇，五朵祥雲載譽來。庚午中秋爲朵雲軒題句。”（李軍題供）

10月5日　先生有信致上海古籍出版社。

據聞你社與日商私下協議，對《中國古籍善本書目》作了部分竄改後，另行出份在日本發行事，曾經方行同志向你社負責人索閱樣書，未得要領。我認爲應提醒你社，這個《書目》是國家《書目》，你社這種做法，很不妥當的。我作爲該書主編，希望最好不要發生這種事情。究竟有無此事，請予證實。如果已經發生，則我要求你社，已印的停止發行，未印的停止再印，并速送樣書給我，以便報請領導單位處理，特此通知。（《全集·書信卷·致冀淑英》，下册第399頁）

10月7日　先生有信致冀淑英。

近聞古籍出版社與日書商私下協議，對我們的《中國古籍善本書目》作了部分纂改。我與方行同志言之，方行即向該社魏同賢詢問，他含糊應之，但不否認。隔數日派郭群一來“打招呼”，亦不否認，也含糊其辭。郭言，他已調去負責《文獻大典》事，不擔任《善本書目》的責任編輯，現在責任編輯爲金良年。我要郭把樣書送來看看，一直沒有下文。我又與方行同志商，請其再向魏説要樣本送北京審閱，但亦無下文。我現已去一函，用個人名義，請您一看，并報杜公知之。古籍這樣做，真是豈有此理。（《全集·書信卷·致冀淑英》，下册第399頁）

10月12日　香港《大公報》發表陳左高《圖書館學專家顧廷龍》。

10月18日　冀淑英有信致先生。

手示敬悉。古籍出版社事出乎意外，現在出版法已公布，古籍作法實屬不慮後果。尊函義正辭嚴，且看其作何措施。數月前，杭州大學外語系王寶平來館，在《總目》查閱《格致叢書》卡片，他曾去日本進修半年，説起在日本見到我們的書目（未説明書名），并詢是怎麽回事。當時對此一無所知，并未留意，想來書已發行了。

　　杜公在九月下旬去蘇聯，據説十月十五日<sup>①</sup>回京。待杜公回後，即告知此事，再商如何辦法，兹先奉聞。接光亮同志來信，謂郭群一電話，告《書目》叢部準備印縮印本，定價約43元，并詢編委會要買多少册。現杜公不在京，請您斟酌此事，就近與光亮同志計議辦理如何？叢部如照經部仍購800册，以七五折計，也須兩萬五六千元，是否可行，請示下。上月南京要求撥款，已匯去15000元。如年底前決定開會，今年經費恐亦相當緊了。（原信，孔慶茂提供）

10月19日　　張珍懷有信致先生，催題《飛霞山民詞稿》扉頁。（原信）

10月30日　　應安徽省圖書館、博物館邀請，離滬去合肥，傍晚抵達。安徽省圖書館鍾館長往接，住安徽省軍分區第一招待所。（先生小筆記本）

是月　　爲嚴佐之撰《近三百年古籍目録舉要》作序。

　　竊維自來私家藏書近三百年來有目者不過一二百種，其中正式之書目、書志不多，而屬於書賬者不少。噫，可見編輯書目之不易也。私人藏書可以反映主人之學術研究、搜集方向。……余謂編輯私人藏書之目，務求因書制宜，將其治學之特點反映於目之中，使人閲之即可覘主人專攻何學，涉獵何書。然亦有展轉得自舊家者，流傳有緒，尤足珍貴。……所謂物聚於所好，實由藏者精力之所萃。書目爲治學之津逮，否則摛植索途，事倍功半。年來研究目録者日衆，凡治學者，必先熟悉目録，是爲入門之徑。至於研究編纂目録之體例，著録之方法，分類的詳略，簡目與書志之異同，是可謂之目録之學。佐之斯編，乃古籍目録之舉要，是供研習書目者可知歷代私家收藏之情況，某書今歸某家，某書存佚如何，最爲初學者檢閲之便，每一書目皆作提要，具有指導意義，是皆佐之沉潛多年研究有得之言也。（《全集·文集卷·近三百年古籍目録舉要序》，上册第409頁）

是月　　先生有信致沈津。

　　奉書久未報，而想念甚殷！前示已買宅安居，此一大事也。中大事已定否？念念！

　　前葉建民先生匆匆一晤，未及暢談爲恨！承惠録音機，久已想望，忽然得之，至可喜也。此必弟爲其建議者，謝謝。我置手頭常用，我有事欲與吳織言，即對機講之，令小楊送長樂路，吳織一開聽之，無異面談。録音帶我家附近一店有出售者，我已買了兩盒，可長用也。

　　牟潤孫先生的《海遺雜著》已出版，校印精美，可不朽矣。其助理編輯朱王建慧女士及編輯佘汝豐先生皆有來信，工作認真，誠可佩也。兩君您皆相識否？中大所出文史之書多否？頡剛先生的《尚書文字合編》，古籍允出，在進行中，我有生之年或可一見。

--------

①十五日：因寫信日期爲18日，此處疑誤。

《善目》史部已排完,年內出版有望。集部元以前者已發排,近悉明代部分亦完。沈(燮元)公去協助,清集不久亦可竣事。知念附聞。

《大公報》陳左高小文已收到,謝謝! 馬國權兄見過否? 念念。(原信)

是月　在汪紹楹撰《阮氏重刻宋本十三經注疏考》上書:"寄贈汪孟涵先生手稿(匐謬文庫善本)。忽忽四十餘年,先生'文革'中被迫致死,對之泫然。一九九〇年十月檢記,潛叟。此文已在《中華文史》中發表。"(原書;《全集·文集卷·汪孟涵先生手稿題記》,下冊第856頁)

是月　爲武夷山碑林書蔡尚思詩:"東周出孔丘,南宋有朱熹。中國古文化,泰山與武夷。"碑林在武夷山九曲溪畔。("武夷文化"網站)

是月　先生題簽的《商甲骨文選》(濮茅左、徐谷甫編),由上海書店出版。

是月　先生題簽的《上海百景展》(日文),由上海百景展實行委員會編印出版。

是月　先生題簽的《中國日記史略》(陳左高編撰),由上海翻譯出版公司出版。

秋　吳方蔭將歷年舊作詩詞三十首錄印成《恕盦吟草》,寄贈先生。(複印件)

11月4日　丁志剛有信致先生,告知收到《孔子文化大全》題簽,再請先生爲《新刊文學古籍辭典》題簽。(原信)

11月5日　胡家柱有信致先生,請爲《簡明百科溯源辭典》題簽。(原信)

11月9日　鄭逸梅有信致先生,請爲《中國工具書大辭典》題簽。(原信)

11月10日　先生有信致鄭逸梅。

兩奉手書,均悉。命寫書簽,曾作數條,均不滿意,因此延閣,歉何如之! 茲勉成一條,敬奉誨正。如有不合,自當重寫。天氣驟寒,諸惟珍衛。(《全集·書信卷·致鄭逸梅》,上冊第213頁)

是日　先生有信致冀淑英。

久未奉候,爲念!《史部》已排完……回該社了。

關於古籍竄改事,從未否認,但樣書……延不繳……鮑司長來滬,……之楊局長、朱館長,他們都不知道。……因未得樣書,他們內部保密極密。……未向他們談及此事。後來我已與館長彙報了,他已復鮑司長。總之,集……子部還要排印,替他們打交道,來日方……,總會弄得水落石出的。

致杜公信請轉致。[①](《全集·書信卷·致冀淑英》,下冊第401頁)

是日　先生有信致張世林。

前承屬爲《書品》五周年題詞,茲率成一絕奉正。關於《元詩選》小文,

---

① 《全集》編者注:文中省略號表示無法辨識之文字。

當修改呈教。

　　沈錫麟同志請代問好。(《全集·書信卷·致張世林》,下册第 630 頁)

11 月 14 日　謝辰生有信致先生,催《中國大百科全書》"古文獻"條目等事。

　　前上一函,計邀鑒及。關于大百科"古文獻"條目,承慨允撰寫,不知已完成否? 因此事需年内交稿,社方催索甚急,若已完稿,盼能早日寄下爲感。

　　前囑向青島博物館要慤齋資料事,我早已函請該館協助,不知是否提供,亦盼示知。該館館長徐正大同志與我甚熟,如尚未提供,亦可徑與正大同志聯繫,當可照辦。(原信)

是日　胡小静有信致先生,請爲《中華民國史辭典》題簽。(原信)

11 月 18 日　出席上海市古籍整理出版規劃小組第三次全體會議。(會議通知)

11 月 27 日　錢定一有信致先生,爲賜題《搗衣圖卷》致謝。(原信)

是月　先生題簽的《陸灝新聞作品選》,由文匯出版社出版。

12 月 2 日　王西野有信致先生,代章德延求賜"醉墨樓"匾及楹聯一副。

　　來蘇匆匆,寤言不盡。吳江文化館章君德延,擬于春節期間將所藏時賢書畫,先在縣城及黎里柳亞子紀念館展出,再至蘇州、常州、南京巡迴展覽。慕丈盛名,求書四尺楹聯一副(行書,單款,聯語由丈自定)并"醉墨樓"小扁額(篆書),爲展品張目。奉上墨費一百五十元,請檢收。晚知丈已謝絕筆墨應酬,相晤時未曾啓齒,僅請從周兄及蘇老作一畫一書。今日章君又來訪,堅懇轉求,不情之請,尚祈見宥。

　　丈十梓街舊宅門樓磚雕雖殘,從周兄鑒定爲明刻,已與鄒官伍商定,移至園林博物館陳列。《韋齋詩集》俟錢森兄到滬帶奉。書件最好在半個月内寄。

　　寒厲,伏祈珍攝。專此布達,敬叩曼福。晚。

　　顧老:石彬森同志來,謂尊夫人墓地在冬至前完成,墓碑已刻好,不日將拓片奉上過目。再奉聞。西野又及。(原信)

12 月 7 日　張嘉静有信致先生,請書"東長治路街道少兒圖書館視聽館"館名。(原信)

12 月 13 日　蕭德慶有信致先生,請爲北京圓明園書寫"水木明瑟""北遠山村""夾鏡鳴琴""廓然大公"四匾額。(原信)

是日　劉繼蘭有信致先生,請爲紹興沈園陸游紀念館書聯:"鐵馬秋風大散關前長飲恨,斷雲悠夢沈家園裏更傷情。"(原信)

12 月 27 日　王宏有信致先生,詢《集古官印考證》及《十六金符齋印存》事。(原信)

初冬　隸書《本生心地經》"報衆生恩,報父母恩,報國土恩,報三寶恩"句。

（百度網照片）

是月　爲王貴忱篆書“可居室”額。（原件）

是月　先生題簽的《弘揚中華優秀科學文化暨慶賀李約瑟博士九十壽辰學術討論會論文摘要》，由上海東方研究所編印出版。

是月　先生題簽的《唐代小說史話》（程毅中撰），由文化藝術出版社出版。

是月　先生題簽的《上海市圖書館學會文集》，由上海市圖書館學會編印出版。

是月　先生題簽的《全明詩》（全明詩編纂委員會編），由上海古籍出版社出版。

是月　先生題簽的《明涇陽王徵先生年譜》（宋伯胤撰），由陝西師範大學出版社出版。

是月　吳建中有賀卡致先生，幷云：“論文初稿已經完成，但修改還要反複多次。在研究的過程中，對合衆圖書館化的工夫較大，我認爲合衆對上海文化事業的發展貢獻很大，應動員研究生來寫合衆圖書館史，可以從文化史的角度探討合衆與學術界、出版界等之間的關係。我的論文面較廣，但對合衆，我是作爲重點來研究的。”（原件）

**是年**

4 月 8 日　陳子展卒，92 歲。

8 月 30 日　錢穆卒，95 歲。

9 月 22 日　蔣復璁卒，92 歲。

10 月 15 日　俞平伯卒，91 歲。

12 月 2 日　沈之瑜卒，74 歲。

12 月 4 日　李一氓卒，87 歲。

# 1991年　88歳

1月1日　周賢基來。宣森來。裴先白來。李庸夫來。孫啓治夫婦携子來。(先生小筆記本)

是日　撰王同愈《小篆疑難字字典》(一名《説文檢疑》)後記。

龍早歲往來外叔祖王公栩緣家，時見其伏案檢校，蓋補正《説文通檢》之末一卷，名曰《説文檢疑》。後龍學作小篆，往往爲疑難字所困，讀公書始有所獲。公爲吳憲齋先生大澂之高弟，於文字音韵訓詁之學深有研究，以數十年之力纍積而成。一九二七年春，公聘龍爲館師，乃得侍坐左右，時蒙教誨。因龍粗知文字之學，授以所批《通檢》，命繕清本。既竣，呈公審閲，乃自書敘文，授龍護持，忽忽一周甲矣。竊謂許慎《説文解字》結集當時所見之先秦古籀篆文，凡山川鼎彝、前代典籍所載，靡所不涉。爰發明六書之旨，據形以釋義，得其本原，故多一字一義，區別判然。如今"冰凍"之"冰"，篆作"仌"，而"冰"乃"凝聚"之"凝"本字。又如今"然而"之"然"，小篆從口作"嘫"，而"然"字本從火，乃今"燃燒"之"燃"本字，徐鉉等曰"今俗別作燃"，則"燃"蓋唐寫俗體，篆所無也。凡此之類，檢本書皆可得之。簡明扼要，甚便初學。如欲尋文字演變之迹，上下而求索，亦可於此中得其啓示。龍學篆數十年，於小篆疑難字，時從此書以解其惑。久欲謀廣流傳而不獲。今承周君志高爲謀印行，更名《小篆疑難字字典》，公之同好，助我校理并編索引者孫君啓治，謄録清本者林君星垣。諸君高誼，深爲感荷，龍以垂暮之年，獲觀厥成，足慰平生矣。(先生小筆記本;《全集·文集卷·小篆疑難字字典後記》，上冊第36頁)

是日　跋夏瞿禪先生遺墨。

瞿禪先生承燾與余相識於燕京同學顧君雍如敦録座中，時一九三九年秋，余方歸自北平，籌設私立合衆圖書館。雍如邀余爲之江大學兼課，因合衆草創鮮暇，未能應也。一九六一年秋，郭紹虞師與先生主編《歷代文論選》，即在上海圖書館僻〈闢〉專室以供參考，因得時相過從，談藝多樂。我館方謀影印清詞人納蘭容若手簡，先生當代詞人也，因乞爲之序，足爲手簡增重。迨文選之編纂功竣，先生旋移杭。未幾動亂頓作，文人無幸免，先生旋移京，從此無緣相見矣。此卷爲先生自作詞二闋，寫懷陳從周教授者，詞與書皆甚高雅可寶也。今從周裝付季聰珍護，季聰出示屬爲篆題引首，感念往事并雜識數語歸之。(草稿;《全集·文集卷·跋夏瞿禪先生遺墨》，下冊第656頁)

1月2日　陳石銘來，協助先生修改致李庸夫信。信當晚送出。

　　久未奉候,爲念。兹有言雍華女士在"文革"中被房管部門造反派掃地出門,至今未得落實政策,蠖居七尺平方之陋室中,忽忽廿餘年,現年事已高,需人照料,苦無餘地。現在落實政策已過,應向何處合法申請,乞予指導。言雍華爲葉揆初先生之兒媳,葉先生原浙江興業銀行董事長,創辦合衆圖書館,建國初捐獻市人民政府,一九五八年與其他兩館合併,爲今日之上海圖書館。龍衰老,不克奔走,特懇翁宗慶先生面呈一切,翁、葉世交也。此請公安。

　　　　附呈葉揆初先生遺著一册,乞予鑒存。(先生小筆記本)

1月3日　王翠蘭來。王世偉陪華東師範大學楊副校長來,囑爲張自忠將軍百歲紀念題詩。晚,請高橋智夜飯。(先生小筆記本)

1月4日　寫蔣玉坤屬篆書四尺整幅李白詩。又寫郭寶恒屬書《游七星岩》詩,橫幅楷書。冀淑英有電話來。(先生小筆記本)

1月5日　蔣玉坤來取先生法書。下午,高橋智來辭行,明日上午返日本。(先生小筆記本)

1月6日　《文匯報》"學林"版紀念創刊四百期,先生爲書"弘揚學術,百家爭鳴"。

1月7日　張世林有信致先生,約請撰寫介紹上海圖書館善本特藏情况稿。

　　　　我目前正在忙于組織《書品》今年的稿子,關于《元詩選》的那篇文章,請您抽暇撰就,并早日擲下,我們期待着《書品》能早日刊出您的大作。

　　　　想到上海圖書館,我一直引以爲憾的是,《書品》至今還未能刊出介紹貴館收藏古籍特色的文章,我以爲像上圖這樣的收藏單位的漢籍特藏是非常應該早日介紹給世人的,這也是我們《書品》的一個重要欄目。爲此,可否請您找人寫一篇專門介紹貴館漢籍特藏的文章。貴館沈津先生曾寫過在美訪書的文章,不知他對貴館特藏熟悉否? 文章字數以四五千字爲宜,長一些也可以。拜托您了。(原信)

1月14日　蕭岳嵐有信致先生,請爲熊希齡墓園正門題寫橫額。

　　　　從毛彥文院長及鮑熙年、張念望諸位信函談話中,久仰先生道德文章,現正編輯秉公遺著,惜從未致函問候,歉甚。學生係北京香山慈幼院校友會常務副會長,受命與張立志同志等修建熊希齡先生墓園。工程已經開展,在京幾位校友擬寫了一篇熊公墓志銘文稿,現寄上一張,請費神修改。由于工程需要,能否在一個月内賜復,以便交付施工單位鎸刻。墓園正門橫額上題寫"熊希齡先生墓園",亦擬請先生賜題,作爲永久紀念。(原信)

是日　陳橋驛有信致先生,請爲《平湖縣志》賜題書簽。(原信)

1月15日　中國圖書館學會會刊《圖書館學通訊》,從今年起更名爲《中國圖書館學報》,先生題寫刊名。〔《中國圖書館事業二十年(上、下)》,下册第1868頁〕

是月　爲姚虞琴先生畫集題詩。

　　　蘭竹自清幽，臨池筆勁遒。琳琅瞻墨寶，萩苑憶前修。（先生小筆記本，張珍懷代作；照片，李軍提供）

是月　爲張自忠將軍百歲紀念題詩。

　　　海枯石爛誓分明，兩紙遺書見摯情。血染沙場償宿願，千秋青史表忠貞。

　　　將軍抗敵建奇功，不愧英雄名自忠。爲國捐軀五十載，丹心永照大旗紅。

　　　豐功偉績上將軍，殺敵犧牲萬古芬。祖國山河新煥采，百齡先烈自欣欣。（先生小筆記本，張珍懷代作）

是月　先生題簽的《簡明錢幣辭典》（孫仲匯、施新彪、周祥等編）、《唐會要》（宋王溥撰），由上海古籍出版社出版。

2月8日　離滬去北京。"行前忙極，催字催文者絡繹而來。他們來了，我先要陪客，何能動筆，一直幹到動身的上午"。（2月19日先生致沈津信）

2月15日　年初一，爲貝聿昭《楓林秋色圖》題詩。

　　　初陽紅映醉顏酡，雲散群峰挽翠螺。漫道西風吹落寞，滿林霜葉比花多。聿昭大姊工畫之名早著吳門，近年始得與亢儷相過從，獲觀大作，偶成俚句，即乞教正。（草稿；《全集·文集卷·題貝聿昭楓林秋色圖》，下册第719頁）

是日　爲貝聿昭《谿山行旅圖》題詩。

　　　雲岫烟巒腕底飛，吳門六法自神奇。畫壇誰是傳衣者，重見金閨管仲姬。聿昭姻長爲吳湖帆內姑丈及門之第一人，筆意墨韻深得丈之法乳。近承出示所作，展觀再三，率題絕句，以志欽佩。（《全集·文集卷·題貝聿昭谿山行旅圖》，下册第718頁）

2月16日　年初二，王煦華請午餐。"得與老朋友晤談，老友爲胡厚宣、楊向奎、張政烺、吳豐培，皆頡剛先生之及門，又皆多年不見了，很高興。"又在東城乾麵胡同顧頡剛宅前，與胡厚宣、楊向奎、張政烺、吳豐培、顧誦芬、王煦華及女兒、朱一冰、顧洪合影留念。（2月19日先生致沈津信；林小安藏照片）

2月19日　先生有信致沈津。

　　　接奉多次來函，均拜悉。祇因雜事較繁，稽遲作答，歉悵何如！中大研究所來信咨詢，與你一月二十一日所發信同時收到的，但咨詢信兩天內即作復了，你的信擱一擱，不要緊。

　　　我是二月八日離滬來京的，行前忙極，催字催文者絡繹而來。他們來了，我先要陪客，何能動筆，一直幹到動身的上午。來京後僻處北郊，安靜了，可以理理東西了。小除夕冀大姐來略談，年初二王煦華請午餐，得與老朋友晤談，老友爲胡厚宣、楊向奎、張政烺、吳豐培，皆頡剛先生之及門，又皆多年不見了，很高興。

　　　承示劉子健紀念洪先生文，甚好，這段情況我還不知道。剪報一則，謝謝！我近少看到新書，原因不主動，實在主動不動。一笑！鄭培凱先生到港,在你家作客,可惜他未能來滬。他的地址我未記下,你便中告我爲盼!
安芳湄通過信,白女士無音信,他們聯合目録進行如何,有所聞否?謝正光
君屬爲余汝豐寫字,可能忘了,如未寫,等回上海寫。

我在此擬小住月餘即返滬,要回去清理清理亂字紙。北京氣候舒適,
晚上與小曾孫女玩玩,是亦老年人家庭之樂。(原信)

2月21日　先生有信致高橋智。

歲暮得一把晤,每年一次,堪慰老懷,欣幸奚如!兹有數事奉求:

一、曩承見贈伊勢林崎文庫藏本《古文尚書》,其中有數頁不清楚,又失
印一頁,詳見另單,請設法查補。此本隸古定字是校注在今字之旁的。

二、另一部,有正和三年清源長隆識語,缺卷三、卷四及卷十一。此一
部務乞設法複印見賜,祈在必得。詳細情況見另單。

三、伊勢林崎文庫本有“林崎文庫”“心源院”“艮岳院”等印記,此本
不知有没有古體字?如有,亦想得之。如無古體字,則可不印。

我來京忽已半月,得與家人團聚,藉以休息,現擬三月中旬返滬。(《全
集·書信卷·致高橋智》,下册第678頁)

2月23日　先生有信致王紹曾。

久未通信,馳念良殷。敬維身體健康,撰著多吉,爲頌無量。

兹有懇者:菊老《年譜》已由樹年兄編寫完成,誠非易事,此是我有志未
逮之事,衷心欽佩。拙序匆匆草就,已由樹年兄寄呈賜正,尚祈俯賜筆削。
龍文字久疏,叙事不文不白,恐將貽笑大方,真成佛頭着糞,務懇删淘,至盼
至盼!

龍來京已半月,大約尚有半月始返上海,賜示寄北京爲幸!(《全
集·書信卷·致王紹曾》,上册第266頁)

是月　撰《張元濟年譜》序。

中國晚清之時,積貧積弱,國勢阽危,列强環伺,有岌岌不可終日之勢。
愛國之士,力圖自强,或有志於教育救國,或有志於實業救國。張菊生先生
以名翰林爲總理衙門章京時,發現外文重要文件竟擱置於司閽,於是立志
於教育事業。先生一生行誼未嘗一離於教育。首先,與夏偕復、陳昭常等創
辦通藝學堂,手草呈文及課程規章等,頗著成效。戊戌運動失敗後,由李鴻
章之薦,入南洋公學,主譯書院事,首出嚴復所譯著《原富》等,青年學子大
受啓發。後由夏瑞芳之禮聘,始入商務印書館,即與蔡元培等編撰各科教
科書。當科舉廢止之後,將以教科書取代數千年習誦之四書五經,若非博
通新舊之學者,曷克有以成之。爲謀古籍之保存與流通并廣事搜集外國新
書,先後舉辦涵芬樓及東方圖書館,龍皆曾獲讀其藏書。東方圖書館不幸被
日軍炸毀,雖力謀復興而未能。先生之編印《四部叢刊》及百衲本《二十四
史》兩大巨製,斷非常人所能成。先生嘗謂龍曰:“影印之事,早十年,諸事

未備,不可也;遲廿年,物力維艱,不能也。"賴其精心編校,遂成不刊之本。抗日戰爭初起,上海淪爲"孤島",又與葉揆初先生等創辦私立合衆圖書館,力謀親友所藏有以保存。自創辦以至解放後捐獻,先生始終其事,龍因得追隨左右者十餘年,尤在其卧病中,數日不往謁,即以便條見招,使龍對版本之鑒別,圖籍之保護,以及晚清之典章制度,薄有所知。

綜觀先生平生事業,從不離於教育。若游歷各國,資助青年,以至晚年創辦圖書館,善始善終,無不關係教育。但于教育行政之職,則均婉謝。苦心孤詣,可以見其志矣。一九四六年之秋,一日薄暮,葉先生歸來告龍曰:"今日菊老處理家事,邀吾作見證人,想不到菊老一生積資甚菲,清廉可敬。"龍曰:"菊老任商務董事長,股份不能太少。"葉先生曰:"股份多借自親友者。"龍始恍然!葉先生逝後,先生序其藏書目,有云:"身履膏腴之境,而淡薄持己。"又云:"殁後始恍然悟其無蓄,是可以覘其高尚之志,爲不可及矣。"龍請即以此數語爲先生誦之。兩先生之行爲,誠足以風世矣。一九四九年之春,胡適先生來館,適兩先生皆在,力勸兩先生撰著年譜,兩先生皆含糊應之,而龍不知揆量,即自告奮勇,謂胡先生曰:"我能成之。"何意曾無幾時,葉先生以心臟病發而去世。建國初先生前往北京,出席第一次政治協商會議,歸後未幾,亦以中風卧床,而龍則館務鞅掌,遂成泡影。先生逝世之三十餘年,賢嗣樹年兄主編,以數年之力即將年譜編寫告成,誠非易易,諸君之努力,不勝欽佩!

回憶先生逝世之後,陳叔通先生嘗命余與商務諸公編輯先生遺稿,忽忽卅餘年,中經"文革",不克進行。今由董事長陳原先生、總經理林爾蔚先生大力支持,陸續出版,爲學術界之幸事。但猶憶遺稿中尚有《二十四史校勘記》一部,其書之重要,吾友王紹曾先生曾有介紹。又有先生所輯《成語詞匯》,係先生從各種唱本中輯録,加以注解,皆親筆寫于自製狹條小卡片上者,片之上端有孔,以綫貫穿。兩者倘能考慮編校出版,實所厚望!

先生年譜爲龍有志所未逮,今得樂觀厥成,歡喜之情,莫可名狀。樹年兄命爲序言,不敢以不文辭,遂忘其耄荒,率書數語,以志敬仰。(《全集・文集卷・張元濟年譜序》,下册第 947 頁)

是月　先生題簽的《緑窗新話》(宋皇都風月主人編,周楞伽箋注),由上海古籍出版社出版。

是月　先生題簽的《夢松風閣詩文集》(徐震堮撰),由華東師範大學出版社出版。

是月　先生題簽的《太湖風光》(邵忠主編),由同濟大學出版社出版。

是月　用朱筆書黄梨洲《兩異人傳》跋。

黄梨洲《兩異人傳》,徐姓而外之諸士奇,即其友朱舜水也。湯壽潛《舜水遺書》序曾道及梁任公于撰《舜水年譜》時,竟遍覓未得。此文手稿藏上

海圖書館,至爲可珍。今中華版《黄梨洲文集》刊有是篇,而原注及最後兩
行傳文結論均佚,因特予複製,以存其真。(複印件)

**3月3日　王紹曾有信致先生。**

久疏問候,正深馳繫。頃奉二月二十三日手教,敬譜在京度歲,起居康
勝,無任歡抃。

菊老年譜大序,昨日始由樹年兄寄到複印件,展卷循誦,如開茅塞。先
生文章大雅,夙所欽佩,後學向樹年兄索寄,意在先睹爲快,詎料先生謙挹
過甚,誠令人汗顏入地。大序叙先生與菊老交往,多來自親見新聞,文章歷
歷如繪,親切動人,非徒托空言者所可比擬。後學根基淺薄,又拙于文辭,
何敢對大序有所損益。重以先生之命,不敢有違,爰就第一頁重行清稿,以
就正于先生,是否有可采納之處,仍祈卓裁。

後學無德無能,本不敢序菊老年譜,以樹年兄再三慫恿,固辭不獲,衹
能勉强敷衍成文。然數十年來不寫文言文,一旦執筆,總覺格格不入。來示
所云"文字久疏,叙事不文不白",實一語道破拙序之病,較之大序,真將佛
頭着糞矣。兹隨函附上複印件一份,務懇俯賜潤删,不妥之處,并請指示,
至感至禱。再後學于菊老《二十四史校勘記》,所知極爲膚淺,大序中多承
宏獎,愧不敢當。是否應予删除,由先生另加論述,庶幾一字千金,成爲不
刊之論。統乞一併裁酌。

春寒料峭,諸維珍攝。後學主編《山東文獻書目》,在今年春節期間始
行定稿,收録自先秦以迄近代山東先賢著作有版本可據者四千七百餘種,
齊魯書社即將發排。前承惠賜題簽,不勝感激。去年承沈錫麟同志之約,囑
爲《清史稿藝文志拾遺》編纂情況撰爲小文,已于《古籍簡報》第 236 期(去
年 12 月份)刊出,并請指正爲幸。(原信)

**3月12日　先生有信致王紹曾。**

昨奉手書,敬悉一一。大序闡揚明達,尤其對校史一事的重要性言之
甚詳,今無第二人能道之矣。拙序承指正,感感! 當遵改。

龍來京已月餘,月初必歸,此間用書實不便。敝寓偏遠,入市亦較不便
(指老年人)。

先生主編之《山東文獻書目》,收書至四千七百餘種,洋洋大觀,希望早
日出版。(《全集·書信卷·致王紹曾》,上册第 267 頁)

**3月14日　先生有信致陳先行。**

日前奉到大函并傳稿,均讀悉。傳稿頗費大力,一個平凡的人,做了一
點平凡的工作,您能表達其心事,感激莫名! 分段寫,很貫氣,真非易事。
但是我覺得還有過獎之語,因此我用另紙開列幾條供參考,最好等《文獻》
提了意見一起修改一下。

我定一日離京,二日到滬。《高校學刊》( 按,指《上海高校圖書情報學

刊》）封面字樣,兹附去。

關於《元詩選》材料豐富極矣,我將回去重寫。謝謝你提供的資料。
(《全集·書信卷·致陳先行》,下册第585頁）

3月25日　先生有信致方行。

日前接奉手書,敬悉——。來此忽已月餘,急思返滬,現定四月一、二日回去,因三月底夾一星期日,汽車接送有不便。

兩位司長見過一次,談了纂改事,現由編委會具函要他們把經過情況詳復,此函抄送文化部有關部門及出版局、版權局等,有一限期,信尚不知已否發出,明日去北圖看看情況再説。

冀大姐去開會了。我在此看了明别集稿,編號完工即可發。尚有清别集、總集等,全部完當在三季度。子部須在三季度後始可審閲,我祗好獨自乾着急。

伊先生五月來滬,我必歸矣,可以把晤。我館孫副館長和肖斌如同來參加夏公電影首發式,要我亦去參加,祗可湊湊熱鬧了。（原信）

是月　先生題簽的《鄧之誠學術紀念文集》（鄧珂編）,由北京大學出版社出版。

是月　先生題簽的《周易古義 老子古義》（楊樹達撰）,由上海古籍出版社出版。

是月　《知識與生活》第3期發表孫秉良《顧廷龍先生和他的書法藝術》。

春　荷蘭鹿特丹市華僑集資,在當地修建一座中國古典園林風格的涼亭,取名"丹華亭",先生爲題匾額。（新民晚報1991年8月30日）

4月12日　先生有信致孫文光。

前承枉顧,適尚滯留京華,有失迎迓,歉何如之！命署書簽塗就後,又有蘇州之行,致稽付郵,遷延時日,尚祈亮宥。

楊進梅女士在我館學習整修古書有年,略有進步。她時有思鄉之情,因念貴館收藏古籍甚富,必有破損之本,不知是否需要專事修書之人？如有機會,乞爲推轂。蕪湖離無爲最近,往來甚便,其人頗老實,資質尚敏捷,摽梅迫吉之年,當以家鄉爲宜,尚祈隨時留意機會爲荷。（《尺素風誼——天光雲影樓師友書札》）

4月19日　先生有信致周一良。

前承枉教爲幸！屬書小聯,寫得金不金,甲不甲,好在兄要人去猜,那就無妨了。寫了兩副,請審政。今晚回滬,過春節再來。[①]（《全集·書信卷·致周一良》,上册第287頁）

①《全集》中此信末署"（一九九一年二月）十九日",編者注:"書聯爲'辛未春',即一九九一年二月。"但據顧廷龍2月至4月活動記録可以確定,此信寫於4月19日。

4月22日　先生有信致王宏。

北京歸來,獲讀手書,敬悉——。

承屬爲尊處將印《百川學海》作序,近因須待交卷之件甚多,不克應命,尚希見諒。

去年屬查兩書,上海圖書館均有,如有需要,可直接與該館古籍組任光亮、陳先行兩位組長聯繫。(《全集·書信卷·致王宏》,下册第647頁)

4月27日　王湜華以《淺論葉聖陶詩詞》(葉聖陶研究會第一次研討會論文),呈先生教正。(原件)

是日　先生有信致鄭逸梅。

久闕奉候,時以爲念!

龍去冬赴小兒處度節,小住兩月有餘,上周末始返。接奉手書,敬悉——。

屬書書簽,兹已塗就,殊不成字,尚祈指正。

有慧女士問好。(《全集·書信卷·致鄭逸梅》,上册第214頁)

4月28日　宋伯胤贈《明涇陽王徵先生年譜》,此書爲先生題簽。(原書)

4月29日　王世襄有信致先生。

老友美國翁萬戈先生,乃常熟相國四世文孫,所藏宋元珍本,熹年兄許爲海外第一。此次返里,經過滬上,擬趨謁請求教益,屬爲介紹。如蒙接見,感同身受,謹此拜懇。(原信)

是月　先生題簽的《盛澤鎮志》(李炳華主編,盛澤鎮地方志辦公室編纂),由江蘇古籍出版社出版。

是月　《出版史料》第2期刊載先生撰《張元濟訪書手記輯録》。

是月　河南美術出版社出版《中國現代書法界人名辭典》(佟韋等編),其中收有先生小傳及毛澤東《清平樂·六盤山》書法一幅。

5月9日　金德門有信致先生,受蘇州中學師生及校友會之托,請先生賜題"道山亭""遠吞山光"匾額及"樂圃德淵遺迹,緒山窿石清芬"聯。(原信)

5月15日　翁萬戈偕兄拜訪先生,擬拍攝陳洪綬資料。(先生小筆記本)

是日　周楞伽有信致先生,請題《中國愛情故事大觀》《衝冠一怒爲紅顔》《女俠翠雲娘》書簽,并以《緑窗新話》《西湖二集》贈先生。(原信;原書)

5月26日　阮恒輝有信致先生,感謝題詞,并贈《日漢辭典》二册。(原信)

5月31日　先生有信致冀淑英。

前奉手書并印件,均拜悉。明日六月一日《著作權法》開始實行了,上海古籍之……行爲,應如何進一步交涉,不知杜公有何指示?念念!杜公已回司否?此事祇能由司與局商一處理辦法,否則祇有法律解決,杜公有無思想準備?吳慶彤處去信後有無反應,念念!

集部已完成清代部份否?明代部份已發稿否?

府上電話號,我記錯了,叫不進。便中能否寫一個給我?

于爲剛同志前來查書,尚祈在可能範圍内助以一臂之力。

我近來白内障增劇,大拇指關節作痛,究竟日益衰頹,無可如何!

丁、沈二公和杏珍同志請代問好!(《全集·書信卷·致冀淑英》,下册第 402 頁)

是月　《中國古籍善本書目·史部》由上海古籍出版社出版。

是月　先生題簽的《浙江出版史研究——中唐五代兩宋時期》(顧志興撰),由浙江人民出版社出版。

是月　先生題簽的《鄭逸梅選集》,由黑龍江人民出版社出版。

是月　先生題簽的《馬氏文通刊誤 古書句讀釋例 古書疑義舉例續補》(楊樹達撰),由上海古籍出版社出版。

6月3日　先生有信致谷輝之。

久不通問,時在念中。日前奉手書,快慰無似!我春節前夕赴京,一住兩個半月,非常閑適。歸來雜事困擾,日無暇晷,以致自己要作之事,反皆閣置。加以年事日高,寫作遲鈍,以致寫件叢積,遂成債臺,可笑亦甚可憐!

叔諒先生之耗,聞之愴然!去年接其長函,爲拙詩作答,曾無幾時,竟成人天之隔。先數日,曾傳商錫永先生逝世之訊,甚可悲傷!

您爲陳公所作傳,現可發表了,原稿尚在否?

有人約我游千島湖,如有暇晷,當争取一行,并可奉訪作一日之談。(原信;《全集·書信卷·致谷輝之》,下册第 610 頁)

6月7日　王宏有信致先生。

前奉一函并像片兩張不知達否?今將先生像片放大幾寸獻上,不知先生滿意否?吳大澂篆書《陶靖節詩》,擬近月發徵訂稿,估計十月份可能出書,故先生之大序似可着手,脱稿後速賜下。(原信)

6月19日　上海人民出版社在上海展覽中心舉行慶祝該社成立四十周年座談會,汪道涵、夏征農、洪澤、譚其驤及先生等出席。(《解放日報》1991 年 6 月 20 日)

6月26日　先生有信致沈津,談《吳愙齋年譜》、迴文佛經等事。

多次接奉手書,疏懶稽遲作復,歉甚!昨由館中轉到大函及愙齋手札印本(昔未見過),無甚珍感。《愙齋年譜》有教育出版社許爲出版,但龍無暇修訂,新材料已積不少,祇待編次。

承示迴文佛經,前年存訓先生及原作考證者均有寄示,祇因它事牽率,未能細讀,兩處均未作答,非常抱歉!昨日奉到承示壹頁,比較清楚,諦視再三,我亦以爲并非活字。理由有三:一、同字不同大小,不同寫法;二、兩字之間緊接少隙,活字不能密接;三、色字爲銜接摩尼字而側寫,不是倒排。鄙意如此,不知尊見如何?如與錢先生通信,希以鄙説告之,并代候起居爲幸。

　　上月令堂振英同志枉顧,談及吾弟可能又應美國編《善本書目》之邀,
吾意勸弟勿往,君家人數不多而團聚不易,中文大學藏書甚富,儘可從容
瀏覽,赴美編目,恐難有閱讀之時,走馬看花,徒資談助而已! 龍所有一知
半解,全在燕京八年所積,回滬後,日在事務堆中生活。現在吾弟尚有餘
力爲我搜集資料,若去美工作,則比較忙雜,工作緊張,于健康有影響。此
皆我體會之言。

　　我現在懶于出門,伏案不到半日即覺疲憊。兒輩望我常住北京,我離
不開書,祇好在上海。今後必須作一大改變,不再作整理考據之業,學做做
詩,寫寫字,可以遣其餘生矣。(原信)

**6 月 28 日　翁萬戈有信致先生,請協助拍攝陳洪綬資料。**

　　上月在滬,得緣聆教,幸何如之。事前曾訪貴館陳先行、任光亮兩先
生,均慨助搜索所請,出示老蓮詩翰卷及陳老蓮詩稿冊真迹兩件,皆不可多
得之珍品。又遍查碑帖部,未能尋及陳老蓮真迹拓本(聞係清末沈西墉紹興
園中所藏詩稿信札等刻石)。該日拜謁時,曾求貴館賜以前述老蓮真迹兩種
之黑白照片(其費用自當奉上),不知有無問題,又不知先生記憶所及能尋及
該拓本否? 念念。

　　兹檢出家高祖文恭公手鉤《張遷碑》木刻一份,傳爲舊存最早拓本之留
影,另以航郵寄呈,尚此敬表謝忱。(原信)

**6 月 30 日　先生有信致王宏。**

　　手書敬悉。承惠顧隨先生臨帖,謝謝!

　　尊處能影印名迹,甚佩! 我頗擬編印《吳大澂篆書手札》,書法深得金
文法乳,確入藝術境界。倘你們有意景印出版,我當抽暇編輯,可爲現在學
篆者開一新路。昔謝國楨先生輯印過《吳愙齋尺牘》,其中有篆札數通,它
處尚能得若干通,如果尊處有景印之意,我當繼續收集編輯之。(《全集·書
信卷·致王宏》,下冊第 648 頁)

**是月　跋俞樾書隸屏。**

　　隸屏四幅,不幸于“文革”中蒙受毀損,下款尚存“俞”字,諦審書法,
筆力雄偉,知出德清俞曲園先生手筆。第一幅尚存起首章,曰“先皇天語,
寫作俱佳”,此乃咸豐間豫撫英桂入覲時,文宗詢及先生時所言,尤爲明證。
(《全集·文集卷·跋俞樾書隸屏》,下冊第 642 頁)

　　**是月　先生書法作品《己亥雜詩》之一,獲紀念黃遵憲當代書畫藝術國際展
覽會頒發之榮譽證書。(原件)**

　　**是月　“爲中國共產黨代表團駐滬辦事處設立四十五周年紀念”,書董必武
《九十初度》自壽詩。(《顧廷龍先生紀念文集》,第 108 頁)**

　　**是月　先生題簽的《古籍版本題記索引》(羅偉國、胡平編),由上海書店**

出版。

　　是月　先生題簽的《中國出版史》（宋原放、李白堅撰），由中國書籍出版社出版。

　　是月　先生題簽的《字彙 字彙補》（明梅膺祚撰，清吳任臣補），由上海辭書出版社出版。

　　初夏　沈津由香港返滬探親，抵滬當晚即去拜見先生，并轉達了饒宗頤欲請先生爲潮州饒氏家族祠堂題寫"選堂舊讀書處"六字。兩星期後，沈津回港，將先生寫就的法書交給饒宗頤。（沈津《學術事功俱隆，文章道德并富》，載《顧廷龍先生紀念文集》，第 63 頁）

　　7月7日　崔富章贈《四庫提要補正》（先生題簽）。（原書）

　　7月9日　冀淑英有信致先生。

　　　　前上寸函，計蒙垂察。由電視知滬上降雨亦多，未悉近日起居若何？時以爲念。值此炎暑，務祈加意珍衛。

　　　　上海古籍出版社問題，前與鮑振西同志談後，鮑近告知北圖館內審計監察處聘有律師，可與洽談（以前不知有此機構）。經携樣書和古籍來往函件往訪，律師名楊月臣，係專管版權法事項者，對此頗能理解。所談結果如下：

　　　　根據《中華人民共和國著作權法》（見 1990.9.8.《人民日報》，1991.6.1. 施行）第四章第三十一條："圖書出版者重印、再版作品的，應當通知著作權人，并支付報酬。"第四章第三十三條："圖書出版者經作者許可，可以對作品修改、删節。報社、雜志社可以對作品作文字性修改、删節，對内容修改，應當經作者許可。"

　　　　一、編委會作爲作者一方，享有著作權，出版社則有出版權，再版或重印作品時，作者無權干涉。

　　　　二、上海古籍與日本合作，重印《古籍善本書目》，未通知著作權人，可提出經濟賠償（即三十一條"支付報酬"）。

　　　　三、上海古籍與日本合作，重印《書目》，未經編委會許可，將原書中"藏書單位代號表""藏書單位檢索表"改編成"收藏機關檢索表"，又將《編例》第十七條擅作修改，已構成侵權行爲。

　　　　四、上海古籍所印精裝縮印本經部、叢部，封面書名左一行"上海古籍出版社"，此行位置應即作者項，即"中國古籍善本書目編委會"，或編委會與出版社并列，現僅印"上海古籍出版社"，似出版社即成作者，與日本合印本情況同。

　　　　五、據出版社侵權行爲，可上告新聞出版署或法律解決。

　　　　六、《中國古籍善本書目》是國家級項目，爲維護《書目》嚴肅性，可向出版署提出，制止出版社繼續與日方合作重印。

　　凡此情況,已向鮑振西同志彙報,下一步如何進行,鮑謂待與杜克同志合計一下,并聽取您和方局長意見再定。方局長處,還請轉達,不另發函了,請方局長見諒。(原信,石祥收藏)

　　7月11日　榮獲上海市人民政府授予的記大功獎勵,副市長劉振元爲先生頒發榮譽證書。〔《中國圖書館事業二十年(上、下)》,下册第1870頁〕

　　《新民晚報》當天的報道稱:"上海圖書館名譽館長顧廷龍,是國內著名的目録版本學家。1980年起爲完成周恩來總理生前指示,出任《中國古籍善本書目》主編,十餘年來,不辭辛勞往返京、滬、寧各地圖書館審閱版本,細心編纂。"(《市府今天獎勵謝稚柳、顧廷龍》,載《新民晚報》1991年7月11日)

　　7月20日　先生有信致周紹良,寄贈沈子它嚴拓本題跋抽印本(臺灣印)。

　　多年不見,時在念中。冀大姐來,帶示手書,敬悉一一。

　　命爲大著署簽,樂於從命,兹即塗奉,病筆不知可用否?

　　《唐志》材料,豐富極矣,但衰病不克有染指之機會矣!

　　曩爲一良兄題沈子它嚴拓本,後來馬泰來君徵稿,即以此塞責。最近由臺北印出,寄來抽印本,兹以一册呈教。(《全集·書信卷·致周紹良》,下册第391頁)

　　7月21日　先生有信致周一良。

　　久疏音問,時以爲念!賤恙近來大好,古籍組開會時實已能行動自如,祇以通知寄滬寓,寓中無人未能轉遞,遂未出席。否則可以見到好多老朋友,悵悵!

　　錢存訓先生壽集抽印本寄到,兹寄上一册奉正。如不是兄出這題目,我真無法交卷。

　　我來京以後以小中風臥病半月,現在雖均恢復,但寫字究不靈活,年歲不饒人,不能不信。(《全集·書信卷·致周一良》,上册第293頁)

　　是日　華東師範大學聘請先生爲圖書情報學系顧問。(聘書原件)

　　7月22日　重録王毓忠表弟六十年前所鈔姚文棟手稿《跋元亨本古文尚書》一文。(讀書日札)

　　7月31日　冀淑英有信致周紹良,并附先生所題《唐代墓志彙編》書簽。(《周紹良年譜》,第167頁)

　　是月　《出版史料》第3期刊載先生撰《張元濟年譜》序。

　　8月8日　參加上海圖書館名譽館長李芳馥生日宴。(《顧廷龍先生紀念集》,第199頁)

　　8月30日　先生有信致周一良。

　　久未奉函,爲念!屬題拓本,已塗就。適老友許寶騤兄來滬,即日返京,因即面交其帶去。他的地址詳另紙,惜其家中電話,忘記號碼,故未開上。他在上海至多兩三天勾留。他負責《團結報》,可向《團結報》詢問其已否返京。

拙題如須複印寄美，希望多印一二張給我，爲盼！我因急於送交許君，來不及付印了。

許君與尊府有戚誼，兄必能探悉也。拙跋草草，乞予指正。又及。(《全集·書信卷·致周一良》，上冊第 288 頁)

是月　先生題簽的《舊上海報刊史話》(曹正文、張國瀛撰)，由華東師範大學出版社出版。

是月　先生題簽的《中華民國史辭典》(陳旭麓、李華興主編)，由上海人民出版社出版。

9 月 19 日　吳豐培有信致先生，請題《大清會典理藩院事例》書簽等事。

冬日一別，今逾半載，不諗何日北來，亟盼快晤。

西藏社科院現準備出版《大清會典理藩院事例》，囑轉求大筆題簽，月内即將出版，務懇早日寄下，無任感謝。

佩韋撰成《中國文化史稿》早已出版，諒必收到贈書，如尚未收到，示下當設法寄奉，此稿確爲成功之作，值得一讀。佩兄來信云，偕德人同游寧、蘇、揚、滬等，可能走訪。他撰《老殘游記續〈補〉編》不日亦將問世。

現有人編輯朱士嘉先生論文集，夏日曾來訪，囑代增補，已完稿，不日亦可出版。弟所編明代史籍二種，已將完成，其中《同光間外交史料拾遺》一書，分訂二十冊，兩函，可與《清季外交史料》配套，已在裝訂中。

本月曾因心臟不適，住院十日，全體檢查，尚無異常，也就放鬆工作，不敢多趕，但手頭寫作尚待繼續。專此奉懇，即盼賜復。(原信)

9 月 22 日　題吳湖帆畫作。

湖帆丈得見名迹，往往懸諸壁間，昕夕觀賞，興致所至，即伸紙揮灑，求其神似。石田嘗題九龍山人原本，有云："繁中置簡，静裏生奇，山水輳聚，樹石縱橫，自始至末，屢閱屢勝。且村落頓放，情致交錯，氣脉貫通，若長江一瀉。"竊以石田語爲湖丈畫頌之。(《全集·文集卷·題吳湖帆畫作》，下冊第 715 頁)

9 月 23 日　周一良有信致先生，謝爲沈子殴書跋。

許駿若兄轉來挂軸，無限感謝。我兄米壽之年作此小楷，爲諸家題識之冠，不僅書法精闢，上壽之徵可以預卜也。家叔囑携歸此軸獻之公家，以期無負題識諸友，今得我公跋語，更爲生色，原擬捐北大博物館，以爲今年落成，現延期明年矣。複製件二紙附上。家叔處亦已另寄，老人必當歡喜贊嘆也。(原信)

9 月 28 日　張世林有信致先生，催要《〈元詩選〉瑣談》一稿。(原信)

9 月 29 日　先生有信致沈津。

貴館有無英、法所藏敦煌經卷的膠卷？上海圖書館有一份，是從北圖拷貝的，是負片，複印出來很不清楚，不知貴館有正片否？我想貴館必有之，選堂先生爲深研敦煌之學者，必知之。我要關于《尚書》部分，如果尊處有正片，我將把英、法兩國所藏有關《尚書》的號碼開呈，擬懇複印一份。複印件香港印的真有點賞心悅目，上海印的有點困懶迷迷，不知何故，大約紙張油墨次一點。

臺灣張其昀先生有《全集》出版，本數很多，大陸（上海恐無，聽説價很貴）不知何處有（陳叔諒先生有一部，不全，陳先生不久前又已作古）。貴館如有，請您查一查，張集中有無關于顧祖禹的任何撰述？抗戰前，張先生親到無錫、常熟訪問顧祖禹的遺事，在常熟顧曾居住過地方獲得有一箋，末署“禹”字，認爲顧的遺墨。張當時即以照片寄贈錢穆，錢穆即拍一照片寄我，我恐久而褪色，即托友人用珂瓏版印了數紙，一直夾在稿本的第一函，今已失去，不勝遺憾！錢穆、張其昀兩先生均已下世，惟我知之，而我的一份也沒有保持，悵悵！顧祖禹《讀史方輿紀要》稿本已影印竣事，明年可出版，亟待將“禹”字一箋印入以爲插圖，我想祇有您能助我一臂了。

您有赴哈佛之意，我很贊成，他們條件好，編書志，與您很適宜，待遇亦較優。我與哈佛燕京還有點感情，我助裘開明先生編卡片，校書本目錄，您必知之。我上次赴美未能前往，實一憾事。我不敢多走動，實爲阮囊羞澀，免爲鄭公之纍。以後有機會，可圖一游。最近，浙江省舉行“浙江省第一屆書法藝術節”，邀我去參加開幕式。會後到浙圖重看劉老先生所介紹的《今文類編》一書，尚未修理，簽條、封面一觸即落。劉老已作古人，不是他識得，有誰識之？《讀史方輿紀要》稿本夾的顧氏墨迹亦已無着，奈何奈何！

馬國權先生來信，説起與您常同車到校，您亦曾告我，他今六十大慶徵詩，我湊了兩絕，投深圳郵箱，不知已達否？我實不會作詩，有時湊湊，祇是打油詩。選堂先生要拙字，得暇當以呈教。

謝謝您給我的印件。我在家時多，托病少出，身體尚健適，勿念！
（原信）

是月　中國許慎研究會在河南省對外文化交流協會和河南漯河市政府的大力支持下，在許慎故里郾城舉辦“許慎與‘説文學’國際學術研討會”，先生書詩賀之：“嬴秦一統字書興，鄦氏無雙集大成。巨著《説文》照寰宇，千秋俎豆仰高名。”（原件）

是月　跋沈子它𣪘拓本。

四十年代中，志輔世丈居滬濱時，曾數捧手，後丈以幾禮居所藏戲曲文獻捐贈歷史文獻圖書館，余嘗編印簡目一册，忽忽四十餘年矣。一九八九年二月，一良學長與余同應美國東方圖書館之邀請，參加編纂中文善本書目會議，白髮同窗偕飛華府，亦佳話也。翌日，一良即晉謁丈起居，余因事未克偕往爲悵。一良返寓，出示丈檢贈之沈子它𣪘拓本一軸，題記滿幅，多吾師友之筆。是毁字體精美,文長百餘字,稀見珍品也。……今之青銅器研究者,從古器物學研究者有之,從古文字學研究者有之,而從異體演變與書法藝術研究者尚不多見,竊謂銘文實研究文字演變及書法藝術之珍貴材料也。(《全集·文集卷·沈子它毁跋》,下册第 556 頁)

是月　先生題簽的《四鎮三關志》(明劉效祖纂,吳豐培整理),由全國圖書館文獻縮微複製中心出版。

10 月初　先生有信致馬國權。

日前浙江省舉辦首屆書法藝術節,熱心見邀參加開幕式,後在友人家小住數天而歸。此一盛會是全國書法界之創舉,龍非書法家,情不可却,遂去冒充一下。

沈津君來信,亦告我時與兄同車到校,甚以爲慰!兄就《大公報》事,係接陳凡先生之任,忽忽十二年矣。陳先生近況,有所聞否?我與陳君一見面即囑爲《藝林》題字,我甚念之。

左高兄得悉吾兄六十大慶,特寫小詩兩首,以寄祝賀之忱。來箋甚佳,惜皆寫壞,祇可易紙以呈,乞諒。

浩劫滔滔憶昔年,故人來訪坐門邊。澄清玉宇欣重晤,勉我筆耕分硯田。一九七九年三月,君將赴香港就《大公報》事,主編《藝林》,贈我端硯一方爲別。

忝列同門摯友情,南天藝苑仰高名。攬揆周甲年猶壯,桃李春風德望閎。三十年代容庚先生在燕京大學爲龍導師,五十年代在中山大學爲君導師。一九九一年十月,爲馬國權學長六十壽辰,顧廷龍拜,時年八十有八。(原信)

10 月 8 日　王宏有信致先生,咨詢《古匋文𦅫録》可否再版,并請爲《湖社月刊》題簽,盛贊先生書法"有禪意,書卷氣十足,而無絲毫火燥之氣,是先生深厚的書法功底和淵博的學識所致"。(原信)

10 月 21 日　上海市古籍整理出版規劃小組聘請先生爲《古文字詁林》學術顧問。(聘書)

是日　馬國權有信致先生。

手示及贈詩都拜收了,十分感謝。晚將珍重收藏,永以爲寶。……沈津兄因爲同路,常常一起乘車回校,談話十分投契。他常在報上寫些現代文人學者的掌故,材料很充實,晚也是常看的讀者。(原信)

10 月 23 日　王紹曾有信致先生,請爲《清史稿藝文志拾遺》撰序并題書簽。

十月十八日寄上燕函及《百衲本二十四史校勘記》整理方案、《清史稿藝文志拾遺》前言、《漁洋讀書記》等,諒蒙察閱。付郵時忘未將《清史稿藝文志拾遺》題簽宣紙一方附上,敬乞于興到時命筆賜書,如蒙惠賜序文,尤所企禱。

數月前曾懇先生向錢伯城先生推薦,出版點校清人讀書筆記十種,上海古籍出版社編輯部早有信來,不擬接受出版,已于前月轉請安徽黄山書社考慮,該社能否接受出版,須俟年底討論明年出版計劃時方能決定。知注順聞。(原信)

10月24日　陳智超有信致先生,請爲《紀念陳樂素教授九十周年誕辰學術論文集》題簽。

　　　明年八月十七日爲先父九十周年誕辰,暨大擬出版紀念學術論文集,家屬商量一致認爲,請您題簽最爲合適,您和我家三代交情,望能俯允。書名《紀念陳樂素教授九十周年誕辰學術論文集》,因横排、豎排尚未定,請各寫一張,預先道謝了。

　　　貴館所藏《格致叢書》中之《長春劉真人語録》,求之數年,此次擬請王煦華來滬之便複印或攝膠卷,想必能得到您的支持。(原信)

10月25日　馬國權有信致先生,談編《篆刻經典著作選》《章草字典》事。(原信)

10月底　《古文字詁林》編纂規劃論證會在華東師範大學召開,先生作爲學術顧問出席會議。(《新民晚報》1991年10月30日)

　　　是月　楷書《沈鈞儒先生生平》。(《顧廷龍書法選集》)

　　　是月　先生題簽的《歷代藏書家辭典》(梁戰、郭群一編),由陝西人民出版社出版。

　　　是月　先生題簽的《圖書館的管理和利用》(陳譽、徐鵬、周銘德等編),由華東師範大學出版社出版。

　　　是月　程毅中贈《唐代小説史話》(先生題簽)。(原書)

11月1日　杭州大學日本文化研究中心聘先生爲《中國館藏和刻本漢籍書目》顧問。(聘書)

11月12日　先生有信致張世林。

　　　來信稽復爲罪!邇因體衰,不耐伏案,未克速答,歉甚!歉甚!

　　　承屬寫《〈元詩選〉瑣談》,已與友人陳先行君合作寫了一篇,兹特寄呈審正。如嫌繁雜,即請公刪改,不必函商,一切拜托!(《全集·書信卷·致張世林》,下册第631頁)

11月27日　因胃部不適,上午去華東醫院做超聲波檢查,醫生力勸住院,即遵醫囑。下午三時,由姚衛、王翠蘭、陳建華、小楊陪同去醫院。(先生小筆記本)

　　　是日　張世林有信致先生,告知收到《〈元詩選〉瑣談》一稿,并希望先生能爲中華書局建社八十周年題詞,"條幅或對子都可以"。(原信)

　　　是月　爲上海理工大學"湛恩紀念圖書館"題額。(照片)

12月3日　《新民晚報》發表宋路霞與先生的訪談記録《讀書首先要讀書目》。

12月7日　聶佩華、吴世文、陳善祥、趙智慧、楊志清、趙嘉福、劉小濤去醫院探望先生。(先生小筆記本)

12月9日　《書訊報》發表宋路霞《顧頡剛與顧廷龍》一文。

是月　先生有信致方行。

　　冀大姐來信奉覽。我的回信亦望指正。

　　致上海市新聞出版管理局(全稱似如此)函,措詞亦祇可如此。去函後,看它如何再説,請法律顧問是請不起的。尊意請批示爲幸!

　　賤恙已查明爲胃潰瘍,尚待化驗報告,這祇是不治之診,而尚非必死之診,一笑!(《全集·書信卷·致方行》,上册第337頁)

是月　先生題簽的《蘇軾臨顏真卿爭坐位法帖》(無爲縣圖書館供稿),由安徽美術出版社出版。

是月　先生題簽的《柳詒徵史學論文集》(柳曾符、柳定生選編),由上海古籍出版社出版。

是月　先生題簽的《故宫掌故》(劉桂林等撰,董桑選編),由上海文化出版社出版。

是月　先生題簽的《吴大澂篆書集陶淵明詩句》,由天津市古籍書店編印出版。

是月　先生題簽的《張元濟年譜》(張樹年主編),由商務印書館出版。

是月　先生題簽的《董其昌史料》(王永順主編),由華東師範大學出版社出版。

是年　先生擬寫《自傳題綱》。(一)出身。(二)喜愛文史,特別對文字的演變感興趣。《中山周刊》有一信給頡剛,他即發表了。(三)愛印書,在燕京即建議印書。燕館無印書費,但主任盡力助其成。(四)在燕館,原來規定每周大書店送書樣三次,我去後,祇要有書樣,不論書店大小均可送。(五)創辦合衆。柳曾符説"圖書館事業家",不是"圖書館學家",此是陳訓慈説。柳翼謀應是圖書館事業家。(六)我在上圖做了幾件事,購書、編書、印書,歷年校過一些書。(七)自己在幾十年中也寫了一些東西。有人勸我每天寫五百字筆記,我因合衆人少事繁,考慮再三,還是整理前人的稿子,放棄自己寫作。在燕京,印的書有《春覺齋論畫》《保儓齋文集》《不是集》《鄴鄭學廬文字》[1]《神廟留中奏疏》《邊疆叢書》;校勘的書有《春秋繁露》、《尚書》(過録王國維校)、《丁卯集》、《莊子》(北宋本)、《孔叢子》、《五代史》、《山海經》(過録王念孫校)、《五代史》(過録彭元瑞校)、《積古齋鐘鼎款識》(五色過録各家本)、《説文解字》(石印本)、《吴縣志》(藝文、金石)。(先生小筆記本)

---

[1]《保儓齋文集》《鄴鄭學廬文字》:當指1938年燕京大學影印的《保儓齋文録》和1939年影印的《鄴鄭學廬存稿》。

**是年**

1 月 9 日　徐中舒卒,93 歲。

5 月 12 日　商承祚卒,89 歲。

5 月 13 日　陳訓慈卒,90 歲。

# 1992年 89歲

1月8日　先生在華東醫院進行胃部惡性淋巴瘤手術,胃割除五分之四,手術取得成功。時誦芬在國外考察訪問,聞訊趕回上海。上海圖書館在手術前後均配合誦芬予以照料,使先生能較好地恢復健康。(顧誦芬致筆者的信)

1月22日　王紹曾有信致先生。

久未問候起居,深以爲念。近接樹年兄函告,獲悉先生于富陽返滬後即因胃部不適住入華東醫院,經檢查確診爲十二指腸潰瘍,并已于一月八日動手術。聞之不勝懸繫,諒吉人天相,不久即可康復。今年南北兩地均屬大寒,尚祈善自珍攝,如有可能,出院後稍事恢復,仍以到北京誦芬先生家静養爲宜。

《衲史》前四史校勘記,正着手過録,惟其中問題極爲複雜,整理工作責任重大,能否避免舛錯,殊不敢必。一俟貴體康復,再行詳稟,知注順聞。(原信)

1月28日　張秀民有信致先生,介紹嵊縣書法家劉宜珍拜謁先生。(原信)

是月　在華東醫院治療期間,撰《讀史方輿紀要稿本》序。

稿本收藏者原爲杭州葉揆初(景葵)先生。先生喜藏書,每得異本,必手爲整比,詳加考訂。二十年代初,他從杭州抱經堂購得此稿,叢殘一束,經整治裝修,歷時兩年,始成完書,展卷覽觀,多方考證,確認爲顧景范《紀要》稿本。但他感到不可解的是,全書籤校删增,朱墨雜遝,非出一手,是否顧氏及門所爲,有無顧氏親筆,抑爲乾嘉以後人所加? 未能決。一九三五至一九三六年間,他先後向當時在北平的錢穆教授和在杭州的張其昀教授請教。錢讀稿本首幾册後,審其爲顧氏家傳本,并允爲通校一過。後以抗戰爆發,交通阻隔,未能如願。張則專研地理,搜采顧氏遺事甚勤,其所藏顧氏尺牘極有價值。先生正欲覓致顧氏墨迹,以便與稿本對證,獲此尺牘照片後,即細檢全書,發現稿本中字迹與尺牘相似者,不下數百處。進而考察稿本中其他字迹,按所書不同字體,其中最易區別的有五種,有褚書、蔡書、歐書、趙書,以及字體在歐、褚之間者。而所表達内容,多屬彼此相互商訂、删改、校改、加籤、加注等用語。除了在字體上細心鑒別考訂以外,他還從全書編撰體例加以分析,細察所擬底本體例前後不同處。在前,悉遵《明一統志》;其後,一以今制(清制)爲準。從而斷定"此書體大思精,采摭宏富,重修之役,分任衆手,能以一人鑒定之,而又綱舉目張,秩然不紊,此可就全書一貫之精神而決其爲生前手定者也"。換言之,他根據對字體的鑒別和對體例的分析,確認此稿本乃集衆人之手,由顧氏生前手定的重修本。并從稿本各卷大題下間有粘簽,上書"宛谿顧氏原本"及"補注"字樣,遂推測後人見原稿添注甚多,意欲輯爲"補注",但因繁重而中輟,於是重修本沉埋三百年,幾飽蟫魚之腹,對此他不禁發出慨嘆。一九四一年四月,他撰《紀要》稿本跋,記述其考訂經過甚詳……

當年參加《紀要》稿本討論諸子大多作古。錢穆教授於所著《八十憶雙親 師友雜憶》中提及校讀《紀要》稿本事,有云:"迄今將三十年,揆初與起潛亦不獲其消息,《讀史方輿紀要》之顧氏家傳本,今不知究何在。苟使余不主先作校對,則此家傳本早已行世。余對此事之愧悔,真不知何以自贖也。"蓋自一九三九年八月,葉與張元濟、陳陶遺諸先生共創上海合衆圖書館,我受聘主持館務。四一年春,葉先生復以《紀要》全書捐贈該館。當時尚在抗戰期中,翌年錢穆教授自成都來滬,顧我於合衆籌備處,接談及《紀要》稿本事,乃告以我願盡力爲此續校之業。其後塵事鞅掌,卒之未果,誠一遺憾也。

合衆圖書館於一九五六年改名爲上海市歷史文獻圖書館,一九五八年與上海圖書館合併,《紀要》稿本隨之珍藏至今,余亦始終與其事。今年適值上海圖書館建館四十周年,喜得上海古籍出版社大力贊助,特將此稿本影印,貢獻于我國學術界和廣大讀者之前,以作紀念,并將葉氏書跋冠于卷首,《禹貢》所載有關論文和討論函札亦編列附於後,統供研究參考。(《全集·文集卷·讀史方輿紀要稿本序》,上册第63、65頁)

在等待手術前夕,上海古籍出版社姜俊俊專門到醫院,和先生詳談《讀史方輿紀要稿本》的前言和出版方案,先生一邊打點滴,一邊回答姜俊俊提出的問題。(顧誦芬《紀念父親誕辰110周年》,載《顧廷龍先生紀念集》,第7頁)

是月　先生題簽的《古詩海》(王鎮遠等編),由上海古籍出版社出版。

是月　先生題簽的《小篆疑難字字典》(王同愈撰,顧廷龍校),由上海書畫出版社出版。

2月4日　春節,在北京北苑誦芬家過年,其間在陳先行協助下,撰《清代硃卷集成》序。

我國自隋唐以降,歷代封建王朝莫不以科舉考試作爲取士之正途。直至清光緒末年,西學東漸,外患沓至,此制度已不適時需,纔予廢止。由于科舉考試幾乎是躋身上層社會的唯一途徑,因而產生種種營私舞弊現象。爲整風肅紀,各朝政府都作了嚴格規定。尤其在北宋,先後采取鎖院、彌封、謄録、增加復試、別頭試及皇帝親自殿試等措施,使科舉考試制度的各項立法大體完備,并爲後來統治者所套用。清代的硃卷,正是杜弊防漸的產物。

硃卷者,即舉子的試卷彌封後交謄録生用硃筆重新謄寫的卷子。考生用墨筆所寫的試卷稱爲墨卷,亦稱闈墨。硃卷的作用是使考官無法辨認應考者的字迹以防止其舞弊。而清代有一種風氣,新中式的舉人、進士都要將自己的試卷刻印以分送親友,親友在其開賀之日亦必還贈禮品以表祝賀。這種刊刻的試卷雖係墨印,亦稱爲硃卷。起初此硃卷名稱局限于鄉、會試範圍,因祇有鄉、會試纔實行試卷謄錄。後來各種考試中式的刻印卷子皆采用類似形式,人們遂籠統地將這些試卷都稱作硃卷,硃亦有簡作"朱"者。這也就是我們此書在鄉、會試硃卷外還收入貢卷的微意所在。

硃卷大凡由三個部分組成。其一爲考生履歷,先登本人姓名、字號、排行、出生年月、籍貫等,因各人情況不同,也有録其撰述與其他行誼者。次載本族譜系,最簡也須明列祖妣三代,此乃應考規定。而其詳者,上自始祖,下至子女,旁及同族尊長、兄弟侄輩以及母系、妻系,無不載入。凡有科名、官階、封典、著作等,一一注於名下,以顯揚門庭之昌盛。再録師承傳授,如受業師、問業師、受知師的姓名、字號及科名官階,以示學問淵源有自。其二是科份頁,載有本科科份,考生中式名次,主考官或總裁、同考官的姓氏、官階與批語,以及該房原薦批語。其三即考生的文章,有三場全刊者,也有選刊自認爲得意之作者,而乾隆中葉後,第一場之試帖詩習慣上都予刊刻,附在文後。

由此觀之,硃卷具有多方面的文獻價值。其履歷比官刻的登科録、鄉試録、會試録以及同年齒録等所載詳細,不啻一部家譜的縮影。而作爲應考者的檔案,其所反映的世系資料在一定程度上較之家譜更爲真實確切。如今人們已認識到家譜是研究人口學、社會學、民俗學及宗族制度等方面不能或缺的文獻,殊不知硃卷對這些研究具有與家譜同樣不可忽視的作用。再者,大量舉人、貢生甚至部分進士史傳不登,即有所載,也無母系、妻系與師承傳授的記述,則硃卷的履歷又是不可多得的傳記資料。關於硃卷的文章,前人譏誚爲"敲門磚",不予重視。誠然,清承明制,以八股試士,廣大士子被羈縻于程、朱注疏與對偶聯語之中。這種出于維護封建專制統治需要而對知識分子進行奴化的考試,對人才的選拔及社會的發展起了極大的阻礙作用。但話又要説回來,八股本身是一種吸收前代駢散文菁華的文學體裁,其追求修辭技巧形式的完美,講究作文次序條理的分明與邏輯結構的嚴密。我們不能説因以八股試士而對這些日後出入官場的士子們的詞章水準提高有直接幫助,甚至使文壇上出現了衆多對聯好手,及諸如昆明大觀樓、成都望江樓那樣膾炙人口的長聯佳作,但誰又能否認彼此間客觀上存在着關聯呢?因此,硃卷的文章,是研究八股文的第一手材料。通過這類實物,人們還能形象地瞭解當時的考試形式、方法與考生的科場面貌;又由于清代的教育與科舉有着不可分割的內在聯繫,從試文與考官的評語、薦語及批語中,不僅可辨別清代取士的評判標準,更能窺視清代教育狀況之一斑。凡此種種,都説明硃卷是亟待發掘的歷史文獻,其價值是毋庸置疑的。然而,具有這種對待歷史文獻眼光的人并不多,隨着科舉的廢止,這方面資料被大量遺棄，保存者寥寥，以致商衍鎏先生在《清代科擧考試述録》一書中嘆道：
"自明至清，汗牛充棟之文，不可以數計，但藏書家不重，目録學不講，圖書
館不收，停科擧廢八股後，零落散失，覆瓿燒薪，將來欲求如策論詩賦之尚
存留於世間，入于學者之口，恐不可得矣。"

所幸的是，上海圖書館擁有硃卷專藏。抗戰初期，我國沿海各省相繼
淪陷，東南地區文物大量散亡，外國人乘機四處搜羅，舶載而去。時張元
濟、葉景葵等愛國人士爲保存文化典籍，在上海創辦合衆圖書館，先是以重
價購得海鹽朱氏壽鑫齋所藏硃卷二千餘冊，後由吳縣潘氏著硯樓捐贈一千
餘種。五十年代合衆改爲上海市歷史文獻圖書館，繼與上海圖書館合併，前
後數十年，依然搜集不輟，致使蔚成八千餘種之大觀。

爲使廣泛流傳，有助海內外學術研究，茲得臺灣成文出版社大力支持，
我們將此專庋編纂成集，貢獻于世。適值今年上海圖書館建館四十周年以
資紀念，幸何如之！余從事圖書館工作忽焉六十，不圖垂暮之年，樂觀此書
之出版，眞令人喜而不寐，遂拉雜爲之序。(《全集·文集卷·清代硃卷集成
序》，下冊第903頁)

新年裏，又撰《新歲談往》，回憶1932年夏自燕京大學畢業後，任學校圖書
館中文采訪部主任時，搜集各種古籍文獻事，以及在合衆圖書館、上海圖書館時，
依舊保持"撿破爛"的習慣，不放過任何一個搜集保護歷史文獻的機會。該文收
入范泉主編的《文化老人話人生》一書，11月由上海文藝出版社出版。

記得在編撰吳大澂年譜時，我曾爲尋覓藏弆收羅故實花了很多功夫。
有一次，在地攤上意外發現了從張之洞家流散出的一批東西，其中有一封
屬僚余虎恩給張之洞的稟啓，内容與甲午中日戰爭及吳大澂北征有關，對
我的研究極爲有用。由此我想到類似這種私人藏書家不重視而在公家圖書
館又没有的史料，若任其散失，十分可惜，於是就刻意留心搜集⋯⋯

在燕大工作時，每逢休息之日，我總要出門逛街，從地攤書肆中尋覓有
用資料。我經常光顧的地方是宣武門附近的小市，一大早趕去，各種貨郎
擔鱗比櫛次，人頭攢動，碑帖字畫、未裱信札等舊物往往而有。在那裏我曾
淘到不少有價值的東西，譬如我曾撿得清宮内務府御膳房檔案一札，其中
記載了某皇妃死後祭禮時用菜餚的規格。我攜之造訪分撰《清史稿·后妃
列傳》的張爾田先生，恰巧他在修改此稿文字，正爲該皇妃死日無考犯愁，
見此材料，如獲至寶，當即對其稿進行了補充。又有一次，在小市某書肆的
角落裏翻到零亂叢殘一束，標籤題"漢律稿本"，粗檢一過，未見提及漢律
者。仔細閱讀，則三冊考服制，全爲論唐明律，遂思治唐明律與服制者，非
清季法學家薛允升莫能爲。進而又發現論唐明律一冊中有"唐明律合刻"
與"長安薛"數字，并且有文字增删改動之筆，審爲薛氏手墨，而考服制三冊
字迹全如唐明律稿之改筆，則當爲薛氏《服制備考》手稿無疑矣。當即議值

購之，大喜而歸。適值那天我的老師聞宥請吳世昌、朱寶昌及我喝酒，他們見我風塵僕僕挾一札破書而入，不禁大笑，問知遲到原委，當即吟詩作誦，記得有"蹀躞小市買破爛"之句，現在想來，甚爲有趣。能將人們遺棄的東西變爲有用材料，能發現別人所疏忽的珍貴文獻，是件令人高興的事，撿此"破爛"，我樂而不疲……

　　合衆的藏書主要靠各愛國人士的捐贈，本身經費支絀，無力大宗購書。爲擴充館藏，我們采取了傳抄的辦法。這樣做雖然辛苦，頗有點前賢露鈔雪纂的味道，但功夫不負有心人，在今天看來，這些抄本或成爲最全的本子，或已成爲孤帙。如孫寶瑄的日記，當時通過各種管道先後借得原稿抄録成帙，後來原稿在流傳中殘缺，抄本反而完整，上海古籍出版社出的《忘山廬日記》即據抄本整理。又如清代翁方綱舊藏宋本《施注蘇詩》的題跋，我曾抄全，起初不過是一普通謄寫本，後來却變成了孤本。説來很有意思，翁方綱當時每逢蘇東坡生日，總要出示此書，請名彦碩儒在宴畢後題跋作畫其上。光緒間，我的外叔祖王同愈任湖北學政，看到此書，無力購買，遂將第一函題跋及畫像抄録。宣統間，章鈺與王交往，因不會畫，僅將題跋傳抄一過。而我所鈔者，即從章本過録。此宋本後遭燒壞，殘本流入上海袁伯揆氏之手。袁携至合衆，原我所鈔的題跋其本已亡，其所有者我再事鈔全。而今王本、章本已成過眼烟雲，我的鈔本不惟最全，甚至成爲孤本矣……

　　"文革"當中，我因曾致力搜集家譜、魚鱗册，被視作爲地主階級樹碑立傳、收藏"變天賬"，從而被打入"牛棚"，精神與肉體備受折磨。伴隨幾十年的老妻經受不住這種打擊，含恨離世。但我"人還在，心不死"，眼睛直盯着那一大批所謂"封資修貨色"的抄家圖書，尋找機會再爲保護文獻盡點力。這個機會終於等到，一九六八年，在接受再教育的名義下，我被派往當時上海文物清理部門工作，在那裏一蹲三年，盡我所能，不使有價值的文獻流散。某些稿本，如陳邦彦、屠寄、姚石子、劉半農等人的日記，硬是憑眼光纔發現的，稍一疏忽，就會失之交臂。我曾發現兩本曾國藩的奏稿，有曾氏親筆修改，不料"造反派"説這是"曾剃頭"的反動東西，隨手便扔進了亂紙叢中，以後再也没有找到。每憶於此，不免扼腕三嘆。(《全集·文集卷·新歲談往》，下册第 995 頁)

　　是月　先生題簽的《中國書文化要覽(古代)》(施金炎編撰)，由湖南教育出版社出版。

　　是月　《上海灘》第 2 期刊登宋路霞、舒康鑫撰《書城宿將顧廷龍》。

　　3 月 16 日　接李希泌信。(先生小筆記本)

　　3 月 17 日　王煦華來，商《讀史方輿紀要》序稿，并請王修改。張世林來電話，將過訪。(先生小筆記本)

　　3 月 18 日　理《尚書》影印件畢。(先生小筆記本)

3月23日　先生有信致陳先行。

別來一月,時以爲念! 昨接手書,敬悉——。

《硃卷》編次完成,一大喜事! 昨中華書局張世林同志來送稿費一百六十九元,現存我處,你化的力氣,應歸你收,寄何處爲好? 請示知。張同志又問,他們要印《癸集》,那一本子爲要,請你提點意見。

再,中華要上圖介紹一下所藏古籍狀況,此事與我説了好久。介紹館藏古籍,是一好事,我們收藏各家捐贈各有特色,大可一寫。我已退居二綫,不便多説話,因此介紹沈津與之聯繫,沈津亦未與領導商量,祇把自己在美所見古籍寫了。我對張言要他們寫信與館聯繫。如何寫法,館領導如徵求意見,我當言之。將來落實到組,恐要你來執筆吧!

賤軀與來時差不多,剛來時認真工作,親友勸告應多休息。每日午後睡二小時,起來苑子裏走走,疑我大便不通,少動之故,實則如何,醫生没有説,現吃中藥調理。

現在您回南京路,還要長樂路跑跑麽? 複印機移走否?

長樂路油印目,有曰《建德周氏藏戲曲文獻目録》,如尚有多餘,可否檢一册交孫啓治寄贈周一良教授爲荷。他來看我,談及他要爲周世輔先生的稿子重印(此目不會印,可以知道有那些書。如附印入集,那也很好)。

組内同志統請代爲問好!

附箋請轉楊泰偉同志,爲托。(《全集·書信卷·致陳先行》,下册第586頁)

是月　先生題簽的《南匯縣志》(薛振東主編),由上海人民出版社出版。

4月2日　接張世林信、施宣圓信。商務印書館贈《張元濟年譜》。(先生小筆記本)

4月14日　先生有信致盛家琪。

接奉四月六日手書,敬悉——。

您九一年交我三副對,有没有寫,記不清楚了。祇好等我秋天回上海時找一找了。您將送茶葉給我,非常感謝! 您托人帶京,希望凑個星期日到北京的車,并請寫一條,找某某人,時間、地點寫清楚就可找到了。

對聯如果急需,祇能帶茶葉的同志再帶一二副對來,我在這裏較有時間寫字。

我病體在全愈中,請釋念! (《全集·書信卷·致盛家琪》,下册第534頁)

4月底　先生突感四肢不能動彈,生活起居不便。(顧誦芬致筆者的信)

是月　先生題簽的《鉢水齋外集》(蘇淵雷撰),由華東師範大學出版社出版。

是月　先生題簽的《錢穆紀念文集》(中國人民政治協商會議江蘇省無錫縣

委員會編),由上海人民出版社出版。

是月　先生題簽的《書法述要》(蔣平疇撰),由福建美術出版社出版。

5月初　先生之病經表侄婿朱庸鏈診治後,大有好轉,至月中始恢復。(顧誦芬致筆者的信)

5月12日　先生有信致陳先行。

頃從醫院歸得手書,敬悉。

茲遵囑寫給天一閣兩位同志信,邱君掌握全面的,駱君主管圖書的。複印總要付些代價吧,您們可協商。你的信并不快,與普通航空相同。因爲我們郊區,與城市不同,差一天。

備信兩封,請轉致。

您寧波返滬後,爲我複印王同愈硃卷鄉會試各一分爲盼!

我是有腦血栓嫌疑入院,住了兩個星期,今晨始歸,疲憊極矣! (《全集·書信卷·致陳先行》,下册第588頁)

5月17日　熊希齡夫人毛彥文委托臺灣校友會代表常錫楨到京探望先生,并帶呈毛的書信一通。(6月14日先生致毛彥文信)

5月22日　先生有信致王紹曾。

奉書敬悉。龍在滬□□□□□□□□□□後來突然四足不能舉動,醫生疑爲腦血栓,遂入院施液,二周後稍愈。現在已能寫字,已能自由行動,足紓錦注。

屬題書簽兩條,塗呈指教。委撰《清史稿藝文志拾遺》序,極願應命,但承示資料皆在上海,無人檢理,悵悵! 病後構思維艱,無任把握。時間如不甚緊,當試爲之。

《衲史校記》丟失,殊不應該。將來圖書館外借未刊本,必須倍加鄭重。(《全集·書信卷·致王紹曾》,上册第268頁)

是月　先生題簽的《浙江近現代書法研究文集》(章建明主編),由浙江美術學院出版社出版。

是月　先生題簽的《洋務運動史》(夏東元撰)、《馮英子雜文選》,由華東師範大學出版社出版。

是月　先生題簽的《明遺民傳記索引》(謝正光編),由上海古籍出版社出版。

6月初　爲沈燮元楷書"少時輕寸晷,老去惜分陰。燮元吾兄屬書高耻堂句。壬申夏五,潛叟病後作"。(原件,沈燮元收藏)

6月9日　先生有信致方行。

別來半年,時勤懷想! 龍近體已漸向愈,寫字已可恢復,殊不足觀耳。

古籍規劃會議通知寄滬寓,而余侄適出差外地,遂失聯繫。今晨冀大姐來,介紹一點會議情況。上海之整理地方文獻較靈活,但致一"全"字,并非得計。

龍原擬九月回滬，清理叢稿，未知能如願否。公亦望八之年，務望珍衛！杜公翔翔雲表，回京稍息，又即它往，訖未一面。子部由寧核發，冀大姐同意後，我即通知宮館長，皆大歡喜。拾風先生時晤否？我專訂《新民晚報》，望讀其文。(《全集·書信卷·致方行》，上冊第 338 頁 )

6 月 10 日　先生有信致褚樹青。

別忽年餘，無任馳念！乃奉手書，并惠龍井新茶壹包，拜領，謝謝！

我於去冬動手術，春節後來京休養，正恢復中。又患腦供血不足，四肢不能舉止，近又行動自如。知念奉聞。

槐昌兄想必安適，請代問好！(《全集·書信卷·致褚樹青》，下冊第 704 頁 )

6 月 14 日　先生有信致毛彥文。

五月十七日，常錫禎先生辱以賤恙代表先生遠道過訪，并賜隆儀，不勝感謝之至。去冬因胃潰瘍動手術，經過良好。春節中由兒輩偕來北京休養，正康復中，又患腦供血不足，住院兩周而愈，現又一切正常，尚祈釋念！

回憶四十年代台駕旋滬，曾數接談笑，忽忽半個世紀，每增懷想！展誦手札，書法端秀，精神矍鑠，無任快慰！龍雖小于先生，而精神遠不如也。

秉公遺稿昔在揆初、叔通、菊生諸公關懷下，得保無養〈恙〉。關於經費問題，整理編輯者皆我館在編人員，無須另籌經費。現在所遇的困難問題，就是出版經費，我曾與幾家出版社交談，尚無表示承擔者。在此情況之下，祇有考慮自費出版，所需經費較巨，此事甚盼先生大力助之。將來專款專用，管理經費，念翊亦為小組成員，前年似曾奉告，關於印資事，幸與吾館直接通信為便。

賤恙恢復較好，今年九月將回上海料理一切經手之事，包括《明志閣遺著》之定稿。(《全集·書信卷·致毛彥文》，上冊第 226 頁 )

6 月 23 日　《新民晚報》發表黃志偉《一千多種“禁書”將重見天日——上圖名譽館長顧廷龍的新設想》。

6 月 24 日　先生有信致吳織。

來信均悉。

錢穆來滬日期查到，王欣夫在晋隆請客為 1939 年 8 月 2 日，是約有錢的，是錢從齊魯回滬之後，我亦到滬不久。昨日無錫政協編印的《錢穆紀念文集》，從回憶文章中看出，他到了蘇州就住耦園，沒有出門。錢穆“八十回憶”中有敘及，此書陳石銘有之。

毛夫人托臺校友會來的代表帶信來慰問，我不久前寫了一封回信，與你大意相似。回信原底複印給您一閱，即留你處，老于亦請他看看，不另寫了。(原信 )

是日　先生有信致高橋智。

賤恙屢承關垂,感甚感甚!

先後拜奉《文字同盟》壹套及《書品》一册,不勝感謝!《書品》所記當年活動甚詳,還留有墨迹照片,現在看來,很有紀念意義。同時同類刊物,不知尚有其它品種否? 嘗記得某一刊上印有我爲豐道先生寫册頁"促膝談心"四字,《書品》中未見,不知同類刊物載及之?

前患胃潰瘍,手術後,即隨兒輩北來,正康復中,忽四肢不能活動,醫治月餘,近又恢復,請勿念!

台駕暑假來北京,可圖良晤,到京後請即通電話……

静嘉堂宋元圖録即將出版,聞訊快慰! 如蒙尾崎先生見惠,請寄北京,我暫時不回上海。

我想托您買些美濃紙,此紙質細色白,宜書宜畫,又宜印書。昔楊守敬代黎庶昌刻印《古逸叢書》,有用此紙者,較名貴。吴大澂自刻的《説文古籀補》初印本皆用美濃紙,我想貴圖書館必有之。美濃紙有裁好者,尺幅仿佛您用的榮寶齋信箋兩張,可以用作册頁寫字,可以臨古人字帖,寫古人詩詞衹要小幅,大張不易携帶。

您前複印給我的王同愈先生藏宋本《五臣注文選》跋,我藏在上海,可否再印一份給我?《嚴元照年譜》稿,我托王翠蘭君修訂,日内當去函催之。橋川先生遺事,稍暇當回憶一些過從之迹,以供補白。(《全集·書信卷·致高橋智》,下册第 681 頁)

是月　先生題簽的《文心雕龍研究薈萃》(中國文心雕龍學會編),由上海書店出版。

7月15日　上海圖書館聶佩華致電先生,告知印《尚書文字合編》版刻樣本事。此工作已由上圖葉寶弟、趙嘉福、張敏捷、童芷珍、孫啓治着手進行,計劃印三十部。先生要求封面上應題寫書簽并加後跋。(先生小筆記本)

7月20日　先生有信致冀淑英。

久未通問,甚念甚念! 近接七月九日手書,敬悉一一。

關於古籍出版社侵權事,我贊成向出版總署上告,以待秉公處理。方行同志亦會[同]意如此辦理(附原信)。

賤軀安適,垂念至感! 杜克、振西兩公請代致念。(《全集·書信卷·致冀淑英》,下册第 403 頁)

是月　中央文獻研究室主任譚德山,爲建韶山碑林事,持趙樸初信來,請先生書寫毛澤東詩詞。(顧誦芬致筆者的信)

是月　先生題簽的《簡明百科溯源辭典》(杜修彭、周安伯、楊延廷等主編),由南京大學出版社出版。

是月　先生題簽的《國際聊齋論文集》(辜美高、王枝忠主編),由北京師範學院出版社出版。

是月　先生題簽的《藝苑瑣聞》(鄭逸梅撰),由四川人民出版社出版。

是月　先生題簽的《蘇州大學校史》(張圻福主編),由江蘇人民出版社出版。

8 月 18 日　先生有信致沈津,托查銘安日記。

手書拜悉,現在想已工作日益開展。

我想托您查一書是否在哈佛,1939 年春夏間,吾在燕京圖書館工作時,買到一部銘安的日記,本數甚多。其中有與吳大澂往來甚多,余想鈔錄,祇以急于回上海,不及動筆。後來日軍進駐燕京,燕京關門,此事遂擱置。後來燕京復校,聶崇岐任圖書館館長,我即托其找此書,一直未能查到。現在北大圖書館亦查不到線索,我現在猜想會不會轉至哈佛。現在我想求您方便時,查查書庫中有無此書,日記名稱忘了,本數不少,請您有空時為之。

我現在身體尚好,打算修訂吳氏年譜,新材料收得不少,故對銘安日記想必可補充尚多。拜托拜托。(原信)

是日　聶佩華電告先生,《尚書文字合編》版刻樣本,已由上海書畫出版社代印,該社副社長茅子良已到館敲定。(先生小筆記本)

8 月 21 日　先生有信致陳先行。

《李鴻章集》,葉某離社攜帶而行,可能出版社知其事。此人不是直諒多聞之友,看他變戲法吧(當時推我為主編,他當然是副主編,想不到他亦是主編)。

你現在在那處工作,甚念! 九月份,臺灣成文要到北京開書展,您能找到機會來看看很好。我聽説中國書店四十周年要開書展(九月),是一是二不清楚。我現在什麼事都學陶淵明"不求甚解"。我現在身體外表看已經很好,實則多思考了要不舒服,走路還是搖搖晃晃。

《硃卷集成》見了書沒有? (《全集·書信卷·致陳先行》,下册第589 頁)

是月　跋《尚書文字合編》版刻樣本。

一九三二年秋,顧頡剛教授在燕京大學授《尚書》學,感於《尚書》一經文字之糾紛最多,欲剖析是非,必先取各種古本,加以比勘始可。于是搜集不同載體、不同字體之本若干種,將以彙編付印以備研究。由于敦煌本原件繳紋紛紛,用直接攝影術則忽明忽暗,以致筆畫多模糊,不易辨認。因思仍以刻版為佳,影寫上木,當時尚有青年高手,藉此一編,并可使雕版之業流傳有緒。頡剛與余商酌既定,遂由北京文楷齋承梓,經理劉明廣,上手趙福亨,預備于德元,下手王玉林、劉明湘、郭振州。余則承寫本之影橅。費時八年,將近完工,不意盧溝橋事變起,北平淪陷,此事暫告停頓。一九三九年夏,余攜家赴滬,安頓後,繼續寫刻,但未及全部畢工,而文楷歇業,刻工星散。所有版片由明廣裝箱寄存北平浙江興業銀行,解放後運來上海圖書館。歷經周折,忽忽六十年矣。今承副館長吳世文同志委托上海書畫出版社刷印三十部,不爲校勘之用,聊資紀念,藉覘此一時期之雕版藝術可也。病起率記數語,以告讀者。(《全集·文集卷·跋尚書文字合編版刻樣本》,上册第 18 頁)

是月　先生題簽的《漢語音韵學引論》(汪壽明、潘文國撰),由華東師範大學出版社出版。

是月　先生題簽的《中國武俠小説辭典》(胡文彬主編),由花山文藝出版社出版。

是月　先生題簽的《崧澤文化》(朱習理主編),由上海人民出版社出版。

是月　先生題簽的《中國歷代職官詞典》(沈起煒、徐光烈編撰),由上海辭書出版社出版。

是月　先生主編并題簽的《清代硃卷集成》,由臺北成文出版社出版。

9月3日　先生有信致盛家琪。

前寄去紅箋對兩副,立軸一幅,當時因郵局同志説不必挂號,所以没有挂號,諒已妥收。

書《蘭亭序》,兹臨一通,病起所作,不值一笑!

你屬書之件,均已完畢。(《全集·書信卷·致盛家琪》,下册第 535 頁)

9月12日　先生有信致陳先行。

前復一信,諒早入覽。後來童本道貳位同志來訪,我因先獲手書,知其來意。據説人民、上圖要我仍主編,衰疲不能任事,亦不宜挂名。後來要我寫一條子,我寫了,大意"我贊成繼續編印;成立編委會;我可參加編委會"。好像一定要再作主編,我是不來了,擔任一名編委可以了。安徽、山東遠距離結合,作事辛苦些。

《硃卷》,光明報寫了一大段,想必您已見到了。我是誦芬之友及我老友相告而知。報載"這部書售價四萬二千元,購者竟然不斷,書中載有什麽,請聽△△△釋硃卷⋯⋯",不知是真是假? 我要瞭解:一、書到底出了没有? 二、價格高得可以,誰買?

我在暨南大學史學系任教,我想講傳記文獻學一課,原開史部目録學、金石學,加傳記文獻學,系裏贊成并要我改專職。但考慮合衆是主體,傳記文獻就不開吧。材料豐富,搜集需時。我最欽佩天一閣主人,他收集當時所見所有的材料,年代久長,遂成珍貴大觀。我學他做了一點,頗有效果(以後再談)。但破爛東西,不配合裝訂,得不到重視,廢紙還是廢紙,一定要配套成龍。

《集成》館裏已有否? 念念!

我身體還好,中國書店去過一次,看了他們善本展覽。他們還請我吃

了午飯,再送回家。病夫真無用,衹是添人之忙。(《全集·書信卷·致陳先行》,下册第 590 頁)

9 月 28 日　先生有信致陳先行。

得來信,光明所登消息,必是廣告。我倒盼望它們做到好生意,我還有一個大課題可做。如有真消息請見告。如果生意真好,它們必有人到上海來,無人到滬,此生意好的疑點之一。

《李鴻章集》恐亦海上蜃樓而已。

您在查抄本、稿本,這是很有意義的。有壹部書,請您便中查查清楚。此書即《四庫總目提要》的稿本,我記得書上有圖章(不精工)曰邵某某,您便中拿《南江書録》查查有無類似的文章。如有,那是圖章是後人的,文章手稿是史學大家邵晉涵的。如果可能,這是名史學家的《四庫提要》原稿,珍貴之至(我在夢想,一笑)!

便請將《咫園叢書》有我一短跋(石印的),能否複印一份給我,我本擬函託王翠蘭同志,現就麻煩您罷! 還請您問問王翠蘭同志,有一位臺灣研究〔生〕來過否? (《全集·書信卷·致陳先行》,下册第 592 頁)

是月　先生題簽的《水滸全傳》(施耐庵、羅貫中撰,綫裝本),由浙江文藝出版社出版。

是月　先生題簽的《傳統文化研究(一)》(蘇州市傳統文化研究會主編),由古吳軒出版社出版。

10 月 1 日　爲表彰先生爲發展我國文化藝術事業做出的貢獻,國務院從本月起發給先生政府特殊津貼。(證書原件)

10 月 22 日　先生有信致李國慶。

手示奉悉。鄙人以養療來京,病體已漸復原。

命題大著書簽,兹已塗就,衰年目昏手顫,姑奉指正。署名可不用,如用橫式,署名要移前一些,封面設計同志能安排也。[1] (原信;《全集·書信卷·致李國慶》,下册第 657 頁)

10 月 26 日　劉凌有信致先生,請爲《胡適口述自傳》題簽,謂“美國唐德剛先生再三提出要請您題書名,認爲您是唯一最合適的人”。又請爲《中外漫畫藝術大觀》題簽。(原信)

10 月 28 日　李國慶有信致先生,感謝《明代刊工姓名索引》題簽。(原信)

是月　先生回上海,過 90 歲生日。

是月　先生題簽的《吕思勉先生編年事輯》(李永圻編),由上海書店出版。

是月　《名人生活》〔海派生活文叢(三)〕刊登陳先行《閑説顧廷龍先生的書法與飲酒》。

---

①所題書簽指《明代刊工姓名索引》,橫式、竪式各一張。

是月　先生題簽的《中國圖書文史論集》（錢存訓先生八十生日祝壽論文集編輯委員會編），由現代出版社出版。

秋　爲文濤篆書"天遠疑無樹，潮平似不流"。（《慶祝中華人民共和國成立70周年——第二屆上海書畫篆刻名家作品集》）

11月9日　上海市文化局、上海圖書館領導舉行宴會，祝賀先生九十華誕。（《圖書館雜志》1992年第6期;《顧廷龍先生紀念集》，第201頁）

11月18日　先生有信致劉夢溪。

　　　　龍于去冬患胃潰瘍動手術，旋即來京休養，又患小中風，半年來已經痊愈。近來重理筆札，檢得舊作《章太炎先生篆書墨迹》一篇，敬請審正。原有景印之議，近無消息矣。（先生小筆記本）

11月21日　美國《僑報》刊登鄒振環《寬厚的智者顧廷龍》一文。

　　　　每次踏進他獨居的會客室，迎面而來的總是那充滿親切的微笑。捧一杯清茶，他談自己主編的《中國古籍善本書目》，談上海圖書館收藏的名人書札，談胡適一九四九年來合衆圖書館看書的舊事，也談錢鍾書如何在臨上火車前給他留下"司的克"的趣聞。談及得意處，常會流露一種祇有孩童纔會有的憨笑，我很少見過他的沉思和愁容。

11月24日　《新民晚報》刊登施宣圓《歲老根彌壯》一文。

　　　　前幾天，我突然收到一封北京來信，拆開一看，原來是顧廷龍先生寄來的，信封中夾了他的墨寶:"歲老根彌壯，陽驕葉更陰。"信中説:"別忽經年，時以爲念! 到京後，初尚安好，旋忽患腦供血不足，四肢僵化，經醫療後乃真復元。屬書'老桐'句，兹已塗就，奉兄檢閱吾之體力何如?"信用小楷書寫，王安石詩句却用篆體書寫，渾厚拙樸，圓轉挺勁，筆筆揮灑自如，字字端莊凝重。

11月29日　于爲剛有信致先生，談熊希齡文集編輯出版事。

　　　　熊希齡文集館内自接毛彦文先生所寄出版費後，已着手出版工作，據云請社會科學院出版社出版，館内并準備成立出版社，孫繼林同志負責，殷慧同志參加工作。按他們的意思，是準備自己出版，但出版社批准困難，拿不到書號，不得已而取其次，纔由社會科學院出版。又云錢不够用，所準備出版的文存、詩詞存及日記，必須大事删汰，限于七十萬字内，要求我寫一計劃。我已寫一草稿交出，現將複印件寄上，請審閱。（原信）

11月30日　去醫院量血壓，"高134，低64"。（先生小筆記本）

是月　上海圖書館辦公室全體同事爲先生九十華誕贈詩一首，云:

　　　　人生歷久見真情，書海續航六十年。窮搜苦索富館藏，集腋成裘謀巨編。文風亮節受人敬，不負平生不負天。喜逢華誕慶九秩，融融晚餐地行仙。（先生小筆記本）

是月　上海圖書館特藏部古籍組部分同事在長樂路玫瑰苑設宴，賀先生

九十華誕。潘景鄭作《壽星明》詞一首,云:

如水流光,歲月匆匆,景物日新。對錦綉河山,鵬飛大業;千紅萬紫,爛漫繽紛。導領年華,功昭圖府,已是宏猷六十春。齊嵩頌,與南山比壽,九秩芳辰。

多君文字常親,點檢處琳琅寄此身。看書壇留藝,江干騰譽;上追商周,下逮先秦。薖蔭相依,忝隨舟楫,深慚樗材未足論。俚吟又漫,把衷心陳視,聲細蠅蚊。調寄《壽星明》。起潛館長姐丈九秩榮慶暨從事圖書館工作六十周年紀念之喜。(《顧廷龍先生紀念集》,第202頁)

張珍懷有詩賀先生華誕,云:

柱史九旬李耳逢,胸羅萬卷氣如虹。華堂戲彩傳佳話,翁立大功兒亦同。先生尋求古籍善本,行迹遍于九州島四海,著善本目錄,曾獲大功獎。哲嗣今春獲科學院科技發明第一獎賞,名聞世界。

申江廿載同闤闠,煦煦春風誨益聆。松靜竹虛銘座右,仰瞻墨寶祝椿齡。先生近廿年居淮海路,與珍同闤闠。客歲游美,蒙賜鐵綫篆書聯語“竹因虛受益,松以靜延年”。(先生小筆記本)

是月　先生自上海返京,有信致王翠蘭。

返滬數日,得與諸君相叙,快慰何如! 回京後,清理帶來雜稿,亦頗費事,以致尚未致信滬上諸君,歉歉!

庫中有營救交大被捕學生公函原稿一册(裱成册頁),具名十老。九老事迹到處可以查得,唯胡藻青一人,見面相識,其經歷不詳。頃在帶來紙片夾有一條,另紙抄奉,可粘在副頁之上,或請人寫在副頁上。我理紙片很忙,原因現在缺乏長力了。(原信)

是月　爲紹興周恩來祖居題“百歲壽母之門”匾額。(照片)

是月　先生題簽的《中國歷代人物年譜考録》(謝巍編撰),由中華書局出版。

是月　先生題簽的《唐代墓志彙編》(周紹良主編),由上海古籍出版社出版。

是月　陳從周請先生書“梓谷軒”“梓園”并《蔣百里先生紀念册》《王西野先生詩詞集》書簽。(先生小筆記本)

約是月　跋承名世藏顧頡剛詩卷。

一九三一至一九三六年,余在頡剛先生家,渠正任燕京大學歷史系,授《尚書·禹貢》,擬思考題數十則,編寫講義,修改學生作業,日乏暇晷。禹貢學會成立,出版《禹貢》半月刊,更無暇豫之時,故未見其有詩歌之作。九一八後,從事救國運動,盧溝橋事變作,日軍列入逮捕名單之列,遂輾轉至寧,旋應教育部考察西北教育,往來陝甘,偶有所感,發之於詩,載《考察日記》中。“文革”後,與諸老友如葉聖陶、俞平伯、章元善等經常會晤,遂多倡和,是卷當即此時之所作也。承君名世,"文革"後與先生往來甚密,因以素紙索書,先生乘興揮毫自作詩爲長卷,甚至寶也。名世亟以屬題,因口允稽,忽忽數年矣,頃返滬寓,泚筆題後,并志吾過。(先生小筆記本;《全集·文集卷·跋承名世藏顧頡剛詩卷》,下册第865頁)

12月5日[①] 杜澤遜探望先生,并呈上王紹曾的信及禮品。先生説章鈺有《清史稿藝文志》稿本,已于五十年代初期捐獻北京市文物局,是否著録有版本則不清楚。他曾聽章説,《藝文志》應著録版本方可憑信,或其原有著録,後爲朱師轍删去。當談及杜編著《四庫存目標注》事時,先生以爲此事極有意義,功德無量,并建議杜去北圖文津街普通古籍部查當年倫明的藏書。先生還説他有一部《存目》,上面隨手標有版本,但放在上海。另有《邵亭知見傳本書目》,爲先生過録朱修伯、陸樹聲(陸心源次子)批注本,擬給傅熹年參考,時傅正在整理傅增湘所增訂的《邵亭知見傳本書目》。先生取出《邵亭知見傳本書目》一函,但見密行細字,上下皆滿,底本係大字排印本。先生又説,去年臺灣有學者來訪,他曾建議他們印三部書,一爲《四庫》底本,二爲《四庫存目》書,三爲《禁毀書》,統稱爲《四庫》外書。杜告訴先生,國務院古籍規劃小組已決定印《四庫存目叢書》,并委托杜調查《存目》書傳本。先生聽後説"好",并説清代刻本值得研究,民初刻書甚精。對于鑒別敦煌經卷,先生説,真假與書法優劣是兩碼事,唐人寫經用筆不同,字體亦不同。先生三四十年代曾臨寫唐人寫《尚書》,準備刻版,但未成,後將已刻之版帶至上海,近年纔由上海書畫社印了幾十部非賣品。杜臨别前,請先生爲其編著的《四庫存目標注》題簽,先生欣然答應。(杜澤遜《槐影樓筆記》)

12月28日 先生有信致高橋智。

別來忽將一年,時以爲念! 得八日手書,無任欣慰!

《小篆疑難字字典》經整理出版,原擬吾弟今年來華,可以面奉。現悉吾弟已在東京見到,此書不僅爲寫篆字之方便查閲,其中言文字通假很簡明。全書請林先生所寫,篆字都我所補。

顧衡復泉題跋一文,爲先父所書,原件在上海,我弟已曾見之,承複印見示,謝謝。吾弟爲整理古城先生遺篋,今冬不能來華,恨恨!

《嚴元照年譜》稿,請吾弟徑與王翠蘭君直接聯繫可也。章鈺先生所校書,今藏北京圖書館,可往借閲。橋川先生明年百歲紀念,我寫了一點回憶,寄奉指正。

我題書簽甚多,頗想印之。但編排不易,吾弟願爲設法編印,極感極感! 明年台駕來華,當將照片奉教。現在收到照片約二百張,名稱暫題《書題留影》,妥否?

①據杜澤遜《我與〈四庫存目標注〉》(《藏書家》第15輯)一文回憶,那次拜訪是11月5日,誤。因11月9日先生仍在滬,回京日期必在9日之後。此次出版經杜澤遜先生再次回憶確認,爲12月5日。

承贈之紙多種，我常用此種，着墨不化，書寫方便。薄紙甚好，要雙鈎碑帖或橅寫金文最宜，尚未用過。(《全集·書信卷·致高橋智》，下册第683頁)

是月　撰《讀新版文字同盟雜感》。

去年吾友高橋智君來滬，贈我《文字同盟》，汲古書院新印本，展卷覽觀，如對故人。良朋嘉惠，深可感謝！回憶卅年代負笈燕京，嘗見《文字同盟》另本于圖書館及友人齋中。《文字同盟》者，乃友人橋川時雄先生獨力所辦，刊載中國老輩著述甚富，良可敬佩！今汲古書院社長坂本健彥先生爲之重印，重輯了《橋川時雄著譯年表》，使讀者對橋川先生生平事迹可以有較深的瞭解。爲便于檢閱，并編有人名索引，可稱美富……

我曾訪橋川先生多次，有一次是陪郭紹虞師同往。橋川先生研究陶集版本，郭師亦研究陶集有素，因此相談甚契。橋川先生即出其影印之宋本《三謝集》，用珂羅版精印，正所謂下真迹一等。余平時查書則直訪圖書館，以免多打擾橋川先生耳。

重讀舊雜志，往往有新的感想或聯想。例如《同盟》十一輯有湯定之畫松，題曰"敬頌文字同盟萬歲"。湯先生當時在京畫名甚著，嘗見其通景巨松四幅，力强氣壯，後來陳叔通先生印入畫集中。湯先生晚年與余甚諗，惜患癌症不治而逝世。《同盟》十二輯載及葉瀚所譯大村西崖撰著《塑壁殘影》一書。葉瀚字浩吾，浙江仁和人，北京大學教授，研究造象美術，爲葉景葵之從叔。景葵于一九三九年創辦合衆圖書館，浩吾遺篋均已捐贈合衆，余爲整理編目，題其總名曰《晚學廬遺著》五十四種，有手稿，有油印本，有排印本。遺著有已刻，有未刻，現保存於上海圖書館。他日如有機會，當謀陸續刊行之。《同盟》十一輯載黄節撰《理董許書跋》，爲仁和龔橙第八次定稿本，其書注重六書之象形，書成之日，自謂文字復明，其所旁搜，頗及後出之金石陶器文字，往往以訂許君之誤。余在二十年代，曾倩陳巨來君從高欣木先生處借得龔橙手稿數種，嘗憶有《器名〈銘〉文錄》《理董許書》《石刻文錄》《石鼓文考》《漢三闕文》等等，歷經幾十年之變遷，全稿已由高氏歸于浙江圖書館，可謂得其所矣。余見《器名〈銘〉文錄》有蝯叟題識，亦有魏源題記，皆父執也。余前年到浙江圖書館，請觀龔氏手稿，有數十册之多，但亦有散失在外者，亦有一書數稿者，它日如能編一詳目，注明幾稿，以告讀者。倘更能選其可印者，謀爲流通。龔氏書體，自成一格，蓋欲熔篆楷于一爐耳，余甚欣賞之。

《同盟》中所提及諸人，若干年後余皆得奉手承教。如楊雪橋先生有遺文一册，原交其記室杜君保管，杜君後入合衆圖書館工作，病中以交于余。余以原本送遼寧圖書館，複印一本存合衆圖書館。雪橋先生著作大都均已刊行。

　　《同盟》嘗刊葉恭綽先生等發起纂編《清詞鈔》，四十年代其全稿存合衆圖書館，委托陸維釗整理，葉先生歿後在香港出版。尚有《全五代文》亦曾在合衆整理，整理者爲王以中、沈文倬。此稿編定後携往北京，但未見印本。葉先生歷年收集之專志甚富，如書院志、寺廟志、山水志等，歷時數十年，無有出其右者。捐贈合衆圖書館，編有專目一册。(《全集·文集卷·讀新版文字同盟雜感》，下册第 883 頁)

　　是月　先生題簽的《三國演義》(明羅貫中撰，潘淵校點)，由浙江文藝出版社出版。

　　是月　先生題簽的《山東藏書家史略》(王紹曾、沙嘉孫撰)，由山東大學出版社出版。

　　是月　先生題簽的《杭州圖書館善本書目》，由杭州圖書館編印出版。

　　是月　《圖書館雜志》第 6 期發表《上圖祝賀顧廷龍先生從事圖書館事業 60 周年》。

　　是年　爲蘇州拙政園内的蘇州園林博物館題寫館名。(董壽琪《顧廷龍和蘇州園林》，載《蘇州園林》1996 年第 3、4 期合刊)

　　是年　爲岳麓書社題寫"岳麓刊書慶十年，地靈人杰樂歡闥。三湘今古多賢喆，名著新鎸四海傳"。(照片)

　　是年　先生在京，家居北郊，昔年老友吳豐培"則久住蘇州胡同，相隔甚遥，幸有電話可以相通，藉及交談爲快"。(《全集·文集卷·吳豐培邊事題跋集序》，下册第 893 頁)

　　是年　先生題簽的《中國書店所收善本書目補編》，由中國書店編印出版。

**是年**

　　1 月 4 日　唐弢卒，79 歲。

　　8 月 28 日　譚其驤卒，81 歲。

　　10 月 10 日　沙孟海卒，92 歲。

# 1993 年　90 歲

1月2日　先生有信致陳先行。

除夕得手書，均悉。關於評職稱事，我已致函王麗麗，她對你較瞭解。我介紹了你幾點情況，不知效果如何，趕于元旦午托人帶至市內發航空，三日或能趕到。

《中華大典·文獻目録分典》事，要我當主編，事前無聯繫，我亦心中無數，是否上海書店主辦，明春須到滬一行，瞭解情況。嚴佐之參加過《教育大典》，他有經驗。

朱館長來京住豐台，來過電話，要我爲新館奠基寫字，未及它事。

硃卷編印成書，是件大喜事。吳織同志收藏之功不可忘，否則全是空的。你知道葉恭綽有十二箱資料，"文革"中全部失去，想起就痛心，搜集不難，保管難。吾對古籍部有很多想法，這不過提出一點課題而已！孫館長是老朋友，可能坐下來聽一二句吧。

我目前身體甚好，但不能多坐寫作耳。北京天氣甚好，但我是一周多未出大門了。（《全集·書信卷·致陳先行》，下册第 593 頁 ）

1月4日　先生有信致王紹曾。

日前杜澤遜兄遠道枉顧，幸獲快談。承賜諸珍，謹敬拜嘉，感謝不盡！又尊編《山東藏書家傳略》一書，收羅宏富，必傳之作也。

命爲《清史稿藝文志拾遺》作序，本不敢却，祇以老荒，難以著筆，加以上海古籍書店有約稿，催促甚急。可否許其延緩交卷，必圖有以報命也。

今日將大序重讀一過。其中有引范希曾之説，如舉楊守敬、王闓運、繆荃孫諸人著作有脱漏。竊謂楊、王、繆皆爲袁氏命官，已入《清史稿藝文志》者，祇可説誤收，而非脱漏也。此段文章可否從簡？袁氏身後，家屬刻其在清朝任督撫時之奏議，曰《養壽園奏議》（書名記不準），木刻精印，自不能入《清史稿藝文志》一也。公以爲何如？

關於當時編《藝文志》時，章式之先生曾言，他曾欲如後來圖書館編目之例，詳注版本、藏所，卒以此非歷代史志之例而罷。章先生很少談史志事。夏孫桐、張爾田兩先生頗有回憶修史故事的通信，似載燕京大學《史學年報》中，我嘗爲兩先生傳遞消息者。夏先生《文集》中有一篇纂修《清史》的

條例,今其集亦不易得矣。[1](《全集·書信卷·致王紹曾》,上册第 269 頁)

1 月 18 日　先生有信致林其錟。

新年春節并蒙垂賀,不勝感幸!

屬題書簽附上。聞大著《五緣文化》正式出版,至爲欣賀!

龍近來病體雖已恢復,但一天要睡十四小時,所以做不出什麼工作。愧愧!

小兒獲獎,辱承垂賀,至深感謝!

轉瞬春節來臨,家家歡樂!(《全集·書信卷·致林其錟》,下册第458 頁)

2 月 5 日　去醫院量血壓,"上高 134,下低 70"。(先生小筆記本)

2 月 18 日　先生有信致方行。

喬一琦墨迹跋,塗呈指教,如不可用,當重寫。

十老人履歷,有一人不詳,已函詢原浙興同志,復到即奉上。

我因債務重重,松江之游祇得放棄了,悵悵。(《全集·書信卷·致方行》,上册第 339 頁)

2 月 21 日　先生有信致陳先行。

久未通信,爲念!

兹有一事奉懇,我想一讀王鳴盛《蛾術編》中的"説字門",不知有多少? 能否複印一份給我?《蛾術編》在從前是難得的,我館可能有二三部。

關於《文化老人話人生》一書,您的意見拿書,也好,可以送兩人共同要送的人。所以書收到後存上海,不要寄北京。

我想再托王翠蘭同志複印或代抄《恬園叢書》我寫的短跋。去年複印件交給我後夾入何書,竟想不起來了。這是老糊塗,祇好原諒的。

光亮、翠蘭、群耘夫婦以及諸同志問好。有無新同志來,我還沒有見過的? 賤恙恢復得尚好,請勿念! (《全集·書信卷·致陳先行》,下册第594 頁)

是月　先生題簽的《中國工具書大辭典·社會科學卷》(楊牧之主編),由黑龍江人民出版社出版。

是月　《江蘇圖書館學報》第 1 期發表《著名圖書館事業家、書法家顧廷龍先生小傳》。

3 月 1 日　先生有信致李國慶。

昨奉手書,敬悉一一。

叔弢先生逝世,忽已十稔,緬懷遺型,不勝懷念! 尊處編印遺集,以資

---

[1]《全集》中此信末署"(一九九四年)一月四日",誤。據上年 12 月 5 日條,以及顧信中提到的"范希曾之説""章式之先生曾言"等細節,與 1992 年 10 月王紹曾撰《清史稿藝文志》前言内容正相吻合,故改置於 1993 年。

紀念,甚善甚善! 承屬題籤,頃已塗就,如有不合可重寫,即請指正爲荷。
(《全集·書信卷·致李國慶》,下册第 658 頁)

3 月 19 日　先生有信致章鼎,内附先生所撰《校勘學家章鈺先生墓碑》。

　　章先生名鈺,字式之,晚年自號霜根老人,江蘇蘇州市人。清光緒二十九年(一九〇三年)進士,通籍後返鄉舉辦初等小學堂四十所,以啓發民智,爲開辦小學之創始人,至今鄉里稱頌其功。晚年僑居京津,精研古籍,尤擅校勘之業。著有《讀書敏求記校證》《胡刻通鑑正文校宋記》《宋史校勘記》《四當齋集》等,均爲世所傳誦。尚有巨帙薛居正《五代史》《契丹國志》《大金國志》《三朝北盟會編》等校本,均藏北京圖書館。工書法,晚年猶能作細字,求者踵接。清史館成立,禮聘先生爲纂修,所修乾隆朝大臣傳、《忠義傳》及《藝文志》等稿藏於家。配胡,繼配王,賢明能内助,以是得盡力於學。子四,元善、元美、元群、元義;女二,元淑、元暉;孫鼎、熊、武、正等。皆有才學。今鼎奉諸叔命補立墓碑,并以文相屬,龍嘗侍坐四當齋,忝聞緒論,誼不克辭,因書其犖犖大端,以彰前修,俾後學得瞻仰遺型焉。(《全集·文集卷·校勘學家章鈺先生墓碑》,下册第 946 頁)

是月　先生題籤的《天一閣叢談》(駱兆平撰),由中華書局出版。

是月　先生題籤的《顧頡剛年譜》(顧潮編撰),由中國社會科學出版社出版。

4 月 12 日　先生有信致方行。

　　久闕奉候,時在念中。上圖新館奠基,極欲參加,但恐氣候不穩,因此未果。

　　杜公曾在北圖李(長路)君書展會上一晤,未及談話。善本書目,冀大姐於政協會議之後來舍一晤,得知沈燮元君尚留南京,南京館搬家,子部進度當受影響。善目編委會開會事,尚無所聞。人大開會期間,小兒與宋木文同志在一組,詢及賤況,龍即以侵權事寫一函,請其秉公處理。他允交版權局副局長去辦(局長出差未歸),是否宕塞,則不可知矣!

　　胡老出國,師大學生來信言及。此去爲時一年,以休息爲主,兼做一點學術工作。他記憶力强,稿子清楚,整理成書在美條件較好,殊可艷羡!

　　我在此帶來了一些書,因底稿亂,要查核,那就苦了。北京大圖書館不少,公共汽車軋不上,出租汽車叫不起,所以渴想回滬。

　　北京在暖氣停後,氣候仍冷,我在上海所穿寒衣,全部上身,遇着陰天,手凍不能握管,祇可看看電視。

　　聞公因白内障,寫作均難,甚念! 我患内障,發展尚不快。我用華東醫院自製"利明",甚好,現在常滴"白内停",視力尚能維持。

　　今年五月,顧頡剛先生百歲紀念會將在蘇州舉行紀念會,很想搭伴赴蘇,再行旋滬,不知能如願否? (《全集·書信卷·致方行》,上册第 340 頁)

4月末　高橋智有信致先生。

久未通信,常念先生之健康,昨日電話中匆匆一談,甚爲快也。知先生健康,亦喜悦爲甚。

智今有志,冬天到北京、上海,機票已預好,爲十二月二十五日北京行一航班,故二十六日可赴先生家,但如先生當時在上海的話,也可以變路先到上海。今陳智超先生(則陳垣先生之孫後)到日來,他説五月初有顧頡剛先生紀念會。智曾訪過一次顧頡剛先生之故居。今同封之資料,是上次智講的《文莫齋經眼録》之照片的,日本山本書店買來賣出去。目録上云王樹枏"文莫室",但是否王氏編的目録? 請看看,若有尊見,請教請教。

《尚書》寫本照片,是日本東洋文庫莫里遜文庫之舊物的,前已印過,先生必已所知矣。永青文庫一册,爲日本細川家所藏之私立文庫,今展覽很珍貴的中國之硯,即名人所藏而刻過美麗的銘文,很好看,請參考一下。

先生所寫的《文字同盟》一篇玉文,已翻譯,快出來,非常感謝。出版社他們很高興。(原信)

是月　先生題簽的《古文字通假釋例》(王輝撰),由臺北藝文印書館出版。

是月　先生題簽的《胡適口述自傳》(唐德剛譯注),由華東師範大學出版社出版。

5月1日　先生有信致陳先行。

托您便中代查一部書,爲王國維所撰蔣汝藻藏書目(臺北出版)。目中有没有記載《書古文訓》一書,宋刻本,焦竑舊藏,王氏有没有寫提要? 蔣氏目録,似名《傳書堂書目》,記不清了,托胡群耘君問問吴修藝君即知。師大歷史系有此書,上圖後來似亦買了。拜托你查查。

我擬五月中到上海小住,届時可暢談。(《全集·書信卷·致陳先行》,下册第595頁)

5月15日　王世偉、王曉雲和女兒王道文去淮海中路寓所看望先生。(王世偉日記)

5月16日　先生有信致王宏。

久疏音問,時以爲念!

日前奉到承惠憩齋篆書,印得很好。憩齋尚有篆書《韓太夫人墓志銘》(中楷篆書)及《李仙女廟鐘》(小楷篆書),精極。我找出後再借給你。《湖社月刊》將來帶北京贈我。

我來滬已月餘,[①]不日返京⋯⋯

賤軀近已復原,祇是年事日高,做不出事情。(《全集·書信卷·致王宏》,下册第649頁)

---

①來滬已月餘:原文如此,疑有筆誤。據5月1日先生致陳先行信,回上海的日期當在"5月中"。

　　是月　沈津自美國返滬探親,至先生淮海中路寓所探望,時周賢基同在,沈津爲先生及周賢基攝影留念。先生在照片背後寫有"津自美來攝"。(周賢基藏照片)

　　是月　爲蘇淵雷書聯:"赧臺偶築緣文債,妙理能通仗濁醪。"(王蕾提供)

　　是月　先生題簽的《讀史方輿紀要稿本》(清顧祖禹撰),由上海古籍出版社出版。

　　是月　先生題簽的《中華社會科學工具書辭典》(潘寅生、郭建魁主編),由甘肅人民出版社出版。

　　是月　先生題簽的《紅樓夢》(清曹雪芹、高鶚撰,綫裝本),由浙江文藝出版社出版。

　　是月　先生題簽的《毛澤東晚年過眼詩文録》(王守稼等編并注釋),由花山文藝出版社出版。

　　初夏　爲江澄波臨《史頌敦蓋銘》,并書"老病久疏臨池,手如薑芽,即請澄波先生粲正"。(複印件,李軍提供)

　　6 月 1 日　沈燮元有信致先生,詢問高橋智擬將先生《文字同盟雜感》譯成日文,在《汲古》發表,是否同意? 又《尚書文字合編》是影印還是排印,何家出版社出版? (原信)

　　約 6 月 4 日　先生有信致陳先行。

　　　久不通信,正深懸念,乃奉手書并《名人生活》一册,不勝快慰!

　　　您搬家已就緒爲慰! 您要我寫"學思齋"額,甚高興! 我曩爲李慶同志寫了孟子語"資之深則取之左右逢其源",去臘他來賀年片上注了兩句話:"在日本調查明代文獻,發現數十種國内所無資料,又日本明治以來漢學歷史資料也收羅甚多。"他説受孟子語的影響,我覺得很高興! 您今想起我寫孔子語,用來取齋名,這樣我寫的字,對您們起了作用了!

　　　您便中請查張佩綸的家藏信札,館中拍了膠卷,其中有無與吳大澂有關係的議論、通信等,還有陳寶琛的信中有無涉及吳的事。在光緒初,張、吳、陳三人目爲清流,忌者甚多,以張抗法,吳會辦北洋,陳會辦南洋,實欲陷之。我祇要與吳有關者,將補《年譜》。費神費神! 不急之務(此事以後再説)。[1](《全集·書信卷·致陳先行》,下册第 596 頁)

　　6 月 12 日　先生有信致高橋智。

　　　前在北京曾奉手書,均悉。粟六稽復爲歉! 吾來滬清理圖書資料,忽已匝月,年老體衰,檢閲不能久。現將所存期刊,贈送海鹽張元濟圖書館。

　　　承屬沈燮元君詢及顧頡剛先生和我所輯《尚書文字合編》一書,係影

---

[1]《全集》中此信末署"(一九九三年十一月)",不知何據。兹據陳先行確認,信封郵戳爲 6 月 4 日,因移置於此。

印,尚未出版。東山本未能采及,甚爲遺憾!

我在此再小住一二周,即返北京。台端今年來華否? 到北京還是到上海,届時請見示,以便謀晤。

懷念橋川先生小文,已承翻譯,謝謝!《汲古》如予發表,甚爲感荷! ①
(《全集·書信卷·致高橋智》,下册第 684 頁)

是日　先生有信致吳豐培。

接奉手書,欣悉一一。從字裏行間,審知兄健康已經恢復,慰甚!

承屬題籤,昨已塗就,不知可用否? 我寫字手尚不抖,但不奈久坐。上海欲去不得,年來全力爲完成顧剛先生所主編的《尚書文字合編》,最近可完成脱稿。

《愙齋年譜》尚未動手,近期可着手。大文已托北圖期刊組同志複印完全,亦甚不易矣。

現在有複印真方便,修訂《年譜》可以剪貼,不必全部重寫。(《固園齋珍藏名人墨迹》)

6月17日　任繼愈邀請先生參加《中國科學技術典籍通彙》編纂委員會顧問會議,研究商討選目及有關編纂出版事宜。(會議通知)

是月　汪壽明贈《漢語音韻學引論》(先生題籤)。(原書)

是月　先生題籤的《陽春白雪》(宋趙聞禮選編,葛渭君校點)、《李俊民文集》,由上海古籍出版社出版。

是月　先生題籤的《鄭和研究論文集》(第一輯)(南京鄭和研究會編),由大連海運學院出版社出版。

是月　先生題籤的《中國著名目録學家傳略》(李萬健撰),由書目文獻出版社出版。

是月　先生題籤的《清籍瑣議》(徐小蠻撰),由海洋出版社出版。

是月　先生題籤的《清國史》(嘉業堂鈔本),由中華書局出版。

夏日　録宋楊誠齋詩"初疑夜雨忽朝晴,乃是山泉終夜鳴。流到前溪無半語,在山做得許多聲"贈林其錟。(林其錟《流到前溪無半語,在山做得許多聲》,載《顧廷龍先生紀念集》,第 94 頁)

7月12日　至太倉參加鄭和學術討論會,并爲《鄭和研究》題寫刊名。會議期間,先生與吳奇(南京鄭和研究會會長)、潘群(副會長)、孔令仁(秘書長)、仲躋榮(副秘書長)合影留念。(潘群回憶并所藏合影照片)

7月26日　孫啓治有信致先生。

來信收到。這次返滬,您做了不少工作,使《合編》後階段得以進行下去。敦煌本的選材及同卷歸併,"品字式"的安插,均照所囑辦。又《凡例》

---

①此信無日期,兹據信封日期置於此。

稿條文經您刪改，已逐條做記錄，亦當據以寫定（《凡例》有關全書編次的格局，這次定下不宜再動，否則全書都要受影響。這個編次實際也就是原刻本編例，我以爲是合理的編排）。

現在敦煌本正在剪貼（《留真》及羅氏複印件），"品字式"也複印好了，當依囑插入正文"直行式"之後，并寫入《凡例》。敦煌本不清楚的，祇好先行複印剪貼，待機替換了。李氏《釋文》已剪貼好，是顧頡剛校刻本，這個本子校改了原刻的一些錯字，又加了句讀，是較好的本子，而且一字一行，便于閱讀。但本身也新刻錯一些字，原刻的錯字也有漏改，複印時我已貼換一小部分明顯錯字，如"宋史"誤作"木史"之類。其餘都用鉛筆注在書眉（包括筆劃殘缺、不清的字），尚未改。您不必以我所校爲限，可重新自校，錯字和殘筆可直接用毛筆改、描（改字則另寫貼上去），此本就做直接複印的底本。句讀的錯、漏，複印時已改正，您閱讀時如發現有問題，可加小條子。

《書古文訓》也剪貼好了，是用通志堂原刻，刪去注文（此本現在出版社修版框）。這個本子我主張一字不改，因爲薛本目前祇此一個版本（其他均從此本翻刻），沒有其他更早的版本作依據，不宜根據自己的意見改，以免自造新錯。紅字木刻本所以不用，就是因爲我發現它有改動。同一字之"隸古定"體，在薛本中有時筆劃略有出入，這種情況是原來如此，還是通志堂的梓誤，現在不得而知，應保持原文，不宜改統一，萬一改錯就糟了。紅字本這方面不盡依原刻，我以爲不宜。又此本有宋人避諱字，這是時代特徵，紅字本或改回或不改回，顯得不一致，這也是不妥的。須知這同李氏《釋文》情況不同，《釋文》是近代人寫的工具書，錯字都有據可案的。薛本是作爲《尚書》文字的版本資料，應保持原貌。

以上意見供參。此書自始至終都是在您的主持下編纂的，現在進入最後階段，由于一些關鍵問題都已由您這次來滬解決，所以目前工作比較順利，有問題我會及時信告。（原信）

是月　先生有信致趙樸初，爲陳從周求題書簽。

久違教益，每增馳仰。兹有友人陳從周教授，上海同濟大學園林建築專家，著述甚富，最近撰有《飽覽人間春色》一書，久仰名德，擬懇賜題書簽，以爲光寵。倘蒙俯允，至深感幸！（《全集·書信卷·致趙樸初》，上冊第240 頁）

是月　跋王同愈畫。

外叔祖栩緣公，辛亥後即寓滬上，每年春秋佳日，往往赴堉鄉盤桓，廳事設有長案，明窗淨几，宜書宜畫，興至即揮灑其間。其華得此兩幀，未有紀年，疑即彼時之作。其華得此寶之。（《全集·文集卷·題王同愈畫作》，下冊第 706 頁）

是月　先生題簽的《浙江出版史研究——元明清時期》（顧志興撰），由浙江古籍出版社出版。

是月　先生題簽的《蔣百里先生紀念册》,由政協海寧市委員會文史資料委員會編印出版。

8月4日　先生有信致趙樸初,云:"蒙寵賜墨題,感幸莫名,當即轉寄上海,從周先生得此墨寶,必將喜而不寐矣。"(先生小筆記本)

是日　沈燮元有信致先生,請爲《中國古籍善本書目》題寫"子部、集部"四字,及"一、二、三、四、五、六、七、八、九、十"字,用于《書目》封面。(原信)

8月6日　先生有信致周賢基。

在滬多承照拂,感不可言!回京亦已月餘,尚未奉函,歉何如之!

我回京後即告誦芬,《愙齋年譜》竟未找到,是件憾事。他説去年即已尋得,帶來北京。抬頭一看,果在架上,衹是一本分成四個薄本,外加護書夾,所以面目全非。我記得的是老面孔,想不起改裝事了,可發一笑!

鹹露小瓜,"六必居"老店不賣了,後在别家買到,是韓國所製,鹹度不够。得便再到瀋陽去買,必可得之。

世兄兩次幫忙捆書,非常感謝。

我來京後亦不得暇,但自己不敢多作工作,免得生病。書不盡言,即請侍安。(《全集·書信卷·致周賢基》,下册第451頁)

8月10日　收到彭長登寄贈的《脚迹》一書,致謝函云:

拜讀一過,徵見台端高風亮節,革命到老,企佩無極。

龍于前年冬患胃潰瘍,動手術後漸漸恢復如常,但以年事日高,隨在須人,遂就養來京。關于《善本書目》子部,由南京潘天禎同志定稿後發交出版社。集部由冀淑英同志定稿中,今年亦能發稿。《索引》則由南京館擔任,用計算機處理。杜克同志有召開編委會之意,屆時當可握晤矣。(先生小筆記本)

8月12日　去醫院量血壓,"上高120,下低60"。(先生小筆記本)

8月13日　先生有信致沈津。

兩奉手書,均拜悉。七月二十七信内照片收到,我與賢基一幀已寄給老周。你托任雅君、孫秉良所轉,迄今尚未收到。

我在上海住了兩個月,正巧與您全家都能見面,極爲快慰!聞馬泰來先生要來北京,您要托他帶助聽器給我,很高興,這樣我可恢復了耳聰目明(我目力尚好,你寫的小字我也能寫),先此道謝!家居僻遠,先通電話聯繫爲便。存訓先生年逾八十,尚能工作至夜間一二時,殊可欽佩。賤軀遠遠不如,我如夜間與老朋友通信,竟會不能安眠。

北京氣候甚好,不覺很熱,我在上海那時也還可以,老人似不怕熱。我現在還是整理《尚書文字合編》,交稿以後,將《吴愙齋年譜》補充,材料已有不少。以前所見材料,今已無從踪迹,新的材料則皆昔日所未見者。最可惜者，我離京前爲燕京購得銘安日記竟不可踪迹，其中叙及與愙齋往還甚多。當年如有複印技術就好了，蘆溝橋事變後，藍曬亦已停業了，悵悵！（原信）

8月21日　《解放日報》發表鄔時民、湯德勇撰《長樂永壽九旬翁——訪著名學者、書法家顧廷龍》。

真難想像，眼前這位九旬老翁精神這麼飽滿，而且步履輕盈，他就是蜚聲海内外的上海圖書館名譽館長、中國書法家協會上海分會名譽理事顧廷龍。記得去年春天顧老曾患過一次小中風，手脚麻木多時，想不到一年來竟然恢復得如此之快。于是，筆者忍不住向顧老探問康復的奥秘所在。他説：“除了有病治病，更重要的是無病要防病。我的預防方法主要有三。”

一是心胸豁達。坐在顧老一旁的同事説，顧老平時待人隨和，從没見他發過脾氣。他還樂意幫助他人，在家中，他放下名家架子，七年如一日，幫助安徽來他家的小保姆學文化，輔導她學習圖書館學、書法、碑拓、裝裱等知識，使小保姆在滬期間，先後取得了圖書館學、書法、裝裱等專業的三張上海市電視中專文憑。當姑娘學成歸鄉喜結良緣時，顧老還特意爲她餞行。這事情一時間成了申城文藝界的美談，顧老却不以爲然，説助人爲樂，利人也利己。

二是治學不斷。顧老多年來一直銘記周總理的囑咐，要努力完成《中國古籍善本書目》編寫工作。爲此，多年來他一直抓緊時間編寫，至今已編了全書的三分之二，預計今年可以全部編完。顧老認爲，著書立説是一種“頭腦奥林匹克運動”，它有助于推遲大腦功能老化，延緩記憶力衰退，同時也能使自己的生活更加充實。

三是臨池書法。顧老的書法功底深厚，八十年代高齡之時，還多次參加上海市與日本横濱市大型書法交流活動，贏得中日人士一致好評，衆人見其作品愛不釋手。平時，對慕名而來的求墨者，他從不拒絶，不少書名、報刊，都留下了顧老題詞的手迹。這位墨林前輩教導筆者，臨池書法能使人身姿端正，摒除雜念，神寧氣平，做到意、氣、指、腕、肘肩、腰腹各部位和諧地漸入佳境，從而達到延年益壽之目的。

顧老就是這樣，以他的“心胸豁達、治學不斷、臨池書法”三部曲，譜寫了健康長壽的樂章。

是月　賀楊泰偉、孫幼麗書畫展，題“書畫合璧”。(《顧廷龍書法選集》)

是月　先生題簽的《1861—1949中文報紙縮微品目録(一)》(全國圖書館文獻縮微複製中心編)，由中國書籍出版社出版。

9月6日　去醫院量血壓，“上高130，下低60”。(先生小筆記本)

是日　先生有信致孫啓治。

來信及石經配合本，甚好。我現在選了三篇：一《舜典》，二《皋陶謨》，三《益稷》。如何印刷、裝訂，需要請姜、陳兩位同志考慮安排了。

　　我們與孫氏不同之點是：他重在石經，我們重在《尚書》。《二體石經》，很可疑，不知王國維考過否（此間無書可查）？ 存字不多，拼不成句，還是割愛。

　　所注釋文甚好，請用拷貝紙寫，不帶格，即格子填下面，不知可否？《皋陶謨》（二）"第二行"云云，可刪略。《益稷》（五）釋文可否即注各拓之下，可否縮成六號鉛字大小？ 此事要請姜、陳二位指教了。日本出版的書，其釋文如果兩行排作一行，二行之間加一"／"斜綫。中國習慣二行之間作一"∟"號。

　　上次寄去校樣一函，尚望啓治同志檢閱一番，有錯即改。我所留浮簽，看了改的，可以確定了，就把浮簽去掉，作爲審定之本，以備付印了。

　　我打［算］加兩個附録，是否可行？ 請三位同志仔細考慮，確定後或修改後，請見告，至爲禱盼。（《全集·書信卷·致孫啓治》，下册第 496 頁）

**9月24日　先生有信致高橋智。**

　　久未通信，時以爲念！ 八月上旬，接奉手書并《汲古》一册，甚慰甚慰！ 拙文承譯載其中，感荷之至！ 承示尚有稿費見惠，不敢收受，是應酬譯者之勞！ 尚有多本，携帶不便，留給您送人。

　　兹有吾的學生徐小蠻女士，現任上海古籍出版社副編審，近從事中國版畫之研究。日本這方面資料較多，擬懇吾弟協助指教，具體要求由小蠻具函奉托。小蠻諳日文，吾弟可即用日文復之，較爲方便。倘蒙俯允，不勝感荷之至！

　　龍病體漸復，每日尚能伏案五六小時。一年已過三季，吾弟來華之日日近，可圖歡叙。（《全集·書信卷·致高橋智》，下册第 695 頁）

**9月26日　先生有信致孫啓治、陳善祥、姜俊俊。**

　　來函敬悉。

　　關於李遇孫《尚書隸古定釋文》，經再三考慮，又商之老友，皆以分篇爲善。至通論祇可作爲附録，請并考慮一下。

　　孫星衍序排李遇孫自序之前，分卷取消，孫序原祇一個"序"字，是否可改稱"孫序""自序"？ 自序後列馬錦跋，然後通論、凡例。還有原第八卷的"刊訛"，亦分於《釋文》各篇之後，但每篇後要加"刊訛"兩字。這樣處理妥否？ 請酌示。

　　至於原"尚書隸古定釋文卷二"，"卷二"兩字要删。以下各篇之首二行即書"尚書隸古定釋文"，第二行"嘉興李遇孫學"。

　　姜、陳二君對木刻本上留空木塊，改用書名放大，是一好辦法。但現在改分篇，可不用大字標題，祇要普通字了。老孫如無暇改貼，可寄給我，我來動剪刀漿糊。

　　關於唐寫本《經典釋文》，有考釋四篇：一吳士鑑，二馬叙倫，三胡玉縉，四洪業。一印在《涵芬樓秘笈》中；二單行（長樂路有）；三、四載《燕京學報》，可能載十二——三期，要到藏書樓去借。此事恐須托吳織、顧文韵幫忙了。

關於增加序跋集錄，老孫同意，要請小姜、老陳同志考慮一下，是否可行？如可，恐要鉛排了。祇收集我們所用敦煌本、日寫本上的題跋考證。鄙意正書之後加一個附錄，再加一個序跋集錄（名稱再酌）。

我現在寫序，回憶一下全過程和隸古定的認識，爭取小姜來京交出初稿，以便請教。

前函我對《二體石經》主張不采，但現在閱讀王國維批校本采及《二體石經》的……我想《二體石經》還是補入爲妥。（《全集·書信卷·致孫啓治、陳善祥、姜俊俊》，下冊第 499 頁）

9 月 28 日　先生有信致吳織，告知毛彥文已與上海圖書館朱慶祚聯繫出版熊希齡遺稿事，“朱信要十萬人民幣，她已電匯美金一萬二千元”。又謂：“我搞文字演變，經常見到文章中提到‘科斗書’，究竟什麼樣，不知道。昨晚偶檢舊筆記中有一條，《洛陽伽藍記》説：寫《春秋》《尚書》二部，作篆、科斗、隸三種字，漢右中郎蔡邕筆之遺迹也。記得很具體，始知科斗文就是《三體石經》中之古文。”（原信）

9 月 30 日　中秋。於小筆記本記有：

陳簠齋先生博學好古，勤于古器物之搜集，考證不遺餘力，爲有清一代之冠。龍初習文物，即對簠齋先生企仰，甲子春，先生曾孫繼揆先生自天津來滬，辱承枉顧，談藝多樂，快慰平生。承示匋文拓本一冊，文字精美，借留案頭，欲摹未成。適有編纂《中國古籍善本書目》之役，久稽未歸，歉何如之！前年有幸到濟，在山東博物館請觀簠齋藏匋，出示兩帙，似皆不足之本，亦無簠齋題記。它日稍暇，當重理舊業，再作拓片多寡之考察也。今承靳潤成君來訪未值，率志數語于冊末，借志鴻雪。（先生小筆記本）

是日　先生有信致沈津。

兩奉手書，均悉。承寄照片并由任雅君托胡群耘所轉照片亦先後收到，謝謝。

馬泰來先生來京通了電話，我因懶于行動，未克往訪，甚悵！曩游芝城，皆承相陪游觀，甚爲感荷，不敢忘也。吾弟托帶支票美金 120 元收到，謝謝！我由誦芬陪往王府井醫療器械公司，看到瑞士的力士頓（Rexton），試用一時再説。日産二家北京皆無，有，亦爲北京裝配的。瑞士的用用尚好，我想先買一隻用用，以後再配一隻。盛情不勝感謝之至！

您寫的一篇哈佛藏書發表于《中國文化》，我亦有一小文在內，想必鑒及（現爲沈燮元君見而借去）。上次您印給我的《哈佛寶貝房》一文，後面提及賤名，最近誦芬的老同學（現居住美國）見之，買了一本臺北印本寄給我，很精美。沈强在日本國際書法篆刻比賽中獲得國際特大獎,殊爲難得,可勝慶賀! 令弟前年曾到滬寓暢談,甚快! 我看近來日本的中國書法亦有講工力者。總之令昆仲(當然包括沈平)多才多能又自强不息,將來成就未可言量!

銘安日記可能還是在燕京,今在北大,無法尋找。我曾問人登録簿可翻翻麽? 有人告我登録簿多得無法查了。銘安在吉林與吳大澂共事,吳好做事,銘則好做官,兩人往往意見不一致。當時我急于旋滬,不及摘録,燕京復校,聶筱珊兄任館長,托其查找已找不到了,可惜可惜! 燕大可能有未編書擱置。從前傅沅叔先生在宣統時爲天津圖書館收到一部全祖望七校《水經注》,胡適之知此書,總想一閲。時傅中風卧床,説話祇有其兒子能聽,胡先生去見他,他説出了"天津"二字,知必在天津圖書館。但天津館編目書中遍尋不得,後在書架頂上找到一包没有編目的稿子,取出一看,就是全氏《水經注》稿本。胡氏大喜,因爲這稿本有手抄的,有刻本的,草訂在一起,當時編目的不識貨,索之高閣,未加銷毁,萬幸萬幸! 我誠望銘安日記終有一日重現于世。

賤軀尚健好,但有時要貪懶,閉目静坐,究竟老了。我對古文字中的科斗書,一直弄不明白,偶然查到自己的舊筆記,明明説:"堂前有三種字石經二十五碑,表裏刻之,寫《春秋》《尚書》二部,作篆、科斗、隸三種字,漢右中郎蔡邕筆之遺迹也(見《洛陽伽藍記》)。"讀之怳然,科斗書即在目前,蓋即《三體石經》中之古文也。

拉雜奉復,敬謝厚惠。順頌闔第安康。廷龍。中秋。(原信)

10月12日　沈津有信致先生,謂"銘安日記事,暇時當再查諸普通書,書祇要不毁,總是在的"。(原信)

10月17日　先生有信致杜澤遜,并附贈《四庫存目》批注本四册。

久疏箋候,馳念良殷。近讀《古籍簡報》,欣悉先生從事《存目》版本甚勤,無任欽佩! 鄙人昔曾從事于此,所見《存目》書即注于目下,當時燕京購書費拮据,有收有未收。收者均在今北大。未注版本者,因已收入叢書,容易找。後來蘆溝之變,百事俱廢。

兹將批注本寄奉參考,想河海不捐細流,或願一顧。批注中注有一"静"字者,一時想不起何人,以後想到即奉告。"静"所注有爲其所欲補者,非《存目》書也。

紹曾先生想仍勤于撰述,實深仰慕! 我"文革"後所積期刊已贈海鹽張元濟圖書館,聊供其乏。(杜澤遜《我與〈四庫存目標注〉》,載《藏書家》第15輯;原信)

是日　先生有信致王宏。

前承枉顧爲快! 我現需用《大廣益會玉篇》三十卷,《叢書集成初編》

　　另種,不知貴店有無此書?《四部叢刊》亦有此書,如有另種最好。如有其它本子亦好,祇要價廉,請代訪一部,并希賜復。

　　《四部叢刊》本價昂,借我查用一下,即行寄還,如何? 又及。(《全集·書信卷·致王宏》,下冊第 650 頁)

10 月 27 日　上午,王世偉去北苑寓所接先生,出席在中國社會科學院舉行的《古文字詁林》編纂工作論證會。(王世偉日記;《顧廷龍先生紀念集》,第 203 頁)

　　是月　先生題簽的《實用楹聯大觀》(熊鳳鳴、吳偉慶編),由上海書畫出版社出版。

　　是月　先生題簽的《杜亞泉文選》(田建業等編),由華東師範大學出版社出版。

　　是月　先生題簽的《西藏史大綱》(吳燕紹編撰),由全國圖書館文獻縮微複製中心出版。

　　是月　先生題簽的《平湖縣志》(莊文生主編,浙江省平湖縣縣志編纂委員會編),由上海人民出版社出版。

　　是月　先生題簽的《御製詩文十全集》,由中國藏學出版社出版。

11 月 7 日　先生有信致林公武。

　　多年不見,時深懸繫。乃承電話垂詢,又拜手函,殊爲感荷!

　　龍在滬病後,即移居北京,較有照顧,今春曾返滬一行,小住兩月即歸。現在身體尚好,但究係年高,衰老不耐伏案,慚甚慚甚! 前題諸簽均出版,甚爲歡興。如方便,乞惠寄壹份給我,徑寄"北京七六一信箱一分箱"可也。

　　彭衛國同學在上海工作,甚好! 去年來過北京,我回滬,必得相晤。

　　此間已入冬令,但有暖氣,伏居室內,不敢出門。福州正温暖之時。足下工作煩忙,亦希珍衛。(《全集·書信卷·致林公武》,下冊第 543 頁)

11 月 10 日　先生有信致王明根,爲《從木版印刷看新羅文化——在慶州佛國寺釋迦塔發現的陀羅尼經》事作答,并提供了先前四位學者的論文供參考。

　　八月下旬接奉手書,敬悉一一。衰年有時精神較差,遂懶筆札,稽遲裁答,歉甚歉甚!

　　……以上四篇文章,您如要看,如復旦找不到,您可托陳石銘同志複印。最近看到一份廣告,知道香港中文大學中國文化研究所編輯了《先秦兩漢古籍逐字索引叢刊》第二輯,第一輯已出版十二種,不知上海有何館收購,主編劉殿爵教授、陳方正博士。希望上海能收購一套。

　　我想起一件事,記得北京圖書館在抗戰前由王庸主編《宋人筆記索引》(書名記不準確),上海開明書店已經有排樣了,我見過,但後來未見出版。日本曾有人編過隨筆索引,比較簡單。我希望這一課題可以考慮。宋人筆記比較可信,如有人高興,可一朝一朝來做,可以發掘很多材料來。(原信)

**11月14日　先生有信致陳先行。**

上次奉書後,立復一箋,因待寫件塗後同發,豈知一擱至今,悵悵!

茲有兩事奉求:一、請查《唐六典》,記得此書有中國木版大本,又有日本縮印小本,南京路均有。《唐六典》有云:“校書郎正字,掌讎校典籍,刊正文字,其體有五:……五曰隸書,典籍、表奏、公私文疏所用。”是爲漢魏時通用之隸書,又稱正書爲隸書。我要知道唐代所稱隸書,實即唐人所作正楷。請看《唐六典》有無可以作爲明證者,請細細研究後見告爲盼。

我還想請您查查書庫裏的作者卡片,著者姚文棟名下有多少種,請開一單子見示。我前年曾請方志辦吳雲溥同志到嘉定弄到一點,前天李致忠君在一本新出的人名錄找到一篇,較詳。我必須替他寫一篇小傳。(《全集·書信卷·致陳先行》,下冊第597頁)

**11月28日　先生有信致陳先行。**

前上一信,托查《唐六典》引文,請將節略處爲我校補爲盼!

屬寫齋額寄上,近時不寫字,寫出來不好看,但手還不戰。周建國先生一張請轉交。(《全集·書信卷·致陳先行》,下冊第598頁)

**是月　爲《民國名人手迹》(上海市檔案館編)作序。**

“夏禮吾能言之,杞不足徵也;殷禮吾能言之,宋不足徵也。足,則吾能徵之矣。”尼父之重視文獻資料,可謂至矣。吾國封建社會中,歷代檔案,均藏內府,亦至重視矣。唯朝代更迭,戰禍頻仍,楚火之焚,侯景之劫,歲月久長,終于散失殆盡矣。五千年歷史,今所僅存者皆屬清代中央所庋儲者耳。可勝浩嘆哉!新中國成立以來,中央、地方均建立檔案館,收集保存,編目借閱,從此研究歷史問題,俱有資料可稽考矣。

訪求文獻,亦大有故事可言者。余嘗見明季溫體仁內閣時所擬批文,曰《票擬簿》,雜棄於將作捲爆竹之廢紙中,適爲識者所見,亟保留之。此乃私家所散出之重要史料,幾成灰燼!今上海市檔案館勤於搜訪,精於識別,善於保存,不復有流散之顧慮矣。整理編目,一索即得,可毋興文獻無徵之浩嘆矣!

該館出其珍秘近人尺牘、手迹,編爲此冊,搜集人物廣泛,內容多樣,包羅史實豐富,足以供讀者多方面之參考。其中所采尺牘較多,此亦吾國悠久之文化傳統,自宜珍視。漢代陳遵與人尺牘,主皆藏弆以爲榮。晋謝安素善尺牘,而輕子敬之書,子敬嘗作佳本與之,謂必存儲,安輒題後答之,甚以爲恨。此均前代崇尚尺牘、講究書法之故事也。

此冊收有譚延闓、于右任之手迹,皆晚近書法名家,而于氏手札,寥寥數語,意義甚大。函云:“九號中舊有存儲之《民呼》《民籲》《民立》等報,是我的寶貝,希注意保存。”按所述三種報紙,乃辛亥之際革命報紙,後被袁世凱氏禁止發行。此三報之全份,近甚罕見,于氏自藏全份,當必完整者。他日宜謀影印,以便保存,得垂久遠。

此冊所收，人物衆多，或有可爭議商榷者，然以文獻觀之，存史事之真實耳，非存其人焉。況有不以人廢言，不以言廢人之古訓乎？讀者自宜鑒之！

主者編輯竣事，命爲一言。余以衰年，幸得先睹爲快，卒出數語，以當喤引。（《全集·文集卷·民國名人手迹序》，下冊第 1057 頁）

是月　先生題籤的《郭紹虞手書毛澤東詩詞》，由上海古籍出版社出版。

12 月 12 日　水賚佑至北京看望先生，將他撰寫的《宋代〈蘭亭序〉之研究》一文獲中國書法家協會第四屆書學討論會一等獎的消息告訴先生。先生聽後非常高興，説："不是嘛，資料多了，就可以整理歸納，梳理出名目。你這幾年的力氣没白花，要繼續下去，功夫是不負有心人的。"又拿出一份《宋游相藏〈蘭亭〉述略》鉛印稿，説："這篇文章送你，也許會有用。"接着又問："你有齋、堂、室名嗎？"水答"没有"，先生脱口而出："那我就給你起一個。"（水賚佑編《〈蘭亭序〉研究史料集》自序）

12 月 15 日　先生有信致沈津，并附灑金小紅箋行書"恭祝聖誕，并賀新禧。顧廷龍再拜"。信云：

前奉手書，尚稽作答，歉歉！承托人帶給我小本，尚在燮元處，日内將送來，我真喜愛，不勝感謝！何以中國尚無人注意做做小生意呢？

美國諸友地址均無，歲莫懷人，甚深馳念！培凱先生近況如何？念念。曩住其家數天，幽雅可愛，特别是輕音樂聲，如服清涼之劑。還有他的親戚作油畫的女士，看她耐心細緻的走筆，當時可惜未留一照。普林斯頓王太太，現在還在該校否？您如有所聞，告我一二。該校還有一位先生，與您通信的，人極誠懇，樸實熱情，亦不聞其消息。聽説艾君繼任目録工作。白迪安仍在圖書館界工作，調至别校，可能無中文書。安芳湄仍在哥大圖書館否？均仍念也。您若有消息，告我一二。

令愛聰明玲琍，現在工作否？在滬時曾得一晤，慰甚！賤軀尚可維持，但年逾九十，不耐久勞。可喜者，顧祖禹《讀史方輿紀要》稿本業由上海古籍出版社景印問世，我算解除了一件心事。

歲聿云暮，轉瞬改歲，敬賀新禧，并賀聖誕快樂。（原信）

12 月 18 日　水賚佑將由京返滬，來向先生辭行。先生將寫就的篆書堂額送給水，上書："崇蘭堂。賚佑學人覃究右軍禊帖成專著獲獎，爲題此額，以志鴻雪。癸酉歲莫，顧廷龍于北苑，時年九十。"并説："史料是靠長期積纍的，古人做學問就是先從收集史料入手，而且非常重視輯佚工作，希望你把《蘭亭序》史料收集工作繼續做下去。"（水賚佑編《〈蘭亭序〉研究史料集》自序）

12 月 24 日　先生有信致徐小蠻，并附灑金小紅箋行書"恭賀福康先生、小蠻仁娣新年康樂。九十老人顧廷龍再拜"。信云：

昨得水同志電話，他已來北京，聽説您要明年再來。悵悵！

我現在急於把《尚書》事完成，現在努力要寫出序來。手頭無書，上海、北京求人找材料,深感大家肯幫忙。

《讀史方輿紀要》稿本的印成,全靠您和陳公(按,陳善祥),不勝感謝之至! 我翻閲一過,我認爲祖禹手筆甚多! 上海寄我一部,亦應感謝你。錢穆自覺主張先校後印,感到遺憾。但我現在看來,當年想先印後校,亦難成事實。我們談校印問題之後,不久盧溝變作,我回上海,上海已成孤島,幣制貶值,合衆經濟亦形困難,商務一度緊張,諸事停頓,陳公知之。所以我總結經驗,萬事有緣,早不能成,晚不能成,一定要您們來完成。

還有象顧祖禹墨迹,華長發的手迹,以及通志堂刻《紀要》"陝西省",都是後來所得,葉、錢二公所未見。我曾想徐乾學極尊重顧祖禹,他的力量爲何不爲刊印? 今得見通志堂刻"陝西省",始知徐確實想爲刊行,但原稿尚未殺青,大致邊定稿邊付刊。豈知顧卒於一六九二年,徐卒於一六九四年,書局星散,自難續成矣! 必待古籍出版社來完成了,是有前緣的。

《王同愈集》希望您與錢公(按,錢伯城)談談,如果無緣,我想另找出路。您如何與錢公通一札,如不在他手,您徑取回來,交郵挂號寄京。我深信印書有緣。王同愈撰《説文檢疑》一書,偶爲周志高看見了,他取去改名《小篆疑難字字典》,出版後,不熟悉的讀者來信,盛贊方便初學,是亦緣也。《王同愈集》是否可商之其他有力者(如李健雄),是否如此寫法? 我認識他。最近《文匯報》刊載古籍整理問題,他發言裏談及《珠卷集成》很有用,實則我在職時即介紹給他,當時談而未成。總之萬事有緣,不可强求,麻煩您設法取回罷! 拿回後,乞徑寄北京爲禱。(《全集·書信卷·致徐小蠻》,下册第 505 頁)

是月 在《涵芬樓燼餘書録》上題字:"右目所注'蔣'字,均爲得自蔣孟蘋所藏。據胡文楷先生所校傳録。一九九三年十二月,顧廷龍記。"(複印件,高橋智提供)

是月 先生題簽的《王荆文公詩李壁注》(據朝鮮活字本影印),由上海古籍出版社出版。

是月 先生題簽的《閑閑書》(費在山撰),由安徽省文房四寶研究所編印出版。

是月 先生題簽的《山東文獻書目》(王紹曾主編),由齊魯書社出版。

是月 先生題簽的《俞子才青緑山水課徒畫稿》,由上海書畫出版社出版。

是月 先生題簽的《陳墓鎮人名録》(陸宜泰編),由昆山市文學藝術聯合會編印出版。

冬 爲彭衛國書"博我以文,行己有恥"。(《顧廷龍書法選集》)

# 1994 年　91 歲

1月4日　先生有信致徐小蠻,爲《王同愈集》出版事。

手書敬悉。王老先生集仰仗大力,相機推薦。王先生集尚未寫序,亦無事略,兹補呈事略一篇,俾便審稿者瞭解。王先生的同年江標,他的集子是鄭麥同志所輯,已得中華接受付印。王先生集(李俊民同志曾説過,那一時的文人學士之作,要印一些傳世,否則有斷層之慮。偉國同志昔曾數接談笑,最早是林其錟先生大作出版,在静安寺午餐,他當尚能憶及)留在尊處,我擬寫一序,否則看了没有頭緒。葉景葵先生寫過兩句(見《栩緣日記》)題詞,云:"此記雖係殘帙,所足貴者,鑒别書畫碑版精審無倫,固與吾家緣督先生如驂之靳,而於畫學知行并進,爲緣督所不及。"煩你相機進行爲托!

高橋君來舍三次,一年一度,亦頗不易。您與他通過信否? 現在上海,王翠蘭必知之,他要去上圖看書。

接顧美華君信,題簽有錯誤兩條,兹重寫附去,請轉交。開始所寫幾條與現在所寫相隔多年,差别很大,所以鑒别字迹,不能刻舟求劍,一個人的字不斷變的。我建議您編一部批校抄本圖録,刻本有《版刻圖録》,而抄校稿本尚未有人注意。

賤軀尚健適。《尚書》材料已齊(比較豐富),編次可定。手頭雜事稍一了理,即可起草。春來必須旋滬,《尚書》脱手,死無遺憾! (原信;《全集・書信卷・致徐小蠻》,下册第507頁)

1月6日　先生有信致高橋智,談補印《尚書》缺頁等事。

一年一度,握晤數次,快慰何如! 風燭殘年之中,尤感難能可貴。去年拙稿承譯印,并予厚惠,感荷之至!

前賜林碕本《尚書》影本,極爲珍感! 但其中有缺頁及模糊之頁,便請復查一過。您在舍記録一單,我今重新檢點一遍,另開一單,以便參考。《尚書》工作,我將爭取上半年交卷。

上海圖書館想必去過,王翠蘭君見及否?《嚴元照年譜》補充進行如何,有所聞否? 我想原稿較簡,是否可請您譯交《汲古》發表,將來王翠蘭君增補之本,可在上海、北京尋求出版,您以爲如何?

小林信明的《隸古定研究》一書,有無對隸古定在文字學上的價值之意見? 我頗欲知之,以資啓發。顧頡剛先生與我合輯《尚書文字合編》一書,從開始到完成,要跨六十年,實際上近十年始認真爲之,又承吾弟大力相助,感激之至! (原信;《全集・書信卷・致高橋智》,下册第685頁)

1月8日　先生有信致方行。

接奉一日手書，均悉。《朝花》四千期已由陳詔同志寄來，拙書忝附夏、蘇、柯諸公驥尾，何幸如之！

圓應塔額塗就，皆不愜意，以後重寫，先此奉正。

《魯迅輯校古籍》最後兩函出齊，難能可貴（四五月到滬領取）。龍極欲旋滬一行，《尚書文字合編》一書基本就齊，全書檢點後即可發稿。茲有致唐振常先生一箋，煩公墊加地址轉寄爲托（門牌記不真，要無法投遞）！

賤恙中醫稱老年瘙癢症，醫治後略見緩和，勿念。（《全集·書信卷·致方行》，上冊第343頁）

1月21日　先生有信致方行。

前承惠函并瞿館謝柬，均已拜悉。本欲立即奉復，適患皮炎，渾身發癢，入夜尤甚，據醫云，是老年常見病，馮友蘭、王伯祥之家屬均言如此，亮無大礙，近已漸漸習慣。

接十三日手書，時已傍晚，很興奮，立即作字，趕於次晨由家屬帶往市區投郵。是夜癢不發，上床即得安眠，大約自己的注意力轉移之故。翌日，陳詔同志來電話，告以已寄出，他說估計來得及。有時郊區郵件要比市區遲一二日，市區可寄特快，但在郊區則英雄無用武之地。

前讀《文物報》，有消息報導魯迅手抄〈校〉古籍已全部影印完畢，是皆賴公努力，不辭辛勞，千方百計玉成其事，吾皆知之，真應爲公祝賀！（《全集·書信卷·致方行》，上冊第344頁）

是月　爲《傳統文化與現代化》創刊一周年紀念題詞："千里之行，始于足下。《傳統文化與現代化》創刊以來，倏已周歲，鴻篇巨製，佳作如林，整理國故，良師益友。發揚光大，前程無量。我雖耄荒，願爲執鞭。"（《傳統文化與現代化》1994年第1期）

是月　先生題籤的《西游記》（明吳承恩撰，曉晨校點，綫裝本），由浙江文藝出版社出版。

2月6日　先生有信致任光亮。

前承枉顧，并惠諸珍，無任感荷！諸君子遠道枉存，感荷如之，特請友人爲之攝影留念。茲已洗印畢工，特奉台覽，即請檢入爲幸！

轉瞬春節，敬祝吉祥如意！惠娟同志問好，不另！《全集·書信卷·致任光亮》，下冊第480頁）

2月10日　春節，先生有信致吳織，信用紅箋書寫。

新春承垂賀，感感！龍疏懶日甚，稽遲奉答爲歉！

織娣參加古籍編目甚好，全國古籍編成總目，真是一件大事。上海所藏數量較大，匯總後必大有可觀。佩華同志遠道枉顧，未能略事招待爲悵，渠爲我事大力支持，感不可言。

龍擬于春夏之交旋滬一行，不知能如願否，主要希望完成《尚書文字合編》一書，吾願足矣。（原信）

2月14日　先生有信致徐小蠻。

茲寄上李偉國同志信，請轉交爲荷，費神鼎力爲之！

王老先生集尚缺一序，他同輩已無一存，後一輩相熟者亦無一存，祇能我來寫了。三四月間，如健康水平不變壞，我必返滬。《尚書文字合編》序在此寫好初稿，到上海修改。最近聽到親戚中我同輩之人，絡繹化去，爲之寒心！

高橋君到滬，你見及否？抄校稿本圖録你社能發起組織編輯否？我將試寫一文呼籲之，尊意如何？南北遞迢，雖有電話，究竟不如面談。高橋君來京，送我壹部您社所印《三國演義》，因有我題字，我却未見過，不記何時所寫。因此想起爲金良年君寫過《會要》題簽，不知有出版者否？（《全集·書信卷·致徐小蠻》，下册第 509 頁）

是日　在高橋智贈送的《書品》上題記："高橋智同學複印見贈。中日建交前民間往來：一、我得參加書法代表團，同時有文學代表團前往。該團團長爲巴金、謝冰心，相晤于旅邸，并聞有學術代表團前往，則未相遇。巴金初次見面，但他爲四川收集劉光第尺牘，曾通過信，所以一見如故。"（《全集·文集卷·書品第一五一號題記》，上册第 487 頁）

2月19日　先生有信致王宏。

前聞台駕將來京，聞訊盼切。後來未見枉教，知必因事改期了。

《玉篇》兩種，我想留下，需價若干，候示照繳。《四部叢刊》本不要了。

玉扣紙寫毛筆字最適宜，有壹、貳刀即敷用了，您方便時帶給我可也。

尊釋《殷虛前編》，足下之用功可佩！昔葉玉森先生曾釋過，但後來諸家均有新釋。胡厚宣先生是專家，一看瞭然，吾已荒疏了，但甚願得一拜讀。（《全集·書信卷·致王宏》，下册第 651 頁）

2月24日　先生有信致任光亮，談安徽教育出版社《李鴻章全集》等事。

昨奉手書，敬悉——。

安徽教育出版社編輯《李鴻章全集》，我的想法，終按傳統編法，原編部分、增編部分應該分開成編，後來看樣是要混編了。所謂新編，我不贊成。此其一。

還有加注問題，恐怕曠日持久，或者注得出者是大家知道的，大家不知道的恐難注出。他們寄我一份樣本，其中吳京卿注不出，從電報時間看，此吳京卿是吳大澂。因此深感加注不易，弄得不好，成畫蛇添足。

我九十之人無力於看稿，再三考慮，我就寫信給童本道，懇予辭去主編名義。我看到報上有批評主編不編，我用此理由辭去主編之名。後來，童本道來京，要我勿辭。我説改任顧問。後來無接觸。戴逸先生有何意見，沒有提過,衹說忙極,不易一面。如此編法,編委會決定的。這段經過情況,沒有跟你談過,你是不會知道的。這一百元我不要,請您處理。錢暫存我處,我旋滬時交回你。

二月初接劉申寧來信,他說:"我今年年初變換了一下工作單位,由山東社會科學院調到深圳市社會科學研究中心。……我承擔的國家八五規劃項目和《李鴻章全集》的編纂工作,仍繼續去做。并且我還在努力去聯絡各單位,想籌集一部分資金,以求把盛宣懷的檔案整理出來,屆時仍想請顧老主持此事。"未復,今後我不再接受這種名義了。來信說,夏教授要整理"盛檔"。前年夏氏去澳門講學,講鄭觀應,不能不連及"盛檔"(他們當時的簡稱)。澳門替他出書,要題簽,後來就無音信了。

至於"盛檔"問題,要領導上考慮。例如:

一、"盛檔"的歸屬問題(那一部門)。

二、"盛檔"整理最好不出大門("盛檔"中宣統年間的郵票就很名貴吧!)。

三、要制定一些規章制度。

四、我館應該配備一點人力參加(以前有葛正慧、武義)。

關於"盛檔"的流轉,我所知道的:解放初原在盛氏祠堂內的,因改建交文管會,文管會交上圖。後上圖改由文化局領導,當時文化局圖書館科每周一要各館匯報情況,李館長提出"盛檔"屬於文獻資料,我們無人整理,是否撥交歷史文獻。張科長問我如何,我完全贊成,願意接受。因此到了歷史文獻來的。

後來,陳旭麓、汪熙、吳乾兑等來館整理,有一編委會,陳旭麓是主任,我是館領導,派去參加編委會的。他們的編法,我是不贊成的,因此我向編委會辭副主任。

尚有稿子存人民出版社未出版,亦有在個人手中還沒整理好。這是大宗晚清重要史料,決不好零敲碎打的。恐不宜各取所需。

吳織同志近況何如? 念念! "熊集"工作是否歸古籍部,還是獨立了?

我爲皮炎所苦,夜不能安睡,幸白天痛癢較希。

大宗資料,恐亦不宜按歷史分期劃分的。"盛檔"晚清與建郵電、火車、輪船材料極豐富。(《全集·書信卷·致任光亮》,下冊第 481 頁)

是日　先生有信致陳先行。

疏懶久未箋候爲歉! 前承賜年曆一本,極爲精彩,此種工筆畫已少見。年輕"大筆頭"畫家,尚不知古人有工筆畫。此年曆能影印問世,真是好事,能挽救一些思想,亦好! 此年曆底本好,印刷精,真所謂下真迹一等。謝謝!

張珮綸藏尺牘中未見吳大澂與其往還之事,我昔曾查過,未有所及。

今兄再一次查未見及，可以放心。

我提抄校稿圖録，有感而言，我與中華張世林君言之，他要我寫文章，我亦想寫。

您們整理印鑒亦一好事。您們要參考上博《書畫家印鑒》，不宜與林氏《印鑒》相比。

我近患皮炎，坐卧不安，痛癢難受，九旬老軀，其何能支？群耘調走，爲《文匯》幸！

我不敢參加你們工作。我實在離退之列，乞諒（此君子思不出其位之道也）。翠蘭同志想必爲古籍目録緊張工作，問好。林星垣先生近況如何？晤時爲之道念。

高橋到滬，相必見及！又及。（《全集·書信卷·致陳先行》，下册第599 頁）

是月　先生題簽的《古風堂藝談》（石谷風撰），由天津古籍出版社出版。

是月　先生題簽的《吳縣志》（吳縣地方志編纂委員會編），由上海古籍出版社出版。

是月　《讀書》第 2 期發表鄧雲鄉《胡、顧〈水經注〉函札》。

2—3 月　先生有三信致唐振常。先是詢問龔向農（道耕）於抗戰前所撰《唐寫殘本尚書釋文考證》一文"不知尚有存稿否"。在收到唐寄來的《往事如烟懷逝者》後，先生復信，謂"用一天半時間通讀了一遍"，并因書中寫到的一些友人，感嘆道："師陀是我到上海後第一位朋友，他請我一家看《夜店》，後來常來圖書館看書，政協開會在一個小組。陳旭麓，他著作、墓碑皆命我題字。書中提到有些人亦曾有把手者，爲之愴然！""第三信距第二信衹十日，信中告已將師古（按，龔向農之孫）寄去的《舊唐書札迻》，于書中附録的向農先生著述目録，'敬讀一過，無任佩仰'。又説：'昨得中華友人見贈江有誥《音學十書》一册，係據成都嚴式誨刻本影印者，而其中《唐韻四聲正》及《等韻叢説》兩種，皆有"成都龔道耕重校"題記。'先生遂贊"誠一代通儒也"。（唐振常《顧老三封信》，載《顧廷龍先生紀念文集》，第 35 頁）

3 月 7 日　先生有信致周一良。

久未晤教，甚念！

承示讀《自傳》，文筆流暢，生動活潑，佩甚佩甚！頗有效顰之想，目前爲《尚書文字合編》工作，尚未交稿，無暇它顧。《合編》需要一《前言》，正在草擬。

關於隸古定文字，日人小林信明有《古文尚書的研究》一書。我們材料收集不少，啓治在整理與古籍出版社聯繫。我在草《前言》，俟脱稿，必須求兄審正，然後定稿。閉門造車，要出門合轍，亦非易事，届時再趨詣。吾普通話説不好，聽力亦差，不能通電話，悵悵！

　　天津圖書館函來,屬書先德遺著書簽,已寄去,諒洽。(《全集·書信卷·致周一良》,上册第 289 頁)

是日　《四庫全書存目叢書》編纂出版工作委員會致函先生,懇請擔任該書顧問。(邀請函)

3月27日　先生有信致李國慶。

　　前寄上弢翁著述題簽,想邀察入。

　　兹有懇者,我昔編著過一部清季學者吳大澂的年譜,現在要作補編。尊處收藏明清尺牘甚富,其中有吳大澂的尺牘不少,可否複印給我? 或者拍攝膠卷亦好,需費若干,候示照繳。如何之處,希予賜復。

　　白莉蓉同志仍在貴部否? 念念! (《全集·書信卷·致李國慶》,下册第 659 頁)

是日　因出席《四庫全書存目叢書》編纂工作會議,沈燮元、陳秉仁、孫秉良、宫愛東齊聚北京,一起去北苑顧誦芬家探望先生。(陳秉仁藏照片)

3月29日　先生有信致張世林。

　　我近因研究文字演變,需要一讀貴局所印《敦煌漢簡》,可否請您向貴局圖書館代借,當按時奉還。借到後,我當托人前來領取。種費清神,不安之至! (《全集·書信卷·致張世林》,下册第 633 頁)

3月30日　先生有信致馬國權。

　　前奉手示,敬悉一一。栗六稽復,歉甚! 命題書簽,兹已塗就,拙劣不值一笑。

　　關於文字演變之研究,龍亦頗有興趣,但現在養疴京郊,借書困難,不克進行爲憾。

　　兹有一事求教者,唐朝人稱當時正楷亦稱隸書,《西溪叢語》載有"東魏大覺寺[碑陰題]銀青光禄大夫臣韓毅隸書,蓋今楷字也。庾肩吾曰:'隸書,今之正書也。'"不知尚有其它例子否? 便中幸予指教。

　　容師紀念會,以衰老不克遠行,殊深歉仄。(《全集·書信卷·致馬國權》,下册第 447 頁)

是日　先生又有信致高橋智,談神宫本《古文尚書》等事。

　　別來深念。關於神宫文庫《古文尚書》事,承吾弟多方聯繫,商予采用,稱有可能性,甚感甚感! 最近細川首相訪華,報紙、廣播盛傳兩國關係向新的水平發展,誠佳音也。便中擬懇吾弟前往探聽一下,有無消息? 如希望不大,則吾的工作準備早些結束。

　　偶讀吾弟複印給我之《書品》,當年民間往來,忽忽三十年矣。往事如昨,各團體之熱情接待至今難忘,惜年老體衰,不克再作遠游之想矣。

　　關於小林信明書中如有講到隸古定在文字學之意義,祇望指示看某頁至某頁,我可在此請人講一講,就可參考了。

近來天氣轉暖,我身體尚健好,頗想回滬一次。此時春光明媚,上野公園想必櫻花盛開矣。(《全集·書信卷·致高橋智》,下冊第 688 頁)

3 月 31 日　先生有信致張世林。

昨上一緘,擬懇借閱《敦煌漢簡》一書。茲有友人替我借到了,請您代借此書可以作罷。費神,謝謝! (《全集·書信卷·致張世林》,下冊第 634 頁)

4 月 12 日　先生有信致李國慶。

日前奉到吳愙齋尺牘,不勝感荷! 上款"渤生"爲宋春鰲之號,當時任吉林機器製造局事。信中爲刻運銅柱事甚詳,頗爲重要。多謝多謝! (《全集·書信卷·致李國慶》,下冊第 660 頁)

4 月 19 日　先生有信致周一良。

日前拜奉手書,敬悉一一。

承屬搜集先德遺札,查我館藏有致徐積餘先生四通,致葉揆初先生二通,又托人從張家璩處找到一通。家璩爲重威之郎,現在華東師大古籍整理研究所工作。茲特一併複印奉閱。

剛主先生處,曾與其女紀青聯繫過,尚未檢得,允爲續檢。敝處僅有爲拙著《嚴久能年譜》題一封面。(《全集·書信卷·致周一良》,上冊第 290 頁)

4 月 28 日　先生有信致李國慶,爲收到李第二次寄示的天津圖書館藏吳大澂手札致謝。

前承惠示吳大澂致張之洞手札六通,不勝感荷!

此六札似皆甲午所作,在出征之前。時張任湖廣總督,吳任湘撫,張實頂頭上司也。專此道謝,乞恕草草。(《全集·書信卷·致李國慶》,下冊第 661 頁)

是月　王觀泉去北京探望先生,先生説,目前最想完成的是《尚書文字合編》,此項工作早在燕京大學時即已開始,時斷時續已經幾十年。遺憾的是,手頭缺一部商務印書館版《文字學概要》作參考。後來王觀泉請商務印書館漢語組的一位朋友代爲覓到。(王觀泉《巧識顧廷龍先生》,載《文匯報》2002 年 9 月 15 日)

是月　爲胡厚宣先生國內外現藏甲骨文字摹本題詞。

摹寫之業,非人人所能爲。一般抄手的摹寫,限於學識,以意爲之,所摹之本,時有錯誤,不和原件相校,不足信據。專家學者影寫時,則異常認真,遇到疑難處,細心考辨,然後下筆,因此摹本精工,往往被譽爲下真迹一等。吾認爲專家學者之摹寫,不僅一絲不苟,可與原件相等,而且由於經過考辨,其所摹鈎,除可信據外,對後人之考釋研究有啓迪作用。

嘗見清翁方綱學士手摹宋拓舊拓碑版,其佳處都在一筆半筆之出入,而兩本之時間可能相距很長,此真專家豐富的學識和心細如髮的結晶。又嘗見宜都楊氏影抄日本舊鈔《玉篇》刻入《古逸叢書》,後來日本以舊抄《玉篇》影印行世,兩本展卷對校,《古逸》本錯誤太甚,不堪信據。又《雲窗叢刻》中有楊氏影摹日本隸古定《尚書》,後原件歸上海圖書館,余校之楊氏影抄本,錯誤甚夥,蓋出家人之手,不堪信據。(《全集·文集卷·胡厚宣先生國內外現藏甲骨文字摹本題詞》,下冊第585頁;王宏提供)

約是月　參加在京燕京大學同學會聚會。(《顧廷龍先生紀念文集》內封照片)

5月3日　先生有信致周一良。

燕園之會,得與賢伉儷把晤,甚爲快幸! 但昔日交游不廣,今感熟人寥寥。小兒所攝照片,敬奉一幀,聊以留念!

龍擬於五月中旬返滬一行,約勾留兩三月,目下體力尚可支持,急欲將《尚書文字合編》一書發稿,聊慰頡剛先生於泉下。開始至今,已跨周甲,愧何如之! 幸得啓治兄爲助,爭取今年完成。(《全集·書信卷·致周一良》,上冊第291頁)

5月8日　先生有信致李國慶。

今日奉到第三次見示吳大澂手札三頁,感荷之至!

此五札當爲吳氏陝甘學政任滿回京致潘祖蔭之手札,感謝之至!

如續有所得,仍乞印示爲感! (《全集·書信卷·致李國慶》,下冊第662頁)

5月11日　沈燮元有信致先生。

中華書局出版的《民國名人傳》(共出六冊),我已全部查過,沒有熊希齡的條目,今在人民大學查到有臺灣出版的《民國人物小傳》上有熊希齡,今複印寄上,未知可用否? 現在已撥亂反正,包括大陸出的傳記書,衹有史實,不加任何評價褒貶(即大批判)。(原信)

5月12日　先生有信致高橋智。

兩奉手書,俱拜悉。承譯示小林先生文章一篇,極爲感謝,讀後使我受很大啓發。

您說所引《左傳》一段未查到,此段文字見於注疏中,我已查到了。

本月內,我想回上海去一二個月,把《尚書文字合編》一書定稿。從開始到現在,已跨了一個周甲了,趁目前體力尚可,究竟年逾九旬了。我們相識以後,一直得到您的幫助,不勝感激。

足利學本,前年尾崎先生來滬時,曾談及采用,適他與該校均熟識,允爲關照,當無問題矣。原想再用一種神宮文庫本,因讀內藤虎氏文章中引及此本,承大力複印見示,又蒙與藏書單位商其許可,便中托人再問一聲,如有不便,我即少一種無妨。如聯繫周折,則俟之異日可也。

承惠在京所攝諸照片，均極佳妙，這是最佳的紀念品！其中我爲來新夏先生所寫"邃谷"小額，假使不是您攝示，我已想不起來了。我自"文革"後，親友勸我多留點墨迹，自覺所題書籤最多，兩年前友人爲我照了相片，約有二百餘幅，但近兩年中又寫了不少，還沒有搜集。

《尚書》工作結束後，打算訂補《吳大澂年譜》，現已搜集到不少昔所未見的資料，吾弟今冬來寓，可供一覽。

有暇乞來函，拉雜書此，以當面談。

我擬二十日左右回滬一行，約兩三月。（《全集·書信卷·致高橋智》，下冊第 689 頁）

是日　先生有信致王宏。

手書敬悉。《古風堂藝談》題籤重寫寄上，不知可用否？

承古風堂主人印示惡齋遺迹，乞代感忱！博物堂藏品必多收庋，不知亦能印示否？

我擬於中旬返滬一行，小作勾留，即行返京。（《全集·書信卷·致王宏》，下冊第 652 頁）

5 月 14 日　彭衛國偕范笑我拜訪先生。先生用鋼筆在名片背後題"開卷有益"。又説："嘉興圖書館有馬一浮致金蓉鏡的信札，那是好東西。""創辦合衆圖書館時，張元濟捐獻的藏書非常有特色，有一部分是嘉興先哲遺著，包括海鹽，一部分是張氏先世著述及刊印、評校、收藏之書，還有石墨圖卷。張元濟的日記、信件原來存放在東方圖書館，解放初，把這些東西移到合衆。張元濟看了認爲無用。一天，我去拜訪他，看見五六隻裝滿舊信的麻袋，其中一袋寫着'日記三十五冊'。我問張先生，他説這些没用了，不值得保存。我説這些東西不保存，將來别人要罵我。"（《笑我販書》，第 4 頁）

5 月 15 日　先生有信致王觀泉，感謝王托其友人覓得《文字學概要》（并附書款），信末云："明後日將返滬一行，大約有兩個月小住，急欲將《尚書文字合編》工作結束，一了六十年前的舊賬。"（王觀泉《巧識顧廷龍先生》，載《文匯報》2002 年 9 月 15 日）

是日　先生有信致蔡耕。

多年不見，乃承枉顧京寓，無任快慰！觀泉先生爲我代購《文字學》，越一二日即到，感謝之至！我擬最近旋滬，主要想將《尚書文字合編》定稿，以冀早日成書。

在舍攝留照片，可資紀念，兹特寄上，請查收爲荷。（原信）

5 月 26 日　于爲剛、陳石銘探望先生。上海古籍出版社李國章、李偉國來，贈該社新出版書六種。（先生小筆記本）

5 月 27 日　殷慧來，帶到毛彦文所贈臺灣版《熊秉三書畫集》一冊。接王

世民信及大谷本《尚書》,言于省吾《尚書新解》① 可參考。(先生小筆記本)

是月　跋《寶篋印陀羅尼經》。

歲甲子九月,雷峰塔忽然崩圮,全國爲之震驚。塔磚中出《寶篋印陀羅尼經》,五代錢俶所捨。今國内流傳之版刻,此爲最早者,余經眼不下數十卷,有真有僞,此卷則真而且精者,尤爲難得,可謂希世之珍。不圖衰年有此眼福,率書數語,以志欣幸。一九九四年歲次甲戌五月。顧廷龍于上海,時年九十有一。(南京栖霞寺藏)

夏日　爲蘇州過雲樓藏《元溥光書韓昌黎山石詩卷》(手卷)題引首:"雪闇和尚書韓昌黎山石詩。甲戌夏日。顧廷龍,時年九十一。"(北京保利國際拍賣有限公司2014年春拍圖録)

6月8日　華僑友誼商店總經理蔣禹照請先生在上海揚州飯店晚飯,周賢基作陪。(周賢基藏照片)

是月　山東大學微生物研究所魏述衆、王綺文探望先生,并求先生賜予墨寶。(先生小筆記本)

是月　先生題簽的《江蘇藝文志·常州卷》(南京師範大學古文獻整理研究所編撰),由江蘇人民出版社出版。

7月4—5日　《續修四庫全書》編纂出版工作會議在北京龍泉賓館召開。會議決定成立工作委員會和編纂委員會,宋木文任工作委員會主任。編纂委員會由工作委員會聘任,會議一致推舉先生擔任主編。(《雙暉軒集》,第30頁)

7月12日　宋木文、傅璇琮、許逸民、李致忠來,談關於《續修四庫全書》事。宋言一切由先生作主,并擬於9、10月間在深圳開會,作進一步討論。(《續修四庫全書出版紀事》)

7月15日②　先生有信致李國慶。

旋滬兩月,歸來拜讀手書,并示《中國館藏和刻本漢籍書目》一册,祇領,謝謝!

王寶平教授屬題書簽,兹即塗奉指正,并煩轉致。(《全集·書信卷·致李國慶》,下册第663頁)

7月17日　先生有信致任光亮。

在滬多蒙优儷照拂,至感至感!承寄諸書,均已收到,謝謝!

離滬前,古籍領導以《續修四庫》主編相屬,誼不能辭。返京後,宋木文、傅璇琮、許逸民、李致忠均來談,擬於十月在深圳開會。

---

① 《尚書新解》:指于省吾《雙劍誃尚書新證》。

② 《全集》中此信末署"(一九九四年五月)十五日",疑誤。據顧先生約5月中旬至6月底(或7月初)在上海的事實,及信中"旋滬兩月,歸來拜讀手書"語可知,此信當寫於7月剛從上海回北京不久。又,信中"《中國館藏和刻本漢籍書目》",當指尚未出版的"徵求意見稿"(王寶平主編),該書後由杭州大學出版社出版,先生題簽。

最近《存目叢書》亦送聘書來（總顧問）。我現在一心在《尚書》上，體例已定，尚須序文，亟待寫交，但寫出後，還須請人提提意見，再行修改。日子真快，一年又已過半。

在上車時，空調開足，幾乎感冒！幸帶羊毛背心，頗有用。昨得舍親電話，說吳織已出院，近況如何？您有所知，請函告爲幸！（《全集·書信卷·致任光亮》，下冊第 484 頁）

7 月 21 日　許逸民、張世林與吳旭民來，出示《文匯讀書周報》剪報文章，希望多加論證《續修四庫全書》。（先生小筆記本）

7 月 22 日[①]　先生有信致李國慶。

手書敬悉。《和刻漢籍書目》簽塗奉請正，不知可用否？

《續四庫》將在杭州開會，當爭取一往，屆時可與諸老友見見面。（《全集·書信卷·致李國慶》，下冊第 664 頁）

7 月 30 日　王紹曾有信致先生。

《衲史》前四史《校勘記》，待秋涼以後再行來京送呈審核。前寄《百衲本二十四史整理緣起》，未知已否審閱？不妥之處，敬請指示，以便修改。

茲再寄呈前四史整理説明各一份，統祈一併斧正。其中《三國志校勘記》有稱“大字宋本”“宋補本”“另宋本”“伍校本”者，均不能確指其爲何本，均加注説明，是否妥適，尚乞指示爲幸。（原信）

7 月 31 日　先生有信致王紹曾。

回滬兩月，歸來先後接奉三函，栗六稽答，殊深歉仄！

關於《百衲本二十四史校勘整理緣起》一文，歸來即拜讀一再，實深欽佩。

□□□□□□□當年由汪頌谷與蔣仲茀兩先生經辦者，蔣先生曾一晤，未談及校記問題。我去請觀校記，係菊老介紹，蔣先生在旁，告我校記已無用，我因不信，未與商談。頌谷先生未曾見及，我甚佩仰！汪穰卿先生遺存各家尺牘，數量之多，人數亦衆。頌谷先生細心編排，記一小條，考訂年月，精細極矣！我獲此考訂，如不小心，失了編次，不再有第二人能爲之矣。時合衆雖甚窮困，裝裱成册，聘一專人，花兩年時間。後來根據頌谷先生所定次序，抄録成書，由古籍出版社出版，頌谷先生之苦心不歿矣。穰卿先生之艱辛辦報，亦與天地長存矣！

菊老《校勘記》經公整理并細讀《緣起》，實深佩仰！尚缺幾史校記，吾當向友人中參與校史者，請其回憶，或者綫索可尋。（《全集·書信卷·致王紹曾》，上冊第 271 頁）

---

①《全集》中此信末署“（一九九四年五月）廿二午”，疑誤。據信可知，此信與 7 月 15 日信內容銜接，當寫於 7 月。又，信中“杭州”疑爲“深圳”之誤。

是月　先生題簽的《洞庭湖》（何林福、李翠娥撰），由湖南地圖出版社出版。

是月　先生題簽的《中國廳堂·江南篇》（陳從周主編），由上海畫報出版社、三聯書店（香港）有限公司聯合出版。

8月1日　馮寶志來，希望先生辭去《續修四庫全書》主編職，改任《四庫全書存目叢書》總顧問。先生以爲"兩書并行不悖，尚不知道總顧問如何而來"。（先生小筆記本）

是日　先生有信致王紹曾。

昨奉二十一手書，敬悉。《續修四庫全書》事，很有意義。竊謂現在修比乾隆時修，時間可省。乾隆時纂改時間所費很大。我曾見《四庫》底本《三朝北盟彙編》，全書改動很大，仿佛改學生作文的大改，在《四庫》正本中已看不到删改之迹。但此書光緒間許涵度刻於成都，將原文用夾注刻出（古籍似已影印）。此其一。前年張連生送我景印文淵閣本《元詩選》，曾取家刻校了一二卷，改動之句亦不少。嘗在芝加哥大學圖書館看到一本詩集，[①]是明人的，亦經館臣修改。從這三種情況，可見改書工作量很大。此其二。謄錄正本，都是正楷，相傳有的人偷懶，衹抄書口幾行，乾隆發現了重抄。此其三。

現在續修，一不要改，二不要抄，時間要省多了。至於撰寫提要問題，看了前東方文化委員會的總結，亦不甚難。

希望台駕有機會來京，面聆教益。命撰諸序，當一一寫呈指正。匆復，不能悉意。

澤遜兄問好！我前寄給他的《四庫存目》，不用，則得便帶還爲盼！又及。（《全集·書信卷·致王紹曾》，第272頁）

8月3日　先生有信致陳先行。

久不通訊，爲念！

前得辜美高先生來信，知到上圖看書由兄接待，我有復信，找不到其地址，特寄上，煩轉寄爲托！

賤軀尚健適，擬於五月[②]中旬旋滬，聞《尚書》工作停頓，心殊皇皇！（《全集·書信卷·致陳先行》，下册第600頁）

8月5—10日　《續修四庫全書》編纂委員會第一次會議在北京召開。宋木文、先生、傅璇琮、李致忠、許逸民、李偉國以及在京編委出席。先生在講話中指出，《四庫全書》編成已二百餘年，我們現在搞續修，是一項很有意義的工作。續修較之當年修《四庫》，有不少有利和方便的條件，但工作量依然很大，一定要慎重從事。（《續修四庫全書出版紀事》）

---

①指《杭雙溪先生詩集》。

②五月：原文如此。

8月6日　寫字。（先生小筆記本）

8月7日　致函《四庫全書存目叢書》編委會馮寶志，請求辭去總顧問一職："我已擔任《續修四庫全書》主編，前承聘爲《四庫全書存目叢書》總顧問，不克兼顧，特請辭去總顧問，希查照爲荷！"李偉國電話，告知《王同愈集》一定出版。（先生小筆記本）

8月10日　在1957年油印的《上海市歷史文獻圖書館藏中國近百年經濟史料目録（1840—1949）》封面上寫有："此目發動甚早，但均未成，直到俞爾康同志到館，即着手整理，印成此册。後有蘇聯專家來參觀，見之堅欲索取，未贈。周谷城、楊寬兩先生偕來。"（《全集·文集卷·上海市歷史文獻圖書館藏中國近百年經濟史料目録（一八四〇—一九四九）題記》，上册第304頁）

8月11日　張秀民甥韓琦電話，約期來訪，張秀民托題簽。晚，楊如英來，贈洋參及茶葉。（先生小筆記本）

8月14日　晨，忽覺眼花，張目衹見黑包棉花團飛來飛去，即出門在大院中散步，漸漸散去。是日少看書、少寫字，後未重發。收到徐小蠻信并稿。（先生小筆記本）

8月15日　韓琦來，囑題簽。（先生小筆記本）

8月16日　統計《尚書》隸古定"淫"字，除一處外，皆作"㴭"。（先生小筆記本）

8月17日　寫對聯。（先生小筆記本）

8月18日　寫對聯，不佳，擱筆。接沈燮元信，附來黄丕烈手札，有一字不識。先生也不識，即寄回。（先生小筆記本）

是日　先生有信致徐小蠻，談編印抄校稿本圖録事。

懸念間得手書并《編印抄校稿本的建議》一文，讀了兩遍，甚好甚好。我想到幾點，是否可補充進去，請酌。

抄校本有的是藏書家自己抄的，亦有家裏人抄的（包括傭工），從前著録含糊，衹稱某氏抄本。近來著録，如不是藏家手抄的，則稱某某家抄本。例如楊守敬刻的《古逸叢書》，因抄手不懂唐人書寫筆法，即影抄亦多錯誤，從前著録即寫"宜都楊氏抄本"，其實已看出不是楊守敬手抄的了，而現在則寫"楊守敬家抄本"。在清朝，藏書家往往出於手抄手校的，如鮑廷博、吴騫、陳鱣等人，出於手抄手校者爲多。但因後人有作僞，解放前舊書店多，學徒亦多，有空閑時間，即令抄書。收得一本名人抄本或稿本，即令傳抄，一化幾本，年代久了，辨別較難。所以需要書影，需要標本，可有參考，可有比較。

編輯圖録，俾鑒別有所參考。例如鑒別宋元刻本，江標創行款之學，後來楊守敬創留真譜，建國初北京圖書館編著《中國版刻圖録》，前年日本編著了《静嘉堂文庫宋元版圖録》。我説鑒別版本，已由行款時代進入書影時代了，但抄校稿本則重在手迹，須要鑒別，不是憑行款可以解決。抄本，有名人手鈔,有名家傳抄;稿本,有作者手稿,有謄清稿經作者手校者,有請名人審閱原稿者,情況很多;校本,有名人手校之書,亦有隨讀隨批之本,有過録前人批校之本。例如何焯批校之書甚多,其學生往往借來過録一部,學老師之字,粗看不易分辨,但臨本終究竟缺乏自然。有人以爲板格有齋室之名可憑,其實不然,往往有贈送借用之例。

關於抄校稿本尚未[有]書影之作,鑒別尤難。現在名家抄校稿本都珍藏圖書館中,不是可以任意取閱、校核、對照,一般難得摩挲,即工作人員亦非隨時可以取閱。我有感於此,所以建議編著抄校稿本圖録,亦當務之急也。

我很盼望您來京,多留一點時間,可以暢談有關抄校稿問題。書不盡言,聊供參考。

《尚書》序,李偉國同志亦來催過,我當趕緊爲之,請姜俊俊同志放心。(《全集·書信卷·致徐小蠻》,下册第510頁)

是日　先生有信致楊如英。

別忽多年,時深念繫。日前接奉大函,并承遠贈參茶滋補之品,[①]感荷隆情,曷其有極!

龍近年致力《尚書文字合編》之作,皆仗大力鼓勵及相助之力。今年四〈五〉月旋滬已經定稿,祗待序文,現亦在屬草之中,知念附聞。孫君啓治相助亦已十年,他有讀古書基礎,較爲適合,非仗台端噓植之力,難能有成。明年擬再旋滬,必當趨候教益也。

最近北京、上海、深圳有續修《四庫全書》之盛舉,承邀龍參加工作,甚所願焉。惟輇材任重,惟努力以赴耳。(《全集·書信卷·致楊如英》,下册第433頁;先生小筆記本)

8月20日　先生有信致王紹曾。

手書敬悉。關於《二十四史校勘記》,曾聞上海湯志鈞先生言及,他或有所記憶,我即去函詢問,嘗得復信,供參考,閱後便中擲下爲幸!

關於《存目叢書》編輯方面,有一位馮寶志亦中華工作人員,第一次來舍送總顧問聘書,越數日第二次來舍……他提出要我辭去《續修四庫》主編。我很突然。馮與我素昧平生,祗可不談。我回答他説,兩書并行不悖。之後數日,傅召集會議,各地都有人來,一是《總目》事,一是《續修四庫》事。我飯後即退,《續修四庫》事并未談什麽(我去得晚了)。後來得讀《光明日報》,文章很好,我本祗覺用老《提要》不妥。後來我正式向馮提出辭去總顧問,他們組織裏的人我都不認識,馮見了兩面,考慮還是辭掉總顧

---

① 日前接奉大函,并承遠贈參茶滋補之品:此説與8月11日"楊如英來,贈洋參及茶葉"似有不同,并存待考。

問吧！

杜澤遜君來信亦已收到。我的《存目》批注本有便帶回我可也。所批注"靜"字，代表何人，尚未想出，便請轉告。題簽小事，何勞惠潤，祇收謝謝！（《全集·書信卷·致王紹曾》，上冊第 273 頁）

8 月 30 日　顧潮轉來署名"學群"來信，談蘇州顧氏舊事。先生復信云：

承爲寒家故事備承關垂，感荷莫名！寶樹園一條，寫得很翔實，我幼時往訪，尚見壑池一區，殘石三四。頡剛先生關於寶樹園自有記述，家譜中似亦有文章，可以映證。

關於十梓街敝寓，先君在其後園發現宋闌，爲金石家久訪不得者，此可稱爲發現。宋闌已在《文物卷》中記及，而時人題咏亦已選載《蘇州史志》，可有查考矣。至十梓街朱之榛舊居，祇在花廳天井中假山石以圍花臺，植有桂花兩枝及蠟梅、天竹等，不能祇列園林之末。鄙意尊重主編意見，予記載爲是，有勞清神，感荷不盡。前年偕王老、陳從周諸君往，大廳、天井之門樓磚雕均一無所有矣，亦不必記述矣。

現在《蘇州史志》不知尚繼續出版否？王老對鄙人關懷備至，渠嘗謂我言，此宅在我居住之前，有泰州教師王某居此講學，如確，當以記之。似憶金松岑師文集中述及泰州教事，手頭無書，不能查證，聊供談助。（先生小筆記本）

是月　先生題簽的《餘閑齋詩文集》（莊向星撰）編印出版。

9 月 1 日　水賚佑來。（先生小筆記本）

9 月 2 日　王福康來，帶來徐小蠻稿。（先生小筆記本）

9 月 6 日　爲潘景鄭舊録"題玉笥集卷後"補記："題玉笥集卷後四頁，爲潘景鄭所録，忽忽四十二年矣。一九九四年九月六日見而補志歲月。"（先生小筆記本）

9 月 9 日　杜澤遜來訪，呈上《百衲本二十四史校勘記》前四史的整理清稿，請先生審定并題簽、賜序。先生翻閱了《三國志》一史，見其中有一小條，署一"樞"字。先生指出，此爲林仲樞，閩人，清末探花。先生于《續修四庫全書》確不過問，經部易類書目已徵求國內專家意見，而先生尚不知其事。又問及《存目叢書》事，并說《存目標注》可以做。（先生小筆記本；杜澤遜《槐影樓筆記》）

9 月 12 日　參加第一次《續修四庫全書》工作委員會會議。會議決定增補先生及深圳海王集團總經理張思民爲工委會委員。（先生小筆記本；《續修四庫全書出版紀事》）

約是日 [1]　先生有信致杜澤遜。

---

[1]《全集》中此信末署"（一九九四年九月九日）"，不知何據。據 9 月 9 日杜澤遜訪顧的事實，以及信中提到的"開會一天"實指第一次《續修四庫全書》工委會會議，可以判斷此信當寫於 12 日前後。

　　日前惠臨,承携《衲史校記》,取讀了《三國》,深感諸公之精勤整理,把一把亂頭髮理得清清楚楚,恐無他人所能做得到了。

　　建議整理者三位名字以并立爲好。審閱者請取消爲好(《緣起》中已叙及),不必另爲列名了。

　　《緣起》可否複印壹份給我? 即請商務複印見惠何如? 請酌。

　　我原以爲開會一天,現在尚有一天,因深圳來友邀談,不能不去。

　　書簽日内寫好後寄上。王先生前請代請安。(《全集·書信卷·致杜澤遜》,下册第 698 頁)

9 月 13 日　　杜澤遜來,取回《百衲本二十四史校勘記》前四史的整理清稿。徐小蠻交來《栩緣日記》《栩緣隨筆》。(先生小筆記本)

9 月 14 日　　收到鄧雲鄉信。(先生小筆記本)

9 月 15 日　　先生有信致宋木文,談《續修四庫全書》選目及建議聘請王煦華擔任學術顧問。

　　連日得承指教爲快! 閱了選目,提了一點小意見,請正。另外建議聘請王煦華同志擔任學術顧問事,均請亮察。

信末附王煦華介紹:

　　兹介紹王煦華同志擔任學術顧問事,請予考慮。王煦華同志畢業於上海誠明文學院,係顧頡剛先生學生。先事助我創辦上海市歷史文獻圖書館,後與上海圖書館合併,他擔任編輯《中國叢書綜録》子部主編。後由顧頡剛先生調至社科院,爲顧頡剛整理積稿,於今十五年,現在繼續整理中。

　　煦華同志於古史、於目録學及子部書籍均較熟悉,可否聘請爲學術顧問,俾便請教。

對《續修四庫全書》選目,先生談了幾點意見:

　　一、字體問題

　　現在《續修》所加序跋、提要、目録等,應用規範化字體。但原書繁體、古體不宜改動。古人的名字繁體、古體皆不改動。

　　二、卷數問題

　　《易經異文釋》六卷(見選目頁,一五三號),此書爲《七經異文釋》之一,所以葉碼是七種統排的,家刻如此。後來《皇清經解續編》刻此書時,更是《經解》全書的大統排了。卷數應考慮如何處理,可否重編葉碼?

　　三、選本問題

　　儘可能訪求原刻本,原刻本找不到,則用叢書本。還有,叢書本勝於原刻本的,當然用叢書本,但必需對一對,而且《提要》中也要提一提。

　　四、原《四庫》以附録處理的書,我們現在應如何處理爲好? 例如《古三墳》,此書《四庫》原列附録,現在怎麽辦? 現仍作補遺處理,似亦未妥。需酌。(原信;《全集·書信卷·致宋木文》,下册第 434 頁)

9月24日　先生有信致毛彥文。[①]

久疏箋候，馳念良殷。近維興居迪吉，身體健康，慰如所頌。最近上海來催我序文，因手頭無資料，祇可就記憶所及，勉書千字，兹先呈請斧正。

回憶揆老寫傳之時，傍晚必過談：今日之謀某老某事已明確，很高興。迨全稿將就，而於先世情況無從瞭解。龍應之曰："我有。"葉先生奇曰："爾何能有？"我曰："館裏有熊先生硃卷。"恍然，取視之，亟携之去。越日，即以全稿相視，秉公與揆老確有深厚之感情。

念翊久不通信，想甚繁忙。我以年邁疏懶，不耐伏案，每日最好清坐，或策杖苑中。明春擬返滬一行，料理殘叢，不知能如願否耳。拙稿如何修改，乞予指示。（底稿）

9月25日　先生有信致陳先行，托查"章炳麟《三體石經考》對'若'字有何考釋"，又云：

還請查一查《金文詁林》（周發高，有香港版、大陸版，有平裝，有精裝）、《甲骨文詁林》，查到後，祇好複印給我讀讀。假使你沒有時間，可否轉托王世偉兄查查《古文字詁林》（編撰中），我要瞭解一下"若"字與女旁如何解釋。費神費神！

翠蘭同志均此，廬山之游樂乎？（《全集·書信卷·致陳先行》，下册第601頁）

9月29日　費在山有信致先生，爲豫園雅集事。云："七屆豫園雅集，仍在得月樓綺藻堂舉行，從周、杜宣、雲鄉、淵雷、南池、辛笛諸翁出席。"幷請先生爲"豫園雅集"題一扉頁，"以便裝裱成帙，留一史迹"。（原信）

是月　爲熊希齡《明志閣遺著》撰序。

一九三九年秋，上海已淪爲孤島，張菊生元濟、葉揆初景葵先生等創辦私立合衆圖書館，爲歷史文獻專門性圖書館，前所未有之創舉也。藏書家相互應響，捐書者源源而來。

葉先生尤重視近現代史料之搜集，隨時留意，又不顧安危，甘冒風險保存。一日偶訪其親戚汪氏家，見地上置有大捆封袋，詢之主人，知爲舊信，慮日軍查見，滋生事端，擬將棄去。葉先生告之曰："我今辦一圖書館，專爲保存親友所遺圖書資料者，可以送去妥善保管。"主人欣然舉以見贈。余檢視之，皆汪穰卿先生師友手札，爲辦《時務報》時各處之來信，皆珍貴史料也。

一九四一年華北大水災，葉先生念及熊秉三先生之遺稿，即請人至其津邸，將遺稿托中興輪船公司妥運來滬，以免損失。葉先生啓箱視之，皆重要史料也。因庋之書庫最高爽處，不致受潮。明年，彥文夫人自桂林返滬，葉先生陪至合衆圖書館，介紹與龍相見，幷告夫人曰，全部遺稿已交廷龍妥

---

善保管，異日將爲熊先生遺稿陸續出版。不意曾無幾時，物價騰貴，合衆經費日益支絀。未幾葉先生因病逝世，此事遂成虛願……

一九五三年，私立合衆圖書館改爲公立，更名歷史文獻圖書館。一九五八年與上海諸館合併爲今上海圖書館。余退居後，繼任者副館長吳世文、聶佩華兩君，決定請于爲剛君進行整理。稿草勾乙，必須清繕，則皆出于君之手。去歲已鈔成清本，編定全稿，彥文夫人決定斥資付印。今館長朱君慶祚、副館長孫君秉良實主持總其成。余以衰病侵尋，就養京郊，始終未克參與整理之事，惟束閣數十年而已，良用愧恧！

熊先生遺稿，余曾略窺一二。所存稿件，都出親自屬草，以振興實業爲懷，精心擘劃，愛國熱情，溢於言表，良可欽佩！明志閣者，爲先生書齋之名，常見其書箋、文格均刻之，徵見先生淡泊明志之意也。

先生餘事詩畫，皆有精詣，夫人嘗招余至愛棠路寓邸，出示所作書畫。先生書畫傳自家學，爲世所珍重，忽忽五十年矣。今雖兩岸相隔，而魚雁常通，每承以遺稿爲念，今得樂觀厥成，誠可喜也。（《全集·文集卷·明志閣遺著序》，下册第848頁）

是月　吳湖帆百歲紀念，先生記有“名振三絶，藝苑千秋。吳門畫派，載譽寰球”。（先生小筆記本）

是月　先生題簽的《夏商社會生活史》（宋鎮豪撰），由中國社會科學出版社出版。

是月　先生題簽的《近三百年古籍目録舉要》（嚴佐之撰），由華東師範大學出版社出版。

是月　先生題簽的《宋蜀刻本唐人集叢刊》二十三種，由上海古籍出版社出版。

是月　先生昔年爲上海科學會堂篆書葉劍英《調寄憶秦娥·祝科學大會》，但未留照片。王辛南今主會堂事，乃爲先生拍攝存念。（先生小筆記本）

秋日　《勞動報》四十五周年紀念，先生篆書“勞工神聖”四字以賀。（《顧廷龍先生紀念文集》，第110頁）

秋日　爲《繁霜榭續集》題簽，沈軼劉撰。（原書照片）

10月7日　先生有信致王紹曾。

手書奉悉。《清史稿藝文志》加快排印，當令其爲《續四庫》服務，此一大好事。《清史稿藝文志拾遺》，已見《清史稿藝文志》的著作收不收？想必不收。

吾手中現在趕寫顧頡剛著《尚書文字合編》序，草成要徵求意見。在徵求意見的時間中，當勉寫數語，聊志景仰之私。我當先將大稿再看一遍，然後著筆。如能乞杜兄指示數行，尤好。（《全集·書信卷·致王紹曾》，上册第275頁）

10月8日　先生有信致孫啓治，關於《尚書文字合編》善後事。

《尚書文字合編》用的資料，請你分一分，有的我自己的，請弄一隻紙箱裝起來。凡從圖書館借的，請你還清。你用的"年表"等是我自己的。

我的資料及書要保留。《合編》出版後，可能有人要提問，我要作答復用。膠卷不是館藏而是翻拍的，我要留。日本《尚書校勘記》油印本，我很珍視，此國内不定多。

潘景鄭先生借給我《三體石經》拓本一册，請交任光亮同志替我送還他，借了六十年了，快快還掉。他還借給我通志堂原刻薛季宣《尚書》（即《書古文訓》），此書是不是在您處，記不清了，可能在我家，他有圖章的，找不到再説。《三體石經》拓本要還掉。

您諸事結束後，到古籍部報到，我當與任光亮同志聯繫。（《全集·書信卷·致孫啓治》，下册第498頁）

10月18日　先生寄贈韓琦題字："事出于沉思，義歸乎翰藻。韓琦先生留念。顧廷龍于京郊。"（蕭統《文選》序）按，原件無日期，姑繫以郵戳日期。（原件）

10月24日　先生有信致方行。

久疏箋候，無任馳念！日前接奉手書，敬悉。

杜公曾爲《善本書目》結束事，偕小宫枉顧，他提的日期開會結束甚好，我很贊成。於是約在北圖與冀大姐商談，得其首肯。我打算下周往辦公室去看看情況。陳杏珍寫了一個會議簡況，我想可能發簡報，所以未即奉告。開會要有一篇經過報告，已由宫愛東同志準備。

關於《續修四庫》事，我是應宋木文同志之邀，事，這是一件大事。重讀《四庫提要》，真寫得好，真是貫通。我則年齡雖較高，但學識甚遠，且僻居郊區，不能與諸君子面談，他們也不能來，所以我實際顧問而已。龍現在正在爲顧頡剛主編之《尚書文字合編》寫序，因爲研究不深，序就難寫，現在日内可以完成，亦是我的一件大事。

我目前身體尚健適，就是很少進城一逛書店，但書店不逛亦好，老子云"不見可欲"，使此心不亂。拾風、振常諸君想時晤見，他們寫作流利，實所佩仰。（《全集·書信卷·致方行》，上册第345頁）

是日　先生有信致王紹曾。

手示敬悉。《清史稿藝文志拾遺》快將出版，學術界之喜訊。尊序提及章式之先生編《清史稿藝文志》事，章先生告我，原擬書名、卷數加版本，根據各館藏書目彙編，但館中主者曰"非歷代史志例也"，遂罷。朱編一册，有單行本，不厭所欲。今先生與杜、王諸君合力成此巨編，真非易事，祇有同行知其甘苦，實所欽佩！序文很好，感極感極！原稿附還，請察入。（《全集·書信卷·致王紹曾》，上册第276頁）

10月26日　先生有信致顧誦裕。

來信閲悉，天氣漸冷，我今年不能再來上海，須等明年。

我托您找的書，我好像都注明的，請您再看看單子。吾現在急用一書，請您找一找,書名《中國古籍善本書目》經部、史部、叢部三本(精裝)小本的,在小圓桌旁,熱水瓶後。這三本緩寄亦可,其它書再說罷。我前開單子,便中寄回,我再加注。

　　找出的書已交任光亮同志寄來,很好。他有意見否? 我因擔任《續修四庫全書》主編,不能不查目錄書了。另外,老周坐位的背後書架上有三(或四)叠的油印本《中國古籍善本書目》(最好先寄),計經部、史部、子部、集部、叢部,大本子,請您有便去拿一拿,寄給我爲要。(《全集·書信卷·致顧誦裕》,下册第 730 頁)

10月28日　　先生有信致包于飛。

　　電話悉。我耳朵差,有點纏不清,歉歉! 我年齡没有寫,比較機動些。圖章兩個,一大一小,用時要酌定,再行縮放。先行爲我找的材料,謝謝!(《全集·書信卷·致包于飛》,下册第 577 頁)

10月31日　　顧廷蟾有信致先生。

　　回憶幼年時,在嚴衙前舊居時,濟濟一堂,伯叔、兄弟、姑嫂、姐妹,早夕相見,不勝有今昔之慨。由于社會變遷,生活習慣也隨着變化,對新社會的情況,老年人總看跟不上。……想當初吾兄在南翔,每星期郵寄蘇州《民報》,歷歷在目,瞬已六十餘年矣。特別是仙蹉〈槎〉拱橋之名(現在橋名未改),還記得公公的宅基是在生産街,問了幾個老人,都答不上來。阿鈺原住處就在橋下塊右手(上海到嘉定方向),現在搬了家。(原信)

是月　　爲《清史稿藝文志拾遺》作序。

　　史志目録以《清史稿藝文志》最後出,登録清人著述九千餘種,可謂夥頤沉沉。唯清代學術文化盛極一時,著述之豐,遠邁前修,而宏篇大作未見著録者難以悉數。五十年代,武作成先生作《清史稿藝文志補編》,增益逾萬種,用力不可謂不勤。但揆以清人著述,仍相去甚遠。吾人欲窺清代著述之全貌,并進而窮清代學術文化之流變,則尚有待焉。……全書網羅清人著述爲《清史稿藝文志》及武氏《補編》所未收者,竟達五萬四千餘種,以類相從,厘然有緒,且各著版本,兼明出處,元元本本,得未曾有。……近年學界有《續修四庫全書》之舉,紹曾此書,正可取資,是則紹曾始料不及者。目録之有功於學術文化,蓋難以一二語盡之也。(《全集·文集卷·清史稿藝文志拾遺序》,上册第 153 頁)

是月　　先生題簽的《淮海集箋注》(宋秦觀撰,徐培均箋注),由上海古籍出版社出版。

是月　　先生題簽的《〈宋史〉考證》(顧吉辰撰),由華東理工大學出版社出版。

是月　　先生題簽的《清代藏事奏牘》(吳豐培輯),由中國藏學出版社出版。

是月　　先生題簽的《文物鑒定秘要》(戴南海、張懋鎔、周曉陸撰),由貴州人民出版社出版。

是月　先生題簽的《中國近代艦艇工業史料集》(《中國艦艇工業歷史資料叢書》編輯部編),由上海人民出版社出版。

11 月 1 日　先生有信致王宏。

八月廿七手書,尚稽奉復,歉歉!

陳繼揆先生十月來京枉顧,承帶交之書已收到,費神,謝謝!

你擬出王覺斯書法集成,日本村上三島出過一集,最近榮寶齋出版的《中國書法全集》中亦已有之,似不宜再出(是否可找到《擬山園法帖》好拓本,似亦可影印)。尊處既出甲骨文書,《鐵雲藏龜》、明義士殷虛卜辭(書名已記不清,我從前買不到,影鈔了一部),似可考慮。劉鶚的《鐵雲藏龜》可否再印?要考慮大學生買書方便,又要考慮他們的經濟力量。這種“大全”書,初學的人,一定望洋興嘆!是不是從大學生着想,爲他們考慮。我曩時聽胡樸安先生上文字學課,給我們看《殷虛書契前編》一書,當時售價七十銀元。你現在印出,真是好事,竊謂葉玉森的考釋可以印,不要加工。但現在重印,要研究一下版權問題。

吳宓齋的年譜將開始整理,前兩年忙於爲顧頡剛先生整理遺稿《尚書文字合編》一書,現已交古籍出版社。(《全集·書信卷·致王宏》,下冊第 654 頁)

11 月 5 日　孫秉良電話,催《明志閣遺著》序。(先生小筆記本)

11 月 11 日　先生有信致任光亮。

承兩次寄來書籍多包,多費清神,感謝不已。有了這批書,工作中可以參考了。現在記憶力日差,轉身即忘,《續修四庫》總得翻翻書,有了這批,那就方便了。不是你們幫忙,就困難了。

一月份開《善本書目》總結會(名稱未定),你簡報收到否?希望你能來,會會老朋友。王翠蘭同志也能來罷。

我身體尚好,不能多坐,腰部要酸痛,耳朵有若無了。眼睛很好,可以看書,可以寫字。明日《四庫》召開顧問會議。

方行同志來信說,《光明日報》有一篇文章,對《中國叢書綜錄》有意見,組裏有此報否?可否複印給我拜讀拜讀?(《全集·書信卷·致任光亮》,下冊第 485 頁)

11 月 12 日　出席并主持《續修四庫全書》學術顧問會議,先生發言云:

《續修四庫全書》是三百年來一件大事,以前多次有人想做,都沒有成功,我們今天真是天時、地利、人和的良好時機。這是光榮而艱巨的任務,單憑我們工作人員的一些力量是不夠的,就是要依靠我們在座的顧問諸公。我們的顧問,都是著名的專家學者,我們工作有問題時,或者登門請教,或者召開會議,總之,我們的工作要依靠在座各位。

由於宋木文同志之邀,由於自己喜愛編書、印書,所以不加思索,欣然應命了。後來想想是不適當的，一是年齡太大，二是没有專業研究。但又想我體力還可以，一直在圖書館從事整理古籍工作，真是難得的機會，好在有專家學者當我們的顧問，還有木文同志的領導，所以我又膽大起來了。請同志們多多指教，共同來完成這一文化學術界的大事。(原件)

**11 月 15 日　先生有信致盛家琪。**

　　昨來電話，均悉。對三副已寫好，但款字找不到，請您再寫一張名單爲盼！

　　承賜紹興酒，托火車帶京，太麻煩，不敢當。明春一起到上海去喝罷！

　　對等題款後即付航郵不誤！(《全集·書信卷·致盛家琪》，下册第 536 頁)

　　是月　撰《尚書文字合編》後記，是書爲先生晚年最挂念之事，蓋因成書艱難之至。

　　顧頡剛先生在一九三一年任燕京大學歷史系教授，講授《尚書》學。先生於《尚書》之學深有研究，因有編纂《尚書》學之計劃：一《尚書文字》，二《尚書文字考》，三《尚書學書録》，四《尚書講義》，五《尚書通檢》等，將爲《尚書》學開闢新途徑。乃蒙洪煨蓮先生大力支持，爲向哈佛燕京學社申請伙助，《尚書講義》及《尚書通檢》均已先後完成。

　　顧先生以《尚書文字合編》屬龍相助，余欣然應命。旋伯希和君來訪，顧先生即以敦煌本《尚書》攝景事面托之。未幾，向達、王重民兩君有分赴英、法兩國搜集敦煌寫本之命，先生又倩兩君將《尚書》部份代爲攝還，不久即荷兩君先後寄回。由於敦煌寫本原件縐紋較多，不能上版，遂由余影寫付梓。余好唐人書法，精心映摹，頗以爲樂，自覺不工，則重寫之。然終不如照相影印之存真也。

　　方積極進行中，而一九三七年六月日軍發動侵略，西苑被炸，燕京震驚，成府騷亂。七月日軍以顧先生抗日甚力，指名索捕，因而南旋。余尚復事寫刻，不意兩年之中，三遷其居，景寫之事，作輟無常。旋因葉景葵、張元濟兩先生之函邀，創辦合衆圖書館，遂攜家來滬。時上海已淪爲孤島，適貨幣貶值，不克開展工作，但余尚能于夜深人静之中，抽暇寫樣寄平。未幾，文楷歇業，經理病逝，刻工星散，而經費又告罄，刻書之事遂告停頓，書版寄存浙江興業銀行北平分行，幸得無恙。抗戰勝利後，通貨膨脹，物價騰貴，合衆工作不能開展，而藏家以圖書相贈者源源而來，含辛茹苦，盡力維持。一九四九年十月新中國成立，在黨和政府領導下，國泰民安，圖書館事業亦欣欣向榮。繼之，上海市專業四館合併爲今之上海圖書館，保持各館之特色，在原有基礎上發展。不意十年動亂暴作，老妻卧病，憂皇而歿，余則被幽服勞，身丁變故，萬念俱灰。

　　一九八〇年，余奉命主編《中國古籍善本書目》來京，顧先生又以《尚書文字合編》工作相促，余無以應，内疚無地，未幾而先生以心臟病去世，殊深痛悼！翌年，書目工作携滬整理。一九八二年六月，屢蒙上海市委宣傳部幹部楊如英同志過訪,鼓勵將未竟之稿繼續完成。遂決意將先生遺願《尚書文字合編》一書商之楊同志,承允配備得力助手,遂延孫啓治君來館。又蒙上海古籍出版社陸楓同志允爲出版,并以姜俊俊同志爲責任編輯,陳善祥同志佐之。遂重新開始,至今年十一月竣事,付諸景印……

　　從創議至今,忽逾周甲,深幸黨和政府之關懷,并蒙上海圖書館領導、古籍出版社領導的大力支持,復承國家古籍整理出版規劃小組列入重點項目,并惠予補助,敬致衷心的感謝! (《全集·文集卷·尚書文字合編後記》,上册第 15 頁)

　　是月　先生題簽的《古本小説集成》(《古本小説集成》編委會編),由上海古籍出版社出版。

　　是月　先生題簽的《絶妙好聯賞析辭典》(蘇淵雷主編),由上海辭書出版社出版。

　　是月　先生題簽的《五緣文化論》(林其錟撰),由上海書店出版社出版。

　　是月　先生題簽的《中國革命軍事文藝作品書目》(蕭斌如編),由解放軍文藝出版社出版。

　　是月　先生題簽的《浙江省圖書館志》(浙江省圖書館志編纂委員會編),由中國書籍出版社出版。

　　12 月 4 日　先生有信致韓琦,云:"屬書兩簽,塗呈。適有它事,以致稽延,歉甚! 與令母舅通信,乞代問好。他的通信處似仍爲嵊縣十七都(按,當作'廿八都'),門牌號數幾何,便希示及。復頌文安。顧廷龍上。四日燈下。附簽五張。"隨信附"耶穌會士與中西科學交流"(三式)、"中國活字印刷史"、"科學薪傳"題簽五張。(原件)

　　12 月 12 日　先生有信致高橋智。

　　久未通訊,時以爲念!

　　今春承譯示《隸古定文字的意義》,多費清神,感謝不已! 後因返上海料理《尚書文字合編》事,小住兩月。返京後,雜事甚多,并爲寫《尚書文字合編》的前言,究以衰頽之年,作輟無常,幸諸友之助,初稿已完成,已寄出版社審閲。

　　北京有人發起《續修四庫全書》之舉,邀我主編。余對編書印書之事,素所喜歡,不顧衰頽,欣然應之,因此又增一點忙碌。所以半年多未曾箋候,抱歉萬分,尚祈原諒! 一年匆匆,又將改歲,盼望吾弟又將來華,可以一叙。不知台駕何時可以成行,如有消息,乞以見告。

　　林申清同學曾有來信,忽將一年,常得與吾弟晤面否? 亦將去函奉候。我近來身體尚健好,但聽覺較差耳。吾弟現在編寫何書?《孟子校讀》記得業已完成,現在研究何書? 念念!

　　正封函間,得手書,欣悉台駕不日來華,可以暢叙,餘俟面罄。龍又及。

(《全集·書信卷·致高橋智》,下册第 691 頁)

12月18日　沈燮元爲先生録示王國維跋《尚書隸古定釋文》。(先生小筆記本)

12月23日　張秀民有信致先生,附寄《越嶠書》提要、《永樂〈交阯總志〉的發現》二篇,供《續修四庫全書》之參考。又有《瞻山廟簡介》一篇,請先生閱。(原信)

12月25日　先生有信致楊玉良。

示讀貴館書目,翻閱數遍,提一點不成熟意見:

一、總書名可題"故宮珍本叢書"。

二、凡内府抄本,或武英殿本,或進呈抄本,民國以前的私家著述,亦可能是進呈的,可收取。

三、各部則例、官書之稀見者可收,民族學院王鍾翰對則例有研究,可訪談。

四、目録中所列民國印本一律不收,或習見的書不收。

五、《嘉興藏》可與佛教方面有力者商印。

六、昔嘗見過《西洋曆法新書》,今目録未見,此爲研究曆法之要書,吾曾看過小本,似明板,他館所無。時間久了,記不準了,供參考。(先生小筆記本)

12月29日　王世襄寄贈《回憶抗戰勝利後我參與的文物清理工作》一文(載《文物天地》1986年5、6期,1987年第1期)。(先生小筆記本)

是月　《中國古籍善本書目·子部》,由上海古籍出版社出版。

是月　歲暮,爲吳織書"知足長樂,自得其樂,助人爲樂,爲善最樂"。(《顧廷龍書法選集》)

是月　先生題簽的《胡適遺稿及秘藏書信》(耿雲志主編),由黃山書社出版。

冬　爲孫幼麗書"博觀而約取,厚積而薄發"。(《顧廷龍書法選集》)

冬日　隸書"如鼓瑟琴",爲"于斌先生、麗芬女士嘉禮"。(中國嘉德國際拍賣有限公司2017春季拍賣會"筆墨文章"——信札寫本專場)

是年　先生有信致黃屏,云:"我要查南翔姚文棟先生傳記資料,惟有請求吳雲溥同志幫忙。附箋,乞代爲懇。"附致吳雲溥信,云:"兹因找南翔姚文棟先生事迹,想南翔方志辦能辦到。姚文棟有弟姚文枏,民初都在上海工作。文棟晚年在南翔家居,没於南翔。家富藏書,抗戰中被毁。子明煇,研究地理之學,我在中學即讀其所編教科書。我所知不多,因想南翔方志辦必能找得較詳傳記,敢倩先生托人抄示,以資參考。"(先生小筆記本)

是年　爲中國文化研究所書北宋張載"横渠四句":"爲天地立心,爲生民立命,爲往聖繼絶學,爲萬世開太平。"(原件照片)

是年　爲朱子鶴《春來閣題畫絶句》題簽。(原書)

# 1995 年　92 歲

1 月 3 日　撰《我對〈續修四庫全書〉的一點想法》,計八條。

一、我們的"續",是廣義的,不是狹義的,不是完全跟乾隆走,所以亦不贊成用"上承""遵循"的字樣。

二、我想像的《續修四庫》,可否先續編《四庫》沒有收的書,就是先把宋、元、明及乾隆以前的書儘量編印。

三、我們《續四庫》的任務和對象,是爲專家科研服務,爲保存古籍服務。

四、《續編》的宗旨是:網羅放佚,發潛闡幽。講求版本,力避重複,多印稀見之書,就是流通尚多、尚廣之書,暫不考慮。近見三批書目,似乎習見之書爲多。

五、現在是第一次續修《四庫》,以後不妨再續、三續,把古籍全部來一次更新。古書由於當時印數太少,流傳不廣,爲它重印是很有必要的。

六、建國初,華東文化部組織人力在搶救廢紙中得來的古籍善本,如《蟠室老人集》宋刻本(全),在南圖;《五臣注文選》宋刻本,殘存一冊,北京大學圖書館原有一冊(見《中國版刻圖錄》),書雖不全,極爲難得,亦可印。

七、又如旅美的翁萬戈先生藏宋本《集韵》一書,是現存各本之祖本,某單位印翁家書,獨此不印,《續修四庫》可印。

八、凡例中云,敦煌遺書之零篇斷簡,悉從省略。它的零篇斷簡作用實在大,要比輯佚書大得多,擬改"敦煌遺書專輯"何如?（原件）

此外,先生還陸續寫有《我對〈續修四庫全書〉的隨想》:

《續修四庫》一次包括不了,有的必須再印。書是很多,從前印書的數量太少了。我知道吳昌綬的集子,傅增湘刻的,他想匯刻數種一道印,邵伯褧先生借印了數十部,現在就找不到了。晚清的詩文集,雖則鉛排本,但亦流傳不多不廣。我們現在續修《四庫》,是否可考慮三續、四續呢?我們不同於《存目叢書》,它的範圍較狹,我們寬。我們可否續到辛亥?我有一個正確的估計,晚清鉛印本印數都很少,不打紙型,與後世不同,我們都可考慮。前人所謂爲古人續命,所以我想選書寬一點。《存目叢書》欲續而不得,我們可以續到宣統三年。康有爲可收,梁啓超的著作不收。張謇,清朝狀元,但民國總長,不收。袁世凱的集子當然不收,但他有奏稿刻過,收不收?這些東西隨後再考慮。康有爲、王國維都可收,羅振玉似亦可收。

民國時,商務、中華各出一部大書,爲《四部叢刊》《四部備要》。《叢刊》

出了三續,四續亦出了數種。《叢刊》既實用,又流傳了善本。我傾向於《叢刊》,就是說要注重版本。例如清人著作,要用家刻,不用翻刻。李富孫的《七經異文釋》有家刻本,雖則印本不多,但北圖、上圖皆有所藏,不必用《皇清經解》本。《皇清經解》本有木刻本、石印本,圖書館大都有之。我舉這個例子,意思是要講求版本。《續修四庫全書》一出,對世界上影響很大,不能不有周密的考慮。

經部,五經單疏,必要收《尚書》,祇有日本景印本,其它北圖都有。嘉業堂刻本是據傳抄本,不及宋本好。

《明文海》,浙圖有抄本,較好。復旦有人曾與它本校,文載《復旦學報》。此書抗戰前傅斯年擬印。

金石方面,考古所有宋拓薛尚功《鐘鼎款識》,上圖亦有部分,可合印。上圖有《攈古錄》底本,北大有盛昱的《鬱華閣金文》,北大還有翁樹培的《古泉匯》。

三禮方面,上圖有王紹蘭的《禮堂集義》。

我曾在嘉業堂庫中見許多清末人的著作,可托浙圖去挑選,這批書已捐贈浙圖。

科圖有鄧之誠舊藏的清初人別集,皆可考慮采錄。古籍曾想印清初人集部,印了數種。上海圖書館有王培孫藏明末清初人著作較多,王氏編《蒼雪和尚年譜》所參考者。

王紹蘭的文集,名《鄮鄭學廬文集》,王重民編《清人文集索引》時,祇此一書不是北圖而是私人的,藏主為張餘董魯安先生,燕大圖書館景印了二百本,現在已看不到了,可入《續四庫》。

上海古籍曾印過若干種清人別集,生意不好,我看可以入《續四庫》。他們印了幾年的宋本唐人集,也可入。

類書較多,《學海君道編》北大有。鄧嗣禹編有《類書目》。[1]

曹氏《石倉詩選》十集很難得,現在當能配齊。

傳記,《皇明獻徵錄》查明人傳記最方便,似解放初上海書店已景印,可打聽一下,如售罄,可再印。尚有《分省人物考》,可印。

記得明葉向高的集子及畢自岩的集子,北圖藏本為最足本。

戲曲小說,似可采古籍近印的小說、戲曲叢書一入之。前兩集亦可考慮采之。

明徐時泰仿宋刊《三禮》,即"韓文",前後刊成,世人多不知其姓名,可算刊本精良。

---

[1]《學海君道編》《類書目》:即明饒伸輯《學海君道部》和鄧嗣禹編《燕京大學圖書館目錄初稿·類書之部》,亦名《中國類書目錄初稿》。

《中興禮書》三百卷,續編八十卷,大興徐松編次,共二十二册,北圖有一抄本,并經葉老先生校過。

上圖有清初吴穎芳《説文理董》,可能傳抄本,馬叙倫、胡樸安皆有長跋。可與原國學圖書館石印本《後篇》同印入《續四庫》。

我在日本西川寧先生家獲見唐寫《説文·口部》,與今本相較有殘存十一字,曾發表於《書道續集》,還有一書亦載之,可與《説文·木部》同印入。

《孔叢子》,上圖藏有宋本,潘氏原定元刻,與通行本不同,多出不少。我曾校過一點,請人幫忙校完,校本在合衆書庫,校在石印的《指海》上。

我想"則例"很重要,但祇有故宫有,他們有印行之意。王世襄先生與清華要校印營造方面的則例,我們可印可不印。

明人集,凡民國時代未印過的都可印。

上圖有不少日記可印,如陳閣老日記、屠寄日記、平等閣日記等。

上海圖書館藏有周志輔所贈大量戲曲書,我開過一個目錄,想印戲曲叢書。戲曲書可印。(先生小筆記本)

1月4日　先生有信致國務院古籍整理出版規劃小組組長匡亞明,爲《續修四庫全書》事。

一九九二年春全國古籍整理出版規劃會議時,忝爲古籍小組顧問,實未能有所貢獻,至爲慚惶。今者中國出版工作者協會主席宋木文同志等創議編纂《續修四庫全書》,此乃吾國古典文獻整理之一大偉績,亦爲改革開放以來宏揚優秀傳統文化,促進學術研究之重大舉措。廷龍被推舉爲全書主編,雖已年逾九十,亦當奮力,共襄盛業。吾公主持全國古籍整理研究,德高望重,素所欽仰。今謹轉奉出版工作者協會函件以達左右,亟盼有以指導、扶持,并望先生擔任全書總監纂,祈請俯允。(《全集·書信卷·致匡亞明》,上册第239頁)

1月7日　《人民日報》發表《本世紀古籍整理出版的巨大工程〈續修四庫全書〉編纂出版工作開展——宋木文、顧廷龍答記者問》一文,對爲什麽要編纂《續修四庫全書》,以及《續修四庫全書》的選錄範圍、收書種數、裝訂册數和怎樣保證編纂質量等問題,進行了詳細的闡述。

1月8日　《中國古代的鈔校稿本》定稿(與徐小蠻合作)。

中國的書籍起源於竹簡(公元前十一世紀前),繼以帛書和木牘。竹木太笨重,帛又很貴,到了公元二世紀造紙術在我國各地推廣以後,紙一直是最便利、最流行的書寫材料。但不管用什麽材料,祇要是用筆書寫,都稱寫本。在雕版印刷術發明之前,寫本書幾乎是圖書的唯一形式,知識就靠它傳播……

現存最早的紙寫本是西晋元康六年(二九六)的寫經殘卷(清末日本人

在中國新疆吐魯番發現,現藏日本)。另外,後凉麟嘉五年(三九三)的寫經殘卷(現藏上海博物館),西凉建初時寫經《律藏初分》(現藏北京圖書館),北魏神龜二年(五一九)"經生張鳳鸞"抄寫的《維摩詰經》殘卷(現藏上海圖書館),都是現存較早的珍本……

　　一八九九年,甘肅省敦煌莫高窟收藏被發現,向人們提供了從東晋後期到北宋初年絶大多數是古寫本的二萬多卷珍貴文獻。有爲歷代《大藏經》所未收的佛經,有《書經》《詩經》《左傳》《老子》等書的古寫本,有從未見過的史乘地志、日曆醫書、各種變文等等,經、史、子、集各類都有,大大有利於對雕版印刷術發明之前各學科的瞭解和研究,可填補已迷失的學術環節……

　　關于寫本,我們一般將它分爲鈔本、校本和稿本。作者的原稿通稱稿本。稿本還可細分爲作者親筆寫的稱手稿本,謄清的稱清稿本,據以鈔寫或刻印的本子稱底稿本,還有謄清稿本經作者手校本,有請名人審閱過的稿本等等。稿本是書的第一形式,是最可信的本子。未刻稿的版本價值不言而喻,即使是刊刻過的稿子,稿本也不失其寶貴的價值……

　　除上述稿本、校本以外,凡是用墨筆傳寫的,都稱鈔本。一般説,清乾隆以前的稱舊鈔本,清末民初稱近鈔,民國以後的稱新鈔。鈔本的優劣取決于所選底本與鈔者……

　　以《中國古籍善本書目·經部·易類》爲例,易類共七百四十三種,單純的刻本(不包括有跋文、有批點的)爲三百四十二種。也就是説還有四百零一種與手寫有關,占百分[之]五十四,比例很大。它們的鑒別與刻本相比更加複雜困難。而名家的鈔校稿本大多珍藏在圖書館,取閱比對也會有困難,不要説經常摩挲了。鑒別版本已從行款時代進入書影時代,鈔校稿本重在手迹,有人甚至認爲判別各家習用的格子紙就能定爲何家本子,未免太簡單了,因爲專用的鈔稿紙也往往有借用、贈送之例,不要説仿造了。

　　我們有感於此,建議編著鈔校稿本圖録,影印出版,此亦當務之急也。(《全集·文集卷·中國古代的鈔校稿本》,上册第278頁)

　　是日　徐小蠻有信致先生,告知《尚書文字合編》樣書已經送進新書訂貨會,又關於編印鈔校稿本圖録事,及上海書店金良年擬去北京拜訪先生,請教有關編輯事宜。(原信)

　　1月14日　先生有信致方行。

　　新年接手書并上博新館照片,落成在邇,殊爲可喜!先一天已在《文物報》上獲讀詳細報導。上博、上圖發展之快,現在都建新館,上海市之文化事業之大事,我是親眼目睹的。所以兩館之發展,公之大力不可忘。

　　《中國古籍善本書目》集部,我初以爲當可於總理逝世期間(按,原文如此)發稿。自發《會議簡報》後,未有續訊。日前接古籍出版社責任編輯郭群一來信説，子部已印好，裝訂成書後即寄，集部稿望即發排。我祇好把信寄給冀大姐，請她作答了。她給我電話，我聽不甚清，大意工作繁重，似非短期可交。我無法，祇好請大姐直接作答了。

我知道集部清代以前的早已發稿，清以後的，冀大姐自滬回京後重新編排，亦已多年，後又請沈燮元來京相助，希望一九九五年内完成就很好了。

賤軀尚好。《尚書文字合編》結束以後，打算增補《吳大澂年譜》，過去看到的材料，很少重見，現在所見的，皆昔所未見者。吳大澂平生無聲色犬馬之好，否則哪裏來許多著作及親筆書畫信札呢？

際此新年春節之際，敬向闔第祝賀，福壽駢臻！

前示《光明》有人對"綜録"二字不明確，此新舊概念有異。昔人《七略》《別録》，都是簡括的。嘗有人批評《綜録》中總集查不到，讀了這大文章，隔了一二期，又有人告訴他説《叢書綜録》收的是叢書，總集是不收的。後來就不提了。敝處今年多了兩份報，一《解放》，二《光明》，是某廠所贈。又及。（《全集·書信卷·致方行》，上册第 346 頁）

1 月 21 日　先生有信致張世林。

許久不晤，爲念！

吾因事回滬一行，小住一二月即回京。兹將前借之《經典釋文》一册奉還，多謝多謝！（《全集·書信卷·致張世林》，下册第 635 頁）

1 月 22 日　匡亞明有信致先生，婉辭《續修四庫全書》總監纂之請。

惠函及所附上海古籍出版社、報載《續修四庫全書》報導等文件材料，敬悉。此一出版界宏偉工程，能在五年内陸續問世，其速度之快，將遠非清王朝以三代皇帝、歷時數十年方克藏〈竣〉事之《四庫全書》可比擬。現代學術科技飛速發展，無論在出版速度、質量以至内容豐實上，均提供有利條件，并有宋木文、顧老諸先生及大批專家學者主持或參予其事，深信在黨中央、國務院關懷支援下，此宏偉工程定能圓滿完成。至于承邀鄙人任全書總監纂一事，非常感激。但因最近連續兩次大病之後，體腦虛弱，實難勝任。爲事業順利開展計，謹懇另請高明，感甚，幸甚！凡工作上鄙人能服務者，定當盡力爲之。關于《續修四庫全書》在規劃小組立項事，已電告傅璇琮秘書長，就近在京辦理。顧老高齡，時在隆冬，萬請顧老勿勞來寧，實不敢當，至懇。（《古籍整理出版的宏偉工程——〈續修四庫全書〉》）

1 月 30 日　除夕，整理對《續修四庫全書》的意見。

上星期中，有滬友來，談及《續修四庫》事。我問：有何所聞？他們連口稱無，但又説價高一點。聽了這話，引起我的深思。我近看了《易》《書》《詩》三份擬目，大都是普通易見之本，因此有點想法，略述如下：

我對"續"字的含義，認爲可以從廣義來説，凡在《四庫》前者，可以大收，《四庫》後者亦可大收，皆可稱"續"，不妨續修、三修，乃至四修、五修。

我希望把现在所存古籍,都替它更新一番,亦即前人所謂"續命",凡流通尚廣的書,少收或不收,這是節省物力之意。

假定第一續多收明人著作,統稱明版書,今人看明版書,猶如明人看宋版書,近人重視明版書的有陶湘、劉承幹、蔣汝藻、莫伯驥等,均有專目。現在如北京圖書館、北大圖書館以及南京、上海所藏明版書尚多,可考慮大量采用。內容好不好,請專家審定。

從前木版書印數少,流傳不廣,我們可否從"拾遺補缺""發潛闡幽"的角度加以考慮。

前東方文化事業委員會編了《續四庫提要》,臺灣已印出,祇是原書未景印。東方《續四庫提要》著錄的書,均屬普通書,各大圖書館皆有,一索可得,我們要與它避免重複。

我們現在《續修四庫》中要多收明代刻本、明人著作,凡近時沒有重印的都可收,但亦要注意選擇,此必請專家審定。可參考《中國古籍善本書目》來挑選,《續修四庫》爲流通古本,是參考用書,不是爲家絃户誦之需。(先生小筆記本;《全集·文集卷·對續修四庫的我見》,上册第150頁)

是月　先生題簽的《所見中國古代小說戲曲版本圖録》(吳希賢編),由全國圖書館文獻縮微複製中心出版。

是月　先生題簽的《蘇州市志》(蘇州市地方志編纂委員會編),由江蘇人民出版社出版。

是月　先生題簽的《文化古城舊事》(鄧雲鄉撰),由中華書局出版。

是月　爲《現代市場競爭韜略——孫子兵法的運用》(舟俠主編)題簽。(原書)

2月5日　先生有信致林公武。

前承函屬題簽事,我竟忘了,若非電話催詢,一時想不起,罪歉無似!兹塗呈兩條,請審正。(《全集·書信卷·致林公武》,下册第544頁)

2月7日　先生有信致高橋智。

前承枉顧,藉獲暢談,無任快慰。蒙惠多珍,至深感謝!

奉贈《讀史方輿紀要稿本》一書,吾初以爲適裝一紙箱,豈知箱外尚有兩册,您如有熟人可托,望見告。否則候今冬台駕來華時帶去。

兹有友人張世林先生(現任《傳統文化與現代化》責任編輯)、張力偉先生訪日之行,我作一紙介紹晋謁台端,請予接見,便請指教。他們如欲參觀静嘉堂文庫,須煩聯繫,吾寫一便條致米山先生,但仍須兄接洽。(《全集·書信卷·致高橋智》,下册第692頁)

2月19日　先生有信致王世偉。

日前承寄來九三、九四兩次所攝照片,謝謝。九四所照兩張中,以一瞥閣書桌上的較自然,我想加印兩張,以備有人見索,可以應付。如底片見寄最好。您很忙,有便爲之。

孔毅同學曾來賀年片,他的情況如何? 林申清同學到日後來過一信,我一直未答,您有其近況否? 高橋説他很辛苦。

我於《尚書文字合編》尚未完全脱手,本月内必可結束。李令璞先生爲我寫了推薦書(與王元化先生合作),向國家古籍規劃小組請到補助,出版約無問題矣。(《全集·書信卷·致王世偉》,下册第 626 頁)

是月　先生題簽的《中國館藏和刻本漢籍書目》(王寶平主編),由杭州大學出版社出版。

3 月 2 日　先生有信致韓琦。

手書敬悉。屬書脉望齋額已塗就,寄呈台閲。款式按來示大小,太大則成堂匾,一般書齋如此大小較好。如要大,可重寫。令舅來信及文章,均拜收,龍當于日内修書道念。他似比我大一二歲吧。德國小姐寫中國書法甚好,真不容易,她好北碑的。去年在上海《新民報》上見到有人介紹其作品。等台駕法國回來,謀一良晤,籍知海外情況。匆上。敬請著安!

3 月 8 日　汪鍾韵有信致先生,詢其先世遺稿事。先生于是日復信云:

《中國古籍善本書目》未收録,該目不收私家藏書。想起抗戰前幾年,浙江省圖書館舉辦過浙江省文獻展覽會,藏家送書參加展覽者甚多,會後該館編輯了一部展覽目録,是否印行不詳。可否致函浙江省圖書館文獻部,請他們查查浙江省文獻展覽目録,如有,可能尚有發現機會。聊供參考。(原件)

3 月 13 日　劉夢溪有信致先生,詢問“您手邊不知還有序跋一類存稿,如有,不拘長短、文體,《中國文化》極願披載”。(原信)

3 月 15 日　先生有信致任光亮,爲《中國古籍善本書目》總結會事。

北京這次全國“全國古籍目録”開會,上海無人來。昨日王麗麗同志來,得悉您的職稱近得解决,甚以爲慰!

全國善本書目定三月底開總結會,想您必能來京,大概先開編委會,討論一些須要結束的事,如稿費的處理、卡片的保存。小宫可能會與您聯繫的。

您能不能通知郭群一,速將子部寄幾部到京,開總結會要陳列。小宫一定會關照他們的,但現在想到,煩您多提醒一下爲好。(《全集·書信卷·致任光亮》,下册第 486 頁)

3 月 23 日　先生有信致劉小琴,爲上海圖書館擬向圖書館司申請,將《中國古籍善本書目》製成光碟事。(原信)

3 月 28 日　沈津有信致先生。

多時未通音訊,不知身體如何? 年前曾托人在京投寄聖誕卡片,也不知收到否? 總之,先生的一切均在念中。

原定五月間欲去香港辦理有關手續,届時再至上海探望父母、師友,但現時則有變化,因爲二年後政策必有變化,況且目前哈佛正在給我辦理工作簽證,以後再改變身份。同時,四月中旬我即正式成爲哈佛人員,所以工作上的事一時也走不開,故祇好再等機會了。

四月十一日,韓錫鐸將來此地我處,十二日離開。他此行乃爲普林斯頓的善本工作會議,并在艾思仁的陪同下,順便去華府參加一年一度的亞洲學會圖書館年會,及參觀美東的一些東亞館,吃住、機票全由普大解決。昌彼得也會到普大與會。由于哈佛没有參加此項計劃,雖艾發函邀我,但我還是不去爲好。艾和我時有聯絡,他最近寫了一篇關于翁萬戈藏書的文章,寫得不錯。

前些時候,我仍在寫清初刻本的書志,約寫就二百種。目前在整理善本書的卡片,需三個月方能完成。

前接北京、上海方面朋友的信,説《總目》即將告一段落,準備開會總結,擬請當年香廠路同仁一起與會。可惜的是,我不能返來參加盛會,和大家一起分享快樂和豐收的喜悦。但是我仍然十分高興,《總目》從開始籌備到今天,已有十八年了,中間的甘苦和成績都是有目共睹,這種嘉惠學林、功德無量的盛舉,它的影響一定更是久遠。

我從先生習流略之學也有三十年了,在先生的指導下,曾收集翁方綱題跋、手札,并撰寫翁氏年譜,現二書雖已完成,但出版無門。前者八十萬字,沉睡上海古籍出版社八年之久,我也不再抱有出版的希望;後者三十萬字,今存我處,欲輸入電腦,再打印出來,以後再設法找臺灣方面試試。

八十年代以來,我寫了大約三百來篇善本書志(除哈佛燕京的宋元明刻本一千三百種外),約二十五萬字,過去大多發表在北京、上海、臺灣的雜志上,尤其是美國所藏的善本,都選難得之本予以介紹。我總是希望讓別人能多瞭解一些信息,另一方面也想結集出版,爲自己作一個小結。所以,在"一切向錢看"的形勢下,自知此類小書没有經濟效益,没人會作賠本生意,于是祇好試着自費出版,我的要求不高,祇要能出版即行。目前我祇好請武曦所在的上海社科院出版社設法出(上海古籍據説更貴),于是爲了爭取七月交稿出版,我晚上一般都要工作到很晚。

兹有一事想請我師鼎力助我,即我想先生爲我的小集《宏燁齋所見善本書志》題寫書簽并能賜序。我知道先生目前安居静養,本不便爲此小事打擾,但我思之再四,回憶過去走過的路,在業務上的成長,都離不開顧師,實在是知我者,顧師也。所以我也就鼓起勇氣寫信求序和字了。我不知道先生能否賜序于我,能否早些給我一個回音?

波士頓已是春天的氣息,我們在花園裏已開始鬆土、播種,希望今年的蔬菜比去年長得更多、更好。并問誦芬先生全家好。(底稿)

3月29日　爲《中國古籍善本書目》責任編輯之一吴旭民題字:"一九九五年三月二十九日《中國古籍善本書目》五部分全部編輯完成志喜。顧廷龍記於北京。"(原件)

3月31日　上午九時,出席在人民大會堂召開的《中國古籍善本書目》編纂工作表彰大會，并代表編委會作總結發言。此項工作從準備開始，經普查、彙編、審校、定稿等階段，歷時十八年。

《中國古籍善本書目》收錄了我國現存於大陸的明朝及明朝以前的絕大部分和清朝的有價值的大部分古籍善本書，近八百個收藏單位，約六萬條款目，采用五部分類法，依分類體系組織編排。它不僅依傳統做法著錄了書名、卷數、著者時代、著者姓名、著作方式，及版本時代、版本責任人、版本類別及批校題跋外，還著錄藏書的存缺情況及收藏單位，有的分藏幾處的古籍善本，在《書目》中得以配套成龍。《書目》的問世，極大地方便了讀者的使用，促進了學術研究和學術交流，加強了國際間學術交流，爲國內外學者所矚目。

編纂《中國古籍善本書目》過程中，前後參加此項工作達數千人，參加單位近千個，因此，這是一部集體勞動的結晶，許多老專家老同志、中青年學者，都爲此付出了心血，他們之中的一些人未能享受到完成任務後的喜悅，而留下了深深的遺憾。國家文物局局長王冶秋，編委會主任委員劉季平，副主任委員周邨，顧問周叔弢、趙萬里，圖書館事業管理局副局長胡耀輝和魏隱儒、楊文剛等同志，都曾爲《中國古籍善本書目》的編輯工作做出過貢獻。在編纂工作完成之際，不能不深深地懷念這些同志。

《中國古籍善本書目》的編纂，開創了中國古籍全國性書目的先河。《書目》在編纂體例等諸多方面既繼承了中國圖書目錄學、版本學的優良傳統，又有所發展和創新。《書目》在善本書收錄範圍上，突破了前人衹以宋元本爲善本書的框框，在確定是否善本問題上，制定了"三性"原則，即以古籍的歷史文物性、學術資料性、藝術代表性爲考察標準，并具體化爲九條標準，具有較強的科學性和實踐性、可操作性，已爲學術界普遍認可和采納。《中國古籍善本書目》既是一項實踐的成果，同時也體現了我國當代古籍目錄學、版本學研究的水平。它在古籍整理和研究理論上的建樹與影響也是非常重要和深遠的。

在編纂《中國古籍善本書目》過程中，對分藏於全國各地的古籍善本的保管情況也做了一次檢查，促進了各收藏單位對古籍善本保護條件的改善，這也是很重要的一個成績。

《書目》編纂過程中，培養了一批年輕的專業工作者，造就了一批高水平的業務骨幹和專家，這方面所産生的作用也是十分重要的。

編纂《中國古籍善本書目》是一項難度很大的工作。主編顧廷龍同志，副主編冀淑英、潘天禎同志和許多參加編纂工作的同志，爲使《書目》達到高水平、高質量，做了許多艱苦細緻的研究、考證工作。他們以嚴謹的、一絲不苟的科學態度對待每一個條目。許多條目經過反複研究、核對纔予以確定。但是，編纂這樣一部大型的、高難度的書目，限於各種條件，難免會有一些錯誤和缺漏，這方面的缺憾有待今後去努力糾正和彌補。（任光亮日記；

《全集·文集卷·中國古籍善本書目編纂工作總結》,上册第 450 頁）

是月　爲新疆石河子友誼賓館題"春風亭",并書聯句:"石城朝雨浥輕塵,客舍青青柳色新;迎君先進三杯酒,西出陽關俱故人。"(《顧廷龍先生紀念集》,第 250 頁)

是月　《尚書文字合編》前言定稿。全篇分:一、先秦《尚書》的面貌;二、西漢的今、古文;三、東漢的科斗古文;四、東晉的隸古定;五、唐代的今字和異體字;六、五代的科斗古文和宋代的隸古定。又"尾言"云:

兹將所有《尚書》各種字體的本子合編在一起,蓋欲爲解決其混亂提供材料,便于尋求《尚書》經文文字演變的踪迹,使《尚書》文字糾紛有解決的希望。材料的蒐羅與編排如有遺漏和不當之處,尚祈專家學者予以指正。

廷龍衰髦薄殖,于《尚書》未能深習,僅承顧先生之教,搜集材料,略加編次而已! 拙序草就,承劉君起釪、王君煦華不憚煩勞,加以審正。兩君者皆顧先生入室弟子,書以志感! (《尚書文字合編》前言)

約是月[①]　先生有信致冀淑英,希望儘快結束《中國古籍善本書目》工作。

我們編纂的《善本書目》全部完成,這是對周恩來總理的最好紀念,對整理古籍起一定的作用,尚望早日結束,即交出版社發排。至於台端爲仔細起見,尚擬復看,鄙意此道工序,可等排樣出來後,在排樣上細校。老沈回來,他手中的片子速予結束發稿。有問題,在校樣上改,尊意如何? 鄙人今年九十二,頗想能一預總結大會,不知能如願否耳! (先生小筆記本)

4 月初　應王湜華所請,爲北京中山公園來今雨軒茶社成立八十周年,書《吕氏春秋·本味篇》語:"凡味之本,水最爲始。五味三材,九沸九變,火爲之紀。"(王湜華《獎掖後進的顧廷龍》,載《書城》1996 年第 1 期)

4 月 15 日　先生有信致沈津。

去年奉手書,衰病稽復,不勝歉仄! 近得三月二十八日來信,欣悉大著《宏燁齋所見善本書志》完成,可喜可賀! 簽即付郵。

我去年一年,忙於《尚書文字合編》工作。寫《前言》,請人提意見,一再修改,今始定稿,其遲鈍可笑! 今年可出版。

《古籍善本書目》已全部編輯完工,已在人民大會堂開過總結表彰會,忽忽廿餘年,想吾弟已見報道。可喜者彭長登同志到會,精神較前爲佳。遼寧無人參加,韓錫鐸將赴美,趙琪患心臟病,不敢出門。上海方行、任光亮均到。

我近來雜事甚多,在上海可拉人幫忙,這裏真是"獨學無友,孤陋寡聞",良可笑也。稍暇,再奉復。(原信;《全集·書信卷·致沈津》,下册第 527 頁)

4 月 16 日　應邀出席中山公園來今雨軒招待會。(王湜華《獎掖後進的顧廷

—————————

①此信似寫於 3 月 31 日《中國古籍善本書目》編纂工作表彰大會之前。

龍》,載《書城》1996 年第 1 期)

是日　先生有信致張世林。

尊處新出《居延新簡》一書,頗思一讀。曾蒙傅公允予借閱,希予洽辦。

(《全集・書信卷・致張世林》,下册第 636 頁)

4 月 20 日　張世林有信致先生,希望將《中國古代的鈔校稿本》編發在《傳統文化與現代化》"古籍整理學"欄目內。又謂:"該文的内容是您最初同我講過的,也是我直接向您約稿的,雖由徐小蠻同志執筆,但您的名字還是應該署上的。……請將徐小蠻的改寫稿一同寄我。提到回信,我有一個請求,希望您能用毛筆給我寫這封回信,我目前手裏有錢鍾書、繆鉞諸先生用毛筆給我寫的回信,彌足珍貴,可爲以後編《名人書信手迹》續編提供材料。因此,也想請您費心給我寫封這樣的信。不情之請,還望鑒諒。"(原信)

4 月 24 日　先生有信致張世林。

手示敬悉。徐君一文承予在貴刊發表,感感!前呈一稿,徐君有修改,龍頃校讀一過,略有補例,仍請審定爲幸!

承允借閱《居延新簡》,謝謝!　(《全集・書信卷・致張世林》,下册第 637 頁)

是日　先生有信致徐小蠻。

久未通信,甚念!我爲《尚書文字合編》前言所困,先則修改,現在謄清本,今明必能寫完,詳校後即寄小姜,我的工作算完畢。其它諸事祇得請姜俊俊、孫啓治、陳善祥三位了。

您的一篇文章要在《現代文化與傳統文化》中發表,他們改了一個題目爲《中國古代的抄校稿本》,他們所見的是第一稿,一月八日的修改稿擱在我手,他們尚未見。您的一月八日一稿較好,我看就按他們所改題目較好。署名要我加入,説我是創議之人,我想[您]必同意的。我就把你一月八日的一份發了(第一頁,末二行"評"改"詳"了)。

今後手抄、手稿都快消滅了,現在叫叫罷了,打字、電腦,還有什麽手不手呢?近來很多朋友要我寫毛筆信,弄得我很緊張,必須正襟危坐,搭起架勢寫信了。但是我最近看到兩本寫李鴻章的書,一封銅版印的,他題"李鴻章書信手迹",我一看是于式枚代筆,祇有"照繕廿日"是李親筆。還有袁世凱與李往來信,很可疑了(鉛排的),我又想鑒別一事,對過去毛筆字還是有用的。一笑!

我近來想擠入書法家之列,必須出本字帖,您曾多次邀我寫一種,您尚能踐約否? 一笑!

附張世林君給我的回信:

關於《古籍抄校稿本》的文章,我和徐〈許〉逸民都拜讀過了。文章寫得很好,也是我們十分需要的。祇是標題原作《中國古代抄校稿本圖影的建議》似不妥，總讓人感覺不像一篇正式的文章，擬改爲《中國古代的抄校稿本》，編發在《傳統文化與現代化》"古籍整理學"欄目内，不知您同意否？請您指示。另，該文的内容是您最初同我講過的，也是我直接向您約稿的，雖由徐小蠻同志執筆，但您的名字還是應該署上的，我們已經替您署上了。特此告知。(《全集·書信卷·致徐小蠻》，下册第 512 頁)

**4月下旬** ① 先生有信致姜俊俊、陳善祥、孫啓治。

我的《前言》又修改來了一次，就算定本吧！兹特寄上，請再審定，如無大問題，不再改了。

我的《前言》有複印件，有寫本，要分一下。寫本已[在]你處，我這裏有複印件。待〈但〉複印件可能字體不好，改寫了，請閱後考慮如何調整。可能要善祥先生多考慮一下。

在十二頁上，我引《集韵》(古籍版)，發現有錯字，請善祥同志到上海圖書館查《集韵》木刻本(查《集韵》是件大事，拜托！)，我記得卷盒藏書中有《集韵》，爲顧千里修板印本，有葉景葵過録段玉裁的校字(不知還有其它校本否？)，請看"官"還是"官"？古籍影印本作"官"字，疑誤。我以爲應作"官"字。《説文》序有云"官獄職務繁"，作"官"爲是。

《後記》全重寫的，《前言》沒有全重寫。複寫本有改動(有的不是錯字，祇字寫得不匀，書法不佳)，如要重寫那一張，請通知。

要鑒别寫、印，可看釘書機的眼子，有是複印件，無是寫本。《前言》二十五頁。孫啓治跋語可放在《後記》之前，如何？(《全集·書信卷·致孫啓治、陳善祥、姜俊俊》，下册第 501 頁)

**是月** 攝影家沈建中來訪，爲先生攝影。(照片)

**是月** 撰《紀念袁同禮先生百齡冥誕》。

我國現代的圖書館事業創始于清末，然采訪、編目、閱覽、典藏等工作，仍大體與歷來藏書樓之管理無甚異也。袁同禮先生留學美國哥倫比亞大學，學成歸來，佑蔡元培先生創辦國家圖書館，學習西方，結合國情，制訂新的規章制度。大學圖書館及省立圖書館都受其影響，管理體制和社會服務等方面逐漸改觀，出現新貌，此皆同禮先生首爲創導之功也。一九二九年北平圖書館新館落成，其址與北海相鄰，美輪美奂，藏書豐富，編目和管理等均采用新法，與世界先進國家相應接，爲我國第一所新型的圖書館。經過兩年籌備，文津街新館于一九三一年九月開幕，舉辦展覽會。時余負笈燕京，前往參觀，洋洋大觀，美不勝收，對余此後終身服務于圖書館事業，從事目録版本之學有深刻的影響。

---

① 《全集》中此信末署"(一九九五年三月)"，不知何據。據信内容，當寫於 24 日致徐小蠻信後一二日，姑置於此。

圖書館既爲事業機構，亦爲學術機構，袁先生爲謀圖書館事業之發展與提高，聘請專家從事典籍文獻專業之研究，編製專題書目，創辦館刊，解答讀者專業諮詢。此種研究與服務相結合的方式，實爲大型圖書館和專業圖書館向高層次發展的必由之路。先生的遠見卓識，良可欽佩！先生尚資送有爲青年出國留學，爲圖書館事業培養了很多的高級人才。同禮先生一生辛勤從事圖書館事業，享譽世界，爲中國圖書館的前輩，是後學的導師。

文津街新館開幕之後，余時往閱覽，先後得識王庸君、胡鳴盛君、向達君、趙萬里君、謝國楨君、劉節君、賀昌群君、王重民君、孫楷第君，諸子皆學識淵博而各有專長，可稱一時之盛。請益切磋之樂，雖時逾半世紀，猶歷歷在目。飲水思源，亦同禮先生辦館有方所致也。

一九三九年夏，余應張元濟、葉景葵兩先生之邀，在上海創設私立合衆圖書館。時上海已成孤島，同禮先生來滬，顧余于合衆，因獲暢談。余告以合衆創辦目的，是在搜集各時代、各地方的文獻材料，供研究中國及東方歷史者的參考。在收購上，所擬標準是工具書、叢書、地方志、地方總集、批校本、稿本等等。以私人力量辦一專門性圖書館，前所未有，同禮先生大爲贊賞。我館後來之發展，惜先生不獲見矣。今年恭值先生百齡冥誕，緬懷先達，景仰遺型，率書數語，藉資紀念！（《全集·文集卷·紀念袁同禮先生百齡冥誕》，下冊第 986 頁）

約是月　爲小紹興酒家書“甘而不噥，酸而不酷，鹹而不減，辛而不烈，淡而不薄，肥而不膩。節《呂覽·本味篇》語，爲小紹興酒家題壁。乙亥春日，九二老人顧廷龍于北苑”，又“揮毫萬字，一飲千鍾。節錄宋歐陽修詞句，爲小紹興酒家題壁”。（底稿）

5 月 12 日　先生有信致吳織。

我一直爲《尚書》事忙，我起初寫序，打算簡單化，仿佛吃館子，點幾個菜算了。但請人提意見後，有人主張系統化，就是要“滿漢全席”，於是一弄幾個月，最近清繕一遍，寄出版社了，我算告一段落。

今後打算把自己的稿子整理一下，能出版就出，以前恐貽笑大方，現在不管了。我這裏有雜文稿，您處有雜記（即日記中抄出的），您爲我花了很大工夫，請您興致好的時候寫幾句話，好麼？《吳大澂年譜》一定要補訂一下，材料得來不易，一縱即逝，至少有原本的二分之一。

還想寫一本字帖，徐小蠻允爲我出。我想寫《說文》序，用漢代的古文寫，漢代古文與先秦古文有一脉之傳，最近有日友松丸道雄送我一本他的近著《甲骨文字字釋綜覽》，可尋文字演變之迹。

近日身體尚好，跟在上海時差不多。沈津有信來，他已升正式館員（善本書室主任），可喜！丁（正鐸）局長遠道寄來好筆多支，尚未去函謝，就是忙於《尚書》序，他曾爲此書出版事想過許多辦法的。（原信）

5 月 14 日　先生有信致冀淑英。

　　日前承枉談,甚快! 尊撰《後記》,拜讀再三,甚佩甚佩! 這部大《目録》必須有這樣一篇《後記》。

　　我想起有幾點要補充:第一次我們聚會,上午在北圖討論收書範圍及時代,下午到文物局王局長匯報,決定幾事:一收書範圍,二分類問題。此王局長定的,大家亦無異議者。我還提出以"北圖八本"爲模式,想大姐均尚記憶。還有一事,即領導問題,開始由文物局,又歸文化部,需要提一提。因經部發布會上有報導,請參考一下,要前後呼應(似載《圖書館學會會刊》)。

　　還有一點小事,如第六頁倒數第七行"謝國楨先生","先生"兩字可省。又第八頁、十五頁"日本版本目録學者島田翰","版本目録學者"此六字可略,即言"日本島田翰"即可。此人在《皕宋樓藏書源流考》中對中國無好話,晚清老輩對他亦無好感。

　　此文將來請大姐署名,由您繕正後交我,送杜司長核定即發。(《全集·書信卷·致冀淑英》,下册第 404 頁)

5月17日　先生有信致姜俊俊、陳善祥、孫啓治,爲《尚書文字合編》的編排提出幾點意見,請予核查。(先生小筆記本)

5月26日　先生有信致王世偉。

　　久未通訊,爲念!

　　吾友王煦華同志現爲《續四庫》開《爾雅》書單,我想您的《爾雅導讀》如有餘本,可否寄贈一本給煦華? 請酌奪……

　　《古文字詁林》進行有無困難? 我頗感異體字問題很有研究,但須吃飽飯,没有任務,纔能爲之。我有條件,而老不中用耳。一笑。(《全集·書信卷·致王世偉》,下册第 627 頁)

5月27日　方行有信致先生,談及"歷時十八年之《善目》工程,在您老主持下終告完成,同人靡不額手稱慶,而集部之出版,恐非明後年不成,那末全部竣事將達廿年之久矣"。又謂"月之中旬,因事赴寧,順便參觀了南京新館之古籍樓,在潘老和小宫陪同下,見該館所藏古籍均已遷竣上架,條理井然,并承出示該館新得之元楊維楨稿本,有題爲抄本,紙墨均很好,他們知您將南來,不知何時成行,非常歡迎您來南圖參觀,請爲此書作鑒定"云。(原件)

5月30日　先生有信致鄧雲鄉。

　　昨奉手書,并惠題簽費,謝謝! 簽題原是代表文人間之交誼,今竟也成了高濟,可笑!

　　承詢硃卷事,我爲合衆收得很多,很不容易。硃卷自廢科舉後,即以開始毁棄,祇有少數舊家尚注意收集保存。我於一九三九、一九四零年即開始搜訪,一是海鹽朱氏壽鑫齋,主人朱彭壽(?),研究清代典章制度者,所以有收集硃卷之興。余托張菊老,菊老又托金鐩孫先生從北京買來。當時北

平、上海幣制不同，所以代價不低。此是一批。我素知吳縣潘氏三代皆屢
放學政、主考等，所以保存硃卷甚富，門生故吏多，商諸潘氏兄弟全部捐贈。
其他則托古舊書店到外地收書，注意收集，但甚寥寥！

您談起八股文，我在合衆大事搜集，惜已不易。先後收得兩個書架的八
股選本，葉、張二老有時來借閱，葉先生每以佳句相告，張先生臥病亦時來
借八股文翻閱，所以張先生重游泮水之年，將入泮課題重作一遍，陳叔老和
之，解放後了。這是一批。各家捐贈者，解放前夕，素聞松江封氏藏書，家藏
有八股文極多，我願出重價收之，托書友楊金華去談，要價太昂，力所不逮，
祇好放棄。豈知解放後，爲華東文化部所收，撥交歷史文獻圖書館，是有前
緣。此批八股文，明清均有，單片未裝。"文革"爆發，管庫同志葉名山君移
庋書架之頂，用舊報紙遮蓋，等有機會，當逐加裝訂。未幾，葉君癌症逝世。
"文革"後，原歷史文獻改爲書庫，後在聶副館長分工負責古籍部之下，長樂
路工作亦得活躍。熊希齡遺稿的整理，錄出清本，所有尺牘亦得開始裝裱。
八股文單片亦全部裝釘成冊，并加硬版紙書套。余本有每冊加題書名，卒卒
未果，寫了一篇經過情況以告讀者。余以明清兩朝均以八股取士，統治數百
年，所以必須保存八股文，留給後人看看樣本。至於研究，非我所敢知矣。

聽説文駕近有北京之行，當有晤教之機會。(《全集·書信卷·致鄧雲
鄉》，下冊第408頁)

5月下旬—6月[①]　先生有信致杜克。

《善本書目》總結會後，尚未奉訪，爲念！

竊維《善本書目》藏書單位多，分藏地區廣，其中工作較雜，值得總結
一點經驗，以告後來。吾因冀大姐工作做得多又細，特建議她寫一《後記》，
如何鑒別、如何配合(指一書分在兩館者，有同名異書，亦有異書同名者)等
等，今已草就，特送呈審正。

我還想《古籍善本書目》集部今年可以出版，全書告成皆公領導有方。
竊擬在集部之後加入三篇文章：

一、副部長的大會發言；

二、杜公的總結；

三、冀淑英編輯後記。

如何之處，請公核示。(《全集·書信卷·致杜克》，下冊第474頁)

是月　孫啓治撰《尚書文字合編》"跋語"。

顧頡剛先生曾有志編輯《尚書學》，他的計劃有四項，"第一是把各種
字體的本子集刻成一編，看它因文字變遷而沿誤的文句有多少。第二是把

---

① 《全集》中此信末署 "(一九九六年)"，疑誤。據信中内容，當寫於1995年5月14日致冀淑英信
之後，姑置於此。

唐以前各種書裏所曾引用的《尚書》句子輯録出來,參校傳本異同,并窺見《逸書》的原樣。第三是把歷代學者討論《尚書》的文章彙合整理,尋出若干問題的結論。第四是研究《尚書》用字造句的文法,并合〈和〉甲骨文金文作比較。最後再下手去做《尚書》全部的考定"(《尚書通檢》序)。可以看出,顧頡剛先生是打算對《尚書》進行綜合研究,這比傳統的注疏前進了一大步,可惜在他有生之年未能全部完成。

　　本書的編纂屬顧頡剛先生計劃中的第一項,由他和顧廷龍先生在三十年代編於北平,原用摹寫刻版,因爆發抗戰未能成書。一九八二年,在市委宣傳部支持下,我調入上海圖書館,協助顧廷龍先生重編本書,工作列入上圖的科研項目之一。重編改用照相影印,但編纂方式及材料收集範圍基本依照木刻本原計劃,祇是本子的品種增多了,并增編了附録。

　　實際着手工作自一九八三年開始,到現在正式出版,已過了十二個年頭,這是始所未料及的。這期間我們做的工作,是對本子的陸續搜集、分類分篇、殘文的釋讀與排序、部分殘石與殘卷的拼接、附録的編校及全書的剪貼。一九八七年初因我另有任務,工作曾停頓一年多。一九九〇年五月,上海古籍出版社正式接受本書出版。

　　編纂工作是在顧廷龍先生計劃并親自主持下完成的。編輯陸楓、姜俊俊、陳善祥三先生作了大量校稿及複印資料的工作。(《尚書文字合編·跋語》)

　　是月　先生題簽的《歐陽修資料彙編》(洪本健編),由中華書局出版。

　　是月　先生題簽的《古籍修復與裝幀》(潘美娣撰),由上海人民出版社出版。

　　6月12日　先生有信致"胡適與中國新文化"國際學術研討會籌備組,表示因"衰頹,不克前來參加"。又云:"回憶往事,如在目前。胡先生臨別時,想起給我的信,他説:'吾給你的兩封長信,没有留底,請你還給我吧。'我即檢還,亦未及抄録。次晨,先生即登輪遠航了。兩函想尚存美,他的日記、遺稿尚多未印者,望能印出。"(先生小筆記本)

　　6月16日　吴織有信致先生,云:"顧老擬整理出版自己的稿子,這是早就應該做的事情,您總是先人後己,换了别人,不知已出了多少部書了。"(原信)

　　6月17日　周道振有信致先生,告知《文徵明年譜》"去年第六次增删并謄就清稿,今春有方君錫敬爲籌資刊印,聞近已與上海百家出版社簽訂出版契約,或已能問世矣"。又請先生爲《文徵明書法史料集》及《文徵明書畫録》題簽。(原信)

　　6月20日　先生有信致任光亮、陳先行。

　　先後接到您們的大函。複印件已收到,費神之至,還請向陳紅同志致謝。我爲您們添了很多麻煩。我自覺記憶力日益衰退,想到典故無書可查。

胡樸安先生晚年他對我説，現在不能做考據文章了，有書不能查。我在此能查而無書。

您們調整書庫計劃很好，將來可稱金石手迹書庫。英國國家圖書館有個手迹書庫，吳建中同志把我的字送他們，後有謝信説，已交手迹庫保存了。長樂路有幾家送的東西，如徐子爲送的弘一法師的軸子、顧亭林的軸子（有人説真，有説不真，有説代筆）、瞿鴻機夫人的字等等，不太多，可入此專庫如何？聽説鐘樓上亦有字畫，不知見到否？前人遺墨日就毀失，我們能保存好一點是一點，後來必有用。

有時間可與朵雲軒聯繫聯繫，他們有尺牘，可否讓一點？前有上門來的，後來没有下文了麽？沈津如能去朵雲軒、文物商店聯繫聯繫，當有所得。

我祇去北圖分館一次，出門太不便了。很想去看王煦華同志，他那裏工具書要比冀大姐多得多，但我出去太難了。公共車，家裏不讓坐，小車一次太貴，便車難搭，祇好在家納福了。（原信;《全集·書信卷·致任光亮、陳先行》，下册第493頁）

是月　先生有信致林其錟。

承賜大著，拜讀一過，頗資所發。五緣文化與經濟緊密聯繫，必能生起大作用。屬書招牌，兹已塗就呈正（照例不落款的）。

必發同志與兄共事，極爲可喜！明年返滬，必趨前奉訪。

尊屬書件，稍緩必有以報命。最近尚有它事所困，乞諒。（《全集·書信卷·致林其錟》，下册第461頁）

是月　《圖書館雜志》第6期發表李文《顧廷龍館長在抗日戰爭中——紀念抗日戰爭勝利五十周年》。

7月17日　先生有信致林其錟。

手書敬悉。旬後台駕有來京之訊，非常高興，又可把晤。

我忽想起，我説的一本《文心雕龍》一定在臺灣，不知在臺灣誰手，將來總會發現的。

我想兄方便的話，替我買兩瓶上海的玫瑰腐乳，還有請替我買點福建肉鬆。福建肉鬆吾在上海時已買不到了，現在如無真福建肉鬆，那就作罷。尊府在静安寺，商店林立，福建肉鬆真假易别。一笑！

晤談匪遥，率復。（《全集·書信卷·致林其錟》，下册第460頁）

7月18日　先生有信致陳秉仁、任光亮。

久未奉候，爲念！

親友每勸吾收拾舊稿，自問實無佳什。“文革”前，沈津兄爲我抄了不少，甚爲可感。現在想起曾以館的名義寫了數篇，計有：

一、《藝文類聚》　中華上編印（綫裝）

二、《農桑輯要》　本館自印大本（綫）

三、《浦泖農咨》 本館印(綫),農書尚有幾種,不知有跋否? (綫)

四、納蘭尺牘跋(綫)

五、龔定盦評簡學齋詩跋(綫)

其他一時想不起了。另外,我曾爲香港中文大學編印的盛宣懷所藏書札十幾大册(按,指《近代名人手札真迹:盛宣懷珍藏書牘初編》),精裝,其序文有我寫的一篇,用個人名義,此書不知在何庫,費神一找,複印一份給我。還有胡適手札,亦有我一跋,如可找到,希望複印見惠。

我日益衰頹,不能久坐,又不能久立,因此文字工作不能做了。王翠蘭同志想已恢復健康。林老仍能來館否? 陳先行、梁穎、秋芳、復興諸同志問好。

盛氏尺牘事,秉仁、孫繼林同志皆知其事,現在何庫,當易找得。(《全集·書信卷·致陳秉仁、任光亮》,下册第503頁)

7月19日　劉夢溪有信致先生,介紹中國文化研究所張靚來取《釋迦如來應化事迹》題簽,并請先生書馬一浮句"不與萬法侣,坐閲四時成"。(原信)

是月　《學術月刊》第7期發表王大象《顧廷龍談錢穆與〈讀史方輿紀要〉稿本》。

夏　跋魏建功遺詩册。

余負笈燕京習語言文字之學,因獲忝附建功師之門,獲益良多。吾師嘗著《草書[在]文字學上之新認識》一文,發表後即承示讀,持論精闢,發前人所未發,忽忽已逾周甲矣。今魏至世兄出示先師遺詩册頁命題,因記數語,以志敬仰。(《全集·文集卷·跋魏建功遺詩册》,下册第870頁)

約8月6日[①]　先生有信致徐小蠻。

《王同愈集》的序,勉强寫出一個草稿,寄奉斧正,等你回信。

承惠蜀刻全書,[②] 好極好極! 我看可與《續古逸叢書》相比,裝幀新式而有古意。現在放在床上,夜間搬到桌上,以便取閲,譬如陶侃運甓,是一種體力鍛煉。字大,不帶眼鏡,看得非常舒服。古人云"字大悦目",以前未有什麽體會,近來看了五六號字的書,感覺大字本真正悦目,優點甚多,珍感之至。

最近我急於把《王同愈集》的序寫出來,兹將初稿寄給您審閲,請隨手批改,實深感盼! 等您批改後退回來,我即改定交稿。(原信)

8月9日　香港中文大學中國藝術史研究生張惠儀,爲撰寫《沈曾植書法研究》碩士論文,特致函先生,請求幫助。(原信)

8月10日　先生有信致任光亮。

---

①此信末署"6日",據《王同愈集》序末署時間"一九九五年九月",知當寫於9月《王同愈集》序定稿前不久,姑置於此,抑或9月,待考。

②蜀刻全書:指上海古籍出版社《宋蜀刻本唐人集叢刊》。

奉書并印件均收到,不勝感謝之至!

想起尚有兩篇:一、《農桑輯要》(葉寶弟經印,綫裝大本),有一篇前言;二、胡適給我的信,我有一個跋,便中還懇一查。

老于想再繼續努力《叢書綜録補編》,有利讀者,功德無量。王翠蘭同志身體如何? 想已完全復元,念念。

我近來身體不好,毛病沒有,而怕坐寫字臺。甚矣! 我衰也。青海圖書館新屋落成要寫字,西藏也有書畫展覽要寫字等等,欠債甚多,又不能不還,可笑!(《全集·書信卷·致任光亮》,下册第 487 頁)

8 月 15 日　先生有信致林公武。

文斾來京,幸蒙枉顧,無任欣慰! 當時隨意暢談,乃承寫成記録,甚感甚感! 一段回憶舊事,我改寫了幾句,較爲穩妥,乞酌奪。

一、沈先生原話記不起,不提爲是。

二、《尚書文字合編》前言約七千字。

三、杭州邵芝岩"寫意工筆",小楷最適合。中楷亦可。是邵芝岩所贈送的。

四、欲尋兩周金文與漢魏古文演變之迹,衹是我的想法。

五、附去拙書一條,請正。筆墨不凑手,乞諒。

六、張教授來京,必能把晤,極高興。

七、大文,我遵命點竄在旁,乞正。(《全集·書信卷·致林公武》,下册第 545 頁)

8 月 20 日　先生有信致蘇州地方志編纂委員會。

接奉《蘇州市志》三册,敬謹拜領,無任珍感! 皇皇巨編,粗讀一過,内容豐富,紀事翔實,圖版精美。展卷覽觀,愛不釋手。遥望吳門,思念不已!(《全集·書信卷·致蘇州地方志編纂委員會》,下册第 737 頁)

8 月 24 日　先生題簽的《續修四庫全書·經部·易類》四十册出版,上海古籍出版社在北京人民大會堂舉行出版座談會,先生出席并介紹編纂工作情況。

清代乾隆年間纂修的《四庫全書》,應當說也是一項規模龐大的文化建設工程。但乾隆以後至辛亥革命這二百年間,中國古代文化又有新的發展,我們這一代人有責任對這二百年間的著作加以有系統的整理和研究。更何況清代官修的《四庫全書》,限於種種社會條件,還有不少有價值的書籍沒有被采用。因此本世紀以來,文化學術界許多人提出過續修《四庫全書》的動議,呼籲對乾隆以前有一定學術價值、版本價值的著述進行補輯,對清代中葉以後至本世紀初,既包括社會科學,也包括自然科學各個門類的代表性著作加以總結。現在,這部《續修四庫全書》在今天的編纂出版,可以說是實現了一個世紀以來學人的夙願。我作爲本書的主編,與編委會和學術界一起工作,既感到一種學術上的榮耀,同時也感到了一種歷史的責任,我們有決心、有信心把這項工作做好。

　　《續修四庫全書》的編纂工作千頭萬緒，爲了對當代學術界負責，對子孫後代負責，我們編委會强調入選書目要具有學術價值和版本價值，把工作的重點始終放在不斷提高編纂水準，確保出書品質上。在編纂力量組織上，還聘請了一批德高望重的學者擔任學術顧問，我們的選書都要廣泛送請學術界徵求意見，還要邀請專家召開專門的學術討論會，經過這樣多次研究始能定稿。選編書目和撰寫提要兩項工作，也一起考慮。

　　總之，編纂出版《續修四庫全書》是一項宏偉的文化建設工程，它不是少數幾個人的心血來潮，而是歷史賦予我們這一代人的重大責任，它理應是當今社會各界，特別是學術界、圖書館界共同關心的大事情。社會各界的通力合作，是編纂出版好《續修四庫全書》的最可靠的保證。（講話稿;《雙暉軒集》，第 32 頁）

8月31日　先生有信致盛巽昌和朱守芬。

　　久不通信，時在念中。接奉手書，敬悉——。

　　題簽，當然重寫，集字不好看。我聽力衰退，而目力尚好，小字亦可寫。我最近又好漢魏六朝體，閱讀《居延新簡》，但不能得心應手耳。兩簽奉正，將來出書後，望贈樣書，題簽稿費可有可無。我的題簽重在交誼，不是爲稿費。

　　上海有譜牒研究會，我很高興。出《上海百家姓》，甚好！出版後請您惠贈一册。（《全集·書信卷·致盛巽昌》，下册第 472 頁）

　　是月　林其錟去北京探望先生，帶去先生喜歡的四瓶上海玫瑰腐乳，二斤福建肉鬆。先生留林午飯，并對林談起往事:"《文心雕龍》敦煌寫本肯定尚有一種。我清楚記得，一九四六年農曆九月廿八日，張元濟八十歲生日。當日下午，他爲避壽來到合衆圖書館，陪同來的是他女婿。他的女婿姓孫，名字記不得了，祇知道他的祖父是大官，安徽壽縣人。這個姓孫的女婿是在法院工作的，後來到臺灣去了。張元濟來時拿了一卷敦煌寫本，是黑底白字的複印件，是直接照書拍照的，是《文心雕龍》寫本，大約有幾張，還拿了一部《四部叢刊》本《文心雕龍》。他把兩種本子都交給我，并叫我校一下。我一看，那敦煌寫本是正楷寫的，所以校起來很快，一個晚上便校好了，到第二天上午就送走。這件事我在張元濟兒子主編的《張元濟年譜》徵求意見座談會上也談過，後來他收入了。"（林其錟《流到前溪無半語，在山做得許多聲》，載《顧廷龍先生紀念集》，第 105 頁）

　　是月　先生題簽的《中國文物精華大辭典·青銅卷》《中國文物精華大辭典·陶瓷卷》（國家文物局主編），由上海辭書出版社、商務印書館（香港）有限公司聯合出版。

　　是月　先生題簽的《揚州歷代婦女詩詞》（顧一平編），由揚州詩詞學會出版。

是月　陝西人民出版社出版《紀念民族英雄劉志丹書畫作品薈萃》，其中收有先生題詩："中華上下五千載，革命英雄孰與儔。碧血丹心昭史册，人民萬世仰前修。"（原書）

9月1日　先生有信致任光亮。

前接惠示，均悉。八月中旬曾接香港中文大學藝術系研究生張惠儀來信，茲特寄上。

回憶"文革"前，曾有沈慈護夫人勞女士送來沈曾植先生（號子培，別號寐叟）雜稿不少（吳織可能尚記得其事），"文革"後開始工作，似由王福興同志整理。寐叟可能有小紙條，隨手記錄下三言二語的材料。此事祗好請您查明後考慮作答了，我不能以想像的事作答的。我在離退之列，不好隨便答復。

我的復信稿附上，供參考。我們尺牘中必有沈的手札，似可提供，可請示辦理。（《全集·書信卷·致任光亮》，下册第488頁）

是日　先生有信致張惠儀。

惠書奉悉，因事稽復爲歉！

承詢沈子培先生遺墨事，慈護夫婦皆故人也，回憶"文革"前，沈夫人曾將寐叟殘稿贈送上海圖書館，已請上海圖書館古籍部作答。

沈氏書法向爲人珍重，各博物館當皆有收藏。上海博物館正在營建新館，藏品不便查閲。其它博物館可函詢，杭州西泠印社可能有藏。還有北京榮寶齋、上海朵雲軒能否請人代訪，或直接函詢。

上海《書法》雜志社出版《書法》，出版已逾百期，不知有無發表沈氏作品？可去函一詢，負責人書法家周志高先生。（《全集·書信卷·致張惠儀》，下册第719頁）

9月3日　上午，水賚佑來京探望先生。先生談到幾件事：

一、馬王堆帛書《周易經傳釋文》，應有一張照片作插圖，新舊界限要劃清，印一張書影，就是古書。

二、不要自己亂修，商務《四部叢刊》本《玉臺新咏》就錯了。

三、想把《王同愈集》編出來。

四、《中國古籍善本書目》應請冀淑英先生寫一篇後記，放在集部的後面。

五、叢部應從子部分出來。

六、《中國古籍善本書目》用《四庫》分類，最後是由文物局王冶秋局長定下來的。（水賚佑致筆者的信）

9月6日　先生有信致包于飛。

久未通訊爲念。昨日接奉承惠明年挂曆壹份，精美之至！選采名畫，均屬工整一路，此盛世元音也。謝謝！

　　我有信給先行，尚未得復，念念！我還想托他查一句聯語：張謇曾寫一聯，下聯是"何次道要言不煩"，上聯記不得。張謇全部著作有《張季子九録》（中華出版綫裝。長樂路有，南京路可能亦有），其中似有楹聯部分，請他得便一查，拜托拜托！

　　我近體尚好，但越來越懶，奈何奈何！（《全集·書信卷·致包于飛》，下冊第578頁）

**9月9日**　先生有信致王宏，謝贈《殷虚書契》。

　　手書敬悉。承代訪陳繼揆先生并交還《簠齋匋拓》一冊，費神感荷！陳先生尚無信來，身體好麽？想必忙於著述。

　　承賜《殷虚書契》一冊，祇領珍感！一九二七年，初見羅氏印本，愛不忍釋，無力購置，今承厚惠，喜可從容展讀。月前日本友人松丸道雄寄贈其新著《甲骨文字字釋綜覽》一書，使吾晚年有重温甲骨之學，何幸如之！（《全集·書信卷·致王宏》，下冊第655頁）

**9月16日**　潘樹廣有信致先生，請擔任《中國古籍提要·叢書卷》顧問，并審定曹培根撰《合衆圖書館叢書》提要初稿。（原信；潘樹廣《顧廷龍先生二三事》，載《學林漫筆》，第58頁）

**9月20日**　范笑我拜訪先生，請爲《嘉興市志》題寫書名。還爲秀州書局題寫匾額，先寫成"秀州書店"，再揮筆重書。又爲范笑我題寫"笑我雜記"四字。（《笑我販書》，第35頁）

**9月27日**　《安徽師大報》發表孫文光《人書俱老，德學雙馨——記題寫新圖書館之名的顧廷龍先生》，有云：

　　顧廷龍先生對我校圖書館懷有深厚的感情，他十分熟悉我校藏書，特別是古籍善本館藏的情況。1988年，對新館建設方案提出了許多寶貴的意見。1993年，在爲新館題寫館名後，又欣然爲安徽師範大學圖書館館刊創刊號題詞。

**是日**　先生有信致陳先行。

　　奉書祇悉。夫人屬書字樣，塗呈儷正。

　　《張季子九録》，在抗戰勝利後，中華書局贈給合衆不少書，其中《張季子九録》《飲冰室全集》綫裝有套（均有數部之多），可能當複本處理了，不知南京路庫中有否？便中請一找。當年許多怪事，明年旋滬，當與兄暢談，還希望您記録。

　　我身體尚健適，明年返滬一行，可能如願。

　　王世偉君要到上海圖書館，是李文告我的。她與我久不通訊了，但她近寫了有關我的文章，先發了纔告我，因爲有一次先給我看，我看了勸她不要發，這次先發了再告的。老同志與我感情都很好的。（《全集·書信卷·致陳先行》，下冊第602頁）

是月　撰《王同愈集序》。

回憶童年，隨母歸寧，時外叔祖王公同愈寓居蘇州古市巷之西口，余戲嬉庭院，蕾無所知。但見車馬盈門，賓朋滿座。蓋是時公所舉辦地方公益事業，如教育、商務、鐵路等，皆在吳中。清廷屢召回京供職，公以諸務所羈，未克應召，旋又命爲江西提學使，全家入贛。未幾鼎革，僑寓滬上，以鬻書畫爲生。一九二五年夏，卜居南翔之仙槎橋。余於一九二七年之春輟學家居，專習國學，公遂招爲館師。余以有承公教誨之機會，遂欣然前往。日則教讀，夜則聆公講述文藝、學術及掌故諸事。

一日，余偶從插架檢閱《十六金符齋印存》，公詔之曰："此憲齋師在廣州撫署時屬黃穆父、尹伯圜與余所編輯。玉印白文最難鈐印，必須耐心細緻，上印泥後，用細竹籤將白文中所沾印泥剔清，則鈐印清晰，工夫較大，又相互爭勝，認爲一樂。"余曰："何以無公名？"公曰："無韵。"蓋此牌記以韵文敘述，題稱二十部，實僅十七部。書成以漢銅印有"王勝之"三字者贈之。全書原無目錄，公興致所至，遂手編一詳目，冠於卷首。

余又閱《中日交涉史料》，有奏參吳大澂之摺不少，讀之頗疑其不實。有言其出關之時，所載服物器皿牲殺之具、伎巧狗馬之戲隨行等事，疑之。公曰憲齋先生無聲色犬馬之好，公事畢，即從事書畫、著述。可見流言之不實也。

公常爲余言李金鏞、李鳳苞、李善蘭諸公之才學，余深識之。迨"文化大革命"中，清理抄家圖書，開始時，招余前往勞動，以爲欲用我相助，豈知不然，我說有用，彼等則以不迷信專家，故意毀棄。余略有省悟，見三李氏手札甚多，踐踏無所惜，如我說"好"，彼必毀之。無可奈何，祇得默默拾置桌上，冀得幸免，聊盡吾保存前賢手迹之心耳。

…………

龍館於槎南草堂者二年，受益甚大。余欲彙校《積古齋鐘鼎款識》，公爲輾轉商借校本，又從杭州高氏借到龔橙《叢稿》，論古文者爲多。余或景寫，或摘録，頗多啓發。偶從公案頭見有《四庫簡明目録》抄本，各書詳注版本，余甚好之。公曰："此從葉菊裳先生處傳抄者。葉先生則録自朱學勤藏本。"當時朱學勤、邵懿辰、莫友芝皆好書，各以所見不同版本者詳記於《簡明目録》。三人又時相交流補充，是文人好書之樂事也。余亟購得藏園所印《郘亭知見傳本書目》，過録其上，以便校補。此是我從事目録版本之始，安知竟成我古籍整理終身之業。

…………

一九三九年秋，時上海淪爲孤島，龍應張元濟、葉景葵兩先生之招，來滬創辦私立合衆圖書館，以歷史文獻爲專業，兩先生皆公故人也。公見龍往謁，甚以爲慰。合衆籌備處與公寓所相距不遠，嘗一承枉顧，頗爲贊賞。何意偶攖小疾，竟爾不治，口誦放翁《示兒詩》而長逝。嗚呼痛哉！一九四四年冬，諸舅自滬扶柩返蘇，營葬於木瀆靈岩山麓綉谷公墓。

叔亮三舅奉公遺稿，命爲編校。余即請楊秋農君鈔成清本，藏於合衆圖書館，原稿即以歸之舅氏。不意動亂中，手稿悉被籍没，幸有録存之清本庋之合衆圖書館者無恙。（《王同愈集序》）

是月　先生題簽的《清代内府刻書目録解題》（故宫博物院圖書館、遼寧省圖書館編），由紫禁城出版社出版。

10月2日　王湜華有信致先生。

《十四年小史》（按，指《私立合衆圖書館十四年小史》）昨夜今晨已讀畢一過，獲益至豐。未署年月，從内容推斷，當成文於一九五三年，而月份不詳。此文是否爲獻書而寫？此後尚有其他文章論及合衆圖書館否？見於何刊何報？（原信）

10月4日　《書法報》刊登林公武《京城訪顧廷龍先生》。

是日　先生有信致潘樹廣。

多年不通音問，想念爲勞！日前接奉手書，無任欣慰！

傅璇琮先生組織吾兄編寫叢書提要，甚善甚善！承邀任顧問事，我原爲古籍規劃小組顧問，自可隨時通信，不須再任顧問。正在作答中，乃接聘書，敬謹拜領，惟衰朽不克有所貢獻耳。

兄對合衆圖書館的評價兩點，完全符合諸老之初心。《中國大百科全書·圖書館學》在"上海合衆圖書館"條目下注云："見上海圖書館"六個字，不免太簡單了。合衆十五年經歷，最爲艱難之日，開辦時在"空無一物，空無一人"的情况下進行，到捐獻市人民政府時聚書三十萬册。捐獻後改名歷史文獻圖書館，我們編印了一册《中國現代革命史料目録初稿》，解放初中宣部同志説，你們有遠見，此原公立圖書館不能做的事。十四年的時間不短，而且經歷的困難時期，"見上海圖書館"一語太簡單了，太輕鬆了。吾兄他日有暇，希望另寫一篇公正之評價則幸甚！

關於《合衆圖書館叢書》，這是逐一積纍起來，不是一次印成的。第一種是排印的，當時初創，圖書館創辦人之一葉景葵，他收書，重抄校稿本，有願將稿本逐漸印出。第一種清仁和羅以智的《恬養齋文鈔》，第二種至六種皆有關書畫者，李英年捐資，他愛好書畫者。焦循、丁晏、江藩三人著作是幾位揚州營銀錢者出資。照相石印印不起了，由我寫藥水紙直接上石者。圖書館的財力日絀，社會上物價日漲，抗戰勝利後第二集印了一種，也是江都人著作，江都營銀錢者捐資。時局動蕩，物價飛漲，當時我亦苦中作樂也。前年上海書店輯印《叢書集成補編》，我勸他們采納，可惜他們看不上眼，衹有吾兄賞識之，幸何如之！

叢書提要應如何做法，與單種書不同。鄙意叢書提要，衹可概述，有的重點介紹。例如《合衆圖書館叢書》撰跋諸人,如張元濟撰《吉雲居書畫續錄》跋,介紹陳驤德較詳確。葉景葵撰《閩中書畫錄》跋,亦可介紹,其他可略。子目是否需要全列? 大部的叢書,子目較多的如何? 假如提要單獨出版,詳列子目是好的,如印在每種叢書之前,則覺重複了。請考慮一模式,或稱叢書提要編例。

不成熟的意見,僅供參考。曹先生前請代問好。(潘樹廣《顧廷龍先生二三事》,載《學林漫筆》,第 59 頁)

10 月 5 日　先生有信致盛巽昌和朱守芬。

手書奉悉。承賜《社會科學報》,敬謝。我一一細讀,甚好甚好,獲益良多! 以後每期寄示,尤感。我現在遠住郊外,成了獨學無友,孤陋寡聞。

屬書《上海百家姓》一橫一直兩簽,不知可用否? 乞正。

來信空三分之一,是否備裝訂之用?(《全集·書信卷·致盛巽昌》,下冊第 473 頁)

10 月 12 日　先生有信致沈建中:"吾有一包書,現存吳織同志處,請您便中帶到北京。"(底稿)

是日　先生有信致吳織。

茲介紹沈建中先生前來奉訪,他不日有北京之行。您爲我整理之稿,可托其帶下。種瀆清神,不安之至!(《全集·書信卷·致吳織》,下冊第 440 頁)

10 月 13 日　先生有信致范笑我,謂"《秀州書局簡訊》第 29 期内容很豐富"。(《笑我販書》,第 38 頁)

10 月 14 日　《人民日報》(海外版)發表先生署名的《〈續修四庫全書〉編纂緣起》。

10 月 16 日　先生有信致張秀民。

茲介紹吾友沈建中君趨前,擬爲吾兄攝景。沈君慕公名已久,乞予延見。賤況可詢之也。(原信,韓琦收藏)

10 月 20 日　周秋芳來北京看望先生,先生托帶致徐小蠻信。

手書敬悉。

張世林先生交來關於您的《抄校稿本書景》文章的稿費一百七十元,特轉奉。聽説嚴紹璗有信給張先生,俟我看到後告您。

今日秋芳來,明日回滬,即煩其奉上,請查收。(《全集·書信卷·致徐小蠻》,下冊第 522 頁)

10 月 23 日　先生有信致包于飛。

屬寫標題,我很高興,不滿意,就重寫。現在把較可入目的寄去,請法家選定。

最近老同事周秋芳君來京,得把晤兩次,她前天返滬,我没有托帶,没有航郵快。你單位的郵編,我處竟找不到,祇好空了。

收到後來信,用不用皆可。(《全集·書信卷·致包于飛》,下册第579頁)

10月27日　先生有信致高橋智。

台駕今年如來北京,可住吾家附近(同在一個苑内),有[航]空城迎賓館,中級水平,我們可以暢談。如要市中回來,大門口有汽車甚多,必很方便。不勝企盼,書不盡言。(《全集·書信卷·致高橋智》,下册第693頁)

10月29日　杜澤遜將南京圖書館藏明萬曆刻本《召對録》(明申時行撰)中申璋題記複印件寄呈先生。題記云:

先文定公遺書在清代爲禁書,至不易得。顧君廷龍,舊姻也,于春間在北平書肆見先公《召對録》一卷,毛邊紙,惜後闕二頁,馳書告余,以法幣12元得之,旋贈于懷弟珍藏。不幾時,潘君承弼又得是卷,紙張不同,完好無闕。潘君爲世交,知書乃余家先代寶物,承以見贈。因書之簡端,藉志欣幸。時丙子(按,1936年)夏六月大暑節,十二世孫璋敬識。(杜澤遜《懷念顧廷龍先生》,載《顧廷龍先生紀念文集》,第45頁)

10月30日　先生有信致林其錟。

奉書敬悉。

五緣文化研究所籌備工作,知必勞勩! 此實創舉,敬致祝賀之忱! 承屬擔任顧問,自當追隨諸公之後,兢兢學習焉。明春小孫歸國,可陪我返滬清理叢殘,屆時必能趨聆教益也。

必發同志我寫他一信,不知收到否? 便請一詢。

北京已漸寒,蟄居斗室,再等一月,暖氣一放,又能活躍。(《全集·書信卷·致林其錟》,下册第463頁)

是日　先生有信致顧衡,希望他在德國學習期滿及時返國。

你回來後,希望陪我到上海清理一下我的稿子,若不自己去,盡成廢紙,很爲可惜。我九十以外之人,不再有很多時間了,然"豹死留皮"之想,未能去懷,但必須有人相助。你學習期滿,希望及時回國,游美之想以後再申請。汝父有地位之人,千萬望按手續辦事,勿走捷徑,是所至盼! (先生小筆記本)

是月　先生題簽的《魏建功先生手書毛主席詩詞》(吳永坤編),由江蘇教育出版社出版。

秋　爲繆荃孫紀念館開幕題詞:"柱史溯源自久長,平生仰慕藝風堂。書林薪火千秋耀,遥望江城獻瓣香。"(《顧廷龍先生紀念集》,第243頁)

又爲繆荃孫紀念館作詩一首,云:"南北圖書高館開,萬民閲覽育英才。而今故里懷先哲,瞻謁新堂遝邐來。"(先生小筆記本)

秋　張善文拜訪先生,并呈上他的著作《象數與義理》,先生甚爲高興,倍加

勉勵。在談話中,先生批評《續修四庫全書》第一册第一種《馬王堆帛書周易》
收錄近人釋文而非原件影印,是極不應該的。"馬王堆帛書不僅是歷史文獻,也
是極其珍貴的文物資料,應當把原件照片依樣印入,讓讀者有機會看到這一資料
的歷史原貌,纔有利於人們更好地研究探討。至於釋文,則不妨作爲附件印在篇
末,以備讀者參考,而不能衹印釋文,不印原件,這實在是本末倒置。"又爲張善
文和人民美術出版社王念祥書寫條幅,給張善文的是行書"無一事而不學,無一
時而不學,無一處而不學,成功之路也";爲王念祥寫的是清代趙翼句"江山代有
才人出,各領風騷數百年"。(張善文《謙謙長者的勉學之情──記與顧廷龍先生
的一次會晤》,載《顧廷龍書法展特刊》,第 25 頁 )

11 月 2 日 [①]　先生有信致杜澤遜。

　　兩奉手書,均悉。拙文錯誤之處承爲指正,謝謝!

　　章鈺之"鈺",《説文》所無,因刻圖章時借"珏","翼""翌"通用。《説
文·木部》聽説爲日本中村不折所得,極秘,可校莫刻,真希世之寶也。西
川寧先生亦藏唐寫"言部"殘片,曩見其真迹,後悉已刊入《書道全集》二
編中。

　　承示申君一跋,此事恍然如目前。申先生與潘先生在蘇州一銀行共事,
申君好收藏,嘗得吳大澂畫人物軸,龍編《愙齋年譜》時,曾得一照片景印。
愙齋能畫山水人物花卉,寫字則初作玉筯體,後學楊沂孫,再作金文。吳氏
通信作金文者,我見致陳簠齋、潘祖蔭、王廉生、李眉生諸人。

　　王老通信,乞代致意。《清史藝志補編》排印進行如何? 念念! (《全
集·書信卷·致杜澤遜》,下册第 699 頁 )

11 月 5 日　先生有信致劉夢溪,請將蘇詩題記資料交郵掛號寄來,另將劉
囑書件付郵。(先生小筆記本 )

11 月 7 日　先生有信致上海圖書館王鶴鳴、馬遠良。

　　所館合併,想望已久,今見實現,是黨和政府之英明舉措,深表祝賀
之忱!

　　明春旋滬,當面聆教益。龍雖老邁,而對圖書館事業念念不忘。鄙見
所及,當隨時上陳。(《全集·書信卷·致王鶴鳴、馬遠良》,下册第 495 頁 )

是日　先生有信致上海圖書館黨委,爲熊希齡遺稿事。

　　茲有一事,必需懇請諸位過問一下。

　　我館藏有熊希齡先生遺稿,憶是四十年代來館,直至一九八六年聶佩
華副館長主管古籍部,開始請于爲剛同志負責整理。甫畢,孫秉良任副館
長,主管古籍部。熊希齡先生之夫人毛彥文,原臺灣"國大"代表,今年亦已

①據杜澤遜《懷念顧廷龍先生》一文(《顧廷龍先生紀念文集》,第 45 頁 )回憶,此信寫於 12 月 2
　日,距 10 月 29 日杜澤遜寄呈先生《召對錄》申璋題記約一個月,時間似更合理,待考。

九十五歲。前年匯給朱慶祚館長美元一萬二千元,開始付印。我曾勸朱館長,印刷之事仍交于爲剛同志辦理,以資熟手,未蒙采納。迄今多年,僅成兩册,與原定全部差距甚大。攸關兩岸關係,特請黨委、館長過問其事,并懇妥然處理,不勝感禱! 至熊稿之來龍去脉,我有序文詳言之,可向殷慧同志取閲。(《全集·書信卷·致上海圖書館黨委》,下册第740頁)

11月9日　先生有信致張世林。

今晨承諸公枉教爲快! 題辭塗就,不知可用否,寄呈指政,如不適合,儘可重寫。新刊出版後,尚望賜讀。

錢穆先生《中國文化史導論》,謝謝! (《全集·書信卷·致張世林》,下册第638頁)

11月12日　先生有信致林公武。

承蒙關垂,欲將拙書印入月曆,盛情深感,又承張教授選了詞句,不敢不寫。但拙書實在一無足觀,屢寫屢棄。既承一再催促,今日塗就六條,寄呈吾兄與張教授評定,不一定勉强出版。紙張不印字,尚值錢,印了拙書,連紙不值錢了。

如不宜印,時間又緊,那麼請求您任意處理,不必寄還。(《全集·書信卷·致林公武》,下册第547頁)

11月14日　先生有信致林公武。

前奉手書,敬悉一一。因事稽復,歉甚歉甚!

承熱誠介紹拙書出月曆,高誼深感。書寫内容,已承張教授代爲選定,但試寫幾條,均不理想,難以付印。又觀尊處去年所出月曆,書法均極精雅,自知望塵莫及,如故印出,貽笑大方。於其貢醜,還是藏拙。解鈴繫鈴,尚懇吾兄設法取消此議爲感。(《全集·書信卷·致林公武》,下册第546頁)

11月14—17日　《中國古籍總目》編纂工作會議在天津召開,先生出席并講話。

時值《續修四庫全書》經部出版,編委會將第一册贈送給每位編委。編委們紛紛請先生在扉頁上題詞,先生欣然應允。爲李國慶題:"國慶同志爲我搜集吳窻齋先生手札,至爲可感。今爲《續修四庫全書》獲發編摩,殊爲欣幸。今是書首册出版,命余留題,藉志紀念。"爲韓錫鐸題:"八十年代余常往瀋陽,必訪錫鐸同志,又後獲共事《中國古籍善本書目》工作,今又同事《續修四庫全書》,何其幸也! 兹首册出版,屬題數語,以志鴻雪。"(先生小筆記本;任光亮回憶;韓錫鐸《緬懷顧老》,載《顧廷龍先生紀念文集》,第38頁)

11月15日　晚飯後,李國慶及白莉蓉來賓館探望先生,適上海圖書館任光亮、陳秉仁也在。先生談起三十年代,胡適向天津圖書館借閲全祖望校本《水經注》經過,其中細節述之極詳,在座四人皆嘆服先生的記憶力。先生後又在會議全體代表合影照片背面,爲白莉蓉題詞:"白莉蓉同志與我一九八二年共事《中國古籍善本書目》工作,她爲最年幼之一人。今《續修四庫全書》會議,[①] 把晤津沽,合影留念,殊爲欣幸。"(白莉蓉致筆者的信)

11 月 16 日　先生有信致陳先行。

合衆的《張季子九錄》及《飲冰室合集》均有三四部,這是中華書局保存樣,本打算運內地,没有運出。後來勝利了,這批書要補稅,這樣送給了合衆。我開了一本清册,可能入庫祇一二部,其餘做交換準備。後來處理複本,把庫藏也去了。

四館合併,對歷史文獻歧視之甚,可説是眼中釘,合併時將所有桌椅板凳都搬光。潘皓平、李芳馥指揮一切,趙興茂、盧調文遵照執行。著名的南陽畫象,散失各處數百年,解放後郭沫若同志極力搜集在一起,并拓全份。上圖訂了一份,到了一部份,而盧調文堅決把它退去。明年見面,我要向您多講一點,是歷史的經驗,以前如此,以後如何? 朱慶祚任內把尺牘分散了,值得研究。(《全集·書信卷·致陳先行》,下册第 603 頁)

是日　在白莉蓉陪同下,與宋木文同游天津古文化街。(白莉蓉致筆者的信)

11 月 18 日　先生有信致林公武。

手書讀悉。您寫我的履歷,甚好! 如印在挂曆上太長,請兄酌奪。

《書法報》約稿函閲悉,目前無稿,稍暇當寫一點。我的書法理論是老一套,不合時宜,寫成後,須請兄指正。

年曆,您看可印否? 請酌奪。

訪日名義是"中國訪日書法家代表團團員"。陶白任團長,潘天壽副團長,王个簃團員,我亦團員,還有兩位團員是工作人員。此六人中已去了四人,一位最年輕的翻譯現狀不詳,餘五人中祇剩我一人,思之茫然! 我們是回訪,復交前,日本來了三次。(《全集·書信卷·致林公武》,下册第 548 頁)

11 月 20 日　先生有信致林公武。

日前寄回我的履歷,想可先達。履歷上一九六三年十一月"中國訪日書法家代表團團員",我填上了一個"充"字,現代不用了,還是改作"任"字較妥。請兄裁酌。(《全集·書信卷·致林公武》,下册第 549 頁)

11 月 21 日　杜澤遜來訪,請先生出席《四庫全書存目叢書》首發式及專家鑒評會。先生談了幾個問題:(一)《四庫全書存目叢書》選題很好,根據已有的目録尋找現存的原書。而《續修四庫全書》則要先定選什麽書,再定選什麽版本,工程浩大,非常困難,需把各書看過,加以比較纔能定。先生風趣地説,《存

---

①據陳秉仁回憶,天津會議既是《中國古籍總目》編纂工作會議,也包括討論《續修四庫全書》工作。

目叢書》是有軌電車,《續修》是無軌電車。(二)《續修四庫全書》的第一本有問題,帛書《易》根本不是,而是現代學者搞的釋文,不管水準多高,活着的人著作不能收,那不是古書,應當影印原件。(三)《中國古籍善本書目》行款取消了,因爲同一個版本,有的地方圖書館報的不一樣,核對很麻煩。現在是書影時代,行款用處不大,明版更用不着行款,所以取消了。(四)現在鑒別版本應依靠書影,建議編一部抄校稿本書影,我曾寫了一篇文章發表在《傳統文化與現代化》上,也無反應。此種書影可以一集一集地出,開本不宜太大,人家要買得起。解放前搞書影不用花錢,現在都要錢,錢能通人。(杜澤遜《槐影樓筆記》)

11 月 24 日 [①] 先生有信致杜澤遜。

　　前承枉談爲快!《存目叢書》首發式本當趨賀,適近日體僨(日前半夜忽嘔吐,諒飲食不慎),憚於出門。屆時不克參加盛會,悵何如之!尚望於領導諸君前代致祝賀之忱!

　　龍三十年代曾從事《存目》傳本之□録,因抗戰而廢,到滬後又曾爲之,積稿較多,“文革”中悉被焚毁。今見尊處編印《存目》原書,遠勝傳本之著録,可喜孰甚!將來如有原刻與後刻兩本者,可否并印?例如吾家俠君先生有《秀野草堂集》六十卷入《存目》,龍所見康熙間自刻者,字體與《元詩選》相同,僅見若干種另本,而《存目》著録當爲原刻全書也。道光中,族祖杏樓公元凱曾重刻全書,改爲宋體字,但不記其所據何本耳。明春返滬,當整理一目奉告。

　　紹曾先生已來京否?念念!(《全集·書信卷·致杜澤遜》,下册第700 頁)

11 月 28 日 杜澤遜陪同王紹曾探望先生,二老相見,格外親熱。談及百衲本《二十四史》改字事,先生説,日本學者曾寫信來詢問,黃善夫本《史記》爲何與底本不同。先生回復涵芬樓底本在 1932 年“一·二八”事變中毁去,所以詳情不知。先生還説,《續修四庫全書》第一種帛書《周易釋文》,乃當代廖名春所作,并非帛書原件,今人著述例不能收,也不知道他們是怎麽搞的。對於《續修四庫》底本,不宜收《皇清經解》本,因爲太常見,又非初刻。杜説,《經解》各書序跋往往被删,不如初刻可靠。先生説,古人刻書難,故須節省文字,引文往往節略,舊序跋重刻時往往删去。(杜澤遜《槐影樓筆記》)

11 月 29 日 先生有信致李國慶,并附《全祖望校水經注稿本合編》書簽。(原信)

12 月 4 日 先生有信致吳建中、王世偉,爲熊希齡集出版事。

　　廿九日接到于爲剛同志來信,欣悉兩同志往商熊集出版事,甚慰甚慰!

---

① 《全集》中此信末署“(一九九六年十一月)廿四午”,疑誤。據 11 月 21、28 日內容可知,信當寫於 1995 年 11 月,故移置此。

此事還是請于爲剛同志來參加料理，他是原編輯人，以資熟手。兩位爲做好工作，毫無成見，登門邀請，可喜可佩！

廿八日接到臺灣熊夫人（毛彥文女士）來信説："一九九三年八月彥匯上圖一萬三千美元，由朱慶祚館長代收，作《明志閣遺著》第一次印刷費。迄至今日未見出書（朱館長主張分三批出版），兩年多的延擱，誰應負責？據説孫繼林先生現負處理遺稿之責。孫先生高壽？是否亦上圖老職員？"又云："彥早已決定，俟第一批遺著出版後，即繼續出版第二、三批，將全部遺著出版，以了心願，不悉此願能完成否？"我考慮了幾天，有一個辦法，即根據于爲剛同志抄本付之景印。如用大開本分上下兩闌，即仿《續四庫全書》的格式。如果以爲可行，可請古籍出版社陳善祥先生估一價，參考參考。陳善祥同志與古籍部同志皆熟悉，我們的《讀史方輿紀要稿本》，即陳先生經辦的。還有我的《尚書文字合編》，亦是他經手影印的。他於印刷有豐富的經驗。

排印、校對費事，繁體字可能找不到，有時形旁拼合極爲難看。如要排印必需交大出版社擔任，古籍出版社可辦，聽説沈津有一書交由古籍出版，要沈貼錢若干。師大出版社想亦可辦，看比較。

我怎樣想起影印來的呢？上星期中，山東古籍研究所王紹曾先生（今年亦八十多了）來訪，談到他主編《百衲本二十四史校勘記》一書，商務委托的，校勘記寫成後，亦曾給我看過，校得很好。商務考慮再三，覺得排鉛字，許多古體字要刻，又怕出錯，還是照相影印。現在決定照相影印。我從這件事的啓發，所以提出這個意見，是否可行，請諸位考慮。

熊夫人已九十五，我亦九十三了，很想看到出書。我有幾點希望，供參考：㈠熊希齡先生是清末民初的政治人物，應以政事爲重。至於他亦擅書畫詩詞，則其餘事，不要本末倒置。㈡于爲剛同志的編次，當時根據葉景葵的分類，書名亦葉氏所定，我們又參考了清末名人的政書而編定的，切勿重起爐竈，重新改編。重新改編，不但幾年辛苦白費，而且可能弄得不倫不類。我們急於看書，改編等不及了。㈢于爲剛的抄本，不能直接交廠排印，要以複印件發排，否則排樣出來，面目全非了。㈣我想全集一起印爲好，不要零敲碎打。㈤孫秉良排印的一本，印好後，勿再繼續印下去，快快煞車，等研究好了再説。（《全集·書信卷·致吳建中、王世偉》，下冊第644頁）

12月8日　先生有信致張秀民。

承命爲尊著署檢，茲即塗呈，不知可用否？前介紹沈建中君奉訪，乃勞遠接，殊爲不安。沈君照相技術較高，如有須攝之件，可委之也。冀大姐月前曾枉顧一次，身體尚健好，爲《善本書目》結束忙。（原信，韓琦收藏）

12月9日　先生有信致李國慶。

在津幾日，多承照拂，不勝銘感！承交一良兄手書，我當即面交傅先生

（璇琮）。您如與他有聯繫,可一詢之。

　　關於胡先生尋求全謝山五校《水經注》經過,他給我的原信在上海。我手邊有對故事的録副,兹特鈔呈。我曾托任光亮君找一找,但尚無回信。題目我加的,其它皆胡先生給我信中的原文。至於他研究《水經注》問題,有兩書要看一看:㈠《胡適手稿》(景印本,臺灣出版)。㈡胡適編撰一個《水經注版本展覽目録》,印在《北京大學五十周年紀念刊》中,有抽印本,我想貴館或南開必有之。如天津没有,可向北大複印。您們對這信看後,將如何采用,題目要不要,均望酌奪。如要重寫一遍亦可。最好把胡先生原信影印附在正序之後何如? 胡先生原一信,可托任光亮同志一找。

　　前屬爲幾位同志寫字,稍緩當即塗奉指正。

　　《展覽目録》每書,胡先生均自作簡介一篇,對全氏五校《水經注》如何介紹,似亦可考慮印入。(《全集·書信卷·致李國慶》,下册第 665 頁)

12 月 10 日　　張世林有信致先生,爲編輯明清以來未刊名人書信手迹,徵求先生意見。(原信)

12 月 11 日　　先生有信致蔡耕。

　　昨獲電談,雖差面談一等,可喜之至!

　　吾有一事救教,便請見告:魯迅嘗有序文(按,指魯迅《北平箋譜》序),請魏建功先生寫,而不請錢玄同先生寫,大意説錢先生字太漂亮,而魏先生字較質樸。記不清原文如何? 在哪一信中? 敬煩指示爲盼! (《全集·書信卷·致蔡耕》,下册第 437 頁)

12 月 23 日　　先生有信致林公武。

　　上次接你電話後,即欲補寫貳副對,不巧,幾天覺得疲勞,祇好皆坐。昨天起能寫字了。現寫兩副,一集鐘鼎,一集甲骨,請你酌定。如已趕不上末班車,那就算了,由您處理。

　　上海友人來問月曆事,他們在《書法報》上見到的,是否就是你講了一句? 您友人中書法家多,聽聽他們的意見,出版後效果好不好? 真要付印,一切您決定。(《全集·書信卷·致林公武》,下册第 550 頁)

12 月 25 日　　先生有信致高橋智。

　　頃奉手書,欣悉台駕將於一月三日來北京,不勝歡忭!

　　敝處賓館可住。您不準備他住,即在此盤桓數天,亦難得之機會,歡迎歡迎! 餘俟面罄。(《全集·書信卷·致高橋智》,下册第 694 頁)

12 月 28 日　　先生有信致張世林。

　　手書敬悉。關於編輯未刊的明清名人手札,但從前所刊手札,摹寫木刻,或者單色石印,現在則多是照相彩印了。上海圖書館曾印納蘭容若手札,康熙角花箋,書法亦好,我們是用套色珂羅版印的。五年前香港中文大學曾景印盛宣懷藏的友朋手札,大本套色,大部如此,很難得。我寫了一篇序,茲將印件奉覽。此我自留之底,您們複印方便,印後還我爲盼。

　　北京藏札,最多是故宮、北圖、歷博、北大。天津、上海(圖書館、博物館)(各地都兩館均有)、四川,可先瞭解一下。(《全集·書信卷·致張世林》,下冊第639頁)

12月29日　李文有信致先生,告知《顧廷龍館長在抗日戰爭中》文章已經發表。先生在此信上寫有:"燕京抗日十人團,洪業、容庚、顧頡剛、郭紹虞、張應麟、容媛、蔣大沂、洪思齊、□□□、吳世昌。當時容先生編一刊物,曰《火把》。抗日十人團有一份宣言,用宣紙,毛筆寫,後面簽名,單張一卷,未裝裱。"(原信)

12月30日　先生有信致傅璇琮。

　　手書均已拜悉。貴恙經醫治後,想早全愈,仍望珍攝。腦供血不足之診,龍前年亦曾患此,醫治服藥,旋即恢復。

　　垂詢拙稿,年來亦有敝帚自珍之想,因將序跋之類已搜集得約十餘萬字,已交王煦華君初審中。俟其交還,當即呈誨。另有古籍經眼之記兼及雜事,約三十萬字,擬春節後自行校閱,再行呈政。

　　再有《吳大澂年譜》,原名《吳愙齋先生年譜》,曾由《燕京學報》出版,列爲專號之十(一九三五)。後來所得新材料甚多,渴欲補充,約十萬字,假吾數年,必能成之。

　　宋公關垂鄙況,深爲感荷!(《全集·書信卷·致傅璇琮》,下冊第452頁)

是月　侯藝兵來北苑寓所,爲先生攝影。(《世紀學人　百年影像》)

是月　先生題簽的《明志閣遺著》(熊希齡撰),由上海遠東出版社出版。

是月　先生題簽的《晴山堂法帖》(《晴山堂法帖》出版委員會整理),由上海古籍出版社出版。

是月　先生題簽的《虎阜志》(清陸肇域、任兆麟編),由古吳軒出版社出版。

是月　先生題簽的《唐詩論學叢稿》(傅璇琮撰),由臺北文史哲出版社出版。

冬日　楷書"騰飛""輝煌"。(《顧廷龍先生紀念文集》,第112頁)

冬日　爲劉石篆書"天高地闊,心曠神怡"。(照片)

冬　爲《清季洪洞董氏日記六種》題簽(董壽平、李豫主編,1997年北京圖書館出版社出版)。

是年　馮壽侃作《奉謝顧廷龍》詩。

　　版學法書稱碩彥,欽崇日久仰高賢。封毫硯息聞三載,泚墨心儀欲一箋。朱迹投函文致意,眉題隨雁我來緣。方圓俗事真難啓,俚句飛鴻頌大年。

注曰:"顧老的人品及學術衆口皆碑。余偶悉其滬上寓址,欲問字求書,然其已居北京,且封筆近三年。後由其鄰居友好相助,得其北京居址,遂飛鴻北

上，九二高齡的顧老破例開封，爲余連題三簽，真是喜出望外，信有緣也。”（《師友百吟》，第22頁）

是年　隸書“無極原有極，欲仁存至仁”。（《顧廷龍先生紀念文集》，第115頁）

是年　爲雁蕩山景區書“雁蕩仙踪”四字，摩崖楷書。（照片）

是年　爲《中國古版畫》題簽（周心慧、馬文大、蔡文平編，香港華寶齋書社有限公司出版）。

是年　撰《十年苦幹，搶編出善本書總目——憶周總理、陳毅等同志對圖書館事業的關懷》。

　　　一九七七年三月，文物局來電報，要上海圖書館派人去開會，討論編輯善本書目問題，潘皓平同志通知我説，經局領導同意，叫我們兩人去參加。到了北京，見到文物局圖書館處處長胡耀輝同志。他説：“我們就是希望請你們兩位來。”會是在北京圖書館開的，文物局有關領導、北京圖書館一位副館長和善本部的幾位同志以及我們兩人出席了會議。會上重新傳達總理的指示，當時總理已故世一年多了，大家懷着萬分眷念的心情，非常認真地討論着，研究如何貫徹落實的問題。關於書目的編法，着重討論了兩個問題，一是書目的收書範圍，二是采用什麽分類法和著録方法。討論中有同志提出，書目祇收宋元本，但我聽了傳達，根據自己的領會，認爲總理的指示決不僅僅是搞宋元本，他是要編一本全國古籍善本的總帳。而我們過去講善本，祇注重宋元本，受了很大局限，單是著録宋元本的書目，過去已編了一些。我們現在除了宋元本，還要着力發掘明本與清本。我主張明本一定要收，理由是我們現在之重視明本，正與明朝人重視前代宋元本相同。關于分類法，當時北京大學古典文獻專業正在醖釀編製新的古籍分類法，批判《四庫》法。對這個問題我有些想法。我見到一些專爲古籍分類而編製的新分類法草案，都不很理想，心想還是用《四庫》法吧，但不知如何措辭。關于著録方法，有的同志主張著録要儘量詳細，包括收藏者印章都要著録，這是搞書録、圖録的辦法，願望是好的，但我們要着手的這項工作，參加者範圍非常之廣，包括一些縣圖書館、文化館在内。考慮各單位工作人員的專業能力水平不一，提出過高的要求，可能結果并不理想。經過大家討論，認爲不如從實際出發，采取編簡目的辦法較爲切實可行。

　　　對於還有不同看法的這些問題，如收録範圍和分類法，會後向王冶秋同志匯報時提到，他説，《販書偶記》中清朝的已全收了，我們就編録到清朝吧（這個問題以後又經過幾次研究，考慮到清朝的典籍實在太多，大家同意選收一些精刻的、難得的本子。如康熙前後的本子，年代較早，基本上都可以收入善本之内，乾隆以後的刻本就要選一些，至於抄校稿本則全收）。關於分類法，王冶秋同志説，眼前暫時祇能用《四庫》法，可用的新分類法現在還沒有,我們等不及。這個問題也就這樣決定了。

　　這次會議還決定古籍善本書目先由北京圖書館和上海圖書館試點。我們回來後,又與南京圖書館和浙江圖書館聯繫,得到他們的贊同,約定三家一齊動手搞。因爲我們三個館所藏古籍較多,合起來在華東地區以至南方一片占有較大的比重,我們搞好試點,能起一定作用。與此同時,北京圖書館和中國科學院圖書館的有關同志也作了大量的工作,如起草關于收錄善本書範圍的具體規定和著錄條例的草案等。

　　一九七八年三月下旬到四月初,國家文物局在南京召開了由北京圖書館牽頭,各省(市)圖書館、博物館、部分高校圖書館以及其它有關單位參加的全國古籍善本書目編輯工作會議,對這項工作作了全面部署。除了討論書目的收書範圍和著錄條例等問題外,要求各地開展古籍善本普查和編目人員培訓的工作。接着,又先後在南京、廣州、成都、杭州等地開過幾次會,主要是交流工作經驗,上海圖書館都派人參加了。大家的勁頭很大,每個同志都認識到,做好這項工作是爲了實現敬愛的周總理的遺願,落實總理"要儘快地把全國善本書總目編出來"的指示,爲此,自始至終給我們莫大的鼓舞,推動我們堅持不懈地完成自己所擔負的任務。

　　古籍善本書目有一個編輯委員會,文化部顧問兼北圖館長劉季平同志擔任主任委員,方行(上海)、彭長登(四川)、周邨(南京)是副主任委員,我是主編兼副主任委員,還有兩位副主編是冀淑英(北圖)、潘天禎(南圖)。編委會先後在國家文物局和文化部圖書館事業管理局的領導下,在各省、市文化廳局的支持和協助下,積極開展工作,取得一定成果。頭三年主要是搞普查,培訓幹部,分別對館藏善本進行編目和版本鑒定等工作。一九八〇年四月,編輯部集中在北京辦公,圖書館局專門租用了香廠路一個機關招待所,工作了近一年時間,對全國各地匯總來的編目卡片進行審校、分類,對每一種準備收入書目的古籍,務求做到著錄準確,分類適宜,規格統一。在此基礎上,首先編印成油印的書本目錄,作爲徵求意見稿。對油印書本目錄,曾有同志表示不贊成,認爲可以在卡片目錄的基礎上一氣呵成。後來還是劉季平同志決定先付油印,因爲這對下一步工作有很大的方便。香廠路工作告一段落後,接着就結合油印目錄的編製,進行了分工:經部、史部由上海負責,子部由南京負責,集部和叢部由北京負責。油印目錄完成後,發到各地徵求意見。最後,在定稿過程中,我和兩位副主編北圖冀淑英、南圖潘天禎,顧問潘景鄭,以及其他編輯同志集中在上圖工作達三年之久。

　　經過編委會和全國各圖書館、博物館及其他有關單位同志們的共同努力,前後花了約十年的時間,方纔編定這部書目。書名定爲《中國古籍善本書目》,共收入善本圖書十三萬部,其第一部經部已於一九八六年六月交上海古籍出版社出版。叢部已在一九八九年十二月出版,史部在一九九一年五月出版,子部在一九九四年十二月出版,集部也已在一九九五年三月發稿。這部書目集中反映了全國圖書館、博物館、文化館、學術團體等七百八十二個藏書機構收藏的古籍善本(臺灣除外),這樣規模的古籍善本書目,是文化史上前所未有的。上海圖書館和我個人有機會參加這項工作,爲實現總理遺願盡我們一份微薄的力量,深感榮幸,試想沒有總理的指示和督促,這部書目的編製出版是難以想象的。(《全集·文集卷·十年苦幹,搶編出善本書總目——憶周總理、陳毅等同志對圖書館事業的關懷》,上冊第 465 頁)

是年　撰《百衲本二十四史校勘記》序,極力表彰張元濟於整理歷史文獻之貢獻,全面概括了校勘史籍之重要。

海鹽張菊生先生嘗慨今本正史之不可信,乃發重校正史之願,集宋元明善本之大成,輯印《百衲本二十四史》,沾溉海內外學人者多且廣矣。顧先生所撰校勘記百數十巨冊,以世變方殷,董理需時,至今五十餘年,迄未付梓,不獨學者引以爲憾,且無以慰先生在天之靈。……時《百衲本二十四史校勘記》稿本,由商務丁英桂君保存,龍以工作之便,幸得假觀。其中《史記》《漢書》《宋書》三種均爲先生手稿,彌足珍貴。其他二十一種(《明史》原無校勘記,故實有二十三種),均出自校史處同仁迻錄經先生審定者。眉端行間,率多先生斟語,蠅頭細書,朱墨爛然。……大抵校勘記以《衲史》所據宋元明舊本爲底本,校以武英殿本,復參校衆本。凡各本異文,雖一字之差,一筆之微,均網羅無遺。而先生斟語,每於異文是非,或取證本書,或旁稽他籍,所加案斷,咸能識其乖違,正其舛訛,并究其致誤之源。其諸本不誤而宋元舊本獨誤者,則亦未嘗曲徇。……先生校史,不獨定異文是非,且援據衆本,擇善而從,融死校、活校於一爐,自盧(文弨)、孫(星衍)、黃(丕烈)、顧(廣圻)以來未嘗有也。……先生生當中華文化存亡絕續之交,以搶救、弘揚傳統文化爲己任,先後輯印《四部叢刊》《續古逸叢書》,猶以爲未足。於是廣採旁蒐,彙集善本,輯印《百衲本二十四史》。在創議之初,先生每獲善本,輒親自讎校,往往一校、再校而至三校,幾至廢寢忘食。一九二八年二月前,已校畢《宋書》《南齊書》《陳書》《魏書》《北齊書》《新五代史》。一九二八年後,又續校《史記》《漢書》《晉書》《南史》《北史》及其他諸史。每校一史,先生必廣羅衆本,隨手記其異文,彙爲校記,然後比勘異同,拔取殊尤。如獲更勝之本,則捨去前者,有抽換至一而再者。惜先生校記原稿,除《史》《漢》《宋書》外,均未及見。夫校史之難,首在求本,善本難求,自古而然。先生獨不辭勞瘁,持以堅毅,"招延同志,馳書四出;又復舟車遠邁,周歷江海大都,北上燕京,東抵日本,所至官私庫藏,列肆冷攤,靡不恣意覽閱。耳目聞見,藉記於冊。海內故家,聞風景附,咸出篋藏,助成盛舉"。此中甘苦,傅沅叔前輩知之最深,不有記述,後人將無由知成書之難與先生校史之勞。至考覈異文，篇帙浩瀚，先生所加斠語，少則一二字，多至數百言，無不執中至當，動中奧竅。其詣力所到，時與王、錢諸人相發明，而精審且或過之。蓋先生以本校本，均以善本互校，故其改正謬誤，咸有依據，與王、錢推理校勘有所不同。此誠王、錢有志未逮之偉業，而必先生方有以成之也。……今者商務印書館林爾蔚總經理，因《校勘記》爲先生二十年心力所寄，倘不及時將現存十六種整理出版，恐將長兹湮滅。復以紹曾當年參與校史之役，爰將董理之事委諸紹曾。而校理之事，必學養兼備、不憚煩勞者庶克成之，則又非紹曾莫屬矣。現前四史即將付印，龍喜其觀成有日，俾世之治史者人手一編，受惠無窮，而先生之校史鉅著終得傳諸天下後世，豈能不額手稱慶哉！（《百衲本二十四史校勘記·史記校勘記》序）

是年　爲《清代新疆稀見奏牘匯編》題簽（馬大正、吳豐培主編）。（原書）

**是年**

11 月 13 日　蘇淵雷卒，88 歲。

# 1996年　93歳

1月5日　先生有信致包于飛。

《藝苑掇英》一册，祗領感荷！忽忽已十八年前之事，是應不易找尋矣！然在我則猶在目前，當時有單行本，他日返滬，可能還尚在桌上。

先行近況如何？念念！囑書件先塗呈。緩日重寫，如何？

福建友人以拙書印年曆，寫了一半，忽聞熊希齡集說了幾年，未能見書，而兩公飄然去矣，能無悶損！似病非病者一個月，而閩友仍設法印成，不勝感荷！

您贈年曆挂在床頭，到底正宗，顛撲不破。（《全集·書信卷·致包于飛》，下册第580頁）

1月6日　先生有信致林公武。

昨奉寄示拙書樣張，印刷非常精美，拙書看來尚不致使人厭惡。首先要感謝您和張善文先生的具體幫助，陳華棣先生大力支持，慷慨斥資，深爲感幸！

寄贈日曆單，承許照寄，并收先寄來五十本，足够足够！

命爲陳先生、劉先生、柯先生寫字，當一一寫寄，請其指正。（《全集·書信卷·致林公武》，下册第551頁）

是月　顧頡剛與先生合輯的《尚書文字合編》，由上海古籍出版社出版。該書"出版説明"云：

《尚書文字合編》，著名歷史學家顧頡剛和著名版本目録學家顧廷龍合輯，彙集歷代不同字體《尚書》本子爲一編，旨在正本清源，通過探索其文字變遷之踪迹，以開拓研究之新途徑。

…………

顧頡剛先生率先提出從研究歷代傳本的字體入手，來解决《尚書》文字問題，并計劃"把各種字體的本子集刻成一編，看它因文字變遷而沿誤的文句有多少"（《尚書通檢》序）。爲此，他同顧廷龍先生於三十年代着手編纂《尚書文字合編》，將搜集到的歷代本子摹寫刻版，後因抗戰爆發未能出書。一九八二年，顧廷龍先生重新整理編纂，并由上海圖書館孫啓治同志協助工作。經多年努力，在中外學術界多方支持之下，新編本内容較原編增多一倍以上，收入歷代不同字體的《尚書》古本二十餘種，改用照像影印。全書依《唐石經》分篇，同篇各本按時代順序排列，依次爲《漢石經》（隸書）、《魏石經》（古文、篆書、隸書三體）、唐寫本、日本古寫本、宋薛季宣《書古文訓》(均"隸古定"體),并以《唐石經》(楷體)殿後,其目的在于通過對比,發現和解決《尚書》文字問題。

…………

由此可見,本書有如下特點:它將現存《尚書》歷代出現的今文、古文、隸古定、楷書今字等幾種字體全部囊括無遺。此其一。將今本成型以前每種字體所有古本幾乎網羅殆盡,即使難以尋覓的日本寫本,凡有代表性者均多方搜求,悉予欄入。此其二。收錄了不少稀世孤本、珍本,資料價值極高。此其三。凡此體現了本書内容的系統性、全面性、珍貴性,足證它是《尚書》實物資料大規模的學術性總結,爲前所未有。其成書問世,勢必促進《尚書》文字演變歧異諸問題的探研向縱深發展,對《尚書》學研究將起到積極推動作用。這些可靠的實物資料,對研究、論斷問題往往能起關鍵作用……

本書不僅是閱讀和研究《尚書》的基本資料,同時對古文字學、古文獻學(包括訓詁、板本、校勘等)乃至考古學都有重要的參考價值。

是月　《書城》雜志第 1 期發表王湜華《獎掖後進的顧廷龍》。

2月9—10日　《續修四庫全書》編委會在京召開工作會議,先生與會。(《雙暉軒集》,第 32 頁)

2月12日　先生有信致范笑我。

《秀州書局簡訊》,我都一一拜讀,簡單扼要,内容豐富,甚佳。(《笑我販書》,第 51 頁)

2月21日　先生有信致李文。

新春佳節,敬祝潭第吉祥,萬事如意。

關於《中華易學大辭典》要我擔任《中華易學大辭典》的顧問,我於易學毫無研究,但去年福建張善文教授來京枉顧,惠存《周易辭典》一冊,我已尋到了老師,自當濫竽顧問之列。屬書書名塗呈。

來函承告整理家譜事,真是好消息。家譜編有草目,又已拍過微片,所以最重要的是修補大工程,不修補,不利於保存。"文革"中,"文清組"收到一包黴爛成餅的一塊如泥土的紙包,當時工宣隊梅廣太拿來給我看,并說無用就退還他們。我拿來一看,這是乾嘉學者戴震的《聲韵考》稿本。我說很重要,趕快送上圖請潘美娣修補,曾無幾時修補完畢,焕然新書一部。我在副葉上寫了一個跋。中國古書有修補辦法,家譜歷經滄桑,非修不可。上圖當有幾位熟練高手,真是好時候,遲幾年她們均到退休年齡了,趕快招幾位接班人。需要修書材料,潘美娣、沈菊芳兩同志均熟悉。

第一位到館看家譜的是鄧拓同志。他先屬袁水拍同志來瞭解情况,次日他持市宣傳部的介紹信來館,當時捆扎在法寶館,尚未解捆,我拿合衆所藏的《目錄》給他看了,還有抗戰勝利後,各報刊登修譜啓事,請杜幹卿每天抄録成本。此本鄧同志携回寓中翻閲,他即住在原杜月笙的住宅中(後來改賓館了），兩天就送回了。他要研究清初資本主義萌芽。

賤軀尚健適，但一天一天的衰落了。

再：你寫我的往事，謝謝！在解放前搜集共産黨書籍的圖書館是不多的，公立的不能收。我們收得了一些，保藏亦很難，即有你一個人知道其艱苦，我亦安心了。你的文章中"郭紹虞"誤爲"郭若愚"。紹虞是燕京大學國文系主任，我的老師。若愚是解放前夕我在光華大學的助教，在上海，多年不見了。書不盡言，言不悉意。（《全集·書信卷·致李文》，下册第466頁）

**2月23日　先生有信致沈津。**

節前任雅君同志枉顧，并代吾弟携贈多珍，足增營養，感荷不盡！屢承惠函，均未詳復爲歉！

去年一年中，上半年忙於《尚書文字合編》的前言。此書祇不過提供資料，而不是研究成果，發動到裝成書，跨度爲六十四年，總算完成了，可以告慰顧剛先生於九泉。

前年把顧祖禹的《讀史方輿紀要》稿本景印出版，揆初先生主張先印後校，錢穆先生主張先校後印，意見皆好，但屢更變故，亦蹉跎了六十年，終與讀者見面。此陳善祥兄之大力，若非聶佩華主管古籍部，亦無希望，必須感謝聶、陳二君。若拖到朱、孫時代，即難完成矣，危乎殆哉！

承寄示紀念袁同禮先生專輯所印拙文，謝謝！我有一事奉托，您便中留心搜集一點袁開明先生的遺事，他來燕京，討論分類，皆爲相契，頗欲寫一點紀念文字。如果年隔已久，找不到了，亦就算了。裘之後任，是否即吳文津繼任？吳廷請您去哈佛編撰書志，他有見地，亦能識人，爲事業着想。忠於事業之人，最可欽仰！

我很想回上海去結束結束，要等誦芬陪同，他未有暇時，要等。我現在有一毛病，夜間一寫信，有時會徹夜不眠，是實衰象也。

今年新年我運道很好，一天之中，接到三部贈書，皆極好。一《中國近代化的起始：李鴻章評傳》，是劉廣京、朱昌峻編，陳絳譯（陳贈）；二《影響中國近代社會的一百種譯作》，鄒振環著；三《淮海集箋注》，徐培鈞〈均〉箋注。書不盡言，言不悉意。（原信；《全集·書信卷·致沈津》，下册第528頁）

新春　爲王福康、徐小蠻書"曉色雲開，春隨人意"。（原件）

年初　爲龍華烈士陵園書寫方志敏烈士詩：

雪壓竹頭低，低下欲沾泥。一朝紅日起，依舊與天齊。顧廷龍敬書，一九九六年。（龍華烈士陵園網站照片）

**3月8日　先生有信致徐小蠻，爲編抄校稿本圖録事。**

尊寓想已鶯遷安適，念念！屬書小幅，茲坿就呈儷正。

昨接張世林信,獲悉北圖王潤華有意於此(編抄校本的圖錄)。我知北圖善本部有一王潤華,是研究俄文的,曾任館長室秘書,不知是此人否? 我意北圖能出來牽頭來辦,是最好了。我想請冀大姐當主編,從前我提及想做此事,她即興然同意説"我參加"。請潘景鄭、傅熹年任顧問,我不擔任名義,可以出出主意。我想您當副主編。編輯北圖出幾人,上海出徐小蠻、任光亮、陳先行,尊意如何? 我們編此目的爲培養鑒別人材,不是爲書影配套成龍,這點是主要的。(原信;《全集·書信卷·致徐小蠻》,下册第 514 頁)

3月 11 日　《人民日報》(海外版)刊登先生的書法作品,蘇軾語:"古之立大事者,不惟有超世之才,亦必有堅忍不拔之志。"

3月 13 日　先生有信致林公武。

我亂忙了一陣,因此没有詳復,歉歉!

年曆印得很好,有人來要,已送完了。昨又收到一卷,謝謝。送海外友朋,恐郵資較昂,所以遲遲未開名單,兹補開一單,請您酌辦。

"人民"海外版要介紹文章,祇能仰仗大筆了。我的學字,是先君親授的。先父顧元昌竹庵是吳中書法家,歷任蘇州中學、蘇州女子師範學校、振華女學諸校書法教員。他教我寫字要勤習博覽,平淡中求出色。他自己是這樣做的。所以胡樸安師題他的遺墨,有句云:"屋漏折釵無滯迹,和風甘雨見天真。異常要在尋常出,筆筆平凡筆筆神。"林志鈞先生題詩有云:"平淡見神奇,妙處非衒異。積精乃充沛,磅礡若酣肆。劍拔而弩張,斯爲法所忌。誦君不刊論,真旨在養粹。"中國書法重在實用,應重規範。

我寫篆字,主要學金文,金文中愛好《盂鼎》《虢季子白盤》《史頌殷》《秦公鎛》等文字。隸書愛好《石門頌》《封龍碑》,楷書如《虞恭温公碑》《張黑女碑》,草書好孫過庭《書譜》,在少年時即開始臨摹。我不能學懷素,襟懷不同。行書則愛蘇東坡,但學之數十年,并不能得其神似。中年臨橅多於瀏覽,現在瀏覽多於臨摹。年老揮灑,不能自如,手雖不抖,而下筆不自然。最近我寫了一篇《中國書法全集》的介紹,附去求教(已投深圳某報發表)。

我爲研究古文字學,始習篆書,爲影寫敦煌本《尚書》,始學漢魏真書(中國四體書,曰真、草、隸、篆,所以講字體是真書,講書法是楷法),皆出於性之所好。如吾拘墟不化的性格,學狂草如懷素、祝枝山斷不可能。關於繼承與創新,竊謂一個人每日三餐,經過消化,營養自然吸收,施之全體,而渣滓則自排洩。學字要有自然高妙之致,而不能矯揉造作。吾國的語言文字,有五千年的歷史,我國現行簡體字,書法家應努力於如何寫得美觀,是當務之急。至脱離實用而圖創新,則非我所敢知矣。

三君屬書,最近必塗繳。承詢李拔可先生事略,我於李先生逝世後,其記室録出哀挽文字,吾即請人謄録一本,列入合衆圖書館插架,但我於前年找而未得,待我返滬,當細細尋找。吾從李先生獲識閩中老輩,李先生工詩,全國詩人皆有交往,有詩詞者,多數贈送,今均庋於原歷史文獻圖書館。李先生所捐書有目,俟我回滬時找來。

我近體尚健好,但雜事甚繁,左支右絀,有時各處之信,稽遲作答,衷心歉仄!

張善文先生晤時,希代道念。(原信;《全集·書信卷·致林公武》,下册第552頁)

**3月18日　先生有信致任光亮。**

昨奉手書,欣悉一一。承寄還我的書一包,謝謝。老杜(幹卿)影鈔的《尚書》還有壹部,如未入館藏,希望也還我。《南來堂詩》如尚在手邊,請看看有無蒼雪和尚小傳或事略,如有再請複印給我爲盼!我想寫一篇《清末上海兩藏書家》,一是姚文棟(即藏兩部《古文尚書》者),一是王培孫。王書最後歸合衆,姚書被日軍全部燒毁,祇有兩部《尚書》借給我帶到北平,因而幸存的。姚老先生我曾見過一面,他的兒子是我老師,現在大家不知道了。王培孫的年譜在我館,似在善本庫。《南來堂》作者是蒼雪和尚,蒼雪是否明遺民?有無小傳?請你再查一查告我。

你談家譜成立閱覽室,甚好!合衆收過一點家譜,托書友到揚州買來的,較完整的,不過内容簡單。後來文化局搶救了一點,在長樂路,亦較完整。華東文化部、上海文管會搶救的一大批,從廢紙中搶出來的,恐多破碎,屢經播遷,似曾搬入紅房子後的一所房屋,外有竹林(此屋曾有辦情報所之説),但不久又搬出,最後回至長樂路。現在不知集中在何處了。

搬家希望注意辦公室中的工具書,再也不易買到了。大玻璃櫥是張元濟送的,第一隻櫥儲有一部油印的《石刻文字目録》,是北大所藏,編者在每一拓片既寫明名稱、年代,還開了參考書,不知尚存在否?編者當年是在北大歷史系工作,主任翦伯贊,副的周一良,我去函乞贈,他們慨然見惠。

還有我們辦了兩次展覽會,一次善本圖書,聽説周叔弢先生從津來看了兩次(一次是以檢查愛國衛生來的,一次自己來的),他看到我們的《兩漢會要》是結一廬舊藏,他曾收得一册,已分給他的兒子珏良,他返津後即屬珏良寄贈,配成全書,是一[佳]話也。一次是清代學者尺牘展覽,會後將尺牘展覽説明抄成本子,存玻璃櫥中。搬家建議從從容容,不遺漏一物,古籍組物已成無一非寶了,現在書店内不賣出了。

吾常想到長樂路積存數十本的書店售書目録(南北各古舊書店),極有參考價值。當時收集未曾編目,放在長樂路書庫的一柱子旁的,後來不見了。這些書目很豐富,可作目録學,可作古籍聚散的參考。吾爲什麽注意它呢?吾在北京時,在書店的書目瞭解到很多東西。吾在上海收古書店的書目中看到載有《集韻》一書,注有多家批校,我當時研究《集韻》,很想一看。後來回上海了,趕快到四馬路去,他們已賣給陳澄中先生了。隔了幾年,陳先生訪葉揆老并參觀合衆,余得相識。後來陳先生常來,詢以此書,他即借我閱覽,批校滿幅,小字密行,無暇過録,祇得送還,至今可惜不止。有許多藏書流動消息,書目中可得些消息,還有他們加幾句介紹話亦很重要。不一定裝潢好的是好書,南京路庫中查不出作者的,可能是好書。吾曾發現一本葉玉森的日記,原編目者題不出作者,我補了。

我春天不回上海,南京開會亦不想去,等新館開幕來祝賀吧!(原信;《全集·書信卷·致任光亮》,下册第 489 頁)

3 月 22 日　先生摯友吳豐培去世,享年 87 歲。吳先生爲中央民族大學教授,著名邊疆史研究專家、藏學專家。(訃告)

3 月 24 日　先生有信致沈津。

正要給你寫信,接奉來函,敬悉——。

最近翻讀你的《翁方綱與靈隱書藏》的文章,其中談到孫氏壽松堂,你還記得麽?原合衆會客室中挂一幅《還書圖》,圖裝在鏡框中的,這幅圖是孫氏原有一部宋本《碑傳琬琰集》,太平天國中失去,後來找還來了,請人畫了一幅圖,以資紀念。壽松堂主人是孫宗濂,子仰曾,承父業,家藏益富。乾隆修《四庫》時,孫仰曾應詔進書二百三十餘種,得賜《佩文韵府》一部。我們這張圖與你提到的孫氏,有這樣的關係,現在這張圖不知去向了,可惜可惜!

今年八月八日,國際圖聯在北京召開,有一個專題研討會,錢存訓、馬泰來、王冀、吳文津都會來參加,我亦被邀,老朋友可得握手言歡。謝正光先生多年不見了,亦不通音訊,甚以爲念。以前在滬,他每年在梅龍鎮請客,很熱鬧。後來他是否每年去滬,則不知道了,他近年出些什麽書?甚念!

美國國會圖書館對英、法、俄、德所藏漢籍是否都有書目?你們有多少?顧頡剛先生編的《尚書文字合編》已見樣書,很厚的四册。我寫了七千字的前言,另外寫了一篇後記,專記此書編輯過程中的遭遇。《讀史方輿紀要》稿本前年印出,皆靠聶大姐(按,聶佩華)之大力而成,若遲一年,則皆成泡影了。現在清理拙稿,居然有上海書店、安徽教育出版社、中華書局表示願爲刊印。您是最早爲我搜集之一,吳大姐(按,吳織)爲我整理了幾年,今後將致力于自行校閱。書不盡言,即頌潭安。(原信)

是日　先生有信致任光亮。

久未通信,爲念。我要查一查王培孫先生編輯的《南來堂集》,可否將王先生的序跋複印給我一讀。當年王先生籌款印行,葉先生任擔一份,所以未編入藏的複本有好多部,今恐無存矣。

我近益委頓,即欲將手中未完之稿結束結束。

惠娟問好不另。(《全集·書信卷·致任光亮》,下册第 492 頁)

3 月 25 日　先生有信致林公武。

　　陳從周先生，著名園林建築專家，現在同濟大學教授，并擅長詩書畫，著作甚多。此《隨宜集》評我書法，較爲公道，因複印奉閲。此書同濟大學出版一九九〇年五月。

　　附《顧廷龍先生書法》。（《全集·書信卷·致林公武》，下册第 554 頁）

**3 月 30 日**　水賚佑來京探望先生。先生談到《續修四庫全書》史部《竹書紀年義證》要用刻本，不要用抄本，方詩銘先生家中有刻本。又《續修》不是稿本叢書，應儘量用定本。開目録的人要看書，讀書人是直通，搞目録版本的人是横通。還請古籍出版社代送《尚書文字合編》樣書，名單由先生提供，稿費全部交給上圖處理。（水賚佑致筆者的信）

**3 月 31 日**　先生有信致方行。

　　疏懶，久缺奉候，惠函又稽奉答，罪歉之至！

　　《兩異人記》，元化同志欲在《學術集林》發表，極爲贊成！表彰先哲，必須靠有心人。

　　上圖新領導到京，曾蒙枉教。我言上圖有大量珍貴碑帖圖書，一靠徐森玉先生的聲望、識别，許多珍品由北而南；二靠李亞農同志亦有同好，而能直接上達陳市長，而陳市長慷慨解囊，如遲至現在，則一無所得矣。在吾公主持之下，得古舊書店之支持，上圖派韓永續、葉福慶同去古籍書店倉庫揀書，祇要館中所無均要（韓熟古書，葉熟舊平裝），真千載一時之盛！能這樣收書，不能不歸功於趙興茂，趙支持很重要，否則亦辦不到。當年文化局在社文處派一位同志（狄華）專管缺門冷門，當時老人尚多，懂文言的人亦尚多，現在碩士、博士多，但接觸古書字畫碑帖者不多。上海圖書館真堪稱全國第二大圖書館，公之力不可忘。有時想到這些，應該記記，亦想不必吧！

　　我在此間是單幹户，文雅點説，“獨學無友，孤陋寡聞”。所幸《讀史方輿紀要》稿本已出版，可以慰葉、錢二公。《尚書文字合編》亦已見樣書，幸元化、志鈞、李令圖諸公之吹噓，得古籍規劃小組之補助，亦已出版，頡剛先生雖不及見，終幸成書。

　　《讀史方輿紀要》我有一部，似已送給一位日本學生（在復旦進修）。孔子曰：“禮失而求諸野。”《尚書》之成靠楊如英同志，某某要我的助手下崗，聶佩華同志請楊與某解釋，纔得過去。（原信；《全集·書信卷·致方行》，上册第 348 頁）

**是月**　在沈鈞儒先生生平碑照片背面題記。

　　沈鈞儒先生紀念碑，上海市統戰部請吾寫之，未題名。一九九六年三月，范笑我君向沈先生之女索得照片二張，一是碑，一是園景。

　　此文吾所書，未具名，趙介福刻。由統戰部派一位處長前來聯繫，知爲陳從周先生所提名。刻後不便墨拓，因無拓本，亦無照片。後來，范笑我君來閑談，偶提及此事，余托笑我曰：“君能攝影，便爲照一相片。”我初以爲很方便之事,豈知字口填金,既不能照,亦不能拓。我原不想再照,而范君熱情,更向沈譜同志索得照片,甚可感也。解放前張仲仁先生靈柩自蜀移蘇,在上海車站停留,時故舊同往車站路祭,到者有沈公、陳叔通、葉揆初、章元善諸先生及龍。龍由叔老之介,得與鈞儒先生相見,忽忽四十餘年矣。(《全集·文集卷·題沈鈞儒先生生平碑照片》,下册第 979 頁;原件照片,載《顧廷龍先生紀念集》,第 252 頁)

是月　集《文心雕龍》句,書“動墨橫錦,搖筆散珠”,賀楊泰偉、孫幼麗書畫展。(《顧廷龍書法選集》)

是月　先生題簽的《書城挹翠録》(沈津撰),由上海社會科學院出版社出版。

是月　先生題簽的《章太炎篆書墨迹》(顧廷龍釋文),由臺北聯經出版事業公司出版。

4 月 1 日　先生有信致吳織,告知上海圖書館領導王鶴鳴等來北京探望先生,又説:“館中珍本圖書碑帖來之不易,我是親見親聞的一人,文管會成立後,我以顧問常去,後來諸位委員皆熟人,看他們整理各家捐獻的古籍,柳亞子的書從吳江運來。見到創始的人不多了,有夏玉琛。我後來當收購(圖書)委員、上海圖書館籌備委員、圖書出口鑒定委員會副主委,所以我親見文管會的誕生、成長。不是徐森老的聲望、愛好、識別,不會由北而南。没有李亞農的同好,不能達於陳市長,若非陳市長愛好、重視,亦收購不了(没有錢)。搬運岳西,裝箱、拆箱回原,則您之大力也。四館合併後,我名義是館長,實際是古籍工作者,印了不少書。我的稿子一定自己看一過,衹留記的圖書、碑帖、尺牘、故事等,關於臧否人物一定删。手中雜事一清,即細看一遍。肯爲我出版者,有中華、上海書店、安徽教育,寧可遲一點,弄弄好。您化了大力,非常感謝!”(原信)

4 月 12 日　先生有信致沈津。

我想找點有關裘開明先生的材料,他對中文圖書分類編目頗有研究。他的有些想法均從工作實踐得來,我甚佩之!您方便時幫我收集一下。他印的書目,史部校樣我校完寄回時,郵船被炸沉,書目遂未完成,誠爲可惜!(《全集·書信卷·致沈津》,下册第 530 頁)

4 月 14 日　先生有信致龍華烈士陵園陳曉帆。

我寫方烈士詩,以爲橫式就是橫寫,因此爲諸公增加了很多麻煩,至爲感荷!由橫移直,氣息貫串,極不容易鑴刻精工。從照片看,與書寫無異,不勝感佩!尊撰介紹,乃辱過獎,不勝感愧!(先生小筆記本)

4 月 22 日　先生有信致冀淑英。

日前承遠道枉顧,無任感荷!頃奉手示,敬悉。

關於集部總卷以雙數爲好,鄙意總共卷數分爲三十卷,第三十卷再分上、下兩卷。三十卷之數比較容易記,鄙意將“卷三十一”改爲“卷三十下”,

原擬的"卷三十一"取消。不知尊意以爲然否?"三十"整數容易記。其它提不出什麼,排樣兩張奉繳。(《全集·書信卷·致冀淑英》,下册第 405 頁)

是日　先生有信致林公武。

日前接奉手書并大稿,拜讀再三,仰承獎飾,極爲感幸!

對於訪日一段,我謬爲修改。由於此爲書法界的大事,此事在復交之前,經周總理批准而去,與後來書家互相往來略異。同時有文學家代表團,團長爲巴金、謝冰心,同住一旅舍,余訪巴老,托其帶信回滬,與一般交往不同。我們此行,是周總理批准的,與一般出國訪問不同。我略作改動,仍請核定爲荷。

劉、陳、柯三位同志之字,尚未交卷,實因腰部酸痛,一拖再拖,不安之至。稍緩即塗呈。(《全集·書信卷·致林公武》,下册第 555 頁)

是月　《龍華烈士陵園》清明專刊發表關於先生的簡訊《高齡獻書藝,慷慨送愛心》:"這次我們陵園碑林烈士詩文書法徵稿,他老先生應邀欣然命筆,用楷書書寫方志敏烈士五絶詩一首。……書作很快寄到我們手中,并隨信囑托,稿酬不收,可由我園代爲捐贈'希望工程',并表明,如需重寫,儘可提出。短短數語,深情厚意溢於言表。"

是月　先生題簽的《霜桐野屋書畫集》(王西野繪),由福建美術出版社出版。

約是月　先生有信致毛彥文。

忙懶交并,久闕奉候,無任罪歉!

三月初念翊來信,述及印書費將列入教育基金,歸校友會管理事,她要我奉函後表示不同意見,又想傳聞之詞,不須表態,我因可能傳聞不確,故未即行函。

昨奉手書,敬悉一一。關於秉公遺集出版費,應獨立項目,不宜列入教育基金。尊意將全部費用匯交上海圖書館,極是極是,甚善甚善!現在圖書館對此工作極重視,由王世偉君實負其責。他是我的學生,年輕有爲,研究文字訓詁,能讀古書,又研究圖書館學,現任上海圖書館館務委員會副主任,忝領導班子之一。

上海圖書館新領導不久前曾訪我於京寓,快談。上海圖書館新館今年十月舉行落成典禮,要我參加,屆時吾當前往。今後的上海圖書館是立足上海、面向世界,是全國第二大圖書館。規模宏偉,將來條件一定會更好。地址即從前之霞飛路奶棚,想夫人或尚有印象。

全書出版後,原稿尚有裝潢、保管等事,俾可傳之數百年而不替。許多專業工作,非外人所得知也。龍從事圖書館六十餘年,就是考慮如何將各家稿保管印行好。

編印遺集,專款專用,直接交上海圖書館辦。有事希與王世偉君直接聯繫。日前上圖寄來樣本，印刷紙張都不錯，正文繁體字很整齊。我粗粗讀讀，校對認真，我想照此字體紙張校對，印下去（祇是外殼不雅）。第一本的編印都是生手，可能花了不少摸索的時間，他們都未經手印書的事。現改由上海書店出版社承印，該社領導人之一金良年君，調任總編，恰亦是我的學生，在古籍出版社工作多年，對秉公遺集之編印，與王世偉君定能很好合作，真是巧合，一定可以辦得更好。龍雖年邁，對印書還感興趣，自當隨時顧問其事，請夫人放心。

書款匯給上海圖書館財務王啓霞。收到後，一定入賬。印書之款，萬勿併入教育基金，免生糾葛。如出版付款事由他們負責辦理，這樣辦，明顯的不信任圖書館，弄得不好，工作停頓。①（《全集·書信卷·致毛彥文》，上冊第 227 頁）

5 月 4 日　《文匯讀書周報》發表先生《喜〈中國書法全集〉之問世》。②

余好蘇東坡書，學之數十年而未能得其奧秘，即東坡嘗言："大字難於結密而無間，小字難於寬綽而有餘。"迨自己作書，心追手摹，而無一似。蓋各人之學養境地有所不同而異致也。昔歐陽詢嘗見索靖所書碑，宿三日乃去。今日吾人有照像複印，有靜電複印，歷代名家真迹均可攝取，非前人所想象。而真迹掌握尚須閱讀臨摹，仿佛人生日常之飲食運動，皆有助於成長健康。但成長健康是日積月纍，不易覺察的，如飲食經腸胃消化而營養及於全體。書法一道亦然，欣賞碑帖，臨摹碑帖，熟能生巧，乃是自然高妙之致，而不是矯揉造作。

…………

余酷好碑帖之學，負笈燕京時，嘗隨吾師容庚先生游琉璃廠慶雲堂、墨因簃，翻簾插架，一瞬已暮色蒼蒼矣。吾鄉老輩章式子先生好金石之學，批校《語石》甚密，余得過錄一本，其樂至今難忘。

5 月 7 日　先生有信致王紹曾。

久疏音聞，正深馳念，日前接奉手書，欣悉台駕有臺北之游并事講學，想甚辛勞！

承詢菊丈影印《二十四史》時的改字問題，鄙意在當時可能是創舉，後來有人不以爲然，想亦有其理由。今將《校勘記》印出，足以備考。

當年印史之舉，不可厚非。菊丈嘗謂："早十年，諸事未備，不可也。遲廿年，物力維艱，不能也。此何幸于文化銷沉之際，得網羅僅存之本，爲古人續命，而又何不幸于甄擇既定之本尚未版行，乃嬴火橫飛，多成灰燼，是真可爲長太息者也。"這段話是菊丈爲吾所寫的《涵芬樓燼餘書錄》後序稿

---

①此信錄自底稿，信中提及上圖新領導訪先生於京寓，時間應在三月。
②此文收入《全集·文集卷》下册，題《歡呼中國書法全集之問世》，有修改，末署"一九九六年七月"。

上親筆所加之語,亦可見菊丈之心情矣！今公等將《廿四史校記》印出,以供讀者之參考,亦足以補當時所未詳,誠盛舉也。

賤軀日益衰頹,稽遲裁答,不安之至！（《全集·書信卷·致王紹曾》,上冊第 277 頁）

5月19日　《文匯報》在"大家風範"欄目,發表沈建中拍攝的先生照片。

5月21日　先生有信致林公武。

昨得手書,敬悉——。承示大著,不勝感謝！所增"此次訪問是經周總理批准的,具有特殊的歷史意義"能否刪除？因當年前往的有三四個代表團,都作爲民間往來,以不提"批准"爲好,即"此次……意義"句刪去爲妥,請酌辦。

丁先生隸書冊,甚精好,請先代道謝！龍近來身體不好,病了一個月,現仍未復原。命書之聯,迄未交卷,抱歉之至！（《全集·書信卷·致林公武》,下冊第 556 頁）

5月25日　《人民日報》（海外版）刊發林公武《典雅肅雍　渾樸凝重——淺析顧廷龍的書法藝術》。

是月　先生題簽的《現代上海大事記》（任建樹主編）,由上海辭書出版社出版。

是月　先生題簽的《詩詞曲名句辭典》（徐培均、范民聲主編）,由漢語大詞典出版社出版。

是月　先生有信致國務院古籍整理出版規劃領導小組,爲《中國古籍提要》編纂事。

日前接奉《中國古籍提要》學術顧問聘請書并編纂提綱,敬悉——。《古籍提要》是一項重要工作,有深遠意義。提要須根據一刻本寫一篇,因爲内容與刻本或有不同,如幾個不同版本寫在一篇裏,恐有叙述不清之虞。譬如宋本《金石録》有二部,不同時間、不同地點所刻。一部整潔若新,已影印行世。還有上海圖書館亦藏一部宋本,不是同一版,是潘祖蔭舊藏,有殘缺,而乾嘉名人題記甚多。所以,竊謂一部一篇。還有現在條件好,每書可附書影一二葉。（先生小筆記本）

6月5日　劉凌有信致先生,告知《施蟄存文集》近日可以出版,又爲周子美《嘉業堂鈔校本目録 天一閣藏書經見録》重版,懇請先生寫一篇新的序言。（原信）

6月16日　上午,水賚佑來京探望先生。先生提到經部小學類中有《字彙補》十二卷,爲清吳任臣撰,康熙五年彙賢齋刻本,上圖藏本,此本要注意。水離開前,與先生合影留念。（水賚佑致筆者的信;照片）

6月22日　杜澤遜與羅琳探望先生,談及東方文化事業總委員會北平人文科學研究所,先生説,他和橋川時雄很熟,橋川爲日方代表,是負責人,經常到各處去。他的漢語口語不好,所以談話時手持毛筆、墨筒,采用筆談。他對《陶淵明集》的各種版本很有研究,也有著作。人文科學研究所的目録很厚,但没有什麽好書。杜澤遜問,《四庫存目》中有些别集衹著録前集而未收後集,或衹著録文集而未及詩集,現在輯印《四庫存目叢書》,如何處理? 先生曰當然收足本,多印一些好,不要讓古書斷了綫。(杜澤遜《槐影樓筆記》)

6月29日　先生有信致上海圖書館黨委,爲上繳稿費事。

一九三二年秋,顧頡剛先生在燕京大學教授尚書學,因爲《尚書》有真僞問題、今古文問題,頗欲搜集各種不同字體的本子,彙編一書,以資探討。當時曾獲哈佛燕京學社之補助,開始工作。爲扶助刻書良工,遂由余摹寫,付諸木刻,但進行不久,而盧溝橋事變,西苑被炸,燕京震驚,家屬播遷,遂不獲安心工作。

一九三九年夏,余應聘到上海創辦合衆圖書館,《尚書》之摹刻,初尚繼續進行,未幾刻字鋪歇業,余亦以創館維艱,摹刻《尚書》遂告停頓。

一九八一年三月,上海市宣傳部楊如英同志來訪,詢及有無欲著未成之書。余即以《尚書文字合編》編輯情況告之,但當時我正擔任《中國古籍善本書目》主編,不克分身。楊同志許爲配備助手。適有孫啓治君從西北回滬,能讀古書,余擬邀來相助,楊同志許之。本館人事科主任余堅同志爲之奔走聯繫,同時各報亦刊載"中央組織部等派出調查組檢查各地知識分子工作情況,防止落實中央通知中走過場現象"(一九八二年八月十六日《解放日報》),孫啓治君遂得來館相助,又蒙國家古籍規劃小組亦予以補助。

在朱慶祚任館長時,同車上班,我曾向其彙報此事,但他認真看文件,可能没有入耳,甚爲遺憾! 當朱慶祚欲令孫啓治下崗,又承楊同志查閱當時文件《爲老專家配備助手》,此文由國務院科技幹部局、國家人事局聯合發出,孫啓治纔得留下繼續工作,協助我完成全書的編輯工作,深感黨對老專家的關懷。

此書編輯時間較長,實由吾工作不力,殊深歉疚! 此書都在黨的支持下纔能完成,不勝感幸! 所有稿費壹萬叁千元敬以黨費上繳,幸予賜收。新書出版後,由古籍出版社徑送上圖中采編,請查收爲荷! (底稿;《全集·書信卷·致上海圖書館黨委》,下册第 741 頁)

是月　先生有信致章念馳。

别忽多年,無任馳念。前奉手書,敬悉一一,疏懶未即奉復。

日前在電視中獲睹令先祖遺像,敬悉先德逝世六十周年,緬懷遺聖,思念不已! 前承函示,先德篆書册頁已在臺灣出版,聞之極爲興奮! 竊謂令先祖之篆書高雅絶倫,非書家所能企及。便中乞惠一二册,不勝盼希!(《全集·書信卷·致章念馳》,下册第 502 頁)

7月2日　潘樹廣有信致先生,附《閭邱辨囿》提要初稿,請先生審改。(潘

樹廣《顧廷龍先生二三事》,載《學林漫筆》,第 61 頁）

7月23日　先生有信致吳格。

前承寄示朱先生四體照片等,均悉。承命撰序,兹已擬一初稿呈政。此會之成立,方行同志任文化局副局長組織之。"文革"後未恢復,工作人員併入畫院。此事知者已不多,故擬一言。

您删改後退我定稿。照片等容緩奉繳(俟序文定稿後一起寄回)。

朱先生著作,日本京都東方文化研究所收得不少,尊處有全部否? 我很想把先德著述目敘入序中。竊謂印書不易,尊處所藏比日人所收如何? 復旦館如何? 上圖如何? 望兄檢閱一遍如何?（《全集·書信卷·致吳格》,下册第 621 頁）

7月29日　先生有信致上海圖書館黨委,爲上繳稿費事。

顧頡剛先生與龍合輯《尚書文字合編》一書,多經變故,經歷六十餘年,直至一九九四年冬始克竣事出版。

此書實在上海市宣傳部楊如英同志鼓勵幫助下(她是根據中央宣傳部的指示),乃克完成。又承國家古籍整理出版規劃小組列入重點項目,惠予補助。今已成書,謹呈審正(書已由古籍出版社徑送采編部)。稿費貳千元上繳黨費,請予察收,用志銘感!（《全集·書信卷·致上海圖書館黨委》,下册第 743 頁）

是日　先生有信致上海古籍出版社,爲《尚書文字合編》出版表示感謝。

接奉貴社(96)古字第 212 號大函,敬悉。此書能出版問世,皆幸貴社大力,殊深感荷! 啓動至於成書,足足經歷了六十四年,顧頡剛先生逝世亦已十有六年,而今頡剛先生遺願終於完成。

責編姜俊俊同志提出了很多好的意見,化了很大的力氣,使我們的工作自啓動直至完成,所得資料,較開始時多了不少。在編輯上考慮周至,使我獲益甚大。陳善祥同志不辭辛勞,多所建議,每通長途電話聯繫。我以老病,索居京郊,此書之能出版,皆貴社諸同志之大力,感荷之忱,匪可言宣。所有稿費壹萬叁千元,請送交上海圖書館王世偉同志收轉,我已另函聯繫。（底稿;《全集·書信卷·致上海古籍出版社》,下册第 738 頁）

7月31日　《光明日報》轉載先生《喜〈中國書法全集〉之問世》。

是月　撰《朱東潤先生書法作品選》序。

東潤先生長年執教復旦大學,精研文史,名重學林。餘事又好書法,熟習精能,各體兼擅,落筆古雅,有自然高妙之致,余素所欽敬,而未獲謀面。一九六一年秋,沈尹默先生倡建書法研究會於滬,意在探討書藝,弘揚文化,余始獲識東潤先生於成立會上。尹默先生倡議,"書法以研究爲主",衆議僉同,遂定會名爲"上海市書法篆刻研究會"。當時選舉理事七人,爲沈尹默、郭紹虞、沙彦楷、潘伯鷹、朱東潤、王个簃、顧廷龍等。其間,尹默先生成《二王法書管窺》等著述。惜爲時未久,風波驟興,研究會遂形停頓。不數年,尹默先生病逝。迨"文革"結束,研究會組織未再恢復,而當年同會諸老,相繼謝世。俯仰之間,東潤先生作古亦已數年矣,思之慨然。

近年來,得與先生孫婿吳格君時相過從,藉知其與夫人邦薇女士,對先生遺墨勤搜博采,輯録成册。兹因將付影印,囑志數語,以資紀念。龍衰邁廢學,不足以表揚先生學術書法於萬一,回首往事,聊志數語,以告讀者。(《朱東潤先生書法作品選》)

是月　爲"商務印書館建館一百周年"題詞:"創編課本,教育宏猷。廣刊百科,精心校讎。葳露藍蔓,發潛闡幽。百齡華誕,萬歲千秋。"(《商務印書館百年紀念書畫集》)

夏日　爲"上海圖書館、上海科技情報所新館落成紀念",以金文書"讀萬卷書,行萬里路"。(上海圖書館藏原件;《新館開館紀念集》)

8月1日　先生有信致宫愛東。

久未通訊,甚以爲念。今天接到您匯款通知,知道前煩代購陶白同志遺稿,乃承見惠,多謝多謝!他當年同訪日本(建交前夕),在招待會上,頗多講話,但集中一字不提。"文革"前,他住揚州,尚與我通信談藝。"文革"後遇於南京,則不講一句。今讀遺集,絶不談書法,不知何也。(《全集·書信卷·致宫愛東》,下册第576頁)

8月4日　先生有信致陳先行。

屬寫"進才圖書館"字樣,已塗就,兹寄奉審正,爲同行寫字,敬謝饋贈。姚衛大姊帶到承賜鄉珍,不勝感謝!

從前編《中國善本書目》時,在上海工作時留有卡片,希望您幫助任光亮同志裝箱運交冀大姐,以便結束。世偉來京時,吾曾托之。排印《書目》,據說今年一定完成。一九七五年十月周總理的指示,一九七六年十二月着手進行,迄今二十年矣!

大集合的工作,經歷後略有體會。吾們的《叢書綜録》,也祇當時一次,以後也不可能再來一次了。體會不必寫,寫了也無用了。一笑!(《全集·書信卷·致陳先行》,下册第604頁)

8月6日　先生有信致吳格夫婦。

前呈朱先生作品選序初稿,請兄删潤,同時請老友鄧雲鄉先生指正,昨得復信并改稿,兹特寄呈斧削。兩書題簽,當續陳。

《李方舟傳》一册拜領,謝謝!題簽隨即奉繳。(《全集·書信卷·致吳格》,下册第622頁)

8月11日　先生有信致張世林。

久未通話爲念!

前爲商務寫的紀念小文,吾背引了一句小時候所讀的教科書,今查教科書原本,吾背錯了一句,應請改爲"天地日月,山水土木",據商務光緒三十一年二月二十日四版印本。便請轉告徐先生,如須重印時希予改正爲幸!(《全集·書信卷·致張世林》,下册第 640 頁)

8月16日　先生有信致徐小蠻。

久未通信,爲念! 貴社大慶,寫了幾句慶祝之辭,可能辭不達意,煩代呈李社長審閱。

《尚書》稿費,請貴社徑送上圖黨委,我以黨費上繳,不知已否接洽? 極以爲念! 便中煩爲一問。送《尚書》的名單,我亦同時寄貴社,想亦已收到,祈您代爲探詢。

姜俊俊同志近來身體如何? 甚以爲念! 善祥兄仍上班否? 晤時希爲致意。

我近來身體欠佳,衰殆日甚! 久未與滬友通信,幸王翠蘭同志來,得悉一二。(《全集·書信卷·致徐小蠻》,下册第 515 頁)

按,先生爲"上海古籍出版社四十周年"題詞:"中華古籍,先民智慧。五千餘載,悠悠天地。國脉所循,國魂所寄。整理繼承,啓迪後世。發揚光大,開新世紀。"(《顧廷龍書法選集》)

8月19日　《人民日報》(海外版)發表王雷、馬紅健整理的《世紀之交,共話書府滄桑——任繼愈、顧廷龍二先生對話録》。

8月22日　杜澤遜探望先生,談及《四庫全書存目叢書》,先生表示編得很快,印製精美,很了不起。并説《續修四庫全書》事很久没有消息,也不知情況怎麼樣了,現在是編纂人力不够。對於《尚書文字合編》,先生非常感慨,説這是六十年前開始做的,當時没有料到工程這麼大。最初是刻板印行,後來書店散了,錢也用完了,先生又來上海,工作遂中斷。後來上級部門配備了助手,總算完成了。日文資料主要是尾崎康幫忙。有兩個日本寫本是姚文棟藏的,那是清末姚游歷日本,帶回大量日本圖書,兩大房間放得滿滿的。姚的兒子姚明輝與先生熟,將兩個日本寫本借與先生并帶到北京,其他書不久遭火焚毁,而此二卷幸免於難,最後捐給合衆圖書館。所以有些事冥冥之中注定要成,但這個項目歷經曲折最後成了,却是没有想到的,即使現在去見頡剛先生也没有遺憾了。還有一件事也辦成了,就是葉景葵先生收藏的顧祖禹《讀史方輿紀要》,前幾年由上海古籍出版社印出來了,圖書館分文未收,這是件大事。現在我要印的書都印出來了,没有什麼遺留了。先生還説了一些早年在燕京大學的往事。燕大畢業後,先生留校,因蘇州口音不能講課,洪業聘先生去圖書館,負責采購古書。那時候大小書店很多,這些書店每周送三次書來,每次都很多。先生有兩位助手,幫助登記、查對,即使書名重複,但版本不同也收。當時有一個購書委員會,由洪業、顧頡剛、鄧之誠、容庚、郭紹虞幾位先生組成,他們主張不同,研究興趣也不一樣。於是先生把書分類後請他們審,小説筆記史料送鄧之誠閲,鄧説全要;金石拓片

送容庚看,容説都好;文學書送郭紹虞審,郭則全收。而洪、顧兩位則面廣。先生
還記得,當時没有及時購下端方電稿,是很可惜的事。端方的奏稿已有刻本,但
電稿未刻,量也大,由於燕館購書經費的原因没買,但過一段時間再想買時,却
不知去向了。談到《中國古籍善本書目》,先生説開始籌備時開過兩次會,最初
想編宋元版書目,且有圖版。但先生主張收到明代,不要圖版,先搞一個目録。
這個意見被采納了。還有分類法,當時北京大學正在辦班,批判《四庫》分類法,
上海圖書館也有兩個人參與專門研究新分類法,很不好辦。先生就此問題請示
國家文物局王冶秋局長,王説新分類法我們等不及,就用《四庫》分類法。事情
就這樣拍板了。編這部書目還有一個好處,即收入書目後,書就不容易丢失了。
(杜澤遜《槐影樓筆記》)

　　8月24日　　出席在北京飯店頤園召開的《四庫全書存目叢書》子部出版慶
祝會,周一良、周紹良、冀淑英、劉乃和、楊向奎、季羨林、張岱年、啓功、俞偉超,
以及臺灣學者昌彼得、吳哲夫、陳仕華等也出席。(杜澤遜《槐影樓筆記》)

　　8月25—31日　　出席在北京召開的第六十二屆國際圖書館協會聯合會大
會。(《顧廷龍先生紀念集》,第211頁)

　　8月29日　先生有信致方行。

　　　日前接奉手書,敬悉。昨與沈君通電話,知尊體安康,爲慰!

　　　當年陳叔老得裴延九之助,印了一些東西,畫册印過兩本,一曰四家畫
册,一曰六家畫册,印數不多,上海圖書館均有之,可囑任光亮同志檢借一
閲。每人有照片,照片下有簡歷。楊无恙,常熟人,工詩擅畫,有詩出版,貧
病交困,叔老與之交契。姚茫父,名華,貴陽人,其甥鄧見寬現任教貴陽一
中學,今年來信,將爲茫父印一書,屬題簽。

　　　叔老當時印周孝懷的《清宫雜咏》僅數十本,上圖當然有之,但薄薄小
册,今不知無恙耶? 我現在感到要保存一點資料難矣哉! 例如《强學報》,
名氣甚大,没有見到實物,我從陳叔通家包書紙上發現的,叔老尊人在湖
北,所以會有此報。最可惜的柳亞子家的舊報,實在珍貴,可是不重視的人
拿來包書,之後發現,已光了。

　　　昨晚閲《解放日報》,獲讀唐公大文,妙筆生花,寫得生動活潑,可佩可
佩! 他文章提到田公(按,田家英),我記得有一次田公來上圖看尺牘,對我
們的尺牘卡片很感興趣,有作者卡片,一索即得。聽説林星垣先生還尚到
館,但未聞物色後繼之人。杞人又要憂天,可笑!

　　　我還做了一件傻事,《善本書目》結束,我請冀淑英寫一篇後記,最後同
意了,但我想要她寫的事,她不肯寫,她説没有參加,後來同意寫了。一件
什麽事呢?《善本書目》開始之時,十年動亂粗停,北大辦了兩年的改訂古
籍新分類法(破《四庫》),善本範圍怎樣,收書到何時爲止,皆賴王冶秋同志
決定的。收善本到清末,分類用《四庫》,後來還決定了字體照原書等等(我

問:"現在要改訂舊分類法,我們還用《四庫》,理由如何?"王局長説"等不及")。現在講用《四庫》好像無所謂了,"四人幫"時期,不能用《四庫》,要改造,所以冶秋之功不可没。現在寫進去了,經杜司長審閱,同意付印。(原信;《全集·書信卷·致方行》,上册第357頁)

是月　先生有信致潘樹廣,爲亢學軍撰《閒邱辨囿》提要事,寄去秀野公"行述"及"藝文"中所收著述目複印件。

　　　前奉七月二日大函,因病因事,稽復至歉! 旋又承見惠稿費(按,指《合衆圖書館叢書》提要審稿費一百元),不勝感愧! 謝謝! 以後萬勿再有所賜。

　　　關于《閒邱辨囿》一書,寒舍僅有一册,迭經變遷,不知何去。兹承亢學軍同志寫了提要,甚感! 兹從家譜中檢得秀野公"行述"及"藝文"中所收著述目,供參考。

　　　我昔寫過秀野公著述目,載香港《大公報》紀念專册,[①]找到抽印本即寄奉。

　　　亢先生均此問好不另。(潘樹廣《顧廷龍先生二三事》,載《學林漫筆》,第61頁)

是月　先生題簽的《全唐詩重出誤收考》(佟培基編撰),由陝西人民教育出版社出版。

是月　先生題簽的《健行齋文録》(李希泌撰),由書目文獻出版社出版。

是月　先生題簽的《西安歷史地圖集》(史念海主編),由西安地圖出版社出版。

9月1日　《中國文化報》"書與人"第23期刊發先生照片并介紹文字,侯藝兵攝影并撰文。

9月7日　先生有信致陽海清,并爲《中南、西南地區省、市圖書館館藏古籍稿本提要(附鈔本聯合目録)》題簽。

　　　上次在會場中匆匆一晤,未獲暢談,爲恨! 稿本提要尚是創舉,希望出版時,加些插圖,使後學增企仰之思。

　　　題簽奉正,不合可重寫。(《全集·書信卷·致陽海清》,下册第477頁)

9月11日　先生有信致陳先行。

　　　今日得手書,敬悉。東坡句查到,謝謝!

　　　屬書條目,開得很周到,但缺一條要緊關子,就是横寫、直寫? 便望見告。(《全集·書信卷·致陳先行》,下册第605頁)

9月13日　先生有信致范笑我。

①香港《大公報》紀念專册:指《大公報在港復刊三十周年紀念文集》,香港《大公報》1978年編輯出版。其中收録先生撰《顧嗣立與〈元詩選〉》。

屢承見惠《簡訊》,每期至,必條條讀,獲悉多多!

龍尚健適,但耳聾日甚,諸多不便。(《笑我販書》,第79頁)

9月15日　先生有信致李國章,談《尚書文字合編》稿費及出版王同愈遺稿事。

久未箋候,馳念良殷!

拙輯《尚書文字合編》一書,仰蒙大力,幸得出版發行,感荷隆情,曷其有極。稿費請轉交上海圖書館王世偉同志代收,想爲古籍部做點有益的事,亮蒙贊成。

尚有我外叔祖王同愈的遺稿,已交貴社,希望慨予出版。王同愈先生爲吳大澂的學生,前清光緒翰林,曾任湖北學政,工書畫詩文,没於抗戰時期。余爲輯成遺集,已交徐小蠻同志設法印行,尚祈台端俯允所請,不勝感幸之至。(《全集·書信卷·致李國章》,下册第476頁)

是日　先生有信致徐小蠻。

久未通信,無任馳念!

《尚書文字合編》稿費,請送交上海圖書館王世偉同志代收,想做一點有意義的事。贈書名單早已寄去,望與陳善祥先生接洽,如有未便,我當重開,候示祗遵。

《王同愈集》的出版,仰蒙鼎力玉成,不勝感荷之至! (《全集·書信卷·致徐小蠻》,下册第516頁)

9月17日　先生有信致陳先行。

九、九手書奉悉。你們很忙,可以想象。

屬書《清人別集總目》書籤塗呈,不知可用否?

進才字樣已否收到? 念念! 便中請姚衛同志酌給毛邊紙若干,爲盼! (《全集·書信卷·致陳先行》,下册第606頁)

是月　先生題籤的《夏文化研究論集》(中國先秦史學會、洛陽市第二文物工作隊編),由中華書局出版。

10月5日　先生有信致徐小蠻,爲撰文介紹《尚書文字合編》致謝。

節前接奉手書并撰文介紹《尚書文字合編》,拜讀再三,無任感愧! 第三頁末三行上添了數字,您看如何?《尚書文字合編》事,不是楊如英同志的鼓勵和爲配備助手,難能完成的,所以我深感楊同志。前年館裏要孫啓治下崗,聶佩華同志去訪楊同志,她説,此事是我經辦的,中央有文,孫得留下。

查志華是老朋友了,她住高安路,現在多年不見了。聽説她在理論部工作。

《王同愈集》前言已寫就,大家没有意見,我當潤色定稿了。責編請袁嘯波擔任,甚好!《王集》都屬古文,可否祗用句逗,不加引號等,我寫《尚書文字合編》前言，頗覺麻煩，您看如何？我手中尚有題跋及附錄，容即整理呈閲。

張世林已不擔任《傳統文化與現代〔文〕化》的責編，抄校稿本圖録事，要另行設法了。聽彭衛國説，他們想弄《清代刻本圖録》，抄校本圖録一時弄不起來了。

我因弄文字演變，搜集一些異體字材料，編一部《異文字典》，你若有興，我明年到上海帶給你。我還有些材料在上海，"文革"後，得到高震川同志的幫助收了一些。

現在人嘴裏版本目録、版本目録，不知道目録上的版本，不等於實物的版本，你看《續四庫》的馬王堆《周易》可知。聯想到葉公好龍的故事，所以目録上版本不一定就是你掌握的版本。所以鑒別一道很重要、很重要。我勸你多看，有暇到圖書館看抄校稿本，做記録。

《異文字典》，華師大主編《古文字詁林》的李玲璞似有意於此，他無所聞。拉雜以當面談。（《全集·書信卷·致徐小蠻》，下册第 517 頁）

10 月 10 日　　上午，在張世林的陪同下，到中國歷史博物館看吳大澂信札，共五册，先生提出將這些信札全部翻拍成照片，以備修訂增補《吳愙齋年譜》之用。又應歷博史樹青之請，當場題寫《塡定藏陶》《石鼓文新解》兩張書簽。"在場的同志看了均贊不絕口，認爲寫得太好了。而顧老却不滿意，説筆太細了，寫得不理想。寫完了字，已是中午十二點了，歷博的同志請顧老在歷博南側的一家飯館用餐，史先生等作陪。席間，顧老高興地説：'一上午看了那麼多珍貴的資料，中午又吃了這麼豐盛的午飯，很是開心。'在回家的路上，顧老對我説，剛纔的書簽沒有寫好，你把那兩本書的名字寫在我這個小本子上，等我回去後重寫，你順便給史先生打個電話，告訴他等我寄去新寫的書簽再用。"顧老還説，吳大澂的信札"在當時即爲人們所重視并加以收藏，不僅因爲他的字寫得好，更重要的是他每一個字都寫得十分認真，每一封信上都絕無潦草之筆"。（張世林《我陪顧老去歷博》，載《顧廷龍先生紀念文集》，第 46 頁）

10 月 19 日　　先生有信致徐小蠻。

《尚書文字合編》贈送事，日本高橋、尾崎幫忙甚多，不能不送。兹開地址，務請寄贈。如因郵費大，由我任擔，候示匯奉。

原擬送我三四部，現在祇有樣書一部，可否再給我一二部？交我鄰居夏復修先生代收。這樣，此書全部了結。總之，我對貴社及同人感謝不盡！（《全集·書信卷·致徐小蠻》，下册第 519 頁）

10 月 20 日　　水賚佑來京探望先生。先生談及出版上海圖書館藏尺牘、碑帖等選題，謂上圖有陳元龍日記，其中記載他見康熙帝之事，可出毛邊綫裝本。上圖有十二萬通信札，要好好利用。上圖珍藏碑帖，有《鬱孤臺法帖》《鳳墅帖》等。（水賚佑致筆者的信）

10月21日　先生有信致張世林。

前承偕赴歷博參觀,并承史館長及諸同志優渥接待,獲睹憲齋手札,皆所未見,不勝感荷!

劉彤彤〈童童〉君囑寫書簽,兹已塗就,不足入法家之目,敬煩轉致。

承歷博惠贈《小莽蒼蒼齋藏清代學者法書選集》一書,皆屬精品,極爲可愛。展讀多回,愛不忍釋。回憶某年田公曾來滬展觀上圖所藏清人尺牘,敝處藏札,人立一卡,以寄信人姓名排列,仿叢書子目卡的做法,頗承田公贊賞,惜未多多請益耳!

樹青館長已多年不見,承其在百忙中殷殷接待,不勝感荷之至!(《全集·書信卷·致張世林》,下册第641頁)

10月24日　先生有信致范笑我,謂"囑寫館牌,塗呈教正"。"館牌"者,"嘉興市圖書館"。(《笑我販書》,第85頁)

10月31日　《新民晚報》發表范敬宜《一張名片五十年》的文章,回憶他持王謇(佩諍)的介紹名片,去合衆圖書館見先生的故事。

是月　先生有信致聶佩華。

《尚書文字合編》今能問世,皆您與楊大姐扶持之力,否則必爲僉壬所毀!現在已成書發售矣,感謝感謝!此書時間較長,跨逾六十年,但所得不同版本較多,亦甚難得。《讀史方輿紀要稿本》亦賴您大力主持印行,錢穆先生引爲終身遺憾,倘其有知,亦必稱快幸矣!(先生小筆記本)

是月　爲老舍《駱駝祥子》手稿出版篆題:"血淚千秋。《駱駝祥子》手稿歷劫不磨,欣將出版,率題志喜。"(原書)

是月　先生題簽的《甲骨金文與古史新探》(蔡運章撰),由中國社會科學出版社出版。

是月　先生題簽的《宋元明清十三經注疏匯要》(中央黨校出版社傳統文化研究組編),由中共中央黨校出版社出版。

11月1日　徐小蠻有信致先生,就《〈中國古籍善本書目〉編纂經過與思考》一文所擬題綱,徵求先生意見。(原信)

11月5日　先生有信致袁嘯波。

昨奉手書,敬悉王同愈遺集已承貴社同意出版,并請台端主其事,不勝感幸!遺集四種,以并列爲好,詩文不作附錄。此老法體例,乞諒。(《全集·書信卷·致袁嘯波》,下册第706頁)

11月10日　先生有信致陳燮君。

新館落成在即,并將舉行各種活動,可喜可賀!楊泰偉、孫幼麗兩同志降舍,謂將爲鄙人拙書舉辦展覽,曷勝感幸!屆時當前面謝!

承賜照片,均已收到,不勝感謝!又及。(《全集·書信卷·致陳燮君》,下册第611頁)

11月上旬　楊泰偉、孫幼麗去北京探望先生。(11月10日致陳燮君信;《顧廷龍先生紀念集》,第213頁)

11月11日　先生有信致李文。

一昨接奉手書,敬悉一一。上海換班,您是頭一個傳來消息,謝謝!

您爲吾寫了一篇文章,謝謝! 合衆實亦抗日之産物。東方圖書館被日軍炸毀,合衆實欲繼起,我們從"空無一物,空無一人"做起,到捐獻人民政府是卅萬册,基本上都編出書本目録。你那年寫了一篇,没給你發表,恐遭人之忌,你看看紀念册,我的照片如何排列即可知道。

上海圖書館與情報所合併,太好了,太理想了,那麽上海圖書館與北京圖書館分峙南北。《全集·書信卷·致李文》,下册第468頁)

11月13日　《人民日報》總編輯范敬宜有信致先生,爲請啓功題簽并求先生墨寶事。

日前上海圖書館楊泰偉來訪,以請啓功先生爲尊書展覽及書法選集題簽之事相托。經聯絡之後,啓老欣然命筆,原件次日即交楊君携滬,現將啓老題字影本及來信寄上,請覽。

晚渴望墨寶已五十年,近時有暇,盼賜數字以遂夙願。本報副總編輯周瑞金,原爲上海《解放日報》社長,亦乞書,賜款"瑞金"。如蒙俯允,則銘感萬分。(原信)

11月14日　先生有信致林公武。

久未奉函,時以爲念! 前屬爲三同志作字,兹已塗就,敬奉哂正。

我館將爲鄙人舉辦書法展覽,拙字無足觀,祇以現任館領導之雅意,不敢辭。現由楊泰偉同志前來聯繫,幸予大力支持。(《全集·書信卷·致林公武》,下册第557頁)

11月29日　先生有信致李國慶。

久未通信,甚以爲念! 昨接手書,敬悉一一。

屬書書簽,頃已塗就,敬奉指教。如有不合,儘可重寫。

《水經注》[①]已出版,甚慰甚慰! 曾聞友人言劉同志將以見惠,想不久當能示讀。

上海圖書館新屋落成,年内要開幕,龍將往祝賀! (《全集·書信卷·致李國慶》,下册第666頁)

11月30日　王徵來,求書"盛宣懷文件案""盛宣懷研究中心""盛宫保集團有限公司"。(先生小筆記本)

11月下旬　沈津自美返滬,兩天後去北京,在沈錫麟陪同下,專程探望先生。沈津對先生說:"我們師生之間確實是有緣份的。六十年前,您在北平燕京

———————————

①《水經注》:指《全祖望校水經注稿本合編》,1996年全國圖書館文獻縮微複製中心出版。

大學,曾作爲美國哈佛大學哈佛燕京圖書館駐平采訪處主任,爲哈佛燕京館的藏
書建設打下了基礎;六十年後,我却在哈佛燕京館司理古籍善本之職,這絕對不
是巧合,難道這不是緣嗎？"先生笑了,他説了一些和哈佛燕京第一任館長裘開
明先生以及洪業先生交往的事,他還表示,1989 年去美國參加"全美中文善本書
聯合目録國際顧問會議"時没有去哈佛燕京館參觀訪問,十分遺憾。(沈津《學術
事功俱隆,文章道德并富》,載《顧廷龍先生紀念文集》,第 73 頁)

　　是月　爲《人物》一百期題寫清人趙翼句:"江山代有才人出,各領風騷數百
年。"(《人物》1996 年第 6 期)

　　是月　先生題簽的《1861—1949　中文報紙縮微品目録(二)》(全國圖書
館文獻縮微複製中心編),由中國標準出版社出版。

　　是月　先生題簽的《中國歷史之謎》(李培棟主編),由上海辭書出版社
出版。

　　是月　先生題簽的《夢與人生》(李天雄、天泉撰),由四川文藝出版社出版。

　　是月　先生題簽的《館藏精選》(上海圖書館、上海科學技術情報研究所
編),由上海科學技術文獻出版社出版。

12 月 4 日　《書法報》發表林公武、張善文《典雅渾樸,學者風姿——顧廷
龍書法藝術淺論》。

12 月 12 日　先生有信致吳織。

　　　　上圖新館落成,我要來滬,館裏又爲我的書法開一展覽。我不住家
裏,怕冷。我準備到你家裏去拜訪,你不要來看我。沈津會參加開幕,可晤
見的。

　　　　聶佩華大姐在滬否？我到上海後亦想去看她。(原信)

12 月 13 日　書毛澤東詞《念奴嬌·井岡山》。(《顧廷龍書法展特刊》,第
33 頁)

12 月 16 日　在顧誦芬陪同下回上海。(《顧廷龍先生紀念集》,第 214 頁)

12 月 18 日　《新民晚報》發表林偉平《舉重若輕話滄桑——訪文化老人顧
廷龍》。

12 月 19 日　《文匯報》發表王大象、施宣圓《老館長圓夢——訪上圖名譽
館長顧廷龍先生》。

12 月 20 日　上海圖書館舉行新館開館典禮,先生在誦芬陪同下出席盛典。
慶典儀式上,上海市委書記黃菊、市長徐匡迪等與先生親切握手。上海圖書館、
上海科學技術情報研究所爲先生頒發榮譽證書:"祝賀您從事館所工作三十周
年,特發此證。"(《顧廷龍先生紀念文集》内封照片;原件)

　　是日　下午三時,聶佩華、吳織、沈津去招待所探望先生。晚,上海圖書館
舉行宴會,歡迎各方嘉賓。沈津坐在先生右側,先生詢問了美國東亞圖書館藏書
及沈津的工作、研究和寫作等情況。晚飯後,裴先白來看望先生。(沈津的回憶)

是日　《新民晚報》以《上海圖書館新館推出第一個展覽——顧廷龍書法作品古樸典雅》爲題，報道先生書法展的消息，又發表杜宣《記顧廷龍先生》。

12月20—22日　中國書法家協會、上海書法家協會與上海圖書館在新館一樓展廳舉辦"顧廷龍書法展"，并出版《顧廷龍書法選集》。數百平方米的展廳裏，展示了先生真、草、隸、篆各體佳作百餘幅，時間跨度六十年，中堂、立軸、横披、手卷、册頁、扇面、題簽、尺牘、題跋、區額、碑文俱備。（《顧廷龍先生紀念集》，第217頁）

12月21日　《文匯報》發表張立行《顧廷龍書法展舉行》的消息。

是日　《勞動報》發表楊泰偉《顧廷龍書法展昨日揭幕》的消息。

12月22日　下午，上海書法家協會、上海圖書館在豫園綺藻堂召開"顧廷龍學術成就暨書法藝術研討會"，先生出席。與會者三十多人，杜宣、陳燮君、方行、丁景唐、唐振常、鄧雲鄉、張森、林公武、王世偉等發言。杜宣説："顧老是我們的前輩，根據古代的説法，十年是一代，他整整長我一代。對他，我一直懷有仰慕之情，真所謂'高山仰止'，尤其是他的爲人，很值得敬重，在他身上，我看到了中國知識分子的很多優點，都集中地體現了出來，像恬淡、不求名利，孜孜不倦地做學問，一如謙謙君子。他的書法很嚴謹，實實在在，没有火氣，很有功力，看起來很舒服，不像有些人的字劍拔弩張，讓人看了睡不着覺。總之，從顧老的人品到學術成就，乃至書法藝術，歸根到底一句話，即'文如其人、字如其人'。"張森説："我對顧老很敬重，特別喜歡顧老的字，我很少向別人開口求字畫，但對顧老的字很偏愛，便終於向他求了墨寶。所謂'字如其人'，字，代表一個人的修養、學識，是一點也没辦法僞裝的。現在有些人，一拿毛筆就是書法家，很可笑。回頭看顧老，他這個人很静，很淡泊，你看看他寫字一畫一畫好像没什麽，但要是没有這麼多的修養是寫不出來的。我家裏挂的四幅書法作品中就有顧老一幅，另外三幅是王蘧常、林散之、謝稚柳，其他的我都不挂。"（楊泰偉《寬厚凝重獨領風騷——顧廷龍和他的書法藝術》，載《顧廷龍先生紀念集》，第85頁；《顧廷龍先生紀念文集》内封照片；包萍俊《顧廷龍學術成就暨書法藝術研討會在上海召開》，載《書法導報》1997年1月8日）

12月23日　晚，方行在圓明講堂請吃素齋，先生和顧誦芬以及北京、南京、甘肅等圖書館的負責人都到了，吳織、徐小蠻、沈津也出席。餐後合影留念。（沈津《學術事功俱隆，文章道德并富》，載《顧廷龍先生紀念文集》，第73頁；沈津的回憶）

12月25日　先生返京。（《顧廷龍先生紀念集》，第214頁）

在滬期間，汪道涵至賓館看望先生。上海市委領導陳至立、龔學平、金炳華也來探望先生并合影留念。又在誦芬陪同下，訪問了上海交通大學，在陳虞卿烈士紀念碑前留影。先生早年曾就讀于上海南洋大學（上海交通大學前身）機械系，與陳虞卿爲室友，陳在五卅游行中被老閘捕房巡警殺害。（《顧廷龍先生紀念

集》,第219、221頁;《顧廷龍先生紀念文集》内封照片)

12月26日　《勞動報》發表林公武《書林中之諸葛孔明——讀顧廷龍先生九三壽辰照有感》。

12月27日　《新民晚報》發表沈津《賀顧師廷龍先生書法展》。詩云:"文心鳥篆盡雕龍,筆底揚雲步坡公。翰墨廷天誰與共,喜我花桃仰高風。"

12月29日　《新民晚報》發表王世偉《顧廷龍老館長與古籍整理》。

是月　先生題簽的《朱東潤先生書法作品選》,由上海書畫出版社出版。

是月　《顧廷龍書法選集》出版,啓功題簽,王元化作序。序云:

起潛先生以其近日法書展出作品若干幀,裒爲一册,遠道見示。金聲玉振,大雅之作矣! 先生乃吾國當代圖書事業之開山人物,早年于艱厄苦困之際,與張菊生、葉揆初先生創辦合衆圖書館,集涓涓之水滴,匯爲百川之美富,視今日滬上之圖書館,以一千萬册之縹緗縑素,躋身爲世界一流名館,先生願力之大、功業之巨,世人皆爲之仰止。又吾國藏書事業家,實有一優良之傳統,即于庋藏圖籍之際,又校勘鈔寫,刻印刊布,編訂目録,有功于竹簡韋編、牙簽錦軸,如盧文弨、鮑廷博、黄丕烈諸人是也。觀先生所整理編定刊布之古籍,諸如《四當齋書目》《海鹽張氏涉園》《番禺葉氏遐庵》,以及《合衆圖書館叢刊》《中國古籍善本書目》《讀史方輿紀要》等,無量之珍本秘籍,爲千萬化身,先生之有功于古籍,奄有前人之長而更博。然先生更于貫穿六籍百氏、區別品類、甲乙部居之際,又染翰臨池,手鈔縑易,數十年冥心窮討法書之道。然則先生書藝之美,更非盧、鮑、黄諸家之所能侔矣。吾于先生法書之學,特以"雅量"一語品題之。《世説·雅量篇》云:謝太傅盤桓東山,時與諸名士泛海戲。風起浪涌,諸人失色,便唱使還。太傅神懷方王,吟嘯不言。風轉急浪猛,太傅更貌閑意悦。于是審其雅量可以鎮定天下。雅量之美,淳厚渾穆,神明内斂,氣静機圓,書林中之諸葛孔明、謝太傅是也。雅量之美,談何容易! 融厚植之學養、博洽之聞見、清澄之心地、沉着之幹才于一爐,全幅人格之呈顯,即《禮記》所云:"清明在躬,志氣如神。"起潛先生將刊其書法集,屬弁其端,因略説先生之人品與書道之關係,以見先生之成就,蓋于文字之外有大者存焉,豈惟區區之私見之爾。(《顧廷龍書法選集·起潛先生書法選集序》)

《編後記》云:

顧廷龍先生爲我國當代著名學者,尤擅書法,真、草、隸、篆無所不精,榜書、蠅頭小楷更見功力,其書法獨具神韵,名重海内外,堪稱一代大家。觀其書,處處洋溢着金石之氣、學者之風,且作品形式多樣,尺牘、題跋、匾額、題簽、碑文、中堂、立軸、横披、册頁、扇面皆涉,使人賞心悦目。本書法選集精選顧廷龍先生一九三六年至一九九六年十一月之間的書法作品共計一百零五件,按年代順序排列。(《顧廷龍書法選集·編後記》)

　　是月　在給王元化的《顧廷龍書法選集》上題:"元化同志爲拙字寵錫序文,鼓勵備至,實深感愧。謹呈印本,乞予教誨。"在給楊泰偉的書上題:"泰偉吾兄爲拙書搜集景印,頗費心力,感荷莫名,書此至感。"(先生小筆記本)

　　是月　先生題籤的《天津市圖書館志》(天津市圖書館志編修委員會編),由天津人民出版社出版。

　　是年　爲《新館開館紀念集》《書話掇英——中外讀書語録集錦》題籤(上海圖書館、上海科學技術情報研究所編印出版)。

　　是年　李希泌有信致先生,請爲北京圖書館《文獻》題詞。先生很快寄來題詞草稿:"文獻創刊,十六星霜。念尼父無徵之嘆,有志發揚。兢兢業業,爲史學爭光。是非顯學,甘於韞藏。雪抄露纂,不辭繁忙。再接再厲,日益輝煌。"并復信云:

　　　　許久不晤,甚以爲念!

　　　　昨奉手書,敬悉——。《文獻》創刊時是一位陸同志常與我聯繫,後來他就離開了,忽忽十六年了。屬書數語,爲同志們鼓氣,兹先寫數語奉正。我寫幾句頌贊,恐不妥當,請先斧正。我喜歡《孔子家語》的話,凑起來的。

　　　　我原想寫解放後,外地運滬作紙漿之廢紙中搶救到宋本二種、太平天國時契券等,這事是文物局、華東文化部、上海文管會領導下進行的。例如現在大家重視家譜,大量的後歸上海圖書館,"文革"搬動一再,略有損失,今上海市領導撥款整理,喜事也。我也參加過從外地運來廢紙搶出不少可貴圖書資料,雖則以前發表過文章,人皆不知了,意以爲何如?

　　　　可惜住太遠了,不克面談,聽覺較差,不克電談。

　　　　拙稿斧正後,擲下清繕。(李希泌《聆公一席話　勝讀十年書——深切緬懷顧廷龍先生》,載《顧廷龍先生紀念文集》,第 34 頁)

　　是年　先生在"《中國書法全集》與藝術史研究學者座談會"上發言。

　　　　我特別喜歡蘇東坡的書法,因而對其中的蘇東坡分卷看得很仔細,總的感覺是材料豐富翔實,見解深刻獨到。從諸如評傳、考釋、年表等的編撰中,可以想象到主編者的認真程度和研究深度,參考了那麽多的書籍與資料,真不容易!對一般人來说,要欣賞或看懂蘇東坡的書法很難,現在《全集》中每件蘇氏的作品,都有相應的、詳細的説明與欣賞文字,入門就容易多了。(《全集·文集卷·體大思精　任重道遠——在中國書法全集與藝術史研究學者座談會上的發言》,下册第 657 頁)

　　是年　爲董壽琪篆書"聞雞起舞"。(《顧廷龍先生紀念文集》,第 111 頁)

　　是年　爲《中國館藏日人漢文書目》題籤(王寶平主編,1997 年杭州大學出版社出版)。

　　是年　爲《千古寶玉——杜心藏玉集》題籤(上海市寶玉石協會編,1997 年上海遠東出版社出版)。

是年　爲《太谷學派遺書》題簽（方寶川編，1997 年江蘇廣陵古籍刻印社出版）。

**是年**

1 月 21 日　顧翼東去世，93 歲。

11 月 10 日　周谷城去世，99 歲。

# 1997年　94歳

1月12日　《文匯報》發表周瑞金《總編輯與書法大師》,記述上海圖書館爲籌辦先生書法展,托《人民日報》總編輯范敬宜向啓功請題書展名及《顧廷龍書法選集》書簽事。

1月15日　中共中央政治局常委、全國人大常委會委員長喬石和夫人郁文等一行視察上海圖書館。當喬石在古籍閱覽室看到電腦屏幕上的古籍原文能縮小放大時,他説,毛澤東晚年看書時要看大字本,現在有了這電腦,老年人閱讀方便多了。又説,毛澤東看的書中,有一些是顧廷龍題寫封面的,有一次,毛指着一本書的封面説,這個字不是顧廷龍寫的。説明他對顧廷龍的字體十分熟悉和欣賞。(王鶴鳴《黨和國家領導人對上海圖書館新館的關愛》,載《波瀾壯闊三十年》,上册第76頁)

是月　先生題簽的《異體字字典》(李圃主編),由學林出版社出版。

約是月　先生有信致紹興文管會朱雲珍。

前以舉辦鄙人書展,曾由楊泰偉君前來借展拙書壹件,爲蘭亭書會時所寫。不意在還件之時,尊處壹軸在火車上遺失,迄未找到,實深皇愧。此事應如何辦理之處,乞予指示爲幸!(先生小筆記本)

2月6日　除夕,跋商承祚藏矛拓片。

此矛爲商錫永先生所藏。一九三一年夏,予負笈燕京,寓頡剛家。時錫永任教清華,每周來郊外,宿於此。希白師亦來,四人談笑揮灑,殊足樂也。今三君皆古人矣,予亦頹然一老,檢閱此拓,不勝唏噓,即以移贈吾高橋智同學留念。一九九七年除夕,顧廷龍,時年九十四。(原件;《全集·文集卷·跋商承祚藏矛拓片》,上册第510頁)

2月9日　先生有信致陳燮君。

屬書"上海地鐵文化藝術長廊"數字,并不麻煩,但是寫不好。現在我自選一張,寄請審正,不知可用否?簽名可不要,我寫了一條,如果要,省來信了。

我近來記憶力很差,有事請通知,如忘了,請催。(《全集·書信卷·致陳燮君》,下册第612頁)

2月12日　沈津有信致先生。

上月24日曾托朋友返回大陸時寄出之信,想已達覽。北京過年的情景,我已在這兒的東方電視臺播出的節目中見到,想先生全家也團聚一堂,樂意融融。我遠在大洋彼岸,遥祝先生健康、長壽。先生健康,乃學術界之福,而先生的淡泊名利、寧静致遠、頤養情性、仁愛寬厚,都是我們做學生的要去攀求的,我一直記得先生教導我的對人要寬厚,要大器晚成的道理。

波士頓的華人過春節,并没有熱鬧的氣氛。燕京館的中國人甚多,年初一晚上下班後,館中同仁包括美國人同事共51人,都在中國餐館聚餐,席開五桌,自己帶酒,倒也盡興。大陸的春節聯歡會,這兒播了二次,我都没有時間看。

我爲燕京寫的《善本書志》,看來會在上海辭書出版社出,一方面他們甚爲積極,另外要的補貼也較别家要少,他們要八千美金。估計這本《書志》150萬字左右,900頁。昨天,我和吴文津先生討論了《書志》的有關細節,其中書名的題簽一事,能否請先生賜題,即作爲燕京館"書目叢刊"第六種。《書志》的名稱是"美國哈佛大學哈佛燕京圖書館中文善本書志",後面還請寫上"九四老人……",先生如便中題就,請即擲下。

并問誦芬先生全家好。(原信)

是月　先生有信致上海第一八佰伴有限公司。

我曾於前年冬,由宣森同志賜介紹的,曾以我的書法作品六十幅交給貴公司出售,但未經售去者尚多。去冬,我因舉辦個人書法展覽(去年十二月,由上海圖書館和中國書法家協會、上海書法家協會聯合主辦,在上海圖書館展覽廳舉行),原存尊處的寫件,由上海圖書館楊泰偉、孫幼麗二同志前來貴公司,將我的部分作品(共計三十四件)領回參加展出。現在展覽會已經結束,我準備將原存於貴公司的三十四件作品全部捐獻給上海圖書館,至於貴公司已售去的部分作品,該款即歸貴公司所有,不需結算。如蒙同意,作此了結。

此事我委托上海圖書館王世偉、楊泰偉、孫幼麗同志全權辦理,望查照。(《全集·書信卷·致八佰伴有限公司》,下册第739頁)

3月4日　先生有信致張世林。

你到芝加哥圖書館,可請馬泰來給你看看他們珍藏的《四庫》底本。將來集國内外所藏,編一部《四庫底本叢書》。(《全集·書信卷·致張世林》,下册第642頁)

3月16日　先生有信致陳燮君。

奉手書,敬悉。書件塗呈,尚祈指教。

此次書展,全仗大力,深爲感荷!展覽時有意見簿,我曾看到馬飛海同志寫有一段意見,頗思複印一份。我與馬飛海同志在建國初常在一起開會,頗相得,自我移居京郊,遂少聯繫。拜托拜托!(《全集·書信卷·致陳燮君》,下册第613頁)

3月26日　《新民晚報》發表鄧雲鄉《父子學人》,介紹先生及顧誦芬。

3月29日　先生有信致李國慶。

奉書敬悉。承惠袁世凱爲吳大澂開復原官文件,昔所未見,不勝感謝!

命題書簽,衰年塗鴉,不知可用否? 敬奉審正。(《全集·書信卷·致李國慶》,下册第667頁)

3月30日　先生有信致陳燮君。

拜讀大著,辱荷獎飾,感愧莫名! 材料之搜集,詳盡之至,不勝知己之感! 張政烺先生語我祇記得刊在天津《益世報·史地周刊》,吾久想托人往徐家匯庫中一查,疏懶久未函托,而今兄盡言及之,感幸何如!

命書字樣,塗呈雅正。(《全集·書信卷·致陳燮君》,下册第614頁)

是月　爲《吳豐培邊事題跋集》作序。

余於一九三二年夏負笈燕京大學,從事《吳愙齋先生年譜》之輯録,時往大高殿檢閲清代軍機處檔案。……幸蒙燕紹先生之教導,獲益甚多。其後顧頡剛先生創辦禹貢學會,編輯出版《禹貢》半月刊,得與豐培兄過從較密。豐培爲燕紹先生之哲嗣,克傳家學,發起編輯《邊疆叢書》。(《全集·文集卷·吳豐培邊事題跋集序》,下册第893頁)

是月　書"都復西平相,人膺北海尊。丁丑二月,顧廷龍于京郊"。(中貿聖佳國際拍賣有限公司2011年春季藝術品拍賣會)

約是月　爲上海博物館新館開幕題詞。

皇皇華厦,矻立滬濱。歷史文物,千古奇珍。昔無今有,久屈得伸。載歌載舞,聞見及身。上海博物館新館開幕之喜,余嘗目覩其經始草創,乃至今日之輝煌美富,率書蕪詞,藉申祝賀。丁丑春日,顧廷龍,時年九十四。(《顧廷龍先生紀念集》,第223頁)

4月6日　先生有信致陳燮君。

我的字爲整理古籍的須要,不够書法家。承詢我學字經過,見另紙。寫不出什麽,聊供參考。

吳大澂寫刻的碑記,湖帆裝裱成册,送給我館。

我接到一個通知,説六月三十日—七月二日在上海圖書館隆重舉辦慶賀香港回歸展覽,書寫内容是否要慶賀回歸的詩詞? 便望一問。又及。

一、我寫篆字,長期學習是臨摹金文。清人的篆書是愛錢坫、吳大澂。錢的小篆平正中有創新,吳則參金文爲多,他寫信用篆書,極優美,有商務景印本。

二、我爲研究古文字學,而學寫篆書的。

三、我學篆得到吳大澂之孫吳湖帆的教導爲多,看到他的寫篆書的過程。吳大澂寫的碑記拓本,湖帆裝裱後送給我館一套,藏古籍組。

四、我爲愛好篆書而研究古文字學,編著了《古陶文香録》。

五、寫篆書要按規律,不能杜撰。

六、臨摹金文爲多。金文中我愛寫《虢季子白盤》《墻盤》《秦公鑄》等。

　　七、隸書則喜臨《石門頌》。

　　八、楷書喜臨敦煌寫經等。三十年代來京，錢玄同、劉復兩先生都喜寫六朝寫經體。我亦頗愛好，因此也學過一個時期。(《全集·書信卷·致陳燮君》，下冊第615頁)

**4月7日　高橋智有信致先生。**

　　幾月無聯繫，先生想都爲好。將春天來，北京氣候又越來暖和，天天如何，不感冒呼？最近智寄奉一冊新出版本，敝所藏品蒐選已收否？請笑納，謝謝。

　　關于中國刊本之著錄，是不是有錯，因不一定智寫的，所以未反映先生教智的成果。智著錄的是經部、集部之日本古刊、古鈔本，又日本儒家安井息軒之稿本。以後智想繼續寫日本所在中國刻本和鈔本之解題，因此還有很多事情請教先生，多多御指教，就智很高興了。

　　智近日有關心清末韓應陛之藏書，讀過了封文權所編《讀有用書齋書目》八卷，查調各書之現藏。智在滬念書時，在上圖看到《孟子注疏》汲古閣抄本裏的韓氏手跋，又先生教過封文權之集之板木被蟲損壞，又有校訂印本。智想起來幾多事情，很有意思。韓氏之書，大都是黃丕烈舊藏，精刊、精寫之逸品，現藏據查北圖、臺北中央圖爲最多，上圖次之，不知何處的書亦居多。他的藏書到底怎麽流傳，後到現在哪，請教其始末。同封之複印，是臺北"中央圖"影印，他所藏又手跋之一部，請看看中國藏書家之精刻本與其精核之考證，以可證明得了。

　　劉慶雲先生，上海電視臺記者，今在日本，他很想介紹先生與《古籍善本書目》。……後怎麽樣，還不知道。但智也想有機[會]肯定介紹《中國古籍善本書目》之偉業，又繼承這種樸學之傳統。(原信)

**4月10日　先生有信致陳燮君。**

　　前接上海藝術發展基金理事會來信，要我寫字。我寫了四句，不知可用否？信上有在上海圖書館舉辦慶賀香港回歸書畫展覽，我寫的字是否合式，請您先審閱一下，如不式，當重寫。如何之處，請代爲處理。(《全集·書信卷·致陳燮君》，下冊第617頁)

**4月14日　先生有信致傅璇琮。**

　　示目已拜讀再三，無可獻替。茲勉注數條，聊供參考。

　　開會有期，接通知，自當出席。復頌著安！

　　此信閣置未寄，耄昏忘發。乞諒。(《全集·書信卷·致傅璇琮》，下冊第453頁)

**4月16日　先生有信致傅璇琮。**

　　子部"儒家類"，拜讀一過，謬查各目，略加數種，聊供參考。不當之處，

尚祈亮察！（《全集·書信卷·致傅璇琮》，下册第454頁）

4月22日　先生有信致方行。

上次到滬參加上圖新館開幕，又到上博參觀，喜幸無似！公實奠基之人。……關於書展，我向不欲舉辦。自四館合併以後，每有紀念活動，必有同志提出要爲我辦一展覽。……此次陳燮君館長之熱心，到舍要我寫字，他說要開展覽。我寫了一張。後楊泰偉君來京要字，説明真的要辦。我就寫了數張，居然借了不少，開成了。元化同志寫了序，馬飛海同志在意見簿上寫了一段贊揚之詞，我當時没有複印，可惜可惜（最近陳燮君館長通信，我托其一找）。

我近來耳聾日甚，我參觀上博，有一同志要我寫字，我回京即寫寄，我以爲爲上博寫，不知道中日書展。我寫了寄馬館長審閱，辦展覽的女同志來電話催，已寄馬館長審閱，後來不知如何，不要重寫即可。女同志姓名不詳，來電話，我聽不準，請人代聽，折扣不小。衰老情狀如此，亦可笑也。

我記得没爲公寫過字，兹特補寫對一副，聊供一笑！（原信；《全集·書信卷·致方行》，上册第350頁）

4月23日　先生有信致林公武，談《顧廷龍書法展特刊》事。

日前接十八手書，敬悉。先有一函亦收到。諸公盛意，爲吾書展大費心力，感何可言！《特刊》編好後，藏於家，或藏於館，千萬不要付印，至爲盼禱！民國時代達官貴人辦了壽事，往往編印《壽言》，但保存至今者很少。昔上海有個猶太富商哈同生日，優酬徵文，印成一套，名《戩壽堂……》，可謂隆重，但今有幾人知之？諸公熱情，辛苦辦了書展，今又欲編印開會發言，至不敢當！這次書展，一切結束吧！開會發言，如有編集，可付誦芬保存，謝謝。諸公盛意，感荷不盡！

外間對書展評論如何？有所聞否？（《全集·書信卷·致林公武》，下册第558頁）

4月26日　水賚佑來訪。先生談及三十年代在燕京大學圖書館收書事，當時有五位先生喜歡買書，容庚專買金石書，洪業買版本及歷史書，鄧之誠買明清之際的歷史書，郭紹虞買文學書，顧頡剛買各種書籍，較爲廣泛。最初北平有四五家書鋪，每周三次送書到燕京館，後來祇要有書隨時都送，如滿人日記、稿本等。還說到長樂路書庫中有熊希齡的一批信，于爲剛知道放在何處，這批信不能分開，也没有人看過。此外還有梁啓超的一百多封信。（水賚佑致筆者的信）

是月　張善文撰《謙謙長者的勉學之情——記與顧廷龍先生的一次會晤》。（《顧廷龍書法展特刊》，第25頁）

是月　韓天衡撰《是明月，是山泉》，談先生的書法與人格。

顧老是我理念中的明月、山泉。說他是明月，是因爲明月似乎離我們總有一大段距離，卻又毫不吝惜地給我們儘可能多的光亮，這光亮不至於灼人,不需要代價,總是一派和煦,伴之以淡柔的溫馨;説他是山泉,是因爲山泉極盡所能地、無私地付出其所有,把一無渣滓的清純和甘冽全部獻給了時代,獻給了社會,獻給了我們! 我對尊敬的顧老素來如是觀。(韓天衡《韓天衡談藝録》,第449頁)

是月　先生有信致楊泰偉。

三月廿二日手書敬悉。命書師德款立軸一幅塗呈。我有幾件事奉詢,乞賜答。

一、遺失蘭亭的字,你去紹興後,如何解決? 其它借件均還清否?

二、來信要出《書法展覽特刊》,千萬不要出,出是大大的浪費。材料裝訂成册交館,按一般圖書處理。如故要出版,浪費人力、物力,真是罪大惡極。

三、豫園會發言有録音,沈同志又有記録,語皆贊詞,萬萬不可印。

四、爲我辦書展,甚感熱心,爲日已久,快快結束,萬弗拖延。一乾二净,切勿拖泥帶水。

五、希望你早日寫一總結報告。

此次爲鄙人舉辦書展,頗費辛勞,銘感無既! 今告結束,特此鳴謝!

(《全集·書信卷·致楊泰偉》,下册第623頁)

是月　先生題簽的《龍華碑苑》(李永貴主編),由紅旗出版社出版。

是月　先生題簽的《中國火灾大典》(李采芹主編),由上海科學技術出版社出版。

是月　爲安徽省黄山市徽州區園林檀干園題寫園名,取《詩經》"坎坎伐檀兮,置之河之干兮"意。(張和敬《徽州訪古》,第34頁)

是月　《群言》第4期發表張世林《忘年交》,回憶與先生交往的經歷。

5月1日　林公武撰《顧廷龍書法展特刊》弁言。

顧廷龍先生是當代德高望重的老一輩著名學者。他於歷史文獻學、古文字學、版本目録學、古籍校勘學、圖書館學等學術研究,盛稱於世,人所共仰。例如:三十年代撰成的《古陶文香録》,是我國第一部陶文字典;四十年代與潘景鄭先生合編的《明代版本圖録初稿》,填補了明版研究的空白;五十年代至九十年代主編的三部巨著《中國叢書綜録》《中國古籍善本書目》《續修四庫全書》,被譽爲有史以來在古籍整理方面規模最宏偉的文化工程;一九九六年出版的《尚書文字合編》,是與顧頡剛先生於三十年代着手編輯的,歷經六十五年,是目前最系統、最齊全的《尚書》文字資料合集,爲研究這部在歷史上聚訟已久的經籍,提供了豐富的文獻資料。顧老爲學博大精深,著述甚豐,尤長於版本目録學與古籍整理,成績巨大,爲學術界公認的版本目録學權威。更值得欽佩的是,顧老傾其畢生精力獻身於圖書館事業,業績卓著,是我國現代圖書館事業的老一輩創始人之一。

⋯⋯⋯⋯⋯⋯

　　顧老從小就開始練字,情鍾於書法藝術八十餘年,於篆書、隷書、楷書、行書諸體各造其精,自成風格,尤其是金文、蠅頭小楷堪稱獨步當代書壇。但他虛懷若谷,説自己不是書法家,更不是什麽書法大家,僅是圖書館事業家,之所以習書,乃出於工作與事業的需要。事實的確如此,顧老愛好書法,却執着於圖書館事業;雖未能專注於書法,却又出於古籍整理與鑒定古代版本以及抄校稿本需要,深入研究書法史、各體書和前人墨迹的規律和特點,并加以勤習,將書法當作一門學問看待,故而對書法藝術的識見與創作能高瞻遠矚,臻至韵外之致、味外之旨的境界。

　　“顧廷龍書法展”和《顧廷龍書法選集》的出版,在新聞界、學術界、圖書館界、書法界引起了極大反響,衆多的單位發出賀電,不少專家學者、記者和顧老的學生紛紛著文見諸報刊,顧老家鄉代表、上海各界人士在“顧廷龍學術成就暨書法藝術研討會”上各抒己見,有機地成爲整個書法[展]活動的組成部分。爲紀念這一盛況,以比較集中的形式反映顧老書法藝術在當今和歷代橫縱比較中的影響和地位,同時也從另一側面反映顧老的學術活動空間,我們特將這些材料彙輯成册,旨在爲人們提供詳實的文字記録,進一步瞭解世紀老人的風采。

　　無可諱言,我們這一舉動,頗違背顧老一生所持有的淡泊恬静心態和恪守的“不爲個人張本”嚴以自律的品行。正當此輯即將付印之際,顧老得悉其事,即於4月23日從北京來書告誡:“諸公盛意,爲吾書展大費心力,感何可言。《特刊》編好後,藏於家,或藏於館,千萬不要付印,至爲盼禱!民國時代達官貴人辦了壽事,往往編印《壽言》,但保存至今者很少。昔上海有個猶太富商哈同生日,優酬徵文,印成一套,名《戩壽堂……》,可謂隆重,但今有幾人知之!諸公熱情,辛苦辦了書展,今又欲編印開會發言,至不敢當!這次書展,一切結束吧!”面對手示,長者謙慎之風範、清澄之心地,不覺肅然起敬,堪爲師表楷模。爲此,我們經三思而未改初意,依然付印。這樣做,無疑於“明知故犯”,未按顧老意願,可謂不恭不敬,但我們完全是受良知的驅使,不懷偏見,毫無人爲造作,而是原原本本地彙編已有的材料,尊重既成的事實,以表示我們對顧老的敬重之意與誠實之心,懇請顧老予以諒解。(原書)

5月2日　先生有信致王紹曾。

　　久疏音問,馳念良殷!近奉惠贈大作,欣悉文從曾應邀往臺講學,甚佩甚佩!

　　評價黄丕烈在版本學上的貢獻,極爲精當。現在難在看不到古書,照片究下真迹一等。現在善本大都珍藏圖書館,檢閲亦非易事。若要培養一位蕘圃先生之學識鑒別,難乎其難。我嘗想圖書如何辦到“秘本不秘”,現在有膠卷閱讀了,還是希望多印些珍本流通。

　　蘇州沈燮元先生擬重編菢圖《年譜》,材料較前豐富,大文可否惠贈一册,俾資參考。澤遜兄亦久不通信,日前報載《存目叢書》即可發稿,可喜!(《全集·書信卷·致王紹曾》,上册第 278 頁)

5月16日　先生有信致陳燮君。

　　承示大文,拜讀再三,搜集資料之豐富,如要我來寫,亦不能如此之精詳。我對您這篇文章所費的功力,感到十分欽佩,十分感謝!

　　第六頁第五行,"同時,專門……光彩熠熠",這件事我已離館,不能掠美。但有一件事似足一提的,合衆在國民黨回都時期,搜集到若干革命文獻,如陳望道譯的《共産黨宣言》初版,劉少奇《論共産黨[員的]修養》《工會工作……》等(書名記不清了,請您到徐群處查一查合衆圖書館的登記簿)。當時國民黨政府有命令,公共圖書館不能收藏共産黨的刊物。我們是私立合衆圖書館,所以我們收了。解放初,中央宣傳部有同志來提去若干種,他們説:"你們有遠見。"歷史文獻館編印了專題目録油印本,亦可查,是否可改爲"在敵僞時期收集了革命刊物若干種"("若干"兩字改具體數字亦可,但太費事了)。(《全集·書信卷·致陳燮君》,下册第 618 頁)

是日　先生有信致楊泰偉。

　　燮君同志出國,此信請您代閲,何如? 吾改了幾處,亦請代酌。須查改處,亦煩找徐群同志查改,拜托拜托!《全集·書信卷·致楊泰偉》,下册第 624 頁)

5月18日　先生有信致林公武。

　　久未奉候,甚念甚念! 公與泰偉爲拙字宣揚,甚感甚感! 燮君同志寫的文章甚好甚好! 但第六頁第五行至第六行的"同時,專門設的中國……同樣光彩熠熠"云云,不是我的事,請删。如可改,請改爲:"抗戰勝利後,收集了共産黨刊物,如陳望道譯《共産黨宣言》初版,劉少奇的《工會章程……》《共産黨修養》等。"

　　我曾給作者去信,請楊泰偉轉的,但悉作者已出國,楊君與你聯繫否?

　　我定明日回上海,去後再通信。(《全集·書信卷·致林公武》,下册第 559 頁)

5月19日　離京返滬。在滬期間,參觀了上海圖書館家譜修復工場,先生喜上眉梢,反複講"這批家譜交運了"。得知盛宣懷檔案整理工作已經開展,并采用了現代計算機技術時,先生亦感到十分高興。(5 月 18 日致林公武信;《顧廷龍先生紀念集》,第 222 頁)

5月22日　鄧雲鄉贈先生《水流雲在書話》。(原書)

5月26日　出席上海圖書館、上海科學技術情報研究所舉辦的"97'圖書館服務宣傳週"活動暨"院士長廊""上海市青少年教育基地""上海青年志願者服務基地"揭幕儀式,與中共上海市委副書記陳至立、宣傳部部長金炳華一起爲基地揭幕剪彩。(《顧廷龍先生紀念集》,第 222 頁 )

　　是月　爲"喜迎香港回歸,恭祝上圖館慶",書"金湯璧合,香港回歸。騰歡傾國,世紀芳徽"。(《顧廷龍先生紀念集》,第 244 頁 )

　　是月　先生題簽的《科史薪傳——慶祝杜石然先生從事科學史研究 40 周年學術論文集》(劉鈍、韓琦等編),由遼寧教育出版社出版。

　　是月　先生題簽的《趣味漢字字典》(王世偉編撰),由上海辭書出版社出版。

　　是月　王紹曾有信致先生。

　　　　正深馳念,未及肅函問候,乃蒙長者先生惠書,無任惶悚。

　　　　後學于一九九六年二月二日承臺灣大學中文系黄沛榮教授及"中央研究院"文哲研究所聯名邀請,赴臺灣講學,往返十七日,一路平安。在臺期間,先後參觀"中央圖書館"善本部、"故宮博物院"圖書館,并晤及孔德成先生、"故宮博物院"副院長昌彼得先生及臺灣目録版本學家進行交流,獲益不淺。

　　　　前陳拙作,意在爲藐翁辯誣,還藐翁本來面目,惟讀書不多,所見不廣,疏漏之處,在所難免。辱承先生獎勉有加,益增愧恧。燮元兄處,原擬寄贈一本,藉求指正,惟去函蘇州寓所,久未得復,不知是否仍在南圖? 今年十月間,江陰申港鎮新建繆荃孫圖書館即將舉行落成典禮,并舉行繆荃孫學術思想研討會,近悉繆荃孫圖書館館額係出先生手筆,未悉屆時能否前往江陰親臨盛會? 如蒙首肯,當囑杜澤遜君陪同南下。後學如在邀請之列,自當追隨左右。

　　　　《衲史校勘記》前四史原擬于五月間商務建館百周年紀念活動前出版,奈好事多磨,書稿交到出版部門後,出版部門認爲書稿稿面不整潔,字體亦有不規範之處,恐影響影印質量。同時因前四史頁數合計達一千三百頁,如合成一册,無法裝訂。爲此決定先將《史記校勘記》付印,在此基礎上,再陸續影印三史。究竟何時出版,尚未接陳應年先生來信。

　　　　《四庫存目叢書》影印工作,正在全力以赴,預計十月間可大功告成。杜澤遜同志任審稿工作,每天非至午夜不睡,尊處疏于請教,諒由于此。先生主張古籍善本必須做到"秘而不秘",廣爲影印,誠爲篤論。目前《中國禁燬書叢刊》正在籌備發刊,五一節前中國科學院圖書館羅琳同志來濟,談及此事,委以顧問一職,自愧濫竽,未敢固辭。惟目前國内各圖書館經費支絀,而書價猛增,大部叢書無力購置,即如《存目叢書》,國内發行不及百部(不包括臺灣),可謂舉步維艱。中國科學院圖書館保存至今《續修四庫全書總目提要》全部稿件二百一十九函,近日亦已由齊魯書社影印出版,分裝三十七册(精裝),售價人民幣貳萬元,估計國内發行亦不過百部左右。早在乾嘉時代,顧千里即欲舉宋元本"斷不可少之書,覆而墨之"。現代印刷技術精益求精,張菊老《四部叢刊》《續古逸叢書》《百衲本二十四史》已倡導于前,近年來《四庫存目叢書》《續修四庫全書》雙管齊下,豐功偉績,永垂史册。如能續出《四庫全書善本叢書》,以取代《四庫》删竄及不足之本(此事後學曾于一九九二年向匡亞明同志提出建議),則先生宏願,庶幾可以無憾矣。

後學每得先生來書,均什襲珍藏,惟墨寶難求,未敢啓齒。附呈宣紙一方,倘蒙先生不棄,可否于興到之時賜題數字,藉作座銘。(原信)

6月1日　《文匯報》發表楊泰偉《書品·人品——記學者書法家顧廷龍先生》。

6月6日　在上海博物館,出席由日本書藝院和大阪日中懇話會聯合主辦的《中日書法名家展·'97日本書藝院展》開幕式,并在自己作品前攝影留念。(《顧廷龍先生紀念集》,第223頁)

6月13日　水賚佑到淮海中路寓所看望先生。(水賚佑致筆者的信)

6月18日　王世偉到淮海中路寓所看望先生。(王世偉日記)

6月27日　下午,上海圖書館邀請二十多位上海知名書畫家,聯手創作二十米書畫長卷,喜迎香港回歸。先生出席活動,并與郭若愚坐在一起,他向郭談起五十多年前兩人同在光華大學時的往事。(郭若愚《落英繽紛——師友憶念錄》,第203頁)

是月　《書與畫》第3期發表陳從周《記顧廷龍先生書法》和陳先行《閑話顧廷龍先生的書法與飲酒》。

是月　先生題簽的《劍門蜀道楹聯書法集》(劉鐵平撰),由上海書畫出版社出版。

是月　與林公武、周賢基去陳先行家,并攝影留念。(周賢基藏照片)

是月　《中國書法》第3期發表楊泰偉《顧廷龍的書法藝術》和先生書法作品選。

7月1日　爲姚昆田藏黄賓虹《香島望九龍諸山圖》題字。

華夏山河,歷劫不磨。珠還南海,璧合同和。喜慶香港回歸,展示黄賓虹先生六十餘年前舊作,倍感珍貴。(照片)

7月9日　上午,王世偉到淮海中路寓所看望先生。(王世偉日記)

7月14日　從上海回到北京。(杜澤遜《槐影樓筆記》)

7月17日　杜澤遜來訪,先生談及上海家中失竊,大書及好的都没了。家中無人,衹好托人代管,但托的人又不管,他們以爲老頭回不去了,兒子不同住,晚輩又不搞文史,所以他們認爲機會來了,賊心大發。張元濟的信札一大疊,都去了。那時,張先生卧病在床,每天都有紙條讓人送來,要看什麼書,或要查什麼書等等,結果一紙不留,全數竊去。葉恭綽的信札也不少,最後衹剩一通了。

陳叔通的信,因爲祇署一個"敬"字,他們不知是誰,所以没有拿走。杜問,過去藏書家藏書散出,是不是相同的原因?先生回答説:"就是這個原因,一個字'偷'。我現在改行了,書不要了,改寫字了,寫字誰也偷不去了。"又説:"新書也有丢的,《藝風老人日記》稿本的影印本及日本朋友送的一本書畫目録都被偷走了,損失很大。"

提到《存目叢書》,先生説《四庫》館臣對《存目》有偏見,館臣眼光不一定準確,删得太嚴了。《存目》中的書應保存好,一般藏書家不注意《存目》書,顧氏《秀野草堂詩集》即入《存目》。紀昀的集子中很少談修《四庫全書》的事,現在編《續修四庫全書》,選目已到子部,但釋、道兩家和類書不好辦。釋家類建議印《徑山藏》,《道藏》太常見,建議可印《道藏輯要》,但都不好辦。至於《續修》選書,現在目録多,選書稍易,但要看書,光開單子不行。

在談到合衆圖書館時,先生説合衆很窮,是靠大家幫助撑起來的,合衆有許多各書店的目録,一直堆到屋頂,但歸公後全都散了。不少目録上往往注明是否稀見,有無批校,可以參考。有一部《集韵》,上面有多家批校,聽説被陳澄中買走了,有一次陳來合衆,我向他借閱,後拿來一看,密密麻麻全是批注,想抄但來不及,當時又無静電複印機,毫無辦法,祇好歸還了。五十年代末,陳將宋元版精品書售歸國家,現存北圖。但普通本未售出,大都在上海家中,《集韵》也在其中,後來歸了他的女婿,姓劉,以後就不知下文了。

合衆出過幾本目録,都是洪駕時先生義務刻蠟板印出的,各家捐獻的書都單獨出了目録。

先生還談到燕京大學圖書館事,當時有購書委員會,成員有洪業、顧頡剛、鄧之誠、容庚、郭紹虞等。我把各舊書店送來的書先分類,金石類的給容庚,歷史類的給鄧之誠,文學類的給郭紹虞,洪、顧兩位面寬,這樣可以各取所好多購書。各舊書店每周三次送書到燕大館,購書委員會每兩月開一次會,決定買書事。當時買到翁方綱之子翁樹培手稿,一元錢。《藝風老人日記》手稿是後來買的,鄧之誠先生與繆氏爲親戚,是鄧決定買的。

這次談話,因先生左耳失聰,加上蘇州口音,談話不易,有時筆談。(杜澤遜《槐影樓筆記》)

7月19日　先生有信致杜澤遜。

> 日前承枉顧,無任快慰!閑談,承記録,不值方家一笑。略易數字,寄奉指正。
>
> 初歸,忙於雜務,草草奉復。
>
> 如與王老通信,請代致意。(《全集·書信卷·致杜澤遜》,下册第701頁)

7月22日　先生有信致李國慶。

> 上海歸來,得奉手書,敬悉——。

　　杜文彬女士現在西班牙,函屬題籤,[1]極爲高興。但目花腕弱,殊不成字耳。尚祈指正,儘可重寫。(《全集·書信卷·致李國慶》,下册第 668 頁)

　　是月　先生題籤的《鐵琴銅劍樓研究文獻集》(仲偉行、吳雍安、曾康編撰),由上海古籍出版社出版。

　　8 月 1 日　潘主蘭賦七言詩三首,賀《顧廷龍書法展特刊》出版。(《顧廷龍書法展特刊》)

　　8 月 13 日　先生有信致吳錫祺。

　　昨談爲快。命爲先德遺著題籤,兹已塗就,不知可用否? 請審定。如不佳,可重寫。(《全集·書信卷·致吳錫祺》,下册第 469 頁)

　　8 月 21 日　先生有信致林公武。

　　手書并《特刊》收到了,拜讀再三,盛意不勝銘感! 龍德薄能鮮,乃承嘘拂,殊感慚歉! 五十六—五十七頁擬改數字,如已來不及,即作罷。

　　潘公詩很好,但第二首末一句,如押韵,可否改爲"識見功高在收羅",兄以爲如何? 請裁奪。請勿驚動潘老爲是。

　　…………

　　關於題籤選編:

　　一、解放前題籤多的,好像是唐駝、黄葆戉。清末一人是沈拱之,沈是蘇州人,上海出版的石印書籤條,寫得很多。

　　二、題籤始於何時? 我看要到晚明。

　　三、我最早的題籤,應以爲顧頡剛《古史辨》第五册題籤開始的。顧先生每册請一個人題書名。後來古籍出版社重印時把題的書名都取消了,我認爲省所不該省。(《全集·書信卷·致林公武》,下册第 560 頁)

　　8 月 28 日　先生有信致林公武。

　　承兄編印拙書評估,不勝感愧!

　　兄尚欲收集鄙人題寫書籤,甚好,甚感。但請先保存,切勿付印。此事可請上海圖書館同志幫助,不久吾將返滬一行,聯繫後再告。

　　屬爲蔣平疇先生題書籤,塗呈指教。吾近來寫東西常出錯,請校正送出。

　　八、十六大札後有垂問幾點,待吾考慮後再答。近來雜事多,索字多,而吾是單幹户。(《全集·書信卷·致林公武》,下册第 562 頁)

　　是月　先生題籤的《康熙字典通解》(張力偉、汪耀楠、崔卓力等主編),由時代文藝出版社出版。

　　是月　《顧廷龍書法展特刊》(林公武、楊泰偉主編),由《家園》雜志社

―――――――
①指杜文彬編撰《西班牙藏中國古籍書録》,該書 2015 年 11 月由國家圖書館出版社出版。

出版。

9月5日　先生有信致孫琴安。

　　聞君撰《劉禹錫傳》成書，尤爲佩仰！命書劉氏詩句，寫了兩紙，敬奉評閱，并希評正。如有不妥，儘可重寫。一張有挖補，不能做玻璃版，鋅版則無問題。

書句爲：

　　沉舟側畔千帆過，病樹前頭萬木春。琴安學人撰《劉禹錫傳》成，屬題其名句於首。（原信）

9月13日　先生有信致方行。

　　接奉二十九日手書，敬悉。

　　上圖邀我與古籍部分同志談談，最近可能回滬一行，屆時當奉訪。

　　屬書橫幅，很想寫一幅像樣的字呈教，但尚未着手，總想如願以償。如到滬，必奉訪。（《全集·書信卷·致方行》，上冊第352頁）

9月17日　先生有信致盛巽昌，爲《李秀成大傳》題簽。（原信）

9月23日　孫琴安有信致先生，請求重寫劉禹錫句，因出版社“刻玻璃版或鋅版未定”。又請爲《名家讀書法》題寫書簽。（原信）

是月　先生題簽的《吕思勉遺文集》，由華東師範大學出版社出版。

是月　先生題簽的《學林散葉》（盛巽昌、朱守芬編撰），由上海人民出版社出版。

是月　先生題簽的《華夏五千年》（沈起煒主編），由上海辭書出版社出版。

10月2日　杜澤遜來訪，邀請先生出席11月1日在人民大會堂舉行的《四庫全書存目叢書》竣工慶典，并列名顧問委員會成員。先生説，將去上海，如有業務上的問題可以商量，列名就不必了。對杜帶來的《四庫存目標注》樣稿十一冊，先生稱贊不已。見樣稿是繁體字橫寫，先生表示古書不宜橫排，每項版本應分行排列，各省巡撫進呈本的戳記和翰林院大方印應記尺寸并有照片。還説，《四庫簡明目録標注》有莫友芝、邵懿辰、朱學勤三家，但朱本没有出版，先生曾據葉昌熾本過録（葉則從朱學勤之子朱澂處過録而來）。傅增湘有《訂補邵亭目》，又曾見上海掃葉山房石印本《簡明目録》，亦有批注，且與上述三家不同。

　　杜帶來《華嚴經》二種，一爲明刻本，四百元；一爲萬曆寫本，六百元。先生説，這些錢從前可以買宋版。早年在燕京大學讀書時，常去西單頭髮胡同口，那兒的書攤很多，曾買到一部薛允升的《服制備考》，當時没錢，衹好到樸社借錢，後來寫了《薛允升服制備考稿本之發現》及《服制備考》跋，用稿費還給樸社。那時從燕大到琉璃廠、隆福寺要一天時間，回來晚了，西直門的公車就没有了，衹好走回去。

　　因先生聽力衰退，這次談話衹得用筆談。（杜澤遜《槐影樓筆記》）

10月10日　先生有信致談宗英。

昨承枉教爲快。

《簡明陶瓷詞典》簽已塗就，橫式改寫兩字，直式寫得略小，恐須按開本縮放。署名橫式可不用，直式做内封，留一題款亦可，請裁酌。[①]（《全集·書信卷·致談宗英》，下册第 441 頁）

10 月 14 日　先生乘火車由北京抵達上海。（《顧廷龍先生紀念集》，第 224 頁）

10 月 16 日　出席"上海圖書館歷史文獻開發與利用學術研討會"暨上海圖書館歷史文獻研究所揭牌儀式，會上，先生就其一生收書、編書、印書活動作了一個講話。（王世偉日記；《顧廷龍先生紀念集》，第 225 頁）

10 月 21 日　跋《章氏四當齋藏書目》，此册爲先生贈林公武者。

昔編此目，從藏書特點分卷，主人之師友注其簡歷，使讀者一目瞭然。當時所熟知者，而今日已記憶不清，所加按語并非多餘之事。葉揆初先生見而賞之，遂有創設合衆圖書館之舉。此書爲引得校印所排印，即以卡片付印，較爲迅速，從始編至出版，僅十閲月。後來滬編印《叢書綜録》，胡道静兄亦采此法，以草卡付排，胡君駐印刷廠，付排、打樣、送校、成書甚速，而胡君辛苦極矣，深感不忘。公武先生來滬爲余檢理叢殘，不鄙此書，因以移贈。（《全集·文集卷·跋章氏四當齋藏書目》，上册第 191 頁）

10 月 26 日　陳先行電話蘇州市第一中學教師佘昌義，轉達了先生想去蘇州看看的願望，并表示先生不想驚動領導，不想麻煩太多人，祇想自己出來走走。（佘昌義《國學大師回母校，世紀老人尋故里》）

10 月 27 日　晨，佘昌義專車專程來上海迎接先生，在陳先行陪同下赴蘇州。中午，與蘇州教育學院以及蘇州一中負責人蔡梅榮、張格民、解阿庚、王永祥等在蘇州飯店共進午餐。先生心情愉快，席間説了一些在故鄉求學、生活的往事，感謝主人爲他安排的這次返鄉機會。下午，先生回到闊别六十五年的母校——蘇州市第一中學，受到學校領導及近四千名師生的歡迎。先生向師生們談起早年他在草橋中學的往事，勉勵同學們要德、智、體全面發展。聽了校方介紹學校的概況後，先生非常高興，揮毫寫下"自加壓力，自我發展"八個渾厚、剛勁的大字。又參觀了"陶苑"、圖書館和校史館。是日，先生還在昔年故居裏見到了族中表弟。（佘昌義《國學大師回母校，世紀老人尋故里》）

10 月 28 日　在蘇州一中副校長王永祥及佘昌義、陳先行陪同下，去蘇州天平山景區，瞻仰了范仲淹塑像，并在幾年前書寫的"先天下之憂而憂，後天下之樂而樂"的牌樓下攝影留念。十時，至鳳凰公墓七子山墓區，在夫人潘承圭的墓前，先生深情地撫摸着墓碑，前後繞了好幾圈。看着陳從周書寫的夫人墓碑，先

---

①《全集》中此信末署"（一九九七年）十月十日"，《簡明陶瓷詞典》爲汪慶正主編，先生題簽，1989 年 11 月上海辭書出版社出版。不解《全集》中"（一九九七年）"據何而定，存疑待考。

生説："陳從周先生寫的這塊碑已三十年了,到今天我纔親眼看到,想起來真是愧對夫人。"離別時,他面對夫人的墓碑,深深地鞠了三個躬,纔依依不捨地離去。下午參觀了太湖大橋、西山石公山景區,并和老友王西野相聚暢談。傍晚,先生還去了母校——蘇州市草橋小學,并寫了"樂育英才"四個大字。(佘昌義《國學大師回母校,世紀老人尋故里》)

10月29日　早上,蘇州一中領導到蘇州飯店爲先生送行,佘昌義專車送先生及陳先行回上海。(佘昌義《國學大師回母校,世紀老人尋故里》)

是月　先生題簽的《西方人筆下的中國風情畫——上海圖書館館藏精選》(王鶴鳴、馬遠良主編),由上海畫報出版社出版。

是月　先生題簽的《赤烏古刹——上海静安寺建寺一千七百五十周年紀念集》(釋德悟、慧明主編),由文匯出版社出版。

是月　先生題簽的《清代女詞人選集》(張珍懷選注),由臺北文史哲出版社出版。

是月　盛巽昌、朱守芬、孫琴安探望先生,談了一個多小時。先生説,他的眼睛很好,尚能寫蠅頭小字,而且手不顫動,衹是耳朵重聽,一個耳朵須戴助聽器。(盛巽昌札記并藏照片)

是月　在上圖同志陪同下,至上海古籍書店和博古齋,想要"看看一些老同志",應博古齋之請,當場揮毫,寫了"博古通今"四個篆文大字,又與工作人員合影留念。(周愛珍《懷念顧老》,載《顧廷龍先生紀念文集》,第49頁)

11月2日　《蘇州日報》發表施增南《蘇州是我的根——顧廷龍先生回校記》。

在校黨總支書記解阿庚的陪同下,顧老緩步來到校史館。……儘管年事已高,但他對往事、故人依然記憶猶新,他甚至能指出照片説明上教師的用名其實是用的"號"。……在當年的校貌模型前,顧老邊看邊笑道:是這樣的,大門還是斜開的呢!我當時在這裏讀書,是不愛好體育的,有一次上體育課,老師把我抱上單杠,他去照顧別人了,却把我晾在杠上。他的話引得大家都笑了起來。離館之際,顧老和館内工作人員一一握手道別,并合影留念。

從校史館出來,顧老又信步來到有八百年歷史的古藤樹下。如今學校專門爲紫藤樹闢了保護區,建了水泥棚架。每年四月,滿架的紫藤花引來雙雙飛蝶、無數觀客,成爲校園一大佳境。顧老却告訴大家,這棵樹我還是第一次看到,當年這裏是不讓進的。漫步校園,目睹今日校舍,顧老頻頻贊嘆:面貌全變了,不來不認識了!邁着矯健的步子,老人又登上了逸夫樓,在接待室稍作休息後,顧老興致勃勃揮毫題詞。臨別時刻,他還通過校電視臺勉勵學生要好好學習,并深深感嘆:看到母校這樣的變化,我太高興了,蘇州是我的根,我願每年到蘇州來。

11 月上旬　爲上海圖書館中國文化名人手稿館題寫"群英薈萃"。(《顧廷龍先生紀念集》,第 225 頁)

11 月 8 日　離滬返京。(《顧廷龍先生紀念集》,第 224 頁)

11 月 15 日　下午,水賚佑到北苑探望先生。(水賚佑致筆者的信)

是日　趙樸初在無錫參加靈山大佛開光慶典,在方丈室休息時,看見壁上挂有先生所書對聯,即詢邱嘉倫:"廷龍先生近況如何?"又説:"我與顧老是半個多世紀的老兄弟了,你不要忘記,待我回去之後,我要去看他。"(邱嘉倫《花落還開　水流不斷——趙樸老與顧廷龍先生聚會側記》,載《佛教文化》2000 年第 Z1 期)

11 月 29 日　先生有信致林公武。

別來深念! 昨奉手書,無任欣慰! 承爲拙稿繁忙,實深感愧!

關於《説文廢字廢義考》,此爲龍碩士論文。自序一篇,可厠文集,緒論以下則屬正書部分,不在文集之列。《説文廢字廢義考》一稿,在現在看來沒有什麼參考作用,留一序文則可。

《蘇東坡碑帖目録》,此目録係我學生林葦女士相助編録,我以爲尚有參考之用。林女士現在留美,前言、後記中必須提及。

《宋槧蘇詩施顧注題跋鈔》,"經藝樓"格紙所抄部分原書已毀,題跋抄本,王氏、章氏所抄者亦均不知下落。我是從章氏傳抄者,實屬孤本。至後面用"合衆圖書館"格紙所抄者,即原書焚餘部分,此部分書友持余閲,值昂,無力收購,當即匆匆抄了些題跋(請朱子毅、楊敬涵兩君所幫忙抄的,朱在楊故),現在臺灣"中央圖書館"。

"經藝樓"格紙所抄者,孤本也,能印則印(否則要失傳了)。至用"合衆圖書館"格紙所抄者不必印(這部分原本在臺北"中央圖書館")。

囑書字樣附上,如不合用,可重寫。又及。

聞公擔任福州市書畫研究院院長,敬賀! 敬賀! (《全集·書信卷·致林公武》,下册第 563 頁)

11 月 30 日　先生有信致吳錫祺。

日前枉教爲幸! 縮微複製中心題詞已塗寄,便中請兄問問燕遠同志,是否要寫成立軸大幅? 今寫一頁,如已可用最好。

明日上海圖書館來人要我寫字,大約兩三天後可完成。以後即可清理積欠矣! (《全集·書信卷·致吳錫祺》,下册第 470 頁)

11 月末　先生有信致邱嘉倫,謂"樸老是國家領導人,私交已有五十多年。樸老要來寒舍看我,小小斗室,接待不便,目前樸老在醫院還要聽醫囑,如果條件允許,還是我去看他爲好"。(邱嘉倫《花落還開　水流不斷——趙樸老與顧廷龍先生聚會側記》,載《佛教文化》2000 年第 Z1 期)

是月　在陳先行幫助下,完成《我和圖書館》一文。

　　光陰如白駒過隙,時至丁丑孟冬,倏忽之間,我在人生旅途中已度過九十四個春秋。一九〇四年,我出生于蘇州混堂巷舊宅。自幼由祖父教讀《四書》《五經》。一九一五年至一九一八年,畢業于吳縣縣立第四高等小學。一九一八年至一九二二年,畢業于江蘇省立第二中學。一九二七年至一九三一年,畢業于上海持志大學,授文學士。一九三一年至一九三二年,畢業于北平燕京大學研究院國文系,授文學碩士。

　　早年曾承晚清湖北學政外叔祖王同愈授以目録版本之學。入大學,先後受胡樸安、聞宥、姚明輝、容庚、郭紹虞、魏建功、黎錦熙諸師之教導,習語言文字、目録版本之學。

　　吾最服膺古人教育之語,曰"澹泊明志,寧静致遠"。如今,近一個世紀過去了,回首其間,我幹的最多的是圖書館工作,整整六十五個年頭。説起來,我做的工作很普通,歸結一下衹有六個字:收書,編書,印書。談不上成就與貢獻,衹是在主觀上一直努力認真地去做,總希望把事情做好,如此而已。日前中華書局張世林先生幾次三番約我談談工作經驗與體會,説實話,我本不善言辭,亦很少一本正經寫此類文字,衹能就回憶所及,拉雜成文,聊供有興趣者參考。

此文共三部分:一、關于收書;二、關于編書;三、關于印書。(《全集·文集卷·我和圖書館》,上册第 354 頁)

　　是月　先生題簽的《饒宗頤學術研討會論文集》(曾憲通主編),由香港翰墨軒出版有限公司出版。

　　是月　先生題簽的《俞平伯全集》,由花山文藝出版社出版。

　　是月　先生主編的《中國古籍善本書目》榮獲國家新聞出版署頒發的第二届國家辭書獎二等獎。(獲獎證書)

　　12 月 6 日　鄭偉章探望先生,携去《文獻家通考》初校樣。時先生"已年届 94 歲高齡,仍然精神矍鑠,身體健朗,目力有神"。先生認爲這是一部很重要的著作,將有功於中國的文獻事業和學術研究工作。先生還提供了一些重要的綫索,如于邑、章氏四當齋藏書,以及袁芳瑛卧雪廬、袁思亮、梁溪余氏負書草堂等情況。(鄭偉章《記文獻淵藪顧廷龍先生》,載《中國圖書館學報》1999 年第 5 期)

　　12 月 9 日　王世民來,請爲《夏鼐文集》題簽。(先生小筆記本)

　　12 月 15 日　跋《歷史資治綱鑑》。此本爲潭陽余象斗刻本,"絃"字避康熙諱,校刊欠精。書爲林公武所藏,"公武吾兄寄示此葉,率題數語歸之,即希指正"。(《全集·文集卷·歷史資治綱鑑跋》,上册第 48 頁)

　　是日　《文匯報》發表《上圖保存中國家譜最多》一文(記者張立行、通訊員胡德),先生讀後,在這篇報道邊上寫有"我要寫一篇收譜記"。

　　上圖的這批中國家譜得來不易,50 年代初土改時,從鄉村的祠堂裏没收了大批家譜，送往造紙廠準備作廢紙處理。當時上圖的館長顧廷龍先生和文管會領導聞訊，立刻派人以廢紙的價格將這些家譜搶救了出來，總計有47000多冊。60年代初，上圖又從舊書店、地攤、廢品站收購了20000多冊，以後民間又向上圖捐贈了15000多冊，再加上上圖的前身合衆圖書館留下的2000多冊，構成了上圖中國家譜的館藏。

12月19日　先生有信致林公武。

奉示均悉。屬題《歷史資治綱鑑》，我已率題數語奉正，如有不當，儘可棄去。《蘇東坡碑帖目録》寫樣拜閱，甚好。謄清一份再看。我想寫一序或跋，説一説我爲什麼要編此目，現在起稿中。

目録樣很好，但用紙恐較多耳。等謄録完成後，再行商酌。

過年在即，雜事甚繁，匆復。(《全集·書信卷·致林公武》，下册第565頁)

是日　收到高橋智賀卡，附簡云："智又想十二月二十三日訪京，翌日拜訪先生全家。古籍目集部已出書，看到完成偉大的功績，文化之精華實在這裏！祝事、祝事。"先生記曰："善本書目編成，但到今日我尚未拿到集部。我是第一次到古籍，李公見示集部兩函。現在領者應由南京館宮愛東副館長負責，前年在上海談妥的。"(原件；先生小筆記本)

12月24日　先生有信致徐小蠻，談《〈中國古籍善本書目〉追記》稿修改。

手書及《追記》讀了幾遍，甚好甚好。删略處似可簡化。

當時有南片、北片講課事，北片記了幾句，南片我與沈津去，住成都〈樂山〉大佛寺，實在講講著録規則而已。原文上旁有批"省略"二字，這段删也好，加也不必加了。請您酌奪。

我衰殆日甚，什麼事都轉身即忘。目力亦差，行款不能齊。前一時，夜間作字不能整齊，現在白日亦[不]能，因此興致索然。既想寫回憶録，亦怕動筆，吾在文物圖書清理小組一段時間，保存了不少好東西。您有機會北來否？念念！(《全集·書信卷·致徐小蠻》，下册第520頁)

12月26日　下午，邱嘉倫來接先生，前往北京醫院探望趙樸初。先生帶去篆書立軸一幅："純魯多釐，大壽萬年。樸初居士百歲開慶。顧廷龍敬祝。"趙老當即與先生及作品一起拍照留念。先生感謝趙老于五十年代初期允借法寶館，藏庋上圖收集來的各種家譜、族譜。告辭時，趙老一直送到電梯口，這是他入醫院後第一次送客那麼遠。趙説："明年開春後是我到您府上拜訪了，您老要泡一壺好一點的茶，我們聊它個半天也無妨。"(邱嘉倫《花落還開　水流不斷——趙樸老與顧廷龍先生聚會側記》，載《佛教文化》2000年第Z1期；《顧廷龍先生紀念集》，第228頁)

是月　在徐小蠻的幫助下，撰成《中國圖書事業的一項偉大成就——〈中國古籍善本書目〉追記》。

一九七六年十二月後，在北京召開了三次座談會，討論編輯善本書總目的問題。一九七七年一月，國家文物局在北京召開編輯善本書目籌備會，聽取北京地區部分同志的看法和意見；同年四月，國家文物局在北京召集北京圖書館、上海圖書館同志座談，討論研究有關書目的著録條例、分類法和收書範圍等項問題，并委托北京圖書館和上海圖書館進行編目試點工作。六月，國家文物局再次召集座談會，經討論，并由國家文物局王冶秋局長作出決定，書目分類用四部分類法，可酌加修訂，收録各書下限至清末（一九一一）。在此基礎上，同年十一月，在南京召開的北京圖書館、上海圖書館、南京圖書館和浙江圖書館四館的聯席會議上，討論擬訂了全國古籍善本書總目的收書範圍、著録條例和分類法三個文件的初稿，并分發全國有關方面徵求意見。其中收録範圍突破前人祇求以宋元本爲善本的框框，提出從古籍的歷史文物性、學術資料性、藝術代表性等方面考察，并訂出九項具體條件。十二月，又由北京圖書館邀請遼寧、天津、陝西、山東、旅大等省市圖書館在山東濟南就上述三個檔進一步交換意見。

一九七八年三月，國家文物局在南京召開會議，會上着重討論這三個文件。這次會議全國各省市圖書館、博物館、大專院校、科研單位等有一百二十餘人出席，討論三個檔之外，并開始研究編纂《中國古籍善本書目》的方案和工作步驟，會後即着手對全國各地（除臺灣省外）所藏的古籍善本進行普查。這次會議決定成立由國家文物局領導的古籍善本書目編輯工作領導小組。會後，全國開始了大規模的訪求遺書的工作。

幾個月間，各省市都開展了古籍善本書的普查活動。經當時初步普查，華東各省（市）善本書的收藏量是：上海三萬部，江蘇二萬部，浙江二萬部，山東七千部，安徽六千部，福建四千部，江西四千部。普查中，各地從實際出發，采用了多種形式。例如，山東省印發"公開信"，福建省張貼"徵集廣告"，以及運用廣播、黑板報等宣傳形式，對發動群衆，動員各方面人士投入善本書普查，效果顯著。山東省許多私人藏書家紛紛同省館聯繫，從而發現了不少好書，如明萬曆二十四年《兖州府志》十二冊，刻印精良，書品很好，是海内孤本。山西忻縣東樓公社西樓大隊社員孔二壽，一聽到周總理生前的遺願，十分激動，立即將家藏的二百多冊古書拿出來，讓縣圖書館的同志登録。其中有明萬曆年間刻印的《吕公實政録》七卷，清康熙年間刻印的《佩文齋書畫譜》。有的社員在"四人幫"横行時將家藏古書放在草堆裏或藏在瓦盆内，這次也都高興地拿出來。繁峙縣的古籍收録工作纔搞了一個多月，就發現民間收藏的《繁峙縣志》《通鑑綱目》《齊民要術》等古籍三百餘冊。渾源縣有一人將其祖傳的乾隆年間《韵學入門》稿本拿出來自願出售給省圖書館（後規定《中國古籍善本書目》不收私人藏書）。在普查中，山西省發現了一些罕見和珍貴的善本書。如省圖書館發現有歷代藏書目録中從未著録的金皇統九年太原府榆次縣仁義鄉刻的《大方廣佛華嚴經合論》一卷。五臺山藏有雷峰塔倒塌後發現的《一切如來心秘全身舍利寶篋印陀羅尼經》兩軸（北宋開寶八年刻），康熙手書的《般若波羅蜜多心經》一卷。太原崇善寺藏有宋《磧砂藏》三千多卷、元《普寧藏》兩千多卷。省文工會藏有宋代《福州藏》十多卷、元刻《南村輟耕録》、傅山《荀子評注》手稿。應縣木塔發現一批我國絕無僅有的遼代木刻書畫，其中有統和、太平年間刻印的佛經五十軸，每軸長達二十至三十米，字數多在一萬字以上。美術作品有遼代民間的優秀作品《采藥圖》（暫定名）一軸，木刻佛經題頭畫十餘幅，還有清代《水滸》殘卷一本，雖祇剩五回多一點，但其内容不見於現在的各種版本。應縣木塔的這些重要發現，引起了國内文物考古、宗教界、史學界的極大重視。各地的普查，不僅對善本古籍，還對一般古籍都普遍加強了整理和保護。江西、安徽、福建、浙江等許多藏書單位，都同時整理普通古籍，按部上架，改善保管條件，有的還同時編製目録，推動了整個古籍工作的開展。看到古籍收集整理工作的蓬勃發展，我們更深刻地認識到總理指示是對於我國寶貴歷史遺産的大搶救、大發掘、大保護和大整理。

有關同志以兩年時間在各地進行普查工作，同時各省、市、縣圖書館及其他藏書單位抓緊古籍善本書的整理編目，并查核校對原有的編目卡片，準備一九八〇年卡片集中。另一方面於一九七八年十一月在成都開會，着重討論古籍善本書目的分類法，并對著録條例再加討論，作了補充。一九七九年三月，在廣州開會，重點研究版本問題，由幾個藏書較多的圖書館，分別將宋元本、明刻本、清刻本、抄本、稿本、批校題跋本，選取若干種作爲實例，在會上介紹怎樣鑒別版本的經驗。兩次會議是爲了使各館從事古籍善本編目工作人員，在編目分類工作中，對著録條目、版本認定、是否够善本條件等項問題，能有比較趨向一致的認識。一九七九年八月下旬至九月，又組織人員分赴華北、東北、西北、華東、中南、西南六大區的省市圖書館和重點藏書單位，巡迴瞭解編目工作進行情况，具體察看目録卡片，協助解答工作中的問題。同年年底在南昌召開會議，會上聽取各大區巡迴小組工作匯報，組成《中國古籍善本書目》編輯委員會，以劉季平爲主任委員，顧廷龍爲《書目》主編，冀淑英、潘天禎爲副主編。一九八〇年第一季度全國各藏書單位元將目録卡片報送至北京，鑒定驗收，把好質量關，是編製草卡完成時的一項重要工作。

當時的情况不像現在，古籍編目人員十分缺乏，水準參差不齊，工具書不足。例如，蘇州的西園［寺］藏經樓有大量的佛經，蘇州市派出了三個不懂版本的同志前去做著録、鑒定工作，他們認真學習、刻苦鑽研，漸漸從不懂怎麽做，到比較懂了。東北三省整理鑒定古籍的人員原來就不多，絕大多數圖書館都没有專業幹部，或者有，但却已改行離開。因此，要做好《善本總目》編輯工作必須充實專業隊伍。在有關領導的支持下,專業隊伍擴大并組織起來。以遼寧省爲例,原來專業人員不過六七個人,漸漸地超過了四十個人,是過去的七倍。其中遼寧省館原有古籍綫裝專業人員四人,後來有十二人;旅大市館過去祇有三人,後配備八人。其他圖書館過去一般都没有專業人員,現在凡是有古籍善本書或綫裝書的圖書館都配備一至四五人。吉林、黑龍江兩省情況也大體如此,并在哈爾濱辦東北地區古籍善本學習班。一次學習班有學員五十餘人,都是東北三省的省、市、地和部分大學圖書館的在職專業人員。北京圖書館的冀淑英、中國書店的張宗緒、吉林大學的羅繼祖等五位同志講授版本、目録、工具書使用、校勘、辨僞、印章等方面的知識,并印發了有關的工具書。經過半個月的緊張學習,每個學員都感到收穫很大。

　　…………

　　一九八一年一月開始,對集中的卡片目録進行復校,然後編爲目録,作爲徵求意見稿,分送各藏書單位認真核對,同時分送專家學者請予指正。寄還的油印本,簽注了大量意見和情況,對以後的定稿工作幫助很大。

　　最後是定稿工作。定稿工作於一九八三年八月由主編、副主編、顧問和工作人員共八人集中上海開始。根據彙編工作及審片實踐中取得的經驗,開始之前再次討論和研究了收録範圍和著録條例,并且作了補充,建立定稿制度和組織人員分工。從經部開始,以油印本"徵求意見稿"爲基礎,參考全國各藏書單位和專家們寄回的意見,逐條款目進行審定。審定過程中,仍儘量利用函調徵求書影,據以解決問題。審校中遇到必須看書解決的問題,按地區集中一批,組織外出看書,先浙江、山東、京津滬三市的重點單位,查對原書上千種,從而改正了很多款目的著録。定稿中,由副主編統一審查各類的著録和每類卡片的編排順序,編成初稿,再由主編核定,力求準確。

　　在分工審校卡片和定稿過程中,解決了多方面的問題,主要有以下幾項。

　　一、剔除了一些不符合收録標準的卡片。如:已收録全書的叢書零本;流傳尚多,不屬罕見的清刻本;後人過録的名家批校題跋、名家稿本的傳鈔本;等等。經部油印本"徵求意見稿"原收録六千二百二十種,定稿後收録五千二百三十九種。叢部油印本原收録五百九十四種,定稿收録六百二十二種。

　　二、各單位元報送卡片中,有一部分屬於落實政策歸還私人的書,皆撤出暫不著録。

　　三、查出并剔除了一批重複收録和一書分入兩類的款目。

　　四、重新核查了一些遺留下來的疑難問題。

　　通過函調和徵求書影、實地看書、相對核對,解決了一批版本著録上的問題;確係同一版本的,合併著録爲一條款目,版本不同的分别著録。對一些版本存疑的宋元版書,和元明間刻本及抄本,力求查有實據,依真實情況著録。名家批校題跋本亦據書影或實地看書,辨别真迹,依實著録。

　　五、調整類目的編排。南京、成都會議所訂類目表,是以四部分類法爲基礎編製的,有些制訂得很好,如增設"叢書"爲一部,但也有些欠妥之處,如經部不設"樂類",子部設了"宗教類","小説"則分列於子部和集部。根據彙編和審校的實踐經驗并體現古籍善本書的特點,有的在油印本"徵求意見稿"中已作了修訂,也有的并未修訂,如"小説類"仍分在子部、集部中,今據專家的意見擬予合併列入子部。

　　定稿後的《中國古籍善本書目》共分經、史、子、集、叢五部,款目達六萬餘條,著録當今全國各省市自治區圖書館、博物館、文管會、大專院校圖書館、科學院系統圖書館等七百八十一個單位所藏的古籍善本約十三萬部。書目著録款項詳明,并附有藏書單位檢索表,如果想知道某本古籍善本現藏於何處,打開《中國古籍善本書目》一索即得。它是我國傳世古籍善本的歸納和總結,其規模是歷代所編古書目録所無法比擬的,是一部迄今爲止最爲全面、系統、科學地反映我國傳世古籍善本總貌的大型目録工具書,爲目録版本學研究,爲整理古籍,提供了大量綫索,對國内外學術界必將産生很大的影響。(《全集·文集卷·中國圖書事業的一項偉大成就——〈中國古籍善本書目〉追記》,上册第 453 頁)

　　是月　先生題簽的《嘉業堂藏書志》(吳格整理點校),由復旦大學出版社出版。

　　是月　先生題簽的《百衲本二十四史校勘記·史記校勘記》(張元濟撰,王紹曾、杜澤遜、趙統等整理),由商務印書館出版。

　　是月　先生題簽的《官箴書集成》(官箴書集成編纂委員會編),由黄山書社出版。

　　是月　先生題簽的《愛心的迴響——緬懷人民教育家王季愚》(戴煒棟主編),由上海外語教育出版社出版。

　　是月　先生題簽的《嘉定錢大昕全集》(陳文和主編),由江蘇古籍出版社出版。

　　是月　先生題簽的《桂葉草堂漫筆》(杜宣撰),由上海大學出版社出版。

　　是月　《上海藝術家》第 Z1 期發表陳燮君《"遨游書海入書壇"的世紀老人——關于顧廷龍先生書法藝術的思考》。

　　是年　撰《輯印四庫存目書的意義在保存文獻》。

　　《四庫存目》書保存少,過去一般藏書家不注意收藏,因此不易見。把現存的《四庫存目》書搜集影印,主要意義在保存文獻資料上,這不同於"選輯",不必選。七七事變以前我在燕京大學圖書館司采訪之職,當時大小書店都送樣書到燕大,我也常到城裏大小書店看書,所見《存目》書即注于《四庫存目》當條之下,當時燕京購書費拮据,有收有未收,收者均在今北大。我到上海後亦曾從事于此,多年來搜集編録的積稿甚多,惜在"文革"中悉遭喪失。現在《存目叢書》編委會的同志把分散收藏在各地的《存目》書搜集影印出來,很不容易,確是一件大好事。(《全集·文集卷·輯印四庫存目書的意義在保存文獻》,上册第 411 頁)

是年　爲上海静安寺題詞。(《顧廷龍先生紀念文集》,第 132 頁;《赤烏古刹——上海静安寺建寺一千七百五十周年紀念集》)

是年　爲蘇州市楓橋景區楷題"楓橋詩碑廊",爲虎丘景區篆書"平遠堂"匾。(照片;《顧廷龍先生紀念文集》,第 129 頁)

是年　先生將編好的《蘇東坡法書石刻目録》交囑林公武整理。林公武整理後,將部分卡片交福建書法家丁文波抄寫。(《全集·著作卷·蘇東坡法書石刻目録》出版説明)

是年　爲《吳豐培邊事題跋集》題簽(馬大正、吳錫祺、葉于敏整理,1998 年新疆人民出版社出版)。

# 1998 年　95 歲

1月4日　鄭偉章向先生拜節,并請爲《文獻家通考》題詞,先生即揮毫書
"闡獻徵之潛德,述典籍之源流"。又向鄭談起他從事文獻工作的經歷,對《中國
古籍善本書目》及《尚書文字合編》的完成感到欣慰。鄭問先生,一生做人、做
學問體會最深的是什麽,先生不假思索地説:"'無我',做人、做學問要遵循'無
我'。"於是鄭請求先生再次潑墨寫了"無我"二字。(《文獻家通考》插圖;鄭偉章
《記文獻淵藪顧廷龍先生》,載《中國圖書館學報》1999 年第 5 期)

1月21日　沈津有信致先生。

　　時值冬日,外面寒冷,還請先生多多保重身體。《哈佛燕京善本書志》在
上海辭書出版社已經初審、二審,二審後的意見,我已閲畢寄還,待他們再
加工後,或可以發稿。我希望《書志》能在今年六月見書,不知能如願否?
先生對此書的封面設計有什麽要求,請指示。《書志》的封面題簽,這樣安
排是否可以? 請先生過目,如有什麽意見,請即賜告。《書志》出版社擬印
2500—3000 部,16 開精裝,加上索引大約在 150 萬字左右。

　　吳文津先生在燕京任館長 32 年,現年 75,所以已於去年 12 月退休,目
前新館長尚未能定下人選。我初步決定四月中旬去香港、上海,時間一個
月。先生那時會在北京還是上海? 如在上海,我當安排時間陪先生數日,再
聆聽先生教誨。

　　陳智超先生現在哈佛,每天都在我辦公室看書,他要我附筆問好。

(原信)

是月　先生題簽的《鶴廬印存》,由北京榮寶齋出版社出版。

是月　先生題簽的《明代漠南蒙古歷史研究》(達力扎布撰),由内蒙古文化
出版社出版。

是月　《圖書館學刊》第 1 期發表曹培根《顧廷龍先生與〈合衆圖書館叢
書〉》。

2月23日　先生有信致朱黎青。

　　前承惠贈《懷念曾濤》一書,拜讀再三,無任感荷!

　　此册傳記,全以圖片表達,所注文字極爲簡明,爲前所未有之創著,曾
公一生偉業,可以不朽! 曩在龍華寺一叙,留有照片,尚存滬寓。專此道
謝。(底稿)

2月24日　先生有信致范笑我,云:"《簡訊》每次收到,均仔細拜讀,獲悉
了許多老友之活動。"同時寄去爲沈鈞儒紀念館題寫的"沈始言堂"。(《笑我販

書》，第 167 頁）

是月　爲《四庫全書》電子版題詞："融傳統文化於高科技的精品。"

3 月 23 日　先生有信致林公武。

前承示《題跋鈔》（按，指《宋槧蘇詩施顧注題跋鈔》）跋文，拜讀再三，鄙意以簡短爲宜，繆爲删節，還請主裁。

龍近體較差，上海天氣尚不很暖，不敢回去。此地暖氣雖不整天供應，但朝暮尚有供應。

《蘇帖目》祈審閲，如何處理，請酌奪。蘇帖可能不够完整，但亦無法補充。

東坡云"大字結密而無間，小字寬綽而有餘"，此説吾很相信，但現有放大縮小之法，則不必在書寫上用功夫了，但還要請科學工作者解釋之。一笑！

**附先生修改的跋文（即《宋槧蘇詩施顧注題跋鈔》後記）。**

去年十月八日，我與陳君先行各自由福州、上海北上京城，同往顧廷龍先生寓所，協助匯輯《顧廷龍文存》。一日，顧老出示《宋槧蘇詩施顧注題跋鈔》，謂吾曰：此雖鈔録藏書者翁方綱等題識，僅在原書之第一函中所見者。迨後來全書歸湘潭袁思亮（伯夔），家人不戒于火，《宋槧蘇詩》竟遭回禄，爐餘殘卷，今藏臺灣"中央圖書館"。顧君於一九三三年傳鈔後，嘗撰《宋槧蘇詩施顧注題跋鈔》刊載《國立北平圖書館館刊》第七卷第一期，叙述其原委：清光緒二十三年，王勝之先生（同愈）視學湖北，書友持《宋槧蘇詩施顧注》第一函樣書求售，價昂，無力收購。但見前賢題記可愛，又有翁氏畫像，即手鈔成册。携至北京，章式之（鈺）先生又傳鈔一册，但畫像未能摹，畫一方框，注"畫像未能摹"。一九三一年冬，顧氏訪章先生，即以此册出示。顧氏喜而傳録一本歸之。迨顧氏整理章先生遺笈時，而此册遍尋不得，恐又外借未歸，而顧氏傳抄本遂成孤笈。

此爲書林掌故，余聞而好之，極謀景印以資流傳。（《全集·書信卷·致林公武》，下册第 566 頁）

是日　先生有信致褚樹青。

久疏音問，無任馳念！

上次游杭，忽已多年。當時曾訪邵芝岩筆莊，買了若干支小楷筆，"寫意工筆小""寫意工筆大"，吾喜寫小楷，極爲適用。但他們的地址已忘，但有個印象，與貴館甚近。您如果方便時，可否請您問問，以上兩種筆各買十支，要多少錢？我希望你告我後，直接與他們聯繫，或仍麻煩您。時隔較久，不知近況如何，如已無上述的小字筆，則作罷。如有代替品，亦可試試。此非急事，便中一詢，拜托拜托！（《全集·書信卷·致褚樹青》，下册第 705 頁）

3 月 27 日　先生有信致李國慶。

　　久疏音問,正深馳念,乃奉手書,無任快幸!

　　命題《藏書家》塗呈,不知可用否,先呈誨正。

　　貴館孔方恩副館長命題書簽附呈,便煩轉致。從前古籍部與總館不在一處,現在不知如何? 便中幸示一二爲盼!（《全集·書信卷·致李國慶》,下冊第 669 頁）

是月　《中國古籍善本書目·集部》,由上海古籍出版社出版。

是月　先生題簽的《山西文獻總目提要》（劉緯毅主編）,由山西人民出版社出版。

是月　林公武將丁文波抄寫的《蘇東坡法書石刻目録》寄呈先生審閲。先生"稱可"。（《全集·著作卷·蘇東坡法書石刻目録》出版説明）

初春　老舍夫人胡絜青派女兒至先生家,送上胡親筆繪畫一幅,感謝先生在"文革"期間,在上海市文物圖書清理小組工作,清理抄家圖書時,發現老舍《駱駝祥子》手稿并設法保存下來,以後又轉交給老舍夫人。（王世偉《顧廷龍先生逝世前後追記》,載《顧廷龍先生紀念文集》,第 16 頁）

初春　復旦大學古籍整理研究所陳麥青,持印刷精美之書簡影印件一片贈先生,是爲五十餘年前先生致友人劉重熙短札。"雪泥鴻爪,如幻復現,對之不免起逝者如斯之嘆"。復旦大學出版社擬選輯學校檔案館藏民國名家書簡影印刊布,此短札"即試印之樣也"。（《全集·文集卷·復旦藏名人手札彙輯出版志感》,下冊第 1046 頁）

春天　因爲想親自整理留在上海家中的那些寫在小紙片上的材料,先生很想回上海,但因誦芬工作太忙,無法陪他,遂作罷。先生説,如果不是他親自整理,這些材料都要變成廢紙了。（顧誦芬《父親永生》,載《顧廷龍先生紀念文集》,第 3 頁）

4 月 1 日　跋金天翮讀《史記》批語。

　　一九三二年夏,余自燕京畢業旋里,[1] 先師函約龍在草橋中學讀書。借課室一間,師徒二人自朝至暮,誦習其間。師讀《史記》,龍習《漢書》。師隨讀隨批,批語有長有短,即命余録於劉承幹氏所刻大字本《史記》上方。來客不多,一日吕思勉先生來訪,談甚久。去後,師曰:吕先生曾將《二十四史》通讀一過,尚有陳去病先生能背誦《史記》全文,皆非易事也。師批語之條,有時收去,有時不收去,余因得留此數條。先師逝世後,遺書由潘光旦先生之介,歸於清華大學圖書館,可謂得所。六十年後,芬兒爲我托清華同學複印批語若干條,余又檢得師手批十條裝成一册,即以送贈上海圖書

---

[1] 此處記憶有誤,據《文集·金松岑師贈詩書扇跋》,草橋中學消夏事在一九三〇年,當時先生在上海持志大學讀書,暑假從上海回蘇州。

館保存之。(原件;《全集·文集卷·金天翮讀史記批語》,上冊第 45 頁)

是日　林公武有信致先生,謂"《宋槧蘇詩施顧注題跋鈔》正在趕製,照原大影印",并附録一頁臺灣所藏殘本書影。(原信)

4 月 16 日　先生有信致林公武。

　　日前承電示,敬悉。關於《東坡書迹》有些注字,因太簡化,記不清了。此間無書可查,若要到北圖、北大去,我不能獨行,家中無人可陪,即有人陪,我亦怕動,祇能閉目冥思。現在我想到的我根據的書:

　　一、《金石彙目分編》二十卷附《補遺》　清吳式芬撰,《補遺》子重周、重憙同撰

　　二、《藝風堂金石文字目》十八卷　　民國繆荃孫撰

　　三、"續卷"可能是《續補寰宇訪碑録》二十五卷　劉聲木撰(近人),收在《直介堂叢刻》

　　這三種書,福州省圖書館當有之。一切祇好煩酌辦,能查則查。劉聲木書當易查吧!

　　鄙人日益疏懶,祇能看電視,古今中外,無數不有。諸公爲我忙,不勝感愧!(《全集·書信卷·致林公武》,下冊第 568 頁)

是月　先生致電王世偉,表示想回上海看書。(王世偉《顧廷龍先生逝世前後追記》,載《顧廷龍先生紀念文集》,第 16 頁)

是月　先生題簽的《中國活字印刷史》(張秀民、韓琦撰),由中國書籍出版社出版。

是月　跋宋刻宋元明遞修本《北齊書》。

　　嘗聞老輩言三朝本諸史,其修補之版各不相同,余頗欲采購三朝本之一史詳加檢閱,但值抗戰時期,已不易得,未能實現。今則可向各圖書館借觀,當可得之。日前在廠肆獲睹百衲本《史記》,不同時期不同版式,洋洋大觀,希望好古之士謀以景印流傳,供版本學之研究,不其盛歟!(《全集·文集卷·宋刻宋元明遞修本北齊書跋》,上冊第 47 頁)

是月　跋《蘇東坡法書石刻目録》。

　　一九一八年之秋,余考入江蘇省立第二中學校肄業。該校因地近草橋,簡稱之爲草橋中學。一年級有一課爲文字學,有一課爲書法,老師皆楊粹卿先生孰頤。在書法課上,嘗講蘇東坡兩句名言,曰"大字結密而無間,小字寬綽而有餘"。其後我愛好蘇書,曾在上海圖書館獲睹《鬱孤臺法帖》,有蘇書大字數葉,氣勢雄偉,結構嚴緊,拜觀再三,敬仰不止!後余入蜀,見蘇書碑版甚夥,但刻手精粗不一,因有編輯《蘇東坡法書石刻目録》之想。仰荷同志諸君之相助,草成此目。訪求不周,聊備檢閱耳。(《全集·文集卷·蘇東坡法書石刻目録跋》,下冊第 628 頁)

5 月 1 日　先生有信致林公武。

　　日前奉手書并校樣,不勝感幸! 丁文波先生書法精工,爲拙稿增光,感何可言! 晤時乞代致感激之忱,爲叩!

　　《蘇東坡法書石刻目録》兹加一短跋,敬乞斧正。

　　《説文廢字廢義考》一稿,恐尚有誤奪,幸承校訂,感荷無既! 劉師培有全集出版。朱宗萊爲北大教授,著有《文字學形義篇》一卷,北大出版。丁山著有《説文闕義箋》,語言歷史研究所出版。大致不錯,似可不必悉據原書校訂。我想《説文闕義箋》似已收入《説文詁林》中,《詁林》一書省館、大學圖書館可能有之。如省館有《説文詁林》一書,則諸書皆備。

　　寄示清樣,第二頁行十四"合"下奪"以"字,請補。

　　《蘇東坡法書石刻目録》跋附正。(《全集·書信卷·致林公武》,下册第570 頁)

　　5 月上旬　因北京圖書館文津街老館要進行大修,谷牧女兒劉燕遠邀請先生再去看一下這古老的文化建築,遂在江澤菲陪同下前往參觀。閲覽室已經搬空,看到大量已裝箱的各類工具書與地方文獻。先生印象最深的是館中闢有專室,陳列臺灣等地研究中國歷史文獻的各類資料。還看了館中的石碑,拍了照片。

　　又去中國書店參觀。在地下書庫,先生看到不少珍貴圖書,久久不願離去。陪同參觀的還有郭紀森先生,三十年代曾在琉璃廠書鋪工作,經常將圖書用自行車運至燕京大學,讓先生選購。

　　又去協和醫院看望老朋友單士元。兩位九旬老人相聚,甚是難得,合影留念。臨别時,單先生堅持送到電梯口。(王世偉《顧廷龍先生逝世前後追記》,載《顧廷龍先生紀念文集》,第16 頁)

　　5 月10 日　鄧雲鄉探望先生。先生極高興,"談日前應中國書店之約,去看該店古籍倉庫書,有宋版百衲本《史記》,極爲珍貴。又談上圖舊事:一、康熙時陳澤州筆記本;二、翁方綱硯,刻《蘭亭》全文;三、'文革'中如何搶救被撕成片段之敦煌唐人寫經。……中午顧誦芬兄留飯,扶顧老同至院中食堂,菜肴甚佳。飯後告辭出,目送顧老回住處"。(鄧雲鄉《告别顧老》,載《新民晚報》1998 年9 月9 日)

　　5 月21 日　江澤菲携先生曾孫女欣萌飛往美國,與顧衡團聚。(顧誦芬致筆者的信)

　　5 月25 日　在顧誦芬陪同下,踏訪圓明園遺址和早年居住過的蔣家胡同,王煦華和徐亦儒陪同。四人從圓明園東門進去,步行了兩公里以上的路。蔣家胡同就在圓明園近旁,爲顧頡剛寓所,1932—1939 年,先生曾居住在西屋。(王世偉《顧廷龍先生逝世前後追記》,載《顧廷龍先生紀念文集》,第17 頁)

　　5 月29 日　《人民日報》(海外版)發表先生書"行間揚道義,筆底走風雷"。

　　是月　出席馮其庸書畫展開幕式。

一九九八年五月，我在中國美術館舉辦個人的書畫展，想請顧老剪彩，但又想顧老年事已高，能不能出來，我即先打一個電話試試。電話接通後，顧老耳朵有點背，聽不明白，他就叫一個年輕的女孩子來接，再由她轉告。顧老聽了轉告，馬上拿起電話來就對我説："可以，可以！"於是我的這次展覽會開幕式，就得到了顧老的光臨，而且顧老當時精神極好，絕無倦容。（馮其庸《文章尚未報白頭》，載《中國書法》2001 年第 11 期）

是月　因"感到手不聽腦指揮了"，去北京馬家堡的康復中心檢查身體，醫生認爲是腦供血不足，要增强營養。後來驗血結果出來，發現癌症指標很高。（顧誦芬《紀念父親誕辰 110 周年》，載《顧廷龍先生紀念集》，第 8 頁）

是月　先生題簽的《冒鶴亭先生年譜》（冒懷蘇編撰），由上海學林出版社出版。

是月　先生題簽的《諸葛亮傳記集》（陳翔華編），由中華全國圖書館文獻縮微複製中心出版。

6 月 2 日　先生有信致鄧小南，感謝寄贈鄧廣銘文集，謂"尊公研究宋史，淵博而有創見，自當細細學習"。（先生小筆記本）

6 月中旬　先後爲《陳獨秀文集》《張政烺文集》題寫書簽，開始覺得手不聽使喚，寫了好幾遍纔定。又爲湖南籌備紀念譚嗣同的學術會議題寫"譚嗣同逝世一百周年"，此爲先生題字絕筆。（王世偉《顧廷龍先生逝世前後追記》，載《顧廷龍先生紀念文集》，第 17 頁）

6 月 20 日　水賚佑至京看望先生。先生興致很好，和他談到了一直提倡的"孤本不孤"的出版設想，也談到再編《續修四庫全書》時，應把清末王恩茂的集子收進去，因爲他是我國第一位講到馬克思的人。當得知《中國古籍善本書目》的最後一部已印出時，先生十分滿意地説："我將來去見周總理就可以交賬了。"水賚佑是先生住院前見的最後一位友人，他回憶説，這天與顧老照相，"顧老身體很不好，數次上廁所，還説對不起我"。（顧誦芬《父親永生》，載《顧廷龍先生紀念文集》，第 3 頁；水賚佑致筆者的信）

6 月 21 日　先生突然發病，却不願住入醫院。大夫勸他安心，他堅持説："還有很多事等我去做，我還是回家帶病延年。"（顧誦芬致筆者的信）

6 月 22 日　先生病重，誦芬致電上海圖書館王世偉，請求派人去北京護理。（王世偉《顧廷龍先生逝世前後追記》，載《顧廷龍先生紀念文集》，第 17 頁）

6 月 23 日　先生病情加重，被送往航空工業中心醫院（361 醫院）。（王世偉《顧廷龍先生逝世前後追記》，載《顧廷龍先生紀念文集》，第 17 頁）

6 月 24 日　先生又被轉到北京醫科大學附屬人民醫院，當晚陳先行到達北京。對於先生的病情，院方領導極爲重視，院長杜如昱每天親臨病房，重大治療決策均由其決定。即日起，至 8 月 22 日，上海圖書館先後組織了九批人員到北京人民醫院日夜守護。（王世偉《顧廷龍先生逝世前後追記》，載《顧廷龍先生紀

念文集》,第 17 頁）

6 月 26 日　上午,經專家會診後,醫院決定對先生的結腸腺癌進行切除手術。從中午十二時三十分始,至下午五時三十分結束,手術很成功。但手術中發現,癌細胞已經擴散至肝臟等部位。手術之後,先生便住入該院四樓的監護室。（王世偉《顧廷龍先生逝世前後追記》,載《顧廷龍先生紀念文集》,第 17 頁）

6 月 27 日　晚,江澤菲自美國飛返北京。先生看到江澤菲後,感到很高興。由於喉部插了管子,無法説話,於是用筆在紙上寫:"你回來我很高興,欣萌上學了没有？"（王世偉《顧廷龍先生逝世前後追記》,載《顧廷龍先生紀念文集》,第 17 頁;誦芬電告）

6 月 29 日　意識到自己將不久於人世,先生在紙條上寫"今日老法是本命日"。（王世偉《顧廷龍先生逝世前後追記》,載《顧廷龍先生紀念文集》,第 17 頁）

是月　先生題簽的《湖南省古籍善本書目》（常書智、李龍如主編）,由岳麓書社出版。

上半年　應俞偉超之請,爲北京大學賽克勒考古與藝術博物館題"蘇秉琦圖書室"。

上半年　撰《復旦藏名人手札彙輯出版志感》。

　　即以書法藝術而論,此書亦頗有可觀處。書中除選收于右任、夏敬觀等近代名家之作外,其他如張默君、衛挺生、顧頡剛等,亦有氣韵流轉之短札長簡影刊其間。而科學家如竺可楨、熊慶來等尺牘本已罕見,今本書各登其草書手札一通,且均爲精湛之作,亦可謂留才士真迹,添書壇佳話之雅舉矣!

　　昔尼父有言:"夏禮吾能言之,杞不足徵也;殷禮吾能言之,宋不足徵也。足,則吾能徵之矣。"其意頗以前代文獻散佚爲憾。今學者研究吾國文史,亦時興類似之慨。故選取現存文獻中價值較高者儘早刊布,乃于吾國學術文化貢獻甚巨之善事。余雖老憊,猶盼影印精緻之文獻合集不斷問世,如此則後代學者研究今世,可毋重興尼父文獻無徵之浩嘆矣!（《全集·文集卷·復旦藏名人手札彙輯出版志感》,下册 1047 頁）

7 月 1 日　受上海圖書館和上海科學技術情報研究所領導委托,王世偉趕赴北京。杜院長介紹,先生的病情很危險,已是朝不保夕,并討論了後事的安排。（王世偉《顧廷龍先生逝世前後追記》,載《顧廷龍先生紀念文集》,第 17 頁）

7 月初　上海圖書館和上海科學技術情報研究所將先生的病情迅速報告了文化部和上海市委領導。（王世偉《顧廷龍先生逝世前後追記》,載《顧廷龍先生紀念文集》,第 17 頁）

7 月 7 日　中共上海市委宣傳部副部長方全林與上海圖書館黨委書記王鶴鳴趕赴北京人民醫院探視先生。（王鶴鳴《書林薪火千秋耀——深切悼念顧廷龍先生》,載《顧廷龍先生紀念文集》,第 6 頁）

7月上旬—8月中旬　中共上海市委副書記龔學平、文化部副部長徐文伯、文化部社會文化與圖書館司司長陳琪林、副司長周小璞、原圖書館司司長杜克、北京圖書館領導周和平及孫承鑒、孫蓓欣等先後到人民醫院探視先生。(王世偉《顧廷龍先生逝世前後追記》,載《顧廷龍先生紀念文集》,第17頁)

7月　先生題簽的《孫子兵法詞典》(黃葵、劉春生編撰),由四川教育出版社出版。

是月　先生題簽的《健行齋詩詞》(李希泌撰),由北京圖書館出版社出版。

8月初　趙樸初在北京醫院,自友人處獲悉先生病重,即先爲先生《文集》題簽,以期早日問世。又書贈兩條幅,一曰"養頤之福,可以永年",亟盼先生能轉危爲安;一録其舊作《九十述懷》,以示互勉。詩云:"九十猶期日月新,讀書萬卷欲通神。耳聾不畏迅雷震,言笑能教遠客親。曾助新軍旗鼓振,力摧謬論海天清。千秋盲聖敦邦誼,往事差堪啓後生。"(顧誦芬《顧廷龍文集·編後記》)

8月22日　下午三時,北京守護人員電告上圖,先生已進入彌留時段。王世偉、陳先行當即奉命趕往北京,晚八時四十分到達醫院,此時先生血壓已難以測量,心臟監視器的數字顯示呈上下無規則跳躍。八時五十五分,值班醫師報告説,先生的血壓又開始下降,恐怕上半夜很難過。在場的顧誦芬、江澤菲夫婦等聽後非常震驚,趨至病床前,祇見先生眼睛微睜,眼眶濕潤,嘴唇蠕動,呼吸疲弱。醫生説,先生自身已失去呼吸的功能,完全依靠呼吸機支撐着。九時五分,先生逝世。(王世偉《顧廷龍先生逝世前後追記》,載《顧廷龍先生紀念文集》,第17頁)

8月23日　"顧廷龍同志治喪小組"成立,中共上海市委、市政府領導龔學平、金炳華、周慕堯等擔任治喪小組正、副組長,并分設辦公室於北京圖書館、上海圖書館內。"治喪小組"發布《訃告》云:

　　　　中國共産黨黨員,著名圖書館事業家、古籍版本目録學家、書法家,上海市第三、第四、第五屆人民代表大會代表,上海市第五、第六屆政治協商會議常務委員會委員,上海圖書館名譽館長顧廷龍同志,因病醫治無效,于1998年8月22日21時5分在北京人民醫院逝世,享年95歲。

　　　　現定於1998年8月27日10時整,在北京石景山區八寶山殯儀館大禮堂(第一告別室)舉行向顧廷龍同志遺體告別儀式。(《顧廷龍先生紀念文集》,第168頁)

"治喪小組"同時發布《顧廷龍同志生平》,云:

　　　　中國共産黨黨員,著名圖書館事業家、古籍版本目録學家、書法家,上海市第三、第四、第五屆人民代表大會代表,上海市第五、第六屆政治協商會議常務委員會委員,上海圖書館名譽館長顧廷龍同志,因病醫治無效,于1998年8月22日21時零5分,在北京人民醫院不幸逝世,享年95歲。

　　顧廷龍同志1904年11月10日出生于江蘇蘇州。1931年畢業于上海持志大學,獲文學學士學位。1932 年畢業于北京燕京大學研究院國文系,獲文學碩士學位。之後即投身于圖書館事業,先後擔任哈佛燕京圖書館駐平采訪處主任,上海私立合衆圖書館總幹事、董事。解放後,歷任上海圖書館籌備委員會委員、上海歷史文獻圖書館館長、上海圖書館館長、上海圖書館名譽館長、《辭海》編委和分科主編,文化部國家文物鑒定委員會委員,國務院古籍整理出版規劃小組顧問,中國圖書館學會第一、二、三届副理事長,復旦大學、華東師範大學兼職教授,中國書法家協會名譽理事等職。

　　顧廷龍同志是我國杰出的圖書館事業家,他在圖書館園地勤奮耕耘近 70 年,爲保存、整理、研究、開發歷史文獻作出了卓越的貢獻。七七事變後,他不忍江南文物遭日本侵略者肆意擄掠,毅然辭職回上海,與文化名人張元濟、葉景葵等創辦私立合衆圖書館,藉以保存瀕臨毀滅的文獻典籍。在極爲艱難的條件下,他歷經坎坷,飽嘗艱辛地勉力維持。解放前夕,還和妻子、同事連續好幾個晝夜守護館舍。解放後,他與其他董事一起將十餘年來辛勤收集的合衆圖書館近 30 萬册古籍及近代中外珍貴文獻悉數捐獻給國家,使之成爲上海圖書館館藏的重要組成部分,在我國近現代圖書館史上留下了光輝的一頁。

　　顧廷龍同志以其獨到的眼光長期致力于家譜、硃卷、日記、手札、專人檔案資料以及古籍稿本、批校本與革命文獻的搶救與收集,使上海圖書館擁有頗具規模的特色專藏,在國內外處于領先地位。如:他從別人丢棄的雜書中收集到陳望道譯《共産黨宣言》、毛澤東"農民運動"叢書等早期革命書刊近百種。50 年代中期,他從造紙廠廢紙堆中搶救出數以萬計的家譜文獻,也彌足珍貴。顧廷龍同志一貫堅持利用館藏編印圖書,使稀見典籍化身千百。早在 40 年代,他就編纂了《合衆圖書館叢書》一、二集。執掌上海圖書館後,又提出"孤本不孤"的印書計劃,五六十年代,他主持了宋刻《唐鑒》《韵語陽秋》等 30 餘種館藏珍貴孤本的編印,使之公諸于世。

　　顧廷龍同志又是古籍版本目録學界的權威。他編著的《章氏四當齋藏書〔書〕目》與《明代版本圖録初編》(與潘景鄭合編),在 30 年代即負盛名;他主編的《中國叢書綜録》收羅宏富、分類詳實、檢索方便,在目録學史上開了先河,蜚聲中外。爲實現周恩來總理遺願,他不顧年邁,毅然挑起《中國古籍善本書目》主編的重擔。1992 年胃癌手術後,還承擔《續修四庫全書》主編的工作,爲最終圓滿完成曠世盛舉鞠躬盡瘁,傾注了晚年大量心血,爲中國古籍的整理研究作出了重大貢獻。爲此,他榮獲上海市政府與文化部的嘉獎。

　　顧廷龍同志還是著名書法家,篆隸真草四體皆擅長,尤精于篆書。他曾兩次作爲中國書法家代表訪問日本,促進了兩國書法藝術的交流。1996 年 12 月舉辦的《顧廷龍先生書法展》,比較完整地反映了顧廷龍先生的書法藝術。

顧廷龍同志在文字學、金石學、歷史學等領域亦碩果纍纍,他編著的《吳愙齋先生年譜》《古匋文香録》《尚書文字合編》(與顧頡剛合作)等,皆具有很高的學術價值而享譽海内外。

顧廷龍同志不僅在學術研究上造詣很深,而且十分重視培養人才。他要求青年學業務、識書體、記書名,在古籍整理工作的實踐中,培養出一批歷史文獻鑒别、整理、修復、保管等方面具有較高水平的專業人才。他還兼任復旦大學、華東師範大學教授,悉心培養中國古典文獻專業的研究生,有些現在已是國内外的知名學者。

顧廷龍同志熱愛祖國、熱愛人民,青年時代就傾向革命,1982年,耄耋之年的顧老實現了自己幾十年來的願望,加入了光榮的中國共産黨。他對共産主義的堅定信念令衆人敬佩,爲中青年圖書館工作者樹立了榜樣。

顧廷龍同志學識淵博,治學嚴謹;人品高尚,受人敬重;學而不厭,誨人不倦;工作認真,一絲不苟;生活儉樸,廉潔自律;待人謙和,平易近人;助人爲樂,有求必應;視圖書文獻爲生命,將自己一生都貢獻給了圖書館事業。他對圖書館事業的真誠、執着和不爲名利、無私奉獻的精神,永遠值得我們學習。

顧廷龍同志永遠活在我們心中!(《顧廷龍先生紀念文集》,第169頁)

8月24日　上海《解放日報》《文匯報》《新民晚報》《勞動報》和上海人民廣播電臺都報道了先生逝世的消息。之後,《中國文化報》《北京日報》《北京晚報》等也相繼報道此消息。"治喪小組"通過傳真、電子郵件、上海圖書館網頁、特快專遞等形式,將訃告及時發往先生的生前友好及國内外有關文化學術機構。(王世偉《顧廷龍先生逝世前後追記》,載《顧廷龍先生紀念文集》,第17頁)

是日　沈津向上海圖書館發來傳真唁電。

顧廷龍先生治喪小組并轉顧誦芬先生:

驚悉顧師御鶴西歸,實在是悲痛之極。顧師是德高望重的中國當代最重要的目録學家和版本學家,他的學問和道德文章都是後來者所景仰的,他的逝世是中國圖書館事業的重大損失。

生我者父母也,知我者顧師也。我有幸忝爲顧師弟子,三十年來,他對我的諄諄教誨,耳提面命,都是我銘感五内的。對于先生的離去,我和内人趙宏梅都是十分難過的,我會永遠記住顧師對我的教導,也決不會辜負他對我的期望。

由于我得到顧老去世的消息太遲,而追悼會的時間又定在27日上午,我可能來不及訂票趕去北京再見顧師最後一面。能否先煩請治喪小組辦公室爲我代辦悼念事宜,代買花籃送到顧師遺像下,上書"顧師廷龍先生千古。弟子沈津暨趙宏梅敬挽"。所需費用當另奉上,謝謝。

顧師仙逝,不能復生,還請誦芬先生全家節哀爲重。

美國哈佛大學哈佛燕京圖書館　沈津

**1998.8.23. 晚十時半** ①（原件）

8 月 24—27 日　爲辦理先生喪事,上海圖書館先後派出二十餘人抵達北京。上海圖書館領導王鶴鳴、馬遠良、陳燮君以及繆其浩等專程趕到北京,指導安排喪事的進行,并參加先生遺體告別儀式。(王世偉《顧廷龍先生逝世前後追記》,載《顧廷龍先生紀念文集》,第 17 頁)

這段時間,上海市文物管理委員會、中國歷史博物館、全國高校古籍整理研究工作委員會秘書處、中共蘇州市委員會／蘇州市人民政府、安徽省社會科學院、中國航空工業總公司第六○一研究所、中國航空工業總公司六四○研究所、《人民日報》社神州書畫院、上海電視臺、南京圖書館／江蘇省圖書館學會、遼寧省圖書館、吉林省圖書館、黑龍江省圖書館、廣東省中山圖書館、廣西圖書館、湖北省圖書館、湖南圖書館、山西省圖書館、寧夏圖書館、上海社會科學院圖書館、深圳圖書館、杭州圖書館／杭州市圖書館協會、南京圖書館古籍部、華東理工大學圖書館、寧波市天一閣博物館、上海魯迅紀念館、張元濟圖書館、上海市閔行區第二圖書館、上海古籍出版社、上海人民美術出版社、安徽教育出版社、上海圖書公司／上海書店出版社、《文匯讀書周報》、《書法報》社、福州市書法家協會、福州市文聯／福州書畫研究院／福州《家園》雜志社、《古文字詁林》編纂委員會／華東師範大學《古文字詁林》編纂室、《李鴻章全集》編委會、湖南省譚嗣同研究會、東吳大學上海校友會、蘇州市園林管理局、蘇州市第一中學校、蘇州博物館、《蘇州雜志》社、蘇州傳統文化研究會、蘇州楓橋史迹史料陳列館等單位、組織發來唁電。

以個人名義發唁電的有:陳至立、謝繩武、張樹年、陳植、方行／王辛南、杜宣、馬承源、汪慶正、鄭炯文、潘天禎／宮愛東／江凌／王小寧、劉靖基子女、王紹曾／杜澤遜、楊友仁、屠基達、陳石銘／俞少秋、王運堂、鄭一仙、林其錟、沈津、高劍平／韓棟梁／周柏康、中村義惠、高橋智、梅憲華、崔富章、吳長鄴、劉錦宏／劉偉一、洪廷彥／俞偉超、陸錫楨、葉世元／高祁珍、李光里、許惟元／李文、聶道融、董壽琪、盧鴻年、王宗拭、鄭麥、姜俊俊／陳善祥、王大象、林公武／劉通／柯一江／張善文／傅永強、高德、孫文光、方寶川、劉蕙孫／劉德威、李龍如、余子安、王運天、王觀泉、朱雲珍、薛德馨、范笑我、鍾必鳳、戚文、陸宜泰等。

先生親屬發唁電的有:盧藻翰、胡瑞珍、王懷琮／貝祖遠／王懷璆／戴珏英／王懷璧／王懷璞、武祥敏、顧和、王毓忠／王嘉遂／王嘉華、陸承曜、陸承平、顧誦華／梁冠仁、潘家開／林燕萍、郭澤弘／郭信和／郭椿和／郭貞／郭澤正、顧大豐／大强／小玫、潘家寧／孫義國、梅燕霞／禮義、美珠、程不時、吳傳恩等。(《顧廷龍

---

①此爲美國時間,即北京時間 24 日上午。

先生紀念文集》,第 129 頁)

8 月 25 日　《文匯報》發表張立行《萬卷典籍留書香——顧廷龍與上海的圖書館藏事業》。

是日　《新民晚報》發表項瑋《丹心一片爲古籍——追憶上海圖書館名譽館長顧廷龍》。

是日　唐振常撰《顧老三封信》,回憶昔日往事。(《顧廷龍先生紀念文集》,第 35 頁)

8 月 26 日　沈津自美國經加拿大飛抵北京,爲先生送行。

8 月 27 日　上午十時,先生遺體告別儀式在北京八寶山殯儀館大禮堂舉行。先生靜卧在鮮花松柏叢中,遺體上覆蓋着鮮紅的中國共產黨黨旗。數以百計的花籃和花圈擺滿了大廳內外。大廳正中懸挂着"向顧廷龍同志遺體告別"的橫幅,兩旁是大幅挽聯,上書"萬卷治琳琅,畢生盡瘁圖書業;九五鑄風華,終身追求清澄路"。文化部、中共上海市委、中國航空工業總公司、國家文物局、北京圖書館、上海圖書館、上海書店出版社、蘇州市政府、天津圖書館、浙江圖書館、南京圖書館、福州市文聯、蘇州市第一中學等單位,以及來自國內外各界知名人士共四百餘人參加了告別儀式。當天下午,先生遺體在八寶山殯儀館火化。(王世偉《顧廷龍先生逝世前後追記》,載《顧廷龍先生紀念文集》,第 18 頁;《首都各界人士爲顧廷龍送行》,載《新民晚報》1998 年 8 月 27 日)

各界人士送的挽詞有:

柳定生、柳曾符

　　碩學冠群儒,窮經史百家奥秘。目録指津,書藝挺秀,師表流芳新世紀;長才典策府,聚古今歷史文獻。華夏瑰寶,國家命脉,輝煌炳業耀千秋。

辛希孟

　　龍隱海天雲萬里,鶴歸華表月三更。

鄧雲鄉

　　百納廿四史,夫子莞爾留笑貌;一辭九五翁,哲人仙去失儀型。

林公武、張善文等

　　體仁存愛,宗師風範垂百代;學富才高,泰斗文章耀千秋。

福州五雲堂丁文波等

　　疏濬功名,真乃千秋式範;精研典籍,堪稱一代宗師。

林星垣

　　凄聞薤露,音容宛在悲圖府;騎鯨西去,典型長垂耀儒林。

楊泰偉

　　游心沂水,玉稱令德,君子儀型永在;羈志蘭臺,龍象華章,先生翰墨長存。

戴逸

　　學者襟懷,布衣風範。

張珍懷

　　精研古籍世無儔,楷篆揮翰第一流。胸有丹誠揚赤幟,書城事業自千秋。踏遍九洲尋善本,校讎辛苦夜窗幽。一生敬業不知老,八六衰年訪美洲。

　　茌臨寒舍下飛軿,令子扶持深巷行。相約今秋再相見,奈何一夕梁木傾。

　　昔聆誨益坐春風,廿載申江闡闡同。長記拈花莞爾笑,瀟瀟夜雨哭潛公。

白化文

　　盡瘁在圖書,老成垂範存周密;持衡承薦舉,師誼題評沐霽光。

徐培均《浪淘沙》

　　翹首望京華,兩淚如麻。先生何遽駕仙槎! 鐵畫銀鈎猶在眼,不忍摩挲。　　書苑植瓊葩,譽滿天涯。琅擐〈環〉闡秘獨成家。芸笈縹緗沾手澤,待綻香花。

中國史學會

　　道德文章第一流。(《顧廷龍先生紀念文集》,第 121 頁)

　　是日　《北京日報》發表《著名學者顧廷龍逝世》的消息。《新民晚報》發表陳燮君《心地處處見清澄——深切悼念顧廷龍先生》。

　　是日　秀州書局發行藏書票,一套二枚。第一枚爲先生手書“嘉興市志”。(《笑我販書》,第 201 頁)

　　是日　張樹年撰《懷念起潛兄》。(《顧廷龍先生紀念文集》,第 26 頁)

　　8 月 28 日　下午,顧誦芬、江澤菲夫婦和上海圖書館治喪工作小組成員乘機抵滬,護送先生的骨灰至淮海中路寓所。(王世偉《顧廷龍先生逝世前後追記》,載《顧廷龍先生紀念文集》,第 18 頁)

　　是日　《文匯報》發表北京顧廷龍追悼會的消息。

　　黃菊、趙樸初、雷潔瓊送了花圈或發唁函,對先生逝世表示深切哀悼。送花圈的還有孫家正、陳至立、徐匡迪、陳鐵迪、王力平、龔學平、周慕堯、胡立教、汪道涵、裴先白、任繼愈等。徐文伯、金炳華、關敦、張文彬、賈亦斌等爲先生送行。(《北京各界送別顧廷龍》,載《文匯報》1998 年 8 月 28 日)

　　8 月 29 日　上午八時,先生骨灰由顧誦芬、江澤菲夫婦及上海圖書館人員護送至蘇州七子山墓地。十一時四十五分骨灰入葬。(王世偉《顧廷龍先生逝世前後追記》,載《顧廷龍先生紀念文集》,第 18 頁)

　　8 月 31 日　上午九時三十分,“顧廷龍同志追思會”在上海圖書館多功能廳隆重舉行。會場外陳列着先生一生所編纂的著作,會場內主席臺兩旁,布置了先生生前在上海圖書館工作的一些大幅照片,原計劃一百餘人出席的追思會來了三百餘人。追思會由上圖黨委書記王鶴鳴主持,方行、馬遠良、陳變君、陳先行、林公武、嚴佐之、章培恒、李國章、姚昆田、顧誦芬、王世偉等先後在會上發言,緬懷先生業績和貢獻。中共上海市委宣傳部副部長方全林在會上講話,高度評價了先生一生所作出的卓越貢獻。在追思會上,顧誦芬將先生批校的清同治八年金陵書局刻本《漢書》十六册捐贈上圖,并表示以後還要將先生收藏的古籍、尺牘、書畫等悉數捐獻上圖。馬遠良館長代表上圖向顧誦芬頒發了捐贈證書。(王世偉《顧廷龍先生逝世前後追記》,載《顧廷龍先生紀念文集》,第 18 頁)

是日　《新民晚報》發表《博學高風　澤被後人——上圖集會追思顧廷龍先生》。《文匯報》發表陳變君《坐擁書城放眼量——深切悼念上圖名譽館長顧廷龍先生》。

是日　李國章撰《深切悼念顧廷龍先生》,回憶先生昔日支持上海古籍出版社工作事。(《顧廷龍先生紀念文集》,第 40 頁)

是月　先生題簽的《王同愈集》,由上海古籍出版社出版。

是月　先生題簽的《胡適論學往來書信選》(杜春和、韓榮芳、耿來金編),由河北人民出版社出版。

是月　先生題簽的《文徵明年譜》(周道振、張月尊撰),由百家出版社出版。

9 月 1 日　《新民晚報》發表馮英子《垂淚送顧老》。

是日　《解放日報》發表《顧廷龍家屬向上圖捐圖書》的消息。

是日　《新安晚報》發表鮑義來《顧廷龍先生二三事》。

9 月 3 日　《上海金融報》發表谷葦《舊事經心憶顧老》。

9 月 9 日　《人民日報》發表田泓《顧廷龍:書海寫春秋——心香一瓣,事業千秋》。

是日　《新民晚報》發表鄧雲鄉《告別顧老》。

9 月 13 日　《新民晚報》"金陽臺"畫刊發表《遨書海　鑄藝品——顧廷龍先生書法作品選》專版。

9 月 14 日　《人民政協報》發表曹道衡《誘掖後進　誨人不倦——悼念姨丈顧起潛先生》、王世偉《顧老晚年的三次上海之行》、張世林《我陪顧老去歷博》三篇文章,悼念先生逝世。曹道衡寫道:

> 1946 年,那時我正在唐文治先生主持的無錫國學專修學校讀書。那年的課程有一門中國近代史,學期結束時,要寫一篇讀書報告,我手頭没有參考書,就去姨丈家,借閲合衆圖書館的藏書。……我這種學習的方法,引起了姨丈注意,他就問我:"你選擇這幾本書,有什麽打算? 要解決什麽問題?"我一時就茫然不知所答,祇説是想抄點材料,完成作業。姨丈就問我究竟想學些什麽,準備怎麽學? 我那時對先秦兩漢的歷史較有興趣,對近代史則不大想深入學習,就把自己的想法實説了出來。姨丈對我的情況很瞭解,知道我曾經讀過"四書"、《左傳》、《詩經》、《禮記》等書,而對近代的

歷史很少接觸,因此對我這種想法并未深責。但對我的學習方法則提出了批評,他説:"你現在還年輕,正是打好基礎的時候,你應該多讀原始的材料,而不是滿足于一些概論性的東西。有些年輕人不懂得這個道理,一味去讀一些別人的文章,從中轉引些材料,加以發揮,寫成文章,急于成名,這樣是危險的,因爲基礎不扎實。今人的著作,本身也是從原始材料中來的,不過是經過他們消化之後,纔提出自己的結論。這種結論,有的是對的,有的就不一定對。他們引的材料,祇是經過他們選擇之後,纔舉出的一小部分。其實他們在寫成文章以前,所要閱讀的資料遠遠不止這一些。何況別人引用材料,往往要使之適合于自己的論點,如果不知道這段話的上下文,那麼這段話是否完全符合原書的意思,也是可以懷疑的。"因此,他非常強調要讀原始材料。那一次,他對我指出,既然要讀史,就必須先用功讀幾部書。他認爲,爲了打好基礎,首先,應該仔細通讀宋司馬光的《通鑑》;其次,爲了真正讀懂古書,必須對文字學有一定的瞭解,因此要閱讀清段玉裁的《説文解字注》;再次,針對我當時想治先秦兩漢史的情況,要我精讀《史記》和《漢書》(包括《史記》三家注和顏師古《漢書注》)。他教給我讀書的方法是,用紅筆在書上圈點斷句,不但要點正文,而且要點注。他給我規定的書,篇幅都很大,短時間是讀不完的。因此,他要我養成每天點書的習慣,一天抽出一定的時間,讀《通鑑》一卷、段注《説文》(當時通行的石印小字本)兩頁、《史記》或《漢書》一頁,這種讀書的方法,我一直照辦……

　　姨丈不但給我指出治學的途徑,也經常糾正我一些錯誤的想法。例如當我閱讀了一些清人著作之後,覺得獲益很多,却又產生了另一種想法,覺得清人學術筆記很有價值,明人的書就顯得浮泛,頗有輕視之意。這時,姨丈又給我指出:各種書都有其不同的作用,明人的一些筆記,着重記載當時的掌故和風土人情,對研究那時代的歷史有着不可忽視的作用。又如明清一些人的詩文集,從文學價值來看,也許不如歷代那些名家之作高,但研究那個時代的歷史,却又不能不看這些集子。

　　當我在無錫國專畢業時,姨丈曾找我詳談,覺得我雖然讀了一些典籍,但離開從事學術工作的要求還很遠。他對我説:"你現在念了一些書,好比一個人有了些小本錢,還不會經營,應該到大學裏去進一步深造,開拓眼界,不要急于工作。"(曹道衡《誘掖後進　誨人不倦——悼念姨丈顧起潛先生》,載《顧廷龍先生紀念文集》,第28頁)

9月20日　《新民晚報》發表王世偉《顧老晚年的三次上海之行》。

9月25日　《上海文化報》發表陳變君《無聲之詩吟經綸——深切悼念上圖名譽館長顧廷龍先生》。

是月　《西泠藝報》第154期發表沈穎麗《悼念顧廷龍先生》。

是月　《圖書館雜志》第5期發表方全林《在顧廷龍同志追思會上的講話》,

上海圖書館、上海科學技術情報研究所《沉痛悼念顧廷龍同志》，胡道静《顧老與古籍版本目録學》，王鶴鳴《書林薪火千秋耀——深切悼念顧廷龍先生》，王世偉《顧廷龍先生逝世前後追記》。

是月 《山東圖書館季刊》第 3 期發表杜澤遜《懷念顧廷龍先生》。

10 月 8 日 《郵政周報》發表王湜華《二十五年魚雁多——追念顧廷龍先生》。

是月 先生題簽的《全唐五代詞釋注》（孔範今主編），由陝西人民出版社出版。

是月 《蘇州史志資料選輯》總第 23 輯發表《顧廷龍與蘇州史志》。

12 月 先生題簽的《慶祝楊向奎先生教研六十年論文集》（《慶祝楊向奎先生教研六十年論文集》編委會編），由河北教育出版社出版。

是月 先生題簽的《明代刊工姓名索引》（李國慶編），由上海古籍出版社出版。

是月 先生題簽的《唐代九姓胡與突厥文化》（蔡鴻生撰），由中華書局出版。

是月 先生題簽的《西諦書跋》（吳曉鈴整理），由文物出版社出版。

是月 先生題簽的《簡明金文詞典》（王文耀編），由上海辭書出版社出版。

是月 先生題簽的《清初人選清初詩彙考》（謝正光、佘汝豐編撰），由南京大學出版社出版。

是月 先生題簽的《學林春秋——著名學者自序集》（張世林編），由中華書局出版。

是月 先生於 1933 年傳抄的《宋槧蘇詩施顧注題跋鈔》，由福州市書畫研究院編印出版，原大影印，限量五百册。林公武《後記》云：

> 《宋槧蘇詩施顧注題跋鈔》爲顧老於一九三三年轉鈔傳寫之本，之後撰文載於《國立北平圖書館館刊》第七卷第一號期，詳記傳鈔原委。現特將此文作爲代序收入鈔本，以資佐證。《宋槧蘇詩施顧注》遭火劫餘殘本，今藏臺北"中央圖書館"，爲使讀者獲睹神采，亦製書影一葉附録。《蘇詩注》題跋真迹，原物已毀，而王氏、章氏之首鈔、重鈔本，均已不知下落，此顧老之再鈔本，實屬孤本。此孤本，賴顧老的傳存免遭絶迹，可爲考證《宋槧蘇詩注》版本之本來面目及其流傳始末，提供了原始實據，其文獻價值不言而喻。以微見著，即舉此例，庶可透示出顧老的明者眼光和智者大略，真所謂"明者遠見於未萌，而智者避危於未形"。
>
> 當然，是鈔得以流傳至今，王同愈、章鈺兩先輩之功實不可没，誠如顧老所指："幸賴外叔祖之手記，章丈之傳録也。"……
>
> 這一鈔本爲稀世孤本秘笈，極具歷史文物和學術資料之價值，而以書法角度欣賞，亦堪稱藝術珍品。顧老書法爲一代名家，鈔寫是册，年僅二十九，

但功力畢見,風格已露。全書萬餘言,蠅頭細字,一氣呵成,筆不懈怠,酣暢自如,通篇所形成的典雅端秀的小楷書法,不僅凸現了顧老對中華民族珍貴的文獻無比深厚的情懷,而且也足以引起我們後輩深思:老一輩學者所特有的精益求精的治學精神與善於坐冷板凳的功夫,難道不值得弘揚嗎?

　　清黃宗羲於《天一閣藏書記》云:"嘗嘆讀書難,藏書尤難,藏之久而不散,則難之難矣。"袁氏得《宋槧蘇詩施顧注》,未幾灰飛烟滅;王本、章本,亦成過眼雲烟。三籍之亡,前後也不過三十年,不禁爲之嗟嘆。而顧老鈔本,保存至今已六十五年,雖未謂遠,然其間人事滄桑,幾經沉浮,佳槧秘本,或散或失,不計其數,惟此本獨存,堪稱萬幸。我們徵得顧老同意,亟付影印,公諸世人,嘉惠學林,以廣流布,則不復有湮没之憂。王勝之、章式之兩先賢九泉有知,亦足可欣慰矣。(《宋槧蘇詩施顧注題跋鈔》;林公武《夜趣齋讀書録》,第 131 頁)

是月　臺北《書目季刊》第 32 卷第 3 期發表杜澤遜《顧廷龍先生生平學術述略》。

是月　《上海文化史志通訊》總第 50 期發表艾冲《憶顧老》。


### 是年

　　5 月 25 日　單士元卒,91 歲。

　　12 月 19 日　錢鍾書卒,88 歲。

# 人名索引

（按姓名拼音排序）

11/10；1962/5/9，5/25，8/1，9/16，
11/23，12/1；1963/11/16，11/20；
1964/1/9；1965/7月末—8月初，8/2；
1981/7；1982/7/4；1984/2；1986/9；
1987/3/4；1989/3/29，5/4，6/20；
1991/2；1992/6/14，12月；1996/3，
8/29；1997/7/17

陳巨來 1950/1/15；1992/12

陳萊青(廷絜) 1941/春，4/15，8/1；
1942/5

陳理卿 1941/10/10，12/12

陳懋恒 1931/12/22；1935/7/1；
1945/8；1946/2/19，3/27，5/12；
1949/8；1957/2/8

陳夢家 1936/5/27，10/15；1937/6/5；
1948/8/25；1951/7/12，8/3；
1957/2/8

陳乃乾 1928/夏五，9/28；1929/7/12；
1940/2/27；1943/4/4；1944/2/10；
1945/4/3；1946/5/15，8月；
1947/2/15，4/25；1948/4/3，4月；
1950/4/11，6/27；1951/1/14，2/13，
4/17—18，5/4，5/22，8/20，9/18，
10/4，11/14；1952/1/28，2/16，12/19；
1953/5，7/26；1954/2/15，6/27，8/15；
1956/5/8，9/12，12/6；1957/1/31，
4/5，4/10；1958/2/2；1963/11/19；
1964/3/10；1966/4/2，4/18；
1972/1/29；1973/2/25；1988/4/23，
8/18

陳聘丞 1942/1/10，1/27，9/10；
1943/3/31，8月，12/3；1945/1/3；
1946/1/24；1947/4/26，4/29，5/2，
6/21，9/30；1950/5/28—29

陳器成 1942/8/13；1943/8/11；
1944/1/28，10/25，10/28；1945/

11/15，11/19；1946/1/17，5/27；
1947/2/5，2/21，2/23，3/25，4/3，
5/9，6/15，7/15，7/31，8/24，9/21，
9/25，10/5；1950/1/18，3/8，3/16，
7/9，7/17，8月，9/18，10/11，11/11；
1951/4/16，8月，9/1，11/26，11/28；
1952/1/15，1/20

陳善祥 1991/12/7；1993/9/26，
12/24；1994/11；1995/4/24，4月
下旬，5/17，5月，12/4；1996/2/23，
7/29，8/16，9/15；1998/8/24—27

陳石銘 1961/1/4；1974/1/15；
1978/3/29，11/12，11/15，11/24，
12/4；1981/2/6—7，3/19；
1982/2/25；1984/10/24；1988/1/2；
1991/1/2；1992/6/24；1993/11/10；
1994/5/26；1998/8/24—27

陳陶遺 1939/4/18，5月，7/20，12月；
1940/3/28，4/6，4/18，5/29；1941/3，
7/27，8/1，8/6—7，8/19，8/21，10/17，
11/5，11/10，11/21，11/23，11/29，
12/14，12/16，12/19，12/22—23；
1942/1/1，1/26—28，1/31，2/1，2/7，
2/10，2/14—15，3/15，3/22—23，
3/25，3/27—28，4/13，5/10，5/22，
5/25，5/29，6/21，6/23，6/27，6/30，
8/26，8/29，9/11，9/19，10/15—16，
10/18—19，10/25，11/8，11/12，
11/16，11/29，12/4；1943/1/31，2/7，
3/22，4/18，4月，5/20，6/21，7/11，
7/31，8/29—30，10/5，10/10，10/26—
27；1944/2/6，3/8，4/12，4/16，7/30，
12/10；1945/2/14，4/3，12/4，12/27；
1946/1/7，1/23—24，2/3，3/10，3/24，
3/28—29，4/27—29，5/3，5/5，7/5，
7/7，10月；1947/3/10，4/27，7月，8

9/11,12月;1991/10

崔富章　1980/10/26;1989/12下旬;
　1990/2/21;1991/7/7;1998/
　8/24—27

崔太山　1963/11/15—18,11/23,
　11/28,12/12;1964/2/22

村上三島　1963/12/12;1964/2/22;
　1979/5/11;1987/4/10;1994/11/1

# D

大池晴嵐　1963/12/13;1964/2/22

鄧廣銘　1985/11/27;1988/10/5;
　1998/6/2

鄧嗣禹(持宇)　1934/8/3,8/24,8/30;
　1935/6/28,12/29;1936/4/19,5/31;
　1938/9/15;1939/9/18;1945/9/20;
　1947/7/16,8月;1981/11/25;
　1988/1/21,6/6;1995/1/3

鄧雲鄉　1984/2/3;1986/6/20;
　1988/5/8,秋;1989/5;1990/8/20;
　1994/2,9/14,9/29;1995/1,5/30;
　1996/8/6,12/22;1997/3/26,5/22;
　1998/5/10,8/27,9/9

鄧之誠(文如)　1932/夏;1934/8/3,
　12/19;1935/2/27,4/22,7/7;
　1937/4/20;1939/9/18;1940/7/2;
　1942/5/24;1947/7/1;1954/7/25;
　1960/2/8;1977/12/16;1984/6月
　末—7月初;1985/11/27;1991/3;
　1995/1/3;1996/8/22;1997/4/26,
　7/17

丁景唐　1961/4/12;1976/2/26,3月,
　5/1,6/4;1984/2/16;1988/8/13;
　1989/6/23;1996/12/22

丁山　1927/6/7,11/10;1947/3/8;

1990/2/20;1998/5/1

丁燮生　1941/11/3—4,11/14,11/17;
　1942/6/30

丁英桂　1950/10/10,12/4;
　1960/8/14,9/7;1979/10/3,10/14;
　1980/2/3;1987/3/4;1995/是年

丁瑜　1980/5/10,5/15;1981/1/2,
　1/7,3/11;1982/4/16;1985/3/29;
　1988/3/2,3/29,4/27;1989/7/15,
　7/16

丁正鐸　1995/5/12

丁志剛　1979/7/9—16;1982/1/7;
　1983/10/31—11/6;1990/11/4

董金榜　1940/3/26,3/27—28,4/17,
　4/20,8/17,8/24,9/6,9/16,9/18,
　9/20—21,9/26,9月,10/3,11/2;
　1941/3/25,6/12,6/14,7/16,12/1;
　1942/3/31;1943/4/1,10/2

董作賓(彥堂)　1932/8;1934/6;
　1937/7/21;1947/1/14;1987/12/22

杜克　1981/3/19;1983/3/1,10/31—
　11/6;1987/11/6—8;1988/3/22,
　4/27,5/1,6/1,7/5,7/26,9月,
　11/13;1989/4月初,8/19;1991/7/9;
　1992/7/20;1993/8/10;1995/5月下
　旬—6月;1998/7月上旬—8月中旬

杜詩庭　1949/8;1950/4/8;1951/
　1/27,11/27,12/1

杜宣　1977/4/18;1994/9/29;
　1996/12/20,12/22;1997/12;
　1998/8/24—27

杜澤遜　1992/12/5;1993/1/4,10/17;
　1994/8/1,8/20,9/9,9/12—13;
　1995/10/29,11/2,11/21,11/24,
　11/28;1996/6/22,8/22;1997/5/2,
　5月,7/17,7/19,10/2,12月;

1998/8/24—27,9月,12月

杜鎮(幹卿)　1946/1/15,1/22—23,
　8月;1949/3,8/13;1951/1/5;
　1979/10/2;1996/2/21,3/18

頓群(立夫)　1940/6/2,11/24,12/11

# F

范敬宜　1996/10/31,11/13;1997/
　1/12

方行　1947/1/10—11,1/14,8月;
　1952/11/27;1956/11/29;1958/約11
　月中旬,11/28;1959/2/2;1961/4/1,
　4/8,8/12,9/22,11/20;1962/2/6,
　7/14,8/1,8/23,11/22;1963/2/1,
　11/13;1964/1/2,1/6—7,4/24,
　10/29,11/21;1965/4/6,4/12,4/24;
　1975/4/6,8/13,11/27;1977/3/22,
　10/27;1978/6/11,7/5,10/12,11/12,
　11/16,11/24,11/30,12/4;1979/3/4,
　9/13,9/21;1980/5/9,5/15,5月,
　6/6,6/13,8/8,8/15,8/19,8/23,
　10/27,10/28,12/14;1981/1/2,1/28,
　2/19,3/11,3/19,4/17,5/22,12/21—
　22;1982/10/18;1983/1/22,3/3,
　3/6,7/26,8/19,9/9,9/18,12/10;
　1984/2/16,4/26,5/20—23,6/26,
　7/23,10/17,11/12;1986/8/3,
　8/8;1988/1/2—3,1/27,4/11,5/9,
　8/20,10/16;1989/6/23,7/16,9/23;
　1990/2/26,10/5,10/7;1991/3/25,
　12月;1992/6/9,7/20;1993/2/18,
　4/12;1994/1/8,1/21,10/24,
　11/11;1995/1/14,4/15,5/27,是年;
　1996/3/31,7/23,8/29,12/22—23;
　1997/4/22,9/13;1998/8/24—27

方詩銘　1945/11/5;1947/4/15,8
　月;1948/8;1950/8/28,10/6,11/7;
　1951/1/26,7/18;1953/5/31,11/28;
　1957/2/8;1972/2/16;1981/2;
　1982/10;1987/12;1988/10/16;
　1996/3/30

豐道春海　1963/11/28,12/19,12/23;
　1992/6/24

馮家昇(伯平)　1931/11/16;1932/
　6/20;1934/11/13;1935/5/16,
　6/29,7/1;1936/5/24,5/30,7/3,
　8/22,10/20;1937/3/14,5/8,5/26;
　1945/9/20;1947/2/11,2/16—
　17,8月

馮其庸　1948/8;1982/5/23,6/20,
　7/26;1983/3/6;1998/5

馮世五　1931/9/12;1932/10/14,
　11/4,11/11,11/18;1933/2/10,3/23,
　4/26,5/24;1934/4/27,5/2,9/4,
　9/10;1935/1/28,1/30,6/2,6/7,
　7/7,8/25;1936/6/13,10/18,10/25;
　1937/3/14,9/13;1942/1/10,1/12,
　1/21;1943/6/16;1945/9/1,9/18,
　11/18;1946/3/27,上半年

馮雄(翰飛)　1936/3/29;1947/10/20,
　10/29;1948/8;1949/8,是年;
　1950/2/5,10/13,10/29;1954/11/13,
　12/22;1961/11/7

傅熹年　1984/11/28;1988/4/28;
　1989/12/28;1991/4/29;1992/12/5;
　1996/3/8

傅璇琮　1980/11/13;1982/7/26,8/9;
　1988/4/9;1994/7/12,7/17,8/5—
　10;1995/1/22,10/4,12/9,12/30,12
　月;1997/4/14,4/16

傅增湘(沅叔)　1932/11/27;1938/

顧湲　1952/1/27,10/1,11/9；
　1953/2/12；1954/2/4；1957/4/10；
　1963/11/15；1973/4/23,9/25；
　1974/4/13；1977/4/4
關志良　1941/4/7,5/29；1944/6/21
郭葆昌　1940/1/29,2/14,3/4
郭紀生　1963/11/18
郭勞爲　1963/11/15,11/22—24,
　11/28,12/4,12/12；1964/2/22
郭墨林　1950/8/26,9/11,9/13
郭群一　1979/春；1980/8/24,
　9/7,10/28；1981/2/17,2/24；
　1984/10/24,10/26；1990/10/7,
　10/18；1991/10月；1995/1/14,3/8
郭若愚　1949/8；1950/4/17,5/31,
　6/9,6/20—21,7/3；1951/1/14—15；
　1960/8/9；1996/2/21；1997/6/27
郭紹虞　1931/7,9/20；1932/4,6/21,
　夏,10/2；1933/1/14,1/25,2/10,
　5/22；1934/8/4,9/4,11/13,12/14,
　12/9；1935/6/7,10/12；1936/4/19,
　5/24,10/6,10/15,10/18,10/20；
　1937/3/21,6/5,6/19；1940/3/25,
　5/6,12/7；1941/1/29—30,10/9,
　10/11；1942/1/30,4/11；1943/7/10,
　8/4,8/15,8/25,8月；1944/2/6,2/10,
　12/10；1945/8,12/11；1946/1/5,
　1/13,1/29,6/26,12月；1947/1/31,
　6/21,7/8,10/29,11/28,12/19；
　1948/是年；1951/6/11,7/27,10/27；
　1952/12/19；1953/5,11/28；1954/
　約10月；1955/12/1；1959/2/2；
　1963/2/1,4/29,6/16,8/9；1977/4/4；
　1979/9/4,9/13；1982/4/15；
　1984/6/21—22,6月末 —7月初,
　11/10,11/21；1985/11/27；1986/4

月；1987/2/20；1988/1/21,10/7；
　1991/1/1；1992/12月；1993/11月；
　1995/12/29；1996/2/21,7月,8/22；
　1997/4/26,7/17,11月
郭石麒　1940/1/27,2/27,3/31,6/4—
　5,10/8—9；1941/4/11,4/29—30,
　12/15；1942/4/19,4/23,9/15,9/17,
　10/14；1943/1/4,1/12,1/26—27,
　1/29—30,2/4,2/11,2/17—18,
　3/10,3/20—21,4/18,4/20,4/22,
　4/24,4/29,5/3,6/13,6/15,7/7,
　7/31,8/16,10/5,10/19,10/21,
　11/4；1944/1/10,1/15,5/12,9/26—
　28,10/3,12/22,12月；1945/1/5,
　8/25,11/23；1946/1/31,3/29,
　6/7；1947/1/8,3/17,4/24,10/6；
　1950/3/17,3/26,3/28,4/5,8月,
　11/3；1951/1/27,5/22,12/1,12/3；
　1952/1/9；1985/11/27
郭學群　1962/9/4；1964/1/19；
　1981/2/6；1986/11/7

# H

韓静華　1961/1/4,4/5—6；1965/4/5,
　4/28；1983/9/18；1984/2/3,10/13,
　10/27
韓琦　1985/4/19；1994/8/11,8/15,
　10/18；1997/5；1998/4
韓世保　1947/4/7,5/30
韓錫鐸　1975/5；1980/8/29,10/26；
　1981/3/11；1982/1/6；1983/2/23；
　1985/年初；1987/6/21；1988/8/12,
　11/4；1995/3/28,4/15,11/14—17
韓振剛　1965/4/8；1967/夏；1975/1/1；
　1981/3/13

1941/7/23,10/22；1942/10/16,
10/22；1944/3/1；1945/11/13,12/1；
1946/2/1,7月,8月；1947/3/19,3月,
9/5,9/28；1948/5/7,9月,10/21,
10/24,10/30—31,11/2,11/14,
11/26,11/28—29,11月,12/13,
12/29,12/31；1949/1/3,1/17,3月,
4/6,8月；1951/3/28；1960/10/1；
1979/春,10/2；1980/2/3,2/22,
3/8,3月,4/27,6/15,10/31,11/13；
1982/2/14,4/15；1983/2/3；1986/
是年；1987/3/4,10/2,10/4；1991/2；
1992/10/26,11/21；1993/4,9/30；
1994/12；1995/6/12,7/18,8/10,
11/15,12/9；1998/8

胡文楷　1941/5/17,7/9,9/25；1942/
是年；1943/2/16,3/26,7/9,8/28,8
月,9/12,9/19,10/16；1944/2/20,
10/23,10/29；1945/11/22；
1946/6/2,是年；1948/9月,11月,
12/13；1949/3/14；1950/12/4；
1951/6/3；1960/8/4；1973/4/24；
1985/7月；1987/3/4；1993/12

胡耀輝　1980/5/12；1981/1/9,10/12；
1983/2/16,2/21,2/28,3/3,4/21—
28；1984/5/20—23；1988/3/22,
4/11；1995/3/31,是年

胡玉縉（綏之）　1932/11/21,11/27—
28；1935/10/18,10/20；1936/9/20；
1940/4/14,8/31,9/3,9/17,10/3—
4,10/8,10/21,10/23,11/1—2,
11/10；1941/2/15,4/23；1943/1/4,
8月；1944/7/27—28；1988/10/7；
1990/2/22；1993/9/26

胡藻青　1950/5/13,5/23—26；
1962/5/9；1992/11月

華敏初　1941/5/31,6/4,6/11,10/9；
1942/1/21,2/2,4/2,4/16,4/22；
1948/8；1986/9

華毅如　1940/7/1；1941/3/19,
3/21—22

華繹之（士巽）　1940/2/10；1941/
5/19—20,7/15,8/4,11/23,11/26；
1942/2/18,2/22,4/12,6/30,8/11,
10/13,10/19；1943/1/3；1944/3/13,
4/8,4/12,5/9,7/7,8/25；1945/4/23,
8月；1946/6/3；1981/2/21

黃懷覺　1988/3/11

黃慰萱　1941/6/4,11/29；1946/4/18

黃孟超　1943/10/24,10/26,12/22；
1947/8

黃樸奇　1941/6/8,8/10；1947/1/23—
24,5/25；1950/10/1,10/22；
1951/2/7；1988/3/18

黃清士　1964/1/19；1981/5/12

黃炎培（任之）　1935/4/1,4/17；
1936/2/2；1943/10/10；1946/2/6；
1947/9/21；1948/4/3；1954/2；
1958/10/6；1959/8/14；1981/5/12

黃永年　1947/2/20,8月；1951/2/1；
1952/1/5,1/13,2/15,10/14；
1953/5/31；1955/1/1；1979/11/23

黃仲明　1941/8/21,8/31,9/21,9/23,
9/26,10/13；1942/6/30；1947/11/12

## J

吉川幸次郎　1932/秋；1937/1/6；1959/
9/30；1963/12/8,12 11；1964/3/10

冀淑英　1973/6/2；1977/4/18；1980/
3/8,5/10,5/15,5/20,5月,6/15,
8/15,8/29,10/21,10/27；1981/1

6/18—19,6/30,7/2,8/11,8/29,
9/10,10/22—23,11/12,12/15,
12/29；1943/1/2,2/8,2/19,3/21—
22,4/4—5,5/13,5/20,6/13,6/20,
7/8,7/31,7月,8/6,8/10,8/14,9/6—
7,9/18,9/22,10/5,10/17,10/23,
10/28,11/5,11/22；1944/1/25,
2/1,2/7—8,3/8,4/12,6/7,6/17,
6/20,8月,9/23,10/3,10/17,12/10；
1945/1/1,1/3,1/14,1/19—20,
2/15,7/31,8/17,8/25,9/1,11/23,
12/1,12/20；1946/1/10,1/23,1/30,
2/3,2/5,5/3,5/12,7/7,7/10—11,
9/16,10月；1947/1/26,2/20,3/21,
4/5,4/16,5/7,6/3,6/16,7/20,8/1,
10/21—22,11/12；1948/11/21；
1949/3/3,4/28,5/6,5/8,6/9,8/6,8
月,10/18,11/1,11/10；1950/1/6,
1/8,1/11,1/14,1/22,2/2,2/18,
4/3—4,4/16,6/5,8/29,8/31,9/5,
9/19,9/21,10/5,11/7,11/9,11/12,
是年；1951/1/1,1/14,2/1,2/7,
3/23,4/23—24,6/24,7/16,8月,
9/3,9/22—23,10/10,11/11,11/16,
11/26；1952/5/16,10/21,11/1,
12/12；1953/约是年；1962/5/9；
1979/10/2；1984/2；1986/7；
1987/3/4；1996/3/13

李玄伯（宗侗）　1941/5/2,5/13；1942/
8/18,10/27—28；1945/4/5；
1946/5/26,6/7—8,6/25；1947/3/11,
5/30,6/9,11/28；1948/1/26,2/28,
5/24,5/29,7/4；1949/3/14

李亞農　1951/3/15,7/2—3,7/6—7,
7/11；1957/2/8；1996/3/31,4/1

李一氓　1981/12/10；1982/7；1986/

8/3；1987/9,10/15；1988/3/2,4/6,
4/9,5/1,6/1,6/11,7/26,9月,12月；
1989/11/18

李寅文　1940/9/7；1943/8；1950/8；
1951/4/17,5/19,8/22,9/1—2,9/29,
11/29；1952/2/7；1953/5

李英年（禮髡龕）　1939/8/17；1941/
3/26,3/28,4/4；1942/9/1,9/13—14,
9/22,10/10,10/16,10/18,10/25—
26,10/28,11/1,11/3,11/8,11/12,
11/14,11/16,11/18—19,11/22,
11/29,11月,12/2,12/5—6,12/13,
12/28,12月；1943/1/3,1/5,1/7,
1/17—18,1/20,1/26,1/28,1/31,1
月,2/24,2月,3/22,3/27—28,3/30,
3月,4/6,4/10,4/18,4/24,4/28,
4/30,4月,5/10,5/13,5/17,5/30—
31,5月,6/4,7/6,7/26—27,7/29,
7/31,8/7,8/9,8/11,8/14,8月,9/4,
9/6,9/12,9/24,9/28,10/3,10/22,
11/13,11/18,11/21,11/24,11/28,
12/8,12/12；1944/1/2,1/7,1/13—
14,1/24—25,2/8,3/9,3/16,3/24,
3/28,4/15—16,4/29,5/1,5/11,
5/14,7/9,8/6,8/13,10/9,10/15,
10/17,10/22,10/30—31,11/13,
11/18,12/10；1945/1/2,1/8,1/24,
1/27—29,1/31,2/1,2/8,2/13—
14,4/29,11/4,11/24,11/26—27,
11/29,12/7,12/11—12,12/14—16,
12/18—20,12/22,12/26；1946/1/1,
1/4,1/8—9,1/12,1/14—15,1/21—
23,1/30—31,2/8,3/1,3/3,3/10,
3/13,3/22,3/25,3/29,3/31,4/7,
4/20,4/23,4/25,4/29,5/3,5/14,
5/19,5/25—26,5/28,6/5,6/7,6/11,

# P

4/6,4/18,6/19,7/5,8/6,8月,9/4—
5,9/7,9/27,10/27；1945/1/19,4/3,
9/18,11/5—6,11/18,11/21,12/2,
12/11—12,12/18；1946/1/8,1/21,
1/24,2/11,3/8,3/20,3/27,3/30,
4/2,4/22,5/7,8月,10/5；1947/1/28,
2/11,3/11,3/31,4/17,5/7,5/10,
6/2,6/9,7/6,7/11,8/1,9/9,9/15,
9/21—22,10/7,10/22,11/5,11/19,
12/19；1948/1/1,2/2—3,2/5,5/24,
5/29,6/10,7/4,8/25；1949/1/17,
8/23；1950/10/24；1951/9/6,12/25；
1992/11/21；1995/4/20

錢重知　1943/4/16—17,4/25,5/9,
5/25,5/27,6/12,7/9—10；1944/
6/26,8月；1950/3/28；1954/3/24；
1958/9/15,11/25,12/8,12/12,
12/16；1959/1/6,1/15,1/18,5/20,
9/15；1960/2/20,2/27—28,7/29,
8/9,8/20

錢卓英　1941/2/11；1942/2/13,3/7,
6/10

喬景熹　1939/1/1；1940/1/14,10/17,
12/6—7；1941/1/14,3/19—20,
12/15—16；1942/1/30

橋川時雄　1932/是年;1937/4/11,4/20；
1941/5/13；1979/10/2；1989/8/24；
1990/2/22；1992/6/24,12/28,12月；
1993/6/12；1996/6/22

秦翰才　1949/8；1950/5/28；1951/
4/6；1952/1/1；1964/1/7；1965/
4/20；1986/6,8月

青山杉雨　1963/12/20；1987/4/10；
1988/8/30；1989/1/20

裘開明（闇輝）　1933/7；1938/9/15；
1940/6/27,9/15,9/19；1941/10/11,

10/13,10/18；1945/9/20；1946/
3/19,7/3,11/22；1947/6/18,7/20；
1981/11/25；1986/11/7；1991/9/29；
1996/2/23,4/12,11月下旬

屈犧（伯剛）　1940/4/21,8/31,9/7；
1942/10/25；1943/4/24,5/14,8/14,
9/16,9/19；1944/6/14；1946/1/21,
5/14,5/17,6/12；1947/9/18

瞿兌之　1944/6/19；1946/7/7,8月；
1947/4/22；1949/5/8,8月；
1950/3/19,5/22,5/24,6/1,8/28,
10/20；1951/1/26,9/30,12/2

瞿鳳起（熙邦）　1941/1/18,5/10,6/1；
1942/3/11,4/3；1943/3/8,3/14,
4/4,6/6,8/30；1947/4/2,5/27,6/3,
8/28；1951/1/26,2/3,2/18—19,
2/27,4/2—3,4/16,6/1,6/5,6/7,
7/15,8/12,10/7,11/11,12/2,12/9,
12/21,12/23,12/29—30；1952/1/6,
1/20,2/6；1953/6/9,10月,11/28；
1954/6/20；1957/4；1961/1/4；
1962/5/28,9/4；1963/4/2；
1964/1/10；1965/4/22；1967/夏；
1968/年初;1971/12/15；1972/6；
1981/3/11；1982/2/20；1983/4；
1990/5

瞿濟蒼　1951/6/7；1952/2/15

瞿旭初　1943/4/4,8/10；1947/8/1；
1951/6/7；1953/5/10,6/7,6/12,
6/18,10月

# R

饒宗頤　1986/8/1；1991/初夏；
1997/11月

任光亮　1978/11/12,11/15；1979/

## S

1988/4/25；1989/12/1

沙彥楷　1951/1/5；1953/9/13；
1960/8/11；1961/7/21,9/22,11/20,
12/20；1996/7

山本鶴模　1942/3/18,6/30

杉村勇造　1963/12/2

單士元　1932/夏,11/13；1981/3/30；
1998/5月上旬

單鎮（束笙）　1940/1/2,1/25,2/19,
3/15,4/11,4/22,5/2,5/23,6/9,
7/1,8/7,10/22,11/1—2,11/24；
1941/2/16,2/19,3/19,3/21,4/3,
4/14,4/19,5/15,8/13,9/19,9/22,
11/26,11/28；1942/2/19,2/26,3/22,
3/25,4/18,4/25,5/20—21,5/24,
11/2,11/20；1943/7/6,8/15,10/10,
12/29；1944/1/11,2/16,3/2,3/22,
3/24,7/11,8月,9/7,10/13,12/2,
12/29；1945/4/1；1946/5/22,6/4；
1947/2/24,4/5,4/29,5/3,6/5,10/17

商承祚（錫永）　1925/约是年；1929/6,
7/14—15；1931/10/30,12/18,是年；
1932/1/3,4/16,6/21,10/9,10/19—
24,10/28,10/30—31,11/1；1934/6；
1936/8/25；1937/7/21；1941/5/13；
1965/8/2；1974/5/23；1991/6/3；
1997/2/6

邵銳　1940/1/20,1/29,2/14,3/4,
4/20,5/7,5/15, 6/3, 10/11,
12/22；1941/3/5,3/19—20,4/15,
9/15,9/18,10/16,10/24,11/30；
1942/1/13,2/1,2/11,3/30,5/15,
5/30,6/8,8/4；1943/5/22,6/5,7/28,
8/11

邵章（伯絅）　1939/是年；1940/1/29,
5/21,8月,10月,12/5；1941/3/5,

8/31,9/2,10/15,11/16,12/1；
1942/5/18—19；1953/7/4

佘昌義　1997/10/26—29

沈颺民　1943/12/27；1945/8,11/10；
1946/1/5,8月

沈恩孚（信卿）　1941/2/22,4/27,5/4,
5/16；1943/10/10；1944/3/9

沈範思　1939/6/7；1940/2/14；1941/
1/21—22,2/12,2/14,2/19,
4/7,11/18,12/3,12/19,12/25；
1942/1/21,3/30,5/30,6/5,6/7,
6/20,6/26,7/1,12/26,12/30；
1943/2/12,5/5,5/10,5/21—22,
6/14,6/16,7/26—28,8/25,8/29,
9/3—5,9/10,9/22—23,11/6,
11/8,11/10,11/12,11/14,11/24,
12/2,12/5—6,12/11；1944/1/17,
2/12,3/5,5/10—11,7/27,7/31,
8/18—19,10/14,10/23,10/27；
1945/3/28—31；1946/2/19,7/6；
1948/6月下旬,9/2

沈兼士　1932/夏；1941/5/2；1943/約
1月；1945/11/18；1986/8/20

沈劍知　1940/7/1；1941/10/20,10/
22；1942/1/4—5,1/12,1/28,2/2,
2/5,2/22,3/15,3/25,3/29—4/4,
4/23,4/26,4/29,5/22,5/26,6/19,
8/30；1943/1/2,2/19,4/4,5/14,
6/11,8/10,8月,9/2,9/4,9/6,10/5,
10/17,10/21,10/23,11/5,12/8,
12/31；1944/1/15,1/25,5/14,
6/11,6/25,8月,9/16,10/9,11/7,
12/11,12/31；1945/1/6,2/13,12/5；
1947/6/16；1951/8/4,10/10

沈津　1960/3；1962/2/5,5/28；
1964/7/21；1967/夏；1969/5/26；

1972/6；1973/1/26，2/20，3月；
1974/1/15，4/15；1975/2/11，6/17，
7月，是年；1976/1/31；1977/3/22，
4/23，8/17；1978/3/29，5/8，5/12，
5/20，8/6，8/8—19，8月，10/29，
11/12，11/15，11/19，11/22，11/24，
11月，12/2，12/4；1979/3/10—25，
9/19，12/11—18；1980/2/12—13，
5/9，6月初，6/22，8/24，8/29，10/21，
10/26，10/28，11/20，12/14，12/31；
1981/1/1，2/5，2/23，2/27，3/11，春，
4/2，4/7，4/16，5/22，6/11，6/17，
7/8，8/12，12/30；1982/1/15，1/21，
2/20，3/13，7/3，7月，8/7，10/30—
31，12/25；1983/2/9，2/15，2/22—
23，2/28，4/21—28，8月，9月，11
月，12/5，12/10；1984/2/3，4/26，
10/12—13，10/16，10/21，10/25，
10/31，11/13，11/22；1986/1/1，11/7；
1987/10/9，11/6—9；1988/1/6，3/9，
3/16—17，3/28，6/30，7/5，8/12，
8/18，10/23，11/4，11/13；1989/2/24，
4/7，5/29，6/20，7/16，8/19，12月下
旬；1990/2/20—21，2/24，4月初，
4月，5/10，10月；1991/1/7，2/19，
6/26，初夏，9/29，10月初，10/21；
1992/3/23，8/18；1993/5，8/13，9/30，
10/12，12/15；1995/3/28，4/15，5/12，
6/20，7/18，12/4；1996/2/23，3/24，
3月，4/12，11月下旬，12/12，12/20，
12/23，12/27；1997/2/12，12/24；
1998/1/21，8/24，8/24—27，8/26

沈昆山 1942/12/15

沈文倬（鳳笙） 1944/8/7；1945/11/
25，12/11；1951/5/11，7/13—15，
11/2，12/11，是年；1952/1/6，1/13；

1953/11/28；1959/9/30；1961/1/4；
1981/7/8；1985/12；1988/8/13；
1992/12

沈錫麟 1988/3/2，4/6，4/9，9月，12
月；1990/11/10；1991/3/3；1996/11
月下旬

沈燮元 1948/8；1949/8；1950/1/3，
4/5；1980/12/31；1981/1/1，4/8；
1982/3/13—14，11/24；1983/2/13，
5/13，8月，9/18；1984/10/25，10/29；
1986/11；1987/6/21，12/15，12/22；
1989/1/6，4/7；1990/春，5/17，10
月；1992/6月初；1993/4/12，6/1，
6/12，8/4，9/30，12/15；1994/3/27，
5/11，8/18，12/18；1995/1/14；
1997/5/2，5月

沈尹默 1947/9/26；1950/7/27；
1961/4/8；1963/2/1；1965/7月末—8
月初；1982/7；1996/7

沈之瑜 1952/10/14；1953/2/28，
6月下旬；1954/10/26；1956/4/6；
1961/8/12，9/22，11/20，12/20；
1963/11/14；1964/6/30；1975/1/5—
6；1978/7/27；1979/9/21；1981/2/19

沈祖牟 1945/11/19；1947/10/13

盛巽昌 1961/7/12，9月；1962/是
年；1973/是年；1977/夏；1978/是年；
1981/6；1982/3；1995/8/31，10/5；
1997/9/17，9月，10月

施維藩（韵秋） 1939/8/2；1940/5/21，
7/1，7/27，8/25，12/25；1941/1/15，
2/25，3/4，4/20，5/4，5/10；
1942/7/6—7，12/29；1944/9/8

師陀 1946/1/7，1/15，8月；1994/2—3

手島右卿 1963/11/27—28，12/18；
1964/2/22

水賚佑　1985/10；1993/12/12,12/18；
　1994/9/1；1995/9/3；1996/3/30,
　6/16,10/20；1997/4/26,6/13,11/15；
　1998/6/20

宋木文　1993/4/12；1994/7/4—5,
　7/12,7/17,8/5—10,9/15,10/24,
　11/12；1995/1/4,1/7,1/22,11/16

蘇步青　1988/5/8

蘇繼廎　1950/8,10/29；1951/1/7,
　9/16,10/11；1975/1/1

蘇淵雷　1984/11/21；1988/5/8,秋；
　1992/4；1993/5；1994/11

孫秉良　1979/1/1；1981/2/9,2/14；
　1983/2/16；1984/10/27；1991/3；
　1993/8/13；1994/3/27,11/5；
　1995/11/7,12/4

孫伯淵　1931/1/8；1937/1/25；1940/
　2/22；1941/4/28—30,5/2；
　1942/10/25,11/18；1943/9/2；
　1944/10/11；1945/12/12—13,
　12/16,12/22,12/25—26；1946/2/8,
　3/13；1952/10/6；1953/5/1

孫景潤　1944/1/8,6/13,10/26；1947/
　5/31,8/14；1950/2/1,2/26,9/5

孫楷第（子書）　1950/10/2,10/4；
　1981/11；1982/3/3；1995/4

孫啓治　1981/6/5,11/25；1982/6；1988/
　8/5,10/7；1990/4/24；1991/1/1；
　1992/3/23,7/15；1993/7/26,9/6,
　9/26；1994/3/7,5/3,8/18,10/8,11
　月；1995/4/24,4月下旬,5/17,5月；
　1996/1月,6/29,10/5

孫師白　1942/10/13,11/20,12/25；
　1943/1/1,4/25,5/3,5/5,5/16,5/29,
　8/29

孫實君　1939/2/8,3/21,3月；1940
　/1/13,1/23,3/29,7/25；1946/6/6—
　7；1947/1/24,2/20,5/22,5/30；
　1949/1/17—20,12/30；1950/2/19,
　4/11,6/27,8/29,11/22；1951/8/17,
　8/19,8月

孫世偉（叔仁、俶仁）　1941/1/20,
　1/22；1942/5/9,6/30；1945/8,
　12/14；1946/1/29,6/21；1947/11/12

孫玄常　1946/6/22,8月；1947/1/9—
　10,8月

孫耀卿　1939/3/27,4/10,5/16；
　1940/1/12,1/16—17,7/10；
　1951/10/12

孫仲淵　1941/5/8—17；1944/10/17；
　1946/5/26,5/30

# T

譚其驤（季龍）　1934/2,8/3,8/21,
　8/29,8/30,9/4,9/10,11/13；
　1936/2/2,5/24,5/30,8/22；
　1940/2/26；1947/8/13,10/1；
　1950/11/5；1951/6/17,9/2；
　1952/1/28,9/21,11/27；1953/7/26,
　11/28；1954/2/23,6/27,7/25,
　11/28；1955/11/24；1961/4/11；
　1963/11/14；1964/1/11；1973/7/26；
　1975/4/5；1980/1/26,3/11；
　1981/2/24,2/27,3/8,4/8,6/5,6/12；
　1982/1/15,5/5,10月,12/6, 12/25；
　1984/2/2—3,2/16,4/7,9/20—22,
　10/16,10/24；1985/4/11,4/19,7/18；
　1986/6/26,11/5,11/7；1988/1/21,
　4/25,5/8,6/6；1990/4/24,9月；
　1991/6/19

譚祥金　1978/11/16；1980/5/12,

## W

1990/10

汪孟舒（希董）　1938/6,9/16；1940/
5/6,8/31,9/8,10/3—4,10/22—
23；1941/10/6,10/29,11/13—14,
12/1,12/21—22；1942/6/13,7/14；
1943/4/27；1945/9/18；1953/5/6,
6/2

汪彭孫　1941/10/20；1942/2/17,
2/19；1945/2/13，3/25；1946/1/2,
2/2,3/3

汪旭初　1950/7/19；1952/10/6,
12/19；1953/5

王伯祥　1936/7；1939/11/19；1940/
4/5,7/2,12/6,12/12；1941/1/10,
1/23—24,1/30,2/5,7/1,7/21,10/9,
10/21,11/14；1942/1/1,1/29,4/11,
7/22；1943/4/22,8/25；1944/2/10；
1945/2/21,9/15,9/18；1946/1/13,
1/23,2/1；1947/1/12；1948/1/1,
2/19,6/10,7/4,8/25；1950/3/11；
1955/4/15,4/24,6/16；1961/6；
1971/12/15；1972/1/29；1974/1/10；
1976/5/31；1980/6/6；1982/4/30；
1989/3/9；1990/2/24；1994/1/21

王誠賢　1981/2/5；1982/1/19,2/19；
1983/2/12,2/17；1984/10/12—13,
11/9,11/21—22

王崇武　1947/3/15,3/17,3/25；1948/
5/24；1954/7/23

王翠蘭　1980/9/7,11/9；1982/夏；
1983/2/23；1984/2/2,2月,10/15,
10/31；1988/3/17；1989/1/20,
4/18,5/18,6/17；1991/1/3,11/27；
1992/6/24,9/28,11月,12/28；
1993/2/21；1994/1/4,1/6,2/24,
9/25,11/11；1995/7/18,8/10；

1996/8/16

王福康　1994/9/2；1996/新春

王个簃　1961/8/12；1963/11/16,
11/20,11/22,11/24,11/27—28,
12/2,12/4,12/16,12/24；1964/1/9,
2/22；1974/5/31—6/5；1977/2/21；
1980/3/11；1981/2/22；1982/1/1；
1989/4；1995/11/18；1996/7

王貴忱　1987/11/12；1990/12

王宏　1990/6/1,6/7,6/13,7/4,9/26,
12/27；1991/4/22,6/7,6/30,10/8；
1993/5/16,10/17；1994/2/19,4月,
5/12,11/1；1995/9/9

王懷霖（董宬）　1926/11/15；1929/
4/27；1935/6/3；1945/6；1976/12

王謇（佩諍）　1925/約是年；1933/
7/15,8/6,8/29；1935/9/7；
1937/1/25；1939/7/20；1940/1/1,
2/16,5/26,7/1,11/4；1942/4/30,
5/2,5/9；1943/1/17,4/10,10/10；
1944/10/17；1945/2/21；1946/6/21；
1948/1/31；1950/5/28；1952/10/6,
11/9,12/19；1953/1,5月,10/4,
11/28；1954/6/27；1955/6/6,
6/16；1960/1/24；1973/10月中旬；
1976/3/21；1982/8/9；1996/10/31

王君九（季烈）　1931/2—3,4/16；
1940/1/25；1941/6/18,6/30,10/23；
1942/5/12；1943/7/12,11/13；
1953/9

王培孫　1942/1/30；1952/11/12,
12/14；1953/5；1959/12/28；
1961/4/3；1995/1/3；1996/3/18,
3/24

王蘧常　1950/3/13；1951/6/17,9/2；
1952/9/21,11/27；1981/2/5；

1988/6；1989/4；1996/12/22

王紹曾　1979/7/28,8/7,9/27,10/3,
10/14；1980/2/3,2/22,2月下旬,
3/8,10/31,11/13；1982/10/16；
1983/2/3,3/6,4/19,12/18,12/23,
12/29；1984/11；1985/7/19,7/26,
10/23,11/12,11/29；1986/1/29,
2/11,4/14,12/1；1987/3/4,秋,
12/22,12/27,12/31；1988/1/21；
1989/4/24,12/25；1990/3/20,4/22,
5/30；1991/2/23,2月,3/3,3/12,
10/23；1992/1/22,5/22,12/5,12月；
1993/1/4,10/17,12月；1994/7/30—
31,8/1,8/20,10/7,10/24,10月；
1995/11/24,11/28,12/4,是年；
1996/5/7；1997/5/2,5月,12月；
1998/8/24—27

王湜華　1973/4/23,6/18,9/14,10/10,
10月中旬,10/21,年末；1974/1/10,
1/13,6/21；1986/4/21；1989/2/23；
1990/9/15；1991/4/27；1995/4月初,
10/2；1996/1

王世偉　1984/2/2,10/14,10/16,11/18；
1986/11/30；1987/9/26,秋；
1989/8/4；1991/1/3；1993/5/15,
10/27；1994/9/25；1995/2/19,5/26,
9/27,12/4；1996/約4月,7/29,8/4,
9/15,12/22,12/29；1997/2,5月,
6/18,7/9；1998/4,6/22,7/1,8/22,
8/31,9/14,9/20,9月

王世襄　1943/8/28,8/30,10/10；
1944/2/24；1945/11/18；1947/2/8—
9；1989/12/7,12/28；1990/1/20,
1/28,4/24；1991/4/29；1994/12/29；
1995/1/3

王同愈（勝之、栩緣）　譜前；1909—

1912；1918/秋；1923/是年；1925/
約是年；1927/1,春；1928/初夏,
9/28；1929/8/4,冬；1930/10/24；
1931/7/12；1932/暑假,10/10；
1933/1/16,2/2；1936/6；1937/7/21；
1939/8/6,下半年；1940/2/19,4/22,
4/29,5/25,6/22,7/1,7/16,7/24,
9/3,10/8,10/13,11/19,12/29—
30；1941/1/2—3,1/18—20,1/25,
1/27,2/7,2/17,3/4,3/6,3/12,
3/19,3/29—30,4/2,4/4,4/7—23,
4/27,4/29,5/4,5/11,5/16,5/24,
5/29,7/9,7/15,7/17,11/28,12/3,
12/5,12/8,12/30—31；1942/1/9—
12,2/1,2/16,2/19,2/24—28,
3/2—14,4/6,4/8,4/25,5/5,5/21,
6/9,6/11,6/30,9/9,10/13,10/19；
1943/1/28；1944/2/3—7,3/6,3/9—
24,3/30—31,4/4,4/7—11,4/25,
4月,5/12,7/25,11/8；1945/11/25；
1946/3/13；1949/8/12,10月；
1955/2/2；1960/9/20；1976/6/3；
1985/6/18；1987/3/4,3/29；
1988/3/29,8/18,10/27；1989/1/20,
4/18,5/18；1991/1/1；1992/1,
2/4,5/12,6/24；1993/7,12/24；
1994/1/4,8/7,9/13；1995/約8/6,
9/3,9月；1996/9/15,10/5,11/5；
1997/11；1998/3/23,8月,12月

王晋卿（文進）　1940/3/26,4/9,4/18；
1941/5/22—23,5/25,5/31,6/4—5,
6/25,7/25,7/29,8/11,8/13,8/26,
8/29—30,12/3,12/14,12/17—22；
1942/3/9—10,3/13,3/16,3/30,
5/15,5/20,5/22,5/30,6/2,6/30,
7/15,7/27—29,9/3,10/13—17,

10/21,11/10,12/30；1943/1,2/10,
2/21,3/8,3/10,3/25,3/27,3/29,
3/31,5/24,5/27—28,5/31

王西野　1986/6/27,10月；1987/冬日；
1988/2月初,秋；1989/是年；
1990/12/2；1992/11；1996/4；
1997/10/28

王欣夫（大隆）　1934/8；1936/2；1937/
6/19；1938/2/5,2/19,3/20,4/18,
9/20,9/29,10/23,11/27；1939/1/1,
1/30,7/20,8/2,9/22,9/26,10/25,
12/9；1940/1/24,3/2,3/12,4/21,
5/1,5/15,6/26,7/1,7/27,8/6,
8/8,9/12,10/3,10/12,10/22,10
月,11/2,12/28；1941/2/12,2/15,
4/14,4/17,4/28,5/15,10/25,12/1,
12/3,12/6,12/28；1942/2/20,2/26,
3/7,3/11,5/8,12/4；1943/1/4,
1/17,2/12,3/8,3/25,7/9,8/14,
8/16,12/28；1944/1/14,4/18,9/8,
10/14；1947/1/9,3/18,4/20,9/16；
1956/5/8；1957/2/8；1963/1/4；
1964/1/7；1974/1；1978/4；
1979/10/2；1980/4；1989/約1月；
1992/6/24

王煦華　譜前；1949/8；1950/2/8,
2/19,2/21,3/14,5/17,8月,9/1,
11/16；1951/1/5,2/19,3/11,3/20—
21,7/24,7/29,8/5,9/30,10/27,
11/6,11/13,11/21；1952/4/17,
5/14,9/5—9,10/31,11/2,11/19—
23,12/17；1953/1/8,1/23—26,
5/31,11/28；1954/1/17,8/9,10/26,
約 10月,11/28；1955/3/8,11/18；
1956/1,4/12,8月,9/18；1957/7/9；
1959/3/29,7/24,9/30；1960/1/4,

1/14,2/8；1962/10/23；1963/12/10；
1964/2/13；1977/12/16；1978/1/1,
5/23；1979/3/13,8/12；1980/5/12；
1981/2/15,2/22,2/24,2/27；
1982/2/25；1983/2/21,3/4,3/6,
7/14—26；1984/1/7,3/13,12月；
1986/4/21；1988/3/15,3/24,3/26,
5月,12月；1989/7/16；1991/2/16—
19,10/24；1992/3/17；1994/9/15；
1995/3月,5/26,6/20,12/30；
1998/5/25

王言夫　1978/12/4；1979/9/4；1980/
11/19—30,12/14,12/19；1981/1/7,
1/28,2/6,3/11；1983/1月中旬,
2/16；1984/2/2,10/12,10/26,11/9；
1985/1/27；1988/4/23

王冶秋　1975/10；1977/4/18；
1978/11/16；1979/3/13,4/11；
1982/3/10；1986/10/23—26；
1995/3/31,9/3,是年；1996/8/22,
8/29；1997/12

王庸（以中）　1931/9/20,9月；1932/
1/2—3,1/20,6/19,10/8—9,10/22,
10/24,11/6,11/29；1933/2/22；
1934/8/21,9/10,12/15；1936/5/24,
5/30；1940/7/1；1941/7/17；
1943/8/15,8月,9/22；1944/8月,
10/17；1945/1/3,8月,9/1,9/18,
11/25,12/2,12/9,12/11,12/25；
1946/1/24,3/11,4/23,5/11,5/13,
6/1,6/23,8月,10/5；1947/1/8,
1/12,1/28,3/5,3/26,4/8,11/18,
11/20,12/19；1951/1/7；1954/3/24；
1984/4/19；1992/12；1993/11/10；
1995/4

王育伊　1934/5/5,5/19；1935/7/1；

1936/5/24；1939/9/1,9/18,11/19；
1940/4/5；1947/4/14—15,7/7,
7/16；1950/3/20,4/3,4/25,12/3；
1951/1/16,2/6,2/8,2/28,3/19,
3/26,5/7,5/15,7/23,8/29,8月,
10/1；1952/2/9,10/14,11/24；
1953/11/28；1954/1/17；1957/4/10

王元化 1986/8/4；1989/9/23；
1995/2/19；1996/3/31,12月；
1997/4/22

王元譽 1930/10/1；1931/2—3；
1940/12/15；1942/4/6,4/24,8/2—
3；1943/1/12

王雲五 1935/9/16,9/18；1936/2/2；
1942/5/8；1944/11/5；1946/5/26,10
月；1951/7/17

王振鐸 1934/3/23,5/5；1935/6/1,
7/1；1936/5/24

王褆（福厂） 1939/9/11；1940/1/1,
1/3,6/2；1942/3/7；1943/1/3；
1945/4/1；1947/5/29,9/15,10/1；
1949/8；1950/1/8；1952/2/6

王鍾翰 1936/5/24,5/27；1940/6/24；
1946/9/19；1986/11/7；1994/12/25

王重民（有三） 1932/秋；1937/1/3；
1941/3/11,3/15—19,3/23,3/25,
4/9,4/14,4/17,5/2,5/17,6/18,
9/1；1942/6/30；1947/3/11,8
月；1949/11/19；1974/9/5,9月中
旬,10/2；1975/1/18；1979/10；
1980/11/13；1981/6/5；1982/3/1,
4/1,10/7；1983/2/12,2/28,8月,
9/18,12/13；1984/1/15,3/16,3
月；1987/9；1988/1/26；1994/11；
1995/1/3,4月

王祖昌 1944/10/27,11/19,12/3；

1945/1/24；1946/1/6,1/18,3/25,
5/26；1947/1/26,2/22,4/20,
10/2,10/21；1950/2/18,9/1,10/7；
1951/2/7,5/21,5/29,6/13,6/28,
8/22,11/1；1952/2/9

尾崎康 1987/6/30；1988/10/1,秋日；
1989/1/20；1996/8/22

魏建功 1931/7；1932/10/21,11/7,
11/11,11/18；1936/8/25,10/31；
1946/1/3,1/5,1/8,6/26,10/5,12
月；1947/3/11,7/19,8/7；1948/11,
12/13；1995/夏,10月,12/11；
1997/11月

魏建猷 1932/10/20；1946/6/18,
6/24；1947/10/13；1949/5/17；
1955/4/10,4/15；1974/2/21,10/21；
1982/10

魏廷榮 1942/6/25,6/27；1943/9/1,
9/5；1944/4/29,5/1；1947/7/21；
1948/2/28；1950/8/28

聞宥（在宥、野鶴） 譜前；1925/是
年；1928/夏五,9/28；1929/1/7,
8/18；1930/10/24；1931/7,10/9；
1934/6/24,7/23,8/4,9/10,11/13,
12/15,12/26；1935/1/26,春,7/7；
1936/2,6月,11月；1938/9/10；
1939/10/17；1940/7/1；1941/2/19,
11/4—5；1942/3/8；1943/4/1；
1945/11/3,11/5,12/1；1946/1/26,
2/1—2,2/17,2/19,2/26,4/11,
5/29；1950/4/5,6/21,6/29,7/9,
10/4；1951/12/19,12/22；1952/2/6；
1955/1/11；1960/1/7；1962/7/5,
10/22,11/12；1963/11/17；
1973/1/31,11/6；1975/4/6,6/20；
1977/8/13；1978/3/8；1981/3/7；

1992/新年;1997/11

翁萬戈　1986/11/7;1991/4/29,5/15,
6/28;1995/1/3,3/28

翁宗慶　1947/3/23,8月;1949/8;
1988/11/4;1991/1/2

吳豐培　1935/7/1;1936/1/11,5/24,
8/23—25,9/13,9/15,9/20,10/21,
10/26;1937/2/27;1941/2/25;
1942/11/17,12/21;1943/1/13,9/7;
1944/3/9,8/30,10/2,10/19—20,
11/27;1962/7/5;1978/2/14—25;
1979/10;1982/12/6;1983/3/2,
10/31;1984/3/13;1986/10/5;
1988/3/10;1990/1;1991/2/16—
19,9月;1992/是年;1993/6/12;
1994/10;1995/是年;1996/3/22;
1997/3,是年

吳湖帆　1923/是年;1928/夏五;1929/
冬;1930/10/1;1931/4/16,6/28;
1932/11/8;1933/12/21;1938/9;
1940/6/30,7/1;1941/3/5,3/15,
4/11,5/2,6/5,10/5;1942/2/22,7/5,
9/4,11/18,11/30,12/7;1943/1/1,
5/30,8/1,10/10,10/19;1944/3/6,
3/30,4/30;1945/2/5,2/16,
2/27,3/17,3/26,4/3;1946/5/8,
5/26,6/7,6/19,6/25,11/13;
1947/4/27;1948/2/28;1950/4/10;
1951/12/13;1952/1/2,1/10,1/12,
10/6;1953/8/4;1961/6;1982/8;
1984/2/3;1990/6;1991/2/15,9/22;
1994/9;1997/4/6

吳建中　1985/6/18;1990/12;1995/
6/20,12/4

吳諫齋(士鑑)　1941/4/16,10/24;
1946/5/29,8月;1950/3/17,4/12;

1951/1/26,8/22;1952/9/29;
1954/10/26,11/5,11/28;1955/1/11,
3/8,4/15,4/24,6/6,6/16,11/18,
11/24,12/1;1957/2/8;1962/2/6,
12/2;1964/7/12

吳眉生(眉孫)　1942/5/30;1945/
12/9;1946/2/10;1950/1/14,8/29,
9/21;1951/10/10;1952/12/19;
1953/5

吳世昌　1933/8/9;1934/5/19,12/15;
1935/1/26,1/28,春,5/17,7/1,
12/29;1936/3/7,5/24;1937/1/8;
1948/11/5;1975/4/6,5/13,8/13;
1977/2/23;1983/3/31,7/14,8/19;
1984/1/7;1992/新年;1995/12/29

吳文津　1979/9/23;1989/4/24;1996/
2/23,3/24;1997/2/12;1998/1/21

吳文祺　1945/12/2;1947/11/28;
1981/2/19;1983/1/25

吳相湘　1946/9/1;1947/2/25,8月,
11/21

吳旭民　1984/10/24;1987/1/29;
1994/7/21;1995/3/29

吳澤　1952/1/28,11/27;1953/11/28;
1981/2/21,6/29;1983/9月;1989/12
月下旬

吳織　1962/5/28;1965/4/17;
1973/1/26;1975/2/11,6/17,7月;
1976/1/30;1977/4/23;1978/3/29,
8/14,10/29;1979/9/5;1980/5/9,
6/6,6/15,8/24,9/7;1981/1/8,2/4,
2/23,2/27,3/4,3/11,4/7,6月,7/8,
10/3,10/10—12;1982/1/21,2/20,
3/13,7/3,夏,10/31;1983/2/12,
2/16,2/21,2/23,2/28,2月,3/3—4,
3/8,12/5,12/17;1984/2/3,10/11,

8/12,9/22,11/20,12/20；1962/5；
1963/11/14；1964/1/7；1979/
春,5/29；1981/2/21；1982/7/4；
1983/3/9；1986/2；1988/1/26—31；
1996/3/31

徐小蠻 1980/9/7；1981/2/12,
4/8；1982/7/3；1983/2/12,2/21,
12/5,12/13；1987/12；1988/1/17；
1993/6,9/24,12/24；1994/1/4,2/14,
8/14,8/18,9/2,9/13；1995/1/8,
4/20—24,5/12,約8/6,10/20；1996/
新春,3/8,8/16,9/15,10/5,10/19,
11/1,12/23；1997/12/24,12月

徐雁 1983/5/12,5/21,6/24；
1988/11/4,11/20

徐益藩 1942/10/13；1943/8；
1946/8；1947/4/22,8月；1950/1/18

徐中舒 1931/夏；1932/6/19,10/8；
1934/6；1935/10/13；1937/7/21；
1951/8/7—8；1977/8/13；
1978/11/19—22

徐子爲 1943/8/30；1947/3/17—19,
4/1,4/10,5/1,5/11,5/23,5/25,
5/27,5/31,7月,8/3,8/21,9/1,
9/16,10/5,10/18,11/12,11/27；
1950/3/18,7/18,11/19；1951/1/23,
2/3,2/10,2/22；1952/2/13；
1995/6/20

徐宗澤（潤農） 1942/6/25,7/4,8/30；
1943/8；1947/7/9—10；1983/9/18

許長卿 1945/12/10,12/12,12/15；
1946/1/6,1/8；1947/8

許石枏 1940/6/25,6/28,6/30,7/11,
7/14,8/21,8/23,9/4；1941/2/28,
4/15

許逸民 1994/7/12,7/17,7/21,8/5—

10；1995/4/24

許元方 1945/8；1946/3/16,5/1,5/9,
5/19；1947/1/25,10/1,10/11,10/16

宣森 1981/2/22,3/1—2,4/5,6/29；
1991/1/1；1997/2

# Y

顏棣生 1952/8/12；1983/10/4

嚴獨鶴 1956/7/9；1960/5/18；
1961/1/4；1962/11/22

嚴景耀 1945/12/11；1946/1/20,
5/11,6/26；1949/10/28

嚴鷗客 1940/4/17,7/1,9/29,10/1,
10/30,11/15；1941/3/18,7/9,9/19,
10/10,11/4,11/13,11/17,11/29,
12/5,12/7；1942/2/26；1943/3/25；
1945/12/12；1946/6/8；1950/1/28,
2/13,3/5—7,4/12,6/9；1951/2/9,
5/24；1954/6/4

嚴瑞峰（瑞豐） 1940/7/2,12/31；
1941/1/14,1/16,3/19

嚴佐之 1973/3；1974/1/15；
1978/1/1,3/29；1979/是年；
1981/2/6；1984/11/19；1989/10；
1990/10；1993/1/2；1994/9；
1998/8/31

楊崇善（紀肜） 1940/4/28,12/21—
22；1941/3/8

楊復 1940/10/27,10/30,11/8,11/16；
1941/2/22—23,3/3—4,3/20；
1942/2/27,8/21,9/1,9/3；1944/5/2；
1947/4/21

楊季鹿 1943/7,8月；1948/2/4,
2/10,2月

楊家駱 1945/12/11；1946/5/13,6/4,

8月;1947/1/18,4/4

楊鑒　1948/8;1949/8/13,8月;
　1950/6/22,8月;1951/3/20,8月,
　9/30,10/27;1952/4/17,5/14,9/5;
　1953/1/8;1954/5/16,10/26,11/5,
　11/28;1955/6/6;1959/3/29,9/30;
　1960/8/7;1961/1/4

楊鑒資　1941/2/28;1945/11/23,
　12/2;1946/1/15—16,1/22,3/9,
　3/22,7/11;1950/1/14

楊絳(季康)　1944/3/2

楊金華　1940/10/5—7;1941/2/3,
　4/30,5/14,5/19;1942/2/12,3/24,
　3/31,4/2,4/5,4/16,5/8,5/11,5/16,
　5/20—22,6/4,6/8,6/16,6/30,
　7/17,8/10—18,9/3,10/15—17,
　11/4—5;1943/2/2—3,2/26,6/6;
　1944/10/3;1945/1/18;1947/4/7,
　4/11,5/22,5/27,5/30,6/5,9/7,
　10/29;1950/1/23;1995/5/30

楊寬　1942/11/16;1943/8;1945/
　11/13,12/11;1946/5/14,6/23—
　24;1947/4/14,11/28;1950/11/7;
　1951/5/9,6/17;1952/1/28,
　9/21,11/27;1953/7/26,11/28;
　1954/6/27;1957/2/8;1978/2/24;
　1994/8/10

楊秋農(敬涵)　1940/1/22,4/20,4/22,
　5/11,7/1,10/26,11/1,11/15—16;
　1941/1/29—30,3/3,7/30,10/16,
　10/18,10/22,11/3;1942/1/31,5
　月,6/30,10/10,11/30,12/5,12/7;
　1945/1/1,3/26—31,4/7;1946/2/2;
　1947/7/20;1995/9;1997/11/29

楊如英　1982/6;1994/8/11,8/18,11
　月;1996/3/31,6/29,7/29,10/5

楊泰偉　1983/10;1986/4;1988/
　秋日,冬日;1992/3/23;1993/8;
　1996/3,11/10—14,12/21,12月;
　1997/約1月,2月,4/22,4月,5/16—
　18,6/1,6月,8月;1998/8/27

楊廷福　1947/4/22,5/8,8月;1948/8;
　1986/4/1

楊向奎　1935/7/1;1936/5/24;
　1951/11/15;1957/6/8;1983/1/18,
　3/6;1988/12;1991/2/16—19;
　1996/8/24

楊翼之　1943/10/10;1944/3/9,3/23,
　4/25

楊友仁　1944/6/1;1950/9/20;
　1954/5/16;1981/2/15;
　1998/8/24—27

楊鍾羲(雪橋)　1940/9/7,11/16—19;
　1941/2/8,2/11,2/17,2/28,3/3,
　7/9,11/16;1942/2/19,3/1,9/9;
　1945/12/2;1985/年初;1992/12

姚光(石子)　1939/7/20,8/2,9/9;
　1940/3/28,5/29,7/1,8/6,9/14,
　11/6,11/15,11/21;1941/2/4,2/9—
　11,2/17,3/10,8/4,9/5,9月,10/8,
　10/29—30;1942/1/12,3/3,3/25,
　8/24;1943/2/16,4/23,4/25,4/28,
　5/21,6/26—28,7/27,8/31,11/2;
　1944/4/18,5/4,5/13,8/26,8月,9/9,
　10/3,10/12;1945/1/7,2/21,8月;
　1946/8月;1950/3/19,5/27;1982/7;
　1987/10月;1992/新年

姚虞琴　1941/10/23;1942/3/7,3/30,
　6/30,10/13,11/20;1943/11/21;
　1991/1

葉安定　1950/10/13;1951/2/3,4/18,
　5/18

1962/5/25；1980/秋

俞爾康　1959/9/30；1960/8/7；1961/
1/4；1962/12/9；1964/1/3,1/13,
7/12,8/14；1980/6/17；1994/8/10

俞鏡清　1944/3/23,4/6,9/21

俞平伯　1934/12/14；1936/10/7；
1961/6；1980/秋；1983/8/19；1992/
約11月；1997/11

袁帥南　1941/5/10,5/18,6/12,6/15,
7/6；1942/1/14,4/29,6/19,8/11—
13,9/17,12/28—29；1943/8/14,
8/28,8月,9/19—22；1944/2/24,
5/7,8月,11/19；1947/7/14,
8/3,9/17—18,11/15；1948/8；
1949/2/14,5/2；1950/4/4,8/9

袁同禮（守和）　1939/夏,10/16,
11/16；1940/2/1—5,3/12,3/15,
4/29,5/4,6/13—14；1941/2/3,
3/16,3/19,3/23,3/29,7/9,
8/31；1942/11/3；1946/3/21,8
月；1947/6/5,6/9,8月；1988/1/26；
1995/4；1996/2/23

袁西江　1944/10/3；1945/1/30；
1947/2/13,5/4,7/2；1979/9/3—4

## Z

章炳麟（太炎）　1925/是年；1932/暑假；
1933/7/6；1939/1/19；1941/5/16；
1943/8/30；1944/8；1946/10/22；
1947/9/15；1962/7/5；1973/8；
1975/1/2,6/20,11/27；1980/3/8,
7/7；1982/9/17；1988/3/16—17,
8/13；1989/1/10；1990/2/20；
1992/11/18；1994/9/25；1996/3

章鼎　1935/10/20；1975/1/12；1977/

春；1988/3/9,3/14；1993/3/19

章克檆　1946/3/8,3/12,6/22,8月；
1947/1/22,5/25,8/18；1948/6/10

章錫琛　1941/7/21；1942/1/29；
1943/4/21；1944/2/10

章鈺（式之）　1931/秋；1932/11/21；
1933/1/16,1/26,10月,11/20；
1934/12/23；1935/6/30,9/16,
10/18—20,10/25,12/23,12月；
1936/6,12/3；1937/5/9—11,7/21,
10/23；1938/1,2月,6月,9/1,9/29,
9月,10/16,11月,是年；1939/是
年；1940/6/16,8月；1941/4/23；
1942/2/1,3/13,8/28；1948/6月
下旬；1953/下半年；1959/10/30；
1962/5/25；1975/1/1；1979/5/29,
9/18；1983/3/28；1987/10；
1988/3/14,10/27；1990/2/22；1992/
新年,12/5,12/28；1993/1/4,3/19；
1994/10/24；1995/11/2；1998/3/23,
12月

章元美　1935/10/20；1937/10/23；
1938/4/18,9/20,9月,10/23,
11/27,11月；1939/2/8；1940/11/4；
1943/1/15,8/23—24；1944/9/11；
1945/9/3,9/18,11/12；1950/10/29；
1952/11/8；1993/3/19

章元群　1935/10/20；1937/7/21；
1938/11；1942/8/25,8/27；
1944/9/12,9/23；1945/9/1；
1946/3/27；1947/7/9；1983/3/28,
10/5；1993/3/19

章元善　1935/10/20；1937/7/21；
1938/9/16；1942/8/28；1947/4/27,
5/25—27,6/14—15,7/9,8/20,
8/22,8月,9/3,9/25,10/1,10/14；

1963/1/4；1973/9/14

周雲青　1946/4/2,5/15,5/18,8月；
　1957/8/25

周志輔　1942/7/8,7/20；1949/8；
　1956/1/25；1958/7/24；1980/6；
　1981/6/11,11/25；1982/7/1,7月,
　9/30；1989/7；1991/9；1995/1/3

周子美（延年）　1940/7/27,8/16；1986/
　3；1996/6/5

朱季海　1946/6/15,8月；1947/5/25,
　8/2,8月,10/8；1954/5/16；1964/1/8

朱啓鈐（桂莘、桂辛）　1941/10/8,
　11/13,11/15；1942/5/9,8/4,
　10/26；1943/7/9,7/30,8月,11/5；
　1950/1/5—10,1/27,3/8,4/8,4/19,
　8月；1951/12/2—18；1952/8；
　1955/1/28；1961/12；1962/3/9,5/9；
　1980/3

朱慶祚　1993/9/28；1994/9；
　1995/11/7,11/16,12/4；1996/6/29

朱士嘉（蓉江）　1931/10/9,11/16,
　12/22；1932/10/24；1933/2/10,
　7月；1934/9/4,9/10；1935/5/18,
　6/28,7/1,7/7；1936/1/11,5/24,
　5/30—31,6月,8/22,9/17,10/12；
　1937/1/10,3/21,4/20,6/19,7/20,
　12月；1938/9/1,10/16；1939/7/13,
　9/1,9/4,9/18,11/27,12/16；
　1940/6/26—27,11/26；1941/1/7,
　5/17；1945/9/20；1950/9/4—5；
　1958/7/17；1960/4/17,9/10,9/20；
　1961/11/20；1962/9/4；1976/3/21；
　1977/1/28—2/11；1980/10/20—
　21,10/27；1982/12/6,12/14；
　1985/9/23；1986/4/21,5月,6/19；
　1988/1/21；1991/9/19

朱遂翔　1940/5/7；1943/4/4；
　1944/2/29；1946/5/4；1947/2/26,
　6/3

朱曜（旭初）　1942/2/26,8/13—15,
　8/23,10/21—22,11/2；1943/8；
　1950/2/19,4/6

朱振之　1942/8/13,8/27,9/1—2,
　9/16,10/20；1944/9/11—12,
　9/23,10/9；1945/9/18；1946/2/19；
　1947/2/23,5/27

朱子毅　1939/6/7—9,7/17—18,8/5,
　8/17,9/17,9/26；1940/7/1,7/17；
　1941/4/9,6/15,7/29,8/21,9/10,
　11/3,11/7,12/22；1942/2/16,2/24,
　5/2,5月；1944/3/31；1945/2/14,
　2/16；1946/1/10,1/20,2/4,5/3；
　1947/1/22；1949/11/10；1950/1/9—
　11,2/18—19,4/19,4/23,11/5,
　11/9；1951/1/5,2/8,6/7,7/1,7/16,
　11/10,11/30,12/30；1952/2/4；
　1953/4/24；1997/11/29

諸仲芳　1943/4/3,5/8,6/23—28,
　7/7—12,7/22—23,7/29,8/20,
　8/30—31,8月,9/1,9/13,9/27—
　29,10/6,10/12—15,10/18,11/5,
　11/8—9,11/19,11月,12/2,12/6,
　12/29,12/31；1944/1/8,1/14,1/31,
　2/7,3/1,3/27,4/17,4/20,5/1,5/6—
　7,5/16—18,6/12,6/19,8/26,8月,
　9/21,9/26,10/24—25,11/1—2,
　11/7—16,11/27,12/30；1945/1/3,
　1/26,2/14,2/21,4/3,11/19—26,
　12/7,12/20,12/27；1946/1/3—15,
　1/21,1/24—2/1,2/8,2/13,2/28,
　3/8,3/15,3/25,3/29,4/11,5/22,
　5/27,6/1,6/20；1947/1/17,1/23—

# 後 記

　　先父對我國的圖書事業傾注了畢生精力,自謂"一生主要做三件事,就是爲圖書館收書、編書、印書"。他的工作準則是"專爲前賢行役,不爲個人張本"。自二十世紀三十年代到燕京大學圖書館工作開始,1939 年應葉景葵、張元濟先生之邀,回上海創辦合衆圖書館,直到 1998 年辭世,他七十年如一日地信守和實踐自己的諾言,全身心地耕耘在中國圖書館事業的園地上,無怨無悔地將自己摯愛的且有所造詣的金石古文字學置於從屬的地位上。他對版本學、目録學、圖書分類學及圖書館管理方面的研究心得及經驗,大部分散記在日記、信札、筆記本和歸類於各類紙袋内的紙片上。這些資料除日記( 1939 年至 1980 年 )曾由吴織同志在八十年代初期全部謄寫過以外,其他均未經過系統整理。1992 年做過胃惡性腫瘤手術後,許多同志建議他在有生之年整理總結這些珍貴的資料,他總是笑答:"我要首先完成該爲前人做的事!"九十年代,在擔當《續修四庫全書》主編之餘,他完成了《尚書文字合編》的定稿出版和《王同愈集》的校勘出版。直到 1998 年因結腸癌再次住院手術前,他仍每天堅持《嚴元照年譜》的修訂工作。先父去世後,我在整理遺物時,看到筆記本上列有"合衆圖書館創建、《叢書綜録》編纂、甲午戰爭以來流失日本的文物目録、《古籍善本書目》編寫、硃卷"等五項寫作計劃,想到他未竟的心願,不禁愴然淚下。

　　先父去世後,王紹曾先生及多位前輩來信提及要抓緊整理出版包括文集、日記、書札、題跋、批注等在内的先父全集。我家晚輩皆從事理工科,對古文、古籍知識浮淺,苦於無能承此重任。幸運的是上海圖書館已有安排,2002 年出版了由陳先行同志負責編輯的先父文集,2003 年王翠蘭同志開始負責收集和編纂先父書札,爲了保存先父書法原迹,準備以原件複製形式出版。最令我憂慮的是先父年譜的撰寫,將他一生事業成就、道德文章全面客觀地展現給後人實非易事,經再三考慮,我和家人認爲,此事非沈津莫屬。沈津先生是先父最看重的弟子,學習刻苦,工作嚴謹,被北京圖書館任繼愈館長和冀淑英先生譽爲古籍版本學領域人才培養的成功典範。他和先父共事三十餘年,在編寫《中國古籍善本書目》過程中,伴隨先父到全國多個省市圖書館看書、辦講習班、鑒定各館館藏古籍。他對先父爲人、治學和事業成就瞭解最清楚,師生情誼深厚,我相信他是年譜作者最佳人選。但是,想到他遠在萬里之外的哈佛燕京圖書館工作,收集撰寫先父年譜的資料實屬困難,加之他已是圖書館學知名學者,個人的研究、寫作計劃不宜被新增年譜撰寫所打亂或延誤,經過反複思考,我感到難以啓齒。

　　2002 年 7 月上海圖書館五十周年慶典會後,見到上圖繆國琴書記、吴建中館長和沈津先生,討論先父一百周年誕辰紀念活動,雖曾談及先父年譜的撰寫,基於前述考慮,我未貿然提及年譜作者人選問題。一個月後,收到沈津先生遠方來函,説他經過縝密思考,決定撰寫先父年譜,於返美次日開始動手寫作,隨信寄來編寫大綱及十餘頁初稿。我當時十分驚喜,立即回函感謝并願提供一切資料(包括先父日記、信札、筆記和家世資料複印件等),從而開始了我們在大洋兩岸一年多的電話、電子郵件、信函的頻繁往來。此間,他兩次抽暇回國搜集資料,到了上海、北京、南京、蘇州、濟南、廣州、香港等地,拜訪先父生前多位同事和親朋友好,還和我一起在先父北京寓所的書房及上海故居的書房内查閱了數千頁先父日記、信札、筆記及分列於紙袋内的故紙,選出大量與撰寫譜文有關的資料,經複製後帶到美國。2003 年 11 月我們在先父上海寓所内一起工作了五天,他每日清晨六時從奉賢家中出發,長途跋涉到先父寓所,查閱資料到晚間六時,回到奉賢已是晚間九時。那時他正患急性氣管炎,見到他工作時不時吃藥片止咳的情景,他的認真工作精神讓我非常感動。我看到的僅僅是沈津先生過去一年多艱苦工作的一個小小片斷。儘管我未親自目睹他在美國家中書房内撰寫年譜的情景,但是,僅僅從他在短短的一年多時間内完全利用業餘時間(每天的清晨和夜晚以及全部周末和節假日),閱讀、對照、考證了數千頁的逾千萬字資料,整理、濃縮成八十餘萬字的譜文這事本身,就可以想像出他勤奮筆耕的艱辛。更何況這部《年譜》不祇是本編年史,而是用詳盡的專業心得、業務活動和工作經驗充實於譜文的字裏行間。閱讀完沈津先生撰寫的譜文,我更加真切地感受到他對先父的深情厚誼,對中國圖書館事業的執着進取精神,對引導和啓迪後來人的責任感和良苦用心。我相信,先父在天之靈一定會爲圖書館學專業後繼有人而心安的。

《年譜》的出版得到了上海圖書館、上海古籍出版社各位領導和同志們的大力支持,饒宗頤先生爲本書題簽,王鍾翰先生和王煦華先生作序,誦芬在此致謝。同時,也向所有爲《年譜》的編撰提供資料和幫助的先父生前同事、親朋好友一併致謝。

顧誦芬
2004 年 2 月於北京 [①]

---

① 此篇原爲《顧廷龍年譜》(上海古籍出版社 2004 年)後記。

# 最後的話

　　2004 年,《顧廷龍年譜》由上海古籍出版社出版。然而對我來説,似乎又是一個新的開始:自那以後我繼續收集了不少顧師的佚文及信件,其中尤爲重要的是方虹女史給我的當年顧師致方行先生的全部書簡和李軍、師元光先生整理的合衆圖書館檔案等。大約十年前,顧誦芬院士將顧師自滬携京的不少材料,如友朋手札、筆記、剪報等悉數捐贈上海圖書館,同時,誦芬將捐贈清單複印了一份給我。於是我利用回國休假的機會,將其中有用的材料予以拍攝,這些都是我增補《顧譜》的基礎。

　　從七十萬字的《顧廷龍年譜》增至一百四十五萬字的《顧廷龍年譜長編》,這不僅僅使顧師一生的行述更爲豐富、完整,也見證了二十世紀三十年代至九十年代一個甲子中國圖書館事業的發展過程,從 1933 年任北平燕京大學圖書館中文采訪主任始,六年後去滬籌劃上海合衆圖書館,又從一個燈紅酒綠的十里洋場裏從未亮出招牌的私立圖書館總幹事,到 1962 年被任命爲上海圖書館館長。顧師克盡厥職、篤行不倦,爲上海的圖書館事業發展,爲保存中國傳統文化典籍作出了卓越的貢獻。

　　百餘年來,中國圖書館學界人才輩出,然而爲這些茂士俊彥撰成年譜者却不多見,數十年中僅《顧廷龍年譜》(2004 年)、程焕文兄的《裘開明年譜》(2008 年)、劉波兄的《趙萬里先生年譜長編》(2018 年)三本而已,蓋年譜編撰難度之高,使不少學者望而却步。

　　我這六十餘年裏,總計寫成并出版的著作大約一千萬字,其中最難寫的就是年譜。我曾在《顧譜》的序中寫道:“我以爲這本《年譜》或許是我一生中寫作的最重要的一本書,它和我寫的其他幾本書最大的不同,就在於這本書是帶着我對先師的感情去寫的。”顧師確實是圖壇宗匠、人中之龍。我曾在先生的小筆記本中讀到“能遭天磨真鐵漢,不爲人忌是庸才”,又見老人所書東坡金句:“古之立大事者,不惟有超世之才,亦必有堅忍不拔之志。”他服膺古人之言,也在人生中不斷實踐,因此這部《年譜長編》或可讓後學者知悉顧師爲他人作嫁衣裳的圖書館人之表率、典範。

　　我想説明的是,當這本書即將付梓時,我又獲得了數千字的新材料,如增入,將會改動版面造成不便。好在顧師的人格魅力已有仰慕者,我已將新材料陸續轉贈,以待賡續增訂。

　　《顧廷龍年譜》出版至今已十九年,而今《年譜長編》審校竣工,出版指日可待。津老矣,更感流年似水,韶華如箭。憶往昔,追隨先生整整三十年,隨侍左右，杖履前後，而今先生墓有宿草，津則悲痛難言，謹以此書獻與先生，致敬先生。

　　我要特別感謝中華書局的朱兆虎、聶麗娟、李洪超、白愛虎諸位先生，萬水相隔，緣慳一面，藉顧師年譜幸獲垂注，又鼎力促成拙作在中華立項、出版，令我十分榮幸與感動。我也要感謝任雅君女史對本書所做的認真審校與修改，她不僅是我信任的編輯朋友，也與晚年的顧師有一段交集，熟悉顧師的爲人、工作内容和他身邊的人與事，我想這本書由她審校，定能增色不少。總之，没有他們的幕後幫助，這本書是不可能那麽順利地與讀者見面的。

沈　津

於美國北卡落基山城之宏燁齋

2023 年 10 月